JOSEPHUS

요세푸스

요세푸스 자서전과
아피온 반박문

요세푸스 지음 | 김지찬 옮김

생명의말씀사

JOSEPHUS
The Antiquities of the Jews (IV)

by
Josephus
Translated by
Kim, Jichan

Copyright © 1987 by Word of Life Press, Seoul, Korea.
All rights reserved.

Printed in Korea.

플라비우스 요세푸스

목 차

플라비우스 요세푸스의 자서전 ································ 7

아피온 반박문-유대인의 고대성 ······························ 75
   아피온 반박문-제1권 ····································· 77
   아피온 반박문-제2권 ···································· 133

헬라인에게 강연한 요세푸스의 음부론(陰府論) 초록(抄錄) ···· 191

부록 ··· 201
   논문 Ⅰ
     예수 그리스도와 세례 요한과 의인 야고보에 관
     한 요세푸스의 증언의 확실성 ······················ 203

   논문 Ⅱ
     독자 이삭을 제물로 바치라고 아브라함에게 명하
     신 하나님의 명령에 관하여 ························ 235

   논문 Ⅲ
     유대국의 기원과 최후의 유대 전쟁에 대한 타키
     투스의 글에 관하여 : 유대국의 기원에 관한 글은

    요세푸스의 유대고대사에 대항하기 위해 쓴 작
    품인 것 같으며, 최후의 유대 전쟁에 관한 글은
    요세푸스의 유대전쟁사에서 거의 그대로 직접 인
    용한 작품임이 분명함·························· 255

 논문 Ⅳ
    요세푸스의 연대표························· 293

 논문 Ⅴ
    크리스토퍼 쿀라리우스의 논문:
    플라비우스 요세푸스가 쓴 헤롯 왕가의 역사는
    날조된 것이라는 존 하르뒨의 견해를 논박함. 고
    대의 주화들은 요세푸스의 역사의 진실성을 입증
    해 주고 있음···························· 385

요세푸스의 저서에 언급된 유대도량형························ 415

목록·· 433
    요세푸스의 역사, 결국 신·구약 성경의 역사를 확
    증해 주거나 설명해 주는 증거들로 요세푸스가 직접
    인용한 고대 증언들과 기록들, 그리고 요세푸스의 역
    사에 대한 주(註)에서 언급한 고대 주화들의 목록······· 435

구약 본문과 요세푸스 역사의 병행구절 목록················ 457

색인·· 477

플라비우스
요세푸스의 자서전

플라비우스 요세푸스의 자서전

1. 내가 태어난 집안은 미천한 가문이 아니요 오래된 제사장 가문이다. 여러 민족들 가운데서 귀족들은 혈통이 다른 것처럼 우리 민족에서는 제사장 집안이라고 하면 명문을 의미한다. 일반적으로 말하면 나는 제사장 가문 출신이라고 할 수 있으나 엄격히 말하면 제사장 24반차¹ 가운데서도 첫번째 반차에 속한다. 또한 각 반차(course) 사이에서도 가계(family)마다 우열이 심한데 나는 첫째 반차 중에서도 으뜸 가는 가계에 속한다. 더군다나 모계(母系) 쪽으로 보더라도 나는 왕족의 피가 흐르고 있다. 왜냐하면 내 외가(外家)의 선조인 아스모네우스(Asmoneus)의 자손은 오랜 기간 동안 대제사장의 직위와 왕의 위엄을 함께 소유하고 있었기 때문이었다. 이

---

1. 우리는 여기서 24반차(班次) 대신 단지 4지파 혹은 반차만이 있었다고 말하는 아피온 반박(Against Apion) 제 2권 8절의 라틴어 사본(헬라어 사본은 분실되었다)의 잘못을 교정해야 할 것 같다. 그러나 마치 요세푸스가 자서전에서와 아피온 반박에서 서로 모순된 말을 한 것으로 보아서는 안 된다. 왜냐하면 아피온 반박의 기사(記事)는 각 반차가 5,000명 이상이었다는 요세푸스의 말을 생각해 볼 때 4반차보다는 24반차와 부합되기 때문이다. 4반차로 보면 제사장 수가 기껏해야 20,000명에 불과한 데 반해 24반차로 보면 120,000명이 되는데 아무리 포로 후라도 이 정도는 되어야 전체 인구의 10분의 1이 되기 때문이다(에스라 2:36-39; 느헤미야 7:39-42; 에스드라 1서 5:24, 25을 에스라 2:64; 느헤미야 7:66; 에스드라 1서 5:41과 함께 보라). 단지 4반차의 제사장들만 있었다고 생각하는 이런 독법(讀法)이나 의견은 다윗의 제사장들을 24반차로 나눈 제도가 지금까지 계속되고 있다는 요세푸스 자신의 주장(유대 고대사 7권 14장 7절)과도 어긋난다.

요세푸스

제 나는 나의 선조들을 순서대로 기록하려고 한다. 나의 증조 할아버지는 시몬 셀루스(Simon Psellus)였는데 대제사장 중에서 으뜸가는 인물인 힐카누스(Hyrcanus)라고 부르는 대제사장 시몬(Simon the high priest)의 아들과 동시대에 사셨다. 이 시몬 셀루스는 슬하에 9명의 아들을 두었다. 그 중에 에플리아스(Ephlias)라고 부르는 마티아스(Matthias)는 대제사장 아스모네우스의 장자요 역시 대제사장 시몬의 형제인 대제사장 요나단(Jonathan)의 딸과 결혼했다. 이 마티아스는 힐카누스 통치 제 1년에 마티아스 쿠르투스(Matthias Curtus)라는 아들을 낳았다. 그의 아들의 이름은 요셉(Joseph)이었는데 알렉산드라(Alexandra) 재위 9년에 얻은 자식이었다. 요셉의 아들 마티아스는 아르켈라우스(Archelaus) 재위 10년에 이 세상에 태어났다. 마침내 가이우스 케사르(Caius Cæsar) 재위 제 1년에 내가 마티아스의 아들로 태어나게 된 것이다. 나는 아들이 셋 있다. 장자인 힐카누스는 베스파시안 재위 4년에, 둘째인 유스투스는 재위 7년에, 아그립바(Agrippa)는 재위 9년에 태어났다. 이렇게 해서 나는 공문서에 기록된 대로[2] 나의 가족의 계보를 기술했으며 (미천한 출신이라고) 나를 중상하는 사람들의 말문을 다시 열지 못하도록 한 것이다.

2. 나의 선친 마티아스는 귀족일 뿐 아니라 성품이 의로왔기에 칭송이 자자했는데 우리 나라의 최대 도시인 예루살렘에서 명성이 드높은 분이셨다. 나는 내 형제인 마티아스와 함께 자라났는데 그는 배다른 형제가 아니라 나의 친형제였다. 나는 학업 성적이 유난히 우수했고 특별히 기억력과 이해력이 뛰어난 것 같았다. 더우기 내가 14세의 소년이었을 때 나는 모든 사람에게 학문에 열의가 있다는 칭찬을 받게 되었고 이 때문에 율법의 요점들에 대한 정확한 의미에 대한 내 견해를 들어보려고 대제사장들과 도시의 지위가 높은 사람들이 나를 자주 찾았다. 16세가 되었을 때 나는 우리 가운데 있는

---

2. 계보에 대한 유대인의 관심, 특히 제사장들의 계보에 대한 관심이 어떠한지를 보여 주는 최고의 예(아피온 반박 1권 7절을 보라).

플라비우스 요세푸스의 자서전

여러 종파(sects)들을 시험해 보기로(make trial of) 결심했다. 이런 종파들이 세 개가 있는데 그것은 우리가 자주 언급한 바대로 바리새파, 사두개파, 에센파이다. 이 세 종파 모두를 잘 알게 된다면 가장 좋은 종파를 선택할 수 있다고 생각했기 때문이었다. 그래서 나는 부실한 식사도 참고 모든 난관을 극복하고 이 모두를 다 경험했다. 그러나 나는 이런 시험만으로는 만족할 수가 없었다. 나무에서 나오지 않는 옷은 입지 않고, 저절로 자라지 않은 음식은 먹지 않으며, 순결을 유지하기 위해 밤낮을 가리지 않고 자주 목욕을 하는 바누스(Banus)란 사람이 광야에서 살고 있다는 소식을 듣고 나도 그가 하는 일을 모방하면서 그와 3년간을 함께 있었다.³ 내 소원을 다 성취한 후에 나는 19세의 나이로 도시(예루살렘을 가리킴-역자 주)로 돌아왔으며 헬라인들이 스토아 학파와 매우 비슷하다고 말하는 바리새파의 원리에 따라 행동하기 시작했다.

3. 그러나 26세 때 어쩌다가 나는 로마 여행을 하게 되었는데 이에 대해서 이야기를 하려고 한다. 벨릭스(Felix)가 유대의 행정 장관(procurator)으로 있을 때 내가 아는 매우 뛰어난 몇몇 제사장들이 작고 시시한 사건에 연루되어 체포되었다가 케사르에게 호소하자 로마로 보내진 사건이 있었다. 나는 이들을 위해 석방을 얻어내고 싶어 견딜 수가 없었다. 왜냐하면 이들이 그런 어려움 가운데서도 정신을 잃지 않고 하나님을 경외하며 무화과 열매의 견과(nuts)를 먹

---

3. 요세푸스가 여기서 16세부터 19세까지 혹은 3년간 세 종파, 즉 바리새파, 사두개파, 에센파를 시험해 보았다고 하면서 또 우리가 가진 모든 사본에서 바누스라는 이름의 특정한 금욕주의자와 함께(παρ' αὐτῳ 그와 함께 [with him]) 3년간을 보냈는데도 아직 19살밖에 안 됐다고 말하고 있는 것을 보면 그가 세 유대 종파를 시험해 볼 틈이 없었음이 분명하다. 그러므로 나는 παρ' αὐτῳ (그와 함께 [with him])의 고대 이문(異文)이 παρ' αὐτοις (그들과 함께 [with them])라고 보는 약간의 수정을 통해서 문제를 해결할 수 있다고 생각한다. 요세푸스의 묘사로 보건대 이 바누스는 세례 요한의 제자인 것 같으며 요세푸스가 후에 그로부터 세례 요한에 의해 입증된 예수 그리스도에 관해 호의적인 견해를 가질 수 있게 된 개념들을 습득한 것 같다는 허드슨 박사의 추측은 타당성이 전혀 없다.

는다는 소식을 들었기 때문이었다.[4] 결국 나는 수많은 위험이 바다에 도사리고 있음에도 불구하고 로마에 오게 되었다. 우리가 탄 배가 아드리아 해(the Adriatic Sea)에서 파선되었을 때 배에 탄 600명 가량의[5] 사람들은 살기 위해 밤새 헤엄을 쳐야 했다. 날이 밝자 구레네(Cyrene)의 배가 보였고 나와 몇몇 다른 이들 80여명은 하나님의 섭리에 의해 다른 이들을 구할 수 있었다. 그리고 나서 또 다른 배로 옮겨 탔다. 이렇게 위험을 벗어나서 이탈리아인들이 푸테올리(Puteoli)라고 부르는 디케아르키아(Dicearchia)에 도착했을 때 나는 네로(Nero)의 사랑을 한몸에 받는 유대 출신 연극 배우인 알리투리우스(Aliturius)를 알게 되었고 그를 통해서 네로의 아내인 포페아(Poppea)도 알게 되었다. 나는 가능한 한 빨리 제사장들이 석방되어 자유스러워질 수 있게끔 그녀에게 최선을 다해 청원했다. 이런 호의 외에도 포페아로부터 많은 선물을 받고 나서 다시 고향으로 돌아왔다.

4. 그런데 이때 나는 변혁이 이미 일어나고 있음을, 즉 수많은 사람들이 로마에 대한 반역을 일으킬 기대로 몹시 흥분되어 있음을 직감할 수 있었다. 그래서 나는 이 격앙된 사람들을 진정시키고 마음을 고쳐 먹을 것을 설득시키느라고 무진 애를 썼다. 그리고 그들이 싸우려고 하는 대상이 누구인가를 똑똑히 보라고 했다. 그들은 군사력에 있어서나 행운이 따르는 면에 있어서나 로마인들보다 열세를 면치 못하기 때문에 경솔하게 행동하여 나라와 가정과 자기 자신들에게 큰 불행을 자초하는 어리석은 일을 범하지 않기를 바란다

---

4. 유대인들 가운데 종교적인 사람들, 아니면 적어도 제사장들은 때로는 금욕주의자였으며 바벨론의 다니엘과 그의 세 친구와 같이(단 1:8-16) 고기를 먹지 않고 무화과 열매와 견과 등을 먹었다는 사실을 주목해야 할 것이다. 이것은 ξηροφαγια나 혹은 고난 주간의 기독교 금욕주의자들의 엄격한 다이어트(diet)와도 같은 것이다.

5. 배에 탄 바울과 동승한 사람들의 수가 276명이라는 것(행 27:37)은 너무 많은 수자라는 견해가 제시되어 왔으나 이보다 수년 후의 요세푸스와 그의 동료들의 수는 약 600명이나 되었다는 사실을 우리는 여기서 발견할 수 있다.

고 했다. 나는 격앙된 목소리로 그들을 권고했다. 왜냐하면 그러한 전쟁의 종말이 우리에게 얼마나 불행할 것인지를 미리 환하게 내다 볼 수 있었기 때문이었다. 그러나 최후의 발악을 하는 사람들의 광기(狂氣)는 나로서도 어찌할 수 없었기에 그들을 설득시킬 수가 없었다.

5. 이런 말을 자주 했다가는 내가 적군 편인 것처럼 되어 그들의 미움과 의심을 사게 되고 이미 안토니아(Antonia) 요새를 점령한 이들에 의해 잡혀서 살해되는 것이 아닌가하는 두려움이 생기게 되었다. 따라서 나는 성전의 안뜰(inner court)로 물러났다. 그러나 마나헴(Manahem)과 강도들의 두목이 사형에 처해지고 난 후에 나는 다시 성전 바깥으로 나왔다. 그때 나는 대제사장들과 바리새파의 두령과 함께 있었다. 그때 우리는 어찌해야 좋을지를 알 수 없는 데다가 반역자들을 만류할 수가 없었기 때문에 사람들이 무장을 한 것을 보고 매우 놀랐다. 그러나 우리는 위험이 우리에게 직접적으로 다가옴을 느끼고 그들과 같은 의견인 것처럼 가장을 했다. 그리고는 게시우스(Gessius〔Florus, 플로루스〕)가 멀지 않은 데 있으므로 멀리 갈 때까지 잠시만 조용히 참는 것이 어떠하겠느냐고 충고를 했다. 이 말은 큰 설득력이 있어서 반란이 진행되는 것을 겨우 막을 수가 있었다.

6. 그러나 그(게시우스)는 진격해서 싸우다가 그만 패배하게 되었고 그와 함께 한 수많은 사람들도 패배하게 되었다. 게시우스 (케스티우스〔Cestius〕와 함께)가 당한 이 모욕은 우리 전국가의 큰 불행이 되었다. 왜냐하면 전쟁을 좋아하는 자들이 이번의 승전으로 인해 의기 양양한 나머지 최종적으로 로마 제국까지 정복하겠다는 기대를 가졌기 때문이었다. 전쟁을 일으키게 된 또 하나의 원인이 있었다. 수리아(Syria)의 인근 도시들에 거주하는 자들이 그들 가운데 거하는 유대인들을 아내와 자식들과 함께 잡아다가 변명할 여유조차 주지 않고 살해해 버렸다. 이들은 로마에 대해 혁신이나 반역을

꾀한 일도 없었고 수리아인들에 대해 미움이나 배반의 감정을 보이지 않았는데 말이다. 스키토폴리스(Scythopolis) 주민들이 저지른 행동은 가장 추악하고 더러운 죄악이었다.[6] 주민들은 자신들의 적인 유대인(열심당이었음-역자 주)이 외부에서 들어오자 자기들 가운데 거주하는 유대인을 시켜서 동족과 싸우게 하려고 유대 율법에 어긋나는 행동을 하도록 강요했다.[7] 이들의 도움을 받아 스키토폴리스 주민들은 적들과 싸워 적들을 패퇴시켰으나 승전 후에 그들은 동료 시민이요 같은 우방이었던 유대인들에게 한 약속을 이행하지 않고 만 명 이상(13,000명)의 사람들을 무참하게 살해했다. 이런 불행한 일이 다메섹(Damascus)에 살던 유대인들에게도 일어났다. 이런 자세한 이야기는 유대 전쟁사에서 더 상세히 다루고 있다. 내가 여기서 단지 언급만 하는 이유는 유대의 로마와의 전쟁은 자발적인 전쟁이 아니라 주로 어쩔 수 없이 전쟁에 휘말려 들어간 것임을 독자들에게 분명하게 하고자 함이다.

7. 우리가 이미 살펴본 대로 게시우스가 패배한 후에 예루살렘의 유력한 인사들은 강도들과 혁신자들이 중무장을 한 것을 보고는 자신들은 무장을 할 사이도 없이 적들에게 정복되는 것이 아니냐는 두려움-이것은 후에 사실로 드러났지만-에 사로잡히게 되었고 갈릴리 전역이 로마에 반기를 든 것은 아니며 몇 지역은 아직 잠잠하다는 정보를 듣자 나와 유능한 인물이요 제사장인 요아사르(Joazar)와 유다스(Judas)를 갈릴리로 파견했다. 우리의 임무는, 무기는 각자 소유하고 있기보다는 국가가 거느리고 있는 용사들에게 넘기는 것이 좋을 것이며 용사들은 항시 어떤 미래의 일에 대해서도 만

---

6. 유대 전쟁사 2권 18장 3절.
7. 형제와 서로 싸우는 것이 불법이라는 사실은 모세 5경과 선지서의 여러 곳에서도 많이 찾아볼 수 있을 뿐 아니라 모세 율법인 레위기에서 찾아볼 수 있다. "너는……네 이웃을 대적하여 죽을 지경에 이르게 하지 말라"(19:16). "원수를 갚지 말며 동포를 원망하지 말며 이웃 사랑하기를 네 몸과 같이 하라"(19:18). (유대 고대사 8권 8장 8절을 보라).

전의 준비를 하고 있으니 걱정 말고 로마인들이 어떻게 행할는지 두고 보는 것이 어떻겠느냐고 설득하여 위험한 인물들로 하여금 무기를 놓게 만드는 일이었다.

8. 결국 이런 지령을 받고 갈릴리에 가보니 세포리스(Sepphoris)시 주민들은 적지 않은 고통을 당하고 있었다. 그 이유는 갈릴리인들이 세포리스 주민들이 로마인들과 우호 관계를 맺고 있을 뿐 아니라 수리아 총독인 케스티우스 갈루스(Cestius Gallus)와 한패가 되어 동맹을 맺었다는 이유로 약탈하기로 결정했기 때문이라는 것이었다. 나는 세포리스 주민들을 두려움에서 해방시켜 주고 갈릴리인 군중들을 설득시켜 그들을 우호적으로 대해 주도록 했다. 그리고 나는 그들이 사로잡은 인질들을 그들이 원하는 때에 게시우스와 함께 페니키아(Phoenicia)의 한 도시인 도라(Dora)로 보내주는 것을 허락했다. 그런데 디베랴(Tiberias) 주민들이 전쟁 준비를 갖추고 있는 것이 아닌가! 거기에는 아래와 같은 이유가 있었다:

9. 이 도시에는 세 파당이 있었다. 첫째 파당은 무게와 가치가 있는 사람들로 구성되어 있었는데 율리우스 카펠루스(Julius Capellus)가 그 우두머리였다. 그와 그의 동료들, 미아루스(Miarus)의 아들 헤롯, 가말루스(Gamalus)의 아들 헤롯, 콤프수스(Compsus)의 아들 콤프수스(콤프수스의 형제 크리스푸스〔Crispus〕는 한때 대왕[8] 아그립바〔Agrippa〕 밑에서 시의 총독까지 지냈는데 그 당시 요단강 건너 그의 영지에 내려가 있었다), 이 모든 사람들은 로마와 왕에게 계속 충성을 바치는 것이 좋을 것이라고 충고했으나 피스투스(Pistus)는 아들 유스투스(Justus)의 지시를 받고 그 충고를 받아들이지 않았다. 그러나 다른 면에서 그는 본성이 착하고 덕이 있는 인물이었다. 두번째 파당은 대부분이 미천한 사람들로서 전쟁할 각오가 되어 있었다. 세번째 파당의 우두머리인 피스투스의 아들 유스투스는

---

8. 그의 초상화가 그려진 은전이 아직 남아 있으며, 대제(Great King)로 불려졌던 헤롯 아그립바(Herod Agippa).

요세푸스

비록 겉으로는 전쟁을 치르는 데 대해서 회의적인 것처럼 가장했으나 사태의 변화로 자신이 권력을 잡아야 한다고 말한 것으로 보아서 사실상 혁신(innovation)을 원하고 있었다. 따라서 그는 대중 가운데 뛰어들어 그들을 설득시키려고 애썼다: "디베랴 시는 지금까지 갈릴리의 도시였읍니다. 이 시를 건설한 분봉왕 헤롯 이후 이 시는 중심지가 되었읍니다. 그는 세포리스 시는 디베랴 시에 종속되어야 한다고 명하셨읍니다. 아그립바 1세 치하에서도 그랬을 뿐 아니라 벨릭스(Felix)가 유대 총독이 될 때까지는 디베랴 시가 갈릴리의 중심지였읍니다. 그러나 이제 우리 시는 불행하게도 네로 황제가 아그립바 2세에게 하사한 선물이 되는 불상사를 겪게 된 데다가 세포리스가 로마에 복종하게 됨에 따라 세포리스 시가 갈릴리의 수도가 되었고 왕의 국고와 문서 보관소가 그리로 옮겨가게 된 것입니다." 그가 이 말을 마치자 수많은 사람이 아그립바 왕의 반대편에 서게 되었다. 이 때 그는 대중들에게 반역을 선동하기 위해 이렇게 소리쳤다: "이 때야말로 무기를 들고 갈릴리 사람들과 합세해서 힘을 합쳐 세포리스 시를 벌할 절호의 기회입니다." 그는 대중들에게 전쟁을 하러 나가자고 호소했다. 그는 대중들을 향해 장광설을 늘어 놓는 데는 재주가 있었다. 그를 반대하는 사람들도 감히 어쩌지 못할 정도로 그는 달변이었다. 이것이 그의 장점인 동시에 약점이었다. 그는 헬라어에 정통했다. 그는 이것을 이용해서 사실을 은폐시킬 목적으로 이 사건에 대한 역사를 장황하게 늘어 놓은 책을 썼다. 이 인물의 성격이나 삶이 얼마나 잘못되었으며 그와 그의 형제가 어떻게 해서 예루살렘의 함락에 대한 역사를 기록하게 되었는지에 대해서는 이미 앞에서 이야기했고 자세히 살펴보았다. 결국 디베랴 시민들에게 무기를 들게 설득시킨 후, 아니 많은 시민들을 거의 반강제로 무기를 들게 만든 후에 유스투스는 스키토폴리스(Scythopolis) 지역에 속해 있으며 디베랴 변경에 위치한 마을들인 가다라(Gadara)와 힙포스(Hippos) 마을을 불살라 버렸다.

10. 디베랴 시가 처한 상황이 이와 같았던 반면에 기스칼라(Gis-

chala)의 상황은 아래와 같았다: 레위(Levi)의 아들인 요한(John)은 약간의 시민들이 로마에 반기를 들 기세를 보이자 그들을 무마시키기 위해 노력하면서 로마에 계속 충성할 것을 종용했다. 그러나 최선을 다했음에도 불구하고 그의 노력은 수포로 돌아가고 말았다. 왜냐하면 두로 사람(Tyrians)들과 함께 인근 가다라(Gadara), 가바라(Gabara), 소가나(Sogana) 사람들이 함께 떼를 지어 기스칼라로 몰려와서 폭력으로 기스칼라를 점령하고 방화했기 때문이다. 도시가 완전히 파괴되자 그때서야 그들은 돌아갔다. 요한은 너무 격분한 나머지 모든 부하에게 무장을 시켜 그들과 전쟁을 치렀고 전보다 더 훌륭하게 기스칼라를 재건했으며 장래의 안전을 생각해서 성벽을 쌓아 도시를 요새화했다.

11. 그러나 가말라(Gamala)는 아래와 같은 이유로 로마에 충성하기를 멈추지 않았다. 아그립바 왕 밑에서 가말라 총독이었던 야키무스(Jacimus)의 아들 필립(Philip)은 예루살렘 왕궁이 포위되었을 때 기적적으로 살아 났으나 도망치다가 마나헴(Manahem, 갈릴리 사람 유다의 아들로 마사다를 무기고와 함께 수중에 넣은 후 부하들을 거느리고 예루살렘을 공격했던 인물, 후에 반대파 유대인 귀족들에게 죽임을 당함-역자 주)과 그와 함께 한 강도들에게 잡혀 죽을 운명에 처하게 되었다. 그러나 그 때 그의 친척이며 그 당시 예루살렘에 있었던 몇몇 바벨론 사람들이, 강도들이 그를 처형하지 못하게 막았다. 이렇게 해서 필립은 그 곳에서 나흘간을 머물다가 닷새째 되는 날에 발각되지 않기 위해서 가발로 변장을 하고 도망쳐 나왔다. 자기가 관할하고 있는 마을, 즉 가말라(Gamala) 요새 변경에 위치한 마을에 도착한 그는 휘하의 부하들에게 소식을 보내서 자기에게 오라고 명령했다. 그러나 하나님께서 그의 의도를 막으셨는데 오히려 이것이 그에게는 잘된 일이었다. 왜냐하면 일이 이렇게 전개되지 않았더라면 아마 그는 이 세상에 존재하지 않았을 것이다. 이 일 후 얼마 되지 않아 그는 열병에 걸리게 되었고 아그립바와 버니게(Bernice)에게 보내는 편지를 써서 부하인 자유민을 시켜 바루스(Varus)

에게 전하도록 했다. 바루스는 왕과 왕의 누이(아그립바와 버니게를 가리킴-역자 주)가 게시우스를 만날 목적으로 베리투스(Berytus)에 가면서 모든 것을 맡긴 왕국의 행정 장관(procurator)으로 봉직하고 있던 인물이었다. 바루스는 이 필립의 편지를 받아 보고 그가 살아 있음을 알게 되자 만일 필립이 나타난다면 자신이 이제는 더 이상 왕과 왕의 누이에게 아무런 도움이 못될 것이라고 생각한 나머지 매우 불안해 했다. 결국 바루스는 편지를 가지고 온 필립의 부하를 대중들 앞에 세우고 필립이 예루살렘에 있을 때 유대인들과 함께 로마에 대항해서 싸웠다는 거짓말을 했다는 죄목으로 그를 고소했다. 그리고는 그를 죽여 버렸다. 자기가 보낸 부하가 돌아오지 않자 필립은 늦어지는 이유가 무엇인지 의심이 생겨 두번째 부하를 서신과 함께 보내서 첫번째 보낸 부하에게 무슨 일이 생겼으며 왜 그렇게 늦는지를 알아 보고자 했다. 바루스는 두번째 사람도 거짓을 말한다는 죄목으로 역시 살해했다. 바루스는 가이사랴에 거주하는 수리아 사람들의 말을 듣고 기고 만장했으며 큰 기대를 걸고 있었다. 왜냐하면 수리아인들이 아그립바는 유대인들이 범한 죄의 대가로 로마인들에 의해 살해당할 것이며 바루스가 정권을 이어받게 될 것이라고 말했기 때문이었다. 바루스는 리바누스 근처의 분봉 왕국을 다스리던 소헤무스(Sohemus)의 자손이어서 왕족의 혈통이므로 정권을 충분히 이어받을 수 있다는 것이었다. 바루스가 기고 만장해서 그 편지를 간직하고 있었던 것은 바로 그것 때문이었다. 바루스는 누군가가 왕에게 가서 모든 일을 알리지 못하도록 모든 도로들을 감시하게 함으로써 왕이 이 편지들을 보지 못하도록 모든 조치를 다 취했다. 더우기 그는 가이사랴의 수리아인들의 환심을 사기 위해 수많은 유대인들을 살해했다. 그는 바타네아(Batanea)의 드라고닛 사람들(Trachonites)과 합세하기로 결심하고 엑바타나(Ecbatana)에 있는 바벨론 유대인(Babylonian Jews) - 이런 이름으로 불렸다 - 을 공격하기로 계획했다. 따라서 그는 가이사랴에 있는 12명의 똑똑한 유대인을 불러서 엑바타나에 가서 동족들에게 "바루스가 당신들이 왕을 끌어내리기 위해 군대를 동원할 것이라는 소문을 들으시고 그것을 믿지 않으셔서 우리를 보내어 당신들이 무기를 버리도록 설득하라고 시키셨으며, 우리를 이렇게 보낸 것은 당신들을 모함하는 사람들을 신뢰하지 않는다는 징표가 될 것이오"라고 말하도록 시켰다. 바루스는 또한 그들에게 모함이 사실이 아님을 스스로 변호할 유력한 사람 70명을 뽑아서 자신에게 보내라고 명령했다. 그래서 12명의 사절은 엑바타나의 동족들에게로 나아갔으나 반역의 기미를 찾아볼 수가 없었다. 그러나 어쨌든 그들은 동족을 설득시켜서 70명의 유력한 인사들을 바루스에게 보내도록 만들었다. 엑바타나의 유대인들은 무슨 일이 일어날지를 전혀 예상하지 못하고 그들을 보내기로 했다. 결국 70명의 유력한 인사들은 12명의 사절과 함께 가이사랴로 내려갔다. 바루스는 가이사랴에서 왕의 군대를 거느리고 나가 그들을 만나자마자 12명의 사절도 포함해서 모든 사람을 죽여 버렸다. 그리고는 엑바타나의 유대인들을 정복하기 위한 원정길에 올랐다. 그러나 70인 중에 한 사람이 간신히 도망을 쳐서 바루스의 군대가 쳐들어옴을 동족 유대인에게 알렸다. 이 소식을 들은 엑바타나의 유대인들은 무장을 하고 동네에 온갖 좋은 물건들과 만 마리의 양을 그대로 남겨둔 채 처자들을 거느리고 가말라 요새로 피신했다. 이 모든 소식을 들은 필립 또한 가말라 요새로 왔다. 필립이 요새로 들어오자 군중들은 환호성을 지르며 그가 정권을 되찾고 바루스와 가이사랴의 수리아인들을 칠 수 있는 원정군을 파견해 줄 것을 원했다. 왜냐하면 그들이 왕을 살해했다는 소문이 전해져 왔기 때문이었다. 그러나 필립은 그들의 열망을 제지하면서 왕이 베풀어준 은혜를 상기해 보라고 말하였다. 더우기 로마군은 매우 강력하므로 그들과 싸워서는 유익할 것이 조금도 없다고 말했다. 마침내 필립은 그들을 설득시킬 수 있었다. 한편 왕은 만 명이나 되는 가이사랴의 유대인들을 처자들까지 몰살시키려는 바루스의 음모를 알게 되었고 에퀴쿨루스 모디우스(Equiculus Modius)를 불러 바루스의 후임으로 임명하여 보냈다. 이에 대해서는 다른 곳에서 이미 언급한 바가 있다. 그러나 필립은 아직 가말라 요새와 인근 지역을 장악하고 있었고 따라서 이 지역은 로마에 계속적인 충성을 바치고 있었다.

12. 갈릴리에 들어서자마자 나는 이런 상황을 몇 사람들의 보고를 통해 알게 되었다. 나는 예루살렘의 산헤드린 공회에 이런 사실을 알리는 편지를 쓰고 어떻게 일을 처리해야 좋을지에 대해 명령을 기다리고 있겠다고 했다. 계속 그 곳에 머무르면서, 나의 동료 사절들이 원한다면 그들과 함께 갈릴리의 문제를 해결해 나가라는 지령이 떨어졌다. 그러나 나의 동료 사절들은 제사장으로서 받는 십일조로 큰 부를 축적할 수 있었기 때문에 자기 근무지로 돌아가겠다고 했다. 그러나 같이 남아서 공적인 문제부터 해결하는 것이 좋지 않겠느냐고 요청하자 그들은 나의 의견에 동조하게 되었다. 그래서 나는 그들과 함께 세포리스 시를 떠나 디베랴 시에서 4퍼얼롱(furlong, 1퍼얼롱은 약 201.17m임 – 역자 주) 가량 떨어진 베트마우스(Beth-maus)라 부르는 마을로 옮겨 갔다. 거기서 나는 디베랴 의회(sen-ate)에 사신(使臣)을 보내 시의 유력 인사들을 좀 만났으면 좋겠다는 뜻을 전했다. 유스투스(Justus)를 포함해서 시의 유력 인사들이 나를 찾아왔을 때 나는 그들에게 나와 다른 두 제사장은 예루살렘에서 파견한 사절로서, 분봉왕 헤롯(Herod the tetrarch)이 지은 건물과 유대 율법이 금하고 있는 데도 불구하고 그 안에 설치한 생물들의 형상을 파괴하도록 디베랴 시민들을 설득시키는 임무를 띠고 왔으니 그 일을 즉각적으로 할 수 있게 해달라고 요청했다. 그러나 한동안은 카펠루스(Capellus)와 시의 유력 인사들이 우리에게 허락을 내리지 않았으나 마침내는 완전히 우리 의견에 동의하게 되었다. 그러나 어부들과 천민들의 반역을 주도하던 삽피아스(Sapphias)의 아들인 예수(Jesus)는 우리가 하는 일을 방해했으며 궁전 지붕이 금빛으로 번쩍이는 것을 보고서 많은 재물을 얻을 것이라고 생각한 나머지 갈릴리의 사람들을 데려와 왕궁 전체에 불을 질렀다. 그들은 우리의 허락도 받지 않고 수많은 기구들을 약탈해 갔다. 우리는 카펠루스와 시의 유력 인사들과 논의를 한 후에 베트마우스를 떠나 상갈릴리(Upper Galilee)로 갔다. 그러나 예수와 그의 부하들은 디베

랴에 거주하는 모든 헬라인들과 전쟁 발발 이전에 그들의 적이었던 다른 사람들도 모두 살해하였다.

13. 이 소식을 듣고 나는 격분해서 디베랴 시로 내려가서는 왕궁의 기구들을 최대한 보호하였으며 이것들을 약탈해간 사람들로부터 되돌려 받을 수 있는 것은 모두 다 되돌려 받았다. 이들 중에는 고린도 산(産) 청동으로 만든 촛대와 왕실 탁자들과 주조되지 않은 다량의 은이 포함되어 있었다. 나는 왕을 위해서 내 손에 들어온 것은 최대한 잘 지키려고 결심했다. 그래서 나는 의회의 유력 인사 10명과 안틸루스(Antyllus)의 아들 카펠루스를 불러서 이 기구들을 맡기고 나 외에는 그 누구에게도 이 기구들을 주어서는 안 된다고 분명하게 지시했다. 여기에서 나와 동료 사절들은 요한(John)의 의도를 파악하기 위해 기스칼라로 갔다. 거기서 우리는 그가 변혁(innovation)을 원하고 있으며 정권을 장악할 마음을 가지고 있음을 금방 느낄 수 있었다. 왜냐하면 그는 가이사(Caesar)에게 속한 곡식을 상갈릴리 마을까지 운송하는 권한을 자신에게 줄 것을 나에게 요구하였으며 기스칼라 시의 성벽을 건설할 때 들어오는 모든 비용을 자신의 마음대로 쓸 수 있는 권한을 자신에게 달라고 요청했기 때문이었다. 그러나 그가 어떤 마음을 품고 있고 어떤 목적을 가지고 있는지 눈치 챈 나는 그렇게 하도록 허락할 수 없다고 했다. 왜냐하면 나는 일을 로마의 유익이냐 아니면 나의 유익이냐를 따져서 처리할 수가 없는, 예루살렘의 파견을 받아 공무를 처리하는 사절이었기 때문이었다. 요한은 나를 설득할 수가 없게 도자 나의 동료 사절들에게로 목표를 바꾸었다. 그들은 미래를 바라보는 식견이 부족한 데다가 뇌물이 쉽게 통할 수 있는 인물들이었기 때문이었다.

요한은 그들을 뇌물로 자기 편으로 만든 후에 그의 관할 하에 있는 모든 지역의 곡식은 그에게로 보내라는 영을 내리도록 만들었다. 나는 한 사람인 데다가 그들은 둘이니 수자상으로 열세에 몰린 나는 어쩔 수가 없었다. 요한은 즉시 또 다른 교활한 계략을 꾸몄다. 가이사랴 빌립보(Caesarea Philippi)에 사는 유대인들이 종교적인 목적으로 사용할 순결한 기름이 부족하므로 만일 요한이 다량의 순결한 기름을 보내주지 않으면 헬라인들에게서 나온 기름을 사용할 수밖에 없고 그렇게 되면 유대 율법을 어기게 되니 순결한 기름을 보내달라고 자신에게 요청했다고 꾸며 댔다. 이것은 종교에 대한 요한의 각별한 관심에서 나온 것이 아니라 경제적인 이득을 얻고자 하는 더러운 욕심에서 나온 것이었다. 가이사랴에서는 2섹타리(sectaries)의 기름을 사려면 한 드라크마의 돈이 있어야 하는 데 반해서 기스칼라에서는 가이사랴에서 4섹타리의 기름을 살 돈으로 80섹타리의 기름을 살 수 있음을 요한은 알고 있었다. 나의 허락을 얻어 낸 그는 모든 기름을 모아서 가이사랴에 보내주어야 한다고 명령했다. 내가 이것을 허락한 것은 자발적인 것이 아니라 허락하지 않을 경우 돌에 맞아 죽을지도 모르는 험악한 분위기 속에서 군중들을 두려워한 나머지 억지로 허락한 것이다. 결국 내가 이것을 요한에게 허락한 결과 그는 이런 속임수로 엄청난 돈을 벌게 되었다.

14. 나는 동료 사절들을 해고시켜 예루살렘으로 되돌려 보내고 나서 무기들을 장만하고 도시들을 요새화하는 데 전력 질주했다. 강도들 가운데서도 가장 완악한 자를 불러 보니 그들을 설득시켜 무기를 놓게하기가 나로서는 거의 불가능함을 깨닫게 되었다. 따라서 나는 군중들에게 강제로 약탈을 당해 재물을 빼앗기기보다는 조금이라도 원하는 마음으로 강도들에게 급료조로 돈을 갖다 바치는 편이 낫지 않겠느냐고 설득했다. 그리고 나는 강도들에게, 초청을 받는 경우나 아니면 급료로 돈을 받지 못한 경우가 아니면 도시나 마을에 들어오지 않을 것을 맹세하게 했다. 나는 그들을 보내면서 로마에 대항하거나 인근 부락들을 약탈하지 않도록 엄중히 경고했다. 왜냐하면 나의 첫번째 관심사는 갈릴리에 평화를 유지하는 것이기 때문이었다. 나는 갈릴리인들의 신실성의 보장으로 유력 인사 70명을 인질로 삼았다. 그러나 인질이라기보다는 친구처럼 대했다. 나는 여행하면서 이들을 나의 친구와 동료로 만들 수 있었다. 나는 이들에게 한번 판결을 내려보라고 했다. 나는 이들의 동의를 얻어 내 판결을

내렸다. 나는 형평을 잃지 않도록 애썼으며 뇌물에 눈이 어두워지지 않도록 최선을 다했다.

15. 이제 나는 30세가 되었다. 특별히 권력의 자리에 앉은 사람은 아무리 불법적인 욕구에서 자신을 멀리하려고 애쓴다 하더라도 일생 가운데 시샘하는 자들의 중상 모략을 당하지 않는 사람은 거의 없다. 그러나 나는 모든 여인들이 욕을 보지 않도록 보호해 주었으며 어떤 선물을 가져다 줘도 마치 필요하지 않은 것처럼 달가와 하지 않았다. 그 뿐 아니라 내가 제사장으로서 마땅히 받아도 되는 십일조도 내게 가져 오는 자에게서 받으려고 하지 않았다. 솔직이 고백하면 우리 주위의 인근 도시들에 거주하는 수리아인들을 정복했을 때 그들에게서 빼앗은 전리품을 취해서 예루살렘에 거하는 내 친척들에게 보낸 적은 있다. 세포리스를 무력으로 두 번 정복했으며, 디베랴를 네 번 정복했고 가다라(Gadara)를 한 번 정복했고 나를 잡기 위해 여러 번 덫을 놓기까지 한 요한을 사로잡았을 때조차도 나는 요한이나 그 밖에 전에 언급했던 자들을 (사형으로) 벌하지 않았다. 이 사실은 앞에서 이야기가 전개되었을 때 이미 밝혀진 바가 있다. 마땅히 제 할 일을 하는 사람을 절대로 모른 체하지 않으시는 하나님[9]께서 나를 이런 적들의 손에서 건져 주셨고 또 앞으로 언급할 수많은 위험에서 나를 보호해 주신 것은 바로 이 때문이 아닌가 생각한다.

16. 이제 수많은 갈릴리인들은 나를 친절하게 대할 뿐 아니라 내게 충성을 바치기를 꺼려하지 않았다. 자기들의 도시가 무력으로 점령되고 처자들이 노예로 끌려가도 나의 안부에만 관심이 있을 뿐 자

---

9. 여기서 뿐 아니라 다른 곳에서 우리의 요세푸스는 자신이 매우 종교적인 인물이요 하나님과 그의 섭리에 대한 깊은 경외심을 가지고 있는 사람임을 보여 주고 있는 동시에 위기의 순간에 자신을 그렇게 많이 기적적으로 보호해 주신 것은 하나님이 자기에게 베푸신 축복이며 이런 축복을 받게 된 것은 자신이 동족인 유대인들에 대해 신앙적이면서도 공평하고 인간적이며 자비로운 행동을 보여주었기 때문이라고 말하고 있다.

신들이 당한 불행에 대해서는 그리 슬퍼하지 않았다. 요한은 이런 모습을 보고 나를 시기했다. 그리고는 나에게 몸의 병을 낫게 하기 위해 디베랴의 온천에 가서 열탕에 목욕을 할 수 있도록 허락해 달라는 편지를 보내왔다. 나는 그의 악한 계획을 눈치 채지 못하고 그의 청을 허락해 주었다. 그리고 내가 디베랴 시의 업무들을 처리하도록 임명한 자들에게 요한이 묵을 처소와 그의 부하들이 거처할 곳을 마련해 주고 필요한 것을 보내 주라고 명령하는 서신을 보냈다. 그때 나는 가나(Cana)라고 부르는 갈릴리의 한 마을에 거주하고 있었다.

17. 그러나 요한은 디베랴 시에 들어서자 사람들을 선동해 나에 대한 충성심을 버리고 자기에게 충성할 것을 요구하기에 이르렀다. 항상 변혁을 좋아하거나 본성적으로 변화를 좋아하는 이들, 그리고 소란을 좋아하는 많은 이들이 즐겨 요한의 초청을 받아들였다. 그러나 나를 반역하고 요한에게 충성을 맹세한 열성 분자는 주로 유스투스와 그의 아버지 피스투스였다. 그러나 나는 그들을 급습해 그들이 하는 일을 저지하려고 했다. 내가 이미 언급한 바 있지만 내가 디베랴의 총독으로 임명한 실라스(Silas)로부터 사신(使臣)이 와서 디베랴 시민의 동태를 보고하면서 서둘러야 할 것이라고 내게 충고했다. 내가 조금이라도 지체한다면 디베랴 시는 다른 이의 손아귀에 들어갈 것이라고 했다. 이 실라스의 편지를 받은 즉시 나는 200명의 부하를 이끌고 사신을 앞서 보내 디베랴 시민들에게 내가 올 것을 미리 알리고 밤새 행군을 하여 디베랴로 갔다. 내가 이른 아침에 디베랴 시 가까이에 이르렀을 때 수많은 무리가 마중 나왔다. 그 속에는 요한도 끼어 있었고 그가 나에게 인사를 하였다. 그러나 내가 온 것이 마치 그가 하려고 하는 일에 대해서 추궁하려고 하는 데 목적이 있는 것이 아니냐는 의심이 들어서인지 당황하여 어쩔 줄 모르는 모습이었다. 그리고 요한은 급히 자기 거처로 돌아갔다. 나는 호위병 한 명과 열 명의 부하를 제외하고 모든 병사들을 해산시킨 후에 디베랴 시 광장에 서서 디베랴 군중들에게 연설을 했다. 조금

높은 곳에 올라선 나는 반역을 서두르지 말 것을 호소했다. 왜냐하면 그렇게 쉽게 변하는 것은 그들에게 불리한 요소로 작용할 것이고 후에 정권을 장악하는 사람은 누구라도 디베랴 시민은 쉽게 반역을 일으키는 사람들이라고 의심할 것이 당연하기 때문이라고 말했다.

18. 그러나 내가 하고 싶은 말을 다 마치기도 전에 나의 가족 중 하나가 나에게 내려오라고 소리치는 소리를 들었다. 지금은 디베랴 시민들의 지지를 확보할 때가 아니라 내 자신의 안전을 돌보고 적들 틈에서 빠져 나가야 할 때라는 것이었다. 왜냐하면 요한이 수천 명의 부하들 가운데서 가장 믿을 만한 병사들을 골라서 나를 살해하라는 지령을 내렸기 때문이라는 것이다. 요한이 내가 가족들 몇 명을 제외하면 혼자라는 사실을 알았다는 것이다. 요한의 지령을 받은 자들이 명령을 따라 나를 살해하려고 왔으나 나는 이미 그 자리를 떠나고 없었다. 나는 호위병 야고보(James)와 함께 디베랴의 헤롯(Herod of Tiberias)의 등에 업혀서 군중들 틈을 빠져 나와 그의 인도로 호수까지 나와서 배를 타고 기적적으로 적군의 손아귀에서 벗어나 타리크아에(Taricheæ)로 갔다.

19. 타리크아에 시 주민들은 디베랴 시 주민들이 배반했다는 말을 듣자마자 모두 크게 격분했다. 그들은 모두 무기를 꺼내 들고 나에게 그들을 정벌하는 정벌군의 지도자가 되어 주기를 원했다. 왜냐하면 이렇게 해야 자기들의 사령관이 당한 모욕에 대한 원수를 갚으러 왔다는 명분이 서기 때문이라는 것이었다. 이들은 모든 갈릴리인들에게 이 소식을 알리고 디베랴 주민들에 대한 나쁜 감정을 유발시켜 수많은 사람들이 자기들과 합세해 주기를 원했다. 결국 각처의 갈릴리인들이 떼를 지어 무기를 들고 내게 몰려왔고 내게 디베랴 시를 공격해서 무력으로 정복하고 완전히 파괴하여 주민들의 처자식들까지 모두 사로잡아 노예로 만들자고 요구했다. 디베랴에 있다가 도망친 나의 친구들도 같은 충고를 했다. 그러나 유대인들

사이에 내란을 일으키는 것은 너무나 끔찍한 일이라고 생각했기에 나는 그들의 의견에 동조할 수가 없었다. 나는 이런 주장이 말 이상으로 나타나서는 안 된다고 생각했다. 로마인들은 우리끼리 서로 죽이는 것을 아주 좋아하기 때문에 디베랴 시민들이 나에 대해 한 행동을 우리가 되풀이하는 것은 이로울 것이 하나도 없다고 생각했다. 이렇게 해서 나는 겨우 갈릴리인들의 분노를 가라앉힐 수가 있었다.

20. 이제 요한은 자신의 모반이 성공하지 못함을 보고 두려운 나머지 부하 무장 병사들을 거느리고 디베랴에서 기스칼라로 옮긴 후에 마치 모든 일이 자기 허락 없이 이루어진 것처럼 변명하는 편지를 내게 보내 부디 자기를 의혹의 눈으로 보지 말라고 간청했다. 그는 또한 절대 그런 일이 다시는 없을 것이라는 맹세와 함께 자신을 무섭게 저주하는 글을 적은 후에 다 용서해 주실 것을 믿는다고 덧붙였다.

21. 그러나 이제 또 다른 갈릴리인들이 무기를 들고 떼를 지어 몰려와서 그는 너무 사악하고 더러운 인간이므로 자기네들의 선봉이 되어 주기만 한다면 그와 기스칼라 시를 전멸시키겠노라고 장담했다. 이에 대해서 나는 그들의 호의는 고마우나 자제해 주고 이 문제를 피흘림이 없이 해결하려는 나의 의도대로 따라 주었으면 좋겠다고 사정했다. 이렇게 해서 갈릴리인들을 설득하고 내 의도대로 일을 처리하기로 결정한 후에 나는 세포리스로 갔다.

22. 그러나 세포리스의 주민들은 로마에 계속적인 충성을 보내기로 결정한 후였기에 내가 오는 것을 두려워했고 그 두려움에서 벗어나기 위해 나를 내란 가운데로 몰아 넣어 나의 관심을 다른 곳으로 돌리려고 계책을 세웠다. 따라서 그들은 톨레마이스(Ptolemais) 지역 안에 있는 강도들의 우두머리인 예수(Jesus)에게 사람을 보내 부하 800명을 동원해 우리와 싸우기만 하면 많은 액수의 돈을 주겠

다고 제의했다. 그는 이들의 제안을 받아들여 우리가 아무 대비도 못하고, 쳐들어 오는지도 모르고 있을 때 급습하기로 결심했다. 그는 내게 사람을 보내 한번 만나 뵙고 인사를 드리고 싶다고 했다. 나는 그의 계략을 전혀 눈치 채지 못하고 좋다고 허락했다. 이에 그는 자기 부하들을 거느리고 서둘러서 내게로 왔다. 그러나 그의 속임수는 성공하지 못했다. 그가 이미 우리에게 가까이 왔을 때 그의 부하 한 사람이 그를 버리고 내게로 와서 그가 계획한 음모를 모두 말했다. 이런 정보를 입수한 나는 아무것도 모르는 체하면서 시장으로 나가서 무장한 많은 갈릴리인들과 디베랴인들을 모았다.

나는 그들에게 모든 도로를 철저하게 감시하라고 지시하고 성문을 지키는 자들에게는 예수가 부하들을 데리고 들어오거든 예수와 측근 부하들 몇만 들여보내고 나머지는 들여보내지 말며 들어오려고 하거든 채찍으로 때려서 쫓아 버리라고 했다. 결국 지령을 받은 사람들은 지령을 받은 대로 했고 예수는 단지 몇 명만을 거느리고 성 안으로 들어왔다. 나는 그에게 즉시 무기를 내려 놓으라고 명령했다. 만일 그대로 하지 않으면 죽을 것이라고 위협했다. 그는 주위에 무장한 병사들이 둘러싸고 있는 것을 보고 겁에 질린 나머지 시키는 대로 했다. 성에 들어오지 못한 자들은 예수가 붙잡혔다는 소리를 듣자 모두 도망쳤다. 나는 예수를 가까이 불러서 "나는 네가 계획한 음모를 다 알고 있다. 게다가 누가 보냈는지도 알고 있다. 그러나 만일 네가 네 잘못을 뉘우치고 이제부터 내게 충성하면 네 모든 잘못을 용서해 주겠다"라고 말했다. 내가 시키는 대로 하겠다는 맹세를 하도록 시킨 후에 나는 부하들과 함께 가도록 허락했다. 그러나 나는 세포리스 주민들에게는 만일 계속 이런 식으로 나에게 반역할 때는 응분의 보상을 받게 될 것이라고 엄중히 경고했다.

23. 이때 왕 (아그립바)의 휘하에 있던 두 명의 고관이 말과 무기와 돈을 가지고 드라고닛 지방에서 내게로 왔다. 유대인들은 자기들과 같이 살고 싶으면 할례를 받아야 한다고 그들에게 강요하였다.

나는 그들에게 강요해서는 안 된다고 말하고[10] "누구든지 자기가 원하는 대로 하나님을 섬겨야지 절대로 강요해서는 안 됩니다. 보호받기 위해 도망쳐서 우리에게 온 사람들을 후회하도록 대우해서는 안 될 것입니다"라고 설득했다. 이렇게 해서 군중들을 진정시킨 후에 나는 그들에게 필요한 것은 무엇이든지 풍성하게 공급해 주었다.

24. 아그립바 왕은 군대를 보내어 가말라 요새를 점령하고 에퀴쿨루스 모디우스를 굴복시키려고 하였다. 그러나 왕이 보낸 군대는 수가 모자라 요새를 완전히 포위할 수가 없었다. 그래서 성 앞 넓은 들판에 진을 치고 성을 공격했다. 그러나 기병대 십부장(the decurion) 에부티우스(Ebutius)는 내가 60퍼얼롱 떨어진 갈릴리의 시모니아스(Simonias)라는 마을에 있다는 소식을 듣고 기병 100과 보병 약 200, 그리고 기브아(Gibea) 시 주민들까지 보충병으로 인솔하고 밤에 행군을 하여 내가 있는 마을까지 접근했다. 나는 수많은 병력을 가진 적에 대항해서 진을 쳤다. 에부티우스는 자신이 주로 기병에 의존하고 있으므로 우리를 평지로 끌어내리려고 애를 썼다. 그러나 나는 보병뿐인 우리가 평지에 내려가면 적의 기병대가 훨씬 우세할 것을 잘 알고 있었기 때문에 우리가 있는 곳에서 접전하리라고 결심했다. 에부티우스와 그의 부하들은 한때는 용감하게 달려들기도 했으나 이런 곳에서는 기병이 아무 쓸모가 없는 것을 보고 3명의 전사자를 남기고 기브아 시로 퇴각했다. 나는 2,000명의 무장 병사들을 이끌고 그를 뒤쫓았다. 에부티우스가 거하고 있는 기브아에서 20퍼얼롱 떨어진 톨레마이스 경내의 베사라(Besara) 시에 도착했을 때 나는 부하 병사들을 도시 밖에 진을 치게 하고 도시 내에 쌓인 곡식을 실어 나를 때까지 도로를 철저히 감시하라고 명했다.

---

10. 여기서 요세푸스의 견해는 주목할 만한 가치가 있다. 모든 사람은 각자 자기 양심에 따라 하나님을 섬길 수 있는 자유가 주어져야 하며 종교 문제에 있어서는 결코 강요해서는 안 된다는 것이 요세푸스의 견해이다. 이에 반해 다른 유대인들은 유대 여자와 결혼한 자들은 모두 할례를 받게 해서 유대인으로 만들어야 하며 그것을 거부하는 자는 누구든지 죽여야 한다고 주장하고 있었다. 요세푸스의 자서전 31절과 누가복음 9:54을 보라.

이 곡식은 버니게(Bernice) 왕비의 소유이며 베사라는 인근 마을의 곡식 집산지였다. 나는 끌고 온 낙타와 당나귀에 곡식을 실어 갈릴리로 운반했다. 이 일이 끝나자 나는 에부티우스에게 선전 포고를 했다. 그러나 우리 병사의 사기와 용기가 충천함을 보고 겁에 질린 그는 전쟁을 포기했으므로 나는 진로를 바꾸어 네오폴리타누스(Neopolitanus)에게로 행군했다. 디베랴 인근 지역이 그에 의해 황폐케 되었다는 소식이 전해져 왔기 때문이었다. 이 네오폴리타누스는 기병 중대장으로서 적에 의해 스키토폴리스(Scythopolis) 책임자로 임명된 자였다. 나는 그가 더 이상 디베랴 시에 해를 끼치지 못하도록 제지하면서 갈릴리의 문제를 해결하기 위해 헌신적으로 노력했다.

25. 이미 언급한 바 있는 대로 기스칼라에 사는 레위의 아들 요한은 만사가 내 뜻대로 잘 되어가고 있으며 부하들은 나를 존경하고 심지어는 적까지도 나를 두려워한다는 소식을 듣고는 나의 번창이 자신에게는 패망이라고 생각해서인지 매우 언짢게 생각했다. 그는 나에게 심한 질투심과 적개심을 느끼고 있었다. 그는 내 부하들로 하여금 나를 미워하게 만들 수만 있다면 나의 성공을 저지할 수 있다고 생각하고 갈릴리 최대의 도시들인 디베랴와 세포리스 주민들(가바라 주민들도 다른 도시 주민들과 마찬가지 생각을 품고 있을 것이라고 그는 추측했다)에게 자신이 나보다 더 통솔을 잘 할 수 있으니 나를 버리고 자기편이 되어 달라고 설득하기 시작했다. 로마에 충성하기로 결정했기에 그 누구의 편도 아닌 세포리스 주민들은 그의 제안에 동의하지 않았다. 디베랴 주민들은 나를 버릴 만큼 그의 제안에 동의하지 않았으나 가바라(Gabara)의 주민들은 요한의 설득에 넘어갔다. 이들을 요한의 친구가 되도록 설득한 인물은 시의 유력 인사인 동시에 요한의 각별한 친구인 시몬(Simon)이었다. 그러나 사실 이들은 공개적으로 나에게 반역을 일으키지는 못했다. 왜냐하면 갈릴리인들이 두려운 데다가 내가 그들에게 여러 번 호의를 베푼 적이 있었기 때문이었다. 이들은 남의 눈에 띄지 않게 나를 잡

요세푸스

을 덫을 놓을 기회를 살피고 있었다. 따라서 나는 다음과 같은 큰 위험에 빠지고 말았던 것이다:

26. 왕의 행정 장관인 톨레미(Ptolemy)의 아내가 왕의 관할 구역에서 로마의 관할 구역으로 기병대의 호위를 받으면서 많은 시종들을 거느리고 여행하는 것을 보고, 습격해서 약탈하고 톨레미의 아내를 강제로 납치해 간 다바리타(Dabaritta) 마을의 용감한 청년들이 있었다. 그들은 노새 네 마리에 의복을 가득 싣고 다른 기구들을 챙겨 가지고 타리크아에(Tariches)에 있는 나에게로 왔다. 그들이 가지고 온 은의 양은 적지 않은 데다가 금도 500냥 가량 되었다. 나는 이 약탈품을 잘 보관했다가 톨레미에게 돌려주려고 결심했다. 왜냐하면 그는 나와 동향 사람이며 적들에게서 약탈하는 것조차도 우리 유대 율법은 금하고 있기 때문이었다.[11] 그래서 나는 그들에게 이 약탈품을 팔아서 예루살렘 성벽 재건 비용에 충당하도록 잘 보관해야 한다고 말했다. 그들은 기대와는 달리 약탈품을 나누어 가지지 못하게 된 것에 대한 불만을 가졌다. 그들은 디베랴 인근 마을을 돌아다니며 내가 유대인들을 배반하려고 계획하고 있으며 약탈품을 예루살렘 성전 재건에 쓴다고 하면서 거짓말을 한다고 비난하고 다녔다. 나는 이 약탈품을 원래 주인에게 되돌려주려고 했으므로 사실상 그들은 내가 거짓말을 하고 있다는 것을 알아차린 셈이었다. 나는 그들의 의혹을 제거하기 위해서 왕의 친한 친구인 유력 인사 다

---

11. 요세푸스가 말한 것보다 먼저 우리 주님께서 "네 이웃을 사랑하고 네 원수를 미워하라"는 그 당시의 유대 격언을 언급하셨는데(마 5:43) 반해 어떻게 요세푸스는 유대 율법이 "적들에게서 약탈하는 것조차 금하고 있다"고 말할 수 있었는지는 한 번 질문을 던져볼 만한 문제인 것이다. 나는 요세푸스가 다년간 에비온파 그리스도인으로서 그가 참 메시야라고 고백했던 그리스도로부터 그 다음 구절과 같은 예수의 모세 율법 해석을 배웠을 것이라고 생각한다. 비록 그가 마태복음에서 이런 해석을 읽어 보지 못했다 하더라도 에비온 복음서(Ebionite Gospel)이나 나사렛인 복음서(Nazarene Gospel)에서 이와 같은 해석을 읽어 볼 수 있었을 것이다. 요세푸스가 그리스도인이 된 후에 나아진 점은 이미 본서 3, 13, 15, 19, 21, 23절에서 그 예를 찾아볼 수 있을 뿐 아니라 본서 후반부와 다른 저서들에서도 찾아볼 수가 있다.

시온(Dassion)과 레위의 아들 얀네우스(Janneus)를 불러서 약탈품을 가져다가 왕에게 돌려주라고 명령했다. 만일 이 명령을 누구에게라도 발설하는 경우에는 죽음을 면치 못할 것이라고 엄중하게 경고했다.

27. 내가 갈릴리를 배반하고 로마에 붙을 것이라는 뜬소문이 갈릴리 전체에 퍼지게 되자 모든 사람들이 격분하기 시작했고 나를 처벌하고자 했다. 이에 타리크아에 주민들도 젊은이들이 한 말이 거짓이 아니라고 생각하고 내 호위병들에게 잠자는 샤이에 내 곁을 빠져 나와 경기장으로 가서 자기들의 사령관과 나를 죽일 계략을 꾸미자고 설득했다. 타리크아에 주민들이 내 호위병들을 설득시키고 한꺼번에 몰려 나오는데 이미 한 무리의 사람들이 배반자를 처단하자고 한목소리로 외치면서 웅성웅성 모여 있었다. 이런 일을 뒤에서 조종한 자는 삽피아스(Sapphias)의 아들 예수(Jesus)였다. 그는 디베랴의 지배자로서 사악한 인물이었고 성격상 소동을 일으키기를 좋아하는 사람이었을 뿐 아니라 선동적인 데다가 변혁을 일으키는 데는 타의 추종을 불허하는 인물이었다. 그는 그 때 모세 율법을 손에 들고 군중 사이로 뛰어들더니 이렇게 외쳤다. "나의 동료 시민들이여! 들으십시오. 만일 여러분들이 요세푸스를 미워할 마음이 내키지 않거든 이 율법을 주목해 보시오. 여러분의 총사령관은 여러분을 배반하려고 했습니다. 그러므로 배반하려고 했다는 사실로 인해 그를 미워하십시오. 이같이 오만하게 행동한 그 자를 마땅히 받아야 할 형벌에 처하도록 합시다."

28. 이 말을 마치자 군중들은 그의 말에 환호성을 올렸다. 그러자 그는 무장 병사들 몇을 끌고 나를 단숨에라도 죽이려는 듯이 내가 거처하는 집으로 몰려왔다. 나는 이런 소동이 벌어질 때까지 아무것도 몰랐으며 게다가 전부터 몸이 불편했기 때문에 깊은 잠에 곯아 떨어져 있었다. 그러나 내 몸을 보살피는 책임을 맡은 시몬이 유일하게 내 곁에 남아 있었는데 시민들이 나에게 험악하게 달려드는 모습을 보고 나를 깨워 위험이 다가왔음을 말하면서 적들이 들어

와 죽이기 전에 사령관처럼 용감하게 죽으려면 자기에게 나를 죽이 도록 허락해 달라고 간청했다. 그는 이같이 내게 말했으나 나는 내 목숨을 하나님께 맡기기로 했다. 그리고는 서둘러서 군중들 앞에 나 가기로 했다. 나는 검은 색 옷을 입고 목에 칼을 걸고 적들을 만나 지 않을 것이라고 생각되는 길을 따라서 경기장으로 갔다. 나는 갑 자기 그들 가운데로 뛰어들어 땅바닥에 넙죽 엎드려서 눈물로 땅을 적셨다. 나는 될 수 있으면 그들에게 불쌍하게 보이려고 했다. 군중 들이 동요하는 것을 보고 나는 무장 병사들이 내 집에서 돌아오기 전에 그들의 의견을 반반으로 갈라 놓으려고 무진애를 썼다. 나는 그들이 생각하는 것처럼 악한 사람이라는 것을 인정했다. 그러나 우선 내가 무슨 목적으로 약탈품에서 나온 돈을 챙겨 놓았는지 알아나 보 고 그 다음에 죽이든지 말든지 하라고 간청했다. 군중들이 내게 그 러면 말해 보라고 허락했을 때 무장 병사들이 돌아왔다. 병사들은 나를 보고는 달려들어 죽이려고 했다. 그러자 군중들이 손을 멈추 라고 했고 그들은 순종했다. 만일 내가 왕을 위해 돈을 챙겨 놓았다 고 말한다면 반역을 저지른 것을 실토하는 경우가 되어 살아 남기 가 어려울 것 같았다.

29. 모든 군중들이 잠잠해진 후에 나는 그들에게 이같이 말했다: "나의 동포들이여! 보십시오. 내가 죽는 것이 마땅하다면 나는 죽 기를 거절하지 않겠읍니다. 그러나 나는 죽기 전에 사실을 밝히고 싶습니다. 여러분의 도시(타리크아에)는 매우 호의적인 도시이며 고 향을 떠나 여러분과 운명을 같이하기로 작정하고 이 곳에 온 사람 들이 많음을 나는 알고 있읍니다. 나는 여러분이 내게 그렇게 화를 냈던 이 돈을 가지고 도시의 성벽을 쌓는 데 사용하려고 했읍니다. 여러분의 도시의 성벽을 건축하는 데 사용할 것이라는 말입니다." 이 말을 듣고 타리크아에 주민들과 나그네들은 "고맙소, 용기를 내시 오"라고 소리쳤으나 갈릴리인들과 디베랴 주민들은 계속해서 내게 분을 품고 있었다. 그래서 폭동이 일어날 정도였다. 어떤 자들은 나 를 죽이겠다고 위협했으며 어떤 이들은 신경쓰지 말라고 내게 소리

쳤다. 디베랴 시 뿐 아니라 원하는 시는 어디라도 성벽을 건설해 주겠다고 약속하자 그제서야 내 말을 믿고 각자 자기 도시로 돌아갔다. 이렇게 해서 나는 절망 가운데서도 희망을 잃지 않음으로 위험에서 벗어날 수 있었으며 친구들과 20명의 무장 병사를 거느리고 집으로 돌아왔다.

30. 자기들이 한 행동에 대해 내가 처벌할는지도 모른다는 두려움을 가진 이 강도들과 소란꾼들은 600명의 병사를 끌고 내 집에 몰려와서 집에 불을 지르려고 했다. 나는 도망치는 것은 비겁하다고 생각하고 위험에 맞서 용감하게 행동하리라 결심했다. 그래서 나는 문을 닫아 걸라고 명령을 내리고 다락에 올라가서 (약탈품에서 나온) 돈을 받기 위해 몇 놈이 들어오기를 기다렸다. 왜냐하면 내가 돈을 내주면 될 것이 아니냐고 그들에게 말했기 때문이었다. 가장 용감한 놈 하나가 들어왔다. 나는 부하들에게 그를 심하게 매질하고 팔 한 쪽을 잘라서 목에다 걸라고 명령했다. 그리고는 집 밖으로 내쫓았다. 그들은 이런 나의 행동에 매우 놀란 모습이었다. 그들보다 더 많은 병사를 집 안에 숨기고 있음이 분명하다고 생각한 그들은 자기들도 그런 꼴이 될까 무서운지 곧 줄행랑을 쳐버리고 말았다. 이런 전략을 사용해서 나는 그들의 두번째 계략에서 무사히 피할 수가 있었다.

31. 그러나 아직도 군중들을 선동해 나를 해하려는 무리들이 있었다. 이 무리들은, 왕의 휘하에 있던 고관들이 피신해 있는 이 곳의 종교로 개종하려고 하지 않을 때에는 살려 두어서는 안 된다고 역설했다. 더우기 이 고관들은 마술사로서 로마에 있을 때에도 마술사로 불리었다고 비난하기 시작했다. 남을 비난하기를 좋아하는 군중들은 이들의 선동에 찬동하기 시작했고 마침내는 이들의 술수에 넘어가고 말았다. 나는 이런 소식을 듣고 도피해 온 사람들을 박해해서는 안 된다고 군중들을 다시 훈계했다. 나는 고관들이 마술사라는 주장에 대해 고소를 금치 못하고[12] 만일 로마인들이 적을 마술

로 격파할 수 있다면 무엇 때문에 수십 만의 군대를 보유하고 있겠느냐고 군중들에게 반문했다. 나의 이 말을 듣고 군중들은 잠시 내 말에 수긍하는 듯했으나 고관들을 해하려는 무리들의 선동 때문에 다시 과격해지기 시작했다. 군중들은 고관들을 죽이기 위해 타리크아에(Taricheae) 시내에 있는 그들의 거처를 습격하고자 했다. 이 소식을 전해 들은 나는 무서운 불상사가 일어나면 아무도 타리크아에를 도피처로 삼지 않을 것 같아 몇 명을 대동하고 고관들이 거처하는 곳으로 가서 문을 닫아 걸고 호수까지 도랑을 파게 하고 배를 한 척 불러서 그들을 태우고 힙포스(Hippos) 지경까지 항해하게 했다. 이렇게 그들이 도피하게 되면 그들에게 말을 돌려줄 수가 없을 것 같아서 나는 그들에게 말 값을 지불해 주었다. 이렇게 보내면서 나는 그들에게 그들이 당한 재난을 굳게 참고 견디라고 신신 당부했다. 나에게 피신해 있는 사람들을 어쩔 수 없이 적들이 수다한 나라로 보낼 수밖에 없었던 나는 매우 슬펐다. 왜냐하면 내가 다스리고 있는 지역에 있는 것이 로마인들 사이에 있는 것보다 더 안전할 것이라고 생각했기 때문이었다. 그러나 결국 그들은 무사히 도망을 쳤고 아그립바 왕이 그들의 죄를 용서해 주었다. 이렇게 해서 이들과 얽혔던 사건은 끝이 났다.

32. 디베랴 주민들에 관해서 이야기해 보자. 디베랴 주민들은 왕을 만나 뵙고 싶으며 디베랴 시를 보호해 줄 군대를 파견해 달라고 서신으로 왕에게 알렸다. 내가 그 곳에 도착하자 타리크아에 성벽이 이미 완공되었다는 소식을 듣고는 약속한 대로 자기들의 시에도 성벽을 쌓아 줄 것을 내게 요청했다. 나는 그들의 요구에 응하기로 하고 모든 준비를 완료한 후에 건축가들에게 성벽을 건축하라고 명령했다. 제 3일째 되는 날 나는 디베랴에서 30퍼얼롱 떨어진 타리크아에로 갔다. 그런데 그 날 디베랴 주민들은 시에서 얼마 멀지 않은 곳에 로마 기병들이 행진하는 것을 보고 왕이 보낸 군대로 착각

---

12. 여기서 우리는 마술에 대한 유대인들의 통속적 관념을 찾아볼 수가 있으나 우리의 요세푸스는 지혜로왔기에 이런 통속적 관념을 지지하지 않았다.

하여 환호성을 지르면서 왕을 소리높여 찬양하고 나에 대해서는 욕
설을 퍼붓기 시작했다. 이런 모습을 목도한 사람이 내게로 달려와
서 그들이 내게 반역을 꾀하고 있다는 사실을 알려 주었다. 이 소
식을 들은 나는 소스라치게 놀랐다. 왜냐하면 그 다음날이 우리의
안식일이었기 때문에 내 병사들을 타리크아에서 자기 집으로 이
미 귀가시킨 이후였기 때문이다. 게다가 나는 (그런 날) 병사들로
인해 타리크아에 주민들에게 폐를 끼치고 싶지 않았기 때문이었다.
 사실 내가 이 도시에 거할 때에는 신변 안전에 대해서는 조금도 염
려한 적이 없었다. 왜냐하면 타리크아에 주민들이 여러 번 내게 충
성을 표한 적이 있었기 때문이다. 내게는 친구 몇 명 외에는 호위병
이라고는 7명밖에 없었기에 어떻게 해야 좋을지 알 수가 없었다. 안
식일이 시작될 시간이 거의 다 되었기 때문에 귀가한 병사들을 다
시 불러 모을 수는 없었다. 비록 병사들이 내 곁에 있다 하더라도 안
식일에 무기를 들 수는 없었다. 아무리 위급하다 하더라도 이런 일
은 우리 율법이 엄금하고 있기 때문이었다. 타리크아에 주민들과 나
그네들을 동원해서 시를 지킨다 하더라도 역부족임을 나는 예견할
수가 있었다. 왕이 보낸 군대가 나를 보호해 준다 하더라도 도시 밖
으로 쫓아낼 테니 한참 동안은 자구책을 구할 길이 없을 것만 같았
다. 따라서 나는 전략을 써서 이들을 물리칠 수 있는 방법이 없을
까 골똘히 생각했다. 즉시 나는 신뢰할 만한 타리크아에의 친구들
을 성문마다 배치해서 성문을 빠져 나가는 사람들을 주의깊게 감시
하게 했다. 나는 또한 집안의 두령들을 불러서 각자 배[13]를 한 척
씩 확보하라고 지시했다. 그리고 대장을 한 사람 임명하고 모두 각
자의 배에 올라타고 대장을 따라 디베랴 시까지 항해하라고 명령했
다. 나 또한 친구들과 이미 언급한 바 있는 7명의 호위병들과 함께

---

13. 18절과 33절에서와 같이 이 절에서도 요세푸스는 갈릴리 바다를 항해한
이 작은 운송 수단들을 Νηες, Π λοια, Σχαφαι 라고 부르고 있다. 이 용어들은 분
명히 배들(ships)을 의미한다. 따라서 우리는 복음서 기자들이 배들(ships) 이라
고 부르는 것을 의아하게 생각할 필요가 없다. 그러므로 우리는 어떤 이들처럼
이것들을 보우트들(boats)이라고 번역해서는 안 된다. 요세푸스의 저작 가운데
는 이 용어가 모두 230회 사용되었다(유대 전쟁사 2권 21장 8절).

그 중의 한 배에 올라타고 디베랴로 항해했다.

33. 디베랴 사람들은 왕이 보낸 군대가 아님을 알고 실망하던 터에 호수에 온통 배들이 떠 있는 것을 보고 배에 병사들이 가득 찬 줄로 착각하여 두려워 떨면서 자기들에게 어떤 일이 생길까 심히 불안해 했다. 결국 그들은 결심을 바꾸고 무기를 버리고 처자를 거느리고 나와 나를 영접하면서 환호성을 질렀다. 아마도 그들은 내가 그들의 반역 의도를 모를 것이라고 생각한 모양이었다. 해안에 접근하게 되었을 때 나는 디베랴 주민들이 배에 병사들이 타지 않은 것을 눈치 채지 못하게 해안에서 멀리 떨어진 곳에 정박하도록 명령했다. 그리고는 내가 탄 배만을 끌고 디베랴 주민들에게 가까이 나아가서 아무런 정당한 이유 없이 내게 반역을 꾀하는 그들의 어리석음을 꾸짖었다. 그러나 군중을 선동한 주모자 열 명을 체포해 내게 넘겨 준다면 용서해 주겠다고 약속했다. 그들은 이의없이 이 제안을 받아들여서 주모자 열 명을 내게로 데려왔다. 나는 그들을 배에 태우고 타리크아에로 끌고 가서 감옥에 투옥시키라고 명령했다.

34. 이런 전략을 사용해서 나는 점차적으로 디베랴 의회(senate of Tiberias)를 장악할 수 있었고 선동 주모자들과 유력 인사들ㅡ선동 주모자들보다 적지 않은 수의ㅡ을 타리크아에로 보낼 수 있었다. 군중들은 자신들 스스로 저지른 불상사를 보고는 이런 선동을 일으킨 과격하며 저돌적인 클리투스(Clitus)라는 젊은이를 처벌할 것을 내게 요구했다. 내 동족을 죽인다는 것이 신앙심에 어울리는 행동은 아니라고 생각했으나 처벌하지 않을 수 없었기에 나는 호위병인 레위(Levi)에게 가서 클리투스의 양손을 자르라고 명령했다. 그러나 그는 혼자서 배에서 내려 그 많은 군중 속에 들어가 시킨 대로 할 엄두를 내지 못했다. 나는 내 호위병의 비겁함을 디베랴 주민들에게 보이는 것이 싫었다. 그래서 클리투스를 가까이 불러서 "네가 저지른 죄로 보건대 양손을 다 잘라야 마땅할 것이다. 그러니 네 스스로 양손을 자르도록 하라, 시키는 대로 하지 않을 경우에는 더 엄

한 벌을 받게 될 것이다"라고 명령했다. 그러자 그는 제발 한 손만은 사용할 수 있게 해달라고 애원했다. 나는 어쩔 수 없이 그렇게 하라고 허락했다. 양손을 다 잃지 않으려고 그는 기꺼이 자기 칼을 뽑아서 자기 왼손을 잘라버렸다. 이렇게 해서 선동은 끝이 났다.

35. 내가 타리크아에로 돌아온 후에 디베랴 사람들은 내가 쓴 전략을 알아차리고서 한 방울의 피도 흘리지 않고 자신들의 어리석은 반역 행위를 진압할 수 있었던 나의 계책에 대해 감탄해 마지 않았다. 나는 투옥해 두었던 디베랴 사람들을 감옥에서 불러내 함께 저녁 식사를 했다. 그 중에는 유스투스와 그의 아버지 피스투스도 있었다. 저녁 식사 중에 나는 그들에게 로마의 힘은 천하 무적이라고 생각한다고 말했다. 물론 강도들이 있어서 (공식적으로) 한 이야기는 아니었다. 그러므로 내가 하는 대로 따라 하라고 그들에게 충고했다. 그리고 기회가 올 때까지 참고 기다리자고 말했다. 나처럼 온건 노선을 취하는 사람은 없을 테니 내가 사령관이 된 것을 부담스럽게 생각하지 말라고 타이르기도 했다. 또한 나는 유스투스에게 내가 고발할 내용을 가지고 예루살렘에 올라가기도 전에 갈릴리인들이 자기 형제의 양손을 잘라버리고 나서는 마치 그가 도저히 용서받을 수 없는 무뢰한이었기에 어쩔 수가 없었던 것처럼 편지를 위조한 사건을 상기시켰다. 또한 가말라(Gamala) 사람들이 기회를 참고 기다리다가 필립(Philip)이 떠난 후에 바벨로니아인들(Babylonians)에 대해 폭동을 일으켜서 필립의 친족인 카레스(Chares)를 살해하고 또 필립의 형제 유스투스(Justus)의 처남인 예수(Jesus)를 살해한 사건을 상기시켰다. 저녁 식사 시간에 이런 이야기를 한 후에, 아침에 유스투스와 투옥되었던 모든 인사를 석방시켜 돌려보냈다.

36. 이미 이전에 야키무스(Jacimus)의 아들 필립(Philip)은 아래와 같은 이유로 가말라 요새에서 나오는 사건이 있었다. 필립은 바루스(Varus)가 아그립바 왕에 의해 실각되었으며 자신의 옛 친구요, 동료인 에퀴쿨루스 모디우스(Equiculus Modius)가 대신 그 자리에 올

요세푸스

랐다는 소식을 듣고 자신의 그간의 처지를 적은 - 왕과 왕비에게 보내는 - 자신의 편지들을 대신 전해 주었으면 한다는 내용이 담긴 편지를 그에게 보냈다. 모디우스는 이 편지를 받고 매우 기뻐했고 당시에 베리투스(Berytus)에 머물고 있던 왕과 왕비에게 필립의 편지들을 보냈다. 아그립바 왕은 그 동안의 필립에 관한 소문이 거짓임을 알고는 (유대인들이 로마에 대해 반역을 일으켰는데 그 대장이 필립이라는 소문이 벌써부터 떠돌았기 때문이었다) 기병들을 보내 필립을 자기에게 데려오게 했다. 필립이 당도하자 왕은 그를 매우 정중하게 영접했고 로마군 사령관을 불러 이 사람이 그 동안 로마에 반역을 일으킨 대장이라는 헛소문이 떠돌던 바로 그 사람이라고 설명했다. 왕은 필립에게 기병들을 이끌고 가말라 요새로 급히 가서 모든 식구들을 구해 내고 바벨로니아인들에게 바타네아(Batanea)를 다시 되돌려 주라고 지시했다. 왕은 또한 필립에게 그의 부하들이 반역죄로 몰리는 일이 없도록 최선을 다하라고 명령했다. 왕에게서 이런 지령을 받은 필립은 서둘러서 그 지령대로 일을 수행했다.

37. 가말라에는 그 당시 수많은 청년들이 따르는 요셉(Joseph)이라는 여의사의 아들이 있었다. 그는 거만하게도 가말라의 유력 인사들에게 접근해서 무기를 들고 왕에 대항해서 싸우면 자유를 쟁취할 수 있을 것이라고 설득하기 시작했다. 이들은 어떤 이들은 강제로 무기를 들게 했고 자기네 말을 듣지 않으면 살해했다. 우리가 이미 살펴본 대로 이들은 필립의 형제인 카레스와 디베랴의 유스투스의 처남인 예수를 살해했다. 가말라인들은 내게 군대를 파견해 줄 것과 성벽을 재건할 일꾼들을 보내 줄 것을 요청해 왔다. 나는 두 요구를 모두 묵살할 수가 없었다. 가울라니티스(혹은 골란, Gaulanitis) 지역은 물론 저 변방 솔리마(Solyma) 마을에 이르기까지 왕에 대해 반역을 일으켰다. 나는 또한 천연의 요새인 셀루키아(Selucia)와 소가니(Soganni) 두 마을의 성벽도 건설했다. 나는 그 자체가 암벽으로 되어 있는 곳이긴 하지만 상갈릴리의 여러 마을도 이와 마찬가지로 성벽을 쌓아 요새화했다. 그 마을들은 얌니아(Jamnia), 므

롯(Meroth), 아카바레(Achabare)이다. 나는 또한 하갈릴리의 타리크아에, 디베랴, 세포리스 등의 시(市)들과 아르벨라 동굴(cave of Arbela), 베르소베(Bersobe), 셀라민(Selamin), 요타파타(Jotapata), 카파레코(Capharecho), 시고(Sigo), 야파(Japha) 마을과 다볼산(Mount Tabor)[14] 등을 요새화시켰다. 나는 또한 후일에 그들의 안전을 위해 이런 곳에 많은 곡식과 무기를 비축해 놓았다.

38. 레위의 아들 요한(John)은 내가 하는 일이 잘 되어 가자 더 이상 참고 볼 수 없었을 뿐 아니라 나에 대한 적개심이 더욱 커져 갔다. 그래서 그는 가능한 모든 수단을 다 동원해서 나를 없애버리고 자기 고향인 기스칼라의 성벽을 세우려고 내심 굳게 결심했다. 즉시 그는 그의 형제 시몬(Simon)과 시센나(Sisenna)의 아들 요나단(Jonathan)과 약 100명의 병사들을 예루살렘의 가말리엘[15]의 아들 시몬에게 보내 갈릴리 지역 통치권을 내게서 빼앗아 가려고 하였다. 이 시몬은 예루살렘 출신인 데다가 귀족 태생이었으며 유대 율법에 대한 지식에 있어서 타의 추종을 불허하는 바리새인이었다. 그는 지혜와 분별력이 뛰어난 인물로서 공사(公事)가 엉망일 때 지혜롭게 공사를 처리할 줄 아는 사람이었다. 그는 요한과는 오랜 친구요 동료였으나 나와는 그 당시에 불편한 관계에 있었다. 결국 시몬은 이들의 건의를 받아들이고 대제사장인 아나누스(Ananus)와 가말라의 아들 예수(Jesus), 그 밖의 반역을 지지하는 다른 제사장들을 설득시켜서 나를 해고하고자 하였다. 그 당시 나는 세력이 굉장했고 영광이 절정에까지 올라가 있었다. 시몬은 나에게서 갈릴리 통치권을 박탈해야 갈릴리인들에게 이로울 것이라고 주장했다. 아나누스

---

14. 다볼산에 세운 성벽이 아직도 남아 있는데 최근에는 먼드렐(Maundrel)에 의해 목격되었다고 한다. 그의 여행기(Travels) 112페이지를 보라.
15. 이 가말리엘(Gamaliel)은 미쉬나(Mishna), 유카신(Juchasin), 포르타 모시스(Porta Mosis)에서 율법 학자들에 의해 언급된 가말리엘과 동일 인물일 것이다. 이것은 라틴어 주(註)를 보면 알 수가 있다. 그는 사도행전 5 : 34에 언급되어 있으며 사도 바울이 그 문하에서 교육을 받았던 가말리엘 1세의 손자인 가말리엘 2세일 것이다.

뿐 아니라 그의 친구들은 내가 그들의 계획을 눈치 채고 대군을 끌고 예루살렘을 공격하기 전에 일을 빨리 서둘러야 할 것이라고 했다. 이것이 시몬의 계략이었다. 그러나 수많은 대제사장들과 백성의 지도자들의 증거에 따르면 대제사장 아나누스는 내가 뛰어난 장군이기에 이 일이 결코 쉬운 일이 아님을 상기시키고 더우기 할 말도 없으면서 남을 고소하는 것은 어리석은 자의 행위라고 말했다고 한다.

39. 아나누스의 말을 듣고 난 시몬은 요한이 보낸 사절들에게 조속한 시일 내에 요세푸스를 갈릴리에서 몰아낼 터이니 모든 것을 비밀로 해두라고 당부했다. 그리고 나서 시몬은 요한의 형제 (시몬)을 불러서 아나누스와 그의 친구들의 마음을 바꾸려면 선물을 보내야 할 것이라고 은밀하게 귀띔해 주었다. 이렇게 해서 시몬은 결국 목적한바를 달성하고 말았다. 뇌물에 눈이 먼 아나누스와 그의 친구들은 시민들에게는 조금도 알리지 않고 나를 갈릴리에서 쫓아내는데 동의하고야 말았다. 결국 이들은 가문에 있어서나 학식에 있어서 남보다 뛰어난 인물들을 보내기로 의견을 모았다. 그 중 두 명은 서민 출신이며 바리새인인 요나단(Jonathan)[16]과 아나니아스(Ananias)였고 세번째 인물은 제사장 가문 출신이면서 동시에 바리새인이기도 한 요사르(Jozar)였으며 마지막 인물은 가장 젊은 대제사장인 시몬(Simon)이었다. 갈릴리에 도착하거든 갈릴리인들에게 왜 요세푸스를 좋아하느냐고 물어서 만일 그들이 예루살렘에서 태어났기 때문이라고 답한다면 우리 네 명 모두가 예루살렘 출신이라고 대답하고 만일 율법에 정통했기 때문이라고 답한다면 우리도 유대 율법에 결코 문외한이 아니라고 대답하고, 만일 제사장이기 때문이라고 답한다면 우리 중에 두 사람이 제사장이라고 대답하라는 지령이 이들에게 떨어졌다.

---

16. 이 요나단은 율법 학자들에 의해 포르타 모시스(Porta Mosis)에 언급된 인물과 동일 인물임이 라틴어 주(註)에 밝혀져 있다.

40. 요나단과 그 일행들에게 이런 지령을 내리고 난 후에 그들은 공금(公金)에서 4만 드라크마를 꺼내 주었다. 그들은 600명의 부하들을 거느리고 있는 예수(Jesus)라는 이름의 갈릴리인이 예루살렘에 체류하고 있다는 소문을 듣고 그를 불러서 3개월치 봉급을 지급하면서 요나단과 그 일행을 수행하고 그들의 명령에 복종하라고 지시했다. 그들은 또한 예루살렘 시민 300명에게도 돈을 주고 요나단과 그 일행을 따르라고 명령했다. 이들이 동의하고 행군할 준비를 갖추자 요나단과 그 일행은 요한의 형제와 백 명의 병사를 대동하고 함께 길을 떠났다. 이들이 받은 지령은 다음과 같았다: 만일 내가 자발적으로 무기를 버리면 살려서 예루살렘 시로 송환시킬 것이나 대항하는 경우에는 자기네들이 책임을 질 터이니 주저하지 말고 죽이라는 것이었다. 그들은 또한 요한에게 나와 싸울 만반의 태세를 갖추라는 서신을 보냈을 뿐 아니라 세포리스, 가바라, 디베랴 시 주민들에게는 요한에게 원군을 보내도록 하라고 명령을 내렸다.

41. 나의 선친께서 이런 사태의 전말을 편지로 내게 알려 왔을 때 (내 친구요 동료인 가말라의 아들 예수가 그 모임에 참석했다가 이런 사실을 나의 선친께 알렸던 것이다), 나는 나의 동료 시민들이 시기심에서 나를 죽이라는 명령을 내렸다는 것을 생각하니 매우 괴로왔다. 내 선친께서는 죽기 전에 아들의 얼굴이라도 한번 보고 싶다고 내게 한 번 내려올 것을 강요하다시피 하셨다. 나는 친구들에게 이 사실을 알리고 3일간 고향에 좀 다녀와야겠다고 말했다. 이 이야기를 들은 그들은 매우 슬퍼했으며 자기들을 멸망하도록 내버려 두지 말 것을 눈물을 머금고 내게 호소했다. 왜냐하면 그들은 내가 갈릴리의 통치권을 박탈당하면 마치 자신들이 멸망할 것처럼 생각했기 때문이었다. 그러나 내가 그들의 청을 듣지 아니하고 내 자신의 신변 안전에 신경을 쓰자 내가 떠난 후의 결과를 두려워한 갈릴리인들은 사자들을 보내 내가 떠날 결심을 했다는 소식을 전 갈릴리인들에게 알렸다. 내가 떠난다면 강도들의 손아귀에 들어갈 것을 그들은 뻔히 알고 있었기 때문이다. 이 소식을 듣자마자 갈릴리

인들은 각 처에서 처자들을 거느리고 무수히 몰려들기 시작했다. 이 것은 나에 대한 그들의 사랑이 극진했기 때문이라기보다는 내가 떠난 후에 그들에게 닥쳐올 재난에 대한 두려움에서였던 것처럼 보였다. 왜냐하면 내가 그들과 함께 있을 동안에는 어떤 해도 당하지 않을 것이라고 생각했기 때문이었다. 결국 그들은 모두 내가 거처하고 있는 아소키스(Asochis)라는 대평지(great plain)로 모여들었다.

42. 나는 바로 그날 저녁 놀라운 꿈을 꾸었다. 서신으로 연락받은 그 소식 때문에 불안하고 걱정스런 마음으로 잠자리에 들었을 때 어떤 사람이 내 곁에 서 있는 것만 같았다.[17] 그는 내 곁에 서서 "오, 요세푸스여! 너의 영혼을 괴롭게 하지 말라. 조금도 두려워하지 말라. 지금 너를 괴롭히고 있는 것이 장차 너를 유력하게 할 것이며 모든 면에 있어서 너를 행복하게 할 것이다. 너는 이 난관 뿐 아니라 다른 난관들도 잘 이겨 낼 것이다. 그러므로 낙담하지 말라. 네가 로마인들과 장차 싸워야 할 것임을 명심하도록 하라"고 말했다. 나는 이 꿈을 꾸고 일어나서 평지로 내려가 보리라고 작정했다. 여인네들과 아이들을 포함해서 전갈릴리 군중들은 나를 보자 얼굴을 땅에 대고 엎드려 눈물을 흘리면서 내가 떠나면 적들의 손아귀에 들어가게 될 터이니 제발 자기들을 버리지 말고 보호해 줄 것을 간청했다. 그러나 내가 그들의 간청을 들어 주지 않자 예루살렘 사람들은 자기들이 행복하게 사는 것을 배아파 하는 놈들이라고 욕설을 퍼부어 대면서 함께 있겠다는 맹세를 하라고 강요했다.

43. 이런 간청을 듣고 그들이 처한 슬픈 처지를 바라다보니 그들이 불쌍한 생각이 들기 시작했고 이렇게 많은 군중들을 위해서 희생을 각오하고 모험을 해보는 것이 나의 도리라는 생각이 들었다.

---

17. 나는 이것이 장차 일어날 큰 일을 보여 준 요세푸스의 놀라운(혹은 신적인) 꿈 중의 첫번째 꿈이라고 생각한다. 그 밖의 다른 꿈들에 대해서 알고 싶으면 유대 고대사 3권 8장 9절의 주(註)를 보도록 하라. 다른 꿈은 유대 전쟁사 3권 8장 3절과 9절에 나타난다.

그래서 나는 그들에게 함께 있겠다고 선언했다. 나는 5,000명만 남아 나와 함께 싸우자고 지시를 내리고 나머지는 생활 필수품을 주어 각자의 집으로 되돌려보냈다. 5,000명의 남자, 나는 그들과 전부터 나와 함께 있던 3,000명의 병사와 80명의 기병을 이끌고 톨레마이스(Ptolemais) 지경에 위치한 카볼로(Chabolo) 마을로 진군해서 내 군대를 집결시키고 톨레마이스 근방 갈릴리 마을들을 방화하라는 케스티우스 갈루스(Cestius Gallus)의 지령을 받고 2개 보병대(1개 보병대〔cohorts〕는 300~600명으로 구성됨-역자 주)와 1개 기병대를 이끌고 오는 플라키두스(Placidus)와 맞서 싸울 태세를 갖추었다. 이들이 톨레마이스 시 전방에 진을 치고 있기에 나 또한 그 마을에서 60퍼얼롱 떨어진 곳에 진을 쳤다. 나는 자주 전투를 벌일 것처럼 앞으로 전진하는 척했으나 일정 거리를 두고 그 이상은 전진하지 않았다. 플라키두스는 내가 전투 의욕에 불타고 있다는 것을 느끼고 두려운 나머지 전투는 피했으나 톨레마이스 지역에서 완전히 물러간 것은 아니었다.

44. 요나단과 그의 일행이 온 것이 거의 이 때쯤이었다. 이들은 우리가 이미 살펴본 대로 시몬과 대제사장 아나누스에 의해 파견된 자들이었다. 요나단은 노골적으로 나를 공격할 엄두는 내지 못하고 계책을 써서 나를 사로잡을 궁리를 했다. 따라서 그는 내게 이런 편지를 보내 왔다: "예루살렘 사람들에 의해 요세푸스에게 파견된 요나단과 그 일행이 문안을 드리오. 예루살렘의 유력 인사들은 기스칼라의 요한이 당신에게 수많은 함정을 팠다는 소문을 듣고 그를 꾸짖고 타일러서 당신에게 복종시키라는 지령을 우리에게 내렸소. 따라서 우리는 우리들의 공동 관심사에 관해서 당신의 의견을 듣고 어떻게 처리해야 할지 의논하기를 바라고 있소. 그러니 급히 우리에게 내려 왔으면 좋겠소. 이 마을은 작은 마을이라 많은 군대가 주둔하기 어려우니 올 때는 몇 명의 병사만 거느리고 오길 바라오." 이렇게 편지를 쓸 때는 아마 아래의 두 가지 가능성을 기대했을 것이 분명하다. 호위 병사 없이 오면 즉시 나를 체포할 것이고 많은 병사

요세푸스

를 끌고 오면 나를 공적(公敵)으로 몰 심산이었다. 이 서신을 가져온 병사는 한때는 왕의 군대에서 복무한 적이 있으며 평소에는 용감했던 기병이었다. 그가 도착한 것은 밤 제 2시(the second hour of the night), 내가 친구들과 갈릴리의 유력 인사들과 축연(祝宴)을 즐기고 있을 때였다. 내 시종이 유대국의 기병 한 명이 왔다는 소식을 전하길래 나는 들어오라고 명했다. 그는 들어와서 내게 인사도 하지 않고 편지를 내밀면서 "이 편지는 예루살렘에서 온 분들이 전해 올리라는 편지입니다. 즉시 귀환해야 하므로 답신을 빨리 써 주시기 바랍니다"라고 말했다. 나와 함께 한 손님들은 그 병사의 대담성에 놀라지 않을 수가 없었으나 나는 침착하게 같이 앉아서 식사나 함께 나누자고 했다. 그는 내 청을 거부했다. 나는 편지를 받은 그대로 손에 든 채 손님들과 다른 이야기를 나누었다.

몇시간이 지난 후 나는 자리에서 일어나서 친한 친구 네 명만을 남기고 모두 잠자리에 들라고 명했다. 그리고는 시종에게 술을 더 준비하라고 지시했다. 이 틈을 타서 나는 아무도 눈치 채지 못하게 편지를 뜯어 내용과 의도를 파악한 후에 다시 봉인하고 마치 내가 아직도 읽어보지 않은 것처럼 보이도록 손에 들고 있었다. 나는 여행 경비로 그 병사에게 20드라크마를 주라고 명령했다. 그는 돈을 받아들더니 고맙다고 말했다. 나는 그 순간 그가 돈을 좋아하며 돈으로 매수할 수 있는 인물이라는 것을 직감하고 "자네가 우리와 술을 마신다면 술 한 잔에 한 드라크마씩 주겠네"라고 제안했다. 그러자 그는 즐거운 눈빛으로 이 제안을 수락했고 돈을 더 얻기 위해 많은 술을 마시고 취한 나머지 비밀을 털어놓기 시작했는데 내가 묻지 않아도 술술 잘 털어놓았다. 그 내용은 나를 잡기 위해 계략을 꾸몄으며 나는 자기를 보낸 사람들에 의해 죽을 것이라는 것이었다. 이 이야기를 듣고 나는 이렇게 답신을 썼다: "요세푸스가 요나단과 그 일행에게 문안을 드리오. 무사히 갈릴리까지 오셨다니 기쁘기만 하오. 더우기 오래 전부터 바라던 대로 여기의 공무(公務) 처리를 당신들 손에 넘기고 고향으로 돌아갈 것을 생각하니 기쁘기 한량 없소. 당신들의 명령 없이도 멀리 사로트(Xaloth), 아니 그 이상까지도

내가 마땅히 당신들에게 나아가야 하나 여기 카블로(Chabolo)에서
갈릴리로 쳐들어 오려는 플라키두스의 동태를 살펴야 함을 용서해
주시오. 그러니 이 편지를 받거든 곧 내게로 와주셨으면 고맙겠소.
안녕히 계시오."

45. 나는 편지를 써서 병사에게 준 후에 갈릴리의 명사 30명을 같이
동행시켜 예루살렘에서 파견된 사절들을 영접하라고 지시했으나 다른
말은 일체 하지 않았다. 나는 또한 30명의 믿을 만한 병사들을 딸
려 보내 명사 1명씩을 맡아 호위하되 내가 보낸 자들과 요나단과 함
께 한 일행들이 밀담을 나누지 못하도록 감시하라고 했다. 이렇게
해서 이들은 요나단에게 나아갔다. 요나단과 그의 일행은 그들의 첫
번째 계책이 실패한 것을 깨닫고 내게 아래와 같은 편지를 다시 보
내왔다: "요나단과 그 일행이 요세푸스에게 문안을 드리오. 제 3일
에 호위 병사를 거느리지 말고 가바로트(Gabaroth)까지 와서 (기스
칼라의) 요한이 제기한 고소에 대해 답변을 하도록 하시오." 그들
은 이 편지를 쓰고 나서 내가 보낸 갈릴리인들을 영접하고 난 후에
갈릴리 최대의 마을인 야파(Japha)로 갔다. 야파는 튼튼한 성벽으로
둘러싸인 데다가 많은 주민이 살고 있는 마을이었다. 그들이 이곳
에 도착하자 주민들이 처자를 거느리고 마주 나와서는 훌륭한 사령
관을 시기하지 말고 예루살렘으로 되돌아가라고 고함을 질렀다. 이
런 고함 소리에 요나단과 그 일행은 매우 격분했으나 밖으로 드러내
지 못하고 아무 말도 못하다가 다른 마을로 갔다. 그러나 그 곳에
서도 마찬가지였다. 모든 주민들이 몰려나와서 "요세푸스 외에 다른
사령관을 인정하라고 설득해 보았자 부질없는 짓이다"라고 아우성
을 쳤다. 요나단과 그 일행은 아무런 소득도 얻지 못하고 그곳을 빠
져 나와 갈릴리 최대의 도시인 세포리스로 갔다. 다분히 로마 쪽으
로 기울어진 성향을 가진 세포리스 주민들은 그들을 영접했으나 나
를 칭찬하지도 않았고 비난하지도 않았다. 그들이 세포리스에서 아
소키스로 내려오자 그곳 주민들은 야파 주민들처럼 그들을 비난하
는 고함을 질러 댔다. 더 이상 참을 수 없었던지 그들은 부하 병사

들을 시켜서 고함을 지르는 자들을 곤봉으로 때리라고 명령했다. 그들이 가바라(Gabara)에 도착하자 요한은 3,000명의 병사를 거느리고 마중 나왔다. 나는 그들이 보낸 편지에서 나와 싸울 결의를 했음을 알아차리고 내 진영에는 가장 친한 친구 한 사람만 남기고 3,000명의 병사를 인솔하여 그들과 40퍼얼롱 밖에 안 떨어진 요타파타(Jotapata)로 갔다. 거기서 나는 그들에게 아래와 같은 서신을 보냈다: "내가 당신들에게 나아가기를 진정으로 바란다면 갈릴리에 240개나 되는 도시와 마을들이 있음을 상기해 주길 바라오. 요한의 고향 도시인 기스칼라와 그와 동맹을 맺은 가바라를 제외하고는 당신들이 원하는 곳에는 어디든지 가겠소."

46. 요나단과 그 일행은 이 편지를 받고서도 아무런 답신도 보내지 아니하고 친구들을 불러서 회의를 열고 요한을 상담자로 초청해서 나를 어떻게 공략할 것인가를 의논했다. 요한의 의견은 갈릴리 모든 도시나 마을에는 나와 의견을 달리하는 사람이 한두 명은 있기 마련이니 이들에게 편지를 보내서 이리로 오도록 초청하여 나를 적으로 생각하고 대적하도록 만드는 것이 어떻겠느냐는 것이었다. 그리고 이들을 예루살렘에 보내면 예루살렘 시민들이 내가 모든 갈릴리인들의 배척을 받는 줄 알고 자기들을 지지할 것이 아니냐는 것이었다. 일이 이렇게 되면 나를 지지하던 갈릴리인들조차도 두려운 나머지 나를 저버릴 것이라는 계산이었다. 요한이 이런 계책을 말하자 나머지 사람들도 모두 이에 동의했다. 나는 그들 휘하에 속했던 사람이었으나 그들을 버리고 내게로 온 삭케우스(Saccheus)라는 사람에 의해 밤 제 3시에 이런 사실을 다 알게 되었다. 그의 말을 듣고 보니 가만히 앉아 있을 시간이 없었다. 따라서 나는 신뢰하는 호위병인 제이콥(Jacob)에게 200명의 병사들을 거느리고 가바라에서 갈릴리로 가는 길목들을 지키고 있다가 지나가는 사람들을 사로잡아 내게로 보내되 특히 몸에 편지를 지니고 있는 자들을 잡아 오라고 지시했다. 나는 또한 내 친구 예레미아스(Jeremias)에게 600명의 병사를 주어서 갈릴리 변경에서 예루살렘으로 향하는 길목들을 지

키고 있다가 편지를 휴대한 자들을 체포해서 사람은 그 곳에 묶어 두고 편지는 내게 보내라고 지시했다.

47. 나는 이 명령을 그들에게 내리고 난 후에 구기와 3일간의 식량을 주고 떠나 보내면서 다음날 보자고 했다. 나는 함께 한 사람들은 4부대로 나누고 가장 믿을 만한 병사들을 내 호위 부대로 임명했다. 나는 또한 백부장을 임명하고 알지 못하는 병사가 단 한 명이라도 끼어들지 않도록 주의하라고 지시했다. 제 5일째 되는 날 내가 가바로트(Gabaroth)에 있을 때 마을 앞 평지에 나를 돕기 위해 갈릴리에서 모여든 병사들이 구름처럼 모여들었다. 내가 자리를 잡고 앉아서 이야기하려고 하자 그들은 나를 갈릴리의 은인이요 구세주라고 부르면서 환호성을 올렸다. 나는 이에 대해 답례하고 내게 보여 준 사랑에 대해 감사한다고 말하였다. 나는 그들에게 누구와도 싸우지 말며[18] 약탈하지도 말고 평지에 천막을 치고 각자 가져온 양식으로 만족하라고 충고했다. 나는 피를 흘리지 않고 이 문제를 해결하고 싶다는 의사를 그들에게 전달했다. 바로 그날 편지를 휴대하고 요한의 보냄을 받은 자들이 길목을 지키던 우리의 병사들에 의해 체포되었다. 병사들은 내가 시킨 대로 사람은 그 곳에 감금해 두고 편지만 내게 보냈는데 그 편지에는 온갖 비난과 거짓이 가득 적혀 있었다. 나는 누구에게도 말하지 않고 이들을 공격하기로 결심했다.

48. 요나단과 그 일행은 내가 온다는 소식을 듣자마자 친구들과 요한을 불러 모으고 큰 성이나 다를 바가 없는 예수(Jesus)의 집으로 퇴각했다. 그리고 은밀하게 일단의 병사들을 집 안에 배치하고 하

---

18. 요세푸스가 부하 병사들에게 내린 지시는 세례 요한이 군병들에게 한 지시와 동일하다(눅 3 : 14) - "사람에게 강포하지 말며 무소하지 말고 받는 요를 족한 줄로 알라." 여기에서 허드슨(Hudson) 박사는 요세푸스가 세례 요한의 추종자였다는 추측을 확증하고 있는데 이는 결코 불가능한 일맨은 아닐 것이다. 요세푸스의 생애 2절의 주를 보라.

나만 제외하고 모든 문을 닫아 걸었다. 그리고는 은근히 내가 그 열린 문으로 들어와 자기들에게 문안하기를 기대했다. 사실 이들은 내가 나타나면 나 외에는 아무도 집 안으로 들이지 말라고 병사들에게 명령을 내린 터였다. 이렇게 해서 나를 체포할 수 있을 것이라고 생각한 모양이었다. 그러나 내가 이미 그들의 계략을 눈치 챘으니 그들의 기대는 무산되고 말았다. 나는 도착하자마자 그들과 맞은 편에 거처를 정하고 짐짓 잠든 체하였다. 그러자 요나단과 그 일행은 내가 진짜 잠든 줄 알고 급히 평지로 내려와서 나를 나쁜 총독이라고 생각하도록 군중들을 설득시키려고 했다. 그러나 반응은 그들의 기대와는 정반대였다. 그들이 나타나자 갈릴리인들은 즉시 고함을 지르기 시작했다. 내가 그들의 총독(governor)으로 적임자이며 내게서 아무런 해도 입은 것이 없으니 나 외에 다른 사람을 지도자로 앉힐 그릇된 생각은 버리고 제발 되돌아가 달라고 요구했다. 마치 그들이 자기네들의 행복을 빼앗으러 온 사람들처럼 취급하는 것이었다. 이 소식을 듣고 나는 그들 가운데로 내려가기를 두려워하지 않았다. 나는 요나단과 그 일행이 무엇을 말하려는지 들어 보기 위해 그들 앞에 나아가기로 했다. 내가 나타나자마자 전군중들이 환호성을 올렸다. 내가 통치를 잘해 줘서 고맙다는 함성과 함께 찬사가 쏟아졌다.

49. 요나단과 그 일행은 이것을 보고 나 때문에 갈릴리인들이 자기들을 공격하지나 않을까하는 두려움과 함께 생명의 위협을 느끼고 도망갈 방법을 궁리해 보았으나 허사였다. 내가 그들에게 떠나지 말라고 요구하자 그들은 귀담아 듣지 않았다. 나는 군중들에게 그만 조용히 해달라고 자제를 요구하고 믿을 만한 호위병들을 거리에 배치해 요한이 불시에 공격할지도 모르는 가능성에 대비케 했다. 그리고 불시에 적의 공격이 있을지도 모르니 무기를 가지고 있으라고 갈릴리인들에게 충고했다. 그 후에 제일 먼저 나는 요나단과 그 일행들에게 그들이 보낸 (지난번의) 편지를 상기시켰다. 요한과 나 사이의 불화를 해소하기 위해서 예루살렘 백성들의 중지를 모아 대

표로 파견되었으니 왔으면 좋겠다고 하더니 도대체 어떻게 된 것이 냐고 다그쳤다. 그리고는 모든 사람들에게 그들이 보낸 편지를 공개했다. 편지가 유죄를 증명하고 있으니 그들은 아무 말도 하지 못하고 말았다. 즉시 나는 이렇게 말했다: "오 요나단이여! 그리고 그와 함께 온 일행 여러분이여! 요한의 행동과 비교해서 내 행동을 조사해 보고 증인들의 성품을 조사해 본 후에 선량하고 신실한 증인 두세 명[19]의 말을 들어 본다면 나에 대한 고소가 허위임을 즉시 알 수 있을 것이오. 그뿐 아니라 내가 갈릴리의 여러 문제들을 잘 처리해 왔음을 알게 될 것이오. 한 사람이 제 본분을 다했는지를 알아내는 데 세 사람의 증인으로 부족하다고 생각되면 여기에 있는 모든 사람들을 증인으로 삼아도 좋소. 내가 지금까지 어떻게 살아왔는지, 내가 혹시 무례하거나 부도덕하게 일을 처리했는지 이들에게 한번 물어 보시오.[20] 갈릴리인들이여! 조금도 진실을 숨기지 마시오. 재판관 앞에서 하듯이 이들 앞에서 내가 무슨 잘못한 일이 있거든 말하도록 하시오."

50. 내가 이렇게 말하자 모든 사람들이 한 목소리로 내가 그들의 은인이요 구세주였다고 나의 행적을 입증해 주었다. 그리고는 내게 앞으로도 계속 전처럼 해주셨으면 좋겠다고 했다. 그들은 맹세코 나 때문에 고통당한 사람은 아무도 없으며 자기 아내들이 무사했었노라고 했다. 그 후에 나는 요나단과 그 일행이 보낸 것과, 내가 길목에서 병사들을 시켜 중도에서 빼앗은 편지들 중 두 통을 갈릴리인들에게 공개했다. 그 내용은 내가 총독이라기보다는 폭군처럼 보일 정

---

19. 우리는 여기서 증인으로 채용하기 전에 증인의 성품을 알아보는 요세푸스 당시의 유대 풍습을 배우게 된다. 그뿐 아니라 증인이 셋, 적어도 둘은 있어야 된다는 점은 모세 율법과 사도적 구성(Apostolical Constitutions) 2권 37장과 내용이 너무나도 꼭 같음을 볼 수 있다. 부활된 호렙산 언약(Horeb Covenant Revived) pp. 97, 98을 보도록 하라.

20. 요세푸스가 전갈릴리인들에게 자신의 성실성을 호소하고 그들은 총독으로서 그의 성실성을 입증해주는 모습은 사무엘 선지자의 경우(사무엘상 12: 1 -5)와 아주 흡사한데 아마도 요세푸스가 사무엘 선지자를 모방한 것 같다.

도로 온갖 비난과 거짓말이 가득 담긴 것이었다. 그 외에도 여러 더러운 내용들이 담겨 있는 이 편지들은 그야말로 뻔뻔스런 거짓말만 담겨 있다고 보아도 무방할 정도였다. 나는 이 편지를 어떻게 입수했는지를 군중들에게 설명할 때 편지를 전달하는 임무를 맡은 자들이 스스로 나에게 건네 주었다고 말했다. 왜냐하면 적들이 내가 길목에 감시 병사를 배치한 것을 알면 두려워하여 다시는 편지를 쓰지 않을지도 모르는 일이었기 때문이다.

51. 군중들은 이런 편지 내용을 듣더니 요나단과 그 일행에 대해 격분한 나머지 달려들어 죽이려고 했다. 만일 내가 갈릴리인들의 분노를 억제시키고 "요나단과 그 일행이 잘못을 뉘우치고 고향으로 돌아가 그들을 보낸 사람들에게 솔직히 사실대로 말한다면 나는 그들의 과거를 용서해 줄 작정이오"라고 관용을 베풀지 않았다면 아마 그들은 살아 남지 못했을 것이다. 이 말을 하고 나는 그들이 약속한 대로 하지 않을 것을 뻔히 알았지만 풀어 주었다. 그러나 군중들은 그들에 대한 분노가 풀리지 않자 그들의 오만함을 처벌할 수 있도록 해달라고 내게 간청했다. 그러나 나는 어떠한 소동이든지간에 공공의 복지에는 전혀 이로울 것이 없음을 알았기에 군중들을 설득시키느라고 무진 애를 썼다. 그러나 군중들은 너무 화가 난 나머지 나의 말을 들으려고 하지 않았다. 그리고는 요나단과 그 일행이 거처하는 곳으로 몰려갔다. 나는 그들의 분노를 막을 길이 없음을 알고 군중들에게 나를 따르라고 명령하였다. 그리고 나는 말을 타고 가바라에서 20퍼얼롱 떨어진 소간(Sogane)으로 갔다. 이런 방법으로 나는 간신히 내란이 벌어지는 것을 막을 수 있었다.

52. 소간 가까이에 이르렀을 때 나는 군중들에게 잠시 쉬라고 명하고 급히 격분하지 말며 한 번 형벌을 가하면 취소할 수 없는 것이라고 타일렀다. 나는 그들 중에 나이가 지긋한 유력 인사 100명을 뽑아 예루살렘에 가서 그 동안의 사태를 소상히 설명하고 불간을 표시하라고 명령했다. 나는 그들에게 "만일 예루살렘 사람들이

여러분의 말에 수긍하면, 그들에게 계속 갈릴리를 내가 담당해도 좋으며 요나단과 그 일행은 즉시 철수하라는 내용의 편지를 내게 보내 줄 것을 요청하시오"라고 말했다. 그들이 가능한 한 빨리 준비를 갖춘 후에, 그들이 모인 지 제 3일째 되는 날 나는 그들을 파견했다. 나는 호위병 500명을 딸려 보냈다. 나는 사마리아에 있는 친구들에게 편지를 보내 그들이 무사히 통과할 수 있도록 조처해 달라고 부탁했다. 왜냐하면 사마리아는 이미 로마의 손아귀에 들어가 있었고 급히 예루살렘에 가려면 사마리아를 통하지 않을 수가 없었기 때문이었다. 이 길을 택하면 갈릴리에서 예루살렘까지 3일밖에 걸리지 않았다. 나는 이 노인들을 갈릴리 변경까지 안내했으며 감시병들을 곳곳에 배치해 이들이 떠나간 것을 아무도 모르게 했다. 이렇게 조처한 후에 나는 야파(Japha)에 가서 거기에 머물렀다.

53. 요나단과 그의 일행은 나를 잡으려는 계책이 실패로 돌아가자 요한은 기스칼라로 돌려보내고 자신들은 디베랴 시가 복종할 것으로 기대하고 그 곳으로 갔다. 이런 기대는 시 지배자인 예수(Jesus)가 그들이 오면 군중들이 환영할 것이고 복종할 것이라는 편지를 보낸 데 기인한 것이었다. 그래서 그들은 큰 기대를 안고 그 곳으로 간 것이다. 그러나 내가 디베랴의 관리인으로 남겨둔 실라스(Silas)가 내게 이런 사실을 알리고 급히 와주었으면 좋겠다고 했다. 나는 그의 충고를 받아들이고 그리로 갔다. 그러나 아래와 같은 이유로 나는 하마터면 생명을 잃을 뻔했다: 요나단과 그 일행은 이미 디베랴에 도착해서 나와 다툰 적이 있는 수많은 사람들을 설득시켜 나를 배반하게 했다. 이들은 내가 온다는 소식을 듣고서 두려워하여 내게로 찾아왔다. 와서 인사하면서 갈릴리를 이렇게 잘 통치하시는 것을 보면 당신은 분명히 행복한 사람입니다 라고 아첨하였다. 그들은 내가 찬사를 받는 것을 축하한다고 했다. 내가 자기들의 선생이요 동료 시민이기에 나의 영광이 바로 자기들의 명예라고 했다. 그들은 요한의 친구이기보다는 나의 친구가 되는 것이 더욱 좋기 때문에 즉시 집으로 돌아가서 기다렸다가 기회를 보아 요한을 잡아 내

게 넘기겠다고 말했다. 이들은 맹세까지 했다. 도저히 믿지 않을래야 믿지 않을 수가 없었다. 그러나 다음날이 안식일이니 안식일에 디베랴 시를 소란하게 만드는 것은 옳지 않으므로 어디엔가 거처를 정하고 기다리는 것이 좋겠다고 했다.

54. 결국 나는 아무런 의심도 하지 않고 타리크아에로 갔다. 그러나 사태가 어떻게 돌아가는지와 나에 대해 어떤 말이 있는지를 알아볼 사람을 몇 명 남겨두었다. 나는 또한 도시에 남겨 놓은 사람에게서 어떤 소식이 오면 그것을 전달할 사람들을 디베랴에서 타리크아에 이르는 요소 요소에 배치해 두었다. 그 다음날 모든 사람들이 프로슈카(Proseucha)[21] 로 모였다. 프로슈카는 수많은 사람을 수용할 수 있는 넓은 건축물이었다. 요나단이 그 안에 들어왔다. 그는 감히 반역을 일으키라고 말하지는 못했으나 디베랴 시가 지금보다는 더 나은 총독(governor)을 필요로 할 때라고 말했다. 그러자 시의 지배자인 예수는 양심의 가책도 느끼지 않고 "오, 시민 여러분! 한 사람보다는 네 사람에게 복종하는 것이 나을 것이오. 이들은 고귀한 귀족 출신인 데다가 지혜가 있기로 평판이 난 분들입니다"라고 소리쳤다. 그리고는 요나단과 그 일행을 가리켰다. 그가 이 말을 마치자 유스투스(Justus)가 들어와서 그가 한 말에 자기도 찬성한다고 하면서 그의 의견을 지지하자고 호소했다. 그러나 군중들은 그가 한 말에 기분이 상했기 때문에 유대 율법에 정한 바 안식일의 저녁 시간인 제 6시가 다가와서 군중들을 흩어지게 하지 않았다면 거의 폭동을 일으킬 뻔했다. 요나단과 그 일행은 그 다음날로 회의를 미루기로 하고 아무 성과 없이 되돌아갔다. 이 소식을 듣고 나는 아침에 디베랴 시에 가기로 결정했다. 그 다음날 제 1시에 나

---

21. 회당이 도시 안에 있는 데 반해 기도 장소인 프로슈카는 도시 밖에 있었는데 이렇게 큰 프로슈카가 디베랴 시 안에 있었다는 것은 주목할 만한 가치가 있다. 또한 요세푸스 당시 유대인들은 제 6시나 혹은 정오에 저녁 식사를 하는 습관이 있었는데, 그것도 모세 율법의 규정을 엄격히 지켰다는 것은 주목할 만하다.

플라비우스 요세푸스의 자서전

는 타리크아에를 출발했다. 이미 푸로슈카에 많은 군중들이 모여 있었으나 그들이 왜 모였는지를 아는 사람은 아무도 없었다. 요나단과 그 일행은 내가 갑작스럽게 그 곳에 나타난 것을 보고 매우 당황했다. 그러더니 여기서부터 30퍼얼롱 떨어진 갈릴리 변경의 유니온(Union)이라는 곳에 로마 기병대가 나타났다고 거짓으로 꾸며 댔다. 요나단과 그 일행은 내게 이 사실을 가볍게 보지 말고 이 땅이 적에게 약탈되지 않도록 빨리 가보라고 했다. 이것은 급한 일이 있다는 핑계로 나를 도시 밖으로 내보낸 다음에 군중들을 자기편으로 만들고자 하는 계책이었다.

55. 나는 그들의 계략을 환히 들여다보았으나 디베랴 주민들이 내가 그들의 안전에 무관심하다는 인상을 심어줄까봐 어쩔 수 없이 그들의 말에 동의했다. 결국 나는 성을 나와 그 곳에 가보았으나 적군의 발자국은 흔적도 찾아볼 수가 없었다. 나는 가능한 한 빨리 되돌아왔다. 와 보니 사람들이 모두 모여 전체 회의를 하고 있었는데 요나단과 그 일행은 내가 백성들에게서 전쟁의 짐을 벗기는 데는 관심이 없고 오직 호화스럽게 사는 데만 관심이 있는 인물이라고 흥분하여 나를 비난하고 있었다. 이렇게 비난하면서 그들은 갈릴리 변경의 주민들이 그들에게 보내 왔다는 편지를 꺼내 보였다. 그 내용은 제 3일에 로마군이 보병뿐 아니라 기병이 마을을 습격할 작정이라고 하니 모른척 하지 말고 빨리 와서 도와 달라는 간청이었다. 이 이야기를 들은 디베랴 주민들은 편지의 내용이 사실인 줄 알고 나를 비난하면서 가만히 있지 말고 어서 가서 동족을 도와 주라고 말했다. 나는 (요나단과 그 일행이 꾸민 계략을 알아차리고) 주민들이 시키는 대로 지체 없이 그들이 말한 전쟁터로 달려가겠으나 한 가지 제안할 것이 있다고 말했다. 갈릴리 변경 주민들이 보낸 편지에 따르면 로마군이 네 마을을 공격할 것이라고 하니 우리도 부대를 다섯으로 나누어서 요나단과 그 일행들을 각 부대의 대장으로 삼는 것이 어떻겠느냐고 했다. 또한 나 혼자서는 한 부대 이상을 지휘할 수도 없는 데다가 용감한 사람이라면 계략을 짜내는 데서 그

칠 것이 아니라 동족이 위험에 처해 있으면 앞장서서 동족을 돕는 것이 도리가 아니겠느냐고 말했다. 나의 이 제안이 군중들의 마음에 꼭 들었던지 그들에게 전쟁에 앞장서라고 강요했다. 요나단과 그 일행은 전혀 생각지도 못했던 나의 반대 계략에 걸리자 그만 당황한 빛을 감추지 못했다.

56. 그 때에 요나단의 일행 중 하나인 아나니아스(그는 악한 인물이요 매우 해로운 인간이었다)가 말하기를 그 다음날 모든 사람들이 일반적인 종교적 금식일[22]로 지키는 것이 어떻겠느냐고 제안하면서, 하나님의 도우심만 얻을 수 있다면 이런 무기들쯤이야 아무 소용도 없으니까 같은 시각에 무기를 소지하지 말고 같은 장소에 모여 하나님 앞에 나아가자고 했다. 그의 제안은 경건한 신앙에서 우러나온 것이 아니라 나와 나의 친구들이 무장을 하지 않고 있을 때를 틈타서 사로잡으려는 음흉한 음모에서 나온 것이다. 나는 주민들에게 경건을 무시하는 사람으로 보일 것 같아 마지 못해 동의했다. 우리가 집으로 돌아가자마자 요나단과 그 일행은 나를 이제는 손쉽게 사로잡을 수가 있게 되었으니 가능한 한 많은 병사들을 거느리고 아침에 자기네들에게 오라고 편지를 보냈다. 요한은 이 편지를 받고 그렇게 하기로 결심했다. 나는 그 다음날 가장 신임하는 용감한 내 호위병 둘을 불러 옷 속에 단검을 감추고 내 곁을 떠나지 말라고 명령했다. 왜냐하면 적들이 불시에 공격해 올지도 모르는 상황이었기 때문이었다. 나는 될 수 있는 대로 보이지 않게 가슴받이를 착용하고 칼을 차고 프로슈카로 갔다.

57. 시 지배자인 예수(Jesus)가 직접 문 앞에 버티고 서서 자기 친구들만을 들여보내면서 나와 함께 한 사람들은 들어갈 수 없다고 말

---

22. 우리가 이미 살펴본 대로(39절) 평신도 바리새인(lay-Pharisee)인 아나니아스가 과감하게 디베랴 주민들에게 금식을 선포하자 이에 주민들이 복종한 것을 주목할 필요가 있다. 물론 아나니아스의 제안은 종교적 동기에서 나온 것이 아니라 사악한 계략에서 나온 것이다.

했다. 우리가 그날의 의무인 금식을 하면서 기도에 전념하고 있을 때 예수가 일어나서 왕궁이 불탈 때 꺼낸 기구들과 주조되지 않은 은(銀)은 어찌 되었으며 지금은 누가 보관하고 있느냐고 내게 물어왔다. 그가 이런 질문을 내게 하는 것은 요한이 올 때까지 시간을 벌자는 심산이었다. 나는 카펠루스와 디베랴의 유력 인사 10명이 그것을 보관하고 있는데 거짓말인지 아닌지 직접 물어보라고 하였다. 그들이 사실이라고 말하자 그는 상당량의 주조되지 않은 돈(un-coined money)을 주고 받은 금화 20개(twenty pieces of gold)는 어떻게 되었느냐고 내게 다시 질문했다. 나는 그것을 예루살렘에 파견되는 사절들에게 비용으로 주었다고 대답했다. 그러자 요나단과 그 일행은 공금(公金)에서 사절들의 비용을 댄 것은 잘못한 것이라고 몰아붙였다. 군중들은 이것을 보고 그들의 사악함을 깨달았던지 그들에 대해 격분하기 시작했다. 나는 폭동이 일어날 것 같은 분위기를 직감하고 군중들의 감정을 심하게 자극하기 위해 "만일 내가 우리 사절들의 비용을 공금에서 댄 것이 잘못이라면 내가 금화 20개를 보상할 것이오. 그러니 더 이상 내게 화를 내지 마시오"라고 말했다.

58. 내가 이렇게 나오자 요나단과 그 일행은 아무 소리도 못하게 되었고 군중들은 그들이 내게 부당한 악의를 품고 있음을 보고 더더욱 격분하는 것이었다. 예수는 군중들이 이렇게 변하는 것을 보고 이렇게 소란해서는 이런 중대 사건을 조사할 수 없으니 의회(senate)만 남고 나머지는 해산하라고 명령했다. 군중들이 나를 홀로 두고서는 갈 수가 없다고 아우성을 칠 때 어떤 한 사람이 오더니 예수와 그 일행들에게 요한이 가까이 왔다고 은밀히 귀띔을 했다. 그러자 요나단과 그 일행은 더 이상 참을 수가 없었던지(아마도 이렇게 해서 나를 구원하시려는 하나님의 섭리였던 것 같다. 왜냐하면 그렇지 않았다면 나는 요한에게 죽음을 당했을 것이 분명하기 때문이다), "오, 디베랴 시민들이여! 보십시오, 금화 20개에 대한 행방에 대해서는 더 이상 논의하지 맙시다. 금화 20개 때문에 죽어야 마땅한

요세푸스

것은 아니지 않습니까? 그러나 갈릴리의 통치권을 장악하기 위해서 갈릴리인들을 속이고 폭정으로 다스린 죄로 볼 때는 요세푸스는 죽어야 마땅한 것입니다"라고 소리쳤다. 이 말이 끝나자 그들은 나를 잡아서 죽이려고 덤벼 들었다. 그러나 내 곁의 호위병들이 그들이 내게 달려드는 것을 보더니 칼을 뽑아 들면서 내게 손을 대면 죽여 버리겠다고 위협했다. 군중들은 돌을 들어 요나단을 치려고 하면서 나를 적들의 손아귀에서 빼내 주었다.

59. 밖으로 나와 어느 정도 갔을 때 나는 부하들을 거느리고 진격해 오는 요한과 정면으로 맞닥뜨렸다. 나는 그가 두려웠다. 그래서 옆으로 피해 좁은 길을 따라 호수까지 가서 배를 타고 타리크아에로 항해했다. 이렇게 기대 밖의 방법으로 위험으로부터 벗어날 수 있었다. 나는 즉시 갈릴리의 주요 인사들을 불러 모으고 요나단과 그의 일행과 디베랴 시민들이 약속을 배반하고 자기를 죽이려고 해서 큰일 날 뻔했었다는 이야기를 소상히 밝혔다. 갈릴리인들은 흥분해서 더 이상 그들과의 전쟁을 미룰 이유가 없다면서 요나단과 그 일행뿐 아니라 요한까지도 죽여 없애도록 허락해 달라고 요구했다. 그러나 나는 비록 화가 나겠지만 자제하고 예루살렘에 보낸 사절들이 어떤 명령을 가지고 올지 알아보고 일을 처리하자고 말렸다. 그 명령에 따라 행동하는 것이 최선의 길이라고 설득하자 그들도 그렇게 하겠다고 했다. 그 당시 요한은 계획대로 안 되자 그만 기스칼라로 돌아갔다.

60. 며칠 후에 우리가 보낸 사절들이 돌아와서 예루살렘 사람들이, 아나누스(Ananus)와 가말리엘의 아들 시몬과 그의 친구들에게 어떤 공식적인 결정도 없이 갈릴리에 사절을 파견해서 나를 몰아내려고 한 이유가 무엇인지에 대해 크게 격분하고 있다고 전했다. 예루살렘 사람들은 너무 화가 난 나머지 그들의 집을 불살라 버리려고까지 했다는 것이었다. 우리가 보낸 사절들은 예루살렘 백성들의 진지한 탄원에 의해 갈릴리의 통치권을 계속 내게 맡길 것이니 요한

56

과 그 일행은 즉시 귀환하라는 예루살렘의 통치자들의 명령이 담긴 서신을 가지고 왔다. 나는 이 편지를 가지고 아르벨라(Arbela) 마을로 가서 거기서 갈릴리인들의 회의를 소집했다. 나는 사절들을 시켜서 갈릴리인들에게 예루살렘 주민들이 요나단과 그 일행에 대해 품고 있는 분노가 얼마나 크며 그들의 악한 행위를 얼마나 미워하고 있는가를 이야기하라고 했을 뿐 아니라 예루살렘의 통치자들이 내게 갈릴리의 통치권을 계속 맡긴다는 결정을 내렸고 요나단과 그의 일행은 즉시 귀환하라는 명령을 내렸다는 사실을 밝히라고 했다. 그 후에 나는 즉시 이 편지를 요나단과 그 일행에게 보내면서 편지를 전달하는 자에게 그들이 편지를 받고 어떻게 하려그 하는지를 가능한 한 자세히 알아보라고 명령했다.

61. 그들은 편지를 받고 크게 당황한 빛을 보이더니 요한과 디베랴 의회 의원들과 가바렌스(Gabarens)의 유력 인사들을 불러 회의를 개최하고 앞으로의 행동 방향에 대해 의논해 보자고 제의했다. 그러나 디베랴의 의원들은 자기들의 정권 유지에 급급한 나머지 지금은 도시를 떠날 때가 아니라고 했다. 디베랴 시가 그들의 손에 맡겨진 이상 도시를 비워 두면 내가 지체 없이 습격해 올 것이라고 하면서, 또 내가 실제로 그렇게 하겠다고 위협했다고 거짓으로 꾸며댔다. 요한은 위의 의견에 동조하고 4명 중 2명만이 예루살렘에 가서 내가 갈릴리의 사태를 제대로 처리하지 못한다고 군중들에게 고소하는 것이 좋겠다고 충고했다. 그들은 출신 성분이 좋은 데다가 군중들은 변하기를 잘하니까 아마 쉽게 설득할 수 있을 것이라고 했다. 요한의 제안이 최선책으로 보였던지 요나단과 아나니아스는 예루살렘으로 가고 나머지 두 사람(시몬과 요아사르)은 디베랴에 남아 있기로 결정했다. 그들은 호위병 100명을 이끌고 예루살렘을 향해 출발했다.

62. 디베랴의 지배자들은 시를 안전하게 지키기 우해 성벽을 쌓는 데 최선을 기울이고 주민들에게는 전쟁 준비를 하라고 명령했다. 그들은 또한 필요할지 모르니 나와 대적할 병사들을 많이 보내 달라

고 요한에게 요청했다. 그 당시 요한은 기스칼라에 있었다. 요나단 과 그 일행은 디베랴를 출발해 갈릴리의 최남단에 위치한 마을인 다바리타(Dabaritta)에 이르러 평지에 도착했을 때 내가 배치해 놓은 감시 병사들에 의해서 밤중에 붙잡히게 되었다. 병사들은 내가 시킨대로 그들의 무장을 해제하고 그 곳에 붙잡아 두었다. 이 소식은 그 곳 감시 부대의 지휘관으로 임명한 레위에 의해 내게 서신으로 전달되었다. 나는 이에 대해서 이틀 동안 아무 말도 하지 않았다. 나는 이에 대해서는 아무 것도 아는 바가 없는 것처럼 디베랴 주민들에게 메시지를 전달하고 무기를 버리고 병사들을 해산시켜 각자 집으로 귀가하도록 조처하라고 충고했다. 그러나 그들은 요나단과 그 일행이 예루살렘에 이미 도착했을 것이라고 생각해서인지 내게 비난이 가득 담긴 답장을 보내 왔다. 그러나 나는 하나도 두렵지 않았다. 나는 같은 시민들끼리의 전쟁에 불을 붙이는 행위는 경건한 신앙의 행위가 아니라고 생각했기에 다른 전략을 생각해 냈다. 나는 이들을 디베랴 밖으로 유인해 낼 생각을 가지고 내 휘하 정예 부대 중 만 명을 골라서 3대로 나누고 아무도 모르게 마을로 가서 매복하고 있으라고 지시했다. 나는 또한 천 명의 병사를 디베랴에서 단지 4퍼얼롱밖에 떨어지지 않은 산들 가운데 있는 마을에 매복해 있다가 내가 신호하면 불시에 밑으로 내려오라고 지시했다. 내가 나타나자 디베랴 주민들은 계속해서 성 밖으로 나오면서 나에게 무서운 저주를 퍼부어 댔다. 이들의 광기(狂氣)는 극에 달해 나를 위해 버젓한 관가(棺架)를 만들어 놓고 주위에 뻥 둘러서서 나를 위해 곡을 하면서 조롱하고 있었다. 나는 이들의 미친 듯한 행동을 보고 웃지 않을 수가 없었다.

63. 나는 시몬과 요아사르를 계략으로 사로잡기 위해 메시지를 보내고 그들과 동맹을 맺고 갈릴리의 통치권을 양분하고 싶으니 성 밖 조금 떨어진 곳으로 호위병들을 거느리고 나오지 않겠느냐고 제의했다. 결국 시몬은 성격이 원래 급한 데다가 무엇인가 얻을 것이 없을까 하는 기대감에 지체하지 않고 나왔으나 요아사르는 함정이 파

져 있음을 눈치 채서인지 나오지 않았다. 시몬이 자신의 호위병들을 거느리고 나왔을 때 나는 그를 정중하게 영접하고 이렇게 와 주신 것에 대해 감사한다고 했다. 그리고 나서 나는 그와 단둘이 무슨 할 말이 있는 것처럼 그 옆에 서서 한참을 같이 걸었다. 나는 그를 그의 호위병들에게서 상당한 거리를 떼어 놓은 다음 그의 허리를 휘어 잡아서 꼼짝 못하게 한 후에 내 곁의 친구들에게 마을로 데려가라고 지시했다. 그리고 나서 매복한 병사들에게 신호를 보내고 그들과 함께 디베랴인들을 공격했다. 전투는 양편이 모두 치열했으나 디베랴 병사들이 이긴 것이나 다름 없었다(왜냐하면 내 병사들은 이미 도망을 쳐버렸기 때문이었다). 나는 마음을 가다듬고 병사들을 격려해 이미 정복자의 기분으로 들떠 있는 디베랴 병사들을 추격해 성 안으로 들어갔다. 나는 또한 다른 일단의 병사들을 호수를 통해 성 안으로 들여보내고 첫번째로 빼앗은 집에 불을 지르라고 명령했다. 불이 나자 디베랴 주민들은 그들의 시가 무력으로 점령된 줄 알고 두려워서 무기를 버리고 병사들과 처자들이 모두 나와 제발 용서해 달라고 간청했다. 결국 나는 그들의 간청에 이기지 못해 병사들에게 그만하라고 명령했다. 저녁이 되었을 때 나는 병사들과 함께 되돌아와 편히 쉬었다. 나는 시몬을 저녁 식사에 초청하고 위로한 후에 예루살렘까지 무사하게 보내 주겠다고 약속했다. 게다가 여행에 필요한 모든 것을 다 제공해 주겠다고 했다.

64. 그 다음날 나는 만 명의 군사를 거느리고 디베랴로 갔다. 나는 디베랴의 유력 인사들을 공공 장소로 불러 내서 반역의 주모자들을 대라고 말했다. 나는 이들이 반역의 주모자들로 지적한 사람들을 체포해서 요타파타(Jotapata) 시에 가두어 두었다. 그러나 요나단과 아나니아스는 풀어 주고 여비를 주어서 시몬과 요아사르와 함께 500명의 병사들의 호위를 받으면서 예루살렘까지 가게 했다. 디베랴 주민들이 내게 나와서 자신들이 한 행동을 용서해 달라고 간청했다. 앞으로 절대 충성을 보임으로써 지금까지의 내게 보인 불충을 보충하겠다고 했다. 그들은 병사들이 자기네들에게 약탈해 간

것을 되돌려 주면 좋겠다고 내게 탄원했다. 나는 병사들에게 약탈한 것을 모두 내놓으라고 지시했다. 그러나 병사들은 한참 동안 내 명령을 듣지 않았다. 나는 내 주위에 있는 한 병사가 남다르게 화려한 옷을 걸치고 있는 것을 보고 어디서 났느냐고 물었다. 그는 디베랴 시를 공격했을 때 약탈해서 얻은 것이라고 대답했다. 나는 그를 채찍으로 때리라고 명령하고 병사들에게 만일 약탈한 것을 모두 내놓지 않으면 더 엄한 벌을 받게 될 것이라고 위협했다. 그러자 수 많은 약탈품을 내놓았다. 나는 이것들을 디베랴 주민들에게 주인을 찾아 나누어 주었다.

65. 이야기가 여기까지 전개되었으니 나는 여기서 이 사건들에 대한 역사를 기록한 유스투스(Justus)와 역사를 기록하겠다고 나섰으면서도 진리에 대해 관심을 기울이지 않으며 누군가에 대한 악의에서인지 선의에서인지 모르나 거짓을 말하기를 두려워하지 않는 이들에 대해 몇 마디 해 두고 싶다. 이들은 문서를 위조하고 남을 속이는 행동을 하는 자들을 좋아한다. 더우기 이들은 그런 사람들과 같은 형벌을 받는 것이 아니므로 진리에 주의를 기울이지 않는다. 유스투스는 자신이 근면한 사람인 것처럼 보이기 위해 이 사건들, 즉 유대 전쟁에 관한 역사를 기록할 때 내게 관련된 것을 위조했을 뿐 아니라 자기 고향인 디베랴 시에 대해서도 진실을 말하지 않았다. 그가 나에 대해 잘못된 이야기를 유포시키고 있기에 나는 어쩔 수 없이 방어를 하고 있는 것이며 지금까지 감추어 왔던 사실을 이제 밝히려고 하는 것이다. 그러면 왜 그렇게 오랜 동안 이런 사실을 밝히지 않고 있었는지 의아해 할 분도 있을 것이다. 그러나 의아해 할 필요는 없다. 왜냐하면 비록 역사가가 진실을 말해야 함은 엄연한 사실이나 몇몇 인간의 사악함을 지나치게 비평하는 것은 역사가의 온당한 태도가 아니기 때문이다. 이것은 내가 그들에게 무슨 호의를 얻어 내기 위해서가 아니라 작가로서 자제(moderation)를 해야 할 필요성을 느꼈기 때문이었다. 가장 현명한 작가라고 자칭하는 유스투스여! (그가 내 앞에 있는 것처럼 말을 하겠다) 나와 갈릴리인

들이 로마와 왕 (아그립바 2세)에 대해 반역을 일으킨 주모자들이고 자기들은 어쩔 수 없이 끌려 들어갔다니 그게 어쩌된 말이오?

내가 예루살렘 공동체에 의해 갈릴리의 총독으로 임명되기 전에 이미 당신과 모든 디베랴 주민들은 무기를 들고 수리아의 데가볼리(Decapolis of Syria)와 전투를 벌이고 있었소. 그 때 당신은 데가볼리를 불살라 버리라고 명령했었고 전쟁 중에 종 하나를 잃어 버렸소. 마을을 방화하라는 말을 한 사람은 내가 아니오. 베스파시안 황제의 해설집(the Commentaries of Vespasian, the emperor)을 보면 데가볼리의 주민들이 톨레마이스에 있는 베스파시안에게 와서 전쟁을 일으킨 장본인인 당신을 처벌해 달라고 요구했다고 적혀 있소. 당신을 죽이라는 명령을 받은 아그립바 왕이 누이 버니게(Bernice)의 간청에 의해 사형에서 장기 징역으로 감형하지만 않았더라도 당신은 베스파시안의 명령에 의해 사형되었을 것이오. 그 후에 당신의 정치 운영 방식은 분명히 당신의 다른 삶의 국면을 보여 줄 뿐 아니라 당신이 바로 당신의 시를 로마에 대해 반역케 만든 장본인임을 보여 주고 있소. 이에 대한 분명한 증거를 지금 보여 줄 참이오. 나는 또한 당신 때문에 디베랴 주민들에게 몇 가지 할 말이 있소. 그리고 당신이 로마에 대해서나 왕에 대해서나 호의를 갖고 있지 않았음을 밝힐 심산이오. 오 유스투스여! 확실히 갈릴리의 최대 도시는 세포리스와 당신의 디베랴인 것은 분명하오. 세포리스는 갈릴리 중심부에 위치하고 있고 주위에 마을들이 많기 대문에 마음만 먹으면 로마인들에게 귀찮고 괴로운 존재가 될 수 있었으나 로마에 계속 충성을 바치기로 결의하고 나를 도시 밖으로 축출했을 뿐 아니라 모든 시민들에게 유대인과 함께 전쟁에 참여하는 것을 금지했소. 그들은 꾀를 짜내어 위험을 미연에 방지하려는 것처럼 성벽을 쌓아 도시를 요새화해도 좋다는 허락을 내게서 얻어 냈소. 그들은 또한 그 당시 수리아 총독이었던 케스티우스 갈루스(Cestius Gallus)가 보낸 로마 수비대를 기꺼이 맞아들였소. 그 당시 나는 강력했고 모든 이가 나를 심히 두려워했는 데도 불구하고 이들은 나를 경멸했소.

바로 그때 우리의 최대 도시인 예루살렘이 포위되었고 우리 모두의 소

요세푸스

유인 성전이 적의 손아귀에 들어갈 형편이었음에도 불구하고 그들은 로마에 반역을 일으켰다는 소리를 들을까봐 예루살렘에 원군을 보내지 않았소. 그러나 오 유스투스여! 게네사렛(Genesareth) 호수가에 위치하고 있고, 힙포스(Hippos)에서 30퍼얼롱, 가다라(Gadara)에서 60퍼얼롱, 그리고 왕의 관할 하에 있는 스키토폴리스(Scythopolis)에서 120퍼얼롱 떨어진 당신의 도시는 어떻소? 주위에 유대인의 도시가 없었기 때문에 마음만 먹으면 로마에 계속 충성을 바칠 수도 있었을 것이오. 게다가 많은 무기까지 보유하고 있었으니 더욱 그럴 수 있지 않았소? 그런데 당신은 내가 그 당시(그들의 반역의) 주모자였다고 말하고 있으니. 오, 제발 유스투스여! 그렇다면 그 후의 주모자는 누구란 말이오? ― 당신도 알다시피 나는 예루살렘이 포위되기 이전에 이미 로마군의 손아귀에 들어 있었고 다른 많은 요새와 함께 요타파타(Jotapata)가 적군에 의해 완전히 점령되기 이전에 벌써 많은 갈릴리인들이 전쟁의 와중 속에 빠져 들어가 있었소. 결국 그 때가 내가 붙잡혀 있을 때였으므로 나에 대한 두려움은 없을 때였으니 당신들이 무기를 버리고, 자발적으로 전쟁에 참여한 것이 아니라 어쩔 수 없이 강제로 전쟁에 빠져든 것이라고 로마와 왕에게 의사를 표시할 수 있었던 절호의 기회였소. 그러나 당신들은 베스파시안이 직접 대군을 이끌고 성벽에 이를 때까지 가만히 있다가 그 때서야 두려운 나머지 무기를 버렸소. 만일 베스파시안이 당신들을 위한 왕의 간청을 듣지 않고 당신들의 광기(狂氣)를 용서해 주지 않았다면 당신들의 도시는 분명히 무력으로 점령되었을 것이오. 결국 반역의 주모자는 내가 아니라 당신들의 호전성(好戰性)이었소. 내가 얼마나 자주 당신들을 내 손아귀에 넣고도 한 명도 죽이지 않았는가 생각해 보시오. 내가 요타파타에서 로마군에게 포위되어 있을 때 당신들은 서로 혈투를 벌여 시민 185명을 살해한 적이 있었소. 그것도 왕이나 로마의 호의를 사기 위해서가 아니라 당신들의 사악함 때문에 서로 싸우다가 나온 결과였소. 물론 예루살렘이 포위되었을 때 살해되었거나 포로로 잡혀간 디베랴 주민 2,000명은 계산하지 않은 것이오. 물론 당신은 왕에게로 도망을 쳤으니까

플라비우스 요세푸스의 자서전

그 전쟁에 끼어들지 않았다고 주장할 것이오. 그렇지. 당신은 왕에게로 도망을 쳤지. 그러나 당신이 도망을 친 것은 나에 대한 두려움 때문이었다는 것을 나는 밝히고 싶소. 물론 당신은 나쁜 놈은 자기가 아니라 바로 나라고 말할 것이오. 그렇다면 베스파시안이 죽이라고 명령했을 때 당신의 목숨을 살려 주고 많은 재산까지 내려 준 아그립바 왕이 그 후에 두 번이나 당신을 감금하고 두 번이나 고향 도시를 도망치게 한 이유는 무엇이며 당신을 죽이라고 명령했다가 버니게의 간청으로 당신을 용서해 준 이유는 무엇이오? (당신이 그렇게 못된 짓을 많이 한 후에) 그가 당신을 비서로 삼았을 때 당신이 자기 편지를 위조하는 것을 보고 당신을 내쫓지 않았소? 나는 더 이상 당신의 추한 수치들을 상세히 밝히고 싶지는 않소. 그러나 그 당시 왕과 함께 베리투스(Berytus)에 있었기에 갈릴리에서 무슨 일이 일어났는지 알지 못하면서, 그 전쟁에 대한 역사를 기록한 다른 모든 사람보다 자기가 더 상세하고도 많은 것을 알고 있다고 장담하는 당신의 뻔뻔스러움에는 그만 아연 실색할 수밖에 없었소. 게다가 당신은 로마군이 요타파타를 공격하느라고 얼마나 애를 먹었으며, 로마군이 우리에게 어떤 불행을 가져다 주었는지도 알 수가 없을 것이오. 또한 당신은 포위당했던 순간에 내가 어떻게 했는지도 알아볼 사람이 없었을 것이오. 왜냐하면 포위당했던 모든 사람들이 전멸했기 때문에 정보를 전해 줄 사람이 없기 때문이오. 그러나 아마 당신은 예루살렘의 공성(攻城) 기사만큼은 자세히 쓸 수 있었다고 주장할 것이오. 그러나 어떻게 그럴 수가 있소. 당신은 그 전쟁에 참여하지도 않았고 케사르의 해설집(the commentaries of Caesar)을 읽어 본 적도 없지 않소? 당신의 기사는 케사르의 해설집과 모순되는 점이 많은 것으로 보아 그것이 분명한 증거가 되오. 만일 당신이 다른 이들보다 역사를 더 잘 기록했다고 자랑할 수 있다면 어째서 헬라어에 박식한 아그립바 왕과 그의 가족 뿐 아니라 그 전쟁에 장군으로 참전한 베스파시안과 티투스(Titus) 황제가 모두 살아 있을 때에 당신의 역사를 출판하지 않았소? 당신은 이 20년간 역사를 기록해서 당신의 역사 기록이 정확하다는 평가를 얻어 냈어

63

야만 했소. 그러나 이들이 모두 이 세상에 존재하지 않는 지금 당신은 누가 당신을 논박할 사람이 없을 것이라고 생각하고 감히 출판하기로 결심한 것 아니오? 그러나 나는 나의 저서에 대해서는 전혀 두려운 마음이 없소. 나는 나의 저서를 황제들에게 헌정하고 사실인지 아닌지를 평가받기로 했소. 왜냐하면 나는 사건의 전모를 사실대로 다 안다고 생각했기 때문이오. 나는 그들의 평가가 좋게 나오리라고 기대했는데 사실상 내 기대는 빗나가지 않았소. 더우기 나는 즉시 아그립바 왕과 그의 친척들과 같이 그 전쟁에 관여한 바가 있었던 사람을 위시해서 여러 사람에게도 나의 저서를 보여 주었소.

티투스 황제는 나의 저서들에서만이 유대 전쟁에 대한 올바른 지식을 얻을 수 있다고 보시고 손수 나의 저서들에 서명해 주시고 출판하라고 명령했소. 아그립바 왕은 62통의 편지를 보내 주시고 나의 역사 기록의 진실성을 입증해 주셨소. 아래에 그 중 두 통의 편지를 밝히겠소. 그것을 보면 아마 당신도 그 내용을 알게 될 것이오. "아그립바 왕이 친한 친구 요세푸스에게 안부를 전하오. 나는 당신의 책을 매우 즐겁게 읽었소. 내가 보기에 당신은 다른 작가들보다 더 정확하고 주의 깊게 역사를 기록한 것 같소. 나머지 책들도 보내 주시오. 친구여 안녕." "아그립바 왕이 친한 친구 요세푸스에게 안부를 전하오. 당신이 기록한 것으로 볼 때 처음부터 무엇인가를 가르칠 필요는 없다고 생각되오. 그러나 내게 온다면 당신이 모르는 많은 것을 가르쳐 주고 싶소." 아그립바 왕은 아첨한 것도 아니요, 비꼰 것도 아니었소. 왜냐하면 그는 아첨할 줄 모르는 사람이요. 당신이 아는 대로 남을 비꼴 만큼 못된 성품의 소유자도 아니기 때문이오. 그는 단지 나의 저서를 읽어 본 다른 사람들처럼 사실임을 입증해 준 것 뿐이오.

유스투스에 대해서 말하자면 할 말이 너무나 많기 때문에[23] 나는

---

23. 요세푸스의 라이벌인 디베랴의 유스투스의 역사서는 지금은 분실되어 현존하지 않고 단지 단편으로만 남아 있다. 이 역사서의 성격은 이것을 읽어 보고 비평한 유능한 비평가 포티우스(Photius)에 의해 잘 요약되어 있다. 그의 비평은 그의 저서 비블리오테카(Bibliotheca) 33번 코드(code)에 나타난다. (포티

단지 여담처럼 이렇게 이야기할 수밖에 없다.

66. 나는 디베랴 사태를 수습하고 난 후에 친구들을 불러서 요한을 어떻게 처리해야 하는지에 대해 의견을 교환했다. 무기를 들고 요한에게 쳐들어가 이 모든 혼란을 야기한 장본인을 마땅히 처벌해야 한다는 것이 모든 갈릴리인들의 의견이었다. 그러나 나는 피를 흘리지 않고 문제를 해결하고 싶었기 때문에 그들의 의견이 마음에 들지 않았다. 따라서 나는 그들에게 요한의 부하들의 이름을 은밀하게 알아보라고 지시했다. 그들은 시키는 대로 해서 내게 그 이름들을 알려 왔다. 나는 요한의 부하들이라도 뉘우치는 뜻을 보이면 용서해 주겠다는 포고문을 발표하고 20일간의 여유를 주기로 했다. 나는 또한 무기를 버리지 않으면 그들의 집을 불살라 버리고 재산은 경매에 붙일 것이라고 위협했다. 요한의 부하들은 이 소식을 듣고 매우 놀랐고 마침내는 요한을 버렸다. 4천 명의 병사가 무기를 버리고 내게 투항해 왔다. 그의 고향 시민들과 대도시 두로(Tyre)에서 온 약 1,500명의 나그네를 제외하고는 요한의 곁에 남아 있는 자가 없었다. 나의 전략에 허를 찔린 요한은 그 후 자기 고향을 떠나지

우스는 말한다) "나는 역대 유대왕(의 역대기) ([The Chronology of] the King of Judah, which succeeded one another)라는 제목의 디베랴의 유스투스 연대기를 읽었다. 그(유스투스)는 갈릴리의 디베랴 출신이다. 그는 자신의 역사서를 모세로부터 시작해서 글라우디오(Claudius) 치하때 정권을 장악한 후에 네로(Nero)와 베스파시안(Vespasian) 치하에서 계속 세력을 확장한 바 있는 헤롯 가문의 7번째 통치자요 유대의 마지막 왕인 아그립바의 죽음으로 끝맺고 있다. 그는 트라얀(Trajan) 황제 재위 제 3년에 세상을 떠났다. 그의 언어는 간결 명료하나 꼭 강조해야 할 사건들을 슬쩍 넘어간 부분이 있다. 그는 출신이 유대인이었기에 유대인 특유의 편견으로 그리스도의 나타나심이나 그리스도가 당한 일 혹은 그리스도가 행하신 이적들에 대해서는 일언 반구의 언급도 없었다. 그는 피스투스(Pistus)라는 이름을 가진 유대인의 아들로 태어났다. 요세푸스에 따르면 그는 돈과 환락에는 사족을 못 쓰는 방탕꾼으로 묘사되어 있다. 그는 공적인 관계에 있어서는 요세푸스의 적으로서 요세푸스를 해하려고 수많은 계략을 꾸민 인물이었다. 그러나 요세푸스는 여러 번 그의 적을 손아귀에 넣은 적이 있었으나 단지 말로만 책망을 하고 그냥 풀어 주었다. 요세푸스는 유스투스가 쓴 역사서는 대체적으로 황당 무계한데, 특히 로마와 유대와의 전쟁과 예루살렘 공성(攻城)을 다룬 부분이 그렇다고 말한다.

요세푸스

않았고 나를 크게 두려워하였다.

67. 한편 세포리스 주민들이 성벽을 쌓고 난 후 자신감이 생긴 데다가 내가 다른 일로 분주한 것을 보고는 교만하게도 무기를 든 때가 바로 이 때쯤이었다. 그들은 수리아(Syria) 총독이었던 케스티우스(Cestius Gallus)에게 찾아가 직접 와서 시를 보호해 주든지 아니면 수비대를 보내 달라고 요구했다. 이에 대해 갈루스는 가겠다고 약속했으나 언제라고는 말하지 않았다. 나는 이런 사실을 눈치 채고 부하 병사들을 거느리고 세포리스 주민을 공격해서 무력으로 시를 점령했다. 그 동안 이 시에 대해 적대감을 품고 있던 갈릴리인들은 본때를 보여줄 좋은 기회라고 생각하고 이 기회를 놓치지 않았다. 그들은 마치 그 시 주민뿐 아니라 함께 거주하는 자들까지도 전멸시키려는 듯이 무섭게 달려들었다. 그들은 주민들이 무서워서 성채(城砦)로 숨어버렸기 때문에 집들이 빈 것을 보고는 불을 지르기 시작했다. 갈릴리인들은 집 안에 있는 물건은 모조리 끌어냈고 동족들에게 지나치다고 할 만큼 시를 폐허로 만들었다. 나는 이것을 보고 몹시 괴로워서 견딜 수 없었고 따라서 같은 동족끼리 이러는 것은 신앙심에 어긋나는 일임을 상기시키고 그만두라고 명령했다. 그러나 그들은 내 권면의 말에 귀를 기울이지 않았을 뿐 아니라 내 명령에 꿈쩍도 하지 않았다(그들이 품고 있는 적개심이 너무 큰 것이었기에 나의 권면을 듣지 않은 것이다). 나는 갈릴리인들의 폭력을 중지시키고 세포리스 시를 보호하기 위해 신뢰할 만한 친구들을 시켜서 로마군이 대군을 이끌고 시 반대편을 공격하고 있다고 헛소문을 퍼뜨리라고 지시했다. 결국 이 작전은 효과를 보았다. 병사들은 이 소식을 듣고는 두려워 떨면서 약탈하기를 중지하고 달아나기 시작했다. 더우기 그들의 사령관인 내가 도망을 했으니 사실인 줄 알았을 것이다. 나는 이들이 눈치 채지 못하도록 짐짓 무서워하는 척했다. 결국 세포리스 주민들은 나의 묘책 때문에 예상외로 무사할 수가 있었다.

68. 한편 디베랴 시는 아래의 이유로 갈릴리인들에게 약탈을 당했다. 의회(senate)의 주요 인사들은 왕에게 편지를 보내어 자기들의 시를 점령해 달라고 간청했다. 왕은 가겠다고 약속하고 유대인 친구 크리스푸스(Crispus)를 통해 답신을 전달하기로 했다. 갈릴리인들은 이 사람이 그런 편지를 전달하는 사람인 줄 알고 붙잡아서 내게 데려왔다. 이 소식을 들은 전군중은 크게 격분했고 마침내는 무기를 손에 들었다. 그 다음날 수많은 사람들이 각처에서 내가 거주하는 아소키스(Asochis)로 몰려들더니 법석을 피우면서 디베랴는 반역의 도시요 왕의 친구가 되었으니 내려가서 전멸시키도록 허락해 달라고 내게 요구했다. 그들은 세포리스 주민들에 대해서처럼 디베랴 주민들에게 적대감을 품고 있었다.

69. 디베랴 주민들이 왕에게 서신을 보내어 와 달라고 초청한 사실을 부인하기 어려운 데다가 왕이 디베랴 주민들에게 보내는 답신이 이 사실을 입증하고 있었기 때문에 나는 이 소식을 듣고 어찌해야 좋을지를 몰라 주저할 수밖에 없었다. 그래서 나는 오랫동안 곰곰이 생각해 본 후에 이렇게 말했다: "나는 디베랴 주민들이 잘못했다는 것을 잘 알고 있읍니다. 따라서 여러분이 그 시를 약탈하는 것을 막고 싶지는 않습니다. 그러나 그러한 일은 신중을 기해야만 합니다. 왜냐하면 디베랴 주민들이 우리의 자유를 팔아먹는 유일의 배신자가 아니라 애국자처럼 보였던 수많은 갈릴리인들이 같은 짓을 범하고 있기 때문입니다. 그러므로 내가 우리에게 위험을 안겨다 준 주모자들을 철저히 가려낼 때까지 기다렸다가 그 다음에 일격에 급습하는 것이 어떻겠읍니까?" 이렇게 해서 나는 겨우 군중들을 진정시킬 수 있었다. 군중들은 이에 분노를 억누르고 각기 제 갈 길로 갔다. 나는 왕의 서신을 소지했던 자를 감금하라고 명령했다. 수일 후에 나는 일신상의 긴요한 사정으로 잠시 자리를 비워 두지 않을 수 없는 것처럼 꾸몄다. 그리고는 크리스푸스를 은밀히 불러 그를 감시하고 있는 병사들에게 술을 먹여 곯아 떨어지게 하고 왕에게로 도망치라고 명령했다. 이렇게 두번째로 전멸당할 위기에 놓였던 디베

요세푸스

랴는 나의 특별 배려와 노련한 처리 솜씨로 인해 위험을 벗어날 수 있었다.

70. 피스투스의 아들 유스투스가 나 모르게 왕에게로 도망친 것은 바로 이 때였다. 여기서 나는 그 사건에 대해서 언급을 하고자 한다. 유대와 로마간의 전쟁이 시작되자 디베랴 주민들은 전쟁을 하자는 유스투스의 설득에도 불구하고 로마에 반역을 일으키지 않고 왕에게 복종하기로 결의했다. 그 자신이 변혁(innovations)을 좋아할 뿐 아니라 자기 고향 도시와 갈릴리 전역의 통치권을 장악하고 싶었던 유스투스는 디베랴 주민들에게 무기를 들라고 설득했으나 아무 성과도 없었다. 더우기 갈릴리인들이 디베랴 주민들에게 적대감을 갖고 있는 데다가 전쟁 전에 디베랴 주민들 때문에 갈릴리인들이 당한 불행이 컸기 때문에 유스투스는 소기의 목적을 달성할 수 없었다. 나 자신도 예루살렘 공동체에 의해 갈릴리의 총독으로 위임되었음에도 불구하고 더 이상 악한 행동을 못하도록 그를 죽여 버릴까 하는 생각이 들 정도로 유스투스에 대한 분노심으로 가득 찰 때가 한두 번이 아니었다. 결국 그는 나의 격정이 극에 달할까봐 나를 매우 두려워했고 왕에게 가는 것이 더 좋고 안전할 것이라고 생각하고 그리로 갔다.

71. 세포리스 주민들은 기적과 같이 첫번째 위험에서 벗어난 후에 케스티우스 갈루스에게 사람을 보내서 즉시 와서 도시를 점령해 주거나 아니면 공격해 오는 모든 적을 물리칠 수 있는 군대를 보내 달라고 요청했다. 마침내 그들은 갈루스를 설득시켜서 보병과 기병대를 파견하게 했다. 이 부대는 밤에 세포리스에 도착했고 주민들은 이 부대를 맞아들였다. 그러나 시 주변 마을이 로마군에 의해 약탈되었다는 소식을 듣고 나는 부하 병사들을 거느리고 가리스메(Garisme)로 가서 세포리스 시로부터 멀리 떨어진 곳에 방벽을 구축했다. 나는 20퍼얼롱 떨어진 곳에 진을 치고 있다가 밤에 세포리스 시 성벽을 공격했다. 나는 많은 병사들에게 사다리로 성벽을 오르라고

명령했다. 그 결과 시의 절반 이상을 탈취할 수 있었으나 곧 지형에 익숙하지 못한 탓으로 후퇴하지 않을 수가 없었다. 이 전투에서 우리는 단 한 명만이 전사했는 데 반해 적은 12명은 로마 보병과 2명의 기병, 그리고 몇 명의 세포리스 주민이 전사했다. 그러나 그 후 평지에서 기병과 접전을 벌였을 때는 오랫동안 용감하게 잘 싸웠으나 로마군이 포위망을 좁혀 오자 내 병사들이 무서워서 도망을 쳤기 때문에 그만 패배하고 말았다. 이 전투에서 내 호위병 한 명이 전사했는데 그 당시 왕의 호위병직을 맡은 유스투스와 동일한 이름을 가진 유스투스라는 자였다. 이와 때를 같이해서 왕으로부터 보병대와 기병대가 왔다. 이 부대의 사령관은 왕의 호위대장 실라(Sylla)였다. 이 실라는 율리아스(Julias)로부터 5퍼얼롱 떨어진 곳에 진을 치고 가말라(Gamala)와 가나(Cana) 주민들의 공급로를 차단하기 위해 가말라와 가나로 통하는 길목을 감시했다.

72. 나는 이런 정보를 입수하자마자 예레미야(Jeremiah)를 대장으로 해서 2,000명의 병사를 파견했다. 예레미야는 요단강 근처, 율리아스에서 1퍼얼롱 떨어진 곳에 방벽을 세우고 내가 3,000명의 병사를 거느리고 갈 때까지 작은 규모의 전초전만 되풀이하고 있었다. 그러나 그 다음날 나는 제방에서 가까운 모(某) 계곡에 병사들을 매복시킨 후에 왕의 군사들을 자극해서 전쟁터로 끌어내는 한편 내 부하들에게는 적 진영에서 멀리 떨어진 들판까지 퇴각하는 척하면서 적들을 유인해 내라고 명령했다. 내 부하들은 내가 시키는 대로 했다. 실라는 우리 편이 진짜로 도망하는 줄 알고 열심히 뒤를 추격해 왔다. 이 때 매복해 있던 우리 병사가 불시에 공격해서 그들을 큰 혼란 속으로 빠뜨렸다. 나 또한 즉시 병사들을 돌이켜서 왕의 병사들과 마주 싸웠다. 비록 내가 경상을 입기는 했으나 그 날의 전투는 우리 편의 큰 승리로 끝났다. 내가 탄 말이 수렁에 빠지는 바람에 나는 땅에 떨어져 손목을 다쳤고 그 때문에 가버나움(Capernaum) 혹은 케파르노메(Cepharnome)라 불리우는 마을까지 실려서 왔다. 내 병사들은 이 소식을 듣고서 내가 사실 이상으로 크게 다친 줄 알

고 더 이상 적을 추격하지 아니하고 내가 걱정되어 곧 돌아왔다. 나는 의사들을 부르러 보내어 의사의 치료를 받는 동안 줄곧 열이 떨어지지 않았으므로 의사의 지시대로 밤에 타리크아에로 옮겼다.

73. 실라와 그의 부하들은 내가 다쳤다는 정보를 입수하고는 다시 용기를 냈다. 그리고 우리 진영의 경비가 허술하다는 것을 알아내어 밤을 틈타 요단강 건너편에 기병을 매복시켰다. 낮이 되자 그들은 싸움을 걸어왔고 우리는 이에 피하지 않고 평지로 나왔다. 그때 매복해 있던 기병들이 나타났고 우리 병사들은 큰 혼란 속에 빠져 들더니 그만 모두 도망을 치고 말았다. 이 전투에서 우리는 6명의 전사자를 냈다. 그러나 적이 승리를 거둔 것은 아니었다. 타리크아에로부터 율리아스로 병사들이 쳐들어 온다는 소식을 들은 적군은 무서워서 퇴각하고 말았기 때문이다.

74. 베스파시안이 아그립바 왕과 함께 두로(Tyre)에 도착한 것은 이보다 얼마 전의 일이었다. 두로인들은 왕이 로마의 적이라면서 비난하기 시작했다. 그들의 말에 따르면 왕의 군대 사령관인 필립(Philip)이 예루살렘의 왕궁과 로마군을 배반했는데 이것이 모두 왕의 명령 때문이라는 것이었다. 이런 소리를 들은 베스파시안은 왕인 동시에 로마의 친구인 사람을 비난하는 것은 옳지 못하다고 두로인들을 책망했다. 그리고 필립을 로마로 보내 그가 한 일에 대해서 네로(Nero) 앞에서 책임을 지도록 하게 하라고 왕에게 권면했다. 결국 필립은 로마로 갔으나 내란으로 인해 네로가 거의 죽기 직전에 있었으므로 네로를 보지 못하고 왕에게로 되돌아왔다. 베스파시안이 톨레마이스에 도착하자 수리아의 데가볼리에 사는 주요 인사들이 나와서 디베랴의 유스투스가 자기 마을들을 불살랐다고 고소했다. 이에 베스파시안은 그를 왕에게 넘겨 주면서 왕의 부하들을 시켜 그를 처형시키도록 하라고 명령했다. 그러나 왕은 내가 이미 이야기한 대로 그를 감금하기만 했으며 이런 사실을 베스파시안에게는 철저히 숨겼다. 세포리스 주민들은 베스파시안을 반갑게 맞아들였고

플라키두스(Placidus)를 사령관으로 세운 부대를 베스파시안과 함께 파병하기로 했다. 플라키두스는 베스파시안이 갈릴리 깊숙이 들어올 때까지 부대를 거느리고 뒤를 따랐는데 나 또한 그들의 뒤를 따르면서 감시했다. 베스파시안이 어떤 길로 왔는지, 어떤 식으로 명령했는지, 타리크아에 근처 마을에서 나와의 첫 전투를 어떻게 치렀는지, 그 곳에서 요타파타로 어떻게 왔는지, 내가 살아서 포로로 잡혀 감금되었다가 어떻게 석방되었는지, 그리고 유대 전쟁과 예루살렘 공성(攻城) 기간 동안 내가 어떤 일을 했는지에 대해서는 유대 전쟁사에서 이미 상세히 밝힌 바가 있다. 그러나 내가 유대 전쟁사에서 밝히지 않은 나의 한 부분의 이야기를 여기서 덧붙이려고 한다.

75. 요타파타(Jotapata) 공략이 끝난 후 나는 로마군의 포로가 되었으나 베스파시안이 내게 큰 관심을 베풀어 주었기 때문에 편안히 보낼 수가 있었다. 더우기 나는 그의 명령에 의해 포로로 잡힌 처녀와 결혼을 했다.[24] 그러나 그 여자는 나와 오래 살지 못했고 내가 석방되어 알렉산드리아(Alexandria)로 갈 때 이혼을 하였다. 나는 알렉산드리아에서 재혼했고 티투스와 함께 예루살렘 공성(攻城)에 참여했다가 여러 번 죽을 고비를 넘겼다. 왜냐하면 유대인들은 나를 벌하기 위해서 사로잡기를 원했고 로마인들도 전투에 패배할 때마다 내가 배반했기 때문이라고 생각하고 황제에게 계속 상소를 올려 나를 배반자로 처단하려고 했기 때문이었다. 그러나 그럴 때마다 티투스 케사르(Titus Caesar)는 전쟁의 불확실성을 잘 알고 있었기 때문에 병사들의 열띤 고소에 묵묵 부답으로 대처해 주었다. 더

---

24. 여기서 제사장인 요세푸스는 모세 율법에 금지된 것이라고 말한 바 있는 행동(유대 고대사 3권 12장 2절)을 베스파시안의 명령에 따라 할 수밖에 없었음을 솔직하게 고백하고 있다. 모세 율법에 금지된 것이라는 것은 다름 아닌 포로로 잡힌 여자를 아내로 삼는 것을 말한다. 아피온 반박(Against Appion) 1권 7절을 보라. 그러나 렐란드(Reland)가 옳게 지적했듯이 요세푸스는 곧 그 여자와 이혼한 것으로 보아서 황제의 명령을 따를 수밖에 없었다는 것이 변명의 구실이 되지 못함을 곧바로 알아챈 것처럼 보인다.

요세푸스

우기 예루살렘 시가 점령되었을 때 티투스 케사르(Titus Caesar)는 나에게 내 민족의 유물은 무엇이든지 취해도 좋다고 먼저 허락해 주었다. 그러나 내 나라가 파괴된 것을 보니 그 무엇도 나의 불행을 위로해 줄 만한 것이 없었다. 그래서 나는 내 식구들을 자유롭게 해 달라고 티투스에게 간청했다. 나는 또한 티투스의 양해를 얻어 거룩한 책들(holy books)[25]을 손에 넣을 수가 있었다. 그 후 얼마 안 있어 나는 내 형제와 그의 친구 15명의 생명을 구해 달라고 요청했는데 거절당하지 않았다. 나는 또한 티투스의 허락을 받아 성전에 나가 보니 수많은 여인들과 아이들이 포로로 잡혀 있었다. 나는 친구들과 안면이 있는 사람들을 모두 석방시켜 주었는데 그 수는 190명에 달했다. 나는 그들을 속전(贖錢)을 내지 않고 석방되도록 해 주었을 뿐 아니라 각자 그전 생업으로 되돌아가게 해주었다. 내가 티투스 케사르의 명을 받고 케레알리우스(Cerealius)와 천 명의 기병을 이끌고 드고아(Thecoa)라 불리우는 마을에 가서 그곳이 진을 치기에 좋은 곳인지 알아보고 돌아오는 길에 수많은 포로들이 십자가에 달린 것을 보았다. 그런데 그 중에 세 명은 전에 나와 안면이 있던 자들이었다. 나는 이것을 보고 너무 괴로운 나머지 눈물을 머금고 티투스에게 와서 그들에 대해서 말했더니 그는 즉시 그들을 끌어내리고 잘 보살펴서 소생시켜 보라고 명령했다. 두 명은 의사들이 그들을 보살폈음에도 불구하고 세상을 떠났으나 나머지 한 명은 소생하게 되었다.

76. 티투스는 유대의 반란을 진압한 후에 내가 유대에 가지고 있는 땅이 후에 로마 수비대의 진영이 될 예정이므로 내게 아무 유익이 없는 것을 알고는 내게 평지의 다른 땅을 주었다. 티투스는 로마로 떠날 때 나를 불러 같이 로마로 가자고 했으며 나를 극진히 보살펴 주었다. 우리가 로마에 도착하자 베스파시안은 나를 극진히 환대해 주었으며 황제가 되기 전에 자신이 살던 집에 거하게 해주었

---

25. 이 주목할 만한 구절과 그로 인한 중요한 결과들에 대해서는 구약에 관한 소론(Essay on the Old Testament) pp. 193-195를 보라.

다. 그는 또한 내게 로마 시민권을 부여해 주었을 뿐 아니라 매년 연금도 지불해 주었고 그가 죽기까지 나를 한번도 서운하게 대접한 적이 없었다. 그러나 이 때문에 나는 시기를 받아 위험에 처한 적이 있었다. 요나단(Jonathan)이라는 유대인이 2,000명의 구레네인을 설득시켜서 구레네(Cyrene)에서 반역을 일으켰다가 실패하고 말았다. 그러나 그는 그 지방 총독에게 포로로 잡혀서 황제에게 이송되었을 때 내가 자기에게 무기와 돈을 보냈다고 거짓말을 했다. 그러나 그는 거짓말한 것이 드러나서 베스파시안의 명령에 의해 처형되었다. 그 후에도 내가 잘 되는 것을 시기한 많은 사람들이 나를 모함하는 고소를 자주 올렸으나 그 때마다 하나님의 섭리로 나는 위험에서 벗어날 수가 있었다. 게다가 나는 베스파시안에게서 선물로 유대 땅에 적지 않은 토지를 하사받았다. 이 때쯤에 나는 내 아내가 비록 세 아이-두 아이는 죽고 힐카누스(Hyrcanus)라고 이름 붙인 아이는 살았는데-의 어머니였으나 행실이 올바르지 않았기 때문에 이혼하고야 말았다. 이 후에 나는 그레데(Crete)에 살고 있기는 하나 유대인 출신인 여자와 재혼했다. 그녀의 부모는 그 지방에서는 탁월한 인격을 소유한 명문인 데다가 그녀는 다른 여자와는 비교할 수 없을 만큼 좋은 성품의 소유자였다. 이 사실은 후에 그녀의 삶이 입증해 주었다. 그녀는 내게 두 아들을 낳아 주었는데 큰 아이는 유스투스(Justus)였고 둘째 아이는 시모니데스(Simonides)였는데, 둘째에게는 아그립바(Agrippa)라는 이름을 붙여 주었다. 이것이 나의 가정 생활의 모습이다. 한편 나에 대한 황제의 호의에는 언제나 변함이 없었다. 베스파시안이 죽고 티투스가 그 뒤를 이은 후에도 내게 대한 호의는 그 아버지 때나 다름이 없었다. 나에 대한 모함이 있을 때 그는 나를 고소하는 자들의 말을 믿지 않았다. 그 뒤를 이은 도미티안(Domitian)도 나에게 호의를 베풀어 주었다. 그는 나를 고소하는 유대인들을 처벌했을 뿐 아니라 나를 고소한 환관인 나의 종에게도 처벌을 내리라고 명령했다. 그는 또한 내가 유대에 가지고 있는 땅을 면세해 주었는데 이것은 큰 환대의 표시였다. 황제의 아내인 도미티아(Domitia)도 내게 계속 호의를 보여 주었다. 이것이 내 인생

전반의 이야기이다. 내 인품에 대해서 떠들고 싶은 사람은 마음대로 떠들어 보도록 하라. 인간 중의 가장 뛰어난 인간인 당신 에파프로디투스(Epaphroditus)[26]에게 우리 민족의 고대사를 저술한 이 책을 헌정합니다. 이렇게 해서 나는 여기서 모든 이야기의 결론을 짓고자 한다.

---

26. 이 에파프로디투스에 대해서는 유대 고대사 서문의 주(註)를 보도록 하라.

유대인의 고대성

아피온 반박문[1]

---

1. 아피온 반박문(Flavius Josephus against Apion)은 제 1권의 제목으로는 부적당하다. 요세푸스가 아피온을 반박한 것은 제 2권 첫부분에만 해당되기 때문이다. 제1권은 요세푸스가 쓴 20권의 유대 고대사 속에 나오는 내용, 즉 유대국의 기원이 오래되었다는 주장을 믿지 않으려고 하는 일반 헬라 식자(識者)들과 특히 아가타르키데스(Agatharchides)와 마네토(Manetho)와 케레몬(Cheremon)과 리시마쿠스(Lysimachus)를 반박하기 위해서 쓴 글이다.

아피온 반박문

제 1 권

1. 에파프로디투스(Epaphroditus)² 각하여! 저자는 졸저(拙著) 유대 고대사(the Antiquities of the Jews)에서 유대국이 매우 오랜 기원(起源)을 가지고 있으며 원래부터 나름대로의 독특한 단일 민족으로 존재하여 왔음을 분명히 밝혔읍니다. 게다가 저자는 유대 고대사에서 유대국의 역사 5,000년을 다루면서 유대인이 어떻게 현재의 유대 땅을 점령하게 되었는지도 살펴보았읍니다. 또한 유대의 성서(聖書, secred books)를 자료로 해서 유대 역사를 헬라어로 옮겼읍니다. 그럼에도 불구하고 적지 않은 사람들이 유대인을 악의로 무고하는 자들의 말만을 듣고 저자가 유대국의 고대성(古代性)에 관해

---

2. 여기서 다음과 같은 허드슨(Hudson) 박사의 주(註)를 눈여겨 보도록 하자: "플라비우스 요세푸스가 도미티안(Domitian) 재위 제 13년 (A. D. 93)에 유대 고대사를 집필하고 그 다음 고대사의 부록으로 자서전(the Memoirs of his own Life)을 쓰고 마지막으로 아피온 반박문 총 2권을 저술한 다음 이 모든 저서들을 에파프로디투스(Epaphroditus)에게 헌정했기 때문에 여기서 에파프로디투스란 인물은 네로(Nero)의 서기(secretary)로 있다가 오랫동안 추방된 후 도미티안 재위 제 14년(혹은 제 15년)에 살해당한 그 에파프로디투스일 수는 없다. 이 에파프로디투스는 그로티우스(Grotius)가 누가복음 1 : 3을 해석하면서 말한 것과 같이 트라얀(Trajan)의 신하(freed—man)요 행정 장관(procurator)인 또 다른 에파프로디투스임이 분명하다."

설명한 것을 좀처럼 믿으려고 하지 않음을 알게 되었읍니다. 유대인을 악의로 무고하는 자들은 저명하다는 헬라 역사가에 대해서는 한 마디도 언급하지 않으면서 무조건 유대국의 기원이 얼마되지 않는다고 억지를 부리고 있읍니다.

따라서 저자는 이 문제에 관해 간략하게나마 붓을 들어야겠다는 의무감을 느끼게 된 것입니다. 그리하여 고의적인 악의로 유대국을 헐뜯는 자들의 잘못을 드러내고 무지한 자들의 오해를 바로잡음은 물론 진실을 알기 원하는 자들에게 유대국의 고대성을 확실히 알려주어야 할 필요가 있다는 사명감까지 느끼게 된 것입니다. 저자가 자신의 주장을 입증할 증인으로 택한 인물들은 그 진실함과 해박한 지식에 있어서 헬라인들도 고대 역사의 권위자라고 인정하는 자들뿐입니다. 유대인을 고의적인 악의로 무고하는 자들의 주장이 이 권위자들의 언급에 비추어 볼 때 얼마나 근거 없는 허위인가가 여실히 드러나게 될 것입니다. 저자는 이런 점에 초점을 맞추고 앞으로 이야기를 전개해 나가겠지만 어떤 이유에서 그토록 많은 헬라 역사가들이 유대국을 언급하지 않고 역사를 기술했는가에 관해서도 나름대로 설명을 할 것입니다. 그뿐 아니라 저자는 유대국을 언급한 헬라 역사가들은 단 한 명도 빠뜨리지 않고 다 언급할 작정입니다. 그런 사실을 모르는 이를 위해서 뿐 아니라 알고도 모르는 척한 사람들을 위해서도 사실을 밝혀야 한다고 보기 때문입니다.

2. 우선 저자는 태고적 일들에 관해서는 헬라인들에게 귀를 기울여야 하며 헬라인들을 떠나서는 태고적에 관한 진실을 알 수가 없다고 생각하는 자들이 있다는 사실에 대해서 경악을 금할 수가 없읍니다. 태고적 일들에 대해서는 자신을 믿어서도 안 되고 다른 사람을 믿어서도 안 되고 오직 헬라인들에게 귀를 기울여야 한다는 주장에는 그저 어안이 벙벙할 뿐입니다. 왜냐하면 내가 보기에는 오히려 그 반대이기 때문입니다. 우리가 헛된 주장에 현혹되지 않고 사실만을 궁구(窮究)해 나간다면 헬라인들에 관련된 대부분의 역사는 불과 얼마 전에 일어난 일들임을 알게 될 것입니다. 누구 말대로 겨우 어저께에 일어난 일들에 불

과한 것입니다. 헬라 도시들의 건축, 예술의 발명, 법률의 성문화(the description of their laws) 등은 불과 얼마 전의 일이 아닙니까? 게다가 헬라인들이 역사를 서술하기 시작한 것은 가장 최근의 일입니다. 사실상 헬라인들도 인류의 태고(太古)의 일과 최고(最古)의 전승(tradition)을 보존하고 기록으로 남긴 것은 애굽인들(the Egyptians)과 갈대아인들(the Chaldeans)과 베니게인들(the Phoenicians)임을 스스로 인정하고 있읍니다(그 가운데 유대인들도 있다는 사실은 이 시점에서는 강조하지 않겠읍니다).

이들 나라들이 주변 국가의 세력에 눌려 파멸을 당한 적이 거의 없었다는 데에서 이 같은 일이 가능했다고 생각합니다. 그러나 무엇보다도 이들은 그들 가운데 일어난 (현저한) 사건들이 소실되지 않도록 최대의 주의를 기울여 왔던 것이 사실입니다. 그들은 자기들의 역사를 신성하게 여기고 자기들 가운데 가장 지혜로운 자를 시켜서 공공 기록으로 남기도록 하였읍니다. 그러나 이에 반해 헬라인들이 거주하는 곳은 수만 번의 파멸로 인해 과거의 행적이 완전 소멸되고 말았던 것입니다. 따라서 헬라인들은 항상 새로운 삶의 방식을 시작하기에만 바빴고 각 개인은 각자의 새로운 상태의 창시자였던 것입니다. 게다가 헬라인들이 오늘날의 헬라 문자를 쓰기 시작한 것은 근래의 일이며 그것도 손쉽게 이루어진 것이 아니었읍니다.

헬라 문자의 기원을 고대에서 찾으려는 자들은 그 문자를 베니게인들(the Phoenicians, 페니키아인들)과 카드무스(Cadmus)에게서 배운 것이라고 주장하지만, 신전의 기록이나 기념비의 기록을 통해 그 주장을 입증한 사람은 아직까지는 아무도 없읍니다. 헬라인들이 트로이 전쟁(the Trojan war)을 하러 건너간 때가 언제인지도 불분명할 뿐 아니라 헬라인들이 그 당시 헬라 문자를 사용했었는지의 여부도 확실하지 않습니다. 따라서 헬라인들이 언제부터 오늘날과 같은 헬라 문자를 사용하게 되었는지에 관해서는 알 길이 없다는 것이 오늘날의 일반적인 정설이며 또 사실에 가장 근접한 견해입니다. 헬라인들도 진정한 의미의 헬라 문자는 호머(Homer)의 시 이전에는 없었다고 인정하고 있읍니다. 그런데 호머의 시는 트로이(Troy) 함락 이후의 것임을 자타가 공인하고 있읍니다. 그러나 전하는 바에 따르면 호머가 직접 자신의 시를 글로 남긴 것이 아니라 사람들의 기억 속에 구전(口傳)으로 내려오다가 후대에 모아진 것이라고 합니다. 따라서 오늘날 호머의 시에 그토록 많은 이문(異文, variations)이 발견되는 것도 다 여기에 연유한 것입니다.

한편 역사를 서술하기 시작한 역사가들, 예를 들면 밀레투스의 카드무스(Cadmus of Miletus)와 아르고스의 아쿠실라우스(Acusilaus of Argos)와 아쿠실라우스의 후계자들도 페르시아인들(the Persians)이 그리이스(Greece)로 원정 오기 직전에 살던 사람들에 불과합니다. 또한 천상의 일과 신적인 것을 생각하며 철학을 처음으로 도입한 수리아인 페레키데스(Pherecydes the Syrian)와 피타고라스(Pythagoras)와 탈레스(Thales)도 이구 동성으로 자신들의 지식은 애굽인들과 갈대아인들에게서 배운 것임을 인정하고 많은 저술을 남기지 않은 것입니다. 우리가 앞서 살펴본 대로 이런 것들이 헬라인들에게는 가장 오래된 것임에도 불구하고 헬라인들은 이들의 저작이 진짜라고 아우성을 치고 있읍니다.

3. 이렇게 볼 때에 헬라인들이 자기들만 고대의 일을 정확히 알며 고대의 일을 가장 정확하게 기술하고 있다고 뻐기며 으스대는 것은 아무리 좋게 보아주려고 해도 할 수가 없읍니다. 역사가라는 자들이 헬라인들의 글에서 재료를 쉽게 얻을 수도 없고 자신이 아는 것도 없으면서 순전히 상상으로만 역사를 기술하다니 세상에 그런 법이 어디 있읍니까? 헬라 역사가들은 같은 역사를 서로 엇갈리게 설명하면서도 전혀 부끄러운 줄을 모르고 있읍니다. 헬라인들 스스로가 저자보다 더 잘 알고 있다고 생각하는 역사에 대해서 그들에게 무엇인가 가르쳐 주어야겠다고 생각하면 공연한 헛수고가 될 것 같아 그런 모험은 하지 않으려고 합니다. 그러나 다음과 같은 점은 꼭 지적을 하고 넘어가야 할 것 같습니다. 계보(genealogy)에 관해서는 헬라니쿠스(Hellanicus)와 아쿠실라우스(Acusilaus)가 엄청난 차

아피온 반박문 1권

이를 보이고 있읍니다. 또한 많은 경우에 있어서 아쿠실라우스가 헤시오드(Hesiod)의 잘못을 교정해 주고 있는지도 모릅니다. 또한 에포루스(Ephorus)가 헬라니쿠스의 역사는 대부분 허위라는 사실을 밝혀 내자 티메우스(Timeus)는 에포루스가 허위임을 증명하고 이번에는 후대 역사가들이 티메우스의 역사가 허위임을 드러내고 있음은, 도대체 무슨 연고인지 모르겠읍니다. 또한 모든 후대의 역사가들이 헤로도투스(Herodotus)의 역사가 거짓임을 증명하고 나서는 것도 도대체 어찌된 영문인지 모르겠읍니다.

시실리아의 역사(the Sicilian History)에 관해 티메우스(Timeus)와 안티오쿠스(Antiochus)와 필리스티우스(Philistius)와 칼리아스(Callias)의 서술이 서로 다른 것은 어찌된 일이며 아티대(the Atthidæ)의 역사가들이 아테네의 역사(the Athenian affairs)에 관해 서로 일치하지 않는 것은 무슨 까닭인지 저자는 전혀 알 수가 없읍니다. 이는 아르기브인들(the Argives)에 관한 역사를 쓴 역사가들도 마찬가지 입장에 놓여 있읍니다. 페르시아인들의 원정사(the expedition of the Persians)와 같은 대사건을 다룬, 권위 있는 역사가들의 역사 서술이 그토록 서로 다르다면 일개 소도시나 특정 소지역의 예를 일일이 열거해 본들 무슨 소용이 있겠읍니까? 사실상 그 동시대의 역사를 가장 정확하게 표현한 역사가인 것처럼 보이는 투키디데스(Thucydides)조차도 일부 사람들에 의해 거짓 역사를 기록한 자로 매도되고 있다면 더 말해서 무얼 하겠읍니까?

4. 이같이 헬라 역사가들 사이에 큰 이견(異見)이 있는 것은 누구든지 깊이 따져 보면 여러 가지 이유에서 기인한 것임을 쉽게 알 수 있을 것입니다. 그러나 저자 생각에는 그 이유를 크게 두 가지로 대별(大別)할 수 있다고 봅니다. 저자는 그 두 가지 이유를 차차 설명할 것인데 첫번째 이유가 가장 큰 원인이라고 생각합니다. 우리가 알듯이 헬라인들은 처음부터 인간 상호간의 행동의 역사를 공기록(公記錄)으로 보관하는 일에 전혀 주의를 기울이지 않았읍니다. 따라서 후대의 역사가들이 실수를 저지를 수밖에 없고 더 나

아가서는 거짓말까지 하게 되었던 것입니다. 고대의 원기록(原記錄)들을 헬라의 다른 도시 국가들은 물론 아테네인들(the Athenians)까지도 아무렇게나 방치한 것이 사실입니다. 원주민(aborigines)이라고 자랑하면서 학문에 열중한다고 떠벌리는 아테네인들조차도 그런 기록을 오늘날 갖고 있지 못한 것이 현실입니다. 그들은 글로 남아 있는, 살인죄에 관한 드라코의 법률들(the laws of Draco)이 최고(最古)의 기록이라고 자랑하고 있으나, 드라코(Draco)는 참주 피시스트라투스(the tyrant Pisistratus)[3]의 통치 얼마 전에 살았던 사람에 불과합니다. 또한 저자는 기원(起源)이 오랜 것을 무척이나 자랑하는 아르카디인들(the Arcadians)에 대해서는 공박할 필요조차 느끼지 않고 있읍니다. 문자를 배워서 쓰기 시작한 지가 얼마 안 되는, 그것도 온갖 우여 곡절 끝에 문자를 쓰기 시작했으면서도 고대성(古代性)을 자랑하는 그들의 모습은 가련하기까지 합니다.

5. 진실을 밝혀 주고 거짓을 가려내 줄 원기록(原記錄)이 없기 때문에 헬라 역사가들 사이에는 자연스럽게 큰 견해의 차가 나타나는 것입니다. 그러나 이것 말고도 헬라 역사가들이 큰 이견을 보이는 것은 두번째 이유가 있읍니다. 헬라 역사가들은 진리를 찾아내는 데 최선을 다하겠다고 말만 할 뿐 실제 역사 서술에 있어서는 심혈을 기울이지 않고 있기 때문입니다. 그들의 역사 저술을 보면, 문체가 아름다와 보는 이들에게 감명을 주는 것은 사실이지만 진리를 찾아 내려는 노력은 매우 결여되어 있는 것을 알 수 있읍니다. 그들은, 문체의 아름다움은 타의 추종을 불허할 수 있다고 스스로 생각하고 있을 뿐 아니라 실제로도 그렇게 하고 있읍니다. 따라서 어떤 이들은 황당무계한 이야기를 날조해 냈으며 어떤 이들은 아첨과 아양이 섞인 지나친 칭찬으로 도시 국가들과 왕들의 환심을 사려고까지 한 것입니다. 게다가 어떤 이들은 공기록은 물론 공기록 작성자들의 약점까지 파헤치며 마치 자신이 위대한 사람인 양 착각하고 있

---

3. 참주 피시스트라투스 시대는 고레스(Cyrus)와 다니엘(Daniel)의 시대와 비슷한 연대이다.

읍니다. 결국 이들은 이같이 하면서 참된 역사와는 정반대되는 것을 기술한 것입니다.

진실한 역사의 가장 큰 특징은 그 역사를 기술한 역사가들이 똑같은 것을 이야기하는 것입니다. 그러나 이 헬라 역사가들은 같은 것을 언급하면서도 서로 다르게 말하고 있읍니다. 그러면서도 그들은 진실을 밝히는 데 최선을 다 기울였다고 스스로 자위하고 있읍니다. 그러므로 우리 (유대인들은) 문체와 화려한 언어 사용에 있어서는 헬라 역사가들을 따라갈 수가 없음을 솔직히 시인하지만, 고대 역사의 진실성에 있어서는 우리가 헬라 역사가들을 앞지르고 있음이 사실입니다. 특히 적어도 유대국에 관한 역사에 관해서는 말입니다.

6. 애굽인들과 바벨론인들이 태고(太古) 적부터 기록을 남기는 데 남다른 주의를 기울였다는 점은 주지(周知)의 사실입니다. 제사장들이 이 일을 맡았으며 이 일에 철학적 중요성까지 부여했다는 사실은 누구나 잘 알고 있읍니다. 또한 바벨론인 가운데서는 갈대아 제사장들이 기록을 남기는 일을 맡았으며, 헬라인들과 섞여 사는 베니게인들(페니키아인들)이 특히 그들의 문자를 사용해서 인생의 공통의 문제와 인간 상호 행동의 역사를 기록으로 남겼다는 것은 저자가 굳이 증명하지 않더라도 다 아는 사실입니다. 그러나 저자의 선조인 유대인들도 그들 못지 않게 역사를 기록하는 데 관심을 보여온 것이 사실입니다(물론 저자는 유대인들이 다른 민족들보다 역사를 기록하는 데 더 많은 관심을 쏟았다고까지는 말하지 않겠읍니다). 유대인들은 이 일을 대제사장들과 선지자들에게 맡겼고 따라서 이런 기록들은 오늘날까지도 털끝만큼의 변화도 없이 전승되어 내려온 것이 사실입니다. 혹자가 너무 당돌하다고 비난할지는 모르나 유대의 역사는 다음과 같이 쓰여져야 할 것이라고 저자는 주장하고 싶습니다:

7. 유대인의 선조들은 하나님께 제사드리는 제사장들 가운데서 가장 뛰어난 자를 선정하여 역사를 기술하는 일을 하도록 처음부터

정하였을 뿐 아니라 제사장의 가문은 순결을 유지하여야 함을 무엇보다도 소중히 여겼읍니다. 제사장들은 돈이나 지위와는 아무 상관도 없이 오직 유대국의 여인과의 결혼을 통해 자녀를 생산하도록 규정되어 있읍니다. 따라서 제사장은 고대의 서관(書板)을 자세히 조사하여 아내의 계보를 확실히 알아보고 많은 증거를 입수해야만 할 의무가 있읍니다.[4] 이런 풍습은 유대뿐 아니라 유대인이 거주하는 곳에서는 어디서나 볼 수 있읍니다. 따라서 유대인이 거하는 곳에는 유대인 제사장의 결혼에 관한 정확한 자료가 항상 있는 법입니다. 그 곳이 애굽이든지 바벨론이든지 지구의 어디든지간에 제사장아 흩어져 사는 곳이면 어디서나 이 자료를 볼 수 있읍니다. 제사장들은 먼 조상의 이름뿐 아니라 부모의 옛 이름들을 예루살렘으로 보내며 증인들의 이름까지 보내고 있읍니다.

특히 안티오쿠스 에피파네스(Antiochus Epiphanes)나 폼페이 대왕(Pompey the Great)이나 퀸틸리우스 바루스(Quintilius Varus) 의 침공으로 인해 과거의 전쟁 때는 물론 최근의 유대와 로마와의 전쟁 때에는 살아 남은 제사장들이 옛 기록으로부터 새로 계보를 작성하고 살아 남은 여인들의 상황을 조사하였읍니다. 이 때 제사장들은 포로가 된 적이 있는 여인들은 계보에 넣지 않았읍니다. 이방인들과 동침했을 가능성을 배제할 수가 없었기 때문입니다. 그러나 저자가 지금까지 말한 것보다도 유대인들이 더 철저히 지킨 것이 있읍니다. 그것은 아버지로부터 아들로 이어지는 대제사장의 이름을 2,000년 동안에 걸쳐 정확히 기록해 놓은 것입니다. 제사장들 중 이같은 규칙들을 어긴 자들은 결코 제단에 나가 제사를 드릴 수가 없었읍니다. 제사장들 누구나가 역사를 기록할 자격이 있는 것은 아니었읍니다. 따라서 유대인의 기록 가운데서는 이견(異見)을 볼 수가 없읍니다. 하나님께로부터 영감을 받아 하나님의 지식을 처음으로 기록한 자들은 선지자들이고 다른 기록자들은 당대의 일만을 기

---

4. 우리 주님의 지상 생활 때와 그 직전의 시대에 유대인들, 특히 제사장들이 계보를 보존하는 데 온갖 정성을 기울인 것에 관해서는 요세푸스의 자서전 1절을 참조하도록 하라.

록한 것입니다.

8. 유대인은 (헬라인들처럼) 서로 상충되고 모순되는 수많은 책을 소유하고 있지는 않습니다. 유대인은 단지 과거의 모든 역사를 기록하고 있는 22권의 책만을 가지고 있는데 이는 모두 거룩한 책으로 받아들여야 마땅한 것입니다. 그 중 5권은 모세가 지은 것인데 그의 율법은 물론 그의 죽음에 이르는 인간 기원의 전승들(the traditions of the origin of mankind)이 담겨 있읍니다. 모세가 다룬 이 기간은 무려 3,000여년에 달합니다. 그 후 모세의 죽음부터 크세르크세스(Xerxes) 다음 왕인 페르시아 왕 아르타크세르크세스(Artaxerxes king of Persia)의 통치 때까지는 모세 이후의 선지자들이 13권의 책에 당대의 일들을 기록해 놓았읍니다. 그리고 나머지 4권은 하나님께 대한 시(詩, hymns)와 인간 행동의 교훈들을 담고 있읍니다. 아르타크세르크세스 왕 이후의 유대 역사도 기록된 것은 사실이나 선조들이 저술한 앞의 22권만큼 권위 있는 것으로는 인정되지 않고 있읍니다. 왜냐하면 아르타크세르크세스 왕 이후로는 참된 선지자의 계승이 끊겼기 때문입니다. 어쨌든 유대인들이 이 책들을 대하는 태도는 그토록 많은 세월이 지났음에도 불구하고 그 누구도 이 책에 무엇을 첨가하거나 삭제하는 일이 없었음은 물론 조그만 변화도 가하지 않았다는 사실에서 역력히 알 수 있읍니다.

유대인은 나면서부터 이 책들을 신성한 교리들이 담긴 책으로 인정할 뿐 아니라 그 안에 항상 거하며 필요에 따라서는 이 책들을 위해 기꺼이 자기의 목숨을 바칠 자세까지 갖추고 있읍니다. 율법과 율법이 담긴 기록들을 모독하는 말을 단 한 마디도 하지 않는다는 이유로 경기장에서 온갖 고문을 당하다가 죽어간 유대인 포로들이 한 둘이 아님은 결코 새삼스러운 일이 아닙니다. 헬라인들 가운데 그들의 책을 위해 조그만 고통이라도 흔쾌히 당해낼 자들이 있는가 한 번 알아보십시오. 잘은 몰라도 그들 가운데 있는 모든 책들이 다 파괴된다 하더라도 그것들을 수호하기 위해 나설 사람은 아무도 없을 것입니다. 그 책들이 그 저자들 취향에 맞도록 저술되었음을 헬라인들이 너무나도 잘 알고 있기 때문일 것입니다. 게다가 헬라 저자들이 직접 현장에서 목격하지 않은 일들에 관해서는 그것들을 아는 이들을 통해 자료조차도 수집하지 않고 제멋대로 글을 쓰는 것을 직접 목도했기 때문일 것입니다. 그 비근한 예로 유대와 로마와의 전쟁사를 들 수가 있습니다. 어떤 역사가들은 전쟁터에 직접 참가해 보지도 않고, 심지어는 근처에도 와 보지 않았음에도 불구하고 유대와 로마와의 전쟁사를 써서 출판까지 하였읍니다. 이들은 단지 풍문으로 들리는 것만을 한데 모아 출간하면서 감히 역사라는 명칭까지 붙여 온 세상을 우롱하는 처사까지 범했던 것입니다.

9. 저자는 이미 이 유대와 로마와의 전쟁사 전반을 하나도 빠짐없이 사실에 가깝도록 서술하였읍니다. 유대인이 로마와 대항을 할 능력이 있을 때까지는 저자도 갈릴리인들의 사령관으로 이 전쟁에 직접 참여했기 때문에 누구보다도 사실에 가까운 역사를 기록할 수 있었던 것입니다. 저자는 갈릴리인들의 사령관으로 전쟁에 참여했다가 로마군에 생포되어 포로가 되었읍니다. 이 때 베스파시안과 티투스 황제는 저자를 감금하고 그들의 시중을 들도록 계속 강요하였읍니다. 처음에는 결박당해 있었으나 후에는 풀려나 알렉산드리아에서부터 예루살렘까지의 원정길에 티투스 황제의 수행원 역할을 하였읍니다. 따라서 이 당시에 일어난 일은 저자가 모르는 것이 단 한 가지도 없읍니다. 로마 진영에서 일어나는 일을 직접 목격하고 상세하게 기록해 놓았기 때문입니다. 게다가 (예루살렘에서부터) 도망쳐 나온 탈주자들의 정보를 이해할 수 있는 사람은 그 당시 저자밖에 아무도 없었기 때문입니다.

그 후 저자는 로마(Rome)에서 한가로운 시간을 가질 수 있었읍니다. 저자는 유대와 로마와의 전쟁사에 필요한 온갖 자료를 준비한 후에 몇몇 사람들의 도움을 얻어 헬라어(the Greek tongue)를 공부하였읍니다. 따라서 저자는 헬라어로 유대 전쟁사를 저술할 수 있었던 것입니다. 저자는 나름대로 유대 전쟁의 진실을 밝혔다는 확신이 있었기 때문에 이 전쟁의 최고 사령관이셨던 베스파시안과 티투스 황제를 감히 증인으로 택하였던 것입니다. 또한 저자는 나름 대로의 확신에서 이 유대 전쟁사를 우선 두 분 황제께 헌정하고 다음에는 그 전쟁에 직접 참여한 바가 있는 모든 로마인들에게 나누어 주었던 것입니다. 그 밖에도 저자는 유대 전쟁사를 헬라 철학 (the Greek philosophy)을 이해하는 많은 유대인 동족들에게 보이고 평을 요구했었읍니다. 그 중에는 큰 유명 인사인 (칼키스 왕(king of Chalcis)) 율리우스 아켈라오 헤롯(Julius Archelaus, Herod)과 우리의 최대의 찬사를 받아야 할 아그립바 왕(king Agrippa)도 포함되어 있었읍니다. 그런데 이들 모두의 한결같은 평은 저자가 진실을 그대로 말했다는 것이었읍니다. 이들은 저자가 무지에서거나 아니면 편견 때문에 한 쪽을 두둔하거나 사실을 생략한 점이 있을 때 도저히 가만히 입을 다물고 있을 이들이 아닙니다.

10. 그런데 나의 역사책을 까닭없이 중상 모략하는 이들이 더러 있읍니다. 이들은 내 역사책을 젊은 혈기에서 나온 실험 작문 정도로 밖에 여기지 않고 있읍니다. 이보다 더 부당하고 말도 안 되는 중상 모략이 어디 있읍니까? 참 역사를 서술하려고 하는 자들은 우선 그가 서술하려고 하는 사건에 관하여 잘 알고 있어야만 합니다. 자기가 직접 그 사건에 관여했다거나 아니면 그 사건을 잘 아는 자들을 통해 정보와 자료를 수집한 자라야만 참된 역사를 쓸 자격이 있는 것입니다. 그런데 저자는 위의 두 가지 면에서 모두 유대 역사를 쓸 자격이 있는 사람입니다. 저자는 제사장 가문에서 태어났으며 유대 성서 안에 포함된 철학을 깊이 연구했기 때문에 이 성서를 자료로 해서 유대 고대사(the Antiquities)를 헬라어로 저술할 충분한 자격이 있읍니다. 게다가 저자는 유대 전쟁사를 쓸 충분한 자격을 갖추고 있었읍니다. 저자는 직접 이 유대 전쟁에 관여했을 뿐 아니라 대부분의 전쟁을 직접 눈으로 목격했고 이 전쟁에 관한 한 저자가 모르는 것이 없기 때문입니다. 그러므로 이 유대 전쟁에 관하여 저자에게 도전한다는 것은 건방지고 경솔하기 짝이 없는 행동입니다. 그들은 황제들의 회고록(the emperors' own memoirs)까지 들먹거리면서 떠들어 대나 실상은 유대

와 로마간의 전쟁에 대해 아는 바가 전혀 없는 자들입니다.

11. 저자가 본론(本論)에서 떠나 잠시 지엽적인 이야기를 한 것은 역사를 쓴다고 공언(公言)하는 자들의 허영을 폭로하기 위해서는 어쩔 수 없었읍니다. 고대 역사를 기록으로 후대에 남기는 풍습은 헬라인들(the Greeks)보다는 야만인들(the Barbarians)이라고 불리는 자들 가운데서 더 성행했던 것은 부인할 수 없는 사실입니다. 이제 저자는 그 다음 문제로 유대국의 기원이 오래지 않았다는 주장을 하는 자들을 변박하고자 합니다. 그들은 유대국의 기원이 얼마 되지 않았다는 근거로 헬라 역사가들이 유대국을 언급한 적이 없다는 점을 들고 있읍니다. 따라서 저자는 유대국의 고대성(古代性)에 관한 증거를 외국인들의 글에서 찾아 제시하도록 하겠읍니다. 그리하여 유대국을 이유없이 비방하는 자들이 잘못을 저지르고 있다는 사실을 폭로하도록 하겠읍니다.

12. 유대인은 해변가에 거주하지도 않았으며 상업에 종사하지도 않았읍니다. 그렇기 때문에 다른 민족들과 섞여 사는 일이 드물었읍니다. 유대인이 거주하는 도시들은 해변에서 멀리 떨어져 있으며 비옥한 땅이기 때문에 유대인은 오직 경작하는 데만 애를 써왔읍니다. 게다가 유대인의 주요 관심사는 자녀들을 훌륭하게 교육하는 데 있었으며 유대인의 생의 가장 큰 일은 조상 전래의 율법과 경건의 규칙들을 엄수하는 것이었읍니다. 앞서 언급한 것들 외에도 유대인은 나름대로의 독특한 생활 방식이 있기 때문에 고대 때에도 헬라인들과 섞여 살지않았읍니다. 헬라인들이 상업 거래상 애굽인들이나 해변가의 베니게인들(페니키아인들)과 섞여 살던 것과는 대조적인 것입니다. 유대인들은 다른 어떤 민족처럼 노략질하지도 않았으며, 용감한 용사들이 수만 명이나 되었음에도 불구하고 부(富)를 획득하기 위해 외국과 전쟁을 하지도 않았읍니다. 따라서 유대인은 헬라인들에게 알려지지 않은 것입니다. 베니게인들과 애굽인들은 헬라인들과의 상거래로 일찍부터 헬라인들에게 알려져 있었읍니다. 그들

은 물건을 배에다 싣고 오랜 항해 끝에 그리이스인들에게 도착하여 거래를 하였으므로 그들에게 알려졌던 것입니다. 게다가 메대인들(the Medes)과 페르시아인들(the Persians)은 아시아(Asia)를 제패했었기 때문에 헬라인들에게 알려졌던 것입니다.

특히 페르시아인들(바사인들)은 군대를 이끌고 다른 대륙 (유럽〔Europe〕)까지 원정을 했기 때문에 헬라인들이 잘 알게 된 것입니다. 트라키아인들(the Thracians)은 헬라인들이 사는 땅과 근접해 있기 때문에 헬라인들에게 알려지게 된 것이며 스키티아인들(the Scythians)은 본도(폰투스, Pontus)로 항해하는 자들 때문에 헬라인들의 귀에까지 들어가게 된 것입니다. 따라서 대체적으로 말한다면 모든 해변 국가들 특히 동쪽 바다들(eastern seas)과 서쪽 바다들(western seas) 인근에 거주하는 민족들은 헬라인(Grecian)들에게 알려진 반면에 바다에서 멀리 떨어진 곳에 거하는 자들은 대부분 그들에게 알려지지 않았던 것입니다. 이같은 일반 법칙은 유럽(Europe)에도 적용되는 듯이 보입니다. 로마 시는 오랫동안 막강한 권세를 행사하여 왔고 전쟁에서 대승을 거두어 왔음에도 불구하고 헤로도투스(Herodotus)와 투키디데스(Thucydides)는 물론 그들과 동시대의 어떤 역사가들에 의해서도 언급이 되지 않고 있읍니다. 로마인들이 헬라인들에게 알려진 것은 근래의 일이며 그것도 온갖 우여 곡절 끝에 그렇게 된 것입니다.

가장 정확하다는 역사가들조차도 (예를 들면 에포루스〔Ephorus〕 같은) 골인들(the Gauls)과 스페인인들(the Spaniards)에 대해서는 전혀 무지했기 때문에 에포루스 같은 이는 지구의 서쪽의 광대한 지역을 차지하고 사는 스페인인들이 겨우 도시 국가의 주민에 불과하다고 생각할 정도였읍니다. 이들 역사가들은 골인들이나 스페인인들에게 있지도 않은 풍습을 묘사하고 있읍니다. 이들이 이 같은 실수를 저지른 것은 그들과 직접 접촉이 없었기 때문입니다. 게다가 그들은 남이 모르는 일을 자기는 알고 있다는 사실을 과시하고 싶어서 이 같은 우까지 범하고 있는 것입니다. 유대국이 해변에서 멀리 떨어져 있고 또 독자적인 독특한 형태의 삶을 누리고 있다면 헬라인들이 모르는 것은 물론 그들의 저술에 유대국을 언급하지 않고 있는 것이 어쩌면 너무나도 당연한 것입니다.

13. 역사가들의 저술에 언급되지 않았다는 이유로 기원이 오래지 않았다는 사실이 성립이 된다면 이것을 헬라인들에게 거꾸로 적용할 수도 있습니다. 유대인의 저술에 헬라인들이 언급이 되지 않았으니 헬라인들의 기원도 얼마 되지 않은 것 아닙니까? 이 질문에 대해서 헬라인들도 웃어넘기지만은 않을 것입니다. 그리고 내가 앞서 언급한 이유와 똑같은 이유를 들면서 자신들의 고대성을 입증하기 위해 인근 국가들의 기록에서 그 증거를 대려고 할 것입니다. 저자가 앞으로 하려고 하는 일이 바로 이 일입니다. 저자는 주로 애굽인들과 베니게인들의 증거를 들어 유대국의 고대성을 입증할 생각입니다. 애굽인들과 베니게인들이 유대인들에 대해 큰 악의를 가지고 있었던 것은 주지의 사실이기 때문에 그들의 증거가 허위라고는 아무도 반박하지 못할 것입니다. 무엇보다도 애굽인들은 유대인을 아주 미워했습니다. 이것은 두로인(the Tyrians)이라고 알려진 베니게인들도 마찬가지입니다. 그러나 갈대아인들(the Chaldeans)이 유대인들에게 적의를 품었다고는 말할 수 없음을 솔직이 시인하겠습니다. 유대국의 최초의 지도자들과 선조들이 갈대아인 출신이기 때문입니다. 갈대아인들의 기록에는 유대인이 언급되어 있읍니다. 그것은 갈대아인들과 유대인들이 친족 관계이기 때문입니다. 남과 관련된 것에 있어서 저자는 누구에게나 공정하고 싶습니다. 따라서 일부 헬라인들이 유대인을 언급한 사실도 생략하지 않을 것입니다. 그래야 유대인을 무고하게 시기하는 자들에게 공연히 트집을 잡히지 않을 것이기 때문입니다.

14. 저자는 우선 애굽인들의 저술부터 살펴 나가도록 하겠습니다. 물론 저자가 직접 애굽어로 쓰여진 원문을 읽고 인용하는 것은 아닙니다. 왜냐하면 저자의 능력상 그 같은 일은 불가능하기 때문입니다. 그러나 애굽 태생인 마네토(Manetho)란 인물이 헬라어를 능통하게

숙달한 후에 애굽 역사를 헬라어로 번역해 놓은 것이 있기 때문에 저자는 헬라어 번역본을 접할 수가 있었읍니다. 마네토의 말을 빌리면 그는 애굽 역사를 거룩한 기록들(sacred records)에서 직접 헬라어로 번역한 것이라고 합니다. 마네토는 헤로도투스(Herodotus)가 애굽 역사에 무지하여 거짓 역사를 서술했다고 통렬히 비난하는 인물입니다. 어찌 되었든간에 이 마네토가 쓴 애굽 역사(Egyptian History) 2권에는 유대인에 관한 아래와 같은 언급이 있읍니다. 저자는 마치 법정에 그를 데려다가 증언을 하게 하듯이 그의 말을 그대로 옮기겠읍니다:

"애굽의 왕 가운데는 티마우스(Timaus)라는 왕이 있었다. 나는 자세한 내막은 모르나 그의 통치 기간 중에 신께서 애굽인을 저버리신 일이 발생하였다. 그리하여 갑자기 동방으로부터 미천한 출신들이 일어나 우리 나라를 침공해 왔다. 그리고 그들은 피 한 방울 흘리지 않고 우리 나라를 손쉽게 무력으로 장악하였다. 그들은 애굽의 지배자들을 굴복시키고 도시에 불을 지르고 신전들을 파괴하였으며 잔인한 방법으로 우리 민족을 학대하였다. 즉 그들은 우리 민족의 일부는 학살하고 부녀자들과 아이들은 포로로 잡아가는 온갖 만행을 자행하였다. 그리고 그들은 결국 자기들 가운데서 살라티스(Salatis)라는 인물을 왕으로 추대하였다. 살라티스는 멤피스(Memphis)에 거하면서 상부 애굽과 하부 애굽에 동시에 조세를 부과하였으며 요소 요소에 수비대를 주둔시켰다. 그는 당시 최고의 막강한 세력을 구축하고 있던 앗수르인들(the Assyrians)이 애굽 왕국을 넘보고 호시 탐탐 기회만 엿보고 있는 것을 간파하고 동쪽 지역의 방비를 견고히 하였다. 그는 사이테 노모스(셋-로이테, the Saite Nomos [Seth-roite])가 동쪽 지역 방비의 핵심 요충지임을 알고 성벽을 재건하고 요새화하였다. 사이테 노모스는 부바스틱 허협(the Bubastic channel) 인근에 위치해 있었는데, 어떤 신학적 개념(a certain theologic notion)과 연관되어 탐욕(*Avaris*)이라는 지명으로 불렸다. 그는 이곳을 요새화하고 무려 240,000명의 수비대를 주둔시켰다. 살라티스는 여름이 되면 이곳을 방문하였다.

요세푸스

그가 이 곳을 방문한 데는 두 가지 이유가 있었다. 그 하나는 식량을 거두고 병사들의 봉급을 지불하는 것이었고, 다른 하나는 군사 훈련을 통해 외국인들에게 공포심을 일으키게 하려는 것이었다. 살라티스는 13년간을 통치한 후 세상을 떠났다. 이에 베온(Beon)이 뒤를 이어 44년간 통치하였으며, 그 다음에는 아파크나스(Apachnas)가 36년 7개월간을 왕위에 있었다. 그가 죽자 아포피스(Apophis)가 61년간 나라를 다스렸으며, 요니아스(Jonias)가 50년 1개월간을, 그리고 아시스(Assis)가 49년 2개월간을 각기 통치하였다. 이 여섯 왕들은 애굽인들과 계속 적대적인 관계를 유지하며 애굽인들을 서서히 뿌리째 박멸시키려고 한 인물들이었다. 이 왕국은 힉소스(HYCSOS), 즉 목자-왕(*Shepherd-kings*)이라고 불렸다. 힉소스의 첫 음절인 힉(HYC)은 거룩한 방언(sacred dialect)으로 왕(*a king*)이란 뜻이며 둘째 음절인 소스(SOS)는 일반 방언으로 목자(*a shepherd*)란 뜻이다. 이 두 뜻의 단어가 모여 힉소스(HYCSOS)란 합성어가 생긴 것이다. 그런데 혹자들은 이들이 바로 아라비아인들(te Arabians)이라고 말하고 있다." 그런데 여기서 한 가지 덧붙일 것이 있읍니다. 다른 사본에는 힉소스란 단어가 왕들(*Kings*)을 뜻하는 것이 아니라 힉(HYC)이란 불변화사(不變化詞, particle) 때문에 포로된 목자들(*Captive Shepherds*)이란 뜻으로 해석해야 한다고 되어 있읍니다. 왜냐하면 애굽에서 기음(氣音, aspiration)으로 시작하는 힉(HYC)은 또한 목자들(*Shepherds*)을 의미하기 때문입니다. 따라서 저자에게는 이것이 더 그럴 듯한 의견으로 보이며 고대 역사에 더 부합되는 것처럼 보입니다. (한편 마네토는 계속해서 아래와 같이 서술하고 있읍니다:)

"이 왕들(*kings*)이라고 불리기도 했다가 목자들(*shepherds*)이라고 불리기도 했던 자들과 그 후손들은 애굽을 511년간 다스렸다. 그 후 테바이스(Thebais)의 왕들과 애굽 다른 지역의 왕들이 목자들에게 반기를 들게 되었고 이로 인해 쌍방간에는 처절한 접전이 오래 지속되게 되었다. 그런데 알리스프라그무토시스(Alisphragmuthosis) 왕의 치하에서 목자들은 정복을 당하고 애굽의 다른 지역으로 쫓겨나기에 이르렀으며 탐욕(Avarice)이라고 부르는 불과 만 에이커(acres) 정도의 땅에 완전히 갇히게 되었다. 목자들은 자신들의 소유와 약탈품을 지키기 위해 이 지역 전체를 견고한 성벽으로 둘러싸고 요새화하였다. 이에 알리스프라그무토시스의 아들 툼모시스(Thummosis)가 무력으로 이를 진압하기 위해 무려 480,000명의 병사들을 동원하여 성을 포위하였다. 그러나 툼모시스(Thummosis)는 성을 무력으로 함락시킬 가능성이 없자 목자들과 타협을 보았다. 그리하여 목자들은 애굽을 떠나 어디든지 무사히 갈 수 있는 약속을 받아낼 수 있었다. 결국 목자들은 쌍방의 약속에 따라 240,000명에 달하는 백성들과 재산을 가지고 애굽에서 떠나 광야(사막)를 거쳐 수리아(Syria)로 향하였다. 그러나 이들은 당시 아시아를 지배하고 있던 앗수르인들을 두려워하여 유대 땅에 머물기로 결정하고 그 많은 인원을 수용할 도시를 건설하고 예루살렘(Jerusalem)이라고 불렀다."⁵ 또한 마네토는 그 역사서의 다른 부분에서 이같이 말하고 있읍니다.

"목자들(Shepherds)이라고 불리우는 이 나라는 그들의 성서(聖書 sacred books) 속에서는 포로들(Captives)이라고 불리고 있기도 하다." 사실 이 마네토의 말은 진실입니다. 왜냐하면 양을 치는 일이 아주 먼 옛날부터 우리 조상의 생업이었기 때문입니다. 게다가 그들이 애굽인들에 의해 포로들이라고 불렸다는 점도 근거가 없는 이야기는 아닙니다. 유대 조상의 하나인 요셉이 애굽 왕에게 자신이 포로(a captive)라고 밝혔기 때문입니다. 이 요셉은 후에 왕의 허락을 받아 형제들을 애굽으로 불러들였읍니다.

15. 저자는 유대인의 고대성을 입증하기 위해 당분간 애굽인들을 증인으로 내세우도록 할 작정입니다. 따라서 저자는 다시 마네토의 입을 빌어 그 후의 역사가 어떻게 진행되었는지를 계속 살펴보도록

---

5. 여기서 우리는 예루살렘 시의 최초의 도시 건설에 관한 이야기를 마네토를 통해 듣고 있는데, 아브라함이 하란(Haran)을 떠나기 37년 전쯤에 베니게(페니키아) 목자들(the Phoenician shepherds)이 애굽에서 쫓겨 났을 때 건설된 것이라는 것이다.

하겠읍니다. 다음의 마네토의 말을 들어 보십시오.

"이 목자들이라고 불리우는 민족이 애굽을 떠나 예루살렘으로 간 후 그들을 쫓아낸 애굽 왕 테트모시스(Tethmosis)는 그 이후로 25년 4개월간을 통치하다가 세상을 떠났다. 그 뒤를 이어 아들인 케브론(Chebron)이 13년간 나라를 다스렸으며, 그가 죽자 아메노피스(Amenophis)가 20년 7개월간 왕위에 재위하였다. 그의 뒤를 이어 그의 자매인 아메세스(Amesses)가 21년 9개월간을, 그 다음에는 메프레스(Mephres)가 12년 9개월간을, 그리고 그 후에는 메프라무토시스(Mephramuthosis)가 25년 10개월간을 각기 통치하였다. 그리고 그 다음에는 테트모시스(Tethmosis)가 9년 8개월간을, 그 후에는 아메노피스(Amenophis)가 30년 10개월간을 다스렸다. 또한 그 뒤를 이어 오루스(Orus)와 그의 딸 아켄크레스(Acenchres)가 각기 36년 5개월간과 12년 1개월간을 차례로 통치하였다. 그녀의 남동생인 라토티스(Rathotis)가 9년을 다스렸고, 아켄크레스(Acencheres)가 12년 5개월을 다스렸고 또 다른 아켄크레스(Acencheres)가 12년 3개월을 다스렸다. 그 다음에는 아르마이스(Armais)가 4년 1개월간을, 라메에세스(Rameeses)가 1년 4개월간을, 그리고 아르메세스 미암모운(Armesses Miammoun)이 60년 2개월간을 각기 왕으로 재위하였다. 그후 아메노피스(Amenophis)가 19년 6개월간을 통치하였으며 그 뒤를 기병과 수군(水軍)을 장악한 세토시스(Sethosis)와 라메세스(Ramesses)가 왕으로 부상하였다. 이 왕은 형제인 아르마이스(Armais)를 애굽을 다스리는 대리인(deputy)으로 임명하였다." (이와는 다른 사본에서는 다르게 서술되어 있읍니다: "그 뒤를 이어 형제지간인 세토시스와 라메세스가 왕위에 올랐다. 그런데 수군을 지휘하고 있던 세토시스는 바다에서 닥치는 대로 만나는 자들을 모두 처참하게 살해한 후 얼마 있다가 라메세스까지 암살하였다. 그리고는 또 다른 형제를 애굽을 통치하는 대리인으로 임명하였다.") "그는 아르마이스에게 몇 가지만을 금지하고 왕의 전권을 위임하였다. 그는 아르마이스에게 첫째, 왕관을 쓰지 말 것, 둘째, 그들의 모친인 모후를 해하지 말 것, 세째, 왕의 다른 첩들을 건드리지 말 것 등을 명한 후에 앗수르(the Assyrians)와 메대(the Medes)와 키프러스(Cyprus)와 베니게(페니키아, Phoenicia) 등의 원정에 나섰다. 그는 어떤 때는 무력으로, 어떤 때는 전쟁을 벌이지 않고 단지 무력 시위를 통해 적에게 공포감을 심어 주는 등의 다양한 방법으로 위의 모든 나라들을 정복하였다. 그는 이같이 연전 연승을 거두자 기고 만장하여 점차 대담해졌으며 동방 지역 인근에 있는 도시들과 지역들을 정복하기 시작하였다. 그런데 얼마가 지나서 애굽에 대리자로 남아 있던 아르마이스가 겁도 없이 그가 하지 말라고 금한 바로 그 명령을 어기기 시작하였다. 아르마이스는 모후에게 폭행을 가하는가 하면 왕의 다른 후궁들도 빼놓지 않고 손을 댔다. 게다가 그는 측근들의 부추김에 넘어가 왕관을 쓰고 형제에게 대적하기 시작하였다. 그러자 당시 애굽의 제사장들을 감독하는 직을 맡던 자가 세토시스(Sethosis)에게 서신을 보내 모든 사실을 알리고 그에게 반기를 들었음을 전하였다. 이에 세토시스는 즉시 펠루시움(Pelusium)으로 돌아와 왕국을 다시 회복하였다.

한편 애굽(*Egypt*)이라는 국명은 세토시스의 이름에서 유래되었다. 왜냐하면 세토시스는 에집투스(Egyptus)라고 불렀고 그의 형제인 아르마이스는 다나우스(Danaus)라고 불렀기 때문이다."

16. 이상이 마네토의 서술입니다. 마네토가 기록한 연대표를 요약해서 볼 때에, 여기서 목자들이라고 불리는 자들은 다름이 아닌 유대인 선조들을 말하는데, 이들이 애굽을 떠나 유대 땅에 거하기 시작한 것은 다나우스(Danaus)가 아르고스(Argos)에 오기 전 393년 이전의 일임을 분명히 알 수가 있읍니다. 아르기베스(Argives)라는 인물은 다나우스를 애굽의 최고(最古)의 왕으로 인정하고 있는 점은 여기서는 다루지 않겠읍니다. 마네토가 애굽의 기록들을 자료로 해서 이 같은 증언을 해주는 것은 두 가지 면에서 우리에게 중요한 가치가 있읍니다. 첫째로 유대인은 다른 나라에서 애굽으로 들어갔다가 그 곳에서 탈출한 것이 매우 오랜 고대의 사건이라는 점입니다. 즉 다시 말하면 트로이(Troy) 공성(攻城)보다 거의 일천 년이나 앞

요세푸스

선 사건이라는 말입니다. 두번째로 마네토가 애굽의 기록에서가 아니라 출처를 알 수 없는 어떤 이야기에서 인용했다고 스스로 고백하면서 유대국에 대해 부연적으로 설명하고 있는 이야기는 황당 무계한 헛소리라는 점입니다. 이 점에 대해서는 저자가 후에 상세히 논박하도록 하겠읍니다.

17. 저자는 이제 유대국의 고대성을 입증하기 위해 애굽의 기록으로부터 베니게(페니키아)의 기록으로 눈을 돌리도록 하겠읍니다. 두로인들 가운데는 오랜 세월의 역사를 담은 당시의 기록(then records)이 있읍니다. 이 기록은 모두 공기록(公記錄)으로서 두로인들이 몹시 소중하고 정확하게 보존해 왔읍니다. 이 기록에는 두로인들 사이에서 일어난 일뿐 아니라 다른 국가와의 접촉도 언급되어 있는데 우리가 기억해야 할 가치가 있는 자료들이 들어 있읍니다. 이제 그 기록을 살펴보겠읍니다:

"예루살렘 성전은 두로인들이 카르타고(Carthage)를 건설하기 143년 8개월 전에 솔로몬 왕이 건설하였다." 두로인들의 연대기에는 성전 건축에 관한 다음의 기록이 적혀 있읍니다: "두로 왕 히롬(히람, Hirom)은 솔로몬 왕의 친구였다. 양국 왕의 친분은 조상 적부터 계승되어 온 유산이었다. 이에 히롬 왕은 솔로몬의 건축물을 화려하게 꾸미는 데 한몫을 담당하기를 원하였으며, 따라서 120달란트의 금을 선물로 보냈다. 그 밖에도 히롬 왕은 리바누스(Libanus) 산에서 가장 뛰어난 목재들을 벌목하여 건물 지붕용으로 쓰도록 솔로몬 왕에게 보냈다. 이에 대한 보답으로 솔로몬 왕은 많은 예물을 보냈을 뿐 아니라 사불론(Chabulon, 가불)[6]이라고 부르는, 갈릴리의 한 지역을 그에게 주었다. 이 두 왕이 친밀한 우의를 가질 수 있었던 것은 또 다른 요소가 있었다. 두 왕은 철학적 경향(a philosophic inclination)이 짙다는 공통점이 있었다. 따라서 그들은 서로 상대방이 문제를 풀지 못했으면 좋겠다는 경쟁심을 가지고 문제들을 교환하였다. 솔로몬은 다른 면에서도 그랬지만 이 면에서도 히롬보다는 뛰

---

6. 열왕기상 9：13을 참조하라.

어났다. 이들이 서로 주고 받은 서신은 지금도 두로인들 가운데 보존되어 있다." 저자의 말을 믿지 못할 자들이 있을지도 모르므로 매우 정확하게 베니게 역사(the Phoenician History)를 서술했다고 인정받고 있는 디우스(Dius)의 말을 증거로 삼겠읍니다. 디우스는 그의 베니게인의 역사(Histories of the Phoenicians)에서 다음과 같이 기술하고 있읍니다:

"아비발루스(Abibalus)가 죽자 그의 아들 히롬(Hirom)이 왕국을 다스리게 되었다. 이 왕은 시의 동쪽 지역에 성(bank)을 쌓아 도시를 확장하였다. 그는 또한 섬 안에 따로 떨어져 있던 쥬피터 올림피우스 신전(the temple of Jupiter Olympius)을 섬까지 방죽을 쌓아 도시 안으로 병합하는 한편 신전을 금으로 아름답게 치장하였다. 그는 또한 리바누스(Libanus)로 올라가 신전들을 건축하기 위한 목재들을 벌목하였다.

한편 솔로몬은 히롬에게 서로 문제를 내어 답을 얻지 못한 사람이 답을 알아맞힌 사람에게 돈을 주는 내기를 하자고 제의했다. 이에 히롬이 동의를 하였으나 솔로몬이 낸 문제를 풀지 못하여 그 벌금으로 거액의 돈을 낼 수밖에 없었다. 그러나 이 때 아브데몬(Abdemon)이라는 한 두로인이 그 문제를 대신 풀어주고 솔로몬이 풀 수 없는 문제를 제출하여 이제는 솔로몬이 도리어 그 벌금을 되돌려주지 않을 수가 없었다." 이상이 디우스(Dius)의 기록으로 우리가 앞서 다룬 주제를 분명히 확증해 주고 있읍니다.

18. 저자는 여기서 에베소인 메난더(Menander the Ephesians)를 또 다른 증인으로 채택하고 싶습니다. 이 메난더는 두로의 각 왕의 통치 아래서 일어난 헬라인들과 야만인들의 행적을 역사로 기록한 인물로서, 두로인의 기록들을 참고로 두로인의 역사를 서술하려고 많은 애를 쓴 역사가입니다. 메난더는 두로 왕들에 대한 역사를 집필하다가 히롬(Hirom)의 순서에 와서는 이같이 말하였읍니다: "아비발루스(Abibalus)가 죽은 후 그의 아들 히롬이 왕위에 올랐다. 그는 34년간의 통치 끝에 53세를 일기로 세상을 떠났다. 그는 또한 광

요세푸스

장(廣場, the Broad place)이라 부르는 곳에 성을 쌓는 한편 쥬피터(Jupiter)의 신전에 금기둥을 봉헌하였다. 히롬은 또한 리바누스(Libanus) 산에서 벌목하여 신전의 지붕용으로 쓸 백향목 목재를 만들었다. 그는 옛 신전들을 헐고 새 신전들을 건축하였다. 그 밖에도 그는 헤르쿨레스(Hercules)와 아스다롯(Astarte)의 신전들을 봉헌하였다. 그는 먼저 페리투스(Peritus) 월에 헤르쿨레스의 신전을 지었으며 그에게 조세를 바치지 않으려는 티티인들(Tityans)을 정복할 때 아스다롯의 신전을 지었다. 그는 티티인들을 진압한 후 두로로 돌아왔다. 이 왕의 통치 때 아브데몬이라는 인물이 있었는데 예루살렘 왕 솔로몬이 낸 어려운 문제를 해결하였다."

이 히롬 왕 이후 시대부터 카르타고 건설(the building of Carthage) 때까지의 역사는 아래와 같이 기술되어 있읍니다: "히롬 왕이 죽자 그의 아들 벨레아사루스(Beleazarus)가 왕위에 올랐다. 그는 7년간의 재위 끝에 43세를 일기로 세상을 떠났다. 그 뒤를 이어 아들인 아브다스타르투스(Abdastartus)가 왕위에 올랐는데 9년간의 통치를 끝으로 29세의 나이에 세상을 떠났다. 아브다스타르투스의 유모의 네 아들이 그를 처치하기로 음모하고 그를 살해한 것이다. 그 후 네 아들 중 장남이 12년간을 통치하였다. 그 뒤를 이어 델레아스타르투스(Deleastartus)의 아들 아스타르투스(Astartus)가 왕위에 올라 12년간의 통치 끝에 54세를 일기로 세상을 떠났다. 그 후 그의 형제인 아세리무스(Aserymus)가 왕이 되어 54세를 일기로 세상을 떠날 때까지 9년간 나라를 다스렸다. 아세리무스는 형제인 펠레스(Pheles)에게 암살되는 비운을 맞이하고 세상을 떠났다. 이에 펠레스가 형제를 살해하고 권좌에 올라 50세의 나이로 세상을 떠났으나 겨우 통치기간은 8개월에 불과했다. 왜냐하면 그도 아스다롯(Astarte) 의 제사장인 이토발루스(Ithobalus)에게 불시에 살해를 당했기 때문이다. 이에 이토발루스가 펠레스를 살해하고 왕위에 올라 32년간의 재위 끝에 68세를 일기로 세상을 하직하였다. 그 뒤를 이어 아들인 바데소루스(Badezorus)가 왕위를 계승하였으며 6년의 통치 끝에 45세를 일기로 세상을 떠났다. 후임으로 아들인 마트게누스(Matgenus)

98

가 왕위에 올라 9년간의 통치 끝에 32세를 일기로 세상을 떠났다. 그 뒤를 이어 피그말리온(Pygmalion)이 왕좌에 올라 47년의 통치 끝에 56세를 일기로 세상을 떠났다. 그런데 그의 재위 제 7년에 그의 누이가 그에게서 도망쳐 리비아(Libya)의 카르타고(Carthage) 시를 건설하였다."

여기서 히롬의 재위 때부터 카르타고 시의 건설까지 총기간은 155년 8개월에 해당함을 알 수가 있읍니다. 예루살렘 성전이 히롬의 재위 제 12년에 건설되었으니까 예루살렘 성전 건축 때부터 카르타고 시 건설 때까지는 143년 8개월간이 되는 셈입니다. 이미 베니게(페니키아)의 역사서를 통해서 유대국의 고대성이 이미 확실히 입증된 이상 베니게 역사서 외의 다른 역사적 증거 문헌을 더 들출 필요가 무엇이 있겠읍니까? 여기서 확실한 사실 한 가지를 짚고 넘어가야 하겠읍니다. 우리 유대 선조들이 유대 땅에 들어온 것은 예루살렘 건축 훨씬 이전이라는 점입니다. 전쟁을 통해 유대 땅을 완전 장악한 후에야 성전 건축이 가능했기 때문입니다. 이 점은 저자가 유대 고대사를 서술할 때 유대인의 성서를 자료로 분명히 입증한 바가 있읍니다.

19. 이제 저자는 갈대아의 역사(the Chaldean histories)에서 ˊ유대국의 고대성에 관한 증거를 찾고 싶습니다. 이 갈대아의 역사는 유대국의 고대성 외의 면에서도 유대인의 성서와 일치하는 점이 많이 있읍니다. 저자가 이제 증인으로 채택하려고 하는 인물은 베로수스(Berosus)라는 사람입니다. 그는 갈대아 태생으로서 헬라인들을 위해 갈대아의 점성술과 철학에 관한 책을 출판한 이유로 식자(識者)들에게 널리 알려져 있는 인물입니다. 베로수스는 갈대아의 고대 기록들을 연구하여 모세의 서술과 일치하는 고대 홍수와 그로 인한 인류의 멸망에 관해서도 기록을 남긴 사람입니다. 게다가 베로수스는 인류의 시조인 노아의 방주가 아르메니아 산맥(the Armenian mountains)의 최고봉에 도달한 사건도 기록으로 남겼을 뿐 아니라 노아의 후손의 계보도 작성하였읍니다. 그는 노아의 후손의 연대를 모

두 계산하여 바벨론과 갈대아의 왕인 나보라살(Nabolassar)에까지 이르는 모든 연대표를 작성해 놓았읍니다. 베로수스는 나보라살 왕의 행적을 기술하다가 애굽과 유대국을 정복하기 위해 아들인 느부갓네살(Nabuchodonosor)에게 대군을 주어 파견한 경위를 적고 있읍니다. 그리하여 그에게 반역을 일으킨 애굽과 유대국을 정복하고 예루살렘 성전을 방화한 사건은 물론 유대인을 포로로 바벨론까지 끌고 간 역사까지 언급하고 있읍니다. 그 후 페르시아(바사, Persia) 왕 고레스(Cyrus) 왕 때까지 70년간 예루살렘이 황폐한 것에 관해서도 서술하고 있읍니다. 이같이 서술한 후에 베로수스는 다음과 같이 덧붙이고 있읍니다:

"이 바벨론 왕은 애굽과 수리아와 베니게, 아라비아를 정복하였으며 그 전리품이 바벨론과 갈대아의 역대 어떤 왕들보다 많았다." 베로수스는 위와 같이 언급하고 얼마 후 그의 저서 고대 역사(History of Ancient Times)에서 아래와 같이 서술하였읍니다: "느부갓네살의 부친인 나보라살은 자신이 세운 애굽과 켈레수리아(Celesyria, 코엘레수리아)와 베니게의 총독이 반역을 일으켰다는 소식을 듣고 도저히 견딜 수가 없었다. 따라서 그는 청년에 불과했던 느부갓네살에게 군대의 일부를 주어 반역자들을 진압하도록 지시하였다. 이에 느부갓네살은 군대를 이끌고 진압에 나서 반란군을 정복한 후 통치권을 다시 회복하였다. 그런데 공교롭게도 부친인 나보라살이 병에 걸려 29년의 통치를 끝으로 세상을 떠나는 일이 발생하고 말았다. 이에 느부갓네살은 부친이 죽었다는 소식을 듣자 애굽과 그 밖의 나라들의 질서를 잡은 다음 유대인과 베니게인과 수리아인과 애굽인 포로들을 시켜 짐과 그 밖의 중장비들을 바벨론으로 옮기는 일을 측근에게 맡기고 자신은 먼저 소수의 측근만을 거느리고 광야를 건너 서둘러 바벨론으로 돌아왔다. 그가 돌아와 보니 정무(政務)는 갈대아인들이 보살피고 있었고 유력 인사들이 그를 위해 왕위를 잘 보존해 놓고 있었다. 따라서 그는 부친의 모든 통치권을 그대로 계승할 수 있었다. 느부갓네살은 포로들을 바벨론의 각 지역으로 분산시켜 식민지를 건설하고 살게 하였다. 또한 그는 전쟁에서 얻은 전리품으로 벨루스의 신전(the temple of Belus)과 그 밖의 신전들을 우아하게 치장하였다.

 그는 또한 고도(古都)를 재건하고 외곽 지역을 신도시에 병합시키는 한편 후에 어떤 적들도 강줄기를 돌려 바벨론을 쉽게 함락시킬 수 없도록 바벨론 시를 요새화하였다. 그는 바벨론 시의 내부와 외부에 각기 성벽을 3중으로 쌓았다. 그는 어떤 성벽은 구운 벽돌과 역청으로 쌓았으며 어떤 성벽은 구운 벽돌로만 쌓았다. 그는 성벽으로 도시를 견고하게 요새화하고 성문을 멋지게 치장한 후에 부친이 거하던 왕궁에 새 왕궁을 지어 확장하였다. 그는 옛 왕궁 바로 옆에다가 옛 왕궁보다 훨씬 높고 웅장하기 이를 데 없는 새 왕궁을 신축하였다. 이 왕궁을 다 묘사하려면 긴 시간이 소모될 정도로 화려하기가 이루 말할 수 없었다. 그러나 웅장하고 장엄하기 이루 말할 수 없는 대건축물이었음에도 불구하고 이 왕궁을 건축하는 데는 불과 보름밖에 걸리지 않았다. 그는 석주(石柱)들로 북받쳐진 고가 도로(high walks)를 새 왕궁 내에 건설하였으며 현수(懸垂) 정원(*a pensile paradise*)이라고 부르는 정원을 조성하고 각종 나무와 수목들을 울창하게 조림함으로서 산악 깊숙이 들어온 듯한 경치를 느끼게 만들었다. 느부갓네살 왕이 이같이 왕궁 내에 산악 지방을 연상하도록 꾸민 것은 그의 왕후를 기쁘게 해주기 위해서였다. 왕후는 메디아(Media)에서 태어나 양육받았기 때문에 산을 무척 좋아하였다."

 20. 이상이 베로수스(Berosus)가 그의 저서 갈대아 역사(his Chaldean History) 제 3권에서 느부갓네살의 행적에 관해 기술한 내용의 일부입니다. 베로수스는 제 3권에서 이 밖에도 많은 내용을 기술하였는데, 그 중에는 헬라 역사가들이 아무 근거도 없이 바벨론 시가 앗수르의 왕후인 세미라미스(Semiramis)에 의해 건설되었다고 주장하는 점에 대해 불평하는 대목도 들어 있습니다. 더우기 바벨론 시의 장엄한 건축물들이 세미라미스의 손에 의해 지어진 것이라고 주장하는 헬라 역사가들에 대해 조소를 금치 못하는 장면도 있읍니다.

사실상 바벨론 시에 관해서는 갈대아 역사가 가장 신빙성 있는 증거가 아닙니까? 더우기 우리는 베로수스가 느부갓네살에 대해 기술한 내용을 베니게인들의 문서 보관소의 기록(the archives of the Phoenicians)에서 확실히 찾아볼 수 있읍니다. 그 기록에 의하면 느부갓네살이 온 수리아와 베니게를 정복했다고 서술되어 있기 때문입니다. 더우기 이에 관해서는 필로스트라투스(Philostratus)도 다른 역사가와 일치하고 있읍니다. 필로스트라투스는 그의 역사서에서 두로의 공성(The siege of Tyre)에 대해 기술하고 있읍니다. 이것은 메가스테네스(Megasthenes)의 경우도 마찬가지입니다. 그는 자신의 저서 인도 역사(Indian History) 제 4권에서 느부갓네살 왕이 그 힘에 있어서나 전공에 있어서나 헤르쿨레스(Hercules)를 능가한 인물로서 리비아(Libya)의 대부분과 이베리아(Iberia)까지 정복했다고 서술하고 있읍니다.

한편 저자가 예루살렘 성전에 관해 앞서 언급한 바 있었던 내용, 즉 바벨론인들에 의해 성전이 불탔으나 고레스(Cyrus)가 아시아를 제패하고 난 후 성전의 문이 다시 열렸다는 점 역시 베로수스가 확증해 주고 있읍니다. 베로수스는 갈대아 역사라는 그의 저서 제 3권에서 다음과 같이 기술하고 있읍니다: "느부갓네살 왕은 앞서 언급한 바 있는 성벽들을 건축하기 시작하다가 그만 병에 걸려 43년간의 통치 끝에 세상을 떠났다. 그리하여 그의 아들 에윌므로닥(Evil-merodach)이 왕위를 계승하였다. 그러나 그는 정무를 불법과 부정으로 보살폈기 때문에 처남인 네리글리소르(Neriglissoor)의 음모에 걸려 통치를 시작한 지 2년 만에 살해를 당하고 말았다. 그가 죽자 그를 살해한 장본인인 네리글리소르가 왕위를 계승하여 4년간 통치하였다. 그의 뒤를 이어 겨우 소년에 불과한 라보로소아르코드(Laborosoarchod)가 왕위를 계승하여 9개월간 나라를 다스렸으나, 못된 성격과 악습을 일삼는 죄 때문에 측근의 음모에 걸려 고문을 당해 죽는 비극을 맞이했다. 그가 죽자 그를 살해한 공모자들은 공모자 중의 하나인 바벨론인 나보네두스(Nabonnedus)를 만장 일치로 왕위에 추대하였다. 바벨론 시의 성벽이 구운 벽돌과 역청으로 신기하게 건축된 것은 바로 이 왕의 재위 때였다. 그러나 그의 재위 제 17년이 되는 해에, 고레스가 바사(페르시아)에서 대군을 거느리고 등장하여 이미 아시아(Asia)를 제패하고 쏜살같이 바벨로니아로 진격해 들어왔다.

나보네두스는 고레스가 공격해 온다는 소식을 듣고 군대를 거느리고 나가 맞서 싸웠으나 그만 패배하였으며 소수의 군대만을 거느리고 간신히 도피하여 보르시푸스(Borsippus) 시에 갇히는 신세가 되고 말았다. 이에 고레스는 바벨론을 장악하고 바빌론 시의 외곽 성벽들을 파괴하라고 지시하였다. 그 동안 성을 공격하는 데 외곽 성벽이 그에게 많은 고통과 괴로움을 안겨다 주었기 때문이었다. 고레스는 성벽들을 파괴하라고 명령한 후 곧바로 나보네두스를 포위하기 위해 보르시푸스로 진격하였다. 나보네두스는 고레스의 포위 공격을 당해낼 수가 없자 고레스에게 투항하였다. 이에 고레스는 나보네두스를 박대하지 않았다. 비록 그를 바벨로니아 밖으로 추방하기는 했으나 카르마니아(Carmania)를 주어 그 곳에 거할 수 있도록 조처해 주었다. 이에 나보네두스는 그 곳에서 여생을 보내다가 세상을 떠났다."

21. 위의 기사는 유대의 성서에 나오는 참된 역사와 일치하고 있읍니다. 유대의 성서에 나오는 역사를 살펴보면 다음과 같습니다:"느부갓네살이 그의 재위 제 19년에 예루살렘 성전을 훼파하였다. 이에 성전은 50년간 폐허로 남아 있었으나 고레스 재위 제 2년에 성전의 기초가 놓이게 되었으며 다리오(Darius) 왕 재위 제 2년에 다시 완공을 보게 되었다." 이 점에 관해서는 필요 이상의 증거로 독자들을 확신시킬 필요가 있을 만큼 중요한 사항이므로 베니게인들의 기록을 또다시 증거로 채택하기로 하겠읍니다. 우리는 그들의 기록 속에서 다음과 같은 각 왕의 연대표를 볼 수가 있읍니다:

"느부갓네살이 이토발(Ithobal) 왕의 재위 때 13년간 두로(Tyre)를 공격하였다. 이토발이 죽자 바알(Baal)이 10년간 나라를 다스렸으며, 그가 죽자 재판관(judges)들이 임명되어 그들이 백성을 다스렸다. 그리하여 발사쿠스(Balsacus)의 아들 에크니발루스(Ecnibalus)가 2개월간을, 아브데우스(Abdeus)의 아들 켈베스(Chelbes)가 10개월간을, 대제사장 아브하르(Abhar)가 3개월간을 각기 통치하였으며, 미트고누스 게라스트라투스(Mitgonus Gerastratus)와 아브델레무스(Abdelemus)의 아들들이 6년간 나라를 다스렸다. 그 후 발라토루스(Balatorus)가 1년을 통치했는데, 그가 죽자 백성들이 바벨론(Babylon)에서 메르발루스(Merbalus)를 데려다가 왕으로 추대하였다. 그리하여 메르발루스가 4년간 통치하였다. 그가 죽자 백성들은 그의 형제 히롬(Hirom)을 불러다가 왕으로 옹립하였다. 그리하여 히롬이 20년간 나라를 다스렸는데, 그의 재위 때에 고레스가 바사(페르시아, Persia)의 왕이 되었다." 느부갓네살이 그의 재위 제 7년에 두로를 공격하기 시작해서 바사 왕 고레스가 히롬의 재위 제 14년에 왕위에 올랐으니까 이 전체 기간은 54년 3개월이 되는 셈입니다. 이렇게 볼 때 갈대아와 두로의 기록들은 성전에 관한 유대의 기록과 일치하고 있음을 알 수가 있읍니다. 특히 저자가 여기서 제시한 증거들은 유대국의 고대성(古代性)을 입증해 주는, 반박하거나 부인할 수 없는 명백한 증거들임에는 이론의 여지가 없을 것입니다. 저자가 지금까지 제시한 증거는 특별히 논쟁적이 아닌 사람들에게는 충분히 납득이 되리라고 저자는 생각합니다.

22. 그러나 야만인들의 기록을 좀처럼 믿으려 하지 않으며 헬라인들의 기록만을 신빙성 있는 것으로 간주하는 자들에게는 저자가 앞서 제시한 증거들이 만족스럽지 못할 것입니다. 따라서 저자는 차제에 유대국을 언급한 헬라 역사가들의 기록을 증거로 제시하여 그런 이들의 의심을 봉쇄하고 싶습니다. 사모스의 피타고라스(Pythagoras of Samos)는 오랜 고대에 살았던 인물로서 지혜와 신께 대한 경건이 모든 철학자들을 능가하는 위인으로 만인의 존경을 받고 있읍니다. 그런데 바로 이 피타고라스가 유대인의 교리를 알고 있었을 뿐 아니라 그 교리를 상당히 숭앙하고 추종한 자라는 점이 명백히 드러나고 있읍니다. 그가 지은 저서가 현존하고 있지는 않으나[7]

아피온 반박문 1권

그에 대해 글을 쓴 사람은 한둘이 아닙니다. 그 중에서도 가장 유명한 인물은 헤르미푸스(Hermippus)로서, 그는 온갖 역사에 관해 호기심이 지대한 사람이었읍니다. 그런데 이 헤르미푸스는 피타고라스에 관한 그의 저서 제1권에서 이같이 말하고 있읍니다:

"피타고라스는 크로토니아테(Crotoniate) 태생인 칼리폰(Calliphon)이라는 동료 하나가 세상을 떠나게 되자 그의 영혼이 밤낮으로 자신과 대화를 나눌 수 있게 될 것이라고 확신을 심어주면서, 그 동료에게 나귀가 쓰러진 곳을 지나가지 말 것과 또다시 갈증을 일으키는 물을 마시지 말 것과 온갖 비난받을 일을 삼갈 것을 권면하였다." 헤르미푸스는 이같이 적은 후 아래와 같이 덧붙였읍니다: "피타고라스가 이같이 말한 것은 유대인과 트라키아인(Thracians)의 교리를 모방해서 한 것이다. 그는 이 교리들을 받아들여 자신의 철학으로 수용했던 것이다."

이것을 볼 때 피타고라스가 유대 율법의 많은 부분을 그의 철학의 일부분으로 받아들인 것은 틀림없는 사실입니다. 유대국이 옛부터 여러 헬라 도시들에 알려지지 않았던 것은 아닙니다. 실제로는 몇몇 헬라 도시에서는 유대의 율법을 모방할 것을 가르치기까지 했던 것입니다. 이것은 테오프라스투스(Theophrastus)가 지은 법률에 관한 글에서 찾아볼 수가 있읍니다. 그는 "두로의 법률은 이질적(異質的)인 맹세(foreign oaths)를 하는 것을 금하고 있다"고 그의 저서에서 기술하고 있읍니다. 헤르미푸스는 유대의 율법과 관련된 이것 저것을 열거하다가 고르반(*Corban*)이라는 유대인에게만 있는 일종의 맹세까지 언급하고 있읍니다. 이 고르반이라는 맹세는 "하나님께 바친 물건"(a thing devoted to God)이란 뜻입니다. 게다가 할리카르나수스의 헤로도투스(Herodotus of Halicarnassus)도 유대국을 알고 있었읍니다. 그는 콜키인들(the Colchians)에 관한 그의

---

7. 피타고라스(Pythagoras)가 직접 쓴 저서를 가지고 있다고 확신할 수 없음은 식자(識者)들이라면 누구나 다 알고 있는 사실이다. 그의 최고의 유고(遺稿)인 황금시(Golden Verses)는 그가 직접 쓴 것이 아니라 그의 몇몇 제자들이 쓴 것이라는 것이 일반적인 정설이다.

저서 제 2권에서 그 나름대로 아래와 같이 적고 있읍니다:
"은밀한 부분에 할례를 하는 유일한 민족들은 원래는 콜키인과 애굽인과 에디오피아인만이었다. 팔레스틴(Palestine)에 거하는 베니게인들과 수리아인들은 할례를 애굽인에게서 배웠다고 솔직이 고백하고 있다. 반면에 테르모돈(Thermodon)과 파르테니우스(Parthenius) 강 유역에 거주하는 수리아인들과 인근 마크로인들(the Macrones)은 콜키인들에게서 할례를 배웠다고 말하고 있다. 이들 민족들이 인류 가운데 할례를 행하는 민족들인데 애굽인의 할례와 똑같은 할례를 행했던 것 같다. 그러나 애굽인과 에디오피아인 가운데서 누가 먼저 할례를 행했고 누가 나중에 그것을 배웠는지에 대해서는 나로서는 알 길이 없다." 위의 헤로도투스의 말 가운데는 "팔레스틴의 수리아인들이 할례를 행하고 있다"는 대목이 있읍니다. 그러나 실제로는 유대인 외에는 팔레스틴에서 할례를 행한 민족은 아무도 없읍니다. 따라서 헤로도투스가 이 말을 할 수 있었던 것을 보면 그가 유대인에 대한 지식이 있었음에 틀림이 없읍니다. 이 밖에도 헤로도투스보다 더 고대의 작가요 시인인 케릴루스(Cherilus)도 유대국을 언급하고 있음을 주목해야 할 것입니다. 케릴루스는 크세르크세스(Xerxes) 왕이 그리이스(Greece)를 정복하는 원정을 단행할 때 그를 도운 나라들을 열거하다가 맨 마지막에 유대국을 언급하였읍니다. 다음이 그의 기록의 일부입니다:
"마지막으로, 보기에도 이상한 한 민족이 넘어왔다. 그 민족은 베니게어(the Phoenician tongue)를 사용하였으며 넓은 호수(a broad lake) 옆, 솔리메아 산들(the Solymean mountains)에 거주하였으며, 그들의 머리는 거무스름했고 머리는 둥글게 삭발하였다(they had round rasures on them). 또한 그들의 얼굴과 머리는 연기에 그을린 성질 나쁜 말머리처럼 생겼다." 여기서 솔리메아 산들이란 유대인이 거하는 지역을 말하고, 넓은 호수도 아스팔티티스 호수(the lake Asphaltitis)가 수리아에서는 가장 넓고 큰 호수이기 때문에 아스팔티티스 호수를 가리킨다고 보면 케릴루스가 유대인을 지칭한 것임은 명약 관화한 일이라고 생각합니다. 게다가 하층

계급의 헬라인들은 물론 철학적 지식의 진보를 원하는 지체 높은 헬라인들까지도 유대인을 알고 있었을 뿐 아니라 유대의 교리를 알게 되면 경탄을 아끼지 않았음을 쉽게 알 수 있는 증거가 또 하나 있읍니다. 아리스토텔레스(Aristotle)의 제자로서 소요학파(逍遙學派, Peripatetics) 가운데 누구 못지 않은 인물인 클레아르쿠스(Clearchus)는 수면에 관한 그의 저서 제 1권에서 아래와 같이 기술하고 있읍니다: "나의 선생이신 아리스토텔레스께서 한 유대인과 나눈 대화를 우리에게 말씀하셨다." 클레아르쿠스는 이같이 쓴 후 아리스토텔레스의 말을 인용하면서 아래와 같이 기술하고 있다:

"'그 유대인이 한 말을 다 되풀이 하자면 너무 시간이 오래 걸릴 것 같네. 그러나 그가 한 말 가운데 들어 있는 기사(奇事, wonder)와 철학(哲學, philosophy)은 빼놓을 수가 없네. 히페로키데스(Hyperochides)여! 내가 자네의 이해를 돕기 위해 기사(奇事)에 대해서와 꿈이 무엇과 같은지에 대해서 설명해 주도록 하겠네.' 그러자 히페로키데스는 겸손하게 '저희 모두가 선생님이 무엇을 말씀하실는지 매우 고대하고 있읍니다'라고 대답했다. 이에 아리스토텔레스께서 이같이 말씀하셨다: '이해를 돕기 위해서 수사학자들(the Rhetoricians)의 규칙을 따르는 것이 좋겠네. 따라서 먼저 그 사람이 누구며 어느 나라 사람인지를 알아보는 것부터 시작하도록 하겠네. 그렇게 해야 우리 선생들의 가르침을 거스리는 것이 되지 않는 것일세.' 그러자 히페로키데스가 '선생님께서 원하신다면 그렇게 하십시오'라고 대꾸했다. (이에 아리스토텔레스께서 이같이 말씀하셨다) '그 사람은 유대인 태생으로서 켈레수리아(Celesyria) 출신이네. 유대인들은 인도 철학자들(the Indian philosophers)에게서 나온 자들로서 인도인들은 그들을 칼라미(*Calami*)라고 부르고 있는 반면에 수리아인들은 그들을 유대이(*Judoei*)라고 부르고 있네. 그들을 유대이라고 부르는 것은 그들이 거주하는 유대(Judea)라는 지명에서 유래한 것이네. 그러나 그들의 도시의 이름은 예루살렘인데 어색하기 짝이 없네. 그런데 그 사람은 많은 사람들에게 극진한 대접을 받자 높은 지역에서 내려와 바닷가에 거하면서 헬라인이 되었네. 물론 말

요세푸스

도 헬라어를 사용했을 뿐 아니라 영혼까지도 헬라인이 된 것이네. 그런데 공교롭게도 우리가 아시아(Asia)에 있을 때 그와 한 곳에 있게 되었네. 그런데 그는 우리뿐 아니라 철학에 관심이 있는 자들과 대화를 나누면서 우리가 얼마나 철학적 훈련을 받았는가를 시험해 보곤 하였네. 어쨌든 우리는 그와의 접촉을 통해서 그에게 준 것보다는 얻은 것이 더 많았네.'

이상이 클레아르쿠스가 전해 준 아리스토텔레스의 이야기의 일부입니다. 아리스토텔레스는 이 외에도 음식 금기에 있어서 그 유대인이 보여준 놀라운 극기(克己)와 일관된 삶의 방식에 관해서도 특별히 언급하고 있음을 볼 수가 있읍니다. 저자는 본래의 목적에 어긋나는 내용은 되도록 다루지 않을 작정입니다. 그러므로 이에 관심이 있는 사람은 클레아르쿠스의 책을 직접 보면 많은 유익을 얻을 수가 있을 것입니다. 어쨌든 클레아르쿠스가 위의 내용을 그의 저서에서 언급한 것은 본제(本題)를 벗어나서 이야기하다가 나온 여담과 같은 것으로 그의 목적은 다른 데 있었읍니다. 그러나 철학자요 활동가인 아브데라의 헤카테우스(Hecateus of Abdera)는 다른 문제를 다루다가 유대인의 문제를 글로 쓴 인물이 아니며, 오직 유대인에 관해서만 따로 할애를 해서 한 권의 책을 쓴 인물입니다. 그는 젊었을 때는 알렉산더 왕(king Alexander)과 동시대에 살았으며 후에는 라구스(Lagus)의 아들 톨레미(Ptolemy)와 동일한 시대를 살다가 간 인물입니다. 따라서 저자는 헤카테우스의 저서에서 몇 가지를 추려서 요약하도록 하겠읍니다. 우선 이 헤카테우스가 산 시기를 밝히도록 하겠읍니다. 헤카테우스는 그의 저서에서 톨레미와 데메트리우스(Demetrius)가 가사(Gaza)에서 접전을 벌인 전투를 언급하고 있는데, 그 전투는 카스토르(Castor)의 역사서에 의하면 알렉산더(Alexander)가 죽은 지 제 11년, 그러니까 제 117올림피아드(Olympiad) 때 일어난 전투라고 합니다. 카스토르는 이 올림피아드에 대해 언급하면서 아래와 같이 덧붙이고 있읍니다:

"이 올림피아드(Olympiad) 때 라구스(Lagus)의 아들 톨레미(Ptolemy)가 가사(Gaza)에서 폴리오크레테스(Poliocretes)라고 부르기도

하는, 안티고누스(Antigonus)의 아들 데메트리우스(Demetrius)를 격파하였다." 그런데 알렉산더가 제 114 올림피아드 때 죽었다는 것은 모두가 인정하고 있는 사실입니다. 따라서 유대국이 알렉산더의 시기에 흥성했다는 사실은 명백합니다. 여기서 다시 위의 역사적 사실을 같이 언급하고 있는 헤카테우스의 말에 귀를 기울이도록 합시다: "톨레미가 가사에서의 전투 후에 수리아의 지역들을 장악하였다. 그런데 많은 이들이 톨레미의 온화함과 인간성이 뛰어나다는 소문을 듣고 그를 따라 애굽까지 와서 여러 가지로 그가 하는 일을 도와주려고 하였다. 그 중의 하나가 유대인 대제사장인 히스기야(Hezekiah)였다.[8] 히스기야는 당시 약 66세의 나이에 유대 백성들의 존경을 한몸에 받던 인물이었다. 그는 매우 현명하고 말에 설득력이 있었으며 그 누구보다도 공무(公務)를 능란하게 처리하는 수완이 있었다. 히스기야의 말에 따르면 땅의 소산의 십일조를 받고 공무를 보살피던 유대 제사장들은 기껏해야 1,500명밖에 되지 않았다." 이 외에도 헤카테우스는 히스기야에 대해 두번째로 다음과 같이 언급하고 있읍니다:

"그는 높은 지위를 차지하고 있었고 우리와도 친분이 있었다. 따라서 그는 주위 사람들에게 유대인의 이모저모에 관하여 설명을 해주곤 하였다. 히스기야는 유대인의 주거 생활과 정치 체제에 관해서 글을 썼기 때문에 주위 사람들에게 설명을 해줄 수 있었다." 또한 헤카테우스는 히스기야의 말을 아래와 같이 인용하고 있읍니다: "우리 유대인은 율법을 매우 존중히 여기고 있다. 유대인은 율법을 지키는 것이 옳다는 것을 알고 있기 때문에 율법을 범하느니보다는 차라리 모진 고통을 당하기를 원한다. 유대인은 때로는 이웃에게 욕을 먹고 심지어는 바사(Persia)의 왕들과 총독들에게 모진 핍

---

8. 이 히스기야는 요세푸스의 대제사장 목록(catalogue)에는 나오지 않는다. 어셔 대감독(Archbishop Usher)의 의견대로 그 당시의 실제 대제사장은 오히려 오니아스(Onias)인지도 모른다. 그러나 요세푸스는 종종 마치 동시에 여러 대제사장들이 살아 있는 것처럼 대제사장들(*high priests*)이라는 복수형의 단어를 사용한다.

박을 당했음에도 불구하고 옳다고 생각하는 일을 굽힌 적이 없었다. 그 때문에 옷을 벗기우기도 하고 고문을 당하며 비참한 죽음을 당하기까지 하였으나 유대인은 조상 전래의 종교를 버리지 않았으며 세상의 그 어떤 민족보다 용감하게 어려운 난관을 극복하였다." 헤카테우스는 위와 같이 기술한 후에 유대인이 율법을 필사적으로 지키려고 한 예들을 여러 개 제시하였읍니다. 이제 그것을 살펴보도록 합시다. "알렉산더(Alexander)가 바벨론(Babylon)에 있을 때였다. 알렉산더는 폐허가 된 벨루스 신전(the temple of Belus)을 재건하고 싶은 마음이 들었다. 따라서 그는 모든 부하 병사들에게 흙을 운반해 오라고 지시하였다. 그러나 오로지 유대인들만은 그의 명령을 들으려고 하지 않았다. 그리하여 유대인들은 그 때문에 맞기도 많이 맞았으며 빼앗기기도 많이 빼앗겼다. 그러나 그럼에도 불구하고 유대인은 그의 명령에 순종하지 않았다. 마침내 알렉산더는 그들의 죄를 용서해 주고 조용히 살도록 허락해 주었다." 헤카테우스는 계속해서 이같이 말하고 있읍니다:

"마게도니아인들(the Macedonians)이 와서 (옛) 신전들과 제단들을 헐 때에 유대인들은 그것을 도왔으나 (신전을 재건할 때는 돕지 않았기 때문에) 일부는 손해를 당하였으며 일부는 용서를 받았다." 헤카테우스는 또 이같이 덧붙이고 있읍니다: "따라서 유대인들은 그 때문에 존경을 받을 만하였다." 이뿐 아니라 헤카테우스는 유대국의 과대 인구에 관해서도 언급하였읍니다: "바사인들의 때에도 유대인 수만 명이 바벨론 포로로 잡혀갔듯이, 알렉산더가 죽은 후에도 수리아에서 일어난 반란 때문에 수만의 유대인이 애굽과 베니게로 끌려갔다." 헤카테우스는 또한 그의 역사서에서 유대국의 지역의 넓이와 그 땅의 비옥함에 대해서 이같이 언급하였읍니다: "유대인이 거주하는 땅은 넓이가 3백만 아루래(arouræ)[9]인데 대개가 비

---

9. 헤카테우스가 유대인 거주 지역의 넓이라고 밝힌 3백만 아루래(arouræ, 애굽의 토지 면적 단위 [Egyptian acres])는 그 면적을 세로 160마일 가로 70마일로 볼 때 유대 땅 전체 면적의 3분의 1에 해당된다. 이같은 헤카테우스의 계산은 비옥한 땅만 계산한 것 같은데, 그렇다면 사실과 그렇게 크게 틀린

옥하고 풍요한 옥토로 구성되어 있다. 유대(Judea)는 결코 좁은 땅이 아니다." 이 밖에도 헤카테우스는 예루살렘 시에 관해서, 즉 그 웅장함과 빼어난 구조와 고대성(古代性)에 관해서는 물론 주민들과 성전의 구조에 관해서도 기술하였읍니다:

"유대 땅에는 견고한 지역들과 마을들이 많이 있다. 그러나 무엇보다도 인구 약120,000명이 거주하는 둘레가 50퍼얼롱 되는 예루살렘시가 가장 견고한 요새이다. 이 도시 중앙에는 길이가 5백 피이트, 너비가 백 규빗(cubit) 가량되는 석벽(a wall of stone)이 있다. 이 석벽에는 2중의 회랑이 건설되어 있으며 그 안에는 사각형의 제단이 하나 있다. 이 제단은 정으로 쪼지 않은 흰 돌을 쌓아 만든 것으로서 가로, 세로가 20규빗에 높이 10규빗이었다. 이 제단 바로 옆에는 거대한 건물이 하나 있다. 이 건물 안에는 제단과 2달란트 가량의 금으로 만든 등대가 놓여 있다. 이 등대에는 밤낮을 가리지 않고 항상 불이 켜 있다. 이 건물 안에는 어떤 형상이나 헌물도 놓여 있지 않으며 어떤 식물이나 나무도 심겨져 있지 않다. 제사장들은 밤낮을 가리지 않고 그 안에 머물면서 결례(purifications)를 시행한다. 제사장들이 성전에 있는 동안에는 단 한 모금도 술을 입에 대지 않는다." 더우기 헤카테우스는 알렉산더 대왕과 그 후계자들의 통치 아래서 유대인이 원군으로도 활동했음을 입증해 주고 있읍니다. 그는 한 유대인의 행동에 관해 아래와 같이 언급하였읍니다:

"내가 홍해(the Red Sea)로 가는 길에 모솔람(Mosollam)이란 한

것은 아니다. 또한 예루살렘 시의 둘레가 50퍼얼롱이라고 한 것도 크게 틀린 것은 아니다. 왜냐하면 요세푸스 자신도 교외(suburb)와 정원(garden)을 제외하고 예루살렘 성벽의 길이가 33퍼얼롱이라고 했기 때문이다. 게다가 티투스가 교외와 정원을 파괴한 후에 성벽에서 좀 떨어진 곳을 둘러싼 토성의 길이가 39퍼얼롱이었다고 말한 요세푸스의 기록을 보아서도 크게 잘못된 것은 아니다. 또한 헤카테우스 시대에 예루살렘 상주 인구가 120,000명 이상은 되지 않았을 것이다. 왜냐하면 3대 명절에 각지에서 올라온 사람들을 수용할 만큼의 여유가 있어야 했기 때문이다. 물론 헤카테우스부터 요세푸스 시대에 이르는 적어도 약 300년 동안 예루살렘의 상주 인구가 불어났을 것임은 두 말할 나위도 없다.

요세푸스

유대인 기병이 우리의 길을 인도해 주었다. 그는 건장한 신체에다 용맹함까지 겸비한 인물로서 헬라인이나 야만인이냐를 막론하고 최고(最高)의 궁수로서 자타의 공인을 받고 있는 자였다. 그 당시 길에는 많은 행인들이 오가고 있었다. 그런데 한 점장이(augur)가 새 한 마리로 점을 치고 있다가 우리 길을 가로막았다. 이에 모솔람은 무엇 때문에 길을 가로막는 것이냐고 점장이에게 물었다. 그러자 점장이는 자기가 점을 치는 새를 보여주면서 이같이 대답했다: '이 새가 날아가지 않고 그 자리에 그대로 있으면 여러분도 멈추어야 합니다. 그러나 새가 날아서 앞으로 나아가면 여러분도 앞으로 나아갈 수 있읍니다. 그러나 새가 뒤로 날아간다면 여러분은 오던 길로 돌아가야 할 것입니다.' 이에 모솔람은 아무런 대꾸도 하지 않고 활을 꺼내더니 새를 겨냥하고 쏘아 떨어뜨렸다. 그러자 점장이와 그 밖의 사람들이 성을 내면서 그에게 저주를 퍼붓기 시작하였다. 이에 모솔람은 아래와 같이 대답하였다: '이같이 천하에 하찮은 새를 신주 단지 모시듯 하다니 미치지 않고서야 어찌 이런 일을 할 수가 있소? 자기 앞일도 내다 보지 못 하는 새가 어찌 우리의 진로를 올바로 가르쳐 줄 수 있단 말이오? 그 새가 미래를 알았다면 유대인 모솔람이 쏘아 떨어뜨릴 것을 염려하여 이 자리에 날아오지 않았을 것 아니겠소?" 이 정도면 헤카테우스의 역사서에 나오는 증거는 충분히 제시했다고 생각됩니다. 그러나 혹시 아직도 미흡하다고 생각이 되면 헤카테우스의 역사서를 직접 참조하도록 하십시오. 그러면 쉽게 자료를 얻을 수가 있을 것입니다. 비록 그가 유대인의 단순성(simplicity)을 비난하는 어투로 말하기는 했으나 유대인에 대해 언급한 이상 저자는 아가타르키데스(Agatharchides)에 관해서도 다루는 것이 정당하다고 생각합니다. 아가타르키데스는 스트라토니케(Stratonice)의 문제를 기술하는 도중에 아래와 같이 적고 있읍니다:

"스트라토니케는 남편 데메트리우스(Demetrius)를 버리고 마케도니아에서 수리아로 왔다. 그러나 기대와는 달리 셀류쿠스(Seleucus)가 그녀와 결혼해 주지 않자 셀류쿠스가 바벨론에서 군대를 일으키

아피온 반박문 1권

는 틈을 타서 스트라토니케는 안디옥에서 반란을 일으켰다. 그 후 셀류쿠스가 돌아와서 안디옥을 함락시키자 그녀는 셀류키아(Seleucia)로 도피하여 즉시 배를 타고 떠나려고 하였다. 그러나 꿈에 그렇게 하지 말라는 명령이 있어 그녀는 그 명령에 순종하다가 붙잡혀 처형을 당하고 말았다." 아가타르키데스가 위의 내용을 기술한 것은 스트라토니케의 미신(superstition)을 조롱하려는 데 그 의도가 있는 것이지만 이것 말고도 유대인을 언급한 부분이 또 있읍니다:

"유대인이라고 불리는 민족이 있다. 이 민족은 예루살렘 시라고 부르는 막강한 요새에 거주하고 있는데 매 7일마다 하루씩 쉬는 풍습을 가지고 있다.[10] 이 때는 손을 사용하지 않으며, 농사일을 돌보는 것은 물론 일상 생활의 문제를 보살피는 일도 하지 않는다. 그 대신 성소에서 손을 들고 저녁까지 기도에 열중한다. 따라서 라구스의 아들 톨레미가 군대를 이끌고 예루살렘 시에 쳐들어 왔을 때 유대인들은 이 미친 풍습을 지키느라고 도시를 적으로부터 방비할 생각은 하지도 않았다. 그리하여 결국은 자기들의 도시를 폭군의 손에 고스란히 넘겨주는 어리석은 행위를 자초하였다. 이렇게 해서 그들의 율법은 어리석은 행동을 강요하는 율법임이 만천하에 그대로 드러나게 되었다.[11] 이 사건은 유대인을 제외한 우리 모두에게 그 같은 율법이 요구하는 헛된 규칙은 따를 필요가 없음은 물론 유대인과 같은 헛된 꿈은 일찌감치 버려야 함을 절실하게 가르쳐 주었다. 왜냐하면 유대인들과 같이 이성이 흐리멍덩하게 된 상황에서는 사리를 판단할 수 있는 능력을 제대로 발휘하지 못하기 때문이다."

이상의 유대인의 행동은 아가타르키데스에게는 어리석은 일로 밖에 보이지 않을지 모르나 편견없이 그들의 행동을 살펴보게 되면 그것이 얼마나 위대한 행동이며 찬사를 받아야 마땅한 행동인가를 깨닫게 될 것입니다. 신앙을 지키는 것을 더 소중히 여기는 행동이 어

---

10. 유대인이 안식일을 지킨 것을 보여 주는 좋은 증거의 하나다.
11. 이같은 어리석은 행동을 낳게 한 것은 유대의 율법이 아니라 유대 지도자들의 미신적 율법 해석이다. 이같은 미신적 율법 해석은 마카비가(家)나 우리 주님은 결코 인정하시지 않으셨다.

113

요세푸스

찌 위대한 행동이 아닙니까?

23. 어떤 역사가들은 유대인을 몰라서가 아니라 부당한 이유로 유대인을 시기하여 고의로 유대국을 언급하지 않은 경우도 있읍니다. 따라서 저자는 실례를 들어 이를 증명하도록 하겠읍니다. (알렉산더의) 후계자들의 역사(History of 〔Alexander's〕 Successors)를 쓴 히에로니무스(Hieronymus)는 헤카테우스와 동시대 인물이며 안티고누스 왕(king Antigonus)과 수리아 총독의 친구였읍니다. 그런데 헤카테우스는 유대인에 관해서 책을 한 권 할애해서 기술하였읍니다. 그렇다면 히에로니무스는 유대국과 가까운 지역에서 자랐났음에도 불구하고 그의 역사서에서 유대인을 한 번도 언급하지 않은 이유가 무엇인지는 자명한 것입니다. 헤카테우스와 히에로니무스가 서로 차이가 나는 것은 유대인에 대한 감정이 서로가 다르기 때문입니다. 따라서 헤카테우스는 유대인을 역사의 기록에 남길 필요가 있다고 생각하고 책을 서술한 반면, 히에로니무스는 유대인에 대해 악의를 품고 있었기 때문에 고의적으로 진실을 외면한 것입니다.

이상에서 저자가 증거로 채택한 애굽과 갈대아와 베니게와 헬라의 기록들을 살펴볼 때 유대인의 고대성(古代性)은 분명하게 증명되었다고 생각합니다. 앞서 언급한 역사가들 외에도 테오필루스(Theophilus), 테오도투스(Theodotus), 므나세아스(Mnaseas), 아리스토파네스(Aristophanes), 헤르모게네스(Hermogenes), 유페메루스(Euphemerus), 코논(Conon), 소피리온(Zopyrion)과 그 밖의 많은 역사가들(저자가 접하지 못한 그 외의)이 유대인을 명백하게 언급하였읍니다. 앞서 언급한 역사가들이 유대의 성서를 정독하지 않았기 때문에 초기 유대국 역사에 관해서는 많은 실수를 남긴 잘못도 범했으나 유대인의 고대성을 입증한 것만은 틀림없는 공로입니다. 그 중에서도 데메트리우스 팔레레우스(Demetrius Phalereus)와 노인 필로(the elder Philo)와 유폴레무스(Eupolemus)는 유대국에 관해 그다지 큰 실수를 범하지 않았읍니다. 유대인의 성서를 하나 하나 틀림없이 정확하게 이해하기란 그들로서는 불가능한 일이기 때문에 그 정도의 실수야 충분히 용서될 수 있는 것이라고 생각합니다.

24. 저자가 서두에서 말하려고 의도했던 것 가운데 이제 한 가지만 남게 되었읍니다. 그것은 다름이 아니라 유대국에 대한 세간의 비난과 중상 모략이 거짓임을 밝혀 내는 일입니다. 저자는 유대국을 비난한 자들의 그 비난의 말로 그들을 역습하는 방법을 써볼까 생각하고 있읍니다. 일반적으로 이같은 자기 모순은 악의로 남을 비난하는 자들의 글 속에 두드러지게 나타나는 공통적 현상이기 때문입니다. 물론 이들의 역사서 속에 나타나는 자기 모순은 세심한 주의를 기울이지 않으면 찾아내기가 그리 쉽지 않습니다. 세간의 어떤 역사가들은 무고하게 다른 나라의 고귀성을 비난하고 다른 도시들의 영광을 깎아내리고 남의 나라의 통치 체제를 폄론하는데 열을 내고 있는 것은 부인할 수 없는 사실입니다. 예를 들면 테오폼푸스(Theopompus)는 아덴(Athens) 시를 맹렬히 비난하였으며, 폴리크라테스(Polycrates)는 라케데몬(Lacedemon)을 중상하고, 트리폴리티쿠스(Tripoliticus)를 쓴 역사가(혹자들이 주장하듯이 테오폼푸스는 아님)는 테베스(Thebes)를 폄론한 것을 들 수가 있을 것입니다. 티메우스(Timeus)도 앞에 열거한 민족과 국가들을 신랄하게 비난한 것은 주지의 사실입니다. 특히 이같은 중상 모략과 비난이 많이 나타나는 것은 위대한 명성을 떨치는 자들과 경쟁이 붙었을 때입니다. 이같은 경쟁에 한 번 불이 붙으면 시기심과 악의에서 비난이 나오기 마련입니다. 어떤이들은 명성 있는 자들을 중상 모략하면 자신의 이름도 영원히 기억될지 모른다는 헛된 기대 속에서 남을 비난하는 자들도 있읍니다. 물론 어리석은 자들은 그들의 이름을 기억할지 모르나 분별력이 있는 자들은 그들을 악의에 가득 찬 사람으로 정죄하는 것이 역사의 진실입니다.

25. 유대인에게 제일 먼저 비난을 퍼부어 댄 민족은 애굽인입니다. 그리하여 어떤 역사가들은 유대인 선조들이 어느 나라에서 애굽으로 들어갔다가 어떤 경로로 출애굽을 했는지조차 잘 알지 못하면서

요세푸스

애굽인의 비위를 맞추기 위해 진실을 왜곡하려고까지 하고 있읍니다. 물론 애굽인들이 유대인을 미워하고 시기하는 데는 여러 가지 이유가 있읍니다. 첫째로는 유대인 선조들이 애굽을 통치한 적이 있기 때문입니다. 원래 유대인 선조들은 애굽에서 통치를 했었읍니다. 그러다가 애굽을 빠져 나와 유대 땅으로 돌아와서 오늘날까지 그 곳에서 풍요롭게 산 것입니다. 둘째로 유대의 종교와 애굽의 종교가 차이가 나기 때문에 애굽인이 유대인을 극도로 미워하는 것입니다. 게다가 유대인의 신의 개념은 애굽의 짐승을 믿는 신의 관념과는 현저하게 차이가 나고 하나님께 제사드리는 방식도 애굽의 방식과는 비교도 안 될 정도로 유대인의 방식이 우월하기 때문입니다. 애굽인들은 지금까지도 애굽 전역에 걸쳐서 동물들을 신으로 숭배하고 있는 점을 인정하고 있읍니다. 물론 각 지역마다 특징이 다르기는 하지만 동물 신을 섬기는 것은 매한가지요 처음부터 신에 관해 그토록 저급한 개념을 갖고 있었다는 것 자체가 애굽인들이 얼마나 어리석고 우둔한 자들인가를 알 수가 있읍니다.

그들은 우리 유대인이 지니고 있는 고상한 형식의 제사 형태를 본받을 생각조차 못하고 있는 실정입니다. 이런 상황에서 모든 사람들이 유대의 제도들이 우월하다고 인정하니까 그 때문에 애굽인들은 유대인을 미워하지 않을 수 없었던 것입니다. 그리하여 일부 애굽인들은 애굽의 고대 기록과 모순되는 내용을 글로 쓰면서도 양심의 가책을 느끼지 못할 정도로 어리석음과 광기(狂氣)의 극치에 도달해 버리고 말았던 것입니다. 다시 말해서 극도로 흥분한 나머지 분별력을 상실하고 만 것입니다.

26. 따라서 저자는 그 중에서 가장 으뜸되는 애굽 역사가를 골라서 그들의 잘못을 대표적으로 지적하도록 하겠읍니다. 그 대표적 인물은 저자가 앞에서 유대국의 고대성을 입증할 때 증인으로 채택했던 마네토(Manetho)입니다.[12] 마네토는 그의 역사서를 저술하면서

---

12. 이 부분과 나머지 후반부를 읽을 때 독자들은 요세푸스의 태도가 흥분되어 있음을 쉽게 감지할 수가 있을 것이다. 평상시에는 침착하고 솔직한 요세푸

애굽의 거룩한 기록들(sacred writing)을 중심으로 해서 애굽의 역사를 기술하겠다고 약속했습니다. 그는 유대인에 관해 이같이 기록하고 있읍니다 : "유대인이 수만의 무리를 이끌고 애굽으로 들어와서 애굽의 주민들을 정복했다." 그는 또한 아래의 사실도 솔직히 시인하고 있읍니다 :

"후에 유대인은 애굽을 떠나 오늘날 유대라고 부르는 땅에 정착하여 예루살렘 시와 성전을 건축했다." 마네토는 여기까지는 고대 애굽의 기록을 따랐으나 그 다음부터는 유대인에 관한 헛소문과 낭설을 기술하기 시작하였읍니다. 그리하여 마네토는 문둥병과 기타 질병에 걸린 애굽인들이 정죄되어 유대인들과 함께 있다가 애굽을 떠났다는 터무니없는 거짓을 끌어들였읍니다. 마네토는 이같은 거짓을 정당화하기 위해 아메노피스(Amenophis)라는 가상의 왕을 등장시키고 있읍니다. 이 왕은 허구의 인물이기 때문에 그가 언급한 다른 왕들처럼 정확한 통치 연대를 기록하지 않았음을 살펴볼 수 있읍니다. 마네토는 이같이 가상의 왕을 설정한 후에, 목자들이 예루살렘을 향해 떠난 사건을 언급한 적이 언제 있었느냐는 식으로 이 왕을 중심으로 거짓 이야기를 전개해 나가고 있읍니다. 목자들이 애굽을 떠난 것은 이미 518년 전의 테트모시스(Tethmosis) 왕 때의 일인데도 그것을 잊어버린 양 엉뚱한 소리를 하고 있는 것입니다. 마네토도 테트모시스 왕부터 세토스(Sethos)와 헤르메우스(Hermeus) 형제 때까지의 중간 왕들의 통치 기간이 393년이라고 고백은 하고 있읍니다. 세토스는 에집투스(Egyptus)라고 부르고 헤르메우스는 다나우스(Danaus)라고 부르기도 합니다. 마네토는 세토스가 헤르메우스를 애굽에서 추방시키고 59년간 애굽을 다스렸으며 그가 죽자 장남인 람프세스(Rhampses)가 66년간 왕위에 올랐음을 인정하고 있읍니다. 결국 마네토는 유대인 선조들이 오래 전에 출애굽했음을

스가 마네토와 그 밖에 그가 다룬 다른 유대인 비난자들의 얼토당토 않은 중상모략에 몹시 격분하여 보통 때와는 다른 흥분과 격정의 소용돌이에 깊이 빠진 듯한 모습을 독자들은 금방 느낄 수 있을 것이다. 물론 요세푸스가 이런 흥분과 격정의 소용돌이에 빠져 있으므로 평상시의 요세푸스다운 공정성과 공평성을 찾아볼 수 없음도 부인할 수 없는 사실이다.

요세푸스

인정하면서도 아메노피스라는 가상의 왕을 등장시켜 아래와 같이 서술하고 있읍니다: "선왕(先王) 중 하나인 오루스(Orus) 왕이 그러했던 것처럼 아메노피스 왕도 신들 보기를 몹시 원했다. 그리하여 왕은 신적인 본성을 공유한 것처럼 보이는 파피스(Papis)의 아들 아메노피스(Amenophis) — 아메노피스 왕과 동명 이인(同名異人)임 — 에게 자신의 소원을 말했다. 이 동명 이인인 아메노피스는 지혜가 뛰어났으며 미래사를 아는 지식이 있어 신적인 본성을 지닌 자로 알려져 있었다." 마네토는 계속해서 서술하고 있읍니다:

"이 동명 이인인 아메노피스는 왕에게 애굽 전역에서 문둥병자들과 그 밖의 불결한 자들을 완전히 제거하면 신들을 볼 수 있을 것이라고 대답했다. 이에 아메노피스 왕은 그의 충고를 기쁘게 받아들이고 몸에 결함이 있는 자들을 애굽 밖으로 추방하기 위해 한 곳에 소집시켰다. 이에 그 수는 80,000명에 달하였다. 왕은 이들을 애굽인들과 격리시키기 위해 나일강 동쪽 채석장에 보내 그 곳에서 일하게 하였다. 그런데 학식 있는 제사장의 일부가 문둥병에 걸려 있었다. 이에 현인이요 예언자인 아메노피스는 이 제사장들에게 손을 대는 날이면 신들이 왕은 물론 자기에게까지 진노할 것이라고 생각하고 두려워하였다. 그는 (미래를 내다보는 통찰력으로) 한 민족이 이 불쌍한 병자들을 구하러 올 것이며 결국은 애굽을 정복하고 13년간 애굽을 다스릴 것이라는 사실을 알 수 있었다. 그러나 그는 이 사실을 도저히 왕에게 알릴 수가 없었다. 이에 그는 이 같은 사실을 글로 남긴 후 자살하였다. 이 사건은 아메노피스 왕에게 큰 충격을 주었다." 마네토는 계속해서 아래와 같이 서술하고 있읍니다. 따라서 저자는 그의 글을 축어적(verbatim)으로 옮기도록 하겠읍니다: "채석장으로 압송된 자들은 오랫동안 비참한 상태에서 지냈다. 그 후 그들은 그 당시 목자들에 의해 폐허가 되어버린 탐욕 시(the city Avarice)를 그들의 거주지와 보호 구역으로 할당해 달라고 왕에게 간청하였다. 이에 왕은 그들의 요구를 들어주었다. 이 탐욕 시는 고대 신학(the ancient theology)에 따르면 트리포(Trypho)의 도시였다.

한편 그들은 왕의 허락을 받아 이 도시에 입주하였다. 그들은 이 도시가 반역을 일으키기에는 안성마춤인 것을 보고는 헬리오폴리스 (Heliopolis)의 제사장인 오사르시프(Osarsiph)를 지배자로 추대하고 그의 말에 절대 복종하겠다고 맹세까지 하였다. 이에 오사르시프는 우선 그들을 통제하는 법을 정하였다. 첫째, 애굽의 신들을 섬기지 말 것, 둘째, 애굽인들이 숭배하는 소위 성스런 동물들을 피하지 말고 모조리 죽일 것, 세째, 이 동맹권 밖에 있는 자들과는 절대로 연합을 하지 말 것을 골자로 하는 법을 정하였다. 그는 위의 법 외에도 애굽의 풍습에 주로 반대하는 법들을 제정하였다.[13] 오사르시프는 도시 외곽에 성벽을 쌓아 아메노피스 왕과의 전투 준비를 철저히 하라고 부하들에게 지시하는 한편 자신은 문둥병이 걸린 제사장들과 친교를 두텁게 하는 일에 전념하였다. 그는 또한 테트모시스에 의해 애굽 땅에서 예루살렘 시로 쫓겨간 목자들에게 사신을 보내 부당하게 학대받는 자기들의 실정을 알리고 애굽인과의 전쟁에 원군을 파견해 달라고 요청하였다. 오사르시프는 원군을 보내 준다면 그들의 옛 지역인 탐욕 시와 그 인근 지역을 돌려줄 것이며 전쟁 수행에 필요한 모든 물자를 제공해 주겠다고 약속하였다. 게다가 그들이 위험에 처하게 되면 언제라도 도와주겠다고 제의하였다. 이에 목자들은 그의 제의에 크게 기뻐하였으며 200,000의 대군을 거느리고 순식간에 탐욕(Avarice) 시로 달려왔다.

한편 아메노피스 왕은 반란의 소식을 듣고 파피스의 아들 아메노피스가 한 예언이 생각이 나서 몹시 당황하였다. 이에 왕은 애굽인들을 소집한 후에 백성의 지도자들과 의논을 하였다. 그리고는 애굽의 거룩한 동물들을 가져 오게 하고, 제사장들에게 애굽인들의 숭배의 대상인 애굽신의 형상들을 보이지 않게 숨기고 세심하게 보관하라고 지시하였다. 그는 또한 당시 5살밖에 안 된 아들 세토스(Sethos) - 부친 람프세스(Rhampses)의 이름을 따서 라메세스(Ramesses)

---

13. 오사르시프(Osarsiph), 혹은 모세(Moses)의 율법이 애굽의 풍습에 일치하도록 만든 것이 아니라 애굽의 풍습에 반대하기 위해 만든 율법이라는 이 마네토의 증언은 매우 귀중한 증언이 아닐 수 없다.

요세푸스

라고 불리기도 함-를 친구에게 보냈다. 그 후 아메노피스 왕은 용감한 자들만 골라서 300,000명의 병사들을 소집하여 적과 대항하러 나갔다. 그러나 그는 막상 전투하러 나가서는 싸움을 하지 않았다. 그는 자칫하면 신들에게 대항하는 일이 될지 모른다는 우려에서 회군하여 멤피스(Memphis)로 돌아왔다. 그는 그 곳에서 아피스(Apis)와 다른 신성한 동물들을 취한 후 전군과 애굽인 무리들을 거느리고 에디오피아로 행군하였다. 당시 에디오피아 왕은 그에게 갚아야 할 의무를 지고 있었기 때문에 그를 따뜻하게 맞이해 주었다. 게다가 그 나라는 식량이 넉넉했기 때문에 그와 함께 따라온 많은 애굽인들을 보살필 수가 있었다.

에디오피아 왕은 숙명적으로 결정지어진 13년간이라는 기간 동안 처음부터 이 애굽인 망명자들을 위해 도시들과 마을들을 따로 할당해 주었다. 더우기 그는 애굽 변경에 에디오피아군을 배치하여 아메노피스 왕을 보호해 주었다. 이상은 에디오피아로 피신한 왕의 상황이었다. 반면에 예루살렘 주민들은 불결한 애굽인들과 합세한 후에 애굽인들을 매우 잔인하게 학대하여 그 광경을 본 사람들은 그보다 더 끔찍한 일이 어디 있겠느냐고 혀를 내두를 정도였다. 그들은 도시와 마을들에 방화를 한 것은 물론 온갖 신성 모독을 자행하였다. 그들은 신들의 형상을 파괴하고 애굽인들이 숭배하는 거룩한 동물들을 구워 먹었다. 게다가 그들은 제사장들과 예언자들을 강요하여 신성한 동물들을 살해하게 만들었을 뿐 아니라 그들을 발가벗겨 국외로 추방하기까지 하였다. 전하는 바에 의하면 예루살렘 주민들의 정치 체제와 율법을 수여한 제사장은 헬리오폴리스(Heliopolis) 출생으로, 이름은 헬리오폴리스의 신인 오시리스(Osiris)의 이름을 본떠 오사르시프(Osarsiph)라 불렀으나 예루살렘 주민들에게로 넘어간 후 개명(改名)하여 모세(Moses)라고 했다고 한다."

27. 이 외에도 애굽인들이 유대인에 관해 언급한 사실이 더 있으나 간결성을 꾀하기 위해 생략하였읍니다. 단지 마네토에 관해서만 더 살펴보도록 하겠읍니다. 마네토는 또 다음과 같이 기술하고 있

읍니다: "그 후 아메노피스는 대군을 거느리고 에디오피아에서 귀국하였다. 그의 아들 람프세스도 마찬가지로 대군을 거느리고 귀국하였다. 그리하여 이 부자는 목자들과 불결한 자들과 전투를 벌여 그들을 격파하고 수리아 변경까지 쫓아냈다." 이상이 마네토가 기록한 내용입니다. 따라서 저자는 마네토가 얼마나 실없는 소리를 했으며 얼토당토 않은 거짓말을 했는가를 철저히 따지도록 하겠읍니다. 물론 마네토도 목자들이 원래 유대인이 아니며 다른 나라에서 와서 애굽을 정복하였다가 후에 떠난 민족임을 인정하고 있읍니다. 그러나 몸에 병이 있는 애굽인들이 유대인과 함께 섞여 있었다는 점과 이들을 지도한 인물이 모세라는 점은 순전히 근거없는 거짓입니다. 따라서 저자는 마네토 자신의 글을 통해서 이것이 거짓임을 입증해 보이도록 하겠읍니다.

28. 우선 마네토는 허구를 그리면서 처음부터 얼토당토 않은 이야기를 꺼내고 있읍니다. 마네토는 "아메노피스 왕이 신들을 보기 원했다"고 했읍니다. 그렇다면 도대체 아메노피스 왕이 보기를 원한 신은 어떤 신일까요? 만일 그 신이 애굽의 법이 숭배하도록 규정하고 있는 신들, 즉 소나 염소나 악어(crocodile)나 비비(baboon)라면 그는 이미 그 신을 본 것이 아닙니까? 그러나 만일 그 신이 하늘의 신들이라면 어떻게 그 왕이 신들을 볼 수 있겠으며, 또 무슨 동기로 신들을 보기 원하겠읍니까? 그것은 한 선왕(先王)이 신들을 미리 본 적이 있었기 때문이었을 것입니다. 그는 어떤 방법으로 어떤 신을 볼 수 있는지에 대해 이야기를 들은 것이 분명합니다. 따라서 그는 새로운 방법을 고안하지도 않고 신을 볼 수가 있다고 생각하게 된 것입니다. 그는 그가 신을 보려는 시도를 성취할 수단으로 예언자를 이용했었읍니다. 또한 그 예언자는 분명히 지혜로운 사람이었을 것입니다. 그렇다면 그 예언자는 신을 보려는 왕의 소원이 불가능함을 왜 몰랐겠읍니까? 몸이 병신인 자나 문둥병자가 있다고 해서 신들을 볼 수 없는 이유가 도대체 무엇입니까? 신들이 악한 행위를 싫어하지 몸의 결함을 싫어하는 것은 아니지 않습

요세푸스

니까? 게다가 80,000명의 문둥병자들과 불결한 자들을 어떻게 하루에 소집할 수가 있읍니까? 불결한 자들을 애굽 밖으로 추방하라는 명령이었다면 어찌하여 그들을 쫓아내지 않고 채석장으로 보내겠읍니까? 애굽을 정화시키기 위한 의도보다는 마치 노동력의 부족을 메우기 위한 방안으로 보이는 이런 조치에 아메노피스 왕이 동의한 이유가 도대체 무엇입니까?

한편 마네토는 이같이 말하였읍니다: "이 예언자는 신들의 분노와 장차 애굽에 임할 심판을 두려워하여, 왕에게 이같은 예언을 글로 남기고 자살하였다." 그렇다면 이 예언자가 처음부터 자신의 죽음을 미리 예견하지 못한 이유는 도대체 무엇입니까? 왕이 신들을 보기 원한다고 했을 때 즉시에 그것을 가로막지 못한 이유는 도대체 어디 있읍니까? 게다가 자신의 생애 가운데 일어나지도 않을 먼 미래의 심판에 관해 그토록 두려워한 이유는 또 무엇입니까? 또한 그토록 성급하게 자살할 정도로 큰 두려움에 사로잡혀 있었다면 도대체 그보다 더 심한 고통이 무엇입니까? 여기서 또한 우리는 천하에 가장 어리석은 모습을 보게 됩니다. 왕은 예언자의 예언을 듣고 장래에 대해 두려움에 사로 잡혔음에도 불구하고 그들을 애굽 밖으로 추방하지 않았읍니까? 아니, 이보다 더 어리석은 행동이 어디 있읍니까? 그럼에도 불구하고 마네토는 다음과 같이 말하고 있읍니다:

"아메노피스 왕은 그들의 요청을 듣고 전에 목자들이 거주하던 지역인 탐욕(Avarice) 시를 그들의 거주지로 하사하였다. 이에 그들은 탐욕 시로 이거한 후 전에 헬리오폴리스의 제사장이었던 자를 지배자로 추대하였다. 이에 그 제사장은 첫째, 애굽 신들에게 경배하지 말 것, 둘째, 애굽인들이 섬기는 동물들을 피하지 말고 죽여서 잡아먹을 것, 세째, 다른 이들과 접촉을 하지 말 것을 법률로 정하는 한편 이 법률을 지킬 것을 그들로 하여금 맹세하게 하였다. 그 후 그 제사장은 탐욕 시에 성벽을 쌓고 아메노피스 왕과 전쟁을 하였다. 또한 이 제사장은 예루살렘에 사신을 보내어 와서 도와 주면 탐욕 시를 주겠다고 제의하였다. 왜냐하면 탐욕시는 원래 예루살렘 주민들의 선조들의 땅이었기 때문이다. 이에 예루살렘 주민들이 즉시 애굽으로 와 아메노피스 왕과 전쟁을 하여 온 애굽을 장악하였다." 마네토는 이어 말하고 있습니다: "이에 애굽인 200,000 대군이 대항하였다. 그러나 애굽 왕 아메노피스는 신들에게 대항해서는 안 된다고 생각하고 아피스(Apis)와 그 밖의 다른 신성한 동물들을 제사장들에게 일임하고 잘 간수하도록 지시한 후 서둘러 에디오피아로 도피하였다. 이에 예루살렘 주민들이 애굽인을 공격하였으며 도시들을 파괴하고 신전들을 불태웠으며 기병들을 마구 살해하는 등 온갖 만행을 다 저질렀다.

한편 이들의 정치 체제와 율법을 수여한 제사장은 헬리오폴리스 태생으로 헬리오폴리스의 신인 오시리스(Osiris) 신을 따라 오사르시프(Osarsiph)라고 불렀으나 후에 개명(改名)하여 모세라 하였다. 그 후 숙명적 불행의 기간인 13년이 지나자 아메노피스 왕은 대군을 이끌고 에디오피아로부터 귀국하여 목자들과 불결한 자들과 싸워 승리하고 그들을 수리아 변경까지 추격하였다."

29. 마네토는 자신의 거짓말이 개연성이 있는지의 여부조차 반성하지 않았음이 분명합니다. 문둥병자들과 몸이 불결한 자들이 왕의 처음 조치에 분노하고 격분했다고 합시다. 설령 그렇다고 하더라도 후에 왕에게서 한 도시와 인근 지역을 거주지로 하사받았다면 왕에 대한 분노를 누그러뜨렸을 것이 분명한데 오히려 더 격분했다는 사실에는 도저히 수긍이 가지 않습니다. 더우기 왕에 대한 분노가 사라지지 않았다고 가정하더라도 은밀히 왕을 살해할 음모를 꾸몄으면 꾸몄지 공개적으로 전 애굽인을 상대로 전쟁을 일으켰을 리는 만무한 것입니다. 무려 80,000명이나 되는 병자들의 친척들만 하더라도 애굽인들 가운데 그 수가 엄청날 텐데 그들을 향해 칼을 들이밀다니 도대체 어떻게 그런 일이 있을 수가 있겠습니까? 다시 한 발 양보하여 친척들에게 칼을 들이밀었다고 가정해 봅시다. 설령 그렇다 하더라도 그들은 신들에게 대항할 만큼 뻔뻔스럽지는 않았을 것입니다. 그들이 자신들이 자라난 조국인 애굽의 법률과 정반대되

는 법률을 제정하기까지 했을 리는 만무합니다.

여기서 마네토는 한 가지 우리에게도 도움이 되는 말을 하였읍니다. 마네토는 예루살렘 주민들이 사악한 죄악을 저질렀다고 비난하지 않았으며 오히려 애굽인들이 사악한 장본인이었다고 지적하였읍니다. 즉 이 같은 법률을 제정하고 무리들로 하여금 그것을 지키겠다고 맹세까지 하게 만든 자들은 바로 애굽 제사장들이었다고 솔직이 시인하였읍니다. 같은 동족이요 친척인 애굽인들조차 그들의 반역에 동조하기를 꺼려하고 전쟁에 말려들기를 마다했다면 어떻게 예루살렘 주민들을 설득하여 원군을 보내게 할 수 있었을까 한번 생각해 보십시오. 세상에 이보다 더 얼토당토 않은 이야기가 어디에 있겠읍니까? 이같이 원군을 파견할 만큼 쌍방간에 어떤 특별한 우정이나 친밀도가 있었던 것은 아니잖습니까? 오히려 이 두 민족은 앙숙이었고 풍습이 판이하게 달랐던 것이 사실입니다.

마네토는 애굽을 정복할 수 있을 것이라는 달콤한 약속에 빠져 예루살렘 주민들이 애굽 땅이 어떤지도 잘 모르면서 서둘러 애굽을 공격한 것처럼 기술하였읍니다. 그러나 이것은 거짓입니다. 예루살렘 주민들이 궁핍에 처했거나 비참한 삶을 살았다면 그런 달콤한 미끼에 빠져 그토록 위험한 모험을 감행했을지도 모릅니다. 그러나 그들은 애굽보다 비옥하고 넓은 행복의 도시에 거주하고 있었읍니다. 그렇다면 오래 전부터 앙숙이었던 자들, 그것도 친척들조차 마다한 병신들을 위해서 그토록 큰 모험을 감행한다는 것이 현실상 가능한 일이라고 생각합니까? 그들은 아메노피스 왕이 도주하리라고 꿈에도 생각하지 못했을 터인데 어떻게 그럴 수 있겠읍니까? 오히려 마네토 자신이 말한 대로 아메노피스의 아들이 300,000의 군대를 거느리고 펠루시움(Pelusium)에서 그들을 맞이했던 것입니다. 그들이 이같은 사실을 모를리 없었다면 어떻게 아메노피스 왕이 후회하고 도망칠 것이라는 사실을 추측이나 했겠읍니까? 게다가 마네토는 이같이 말했읍니다: "예루살렘 주민들은 애굽을 침공하여 애굽의 곡창 지대를 장악하였으며 그 곳에서 온갖 만행을 자행하였다."

애굽인이 예루살렘 주민들이 오기 전부터 악행을 저지르기로 맹세하고 온갖 만행을 저질렀음에도 불구하고 마네토는 마치 예루살렘 주민들이 온갖 비리를 저지른 것처럼 기술하고 있읍니다. 게다가 마네토는 "그러나 아메노피스는 그로부터 얼마 후에 그들을 공격하여 격퇴하고 많은 적을 살해하였으며 그들을 수리아까지 몰아 냈다"고 서술하고 있읍니다. 마네토는 애굽이 마치 어떤 민족에 의해서나 쉽게 정복될 수 있는 지역인 것처럼 쉽게 서술하고 있읍니다. 게다가 무력으로 애굽을 정복한 민족이 아메노피스가 아직 살아 있는 것을 알고도 에디오피아에서 애굽으로 통하는 길들의 요소마다 성들을 요새화하지 않았다는 사실은 도무지 믿어지지가 않습니다. 또한 다른 민족과 동맹을 맺어 아메노피스의 반격을 맞이할 준비를 하지 않았다는 점도 납득이 가지 않는 부분 중 하나입니다. 그 밖에도 아메노피스 왕이 모래 사막을 건너 수리아까지 적들을 추격하여 몰아냈다는 이야기도 석연치가 않습니다. 군대가 사막 지역을 가로질러 간다는 것은 결코 쉬운 일이 아니기 때문입니다.

30. 그러므로 마네토의 말을 빈다고 하더라도 우대인은 애굽에서 나온 민족이 아니며, 또한 애굽인들이 유대인들과 섞여 있지도 않았읍니다. 왜냐하면 많은 문둥병자들과 기타 병자들이 광산에서, 그것도 좋지 않은 상태에서 오랫동안 머물러 있었기 때문에 대부분 죽었을 것이라고 보는 것이 합당하기 때문입니다. 게다가 나머지 사람들도 여러번의 전투와 특히 마지막의 아메노피스 왕과의 전투에서 전사하고 또 도망을 쳤기 때문에 남아 있는 자들이 없었을 것이 분명합니다.

31. 이제 마네토와 논쟁을 벌일 문제로는 유일하게 모세(Moses)에 관한 것만 남았읍니다. 애굽인들은 모세를 오늘날도 뛰어난 인물이며 신적인 인물(divine person)로까지 인정하고 있읍니다. 따라서 그들은 전혀 말도 안 되는 소리이지만 별 방법을 다 동원하여 모세가 애굽인이라고 주장하고 있읍니다. 애굽인들은 모세가 헬리오폴리스(Heliopolis) 출생으로 헬리오폴리스의 제사장이었으며 문둥병

에 걸렸기 때문에 다른 문둥병자들과 함께 헬리오폴리스에서 추방 당한 것이라고 주장하고 있읍니다. 애굽의 기록을 보더라도 모세는 이보다도 518년 이전의 사람으로서 그 당시 유대인들을 끌고 애굽에서 탈출하여 유대 땅으로 간 지도자임이 분명함을 마네토도 분명히 알았을 것입니다. 그럼에도 불구하고 이같은 억지를 부리고 있읍니다. 게다가 모세가 문둥병에 걸리지 않았다는 사실은 모세 자신이 우리에게 남긴 글을 볼 때 너무나도 분명합니다. 모세는 문둥병자들은 도시나 마을에 계속 거주해서는 안 되며, 옷을 찢고 문둥병자들끼리만 어울려 다녀야 한다고 율법에서 명하였읍니다. 게다가 모세는 문둥병자들의 몸을 만진 자들이나 그들과 한 지붕 아래 사는 자들은 정결치 못한 자들로 간주하였읍니다. 또한 문둥병이 나아 건강한 사람이 되었을 때는 머리를 삭발하고 샘물에 몸을 씻고 결례 (purification)를 행할 것을 규정하는 한편 각종 여러 제사를 드린 후에야 성도(聖都)로 들어올 수 있도록 명령하였읍니다.

만일 모세가 문둥병자였다면 문둥병자들에 관해 이토록 엄격한 조치를 취했겠읍니까? 동병상련이라고 같은 병을 앓는 문둥병자들에게 깊은 관심을 보이고 부드럽게 취급했을 것입니다. 게다가 모세는 문둥병자들에 대해서만 호의적인 태도를 보이지 않은 것이 아니라 몸의 작은 지체까지라도 불구인 사람에 대해서는 제사장으로서 봉직할 수 없도록 엄격한 조치를 취하였읍니다. 더우기 이미 제사장으로 봉직하고 있는 사람이라 하더라도 몸의 일부가 불구가 되는 경우에는 그 후부터는 제사장으로 봉사할 수 없도록 금지 조항을 두었던 것입니다. 그렇다면 모세가 스스로 자기 자신에게 치욕이 되고 해가 되는 율법을 제정할 수 있었겠나 한번 생각해 보십시오. 한편 "모세의 그전 이름이 오사르시프(Osarsiph)였다"는 마네토의 주장 또한 전혀 개연성이 없는 것입니다. 오사르시프라는 이름은 아무리 해도 모세와는 어울리지 않는 이름입니다. 그의 원래 이름은 무우세(Moüses)였읍니다. 즉 물에서 건짐을 받은 자(a person who is preserved out of the water)란 뜻입니다. 애굽인들은 물(water)을 무(Moü)라고 부르고 있기 때문입니다. 따라서 저자는 마네토에 관해 다음과 같은 결론을 내릴 수 있읍니다. 마네토가 고대의 애굽의 기록을 따른 것까지는 별다른 큰 실수를 범하지 않았읍니다. 그러나 분명한 출처도 없는 낭설들을 인용하고 있는 부분에서는 유대인에 대한 악의에서 거짓을 기술한 것입니다. 물론 일부는 마네토 자신이 아무런 근거도 없이 거짓을 날조한 것이며 나머지는 거짓을 말하고 있는 다른 이들의 말을 무비판적으로 받아들여 그대로 기록한 것이라 봅니다.

32. 이제 마네토에 관해서는 그만 그치고, 케레몬(Cheremon)에 관해서 살펴보도록 하겠읍니다. 케레몬도 애굽 역사를 기술한다고 하면서 마네토와 마찬가지로 가상의 왕인 아메노피스와 아들 라메세스(Ramesses)에 관해서 언급하고 있기 때문입니다. 케레몬은 이같이 서술하고 있읍니다: "여신 이시스(the goddess Isis)가 아메노피스(Amenophis)의 꿈에 나타나 자신의 신전이 전쟁 통에 황폐되었다고 그를 비난하였다. 그러나 거룩한 서기관(sacred scribe)인 프리티판테스(Phritiphantes)는 불결한 애굽인들을 모조리 국외로 추방하면 그런 무서운 환영(幻影)에 더 이상 시달리지 않을 것이라고 조언하였다. 이에 아메노피스는 불결한 병이 든 자 250,000명을 가려내어 국외로 추방하였다.

한편 모세(Moses)와 요셉(Joseph)은 서기관이었다. 더우기 요셉은 거룩한 서기관이었다. 모세와 요셉은 원래 티시테네(Tisithene), 페테세프(Peteseph)라는 애굽 이름을 갖고 있었다. 이 두 사람은 펠루시움(Pelusium)으로 와서, 아메노피스가 애굽으로 데리고 가기를 원치 않아 그 곳에 남겨둔 380,000명의 무리들을 만났다. 모세와 요셉 두 서기관은 이들과 우호 동맹을 체결하고 애굽 원정을 단행하였다. 이에 아메노피스는 그들의 공격을 이겨 내지 못하고 곧바로 에디오피아로 도주하였다. 이 때 아메노피스는 처자식을 뒤에 남겨두고 혼자 도주하였다. 이에 그의 아내는 동굴에 은거하다가 메세네(Messene)라는 아들을 낳았다. 이 아들이 장성하여 200,000에 가까운 유대인들을 수리아로 몰아 내고 부친 아메노피스를 에디오피아

요세푸스

에서 모셔왔다."

33. 이상이 케레몬이 서술한 내용입니다. 저자는 마네토와 케레몬의 이야기가 모두 거짓이라는 점은 이미 앞의 증거들로 인해 사실임이 입증되었다고 생각합니다. 왜냐하면 양자의 이야기의 근본이 진실이라면 양자간에 그토록 큰 차이가 날 수 없기 때문입니다. 그러나 거짓을 날조하다 보면 제멋대로 꾸며내기 때문에 어쩔 수 없이 큰 차이가 생기고 마는 것입니다. 이제 마네토와 케레몬의 차이점을 살펴보도록 합시다. 불결한 백성들을 국외로 추방한 이유에 대해서 마네토는 아메노피스 왕이 신들을 보기 원했기 때문이라고 한 반면에, 케레몬은 이시스가 꿈에 나타나 괴롭혔기 때문이라고 하여 상반된 이견(異見)을 보이고 있읍니다.

마네토는 왕에게 불결한 백성들을 쫓아내라고 한 자가 예언자 아메노피스라고 하였으나, 케레몬은 서기관 프리티판테스라고 주장했읍니다. 또한 추방당한 백성의 수에 있어서도 마네토와 케레몬은 너무나 정확하게 일치하고 있읍니다.[14] 즉 마네토는 80,000이라고 한 데 반해 케레몬은 무려 250,000이라고 주장하고 있읍니다. 또한 마네토는 불결한 자들이 처음에는 채석장의 인부로 압송되었다가 후에는 거주지를 탐욕(Avarice) 시로 옮겼으며 나머지 애굽인들과 전쟁을 하려고 할 때에 비로소 예루살렘 주민들에게 원군을 청하였다고 주장한 반면에, 케레몬은 불결한 자들이 애굽 밖으로 추방되었으며 아메노피스 왕이 펠루시움에 버려둔 380,000명의 무리들과 합세하여 애굽을 침공하였다고만 기술하고 있어 서로 큰 차이를 보이고 있읍니다. 물론 케레몬은 여기서 매우 우스꽝스러운 실수를 저지르고 있는 것이 사실입니다.

케레몬은 펠루시움에 있던 수십만의 무리들의 정체를 밝히지 않은 우(愚)를 범하였읍니다. 그들이 누구며 어디서 온 자들인지에 관해 아무것도 밝히지 않았읍니다. 그들이 애굽 본토인인지 아니면 외국

---

14. 내가 보기에는 빈정거리는 말투임이 분명하다.

인인지에 대해서도 전혀 언급을 하지 않았읍니다. 게다가 케레몬은 왜 아메노피스 왕이 그들을 애굽으로 들여보내지 않고 그 곳에 남겨두었는지에 대해서도 아무런 설명도 하지 않았읍니다. 또한 케레몬은 모세보다 네 세대(four generations)[15] – 네 세대란 거의 170년 간을 의미하는 것입니다– 나 앞서 세상을 떠난 요셉을 마치 모세와 동시대에 애굽에서 쫓겨난 인물인 것처럼 설명하는 잘못을 범하고 있읍니다. 게다가 마네토와 케레몬 사이에는 또 다른 불일치가 있읍니다. 마네토에 따르면 아메노피스의 아들인 라머세스는 부친이 도주할 당시 청년이었고 부친을 전쟁에서 돕다가 함께 에디오피아로 도주한 것으로 되어 있읍니다. 반면에 케레몬은 부친이 죽은 후에 유복자로 태어나 장성하여 유대인을 전쟁에서 격파하고 무려 200,000에 가까운 적을 수리아까지 쫓아냈다고 주장하고 있읍니다. 케레몬이 얼마나 경솔한 인물인가를 한번 보십시오! 그는 380,000명의 무리의 정체가 무엇인지를 이야기하지도 않았을 뿐 아니라 430,000명의 무리가 어떻게 사라졌는가에 관해서도 아무런 설명을 붙이지 않았읍니다. 그들이 전사했는지, 아니면 라메세스에게로 넘어갔는지에 대해서도 아무런 언급이 없읍니다. 그러나 무엇보다도 이해하기 힘든 것은 그가 유대인(the Jews)이라고 부른 자들이 누구인지를 그의 기록 가운데서는 알아낼 재간이 없다는 것입니다. 250,000명의 문둥병 집단을 지칭한 것인지 아니면 펠루시움에 있던 380,000명의 무리들을 가리키는 것인지 알 길이 없읍니다. 저자는 동일한 사건에 관해서도 엄청난 차이를 보이는 이런 자들의 저작물(著作物)에 관해 이러쿵 저러쿵 반박을 한다는 것부터가 어리석은 일이 아닌가 생각합니다.

34. 저자는 마네토와 케레몬 외에 리시마쿠스(Lysimachus)에 관해서도 언급을 할 필요가 있다고 생각합니다. 그것은 리시마쿠스도

---

15. 여기서 우리는 요세푸스가 요셉과 모세 사이의 네 세대에서 한 세대를 약 42 혹은 43년간으로 계산하고 있음을 볼 수가 있다. 이같은 기간은 어린 아이들간의 기간으로 계산한다면 그 당시의 인간 수명과 거의 일치하고 있다.

요세푸스

앞의 두 인물과 똑같은 사건을 다루면서도 그들보다도 거짓을 날조하는데 있어서는 한 술 더 뜬 인물이기 때문입니다. 리시마쿠스는 말도 안 되는 거짓을 기록함으로써 자신이 유대인을 얼마나 미워했는가를 스스로 증명하는 아이러니에 빠지고 말았습니다. 그의 말을 들어보도록 합시다:

"유대 민족은 문둥병자와 옴(scabby) 환자와 기타 질병에 걸린 병자들로 구성되어 있었는데, 애굽 왕 보코리스(Bocchoris) 시대에 신전들로 피신하여 그 곳에서 구걸하여 생계를 유지하였다. 이같은 병에 걸린 환자들의 수가 워낙 많았기 때문에 애굽에는 기근이 생겨났다. 이에 애굽 왕 보코리스는 신하를 보내 이 기근에 관해 (쥬피터) 함몬(〔Jupiter〕 Hammon)의 신탁(神託, oracle)을 받아오게 하였다. 이에 그 신은 불결하고 불경한 자들을 그의 신전들에서 쫓아내 사막으로 보내 신전들을 정결케 하면 문제가 해결될 것이라고 답하였다. 태양신이 옴 환자들과 문둥병자들을 살려두는 것에 대해 분노했기 때문에 왕은 그들을 익사시키고 신전들을 정결케 해야 하며 그렇게 해야 비로소 땅이 그 소산을 풍성히 맺을 것이라고 했다. 보코리스 왕은 이같은 신탁을 받고 제사장들과 제단에 수종드는 자들을 소집한 후에 불결한 자들을 한 곳에 집결시켜 군대에 넘겨 주고 병사들을 시켜 사막으로 추방하라고 지시하였다. 그리고 왕은 특히 문둥병자들은 납으로 싸서 바다 속에 빠뜨려 죽이라고 명령하였다. 이에 옴 환자들과 문둥병자들은 익사되었고 나머지 병자들은 서서히 죽어가도록 사막 가운데 내팽개쳐졌다.

그리하여 사막 가운데 내팽개쳐진 자들은 함께 모여 앞날을 숙의하였다. 결국 그들은 밤이 되면 불과 등잔을 켜고 망을 보도록 하고 그 다음날 밤에는 금식을 하고 신들의 노여움을 풀기로 했다. 그리하여 구원을 얻을까 기대한 것이었다. 그러자 그 다음날 모세라는 인물이 나타나 거주하기에 적합한 곳까지 한 길로만 먼 여행을 떠나자고 제의하였다. 모세는 그들에게 그 누구에게도 친절과 호의를 베풀지 말고 항상 악한 짓만을 하도록 남을 충동질할 것을 명령하는 한편 여행 도중에 만나는 모든 신전들과 제단들을 파괴하라고 지시하였다. 그러자 무리들은 그의 제안을 만장 일치로 받아들이고 사막을 가로지르는 여행을 시작하였다. 그들은 힘든 여행 끝에 사람이 사는 지역에 도착하였다. 그들은 그 곳의 주민들을 핍박하고 신전들을 약탈·방화하면서 유대(Judea)라 부르는 땅에 도착하여 도시를 건설하고 그 곳에 거하였다. 그들은 신전들을 약탈한 것을 기념하여 도시 이름을 히에로실라(*Hierosyla*)라고 지었다. 그들은 후에도 계속 번영하였다. 그리하여 많은 세월이 흐르자 그들은 도시 이름과 자신들을 부르는 명칭을 부끄럽지 않도록 개명하였다. 따라서 그들은 도시 이름을 히에로솔리마(*Hierosolyma*), 주민 이름은 히에로솔리미테스(*Hierosolymites*)라고 불렀다."

35. 리시마쿠스는 마네토나 케레몬이 언급한 아메노피스 왕은 언급하지 않고 새로운 왕을 날조해 냈으며, 꿈 이야기나 애굽인 예언자의 이야기는 생략하고 바로 (쥬피터) 함몬 신에게 신탁을 구하러 사람을 보내는 이야기로 시작하고 있습니다. 리시마쿠스는 유대인 무리들이 신전들에 모여 살았다고 하였습니다. 그러나 여기서 그가 유대인이란 명칭을 이 문둥병자들을 지칭하기 위해 사용한 것인지, 아니면 유대인 가운데 있는 문둥병자들만 가리키기 위해 사용한 것인지는 확실히 알 길이 없습니다. 그가 유대인이라고 부른 자들이 애굽인인가? 아니면 외국인인가? 애굽인이라면 왜 그들을 유대인이라고 불렀는가? 만일 외국인이라면 그들은 어디에서 온 자들인가? 왕이 수많은 사람을 바다에 빠뜨리고 사막으로 추방시켰다면 그 후에도 그토록 많은 무리가 남은 것은 어떻게 된 것인가? 그들이 광야를 건너 오늘날 유대인이 거하는 땅에 도착하였다면 어떤 경로로 여행을 했으며 어떤 경위로 예루살렘 시와 온 인류가 다 아는 저 유명한 예루살렘이 건축되기에 이르렀는가? 이런 점에 대해서 리시마쿠스는 아무런 설명도 붙이지 않고 있습니다.

이 밖에도 리시마쿠스는 우리의 율법 수여자인 모세에 관해서도 단지 이름만을 댈 것이 아니라 더 자세한 내용을 기술해야 했을 것입니다. 모세가 어느 민족이며, 부모는 누구며, 신전들을 파괴하라고 한 이유와 여행 기간 동안 불의를 저지르라고 한 까닭에 대해서도 무엇인가 설명이 있어야 했을 것입니다. 또한 유대인들이 애굽인들이었다면 그렇게 쉽게 자기 나라의 풍습을 변경하기가 어려웠을 텐데 그 원인이 어디 있었는지도 밝혀야 했을 것입니다. 물론 그들이 외국인들이었다면 나름대로의 율법을 간직하고 있었기에 충분히 그럴 만했을 것입니다. 또한 그들이 자신들을 추방한 자들에게 악의를 품고 복수를 할 충분한 이유가 있었던 것도 사실입니다. 그러나 이들이 다른 이들의 도움이 필요한 상황에서 모든 사람들을 상대로 전쟁을 하기로 결심했다는 리시마쿠스의 이야기는 도무지 납득이 가지 않습니다. 미친 사람들이 아니고서야 누가 그 같은 짓을 하겠읍니까? 그렇기 때문에 이같이 말도 안 되는 거짓을 날조한 리시마쿠스가 미친 사람입니다. 게다가 리시마쿠스는 유대인들이 도시 이름을 "신전을 약탈한 강도들"(Robbers of the temples)[16] 이라고 명명했다고 말할 정도로 순전한 거짓말을 지어내면서도 조금도 부끄러워하지 않았읍니다.

리시마쿠스는 계속해서 뻔뻔스럽게 기술하고 있읍니다: "그들은 후에 이 도시 이름을 개명하였다. 물론 그 이유는 누가 보아도 분명하다. 처음에 도시를 건설한 자들은 그 이름이 명예스럽다고 생각하였으나 후대에 번영을 누리면서 그 이름이 치욕과 증오를 가져다 줄 소지가 있다고 생각한 것이었다." 리시마쿠스는 유대인을 모욕하고 비난하는 데만 정신이 팔려 있었기 때문에 "신전을 약탈한 강도들"이란 단어가 헬라어와 똑같이 히브리어로 표현되지는 않는다는 사실을 잊어버렸읍니다. 그 똑똑한 친구가 이런 실수를 범하다니 저자는 실소를 금할 수 없읍니다. 이런 말도 안 되는 순 엉터리 거짓을 날조한 자들에 대해 저자는 도저히 참을 수가 없읍니다. 그러나 벌써 1권의 분량이 상당히 많아졌으니 1권은 여기서 끝내기로 하고, 제 2권에서 새로 시작해서 내가 의도한 바를 다 서술하도록 하겠읍니다.

---

16. "신전을 약탈한 강도들"이란 뜻은 히브리어가 아니라 헬라어로 히에로실라(*Hierosyla*)의 의미이다.

아피온 반박문

제 2 권

1. 에파프로디투스(Epaphroditus) 각하여, 저자는 1권에서 베니게와 갈대아와 애굽의 역사가들의 기록을 통해 유대인의 고대성(古代性)을 증명하였읍니다. 물론 헬라 역사가들의 문헌을 증거로 제시하는 것도 잊지 않았읍니다. 또한 저자는 제 1권에서 마네토와 케레몬과 그 외의 유대인을 비난하는 자들의 주장을 논박하였읍니다. 따라서 저자는 이제[1] 이들 외에 유대인을 중상 모략한 적이 있는 나머지 적들에 대해 논박을 시작할까 합니다. 저자는 문법학자(grammarian)인 아피온(Apion)[2]의 중상 모략을 꼭 반박해야 할 필요가 있을지의 여부에 관해서는 약간의 의심이 생기는 것을 솔직이 시인하겠읍니다. 왜냐하면 그의 비난이 생경하고 무례하며 무식하기 이루 말할데 없으나 앞서 저자가 언급한 자들의 비난과 대동소이하기 때

---

1. 요세푸스는 2권 전반부에서는 아피온(Apion)의 비난을 반박한 후 아폴로니우스 몰로(Apollonius Molo)의 중상 모략을 간략하게 논박하고 있다. 그 다음에 요세푸스는 유대인을 비난하는 특정 인물들에 대해 반론을 제기하는 것은 멈추고, 유대의 위대한 율법 수여자인 모세가 유대국의 정치 체제로 확립한 신정정치(theocracy)를 상세하고 멋있게 기술한 후 그 우수성을 변증하고 있다.
2. 아피온은 티베리우스(Tiberius)에 의해서 킴발룸 문디(*Cymbalum Mundi*) 즉 세상의 북(the drum of the world)이라고 불렸다.

문입니다. 더우기 솔직이 말해서, 아피온은 그의 저서를 볼 때 학식이 전혀 없는 무식한 자이며 비도덕적인 사기꾼임이 분명하기 때문입니다. 그러나 글의 내용을 유심히 살펴보기보다는 장광설에 매혹되기를 잘하며, 남을 칭찬하는 소리보다는 비난하는 소리에 귀를 기울이기를 잘하는 어리석은 자들이 너무나 많기 때문에, 아피온을 거론하지 않고 그냥 지나쳐서는 안 되겠다고 생각한 것입니다.

　아피온이 마치 공개 법정에서 우리 유대인에게 공개적인 답변을 요구하듯이 유대인을 비난했기 때문에 저자는 도저히 모른 체하고 지나칠 수가 없었던 것입니다. 게다가 먼저 남을 비난한 인물이 나중에 자신이 저지른 악 때문에 오히려 비난을 당하게 될 때 많은 사람들이 즐거워하는 것을 보고 저자도 많은 이들에게 기쁨을 선사하고 싶었읍니다. 그러나 아피온이 무엇을 말하려고 했으며 그 의도가 무엇이었는지를 알아내기란 여간 힘든 일이 아닙니다. 왜냐하면 거짓을 날조하는 아피온 자신조차도 큰 혼란과 무질서 속에 빠졌기 때문입니다. 아피온은 처음에는 우리가 앞서 살펴본 이들과 비슷한 내용을 다루고 유대인 선조들의 출애굽을 다루었읍니다. 그리고는 두번째로 알렉산드리아(Alexandria)의 유대인을 비난하였으며, 세번째로는 거룩한 결례들(sacred purifications)에 대한 비난과 성전에서 진행되는 다른 법적 의식들(legal rites)에 대한 비난을 온통 뒤섞어서 기술하고 있기 때문입니다.

　2. 우리 유대인 선조들이 본래 애굽인이 아니라는 점과 그들이 몸의 질병이나 기타 이와 비슷한 재난으로 인해 애굽에서 쫓겨난 것이 아니라는 점은 저자가 이미 필요 이상의 증거까지 제시하면서 그 사실성을 입증하였다고 생각하지만 아피온이 이에 대해서 언급한 것이 있으므로 잠시 다루고 지나가는 것이 좋겠읍니다. 아피온은 애굽의 문제를 다룬 그의 저서 제 3권에서 이같이 기술하고 있읍니다: "나는 고대 애굽인들로부터 모세에 관한 다음과 같은 사실을 들을 수 있었다. 모세는 헬리오폴리스 태생으로서 조상 전래의 풍습을 철저히 지키기로 결심하고 집 밖에서 도시 성벽을 향해 앉아 기도를

드렸다. 그는 일출 때에 떠오르는 태양을 향해서만 기도를 드렸다. 헬리오폴리스에서의 일출 광경은 아름답기 그지없었다. 그는 또한 바늘[3](gnomon, 해시계의 바늘을 의미함-역자 주) 대신에 기둥(pillar)을 세웠다. 그 기둥 아래에는 배와 같이 생긴 구멍(cavity)이 나 있었는데 기둥의 꼭대기 그림자가 구멍에 비치도록 되어 있었으며 마치 태양이 한 바퀴 돌 듯이 그림자도 한 바퀴 돌도록 되어 있었다." 이상이 그 위대한 문법 학자 아피온이 우리에게 전달해 준 내용입니다. 그러나 그의 이 내용이 거짓인 것은 너무나 명백하기 때문에 증명할 필요조차 없다고 생각합니다. 모세가 쓴 글을 슬쩍 보기만 해도 아피온의 말이 거짓임은 단번에 알 수가 있기 때문입니다.

모세는 첫 장막을 세워 하나님께 드린 후 그 누구도 그 같은 것을 만들지 말라고 금지하였읍니다. 더우기 후대에 솔로몬이 예루살렘 성전을 지을 때에도 아피온이 말한 바와 같은 불필요한 장식들은 모두 피하였읍니다. 아피온은 "모세가 헬리오폴리스 태생인 것을 고대 애굽인에게 들었다"고 주장했읍니다. 아피온은 자신의 나이가 얼마 되지 않은 것을 의식하고 고대인이라고 하면 신빙성이 있을 것처럼 보이니까 이같이 말한 것입니다. 아피온은 문법 학자(grammarian)임에도 불구하고 비교적 최근의 인물인 피타고라스(Pythagoras)가 어느 나라 사람인지 모르듯이 시인 호머가 어느 나라 사람인지도 모르는 무식한 사람임이 분명합니다. 그럼에도 불구하고 그는 먼 옛날 사람인 모세의 이야기를 하면서 고대인을 들먹거려 자신의 이야기에 신빙성이 있는 것처럼 가장하고 있읍니다. 이를 볼 때 그가 얼마나 악명 높은 거짓말장이인가 하는 점은 저절로 입증되었다고 생각합니다. 아피온이 모세가 문둥병자와 소경과 저는 자들을 거느리고 출애굽했다고 주장하는 연대는 우리가 앞서 언급한 자들의 주장

---

3. 이것이 애굽에서 만들어진 최초의 해시계(dial)인 것 같다. 이 해시계는 아하스(Ahaz) 왕이 유대에서 그의 (첫) 해시계를 만들 때인 제 7 올림피아드(the seventh olympiad)의 제 1년인 B.C. 755년보다 약간 전인 것처럼 보인다. 이에 대해서는 곧 살펴보게 될 것이다. 열왕기하 20 : 11과 이사야 38 : 8을 참조하도록 하라.

요세푸스

과 너무나도 잘 일치하고 있읍니다.

마네토는 유대인들이 테트모시스 재위 때, 그러니까 다나우스(Danaus)가 아르고스(Argos)로 도망치기 393년 전에 애굽을 떠났다고 주장하였으며, 리시마쿠스는 유대인이 보코리스 왕의 재위 때 그러니까 1,700년 전에 출애굽했다고 주장하였으며, 몰로(Molo)와 그 밖의 사람들도 각기 제멋대로 주장하였읍니다. 그러나 아피온은 자신의 연대가 마치 큰 신빙성이 있는 것처럼 제 7 올림피아드(the seventh olympiad) 제 1년, 그러니까 카르타고를 베니게인들이 건설한 바로 그 해에 유대인이 출애굽을 했다고 정확하게 꼬집어 언급하였읍니다. 아피온이 카르타고 시의 건설을 언급한 것은 분명한 연대를 제시함으로써 자신의 주장을 더욱 신빙성 있게 보이려고 한데 그 이유가 있는 것이었읍니다. 그러나 오히려 이것이 그의 주장을 논박하는 근거가 되리라고는 아피온은 미처 생각지 못한 것 같습니다. 우리가 베니게인들이 카르타고 식민 도시를 처음 건설한 사건에 관해 베니게인들의 기록을 가장 신빙성 있는 증거로 받아들인다면 히롬(Hirom) 왕은 카르타고 시 건설보다 150년 이상 전 사람으로 기록되어 있음을 볼 수가 있읍니다. 저자는 이미 앞에서 베니게의 기록들을 통해 히롬(Hirom) 왕이 솔로몬과 친구 사이였음을 증명하였읍니다. 즉 솔로몬이 예루살렘 성전을 지을 때 히롬 왕이 그 건축을 도와 주었다는 사실을 이미 확인한 바가 있었읍니다. 게다가 솔로몬 왕은 유대인이 출애굽한 지 612년이 지난 후에 성전을 건설하였음도 이미 살펴보았읍니다.

한편 애굽에서 쫓겨난 유대인의 수에 관해서는 아피온은 리시마쿠스의 주장과 동일하게 110,000명이라고 주장하고 있읍니다. 그 다음에 아피온은 안식일(Sabbath)이라는 명칭이 생기게 된 동기를 그럴 듯하게 기술하고 있읍니다:"유대인은 6일 동안의 여행 끝에 사타구니(groin)에 임파선종(腫, bubo)이 생겼다. 따라서 그들은 유대 땅에 무사히 도착한 제 7일에 하루를 쉬었다. 그들은 그 당시까지 애굽어를 보존하고 있었기에 그 날을 안식일(Sabbath)이라고 불렀다. 왜냐하면 사타구니에 난 임파선종(腫)을 애굽인들은 사바토시스(Sabbatosis)라고 불렀기 때문이다." 이 작자의 이 같은 허튼 소리에 웃지 않을 사람이 어디 있으며, 그 뻔뻔스러움에 증오의 마음이 치솟지 않을 사람이 어디 있겠읍니까? 110,000명의 사람들이 모두 임파선종에 걸렸다니 이게 어디 말이나 될 법한 소리입니까? 게다가 아피온의 주장대로, 그들이 소경과 저는 자와 기타 이와 비슷한 환자들이었다면 엿새는커녕 단 하룻길도 가지 못했을 것입니다. 그러나 그들이 모두 광대한 사막을 가로질러, 그것도 적과 싸워 정복하면서 유대땅까지 도착했다면 6일 동안 여행했다고 해서 사타구니에 임파선종이 생길 리는 만무한 것입니다. 왜냐하면 임파선종이 여행하는 사람들에게 항상 나타나기 마련인 그런 병은 아니기 때문입니다. 게다가 수만 명이 함께 진을 치며 이동했기 때문에 하루에 어느 정도 이상은 행군하지 못했을 것입니다. 그렇다고 수많은 사람에게 그런 병이 우연히 생겼다고 볼 수는 없는 노릇입니다. 우연히 그런 병이 그 많은 사람들에게 일시에 발병했다고 가정하는 것보다 더 어리석은 가정이 어디에 있겠읍니까? 그런데 우리의 존경스러운 문법 학자인 아피온께서는 "그들이 6일 만에 유대땅에 도착했다"고 하시는가 하면, "모세가 애굽과 아라비아 사이의 시내(Sinai) 산에 올라가 40일간 숨어 있다가 내려와서 유대인에게 율법을 주었다"고 기술하고 있읍니다.

아피온의 말이 옳다면 어떻게 물도 없는 사막에서 그들이 40일간을 체류했겠으며, 그 광대한 사막을 6일 만에 가로질러 유대 땅에 도착하는 것이 어떻게 가능할 수 있었는지 저자로서는 도저히 납득할 길이 없읍니다. 게다가 아피온은 안식(Sabbath)이란 단어를 문법적으로만 번역하려다가 자신의 무지와 뻔뻔스러움만을 드러내는 결과를 빚고 말았읍니다. 왜냐하면 사보(*Sabbo*)와 사바트(*Sabbath*)는 서로 큰 차이가 나기 때문입니다. 유대어로 사바트(Sabbath)는 모든 노동으로부터의 안식(*rest*)을 의미하는 말이고 사보(Sabbo)는 아피온의 주장대로 사타구니에 난 임파선종(腫, *bubo*)을 가리키는 병명입니다.

요세푸스

3. 이상이 애굽인 아피온이 유대인의 출애굽에 관해 쓴 기록의 내용인데, 스스로 날조해 낸 새빨간 거짓말에 불과한 것입니다. 아피온은 우리 선조인 유대인들에 관해 거짓을 날조했을 뿐 아니라 자신에 관해서도 거짓을 만들어 냈읍니다. 아피온은 애굽의 오아시스(Oasis)에서 출생하였음에도 불구하고 자신이 모든 애굽인들 가운데 가장 으뜸가는 사람이라고 자칭하고 있으니 이보다 더 새빨간 거짓이 어디 있읍니까? 아피온은 자신의 가문과 고향을 솔직하게 말하겠다고 맹세까지 해 놓고 거짓을 말하였읍니다. 그는 자신이 알렉산드리아(Alexandria) 태생이라고 거짓으로 주장하였으나 그렇게 한다고 해도 자신의 가문의 비천함을 숨길 수는 없읍니다. 그는 애굽인들을 미워하였읍니다. 만일 그가 애굽인이라는 것이 치욕이 아니었다면 굳이 자신이 애굽인이라는 사실을 숨기려고 하지 않았을 것이기 때문입니다.

자기 조국을 항상 자랑스럽게 여기는 자는 자신의 국적을 항상 떳떳이 드러내 놓고 뻐기며 그렇지 못한 자들을 업신여기는 것이 통례입니다. 애굽인들이 우리 유대인과 친족이라고 억지 주장을 펴는 데는 그 나름대로 이유가 있을 것입니다. 유대인과 친족이라는 사실에 긍지를 느끼기 때문이거나, 아니면 우리 유대인을 끌어들여 같이 수치를 당하려는 못된 심보 중 하나인 것입니다. 그러나 아피온의 진짜 이유는 후자인 것 같습니다. (유대인이 원래 애굽인이었다는) 아피온의 모욕적인 주장은 알렉산드리아 주민들이 자신을 동료 시민으로 인정해 준 것에 대한 보답으로 꾸며 낸 거짓인 것이 분명합니다. 게다가 알렉산드리아 주민들이 알렉산드리아 유대인에게 악의를 품은 것을 눈치 채고는, 그렇게 함으로써 다른 모든 애굽인들에게 수치가 돌아가는 데도 불구하고 유대인이 원래 애굽인이었다고 새빨간 거짓말을 꾸며 낸 것입니다. 어쨌든 아피온이 보통 거짓말장이가 아니라는 점은 명약 관화한 사실이 되었읍니다.

4. 이제는 아피온이 알렉산드리아 유대인에게 가한 비난과 중상모략에 대해 살펴볼 차례가 되었읍니다. 아피온은 이같이 말하고 있

읍니다: "알렉산드리아의 유대인들은 수리아로부터 와서 폭풍이 불고 파도가 거센 해변가에 거하였다." 아피온이 알렉산드리아 유대인이 거한 처소를 비난할 여지가 있었다면 그 비난은 그의 실제적인 고향인 (애굽)뿐 아니라 자칭 고향인 알렉산드리아에까지도 해당되는 것입니다. 왜냐하면 알렉산드리아 시 가운데서 해변에 위치한 지역이 거주지로는 최상의 적지임은 자타가 공인하는 사실이기 때문입니다. 비록 유대인들이 무력으로 그 곳을 강탈하여 지금까지 지켜 온 것이 사실이라고 하더라도 그 사실은 유대인의 용맹 무쌍함을 보여주는 자랑거리일 것이나, 실제로는 알렉산더(Alexander)가 그 땅을 유대인에게 주고 마게도니아인들(Macedonians)과 동등한 특권을 누리도록 해주었던 것입니다. 저자라면 비록 유대인의 거처가 현재의 사실과는 달리 알렉산더가 준 것도 아니며 왕궁 근처에 있는 것도 아니라 네크로폴리스(Necropolis)에 있었다 하더라도 아피온이 한 것과 같은 어리석은 소리는 하지 않았을 것입니다.

아피온은 알렉산더 왕(king Alexander)과 라구스(Lagus)의 아들 톨레미(Ptolemy)의 서신들을 읽었을 것이며, 그 후대 왕들의 글들과 위대한 (율리우스) 케사르((Julius) Cæsar)께서 유대인에게 하사한 특권들을 기록해 놓은, 현재도 알렉산드리아에 우뚝 서 있는 기둥(pillar)을 분명히 보았을 것입니다. 이 같은 글들을 접하고서도 그와는 정반대 되는 내용의 글을 아무 거리낌없이 기록으로 남긴 것을 볼 때 우리는 아피온이 얼마나 사악한 인물인가를 단적으로 알 수 있읍니다. 만일 그가 이같은 기록들을 전혀 알지 못했다면 그야말로 천하의 무식장이일 것입니다. 아피온은 어떻게 유대인이 알렉산드리아인이라고 불려질 수 있는가에 관해 의아한 표정을 짓고 있읍니다. 이것 또한 그가 얼마나 무식한가를 알 수 있는 단적인 증거입니다. 식민 도시 건설에 참여하도록 부름을 받은 자들은 아무리 먼 곳에서 왔다 하더라도 그들을 새로운 거처로 불러들인 자들과 동일한 명칭을 갖게 된다는 사실조차 아피온은 모르고 있는 것입니다.

이를 어찌 무식의 소치라 아니할 수 있겠읍니까? 안디옥(Antioch)에 거하는 유대인들이 안디옥인(Antiochians)이라고 불리는 이유

요세푸스

는 무엇입니까? 안디옥의 창건자인 셀류쿠스(Seleucus)가 유대인에게 안디옥 주민들과 동등한 특권을 부여했기 때문이 아닙니까? 이와 마찬가지로 에베소(Ephesus)는 물론 이오니아(Ionia)의 다른 도시들에 거주하는 유대인들도 후왕(後王)들의 선처로 그 곳의 본래 주민들과 동일한 특권을 누리고 있는 것입니다. 로마인들은 워낙 자비하고 친절하기 때문에 유대인 외의 다른 민족들에게도 로마인이라는 이름을 쓸 수 있도록 허락하였읍니다. 특히 한 집단의 주민뿐 아니라 전민족이나 국가에도 이 같은 혜택을 부여하였던 것입니다. 이베리인(Iberi), 티리니인(Tyrrheni), 그리고 소빈인(Sobini)이라고 부르던 민족이 오늘날 로마인(Romani)이라고 불리고 있는 것을 모르는 사람은 없을 것입니다. 만일 아피온이 원래 알렉산드리아 태생이 아닌 사람이 이런 식으로 알렉산드리아 시민이 되는 특권을 부인한다면 자신도 알렉산드리아인이라고 불러서는 안 될 것입니다. 유대인이 이런 식으로 알렉산드리아인이라고 불려질 수 없다면 애굽 한복판에서 태어난 아피온이 어떻게 알렉산드리아인이 될 수 있겠읍니까? 온 세상의 패자(覇者)인 로마인이 애굽인들은 어떤 도시의 시민도 될 수 없도록 금지하였음에도 불구하고 아피온은 그 금지 명령을 어기면서까지 한 도시의 시민이 되는 특권을 누리려고 애를 쓰고 있읍니다. 게다가 이제는 한 술 더 떠서 알렉산드리아의 시민이 될 수 있는 정당한 자격을 갖춘 유대인에게 그 특권을 박탈하기 위해 온갖 중상 모략을 일삼기까지 하고 있는 것입니다. 알렉산더 왕이 막대한 수고 끝에 도시를 건축하고 유대인을 불러온 것은 도시 주민이 부족했기 때문이 아니라 유대인에 대한 보답의 표시였던 것입니다. 즉 아무리 살펴보아도 유대인만큼 자신에게 충실하고 미덕을 갖춘 자들이 없자 그에 대한 보답을 이런 식으로 표현하였던 것입니다. 이 사실은 헤카테우스(Hecateus)의 기록을 보면 잘 알 수 있읍니다:

"유대인들이 신실성과 미덕을 보이자 알렉산더는 사마리아주민들에게 세금을 면제해 줄 정도로 유대인에게 특혜를 베풀었다. 또한 라구스(Lagus)의 아들 톨레미(Ptolemy)도 같은 심정에서 알렉산드리아에 거주하는 유대인들을 호의적으로 대했다." 톨레미는 유대인들이 충성스럽고 용맹하기까지 하다고 믿고 있었기 때문에 애굽의 요새들을 그들의 손에 맡겼읍니다. 게다가 구레네(Cyrene)와 기타 리비아(Libya) 도시들의 통치권을 확고히 하고 싶을 때도 톨레미는 유대인들을 그 곳에 보내 거하게 했던 것입니다. 이런 호의적인 태도는 그의 아들 톨레미 필라델푸스(Ptolemy Philadelphus) 때도 마찬가지였읍니다. 그는 포로로 잡혀온 유대인들을 석방시켰을 뿐 아니라 그들에게 많은 돈까지 하사해 주었읍니다. 그러나 무엇보다도 그가 한 가장 큰 일은 유대 율법을 깊이 알기 원하여 유대의 성서(聖書)를 수집하는 것이었읍니다. 그는 또한 율법을 해석해 줄 사람들을 보내 달라고 예루살렘에 요청하였읍니다. 톨레미 필라델푸스는 율법을 해석하여 편찬하는 일을 비범한 사람들인 데메트리우스 팔레레우스(Demetrius Phalereus)와 안드레아스(Andreas)와 아리스테아스(Aristeas)에게 맡겼던 것입니다. 이 중에서 데메트리우스는 당대의 가장 뛰어난 학자였으며 안드레아스와 아리스테아스는 왕의 신변 경호를 맡던 인물들이었읍니다. 만일 톨레미가 유대인을 존경하지 않고 경멸했다고 칩시다. 그렇다면 그가 유대 율법과 유대국의 철학을 배우려고 열성을 낼 리가 만무했을 것입니다.

5. 또한 아피온은 마게도니아인들의 후손이라고 자칭하면서도 선조인 마게도니아인 왕들에 관해 전혀 아는 바가 없음을 스스로 드러내고 있읍니다. 톨레미 3세인 유에르게테스(Euergetes)는 전 수리아를 무력으로 장악한 후 승리에 대한 감사제를 애굽신들에게 드리지 않고 예루살렘으로 가서 유대 율법의 규정대로 하나님께 많은 제사를 드리고, 대승을 거둔 데 걸맞는 많은 예물도 드렸읍니다. 게다가 톨레미 필로메테르(Ptolemy Philometer)와 그의 아내 클레오파트라(Cleopatra)는 그들의 전군대를 지휘하는 장군인 오니아스(Onias)와 도시테우스(Dositheus) 두 유대인에게 전왕국을 맡기기도 하였읍니다. 그런데 아피온은 두 유대인을 비방하기만 하였읍니다. 사실상 아피온은 이 두 유대인을 비난하기보다는 알렉산드리아 시— 아피

요세푸스

온이 자기 고향이라고 주장하는-를 살린 공으로 백 번이라도 칭찬을 아끼지 말아야 했을 것입니다.

알렉산드리아인들이 클레오파트라 왕후와 전쟁이 붙어 거의 멸절의 위기에 몰렸을 때 중간에서 화해를 제의해 내란이 일어나는 것을 막은 공로자들이 바로 이 두 유대인이기 때문입니다. 그러나 아피온은 오니아스(Onias)에 대해 이같이 비난하고 있읍니다: "그러나 그 때 오니아스는 소규모의 군대를 거느리고 그 도시로 들어왔다. 그 당시에는 로마 사절 테르무스(Thermus)도 그 곳에 있었다." 저자는 오니아스가 군대를 이끌고 알렉산드리아로 들어온 것은 매우 정당한 행위였다고 감히 말할 수가 있읍니다. 필로메테르가 세상을 떠나자 형제지간인 톨레미 피스코(Ptolemy Physco)가 구레네(Cyrene)로부터 와서 클레오파트라와 그녀의 아들들을 애굽 밖으로 쫓아내고 자신이 부당하게도 왕위에 오르려고 한 사건이 그 당시에 있었읍니다. 따라서 오니아스는 클레오파트라의 편에 서서 톨레미와 전쟁을 벌일 수밖에 없었던 것입니다. 필로메테르 왕가(王家)가 그에게 베푼 신의를 오니아스는 결코 저버릴 수가 없었던 것입니다. 따라서 하나님께서도 그의 의로운 행동을 멋지게 변호해 주셨던 것입니다.

그 상세한 내막은 다음과 같습니다: 톨레미 피스코는 오니아스가 군대를 일으켜 대항한 것을 계기로 (알렉산드리아)에 거주하는 모든 유대인을 남녀 노소할 것 없이 모두 체포하였읍니다. 그는 그 후 그들을 발가벗겨 묶어 놓은 다음 코끼리들을 풀어 놓아 코끼리 발에 짓밟혀 죽게 만들려고 작정하였읍니다. 그리하여 그는 코끼리들에게 술을 먹여 취하게 만들었던 것입니다. 그러나 결과는 그의 기대와는 전혀 반대가 되었읍니다. 코끼리들이 밟아 죽이라는 유대인들은 그냥 내버려 두고 피스코의 측근들에게 맹렬한 기세로 달려들어 수많은 사상자를 내고 말았읍니다. 게다가 이 일이 있은후에 톨레미는 한 무서운 혼령(ghost)을 보았는데 그 혼령은 유대인들을 해치지 말라고 명하였다고 했읍니다. 이 밖에도 그의 애첩(어떤이는 이타카[Ithaca]라고 하고 다른 이는 이레네[Irene]라고 하는데)이 그에게 그토록 무서운 범죄를 저지르지 말라고 간청하였읍니다. 이에 톨레미는 그녀의 간청을 받아들이고 이미 그가 과거에 지은 행동과 앞으로 하려고 한 행동을 모두 후회하였던 것입니다.

이같이 하나님께서 기적적인 구원을 보이시자 알렉산드리아 유대인들은 그 날을 축제일로 즐기게 된 것입니다. 따라서 이 일을 모르는 사람은 아무도 없을 정도로 유명하게 된 것입니다. 그러나 아피온은 칭찬과 칭송을 늘어 놓아도 모자라는 판국에 피스코에 대항했다는 이유로 유대인을 비난하고 있읍니다. 또한 아피온은 알렉산드리아의 마지막 왕후인 클레오파트라가 유대인에게 박해를 가했다는 것을 예로 들면서 유대인을 비난하고 있읍니다. 그러나 실제로는 아피온은 유대인을 비난하기보다는 클레오파트라를 비방했어야 옳았을 것입니다. 왜냐하면 그녀는 온갖 불의와 악을 범한 악인이기 때문입니다. 그녀는 자기를 사랑한 남편과 가까운 친척뿐 아니라 은인인 로마 황제와 일반 로마인들에게까지 온갖 악행을 자행하였던 것입니다. 그녀는 아무 잘못도 없는 여동생 아르시노에(Arsinoe)를 신전에서 살해했는가 하면 남동생까지 남몰래 암살하였읍니다. 게다가 그녀는 조상의 신들을 파괴하였을 뿐 아니라 선조들의 무덤을 파헤치기까지 하였읍니다. 그녀는 첫번째 케사르에게서 왕국을 수여받았음에도 불구하고 그의 후계자인 아들[4]에게는 반기를 드는 뻔뻔스러움까지 보였읍니다. 또한 클레오파트라는 미인계를 써서 안토니(Antony)를 홀리고 그를 나라에는 반역자요 친구들에겐 배신자로 만들어 버렸읍니다. (안토니를 통해서) 왕권을 타락시키고 다른 이들을 자신의 광기의 영향 아래 온갖 불의를 저지르게 만들었읍니다. 또한 그녀는 안토니가 남편인 데다가 그의 자식들까지 낳았음에도 불구하고 해전(海戰)중인 안토니를 버림으로써 그로 하여금 통치권을 포기하고 군대를 이끌고 (애굽까지) 자기를 따라오게 만들었읍니다. 게다가 그녀는 케사르가 알렉산드리아를 장악하게 되자 유대인만 죽일 수 있다면 왕국을 빼앗기지 않게 될 것

---

4. 여기서 아들이란 케사르의 조카(누이의 아들)였으나 후에 양자가 된, 케사르의 아들을 말한다.

이라고 공공연히 선포할 정도로 극도의 잔인성마저 보였던 것입니다.

아피온이 말한 대로 기근이 닥쳐왔는데도 클레오파트라가 유대인에게 곡식을 나누어 주지 않았다면 그녀의 야만성과 불성실성이 어디까지 극에 달했는가를 한눈에 알 수 있는 것 아닙니까? 결국 클레오파트라는 자신이 뿌린 악에 대한 징벌을 거두고야 말았던 것입니다.

한편 우리 유대인들은 케사르가 애굽인들과 싸울 때 케사르에게 보인 협조와 충성을 근거로 케사르께 은총을 베풀어 줄 것을 호소하였던 것입니다. 원로원이 반포한 법령들과 아우구스투스 케사르(Augustus Cæsar)의 서신들을 보면 유대인이 (로마인에게) 끼친 공적이 어떤지가 여실히 입증되어 있읍니다. 따라서 아피온은 이 서신들을 주의 깊게 살폈어야 했을 것입니다. 특히 알렉산더(Alexander)와 톨레미(Ptolemy) 왕가의 왕들의 통치 때에 유대인에게 베푼 특권에 대한 기록들과 원로원과 로마 황제들의 법령을 깊이 연구해야만 했을 것입니다.

한편 게르마니쿠스(Germanicus)가 알렉산드리아 전체 주민들에게 식량을 분배할 수 없었다면 그것은 그만큼 기근이 심해서 식량 조달이 어려웠다는 것을 보여주는 한 실례가 될지언정 결코 유대인들을 비난하는 근거가 될 수는 없는 것입니다. 로마 황제들이 알렉산드리아의 유대인을 어떻게 극진히 생각했는가는 삼척동자도 다 아는 사실이 아닙니까? 후에 식량을 나누어 준 것은 알렉산드리아의 다른 주민들을 생각해서라기보다는 알렉산드리아의 유대인을 특별히 배려한 결과인 것입니다. 유대인들은 왕들이 자기들에게 특별히 맡긴 책임인 강을 관리하는 일을 끝까지 지키려고 애를 썼으며, 이에 왕들도 어떤 상황에서든지간에 강을 관리하는 모든 책임을 유대인들에게만 맡기려고 했던 것입니다.

6. 한편 아피온은 알렉산드리아 유대인에 관해 다음과 같은 점을 비난하고 있읍니다: "유대인들이 알렉산드리아 시민이라면 무슨

이유로 알렉산드리아인들과 동일한 신들을 섬기지 않느냐?" 이 같은 비난에 대한 저자의 대답은 이와 같습니다: "그대들이 애굽인이라면 왜 같은 애굽인끼리 종교에 관해 끝도 나지 않을 싸움을 계속하고 있읍니까? 아피온 그대의 논리대로라면 애굽인들이 종교를 놓고 서로 싸우는 이상 우리가 애굽인들을 모두 애굽인이라고 부를 수 없지 않습니까? 게다가 모든 인간의 본성은 동일함에도 불구하고 그대들 애굽인들이 인간의 본성과는 정반대되는 짐승들을 신으로 섬기고 있다면 그대들을 인간이라고 부를 수조차 없는 것 아닙니까? 그대들 애굽인들끼리도 그토록 엄청난 의견의 차이를 보인다면 원래부터 고유한 율법을 지니고 있는 타민족인 유대인이 알렉산드리아에 들어와서 그 율법을 지킨다고 놀랄 것은 없지 않습니까?"

한편 아피온은 유대인이 반역과 폭동의 장본인이라고 유대인을 비난하고 있읍니다. 유대인은 어디서나 항상 한마음이기 때문에 그 비난이 정당한 비난이라면 우리 유대인 모두가 그 같은 비난을 받지 말란 법도 없을 것입니다. 그러나 문제를 조금이라도 깊게 연구해 보면 소요의 장본인은 유대인이 아니라 아피온과 같은 알렉산드리아 애굽인들임을 쉽게 알 수가 있읍니다. 헬라인들(Grecians)과 마게도니아인들(Macedonians)이 알렉산드리아 시를 장악하고 있을 때는 유대인을 비난하는 소요는 전혀 없었으며 유대인들에게 조상 전래의 풍습을 지키는 것이 허락되었었읍니다. 그러나 애굽인들의 수가 상당수로 늘어나고 시간이 흐르자, 유대인들은 조금도 변하지 않았음에도 불구하고 소요가 거세게 일어나게 된 것입니다. 따라서 이런 소요의 장본인은 바로 알렉산드리아 시에 거주하게 된 애굽인들입니다. 애굽인들은 마게도니아인과 같은 일관성은 물론 헬라인들의 분별력마저 갖추지 못한 자들로서 애굽인 특유의 온갖 악행만 자행하면서 유대인에 대한 뿌리깊은 증오심만 키워 나갔던 것입니다. 애굽인들이 유대인을 비난하게 된 이유는 그들이 유대인과는 달리 차별 대우를 받았기 때문입니다. 많은 애굽인들은 적절한 때에 시민의 특권을 획득할 수가 없게 되자 그 같은 특권을 누리는 것이 이미 오랫동안 기정 사실화된 유대인들까지도 이방인으로 몰아붙이게 된 것입니다.

초기의 왕들뿐 아니라 후대의 로마의 황제들도 애굽인들에게는 시민의 특권을 부여하지 않은 반면에, 알렉산더는 유대인을 알렉산드리아로 초청하고 후대 왕들은 유대인의 특권을 확대해 주고 로마의 황제들마저 그 특권을 불가침의 것으로 인정하자 애굽인의 마음에는 시기심이 일지 않을 수가 없었던 것입니다. 이에 아피온은 마치 로마 황제들이 이같은 사실을 미처 모르거나 한 것처럼, 그리고 황제 숭배의 수호자로 아피온을 필요로 하거나 하는 것처럼 유대인들이 로마 황제의 상(像, image)들을 세우지 않은 사실을 들먹거리며 유대인들을 맹비난하고 있읍니다. 사실상 아피온은 유대인들을 비난하기보다는 로마인들의 아량과 겸손을 칭송해야 마땅했을 것입니다.

로마인들은 피정복민들에게 그들 고유의 율법을 어기도록 강요하지 않았으며 그들 고유의 종교와 율법에 어긋나지 않는 방법으로 로마에 충성을 바칠 것을 원할 정도로 아량과 겸손을 베풀었읍니다. 로마인들은 피정복민들이 강제에 못 이겨 어쩔 수 없이 로마에 경의와 충성을 바치는 것을 탐탁치 않게 여기고 있는 것이 사실입니다. 따라서, 헬라인들과 및 다른 민족들은 형상들을 만드는 것을 문제로 여기지 않을 뿐 아니라 오히려 적절한 일로 여기기 때문에 로마 황제의 상을 만들고 경의를 표하는 것입니다. 그들은 조상과 아내와 심지어는 자녀들의 상까지 만들고 기뻐하는 민족들입니다. 심지어 어떤이들은 자기들과는 아무런 관련이 없는 자들의 상(image)까지도 자기들을 위해 만들고 있는 것입니다. 더 심한 경우에는 자기들이 좋아하는 종들의 형상까지 만드는 것을 볼 수도 있읍니다. 상황이 이와 같다면 그들이 황제와 지배자들을 위해 상을 만들고 같은 식으로 경의를 표한다고 해서 조금도 놀랄 것은 없지 않습니까? 그러나 유대인의 경우는 이와는 전혀 다른 것입니다. 유대인의 율법 수여자는 형상을 만드는 것을 엄금하였읍니다. 물론 로마의 권력에 경의를 표하는 것을 금지하기 위해 미리 이 같은 율법을 제정한

아피온 반박문 2권

것은 아닙니다. 단지 하나님께나 인간에게 이같이 형상을 만드는 일이 필요하지도 않고 또 유익하지도 않기 때문에 금지한 것뿐입니다.

저자가 후에 자세히 살펴보겠지만 그는 하나님의 형상은 말할 것도 없고 동물의 형상을 만들지 못하도록 엄금하였읍니다. 하나님이 그런 동물의 형상의 일부가 될 수 없기 때문입니다. 그러나 그는 그 어디에서고 존경받을 인물들에게 경의를 표하는 것까지 금하지는 않았읍니다. 하나님께 대한 경배가 최우선이라는 사실이 인정되고, 경의의 대상이 신과 같은 존재는 아니라는 점만 인정된다면 유대인들은 누구에게도 경의를 표할 수가 있읍니다. 사실상 우리 유대인들은 이 같은 제 2차적인 경의로 로마 황제와 로마인들에게 자진해서 존경을 표하였던 것은 역사적인 사실입니다. 게다가 유대인들은 항상 로마인들을 위해서 제사까지 드렸던 것입니다. 유대인들은 자신들을 위해서도, 심지어는 후손을 위해서도 공금(公金)에서 비용을 대서 제사를 드리는 법이 없음에도 불구하고 황제들에게, 아니 황제들에게만 유독 경의를 표하기 위해 그들을 위한 제사를 하나님께 늘상 드리고 있는 것입니다. 사실상 유대인은 그 외에는 그 누구에게도 이 같은 일을 한 적이 없을 정도로 경의를 표한 것입니다. 저자는 알렉산드리아의 유대인을 비난한 아피온의 중상 모략에 관해서는 이 정도의 답변으로 충분하다고 생각하고 여기서 마치도록 하겠읍니다.

7. 그러나 여기서 저자는 아피온에게 유대인을 중상모략하는 비난의 자료를 제공한 포시도니우스(Posidonious)와 아폴로니우스 몰로(Apollonius Molo)에 대해 감탄을 금할 수 없읍니다. 그들은 유대인이 다른 민족이 숭배하는 신들을 섬기지 않는다는 이유로 온갖 비난을 서슴지 않으면서도 유대인에 대해 거짓을 날조하고 유대의 성전에 관해 말도 안 되는 비난을 늘어 놓은 것에 대해서는 일말의 양심의 가책도 느끼지 않고 있으니 어찌 감탄하지 않을 수가 있겠읍니까? 어떤 경우라도 거짓을 날조하는 것은 자유인(freemen)의 최대의 수치이거늘, 전세계에 유명하게 알려진 유대인이 거룩

147

하게 지켜온 예루살렘 성전에 관해서조차 온갖 허황된 거짓을 꾸며내고 있으니 어찌 경탄의 함성을 지르지 않을 수 있겠읍니까? 아피온은 뻔뻔스럽게도 "유대인은 그들의 성소에 나귀의 머리를 두고 있다"고 거짓을 날조하고 있읍니다. 아피온은 안티오쿠스 에피파네스(Antiochus Epiphanes)가 예루살렘 성전을 약탈할 때 거액의 값어치가 나가는, 금으로 만든 나귀 머리의 형상이 성전 안에 있는 것을 발견했다고 주장하고 있읍니다. 그러나 설령 예루살렘 성전에 나귀 머리의 형상이 있었다 하더라도 애굽인은 결코 그 일로 유대인을 책망할 수 없을 것입니다. 왜냐하면 나귀는 애굽인들이 신으로 숭배하는 푸리오네스(Furiones)[5]나 염소나 그 밖의 동물들보다 애굽인들 스스로도 비천한 동물로 여기지 않기 때문입니다. 게다가 저자는 이런 낭설이 사실 자체에 의해 논박되는 새빨간 거짓말이라는 점을 아피온이 몰랐을 리가 없다고 생각합니다.

유대인은 항상 한 가지 동일한 율법에 의해서만 지배를 받고 있읍니다. 그리고 그 율법을 사수하기 위해 언제나 애를 쓰고 있읍니다. 그런데 예루살렘 성전은 여러 번 다른 민족의 수중에 넘어갔었읍니다. 테오스 (에피파네스) (Theos〔Epiphanes〕), 폼페이 대왕 (Pompey the Great), 리키니우스 크라수스(Licinius Crassus), 그리고 마지막으로 티투스 케사르(Titus Cæsar)에 의해 예루살렘 시는 무력으로 점령당하고 성전이 그들의 수중에 들어갔었읍니다. 그럼에도 불구하고 이들 중 그 누구도 성전에 나귀 머리의 형상과 같은 형상은 발견하지 못했읍니다. 그뿐 아니라 그들은 참된 경건에 어긋나는 요소가 될 만한 점은 단 한 가지도 찾아내지 못했읍니다. 그 당시 유대인은 그들이 발견한 것을 다른 민족에게 폭로하지 못하도록 할 능력이 없었기 때문에 그들이 그런 것을 발견했었다면 삽시간에 그 소문이 퍼졌을 것입니다.

한편 안티오쿠스 (에피파네스)는 예루살렘 성전을 약탈할 하등의 정당한 이유도 갖고 있지 않으면서 성전을 약탈한 인물입니다. 그

---

5. 라틴어로 푸리오네스(*Furiones*)란 동물이지만 그것이 어떤 동물을 뜻하는지는 현재로서는 알 길이 없다.

는 단지 돈을 얻을 목적으로 성전을 약탈한 것입니다. 그것도 우방이요 친구인 척하고 성 안에 들어와 선전 포고도 없이 성전을 약탈하였던 것입니다. 그 당시 그는 성전 안에서 우스꽝스러운 것은 단 하나도 발견하지 못했읍니다. 이 점은 메가로폴리스의 폴리비우스(Polybius of Megalopolis), 카파도키아의 스트라보(Strabo of Capadocia), 다마스커스의 니콜라우스(Nicolaus of Damascus), 티마게네스(Timagenes), 연대기 학자 카스토르(Castor the chronologer), 그리고 아폴로도루스(Apollodorus)와 같은 비중 있는 학자들[6]에 의해 사실임이 입증되고 있읍니다. 이들은 안티오쿠스가 유대와의 동맹을 파기하고 금은이 가득한 예루살렘 성전을 약탈한 것은 돈 때문이었다고 한결같이 기술하고 있읍니다. 따라서 아피온은 나귀처럼 고집을 부리고, 개-애굽인들이 숭배하는 그런 개-처럼 뻔뻔스러운 행동을 자취하기보다는 이런 사실에 눈을 돌렸어야만 마땅했을 것입니다. 아피온이 이 같은 고집과 뻔뻔스러움이 없었다면 달리 유대인에 대해 거짓을 날조할 하등의 외적인 요인이 없었을 것이기 때문입니다.

애굽인들이 악어에게 잡힌 사람을 행복한 사람으로 보고, 독사(asp)에게 물린 사람을 신의 축복을 받은 사람으로 생각하면서 악어와 독사를 숭배하듯이, 우리 유대인은 나귀에게 어떤 능력이나 영광을 돌리면서 숭배하고 있지는 않습니다. 현명한 사람들이 나귀를 생각하듯이 유대인도 나귀를 생각하고 있읍니다. 즉 인간이 짐을 등에 실으면 짐을 지고 가야 할 짐승으로밖에 생각하지 않는 것입니다. 나귀가 일은 하지 않고 타작 마당에 와서 곡식만 주워 먹으면 유대인은 나귀에게 수도 없이 채찍질을 하는 것이 상례입니다. 나귀의 본무(本務)는 농사일에 우리를 돕는 것이기 때문입니다. 따라서 결

---

6. 안티오쿠스 에피파네스가 유대 성전을 약탈한 저 유명한 사건들을 기술한 것으로 이곳에 언급되어 있는 이 여섯 이방인 역사가들의 기록은 오늘날 현존하고 있지 않다. 그들의 기록이 전혀 남아 있지 않다는 말이 아니라 에피파네스가 유대 성전을 약탈한 부분의 기록이 남아 있지 않다는 말이다. 요세푸스는 그 당시까지 남아 있던 이들의 역사 기록을 면밀히 검토했음이 분명하다.

론적으로 아피온은 거짓을 날조하는 데 있어서도 전혀 기술이 없는 자임을 알 수가 있읍니다. 아피온은 처음에는 (좀더 나은) 작품을 써보려고 했을는지도 모릅니다. 그러나 유대인을 중상 모략하는 계획이 수포로 돌아감에 따라 마음먹은 대로는 되지 않은 것 같습니다.

8. 또한 아피온은 유대인을 비난하기 위해서 헬라인들이 날조한 거짓을 또다시 인용하고 있읍니다. 이에 대한 답변으로는, 아래와 같이 말하는 것만으로도 충분한 대답이 될 것이라고 저자는 생각합니다. 즉, 신께 드리는 제사를 언급하려는 우리와 같은 처지에 놓인 자들은 제사장들을 무고하게 비난하느니보다는 성전을 가로질러 가는 것이 백 번 낫다는 사실을 말입니다. 아피온 같은 자들은 유대인과 예루살렘 성전에 관해 공정한 진술을 서술하기보다는 신성 모독의 죄를 범한 왕을 정당화하는 데 더 혈안이 되어 있는 것이 사실입니다. 돈이 달리자 신의를 배반하고 성전을 약탈한 안티오쿠스의 배반과 신성 모독의 죄를 가리고, 안티오쿠스에게 아부하려다 보니 어쩔 수 없이 유대인을 중상 모략하게 된 것이며 더 나아가서는 미래에 관해 거짓 예언까지 하게 된 것입니다. 아피온은 여기에 이르러서는 남의 민족의 예언자 노릇까지 하고 있읍니다. 아피온은 이같이 말하고 있읍니다:

"안티오쿠스가 예루살렘 성전에 들어갔을 때에는 침대 위에 한 사람이 누워 있었고, 그 앞에는 바다와 육지에서 나는 각종 산해 진미가 가득 찬 작은 상이 하나 놓여 있었다. 이 사람은 산해 진미에 놀란 표정을 짓고 있었다. 그는 안티오쿠스가 들어오는 것을 보고는 최선을 다해 도와 줄 사람이라고 생각하고 즉시 왕에게 경배하였다. 그는 왕 앞에 무릎 꿇고 오른손을 내밀면서 제발 자기 좀 석방시켜 달라고 애원하다시피 하였다. 이에 왕은 그에게 바로 앉으라고 지시한 후, 누구며, 왜 여기서 살고 있으며, 이 앞에 차려진 산해 진미는 무슨 뜻인가를 차근차근하게 이야기하라고 했다. 그러자 그는 한숨을 길게 쉬고 눈물을 글썽거리면서 자신의 처지를 애통하는

조로 한탄하였다: '저는 본래 헬라인으로서 이 지역에 살고 싶어 이 곳으로 건너왔읍니다. 그러나 웬 낯선 자들에 의해 불시에 사로잡혀 성전으로 끌려와서 이 곳에 아무도 모르게 감금되어 있는 것입니다. 그리고는 이렇게 차려진 산해 진미로 매일같이 살만 찌고 있읍니다. 저는 처음에는 웬일인가 생각하면서도 지나친 환대에 기뻐 어쩔 줄을 몰랐읍니다. 그러나 얼마 후 저는 그들의 행동에 의심이 가기 시작했으며 나중에는 엄청난 사실을 깨닫고 기절할 뻔했읍니다. 저는 산해 진미를 가져오는 종뽈을 구슬러서 사실을 알아내기에 이르렀던 것입니다. 저를 이같이 살찌게 하는 것은 그들이 결코 말할 수 없는 유대 율법을 성취하기 위한 것이라고 했읍니다. 유대인들은 매년 헬라인 이방인 하나를 잡아서 살을 찌게 한 후에, 같은 때가 되면 나무에 붙들어 매 놓고 죽인다는 것이었읍니다. 이렇게 죽인 다음에는 의례적인 절차에 따라 제사를 드리고 창자를 먹으면서 헬라인들과는 결코 상종하지 않을 것을 맹세한다는 것이었읍니다. 그런데 제가 살해될 날이 이제 며칠 남지 않았읍니다. 그러니 왕께서는 제가 헬라의 신들을 숭배하는 믿음을 보시고 저를 이 함정에서 구원해 주시고, 유대인이 실망하게 만들어 주십시오.' 이상이 안티오쿠스가 유대 성전에서 발견한 한 헬라인의 말이었다."

이보다 더 허무 맹랑한 거짓이 어디 있는가 한번 생각해 보십시오. 위의 이야기는 진실이라고는 손톱만큼도 없는 중상 모략입니다. 그러나 설령 이것이 사실이라 하더라도 안티오쿠스가 저지른 신성 모독의 죄에 대한 변명은 될 수가 없읍니다. 위와 같은 이야기를 날조해 낸 자들의 의도는 안티오쿠스의 죄를 변명하고자 하는 데 있었겠지만 말입니다. 안티오쿠스가 그 같은 사실을 알고 성전을 약탈한 것이 아니라 성전을 약탈하다가 우연히 발견한 것이라고밖에 말할 수가 없는 상황에서 어찌 그의 무죄를 입증할 수가 있겠읍니까? 그는 하나님에 대해서는 일말의 고려도 없이 오직 자신의 불의한 욕망만 채우려고 했으니 어찌 그를 불경(不敬)스러운 인물이라 아니할 수 있겠읍니까? 아피온은 거짓을 말하고 싶은 욕망에 사로

잡혀 그 욕망이 지시하는 대로 글을 쓴 사람이라는 것을 그의 글을 검토해 본 사람은 누구나 알 수가 있습니다.

유대 율법이 오로지 헬라인들의 법률과 만 차이가 나는 것이 아니라 애굽인들과 그 밖의 민족들과도 더욱 큰 차이가 나는 것은 삼척동자도 다 아는 사실입니다. 그런데, 수많은 민족이 유대에 와서 잠시 동안이라도 유대인과 함께 거하는 일이 다반사였는데 어떤 이유에서 유독 헬라인만을 잡아 죽이면서 헬라인과 상종도 하지 않겠다고 맹세를 하는 일이 생길 수 있겠습니까? 게다가 어떻게 온 유대인이 한자리에 모여서 한 사람의 창자를 먹을 수가 있단 말입니까? 수십만의 무리가 그토록 작은 분량을 어떻게 맛볼 수 있단 말입니까? 또한 아피온의 말이 사실이라면, 안티오쿠스 왕이 이 사람을 고국으로 데리고 가서 그가 누구며 이름이 무엇인가를 밝히지 않은 이유는 무엇입니까? (아피온의 글 속에는 이 사람에 대해서 전혀 밝히지 않았습니다.) 그가 그렇게 했더라면 경건한 사람이며 헬라 애호자라는 칭송을 들을 수 있었음은 물론 모든 민족으로 하여금 유대인을 증오하게 만들 수 있었을 터인데, 그렇게 하지 않은 이유가 도대체 무엇입니까? 저자는 이 정도로 반박을 마칠까 합니다. 어리석은 바보들을 논박하는 가장 적절한 방법은 말로 변론하는 것이 아니라 사실 자체에 호소하는 것이기 때문입니다.

예루살렘 성전의 구조와 성격을 아는 자들은 성전의 순결성이 결코 더럽혀질 수가 없음을 잘 알고 있을 것입니다. 예루살렘 성전은 회랑으로 둘러싸인 네 개의 뜰이 있으며, 각 뜰은 율법에 의해 한정된 자들만이 들어갈 수 있도록 구별되어 있습니다. 첫번째 뜰에는 이방인까지도 포함해서 모든 사람이 들어갈 수 있습니다. 단지 월경 중에 있는 여인만이 들어갈 자격을 상실하는 것입니다. 그리고 두번째 뜰은 불결하지만 않다면 부녀자들까지 포함해서 온 유대인이 들어갈 수 있습니다. 세번째 뜰은 정결한 유대인 남자라면 누구나 들어갈 수 있으며, 네번째 뜰은 제사장의 의복을 입은 제사장만 들어갈 수 있습니다. 또한 가장 거룩한 장소인 지성소는 대제사장 의복을 입은 대제사장만 출입할 수 있습니다. 성전에 관한 규칙은 매우 엄격하기 때문에 제사장들도 특정한 시간에만 성전에 들어갈 수가 있읍니다. 또한 아침과 정오에 성전 문이 열려야만 제사장들은 예물을 받을 수 있는 것입니다. 또한 성전에는 아무 그릇이나 함부로 갖고 들어갈 수가 없읍니다. 성전 안에는 (분향) 단(the altar [of incense]), (진설병) 상(the table [of shewbread]), 향로(censer), 그리고 촛대(the candlestick) 외에는 아무것도 없읍니다. 오직 율법에 기록된 것 외에는 그 어떤 것도 갖고 들어갈 수 없읍니다. 게다가 성전 안에서는 입 밖에 낼 수 없는 어떤 신비한 의식이나 축제가 행해질 수 없읍니다.

저자가 방금 말한 내용들은 공적으로 알려진 사실인 동시에 온 백성들이 다 아는 사실이며 비밀스러운 내용이란 있을 수가 없읍니다. 제사장들에 4반차(courses)가 있고 각 반차가 5천명 이상이나 되기 때문에 제사장들은 오직 일정 기간 동안만 제사장으로 일하는 것입니다. 따라서 각자의 근무 기간이 끝나면 다른 제사장들이 그 임무를 교대하는 것입니다. 근무 교대 때가 되면 정오에 모여 성전의 열쇠와 기명(vessels)들을 인수 인계하는데 이 때 먹을 것이나 마실 것은 결코 성전 안으로 반입할 수 없도록 되어 있읍니다. 한 마디로 말해 제사드리는 데 필요한 것으로 규정된 것을 제외하고는 그 어떤 것도 제단 위에 올려 놓을 수가 없읍니다.

9. 사실 확인조차 하지 않고 허무 맹랑한 거짓을 기록으로 남긴 아피온에 대해 더 이상 무슨 말을 할 수 있겠읍니까? 문법 학자가 참된 역사를 쓰지 못했다니 이보다 더 큰 치욕이 어디에 있읍니까? 그는 유대 성전의 순결성에 관해 잘 알고 있었음에도 불구하고 이같은 점은 조금도 언급하지 않은 채 터무니없는 거짓만 소개하였읍니다. 그리하여 헬라인을 사로잡아 성전으로 끌고 가 산해 진미로 살찌운 후 살해하였다는 거짓을 날조한 것입니다. 제사장들 외에는 유대인 귀족들조차 들어갈 수 없는 성전에 이방인이 들어갔다니 이보다 새빨간 거짓말이 어디 있겠읍니까? 따라서 이것은 사실 확인 없이 믿기를 잘하는 무리들을 속이기 위한 고의적인 거짓임이 분명

요세푸스

한 것입니다.

10. 아피온은 이 정도로 그치지 않고 계속해서 유대인을 우롱하고 기만하고 있읍니다: "유대인이 언젠가 이두매인들과 장기전을 벌이고 있을 때, 아폴로(Apollo) 신을 섬기는 이두매 출신의 한 인물이 있었다. 그의 이름은 사비두스(Zabidus)라고 불렸다. 사비두스는 유대인에게로 넘어와서 모든 유대인들이 자기를 따라 함께 간다면 도라(Dora)의 신인 아폴로를 그들의 손에 넘겨 주고 예루살렘 성전까지 오겠다고 제의하였다. 그 후 사비두스는 나무로 기구를 만들고 자기 몸의 주위를 감싼 다음 그 안에 세줄로 등대불을 켜고 마치 별이 땅으로 가까이 내려오는 듯한 모습으로 걸어갔다. 이에 유대인들은 그 모습에 너무나 놀란 나머지 멀리서 쳐다만 보고 있었다. 유대인들이 두려워 떨면서 멀리서 바라보고만 있는 틈을 타서 성소에 들어가 금으로 만든 나귀 머리의 형상을 떼어 내어 급히 도라(Dora)로 도망하였다."

존경하는 아피온 선생이여, 말씀 한번 잘하셨읍니다. 저자가 보기에는 아피온이 다름 아닌 나귀요. 스스로 거짓과 허위의 짐을 가득 실은 나귀란 말입니다. 아피온은 실제 있지도 않은 장소를 언급하는가 하면 자신이 말하는 도시에 대해 제대로 알지도 못하고 함부로 도시를 맞바꾸고 있읍니다. 이두매와 유대의 변경은 가사(Gaza) 인근 지역으로 형성되어 있는데 그 곳에 도라(Dora)란 도시는 없읍니다. 물론 도라(Dora)란 명칭의 도시가 없는 것은 아닙니다. 그러나 그 도시는 이두매에서 4일길이나 멀리 떨어진 베니게(Phoenicia)의 갈멜산(Mount Carmel) 근처에 있읍니다. 유대인이 타민족이 믿는 신들을 믿지 않는다는 이유로 사비두스가 유대인을 고소한 근거가 무엇입니까? 우리 조상들이 아폴로 신을 데리고 오도록 그렇게 쉽게 사비두스의 설득을 당했다는 사실이 어디 말이나 될 법한 소리인가 한번 생각해 보십시오. 게다가 사비두스가 등불을 켜고 오는 모습을 보고는 별이 땅으로 내려오는 것으로 착각했다니 이런 어불성설이 어디가 있읍니까? 절기 때만 되면 등불을 켜는 일이 습관으로 되어 있는 유대인들이 그렇게 쉽게 속아 넘어갈 정도로 등대를 한 번도 본 적이 없다는 말입니까? 또한 수만의 인구가 사는 지역을 사비두스가 여행을 했을 터인데 아무도 그를 보지 못했다는 것은 말이 되지 않습니다. 게다가 전시(戰時)인데 예루살렘 성벽에 감시 병사가 없다는 점도 전혀 석연치 않습니다.

그 밖에도 석연치 않은 점은 한두 가지가 아닙니다. 성전의 문은 높이가 70규빗에, 너비가 20규빗입니다. 게다가 정금으로 사방을 입혔기 때문에 그 문을 열려면 적어도 20명은 있어야 합니다. 또한 성전 문은 어떤 이유에서도 그냥 열어 두지 못하도록 율법이 금지하고 있읍니다. 그렇다면 사비누스가 어떻게 그 문을 쉽게 열 수가 있었겠읍니까? 이렇게 훔쳐간 나귀 머리의 형상이 안티오쿠스가 성전에 들어갔을 때 그 안에 있었다고 아피온이 분명히 말했는데 그것은 도대체 어찌된 영문입니까? 사비두스가 나중에 도로 갖다 놓은 것입니까, 아니면 아피온이 두번째 거짓말을 날조하기 위해 직접 성전에 도로 갖다 놓은 것입니까?

11. 아피온은 또한 유대인의 맹세에 관해서도 거짓을 날조하고 있읍니다. 아피온은 "유대인은 하늘과 땅과 바다를 지으신 하나님의 이름에 맹세코 모든 이방인, 특히 헬라인들에게는 호의를 보이지 않기로 서약했다"고까지 말하고 있읍니다. 사실상 아피온은 "유대인은 모든 이방인, 특히 애굽인들에게는 호의를 보이지 않기로 맹세했다"고 솔직이 이야기했어야 옳았을 것입니다. 그렇게 해야 이 말이 다른 거짓들과 조화를 이룰 것이기 때문입니다. 유대인 선조들이 죄를 저질러서가 아니라 병이라는 재난에 걸려서 친척인 애굽인에게 박대를 받아 쫓겨났다는 그의 주장과 앞뒤가 맞으려면 "유대인은 모든 이방인, 특히 애굽인에게는 호의를 보이지 않기로 맹세했다" 라고 해야 될 것 아닙니까?
한편 헬라인들과는 풍습과 제도의 차이도 적지 않게 큰 것만은 사실이나 지리적으로 워낙 멀리 떨어져 있기 때문에, 사실상 유대인은 그들에게 어떤 적대감이나 시기심도 갖고 있지 않습니다. 더우

요세푸스

기 많은 헬라인들이 유대 율법을 흠모하고, 그 중의 일부는 율법을 계속해서 지키는 일이 다반사로 일어나고 있는 상황에서 유대인들이 헬라인들에게 적대감을 품기로 맹세하는 것을 목격한 사람은 아무도 없읍니다. 이같이 맹세하는 것을 들은 유일한 사람은 오직 아피온 혼자뿐입니다. 왜냐하면 이같은 사실을 기록한 최초의 인물이 아피온이기 때문입니다.

12. 또한 저자 생각에는 아피온은 정말 존경스러운 인물입니다. 어쩌면 그렇게도 현명한가 잘 들어 보십시오: "유대인은 의로운 법률도 없으며, 올바른 방법으로 신을 섬기지도 않고 있다. 왜냐하면 유대인은 스스로 통치자를 세우지 못하고 항상 이방인들의 지배를 받았기 때문이다. 따라서 우리 (알렉산드리아) 시는 옛부터 제국의 도시로서 로마인들의 지배를 받은 적이 없는 반면에 유대인의 도시인 예루살렘은 수많은 외국의 지배를 받았다." 그러나 아피온은 여기서 이같은 헛된 자랑은 차라리 삼가는 편이 나았을 것입니다. 아피온의 자기 자랑이 오히려 아피온을 깎아내리는 말임을 삼척 동자라도 누구나 알 수 있는 일이기 때문입니다. 수많은 세대를 걸쳐 내려오면서 정권을 계속 유지한 나라가 몇 나라나 됩니까? 대부분의 나라는 인간사의 변화 무쌍함 때문에 남의 나라의 지배와 통치를 받을 수밖에 없었던 것이 세계의 현실이 아닙니까? 애굽인들이 볼 때는 오직 애굽만이 아시아와 유럽을 제패한 대제국들의 지배를 받지 않은 유일한 국가라고 자부하면서, 신들이 짐승의 모양으로 변하여 애굽으로 들어와서 애굽을 구원한 덕분이라고 말할 수 있을는지도 모릅니다. 그러나, 사실상 애굽인들은, 애굽의 군주의 압제로부터는 더 말할 나위도 없고, 과거에 단 하루라도 자유를 만끽한 적이 없는 민족입니다.[7]

---

7. 고대 유대인 선지자들의 시대 이후로 애굽인들이 당한 말할 수 없는 치욕에 대해서는 펠루시움(Pelusium)의 한 애굽인인 이시도루스(Isidorus)에 의해 여실히 입증되고 있다(Epist. lib. i Ep. 489 [서신집 제 1권 서신 489]). 이것은 하나님께서 에스겔 선지자를 통해서 하신 예언이 놀랍게 성취된 것을 보여 준다.

페르시아(바사)인들이 애굽인들을 학대한 것이 어디 한두 번입니까? 페르시아인들이 애굽의 도시들을 폐허로 만들고 신전들을 파괴하고 애굽인들이 신으로 섬기는 동물들의 목을 자른 것이 한 번이 아니라 여러번이라는 것은 누구나 다 알고 있는 사실이 아닙니까? 아테네(아덴)인들(the Athenians)과 라케데모니아인들(the Lacedemonians)은 어떤 자들이길래 그토록 큰 불행을 당했습니까? 아테네인들은 헬라인들 중에서 가장 종교성이 강한 자들이며, 라케데모니아인들은 헬라인들 중에서 가장 용감한 자들이 아닙니까? 저자는 이런 명백한 사실조차도 모른 아피온의 무식함에 그저 감탄할 뿐입니다. 그리고 아피온의 무식을 본받아서는 안 되겠다고 결심할 뿐입니다. 크레수스(Cresus)같이 경건한 인물로 소문난 왕들의 생애 가운데 불행을 겪지 않은 사람이 누가 있나 한 번 말해 보십시오.

아테네(아덴, Athens)의 성채와 에베소(Ephesus)의 신전과 델피(Delphi)의 신전과 그 밖에 불에 타 없어진 수많은 신전들은 어떻습니까? 재난을 당한 자들에게 비난을 퍼붓는 자가 어디 있습니까? 한결같이 모든 사람들이 그 신전들을 파괴한 자들에게 비난을 가하고 있는 것이 사실이 아닙니까? 그런데도 불구하고 아피온은 자기 민족인 애굽인들이 겪은 불행에 관해서는 일언 반구의 언급도 없이 유대인들만 비난하고 있습니다. 아마도 아피온은 위대한 애굽 왕인 세소스트리스(Sesostris)의 빛나는 업적 때문에 눈이 어두워져 애굽인의 불행을 보지 못했는지도 모릅니다. 그렇다손 치더라도 우리 유대인에게도 수많은 나라를 정복한 다윗이나 솔로몬 같은 위대한 왕이 없는 것은 아닙니다. 그러나 굳이 여기서 이에 대해 긴 말을 하고 싶지는 않습니다. 어찌 되었든간에 아피온은 삼척 동자라도 다 아는 사실도 모르고 있읍니다. 애굽인들은 계속해서 아시아(Asia)의 패자로 등장한 페르시아인들과 마게도니아인들의 지배를 받아 노예나 다름이 없었다는 사실을 말입니다. 그 당시 우리 유대인은 자유

애굽인들이 "거기서 미약한 나라가 되되 나라 중에 지극히 미약한 나라가 되어 다시는 열국 위에 스스로 높이지 못하리니"(에스겔 29：14, 15).

를 누리고 있었음은 물론 인근 도시들까지 통치하고 있었읍니다. 그것도 폼페이우스 마그누스(Pompeius Magnus) 때까지 거의 120년 동안이나 통치를 하였던 것입니다. 게다가 사방의 모든 왕들이 로마에 의해 정복당한 상황에서도 유독 유대인들만이 그 신실성으로 인해 우방과 친구로서 대우를 받았던 것입니다.

13. 아피온은 또 이와 같이 유대인을 비난하고 있읍니다: "유대인은 예술의 창시자(inventor of arts)나 뛰어난 현인(賢人) 등과 같은 위대한 인물이 없다." 아피온은 이같이 말하면서 소크라테스(Socrates), 제노(Zeno), 클레안테스(Cleanthes) 등과 같은 인물들을 열거한 후에 자기와 같은 시민이 있기 때문에 알렉산드리아 시는 행복한 도시라고 자화 자찬을 늘어놓고 있읍니다. 다른 사람이 보기에는 아피온이야말로 부도덕한 삶에다가 사악한 글까지 남긴 희대의 사기꾼임에도 불구하고 아피온은 스스로 자신의 공을 내세우며 자화 자찬하고 있으니 이보다 더 가관이 어디에 있읍니까? 따라서 만일 알렉산드리아 시가 아피온 같은 자를 시민으로 자랑스럽게 여긴다면 알렉산드리아 시야말로 불쌍하기 그지없는 도시입니다. 다른 나라의 사람들이 칭찬을 받는다면 우리 유대인들도 그에 못지 않게 칭찬을 받을 인물들이 많습니다. 유대 고대사(Antiquities)를 정독해 본 사람은 누구나 이같은 사실을 인정하지 않을 수가 없을 것입니다.

14. 이 밖에도 아피온이 기술한 것 가운데는 반박할 내용이 한두 가지가 아니나 그냥 지나치도록 하겠읍니다. 그냥 내버려두어도 아피온 자신이 스스로를 비난할 뿐 아니라 나머지 애굽인들을 비난하고 있기 때문입니다. 그러나 몇 가지 점만은 반드시 언급하고 지나가야 할 것 같습니다. 아피온은 유대인이 동물 제사를 드리는 것과 돼지고기 먹는 것을 피하는 것을 비난하고 있으며 은밀한 부분(privy members)에 할례를 하는 것을 조소하고 있읍니다. 제사 때 가축을 희생 제물로 바치는 풍습은 유대인뿐 아니라 다른 민족들도

공통적인 풍습입니다. 아피온은 동물 제사를 죄라고 언급함으로써 자신이 애굽인임을 스스로 증명하였읍니다. 왜냐하면 그가 (자기 주장대로) 헬라인이나 마게도니아인이었다면 동물 제사에 반감을 느끼지는 않았을 것이기 때문입니다. 헬라인들이나 마게도니아인들은 황소 100마리를 잡아 신들에게 제사드리며 절기를 지키기 때문입니다. 이같이 동물을 잡아 제사를 드린다 하더라도 아피온이 염려한 것처럼 동물이 이 세상에서 멸종되는 일은 없을 것입니다. 오히려 온 세상 사람들이 애굽의 풍습을 따른다면 세상은 온갖 짐승들로만 가득 찰 것이며 인간은 살기가 어려워질 것입니다. 짐승들을 신으로 생각하고 세심하게 기를 테니 어찌 세상이 짐승들로 가득 차지 않겠습니까?

한편 아피온에게 애굽인들 가운데서 누가 가장 지혜롭고 경건하냐고 묻는다면 그는 아마 제사장들이 그럴 것이라고 틀림없이 대답할 것입니다. 왜냐하면 애굽 왕들이 제사장들에게 신들에게 경배하는 일과 지혜와 철학을 관장하는 일을 맡겼다는 사실이 역사적으로 입증되고 있기 때문입니다. 그런데 이 제사장들은 모두 할례를 받고 있으며 돼지고기를 금하고 있는 것이 사실입니다. 다른 애굽인들은 제사장들을 도와 신에게 드리는 동물을 살해할 수가 없도록 되어 있는 것도 사실입니다. 이렇게 볼 때 아피온은 애굽인들을 옹호하기 위해 유대인들을 비난하는 데만 혈안이 되어 제정신을 차리지 못한 것이 너무나도 분명하게 드러나고 있읍니다. 아피온은 이같이 유대인을 비난하는 데만 정신이 팔려, 헤로도투스(Herodotus)에 의하면 할례를 다른 민족에게 가르쳐 준 것으로 되어 있는 애굽인들, 즉 자기 선조까지 비난하는 우를 범하고 만 것입니다. 어찌 되었든간에 아피온은 결과적으로 자기 민족의 법률을 비난한 죄로 그에 상응하는 벌을 받은 것이 아닌가 생각합니다. 아피온은 은밀한 부분에 생긴 종기 때문에 어쩔 수 없이 할례를 받는 자기 모순에 빠질 수밖에 없었읍니다. 그러나 이같은 할례도 그에게는 아무 효험이 없었읍니다. 따라서 그는 은밀한 부분이 곪아 말할 수 없는 고통을 겪다가 세상을 떠나고 말았읍니다. 선량한 사람들은 종교에 관한 자기 민족의 법률을 정확하게 준수하는 데만 힘을 써야 하며 남의 민족의 법률까지 비난하는 행동을 해서는 안 되는 것임에도 불구하고 아피온은 자기 나라의 법률을 어기고 유대인의 율법을 비난하고 거짓을 날조하다가 이같이 비참한 최후를 맞이한 것입니다. 이상으로 저자는 아피온에 관해서는 끝을 맺도록 하겠읍니다.

15. 한편 아폴로니우스 몰로(Apollonius Molo)와 리시마쿠스(Lysimachus)와 그 밖의 인물들이 유대의 율법 수여자인 모세와 유대 율법에 관하여 거짓을 날조하여 기술하였기 때문에 저자는 능력이 닿는 한도까지 유대국의 전체 통치 체제에 관해 약술할 필요성을 느끼게 되었읍니다. 그들은 무지(無知)에서 오는 이유도 있으나 주로 유대인에 대한 악의에서 모세와 유대 율법을 당치도 않게 비난하고 있읍니다. 그들은 모세를 사기꾼이요 협잡꾼으로 몰아세울 뿐 아니라 유대 율법은 덕(德)은 가르치지 않고 오직 사악만 가르치고 있다고 말도 안 되는 새빨간 거짓말만 늘어놓고 있읍니다. 따라서 저자는 유대국의 전체 통치 제도와 그 상세한 세목(細目)에 대하여 저자의 능력이 닿는 데까지 간단히 약술(略述)하도록 하겠읍니다. 저자의 글을 끝까지 읽게 되면 유대인에게 주어진 율법이 경건의 증진과 상호 교제의 친밀성과 인간을 사랑하는 박애 정신과 정의감은 물론 노동의 고귀함과 죽음을 두려워하지 않는 용기를 증진시키도록 만들어졌다는 사실을 분명히 깨닫게 될 것입니다. 그러므로 독자들은 나의 글을 아무런 편견도 가지지 말고 끝까지 정독해 주시기 바랍니다. 저자가 이 글을 쓰는 것은 유대인을 예찬하기 위해서가 아닙니다. 단지 유대인에 대한 가장 합당한 변증으로서 이 글을 기록하는 것입니다.

우리가 우리의 삶을 통제하는 규칙으로 받아들이고 있는 율법을 통해서 유대인에 대한 온갖 비난에 대해 올바른 변증을 시도하려는 것이 저자의 의도입니다. 더우기 아폴로니우스는 아피온과 달라서 처음부터 끝까지 온통 유대인에 대한 비난에만 열을 올리고 있읍니다. 그는 유대인을 무신론자(atheists)요 인간 증오자(man-haters)로 맹비난하고 있읍니다. 게다가 그는 우리를 용기가 없는 비겁한 자라고 마구 헐뜯다가도 어떤 때는 정반대로 유대인은 만용과 광기의 전형적인 민족이라고 비난하고 있읍니다. 또한 그는 유대인이 야만인 가운데 가장 약한 민족이기 때문에 인류의 생활에 하등의 유익도 못 끼친 유일한 국민이라고 입에 담지 못할 비난까지 서슴지 않고 있읍니다. 따라서 저자는 유대 율법을 살펴보게 되던 그의 이같은 비난이 순전한 거짓투성이라는 점이 명약 관화하게 드러날 것이라고 믿고 유대 율법을 약술할 시도를 하게 된 것입니다. 유대인의 율법은 아폴로니우스가 말한 것과는 정반대의 것을 명하고 있으며 유대인은 그 율법을 매우 세심하게 지키고 있다는 사실을 제시함으로써 저자는 그의 비난의 허위성을 입증할 계획입니다. 저자는 유대 율법과 정반대되는 다른 나라의 법률을 어쩔 수 없이 언급해야만 할 때도 있을 것입니다. 어찌 되었든간에 저자가 유대 율법의 개요를 독자들에게 간략히 제시한 후에는 유대인들에게는 훌륭한 율법이 없다느니, 아니면 그 율법을 잘 지키지 않는다느니 하는 소리는 없어질 것이라고 생각합니다.

16. 유대 율법의 개요를 살펴보기 전에 우선 다음과 같은 점을 살펴보는 것이 좋겠읍니다. 훌륭한 질서를 찬양하고 공통의 법(common laws) 아래 살면서 그 법을 타민족에게 소개하기를 원하는 민족들은, 자기들의 법이 인간성에 부합하는 면에 있어서나 온건성에 있어서 타민족의 법보다 우월하다고 주장하고 싶은 것이 인지상정입니다. 또한 자기들의 법이 가장 오래된 법임을 증명하기 위해 온갖 애를 쓰고 있는 것도 사실입니다. 그들은 자기들의 법이 타민족의 법을 모방한 것이 아니라 타민족들이 자기들의 법을 모방한 것이라는 점을 입증하기 위해 무진 애를 쓰고 있읍니다. 현 상황이 이와 같기 때문에 어느 민족의 율법 수여자가 탁월한가의 여부는 아래와 같은 점에서 그 승부가 결정지어진다고 저자는 생각합니다. 첫째, 그가 백성들의 삶에 얼마나 적절한 율법을 제공했는가? 둘째, 그가 백성들로 하여금 그 율법에 대해 얼마나 호감을 갖고 그 율법을 지키도록

설득할 수 있었는가? 세째, 그가 백성들로 하여금 순경이나 역경의 어떤 상황에서도 그 율법을 변경하지 못하도록 만들 수 있었는가 하는 세 가지 점에서 어느 민족의 율법 수여자(legislator)가 탁월한 가의 여부가 판가름 난다고 저자는 생각하고 있읍니다. 이 점에서 유대의 율법 수여자인 모세가 가장 뛰어난 율법 수여자라고 저자는 생각합니다.

한편 저자는 모세가 율법 수여자들 가운데서는 가장 고대(古代)의 율법 수여자라고 감히 주장할 수 있읍니다. 헬라인들이 존경하는 리쿠르구세스(Lycurguses)와 솔론(Solon)과 살류쿠스 로크렌세스(Zaleucus Locrenses) 및 그 밖의 율법 수여자들은 유대 율법 수여자인 모세와 비교해 보면 불과 얼마 전의 인물에 불과합니다. 따라서 고대의 헬라인들은 심지어는 율법(a law)이라는 말조차 들어보지 못했던 것이 사실입니다. 이 점은 호머(Homer)가 잘 증거해 주고 있읍니다. 호머는 그 많은 시 가운데서 단 한 번도 율법이란 용어를 사용한 적이 없읍니다. 이것은 물론 그 당시 헬라에는 율법이란 것이 없었으며 지혜로운 격언(wise maxims)과 왕들의 명령에 의해서 백성을 지배했기 때문입니다. 물론 이 불문 관습들(unwritten customs)이 그 상황에 따라 항시 변하기는 했어도 헬라인들이 주로 이 불문 관습들의 지배 하에서 오랫동안 살아온 것은 부인할 수 없는 역사적인 사실인 것입니다. 그러나 모세가 다른 민족의 율법 수여자들보다 훨씬 고대의 인물이라는 점은 유대인을 비난만 하는 자들까지도 솔직이 인정하고 있읍니다. 모세는 유대인들에게 최고의 통치자요 최고의 조언자(助言者)였으며 그의 율법 속에 유대인들의 전 행동 규범을 제시하였읍니다. 그는 또한 그 율법을 유대인들이 받아들여 시행하도록 만들었읍니다. 그것도 대강 율법을 지키는 것이 아니라 철두 철미하게 지키도록 만들었읍니다.

17. 그러면 우선 모세의 가장 위대한 첫번째 업적부터 살펴보도록 하겠읍니다. 모세의 가장 위대한 첫번째 업적이란, 우리 선조들이 애굽을 떠나 고향으로 돌아가려고 결심했을 때 수많은 백성들을

절망적인 고통 가운데서 구원해 내어 고향까지 무사히 인도해 낸 일을 뜻하는 것입니다. 그 일은 결코 쉬운 일이 아니었읍니다. 물 한 방울 나지 않는, 모래뿐인 사막을 가로질러야 했을 뿐 아니라 적들과도 전쟁을 해야 하는 험난한 여행길이었읍니다. 게다가 적들과의 전쟁 가운데서는 처자식들과 재산을 지켜야 하는 이중의 부담까지 지고 있었읍니다. 그러나 이런 모든 역경 가운데서도 모세는 뛰어난 군대 장관이었으며 현명하기 이를 데 없는 조언자(counsellor)였을 뿐 아니라 백성들을 진심으로 사랑하고 돌본 탁월한 지도자였읍니다. 게다가 모세는 온 백성들이 자기를 신뢰하게 만들었으며 그의 명령을 전적으로 순종하게 만들었읍니다. 통치자들은 권력을 장악하면 폭군(暴君)이 되어 백성들을 제멋대로 살도록 방치해두는 것이 통례임에도 불구하고, 모세는 권세를 자신의 사적인 유익을 위해서는 조금도 사용하지 않았읍니다.

모세는 그야말로 막강한 권세를 손에 넣게 되었을 때도 범인들과는 정반대로 경건에 힘썼을 뿐 아니라 백성들의 유익만을 생각하였던 것입니다. 모세는 이 길이 자신의 덕을 드러내는 최고의 방법이요 자신을 지배자로 선택해 준 백성들의 안전을 지켜 주는 최선의 방법이라고 생각한 것입니다. 모세가 이같이 훌륭한 결심을 갖고 최선의 결과와 뛰어난 업적을 남겼기 때문에 유대인이 그를 신적인 통치자요 조언자로 존경하는 것도 무리는 아닙니다. 모세는 자신이 먼저 하나님의 뜻에 맞추어 계획하고 행동하기로 스스로를 설득한[8] 후에 무엇보다도 백성들에게 이 점을 깊이 깨닫도록 하는 것이 급선무라고 생각하였읍니다. 하나님께서 인간의 모든 삶을 감찰하신다는 사실을 한 번 믿은 사람이라면 결코 어떤 죄도 짓지 않을 것이라고 생각했기 때문입니다. 이상이 모세의 성품입니다. 모세는 그의 비난자들의 말처럼 결코 사기꾼이나 협잡꾼이 아닙니다. 모세는 헬

---

8. 하나님의 뜻에 맞추어 모든 일을 하기로 모세가 "스스로를 설득했다"(persuaded himself)는 말은 하나님께서 보여 주신 많은 계시와 하나님의 능력으로 그가 행할 수 있었던 많은 기적에 의해 "확고한 확신을 갖게 되었다"(firmly persuaded) 혹은 "충분히 만족하게 되었다"(fully satisfied himself)는 뜻이다.

요세푸스

라인들이 자랑하는 미노스(Minos)와 그 후의 율법 수여자들과 같은 부류의 인물이지 결코 사기꾼이 아니란 말입니다.[9] 미노스는 자신의 율법이 델피(Delphi)에서의 아폴로(Apollo) 신의 계시와 신탁에 의한 것이라고 주장하고 있으며, 어떤 율법 수여자들은 그들의 율법이 쥬피터(Jupiter) 신의 계시에 의한 것이라고 말하고 있읍니다. 그들은 이렇게 신들의 계시를 받았다고 말해야 백성들이 쉽게 믿을 것 같으니까 이같이 말한 것이 분명합니다. 어찌 되었든지간에 이들의 율법과 유대 율법 중 어느 것이 최고의 율법이며 어느 것이 진짜 하나님의 계시에 의한 율법인가는 율법 자체를 비교해 볼 때 쉽게 판가름이 날 것입니다. 따라서 이제 우리는 본론으로 들어가야 하겠읍니다.

인류가 소유하고 있는 풍습들과 율법들 가운데는 상이점(相異點)들이 한두 가지가 아니지만 대략 아래와 같이 나누어 볼 수 있읍니다: 즉 왕정(王政, monarchy)과 과두정치(oligarchy)와 공화정(republican form)을 옹호하는 율법으로 대별(大別)해 볼 수 있읍니다. 그러나 모세는 이런 정치 형태에는 하등의 관심도 보이지 않고 엄격히 표현해 신정 정치(Theocracy)[10] 라는 정치 체제를 유대인의 정치 형태로 규정하였읍니다. 신정 정치(Theocracy)란 모든 권세와 능력을 하나님께 돌리는 정치 체제이며, 하나님을 인류 전반이나 한 개인이 향유하는 온갖 선(善)의 창조주이며 인간이 온갖 어려움 가운데서 기도로 획득할 수 있는 모든 은혜의 시혜자로 경배하는 정치 형태입니다. 또한 모세는 인간이 외적인 행동에 있어서나 내적인

---

9. 이방의 율법 수여자들이 신의 지시를 받았다고 주장하는 것처럼 모세도 신의 지시를 받아 율법을 수여한 인물이라는 뜻이다.

10. "모세가 유대인의 정치 형태를 신정 정치로 규정했다"는 표현은 병행 구절인 유대고대사 3권 8장 9절의 표현, "모세는 하나님께서 원하시면 제사에 임재하시고 원치 않으시면 제사에 임재하시지 않는 모든 권한을 하나님께만 돌렸다"라는 구절에 의해 그 의미 파악에 도움을 얻을 수가 있다. 이 같은 두 표현은 유대인이나 그리스도인의 귀에는 거슬리는 표현이 될 수도 있으나 요세푸스로서는 어쩔 수 없는 노릇이었다. 요세푸스는 진실을 곡해하지 않는 한도 내에서는 로마인들과 헬라인들의 개념과 용어에 맞추어 서술하려고 애를 쓸 수밖에 없었기 때문이다.

사고에 있어서 하나님 앞에서는 아무것도 숨길 수 없음을 유대인들에게 가르쳐 주었읍니다. 더우기 모세는 하나님을 아무에게서도 나지 않으셨으며(unbegotten), 변함이 없으시며(immutable), 영원하시며(through all eternity), 피조물로서는 도저히 상상할 수도 없을 정도로 아름다우시며(superior to all mortal conception in pulchritude), 능력으로서는 인간에게 알려질 수 있으나 본질로서는 인간에게 알려질 수 없는(though known to us by his power, yet unknown to us as to his essence) 분으로 제시하고 있읍니다.[11]

저자는 이러한 하나님에 대한 개념이 어떻게 헬라의 현인들의 신 관념이 되었으며 어떻게 그들이 모세의 신 개념과 같은 신 개념을 소유하게 되었는지는 설명할 능력이 없읍니다. 그러나 그들이 이 같은 신 개념이 정당하며 신의 본성과 엄위에 부합하는 신 개념이라는 점을 확신있게 증거하고 있는것 만큼은 사실입니다. 피타고라스(Pythagoras), 아낙사고라스(Anaxagoras), 플라톤(Plato), 그리고 스토아 철학자(the Stoic philosophers)들과 그 밖의 대부분의 헬라 현인들은 모세의 신에 대한 개념과 동얼한 신 개념을 가지고 있었읍니다. 그러나 이들은 많은 무리들이 이미 다른 관념들을 선입관으로 갖고 있는 것을 알고 있었기 때문에 소수에게만 그들의 신 개념을 가르쳤던 것입니다. 그러나 모든 일을 하나님의 뜻대로 행한 모세는 그의 당대의 유대인들에게만 이같은 신 개념을 가르친 것이 아니라 모든 후손들에게도 큰 영향을 끼쳤읍니다. 그의 영향이 얼마나 지대하였던지 그의 후손들은 그의 신 개념을 조금도 바꾸지 않고 그대로 받아들였읍니다. 유대 율법이 다른 민족의 율법보다 만인의 공익성(公益性)에서 장점을 보이고 있는 데는 그 나름대로의 이유가

---

11. 이 하나님의 속성에 관한 놀라운 묘사와, 하나님의 본질은 결코 알려질 수 없다는 주장과, 죽은 자의 부활과 분리된 영혼의 상태 등에 관한 요세푸스의 설명은 단순히 유대인이나 바리새인의 견해라기보다는 에센파(the Essenes) 혹은 에비온파 그리스도인(Ebionite Christians)의 고차원적인 관념인 것처럼 보인다. 또한 모세의 율법에 관한 요세푸스의 서술의 많은 부분은 구약에서의 직접적인 문자적 인용이라고 보기보다는 예수 그리스도로 말미암은 모세 율법에 관한 고차원적이고 발전적인 해석을 담고 있는 것처럼 보인다.

있읍니다.

그것은 다름이 아니라 모세가 종교(religion)를 덕의 일부분(a part of virtue)으로 보지 않고 오히려 덕을 종교의 일부분으로 보았기 때문입니다. 즉 정의(justice), 용기(fortitude), 절제(temperance), 그리고 공동체의 일원 상호간의 일체감(a universal agreement of the members of the community with one another) 같은 덕목을 종교의 일부로 본 것입니다. (모세의 말에 따르면) 인간의 모든 행동과 말과 학문은 하나님께 대한 경건(신앙)과 관련이 있읍니다. 모세는 인간의 행동과 말과 학문을 언급할 때 모호하게 남겨두지 않았읍니다. 모세는 학문이나 윤리적 행동을 습득하는 길에는 두 가지 방법 즉 말로 하는 가르침과 실천의 방법이 있다고 분명히 설파하였읍니다. 그러나 다른 율법 수여자들은 이 두 방법을 분리하여 한 방법은 선택하고 나머지 방법은 무시하는 우(愚)를 범하였읍니다. 예를 들면, 라케데모니아인들(the Lacedemonians)과 크레타인들(the Cretans)은 교육 방법으로 실천(practical exercise)만을 강조하고 말로 하는 가르침은 무시하였으며, 아테네인들(the Athenians)과 그 밖의 다른 헬라인들은 지킬 수 없는 법을 만듦으로써 실천의 문제는 경솔히 다루었읍니다.

18. 그러나 유대의 율법 수여자인 모세는 이 두 교육 방법을 세심하게 결합시켰읍니다. 그는 말로 율법을 가르치지 않은 채 율법만 시행하라고 강요하지도 않았을 뿐 아니라 율법을 듣기만 하고 실행에 옮기지 않는 것도 용납하지 않았읍니다. 모세는 유대인이 태어나면서부터 자기 멋대로 행동할 수 있는 여지는 조금도 남겨 놓지 않았읍니다. 그는 식사 문제에 이르기까지 아무리 사소한 것도 제 멋대로 하지 못하도록 미리 율법으로 규정하였던 것입니다. 모세는 어떤 음식은 피해야 하고 어떤 음식은 먹을 수 있는지를 율법으로 확고하게 규정해 놓았읍니다. 그뿐 아니라 모세는 유대인이 이웃과 어떤 인간 관계를 맺어야 하는가에 관해서도 율법으로 규정하였읍니다. 모세는 또한 유대인 각자가 맡은 일에 최선을 다할 것을

강조하는 한편 언제 노동에서부터 안식을 취해야 할 것인가까지도 세심하게 율법에서 다루었읍니다. 따라서 유대인은 이 모세의 율법 아래서 살면 마치 부친이나 스승 밑에서 사는 것과 같아서 무지(無知)에 의해서나 고의(voluntary)에 의해서나를 막론하고 죄를 지을 수가 없도록 되어 있읍니다. 모세는 알지 못해서 죄를 지었다고 하더라도 벌을 면할 수 없다고 했읍니다.

모세는 율법이 온 백성의 가장 필수적이고 가장 으뜸가는 교육임을 강조하고, 율법을 배우기 위해서는 생업까지도 중단하고 한자리에 모여서 율법을 듣고 정확히 배우도록 하라고 율법으로 성문화(成文化)시킨 것입니다. 그것도 한두 번이 아니라 매주마다 한 번씩 모여 율법을 배우도록 한 것입니다. 이 점은 다른 모든 율법 수여자들이 등한히 여긴 것입니다.

19. 사실 대부분의 인류는 자신이 잘 알지도 못하는 법률(율법)에 따라 세상을 살아가고 있읍니다. 흔히 죄를 범하고 난 후에야 비로소 다른 사람을 통해 자신이 죄를 지은 줄 깨닫게 되는 것입니다. 정부의 주요 고위직에 있는 자들도 법률을 잘 모르기 때문에 그 사실을 인정하고, 법률에 조예가 있다는 자들을 관리로 채용하여 공무(公務)를 집행하고 있는 것이 현실입니다. 그러나 유대인은 율법에 대해 질문을 받으면 자기 이름을 대는 것보다 쉽게 대답을 하는 것을 볼 수 있을 것입니다. 이것은 유대인이 지각이 생기면 곧바로 율법을 배우기 시작하여 마치 조각하듯이 마음판에 그 율법을 새기기 때문에 나타난 결과입니다. 따라서 유대인 중 율법을 어기는 자는 극히 드뭅니다. 왜냐하면 율법을 범한 자는 처벌을 면할 수가 없기 때문입니다.

20. 유대인들의 마음이 완전히 혼연 일체가 되는 것은 다 여기에서 연유한 것입니다. 하나님에 대한 개념은 물론 삶의 방식과 행동에 관하여서도 완전한 일치를 보이고 있기 때문에 유대인은 세계 어느 곳에 흩어져 산다 하더라도 삶의 방식이 완전히 동일합니다. 유

대인을 제외한 다른 민족은 서로 신 개념이 다르기 때문에 같은 민족끼리도 신에 대한 이야기를 꺼리는 것을 주위에서 흔히 볼 수 있읍니다. 평범한 일반 백성들도 각기 받은 영향이 다르기 때문에 서로 상이한 신 개념을 가지고 있으며 일부 철학자들은 도저히 서로 조화가 될 수 없을 정도로 극단에 치우친 신 개념에 몰두하고 있는 것을 볼 수가 있읍니다. 따라서 어떤 철학자들은 신성을 완전히 제거하는 용어들을 사용하며 일부 철학자들은 인간을 다스리시는 신의 섭리를 제외해 버리기까지 합니다.

한편 유대인들은 신 개념에서 뿐 아니라 인간의 행동에 관해서도 완전한 의견의 일치를 보이고 있읍니다. 유대인의 삶의 방식은 오직 한 가지입니다. 유대인은 율법에 일치하도록 생각하기 때문에 하나님에 관해서도 이런저런 이견(異見)을 볼 수가 없읍니다. 유대인 모두는 하나님이 만물을 감찰하시는 분임을 인정하고 있읍니다. 게다가 유대인은 인간의 모든 행동은 하나님을 향한 경건이 최후의 목적이어야 한다는 삶의 철학을 가지고 있읍니다. 이같은 삶의 철학은 심지어 유대인 부녀자들과 종들 가운데서도 들을 수 있읍니다.

21. 유대인 가운데 독창적인 사고 방식의 창시자나 위대한 사상가가 없다는 비난도 실은 다 여기에서 연유한 것입니다. 유대인을 이같이 비난하는 자들은 조상 전래의 전통을 깨고 독창적인 새로운 것을 창조해 내는 것을 선(善)이요 최고의 지성의 표본으로 간주하는 반면에, 우리 유대인들은 최초의 율법에 반대되는 행동이나 사상은 절대로 용납하지 않는 것을 지혜와 덕으로 여기고 있읍니다. 사실상 유대인들이 이같이 생각하는 것은 유대 율법이 처음부터 얼마나 멋지게 만들어졌는가를 보여주는 단적인 증거입니다. 자꾸 개정(改正)을 해야 할 필요가 있다면 그것이 바로 처음부터 잘못 만들어진 법이라는 증거가 아니고 무엇이겠읍니까?

22. 유대 율법이 하나님의 뜻에 맞게 제정된 법임을 우리가 인정한다면 그 법을 끝까지 준수하는 것이 경건(piety)이 아니겠읍니까?

율법이 하나님의 뜻임을 인정하면서 어떻게 그 법을 개정할 수 있 겠습니까? 또한 어떻게 그 율법보다 더 나은 법을 창안해 낼 수 있 으며 다른 민족의 법에서 장점을 취할 수 있겠습니까? 만일 이렇 게 하려고 한다면 그것은 바로 유대의 전 통치 체제를 변경시키는 일이 될 것입니다. 유대 율법이 하나님을 우주의 통치자로 인정하 고 있고, 일반 제사장들을 공무의 집행자로 임명하고, 대제사장을 제사장들의 감독관으로 임명하고 있는 것이 사실이라면 이 율법보 다 더 좋고 더 의로운 법을 어디서 만들어 낼 수 있겠습니까? 모세 는 공무(公務)의 집행자인 제사장들을 처음 임명할 때 재산이나 부 (富)나 물질을 보고 제사장이라는 직위를 준 것이 아니라, 백성들 을 압도하는 설득력과 품위 있는 처신의 여부를 보고 결정한 것입니 다. 제사장들의 임무는 율법을 관리하고 백성들이 율법을 지키도록 감독하는 일이기 때문에 설득력과 품위가 있어야만 했던 것입니다. 제사장들은 모든 일을 감독하고 까다로운 분쟁을 심판하며 죄인을 처벌하는 일을 담당하였습니다.

23. 그렇다면, 이보다 더 거룩한 정치 체제(form of government) 가 어디 있을 수 있겠습니까? 제사장들이 특별히 종교의 업무를 관 장하지만 전체 백성이 종교를 최대의 관심사로 생각하는 유대인의 제사 방식보다 더 가치 있는 제사가 어디에 있는지 한 번 생각해 보 십시오. 전체의 통치 체제가 종교적 공동체인 것처럼 조직되어 있 는 이 같은 정치 형태보다 더 신성한 정치 체제가 있을 수 있겠습니 까? 이방인들은 몇 안 되는 절기들을 지키면서도 단 수일간을 제 대로 엄수하지 못해 절기들을 신비 의식(Mysteries)이니 거룩한 예식 (Sacred Ceremonies)이니 하면서 아우성을 치지만, 우리 유대인은 전인생을 마치 절기처럼 큰 기쁨과 확고한 결의를 가지고 거룩하게 살아가고 있습니다. 그러면 율법이 유대인에게 명하고 있는 것과 금 하고 있는 것은 무엇이겠습니까? 그것은 누구라도 금방 쉽게 알 수 있습니다.

첫번째 계명은 하나님에 관한 계명으로서 아래와 같은 내용을 담

고 있읍니다: "하나님은 만물을 포함하시며, 절대적으로 완전하시며, 행복하시며, 자충족(自充足)하시며, 만물을 공급하신다. 하나님은 만물의 처음이요 중간이요 나중이시다. 하나님은 하시는 일과 그 베푸시는 은혜가 뛰어나시며, 만물보다 월등히 크신 분이시다. 그러나 하나님의 크기나 형태에 관해서는 도저히 알 길이 없는 분이시다. 따라서 아무리 값비싼 물질이라 하더라도 물질(material)로는 하나님의 형상을 나타내기가 부적절하다. 따라서 어떤 예술로도 하나님에 대한 개념을 올바로 표현할 수 없다. 그러므로 이 세상 것으로는 하나님의 모습을 올바로 볼 수도 없고 생각할 수도 없다. 그리하여 하나님의 형상을 만들려고 하는 것은 경건과는 거리가 먼 것이다. 하나님은 빛과 하늘과 땅과 해와 달과 물과 동물들과 식물들을 만드셨다. 하나님은 이것들을 손으로 힘들여서 만들지 않으셨다. 그렇다고 누구의 도움을 받은 것도 아니다. 하나님께서 이것들을 만들기로 의도하시자 곧 이것들이 만들어졌다. 그리고 만물이 선(善)할 것을 원하시자 즉시에 선해졌다. 따라서 모든 인간은 이 하나님을 따라야 하며, 덕을 행함으로써 그분에게 경배해야 한다. 삶 속에서 덕을 행하는 제사가 가장 거룩한 제사 방식이기 때문이다."

24. "한 하나님을 섬겨야 하기 때문에 성전도 또한 하나여야 한다. 유일성이 일치를 이루는 기본이기 때문이다. 이 성전은 만인의 성전이어야 한다. 왜냐하면 하나님이 만인의 하나님이시기 때문이다. 제사장들은 하나님께 제사드리는 일에 늘 종사하여야 한다. 제사장들 가운데서 장손이 항상 대제사장으로서 전체 제사장들을 지도한다. 대제사장은 제사장들을 거느리고 하나님께 제사드리는 일과 율법 준수를 감독하는 일과 분쟁을 재판하는 일과 범죄자를 처벌하는 일을 담당한다. 따라서 대제사장에게 복종하지 않는 자는 하나님께 불복하는 자와 마찬가지로 처벌한다. 제사장은 하나님께 제사를 드릴 때 과음 과식하여 취한 상태에서 제사를 드려서는 안 된다. 이같이 과음 과식하는 것은 하나님의 뜻에 어긋나는 것이며 불

아피온 반박문 2권

법과 사치의 원인이 되는 것이다. 제사를 드릴 때는 다른 일을 할 때처럼 온전하고 맑은 정신으로 해야 하며, 다른 이들보다 더 절제해야 한다. 제사를 드릴 때, 유대인은 공공의 복리를 위해 먼저 기도해야 하며, 그 다음에 자신을 위해 기도해야 한다. 유대인은 상호간의 교제를 위해 지음을 받았기 때문이다. 게다가 자신의 유익보다는 공동의 선을 앞세우는 자가 하나님께 합당한 자이기 때문이다.

하나님께 기도하고 간청할 때는 겸손하게 해야 한다. (하나님께서 이미 자발적으로 은혜를 베푸시고 모든 이에게 그것을 알게 하셨으므로) 하나님께 선한 것을 달라고만 기도할 것이 아니라, 이미 하나님이 베푸신 은혜를 제대로 받고 은혜를 받은 후에는 그것을 제대로 보존할 수 있도록 해달라고 기도해야 한다.' 이 외에도 율법은 제사드릴 때에 시행되는 여러 가지 결례들(purifications)을 규정하고 있읍니다. 장례식 후 몸을 정결하게 하는 법과 아내와 동침한 후 몸을 깨끗하게 하는 법과 기타 여러 가지 이유로 불결해진 몸을 정결하게 하는 법을 율법은 세세하게 규정하고 있읍니다. 이상이 유대인이 생활 가운데 실천해야 할 하나님과 제사에 관한 율법입니다.

25. 그러면 이제 결혼에 관한 유대 율법을 살펴보는 것이 좋겠읍니다. 유대 율법은 자연이 지정한 두 성의 결합, 즉 한 남자와 한 여자의 결합 외의 다른 결합은 결혼으로 인정하지 않고 있읍니다. 게다가 이 같은 결혼은 자녀의 생산이 그 유일한 목적입니다. 따라서 유대 율법은 남자와 남자의 결합은 매우 증오하고 있읍니다. 만일 이와 같은 일을 행하는 자가 있으면 사형을 당하도록 유대 율법은 처벌 규정을 두고 있읍니다. 또한 결혼을 할 때는 여자의 지참금에 신경을 쓰지 말 것과 여자를 폭력으로 취하지 말 것을 명하는 한편 사악한 방법으로 여자를 속이지 말 것을 지시하고 있읍니다. 그리고 일단 결혼을 하면 여자는 남자의 수중에 들어가는 것임을 인정하고 있읍니다. 이것은 성서가 "아내는 모든 점에서 남편보다 못하다"(A woman is inferior to her husband in all things)고 직접

171

적으로 언급하고 있기 때문입니다.[12] 그러므로 유대 율법은 부인이 남편에게 순종할 것을 명하고 있읍니다. 이것은 남편이 아내를 학대해도 좋다는 뜻은 아닙니다. 단지 아내가 남편에 대한 의무를 충실히 이행해야 한다는 뜻입니다. 아내가 남편에게 순종해야 하는 것은 하나님이 남편에게 권위를 부여했기 때문입니다. 따라서 남편은 결혼한 아내와만 잠자리를 같이 해야 하는 것입니다. 그러므로 남의 아내와 동침하는 것은 사악한 일입니다. 유대 율법은 이를 범하는 자들에게는 사형을 선고하고 있읍니다.

다른 남자와 약혼한 처녀를 강탈하는 자나 남의 아내를 유혹하는 자도 이같은 형벌을 면할 수가 없읍니다. 더우기 유대 율법은 모든 자녀를 충실히 양육할 것을 명하고 있을 뿐 아니라 낙태(abortion)나 영아 살해를 금하고 있읍니다. 이 같은 율법을 범한 여자는 인간의 생명을 해치고 인류의 수를 감소시킨 살인자로 낙인이 찍히는 것입니다. 결국 사통(fornication)을 한 자나 살인을 한 자는 결코 깨끗해질 수가 없읍니다. 또한 율법은 남편과 아내가 정상적으로 동침을 한 후에는 모두 목욕할 것을 명하고 있읍니다. 동침으로 인해 영혼과 몸이 모두 불결해졌기 때문입니다. 마치 유대인이 외국에 가면 몸이 불결해지듯이 동침으로 인해 불결해진 것으로 보는 것입니다. 영혼은 육신과 연합되어 있기 때문에 어쩔 수 없이 육신처럼 불결을 면하기 어려운 것이며 죽기 전에는 이런 불결에서 해방되기 어려운 것입니다. 따라서 율법은 철저하게 정결을 유지할 것을 요구하는 것입니다.

26. 유대 율법은 자녀들의 생일에 큰 잔치를 베풀고 지나치게 과음하는 것을 허용치 않고 있읍니다. 최초의 자녀 교육부터 술 취하지 않은 제정신으로 해야 함을 강조하고 있읍니다. 유대 율법은 부모들에게 자녀를 가르칠 것을 명하고 있읍니다. 자녀들에게 율법을 가르치고 올바르게 실천할 수 있도록 감독할 것은 물론 위대한 선

---

12. 이 같은 구절은 현재 남아 있는 구약 성경 사본들에서는 어디에서도 찾아볼 수가 없다.

조들의 행적을 가르쳐 모방할 수 있도록 교육할 것을 요구하고 있
읍니다. 자녀들을 아주 어려서부터 율법으로 양육하여 율법을 범하
지 않도록 할 것은 물론 몰라서 죄를 범하는 일이 일어나지 않도록
엄히 명하고 있는 것입니다.

27. 유대 율법은 죽은 자를 후하게 장사지내도록 명하고 있읍니
다. 그러나 지나치게 화려한 장례식을 치른다거나 기념비를 세우는
일은 하지 않도록 금하고 있읍니다. 단지 가까운 친척들이 장례식
을 치르되 지나가던 길손들은 장례식에 참예하여 함께 애도할 것을
명하고 있을 뿐입니다. 장례식이 끝나면 집과 그 집에 거하는 사람
들은 모두 정결해지는 예식을 가질 것을 명하고 있읍니다. 이것은
인간이란 결코 정결한 존재가 아니라는 점을 누구나 깨닫도록 하기
위한 조치입니다.

28. 또한 유대 율법은 하나님 다음으로 부모에게 공경할 것을 가
르치고 있읍니다. 따라서 부모에게 받은 은혜에 보답을 소홀히 하
는 자녀들은 돌로 쳐죽일 것을 명하고 있읍니다. 게다가 율법은 하
나님이 만물의 가장 큰 어른이시므로(God is the eldest of all be-
ings) 젊은이는 어른에게 마땅히 공경을 표시해야 한다고 규정하고
있읍니다. 더우기 율법은 진정한 친구끼리는 서로 숨기는 것이 없
어야 한다고 가르치고 있는데 모든 것을 믿고 신뢰하지 못하는 사
이라면 진정한 친구로 볼 수 없다는 논리입니다. 그러므로 친구 사
이에 어쩌다가 적대감이 생긴다 하더라도 율법은 비밀을 지킬 것을
요구하고 있읍니다. 또한 재판관이 뇌물을 받았을 경우는 사형에 처
할 것을 규정하고 있읍니다. 재판관이 도움을 베풀 수 있음에도 불
구하고 간청하는 자의 청원을 들어주지 않으면 그것도 죄가 된다고
율법은 말하고 있읍니다. 남이 믿고 정식으로 맡기지 않은 물건은
분실해도 되돌려 줄 필요가 없다고 율법은 규정하고 있읍니다. 이 외
에도 율법은 남의 물건을 훔치지 말 것과 남에게 돈을 빌려 준 자는
이자로 고리 대금을 받지 말 것을 요구하고 있읍니다. 이상과 같은

요세푸스

율법들이 유대 사회의 구성원들을 하나로 연결하는 규칙들입니다.

29. 이제 모세가 유대인들이 이방인과 교제할 때에 얼마나 평등의 정신을 갖기 원했는가 살펴보는 것이 좋겠습니다. 모세는 유대인 고유의 정치 체제를 무너뜨리지 않으면서도 유대인과 교제하기를 원하는 자들에게 소외감을 느끼지 않도록 하기 위해 최선(最善)의 제도적 장치를 마련해 놓았습니다. 모세는 유대 율법을 준수하기를 원하는 자들에게 얼마든지 그렇게 할 수 있는 여건을 만들어 놓았습니다. 그것도 매우 우호적인 태도로 이방인들이 들어올 여지를 마련해 놓은 것입니다. 모세는 유대 민족뿐 아니라 유대인과 동일한 삶의 방식으로 살아가기를 원하는 자들까지 포함시켜야 진정한 연합(a true union)이라고 생각한 것입니다. 그러나 그렇다고 해서 우연한 기회로 유대를 방문한 자들까지 유대인과 참된 교제를 나누도록 허락한 것은 아닙니다.

30. 그러나 모세는 이런 자들에게도 최소한의 필수품을 제공하도록 규정하였습니다. 모세는 누구든지 원하는 자가 있을 때는 불과 물과 음식은 어떤 경우라도 공급해 주어야 한다고 명하였습니다. 게다가 누가 길을 묻더라도 길을 가르쳐 주는 일을 거부해서는 안 되며, 누구의 시체라도 땅 위에 뒹굴도록 방치해서는 안 된다고 지시하였습니다. 모세는 심지어 적들에게까지도 관용을 베풀 것을 요구하고 있습니다. 그는 적국에도 방화하는 것을 허용하지 않았을 뿐 아니라 적의 유실수(有實樹)를 베는 것도 허락하지 않았습니다. 전사한 적의 몸을 노략질하는 것을 금한 것은 물론 적의 포로를 다룰 때도 몸을 상하게 하지 못하게 했습니다. 특별히 포로로 잡힌 부녀자들을 능욕하는 일이 없도록 엄히 명하였습니다. 모세는 유대인에게 참된 인간성과 아량을 효과적으로 가르치기 위해 짐승들도 함부로 대하지 못하도록 지시하였습니다. 모세는 짐승들도 그 용도 이상의 일을 시키는 등의 학대를 하지 못하도록 금하였습니다. 짐승들이 집 안으로 뛰어들어와 도움을 청하였을 때에는 살해하지 말라고 명하

였읍니다. 게다가 어미와 새끼를 한꺼번에 죽이지 못하도록 하였
읍니다. 그리하여 유대인은 적대 국가에서도 인간을 위해 노동력을
제공하는 짐승들은 죽이지 말고 살려 주도록 되어 있읍니다. 모세는
이같은 율법으로 유대인을 교육함으로써 매사에 공정하게 행동할 수
있도록 가르친 것입니다. 또한 모세는 이같은 율법을 어기는 자들은
이유 여하를 막론하고 처벌을 받도록 규정하였읍니다.

31. 유대 율법에서는 많은 범죄들이 사형으로 처벌되고 있읍니다.
간음한 죄, 처녀를 농락한 죄, 남색을 요구한 죄, 남색을 허락한 죄
등이 사형으로 다스려지고 있는 것처럼 많은 범죄가 사형으로 처벌
되고 있읍니다. 이 밖에도 노예들에 관한 규정이 있는데, 이 규정
을 어겨도 처벌을 면할 길이 없읍니다. 치수나 무게를 속인 자나 사
기나 바가지를 씌운 자도 처벌을 면할 수 없으며 남의 물건을 훔친
자도 그에 해당하는 처벌이 있읍니다. 이런 모든 범죄에는 각기 그
에 해당하는 형벌이 있는데 다른 나라와 비교해 볼 때 그 형벌이 훨
씬 무겁습니다.

  부모님이나 하나님께 불경한 짓을 하려고 했던 자는 비록 미수로
그쳤다 하더라도 즉시 사형에 처하도록 되어 있읍니다. 그러나 율
법대로 살았다고 해서 은이나 금 같은 상을 받는 것은 아닙니다. 물
론 월계수 화관을 받는 것도 아니며 어떤 공적인 표창을 받는 것은
더욱 아닙니다. 그러나 율법대로 행한 선인(善人)은 자신의 양심이
스스로의 상급이 되는 것이며, 하나님께서 상을 주시겠다고 한 약
속을 모세의 예언에 의해서나 하나님 자신의 확약에 의해서 굳게 믿
는 것입니다. 비록 당장은 율법을 지키려다가 목숨을 잃는 한이 있
더라도 율법을 지키게 되면 후에 다시 새로운 존재로 태어나서 이
생보다 더 복된 삶을 누리게 될 것이라는 사실을 확신하고 있는 것
입니다. 여기서 저자는 한 가지 꼭 지적하고 넘어가고 싶은 것이 있
읍니다. 즉 유대인들이 이같은 확신 때문에 율법을 비난하는 말을
하기보다는 용감하게 온갖 고통을 당하는 편을 택했다는 사실을 지
적하고 싶은 것입니다. 물론 이 같은 사실은 이미 다 아는 사실이기

때문에 저자가 굳이 언급하지 않아도 다 알고 있으리라고 믿고 있읍니다.

32. 비록 유대국이 있는 그대로 모든 사람들에게 철저히 알려지지 않았다 하더라도, 그리고 유대인이 율법을 자발적으로 순종하는 것이 명백하게 알려지지 않았다 하더라도, 누군가가 유대 율법을 아는 체 하여 헬라인들에게 율법을 읽어주거나, 세상 끝에 있는 유대인이 그 율법을 철저히 지키면서 하나님에 대해 거룩한 개념을 갖고 있는 것을 목격했다고 한다면, 모든 사람들은 유대 율법을 존경했을 것임이 분명하다고 저자는 자신있게 말할 수 있읍니다. 그뿐 아니라 헬라인들은 자신들이 율법을 자주 바꾸는 것을 되돌아 보며 유대 율법에 경의를 표했을 것이며, 누군가가 유대 율법과 같은 정치 체제와 법률을 담은 법을 만들려고 시도한다면 불가능한 것을 시도하는 어리석은 자로 인정했을 것입니다.

여기서 저자는 이 같은 시도를 한 일부 철학자들의 이름을 굳이 언급하고 싶지는 않습니다. 그러나 신중함과 설득력에 있어서 타의 추종을 불허한다는 이유로 헬라인들의 존경을 한몸에 받고 있는 플라톤(Plato)도 정치 체제에 조예가 깊은 자들이 보기에는 웃음거리와 조롱거리밖에 안 된다는 점은 꼭 밝히고 넘어가야겠읍니다. 물론 그의 저서에서 인류의 보편적인 아량과 관대함을 가르침에는 얻을 것이 전혀 없는 것은 아닙니다. 플라톤이 무지한 군중들 사이에서 신에 대한 참된 개념을 책으로 출판하는 것은 사실상 그리 현명한 일이 못 된다고 솔직히 토로한 바를 모르는 것은 아니지만 플라톤의 글은 일부 인사들의 말대로, 겉보기만 웅장한 말장난에 불과합니다. 그리하여 그들은 리쿠르구스(Lycurgus)를 최고의 율법 수여자로 숭앙하고 있으며, 그의 율법을 가장 오랫동안 지켜 온 스파르타(Sparta)인들을 존중하고 있는 것입니다. 우리는 모두 법률에 순종하는 것이 미덕의 표시라는 고백[13]을 익히 들어 알고 있읍니다.

---

13. 여기서 "철학보다 법률을 선호하게"된 위대한 철학자 키케로(Cicero)의 저 유명한 말을 놓쳐서는 안 된다고 생각한다. "비록 온 세상이 내 말에 거부

여기서 저자는 한 가지 제안하고 싶은 것이 있습니다. 율법을 오랫동안 지켜 온 것을 숭앙하는 자들은 라케데모니아인들(Lacedemonians)이 그 율법을 지킨 기간과 유대인들이 무려 2,000년 동안 유대 율법을 지켜 온 기간을 한번 비교해 보십시오. 어디 비교가 됩니까? 게다가 아래와 같은 점을 잊어서는 안 될 것입니다. 라케데모니아인들은 자유와 번영을 누릴 때는 그들의 법을 정확히 지켰는지는 모르나 역경을 만났을 때는 그 법을 거의 잊어버렸던 것이 사실입니다. 그러나 우리 유대인들은 아시아(Asia) 대제국의 왕들의 판도가 바뀔 때마다 수만 번 더 곤욕을 치렀음에도 불구하고 단 한 번도 유대 율법을 어긴 적이 없읍니다. 물론 게으르나 생계에 대한 염려에서 율법을 어긴 적은 더구나 없읍니다. 역사를 상세히 살펴보면 유대인들이 당한 고통이나 노고는 라케데모니아인들과는 상대가 안 될 정도로 컸음을 알 수가 있읍니다. 라케데모니아인들은 땅을 경작하는 노동을 하거나 상업에 종사하는 노그를 전혀 하지 않고 도시 안에서 온갖 풍요를 누리며 체력을 단련하는 운동에만 전념하였읍니다. 그들은 생활 필수품을 생산하는 일은 노예를 부렸으며 음식을 장만하는 일까지 남을 시켰읍니다. 그들은 이같은 일들은 노예를 시키고 오직 무술 훈련에만 열중하여 대항하는 적들을 이길 생각에만 사로잡혀 있었읍니다. 그럼에도 불구하고 라케데모니아인들은 그들의 율법을 지키지 않았으며 그것도 한두 사람이 안 지킨 정도가 아니라 많은 무리들이 율법을 지키지 않았던 것입니다. 그러다가 결국은 무기를 들고 적에게 항복하고 말았읍니다.

33. 그러나 유대인들은 결코 한둘 이상의 많은 무리들이 한꺼번에 율법을 어긴 적인 없었다고 저자는 감히 말할 수 있읍니다. 유대인은 율법을 범했다가는 사형에 처해질까 두려워 함부로 율법을

감을 느낀다 하더라도 나는 나의 의견을 담대히 말하고 싶다. 나는 철학자들의 책 전부보다 이 12동판법(the Twelve Tables)의 소책자를 더 좋아한다. 나는 이 소책자가 철학자들의 책 전부보다 더 무게가 있을 뿐 아니라 훨씬 더 유용하다는 사실을 발견하였다"-웅변에 관하여(*De Oratore*)

어기지 못하고 있읍니다. 이에 비교하면 전쟁터에서 전사하는 죽음은 비교적 쉬운 죽음입니다. 율법을 범한 데 대한 처벌로 당하는 죽음은 무서운 육체적 고통이 수반되는 죽음으로 세상에서 가장 비참한 죽음이라고 할 수가 있읍니다. 유대국을 정복한 자들이 과거에 유대인을 이같이 비참한 방법으로 처형한 적이 있었읍니다. 그들이 유대인을 이같이 처형한 것은 유대인을 증오했기 때문이 아니라 단지 유대인이 도저히 믿지 못할 일을 해내는 것을 눈으로 확인하고 싶었기 때문입니다. 즉, 율법에 반대되는 말을 입 밖에 내는 것보다 더 큰 악은 없다고 생각하여 온갖 고문과 죽음 앞에서도 끝까지 견뎌 내는 유대인의 용기를 실제 눈으로 확인하고 싶었던 것입니다. 그러나 우리 유대인이 다른 민족보다 율법을 위해 기꺼이 죽음을 택한다고 해서 그리 놀랄것은 못 된다고 생각합니다. 왜냐하면 유대인은 이 밖에도 다른 민족들이 쉽게 지키지 못하는 많은 규정들을 쉽게 지키고 있기 때문입니다.

유대인은 손수 손으로 일을 열심히 할 뿐 아니라 음식도 자기가 먹고 싶은 대로 함부로 먹지 않고 모세 율법의 규정을 잘 지키고 있읍니다. 게다가 아내와의 부부 생활에서 지켜야 할 규정이라든지 재산에 관한 규정이라든지, 안식일에 관한 까다로운 규정들을 잘 지키고 있읍니다. 그러나 아무리 전쟁 능력이 뛰어나고 연전 연승하는 막강한 민족이라 하더라도 같은 율법을 지키라고 하면 제대로 지킬 수 있는 민족은 하나도 없을 것입니다. 유대인들은 이같이 힘든 율법을 자발적으로 늘 순종하는 데 익숙해 있기 때문에 죽음 앞에서 두려워하지 않고 율법을 지킬 수 있는 것입니다. 따라서 이를 보고 타민족 사람들이 놀랄 필요는 없읍니다.

34. 그럼에도 불구하고 리시마쿠스 추종자들(the Lysimachi)과 몰로 추종자들(the Molones)과 기타 저술가들은 유대인이 인류 가운데서 가장 사악한 자들이라고 비난하고 있읍니다. 사실상 그들은 어중이떠중이 궤변가들이며 젊은 청년들을 기만하는 사기꾼들입니다. 저자는 여기서 타민족의 율법을 거론하고 싶은 생각은 없읍니다. 유

대인은 유대 율법을 지키는 데만 신경을 쓰며 타민족의 율법을 비난하는 일은 삼가는 것을 미덕으로 삼고 있기 때문입니다. 따라서 유대 율법 수여자인 모세도 타민족이 섬기는 신들을 조소하거나 비난하지 말 것을 명백히 언급하였던 것입니다. 모세는 그들이 믿는 신도 신(God)이라는 이름이 붙은 이상 함부로 비난하지 말 것을 명한 것입니다. 그러나 우리의 적들이 유대인의 종교와 자기들의 종교를 비교한 이상 도저히 그냥 지나칠 수 없기 때문에 몇 가지 언급하고 지나가야겠읍니다.

특히 저자가 이들을 논박하는 내용은 저자가 처음으로 이야기하는 것이 아니라 이미 저명한 인물들이 여러 번 지적했던 내용입니다. 헬라인들이 현인으로 숭앙하는 위대한 인물들 가운데 이들의 신 개념을 비난하지 않은 사람은 단 한 사람도 없을 정도입니다. 이 헬라 현인들은 백성들 가운데 어리석기 짝이 없는 신 개념을 유포한 유명한 시인인 동시에 율법 수여자들인 그들을 맹렬히 비난했던 것입니다. 그들은 진정 어리석기 짝이 없는 신 개념을 만들어 냈읍니다. 그들은 마음에 생각해 낼 수 있는 신의 종류만큼이나 많은 신을 만들었으며 신들이 서로 출생하여 여러 친척 관계를 맺은 것으로 만들어 놓았읍니다. 게다가 그들은 신들을 각종 동물을 구분하듯이 거주 장소와 생활 방식의 차이에 따라 구분을 지었읍니다. 그리하여 어떤 신은 지하에, 어떤 신은 지상에, 어떤 신은 바다에 거주하는 신으로 분류해 놓고 가장 오래된 신이 지옥(hell)에 있는 신이라고 하였읍니다. 그들은 마지막으로 하늘에 거주하는 신들 가운데 하나를 뽑아 전체를 다스리는 신으로 임명하고 그 신의 이름을 부신(父神, father)이라고 했으나 그 행동에 있어서는 폭군이나 다름이 없는 신이었읍니다. 그런데 이 신의 아내와 동생이 되는 두 신이 (부신이 머리에서 생산해낸 딸 신과) 공모하여 부신(父神)을 체포하여 가두었는데, 이것은 부신이 그전에 아버지되는 신을 체포하여 가둔 것과 똑같은 재판(再版)이라고 꾸몄읍니다. 이상이 저 유명한 시인이자 율법 수여자들이 만들어 낸 신 개념입니다.

35. 현인들이 이를 보고 가만히 있겠읍니까? 현인들은 이 같은 신 개념을 맹렬히 비난하면서 신들을 분류한 그들의 행동에 조소를 금치 못했던 것입니다. 우리는 턱수염 없는 젊은 신들과 턱수염이 난 늙은 신들을 따로 경배해야 한단 말입니까? 상업의 신은 무엇이고 대장장이의 신은 무엇이며, 직공(織工)의 여신은 무엇입니까? 인간과 전쟁을 하는 전사(戰士)의 신은 무엇이며, 수금의 신과 궁수의 신은 또 무엇입니까? 게다가 신들끼리 서로 싸우는 것은 무엇이며, 인간과 투쟁을 벌이는 것은 또 무엇입니까? 신과 인간이 서로 습격을 하는 것은 무엇이며, 신이 인간에게 부상을 당하고 그로 인해 실제로 애통하기도 하고 때로 애통해 하는 척 여기는 것은 도대체 어찌된 영문입니까? 그러나 무엇보다도 참을 수 없는 것은 모든 신들이 정욕과 애욕을 소유하고 있는 것으로 묘사한 점입니다. 그것도 호색에 가까울 정도로 신들이 정욕에 빠져 있는 것으로 묘사된 점은 눈뜨고 볼 수 없을 정도입니다.

특히 남신(the male Gods)과 여신(the female goddesses)을 구별하여 언급하고 있는 모습은 그야말로 어리석기 짝이 없읍니다. 더우기 신들 중의 최고(最高)신이요 제일(第一) 부신(父神)인 신이 직접 유혹하여 자녀까지 생산한 여신들이 수감되어 바닷물 속에 익사되는 것을 그냥 보고만 있을 수밖에 없었다는 데 이르러서는 그 어리석음의 극치를 달리고 있음을 알 수 있읍니다. 부신이 운명(fate)의 힘 때문에 어쩔 수 없이 자기 소생들을 구해 내지 못하고 눈물 한 방울 흘리지 않고 그들의 죽음을 방관하는 모습에서 우리는 아연 실색할 수밖에 없읍니다. 게다가 신들이 간음을 동경하여 일부 신들은 남들이 간통하는 것을 보면 부럽기 그지없다고 솔직이 시인하고 있을 정도입니다. 사실상 신들 중 가장 최고의 신인 부신(父神)조차도 정욕을 이기지 못하고 침실에 들어갈 힘이 있을 때까지 계속해서 아내와 동침할 정도라면 그 밑의 신들이야 더 말해서 무엇하겠읍니까? 또한 그들이 말하는 신 중에 일부 신들은 인간의 시종이며, 어떤 때는 상을 베푸는 자로 나타나다가도 어떤 때는 목자로 나타나며, 심지어는 죄인처럼 놋으로 만든 감옥 속에 갇혀 있는 모습으로 나타나기도 합니다.

그렇다면, 건전한 이성을 갖춘 사람이 이런 이야기를 듣고 격분하지 않을 수 있겠는가 한번 생각해 보십시오. 진정 제정신이 있는 사람이라면 누구나 이같은 허망한 이야기를 날조한 사람을 비난할 것이며, 또 이 같은 헛된 소리를 진실로 받아들인 사람을 어리석다고 책망하지 않을 수 없을 것입니다. 사실상 일부 헬라인들이 격정과 두려움과 광기(狂氣)와 사기와 기타 사악한 감정들을 각종 신들의 본성과 형태로 표출하고 선신들에게 제사를 드리도록 전 헬라인들을 유혹한 결과가 이 같은 현상을 빚은 것입니다. 이에 헬라인들은 그들의 말을 듣다가 선한 것을 하사해 주는 신들과 악을 미워하는 신들로 구분해서 부르기 시작한 것입니다. 그러다가 마침내는 뇌물로 악인을 자기편으로 삼듯이 신들까지 뇌물과 선물로 움직일 수 있다고 생각하게 된 것입니다. 그들은 신들에게 예물을 바치지 않으면 해만 당할 것이라고 생각하고 이 같은 행동까지 하게 된 것입니다.

36. 따라서 우리는 여기서 신(Deity)에 대하여 헬라인들이 이같이 어리석은 개념을 품게 된 이유가 무엇인가 살펴볼 필요가 있을 것 같습니다. 저자는 그 이유를 이방 율법 수여자들이 참된 하나님의 본성에 관하여 올바른 지식을 갖지 못한 데서 찾을 수 있다고 생각하고 있읍니다. 게다가 이방 율법 수여자들이 참된 하나님의 본성을 나름대로 이해한 것마저도 완전하게 백성들에게 전하지 않았을 뿐 아니라 올바른 신 개념에 따라 정치 체제를 구성하지 않고 별로 중요하지 않은 것으로 그냥 지나쳤기 때문에, 시인들(poets)이 제멋대로 신 개념을 도입한 것입니다. 게다가 시인들은 온갖 감정을 신 개념에 이입했을 뿐 아니라 웅변가들도 자기들이 좋아하는 이방신을 도입할 수 있는 공적인 법령을 백성들에게서 얻으려다 보니까 신 개념을 자기 멋대로 조작했던 것입니다. 그리고 (신들이 적합한) 형상을 고안해 내는 화가들과 조각가들의 영향력 또한 적지 않게 작용한 것이 사실입니다. 화가나 조각가들은 자기들 마음에 드는 신

들은 상아나 금 같은 값비싼 재료로 신의 형상을 만드는 반면 그 외의 신들은 그 형상을 진흙으로 만들기도 하였고 단지 그림으로만 표현하기도 했던 것입니다. (따라서 헬라의 일부 신전들은 완전히 폐허가 된 반면 일부 신전들은 존경을 받고 온갖 치장으로 아름답게 꾸며져 있는 것입니다.)

처음의 신들은 오랜 동안 헬라인들의 존경을 받으며 지금까지 계속 그 위세를 떨치고 있는 반면에(이 신들 뒤에 나타난 신들은 기껏해야 제 2등급의 신들에 불과한데), 새로 소개되고 경배되고 있는 신들 가운데 일부 신의 신전들은 벌써 황폐하고 있읍니다. 물론 새로 소개된 신들 가운데서도 새로 신전이 건축되는 신들이 없는 것은 아닙니다. 어쨌든 헬라인들이 마음에 원하는 대로 신들을 선호하는 것입니다. 그들의 신 개념과 제사 방식은 언제나 변함없이 동일함에도 불구하고 신들을 이같이 자기 멋대로 선호하고 있읍니다.

37. 그런데 아폴로니우스 몰로(Apollonius Molo)가 바로 위와 같이 어리석고 교만한 자들 가운데 한 인물입니다. 그러나 이 사람을 제외하고는 헬라의 철학자들 가운데 저자가 앞서 말한 내용을 모르는 사람은 아무도 없읍니다. 그들은 이상의 허망한 신 개념을 담은 우화들(allegories)을 조롱하면서 진정한 신 개념에 관해서는 유대인과 그 견해를 같이 하고 있읍니다. 플라톤이 정치 체제를 논할 때에 저 유명한 호머(Homer)를 비롯해서 시인들을 전혀 언급하지 않은 것은 다 여기에서 연유한 것입니다. 그것은 호머의 우화(寓話, fable)를 언급했다가 올바른 신 개념을 파괴할까봐 두려워서 그랬던 것입니다.

플라톤은 오히려 이 점에서는 주로 모세를 모방하고 있읍니다. 플라톤은 그의 시민들에게 "모든 사람은 법들을 정확히 배워야 한다"는 교훈을 늘 명심해야 한다고 지적하고 있읍니다. 게다가 플라톤은 시민들에게 이방인들과 마구 섞이는 일이 없도록 하라고 지시하면서 그들의 공동체가 순결을 유지하려면 그들의 법률을 지키는 자들로만 구성되어야 한다고 강조하였읍니다. 그럼에도 불구하고 아폴로니우스 몰로는 이 점을 간파하지 못했읍니다. 그리하여 그는 유대인이 자기들과 다른 신 개념을 소유한 자들을 용납하지 않을 뿐더러 자기들과 다른 생활 방식을 가진 자들과 교제하지 않는다고 맹렬히 비난하고 있읍니다. 그러나 이같은 태도는 유대인만 그런 것이 아니라 모든 민족이 다 그런 것입니다. 그것도 평범한 헬라인들만 그런 것이 아니라, 명성이 자자한 헬라인들까지도 그런 것을 볼 수가 있읍니다. 라케데모니아인들은 외국인들을 계속 내어 쫓았을 뿐 아니라 자국민(自國民)들에게 외국을 여행할 수 있는 허가도 내어 주지 않았읍니다. 그들이 이 같은 조치를 취했던 것은 그들의 율법이 붕괴될까봐 그랬던 것입니다. 어찌 되었든간에 라케데모니아인들은 외국인들에게 지나치게 엄격하여 비난을 들을 만도 하였읍니다. 그들은 외국인에게는 결코 시민권을 부여하지 않았을 뿐 아니라 함께 거주할 수 있는 권리까지도 박탈했던 것입니다. 그러나 우리 유대인은 비록 타민족의 제도에는 배타적일지 모르나 유대 율법을 함께 나누고 싶어하는 자들은 언제나 기쁘게 환영하고 있읍니다. 저자는 이같은 자세가 바로 유대인의 아량과 인간성의 단적인 증거라고 자신 있게 말할 수 있읍니다.

38. 이것은 비단 라케데모니아인들만의 태도는 아닙니다. 아폴로니우스가 제대로 알지 못했기 때문이지, 모든 인류에게 도시를 개방한 것을 영광으로 생각하는 아테네(아덴)인들도 그런 점에서는 마찬가지입니다. 그들은 신에 관한 그들의 율법에 반대되는 말을 하는 자는 가차없이 처벌했던 것이 역사적 사실입니다.

소크라테스(Socrates)가 그들의 손에 처형을 당한 이유가 바로 이것이 아니고 무엇입니까? 소크라테스는 도시를 적에게 넘겨 주려고 반역한 죄를 저지른 적도 없으며 신전들을 더럽힌 신성 모독의 죄를 저지른 적도 없었읍니다. 단지 그는 아테네인들과는 다른 새로운 맹세를 하였으며, 진심에서 그랬는지, 아니면 누구 말처럼 농담으로 그랬는지 모르나, 한 신(a certain demon)이 자신에게 나타나서 (어떤 일을 하지 말라고) 명령했다는 말을 했을 뿐이었읍니다. 그런데 바로 이런 이유 때문에 그는 사형 선고를 받고 사약을 받아 세상을 하직했던 것입니다. 물론 그의 적들은 그가 도시의 정치 체제와 법률을 무시하도록 청년들을 선동했다는 등의 비난을 퍼부었으나, 아테네의 시민이었던 소크라테스가 처형을 당한 것은 저자가 앞서 언급한 이유 때문이었던 것입니다. 게다가 클라소메내(Clazomenæ) 태생인 아낙사고라스(Anaxagoras)라는 인물은 아테네인들이 신으로 숭배하는 태양이 불덩어리로 된 구(球, ball of fire)에 불과하다는 말을 했다는 이유로 사형 선고를 받기도 했읍니다. 또한 아테네인들은 멜로스의 디아고라스(Diagoras of Melos)가 그들의 신비 의식(mysteries)을 조롱했다는 말만 듣고서 "멜로스의 디아고라스를 죽이는 자에게는 일 달란트의 상금을 주겠노라"는 내용의 현상문을 공포하기까지 했읍니다.

한편 프로타고라스(Protagoras)는 아테네인들이 신에 관해 진리로 받아들이지 않는 내용을 글로 발표했다는 이유로 체포되기까지 했으며, 그가 그 즉시 도망치지 않았다면 아마도 처형당했을 것입니다. 아테네인들이 심지어 부녀자들까지도 가차 없이 처형한 것을 볼 때 위에서 언급한 그런 명망 있는 유명 인사들을 함부로 처형한 것이 그들에게는 대수롭지 않은 일이었음을 한눈에 알 수 있읍니다. 근래에도 아테네인들은 한 여자 제사장이 새로운 신을 소개했다는 일부 사람들의 고소가 있자 그 여자 제사장을 처형한 적이 있읍니다. 사실상 아테네인들은 다른 새로운 신을 도입하려고 한 자는 사형으로 다스리고 있는 것이 현실입니다. 이 같은 사실을 놓고 볼 때 아테네인들은 다른 민족의 신은 아예 신으로 인정하지 않는 것이 분명합니다. 그렇지 않다면 그들이 현재보다 더 많은 신을 소유하고 여러 가지 이득을 보려고 하지 않을 이유가 도대체 어디에 있겠읍니까? 이것은 아테네인뿐 아니라 스키티아인들(the Scythians)도 마찬가지입니다. 스키티아인들은 율법과 제도를 수호한다는 명분 아래 사람들을 살해하는 일을 즐기기까지 하였읍니다. 따라서 그들은 야수들과 다를 바가 없었읍니다. 그들은 헬라인들이 현인(賢人)으로 크게 존경하는 아나카르시스(Anacharsis)까지도 자기들의 전통과 다른 점이 있는 것처럼 보이자 처형하기를 서슴지 않았읍니다. 우리는 페르시아(바사, Persia)에서도 동일한 이유로 많은 사람이 처형당한 사례를 볼 수 있읍니다.

한편 헬라인들은 페르시아인들의 용기의 덕을 톡톡히 보고 있으며 그 신 개념이 헬라의 신 개념과 유사하다는 이유로 인해 아폴로니우스는 페르시아의 법률을 몹시 칭찬하며 페르시아인들을 매우 존경하고 있읍니다. 페르시아인들의 용기란 헬라인들을 공격하여 노예로 삼은 것을 말하며, 페르시아인들의 신 개념이란 그들이 신전을 방화한 데서 그 일면을 볼 수가 있읍니다. 어쨌든 아폴로니우스는 모든 페르시아의 제도를 모방하였읍니다. 그것도 남의 아내를 강탈하고 자기 아들을 거세하면서까지 페르시아의 제도를 모방한 것입니다. 그러나 우리 유대인에게 있어서는 심지어 야수에게 이런 학대를 가했다 하더라도 사형을 면할 수가 없을 것입니다. 유대인은 지배자를 두려워하여 율법을 범한 적도 없을 뿐더러 타민족의 율법을 선망하여 자기 민족의 율법을 어긴 적도 없읍니다. 게다가 유대인은 부(富)를 늘리기 위해 전쟁을 일으킨 적은 단 한 번도 없었읍니다. 단지 율법을 수호하기 위해서만 전쟁을 선포하였을 따름입니다. 유대인은 다른 손실들은 인내를 가지고 참을 수 있으나 유대 율법을 어기라고 강요할 때만큼은 도저히 참지 못하고 전쟁을 택합니다. 전쟁을 해서 비록 승산이 없을 것을 미리 안다고 하더라도 전쟁을 택하고 마지막 순간까지 온갖 재난을 용기있게 견디내는 것입니다.

타민족의 율법들은 그 율법 수여자들도 제대로 지키지 않는 율법들이라는 것을 다 알고 있는 마당에 유대인이 타민족의 율법을 모방하길 원할 까닭이 어디 있겠읍니까? 그뿐 아니라 라케데모니아인들이 타민족과의 교제를 금하고 결혼을 경시하는 그런 정치 체제와 율법을 계속해서 지킬 이유가 어디 있읍니까? 또한 남색을 강요하는 그런 부자연스럽고 사리에 어긋나는 율법을 엘레아인들(the Eleans)과 테베인들(the Thebans)이 폐기하지 않을 이유가 어디에 있읍니까? 물론 그들이 앞으로 이런 악을 완전히 제거하지 않는다면 결코 이런 악을 저지른 데 대해 후회하는 빛을 조금도 보이지 않을 것입니다. 이런 남색(男色)이 율법 속에 한 조항으로 명시되고 헬라인들 사이에 그 기세를 떨치게 되자 헬라인들은 남색이 신들의 좋은 본성인 양 신들까지도 남색을 하는 것으로 조작하였읍니다. 신들이 자기 친여동생과 결혼하는 것으로 묘사되고 있는 것도 다 이 같은 연유인 것입니다. 즉 자연의 이치에 어긋난 터무니 없는 욕정을 정당화시키고 변명하기 위하여 이 같은 죄를 만들어 낸 것입니다.

39. 저자는 처벌에 관해서는 언급을 하고 싶지 않습니다. 대부분의 이방 율법 수여자들은 간통죄는 벌금형에 처할 수도 있다든지, 아니면 (처녀를) 농락한 자는 결혼하면 된다든지 등으로 처벌 규정을 약하게 둠으로써 범죄자들이 법망을 피할 수 있는 길을 많이 열어 주었읍니다. 게다가 심문을 하려고 할 때 범죄자들이 사실을 부인하면 어떻게 할 도리가 없는 것이 다른 민족들의 현실입니다. 따라서 대부분의 나라에서는 어떻게 하면 율법을 어기고도 처벌을 면할 수 있을까를 전문적으로 연구하여 율법을 범하는 자들이 한둘이 아닙니다. 그러나 유대인 사회에서는 이런 일이 일어날 수가 없읍니다. 비록 재산과 도시와 그 밖의 다른 특권들을 다 빼앗긴다 하더라도 유대 율법만은 영원히 지속시키려는 것이 유대인의 특성입니다. 따라서 유대인은 아무리 가혹한 폭군을 만난다 하더라도 율법을 어기는 것을 보는 것보다는 놀라지 않는 법입니다. 유대인이 유대 율법의 탁월성에 관해서 자신을 갖고 영원히 지속시키기를 갈망하고 있는 것이 사실이라면, 유대인을 비난하는 적들은 적어도 유대 율법이 가장 뛰어난 율법이라는 점만은 인정해야 한다고 저자는 생각합니다.

설령 유대인들이 악법인 유대 율법을 너무 지나치게 고집한다고 가정하더라도 모국(母國)의 법을 지키는 것이 잘못일 수 없는데, 하물며 유대 율법을 최고로 생각하는 유대인들 사회에서 그 율법을 지키지 않는 자에게 어떤 처벌이 내려질지는 자명한 일이 아닙니까?

만사(萬事)의 옳고 그름을 결정해 주는 진정한 시금석은 시간(length of time)입니다. 따라서 이런 관점에서 볼 때 조상 전래로 내려온 유대 율법과 유대 종교의 탁월성은 증명되고도 남음이 있습니다. 유대 율법의 존속 기간과 타민족의 율법의 존속 기간을 비교해 보면 가히 비교가 되지 않습니다. 따라서 이를 비교해 본 사람은 누구나 모세가 가장 탁월한 최고(最古)의 율법 수여자임을 인정하지 않을 수 없을 것입니다.

40. 우리는 앞서 유대 율법이 항상 모든 이들의 감탄을 자아냈으며 그들로 하여금 모방을 하지 않을 수 없도록 만들었다는 사실을 분명히 입증하였읍니다. 따라서 최초의 헬라 철학자들도 겉보기에는 그들의 자국의 율법을 따른 것으로 보이나, 실제 그들의 행동과 사상을 눈여겨 보면 유대의 율법 수여자인 모세를 따른 것이 분명합니다. 그리하여 그들은 검소한 생활을 강조하고 남과의 친밀한 교제를 중요시했던 것입니다. 그뿐 아니라 한걸음 더 나아가서는 대부분의 인류가 오랫동안 유대 종교 의식을 따르고 싶어했던 것입니다. 안식일에 노동에서 쉬는 풍속과, 일부 음식을 금하는 규정, 등불을 켜는 풍속과 금식하는 풍속이 지켜지지 않는 도시나 국가가 있나 한번 생각해 보십시오. 헬라 세계나 이방 세계 어느 곳에 그 같은 도시나 국가가 있읍니까? 대부분의 인류는 유대인이 서로의 마음이 일치하는 것과, 재산을 남에게 나누어 주는 풍속과, 직업에 충실하며 온갖 역경에서도 율법을 지키기 위해 끝까지 인내하는 모습을 모방하기 위해 무척 애를 써 왔던 것이 사실입니다. 그러나 무엇보다도 유대 율법이 만인의 찬사를 받았던 점은 율법 준수를 고무하기 위해 쾌락의 미끼(bait of pleasure)를 던지지 않고 있으며 율법 자체의 힘으로 율법의 시행을 뒷받침하고 있다는 점입니다.

결국 하나님께서 온 세상에 편만해 계신 이상 우리 유대 율법도 온 세상에 퍼져 나가고 있읍니다. 그러므로 누구든지 자기 나라와 자기 가정을 돌아보고 유심히 관찰하게 되면 저자가 지금까지 말한 것이 진실임을 알게 될 것입니다. 그러므로 선택은 두 가지뿐입니다. 자기 나라의 좋은 율법을 버리고 나쁜 외국의 율법인 유대 율법을 모방하려는 경향을 가졌다는 것으로 모든 인류를 정죄하든지, 유대인에 관한 근거 없는 비난을 중단하든지 둘 중의 하나를 선택해야 할 것입니다. 우리 유대인은 남의 시기심을 불러일으킬 일은 하지 않습니다. 유대인은 단지 모세를 존경하고 모세가 예언자적 권위로 하나님에 관해 가르친 것을 실행하려고 했을 뿐입니다. 비록 우리 유대인이 유대 율법의 탁월성을 완전히 깨닫지 못했다 하더라도 유대 율법을 선망하는 수많은 인류가 있는 것을 볼 때에 유대인이 자부심을 느끼는 것도 전혀 무리는 아니라고 생각됩니다.

41. 유대인 (특유)의 정치적 율법에 관해서는 이미 유대 고대사 (Antiquities)에서 상세히 다루었습니다. 따라서 저자는 남의 율법을 비난하지도 않았으며 유대 율법을 자화 자찬하지도 않고 본서의 목적에 부합되는 선에서 지금까지 간단히 약술한 것뿐 입니다. 즉 무고하게 유대인을 비난하면서 진실을 왜곡하는 자들에게 사실을 밝히기 위해서 간단히 살펴본 것입니다. 저자는 본서(本書)를 거의 끝맺을 때가 되었다고 생각합니다. 유대인의 기원이 얼마 되지 않았다는 적들의 주장에 대해 저자는 유대국의 기원이 매우 오래되었음을 입증하였습니다. 적들의 주장과는 달리 많은 고대의 역사가들이 그들의 저서에서 유대국을 언급했음을 예로 들어 증명하였습니다. 더우기 유대인이 애굽인으로부터 파생되었다는 일부 비난자들의 주장에 대해서도 유대인은 다른 나라에 있다가 애굽으로 들어간 것이며 결코 애굽인에게서 갈라져 나온 분파가 아님을 분명히 논증하였읍니다. 또한 유대인들이 몸에 병이 생겨 애굽에서 쫓겨난 것이라는 일부 낭설이 거짓이라는 점도 저자는 분명하게 제시하였읍니다. 즉 유대인이 출애굽을 한 것은 자발적인 의사였으며 출애굽 당시 건강한 신체적 조건들을 구비하고 있었다는 사실도 명확하게 밝혔읍니다. 유대인을 비방하는 적들은 모세가 사악한 인물이라고 터무니없이 중상하였으나, 고대에 이미 하나님께서 모세의 미덕을 칭찬하셨을 뿐 아니라 역사가 모세의 선한 성품을 단적으로 보여 주었음을 저

자는 분명히 입증하였읍니다.

42. 또한 유대 율법에 관해서도 더 이상의 말이 필요 없을 정도로 분명하게 밝혔읍니다. 유대 율법이 그 본질상 이 세상에서 가장 참된 경건을 가르치는 율법임을 스스로 자증(自證)하고 있음도 살펴보았읍니다. 유대 율법은 인간들이 서로 미워하지 않고 서로의 재산을 자유로이 공유할 수 있는 비결을 가르쳐 줄 뿐 아니라 불의를 배척하고 의(義)를 증진하는 율법임도 입증하였읍니다. 게다가 유대 율법은 나태와 사치를 배격하고 자족(自足)하면서 근면하게 천직(天職)에 최선을 다할 것을 가르치고 있을 뿐 아니라 율법을 수호하기 위해서라면 모를까 부(富)를 늘리기 위해서 전쟁을 하는 것은 용납하지 않고 있음도 살펴보았읍니다. 또한 유대 율법은 범죄자를 처벌할 때는 무자비할 정도로 엄격하다는 점도 밝혔읍니다. 유대 율법은 말의 궤변을 결코 용납하지 않으며 항상 행동이 뒤따를 것을 요구하고 있음도 살펴보았읍니다. 사실상 우리 유대인은 글의 내용보다는 행동을 더 중요시하고 행동을 더 중요한 증거로 받아들이는 것입니다. 이런 이유 때문에 저자는 유대인이 만인(萬人)의 교사(敎師)라고까지 대담하게 단언할 수 있는 것입니다. 한두 가지가 아니라 수만 가지에 있어서, 그것도 탁월한 내용을 담은 교육을 전달하는 만인의 교사라고 확고히 주장할 수 있읍니다.

이 세상에 불가침의 경건(inviolable piety)보다 더 고귀한 것이 어디 있으며, 율법에 순종하는 정신보다 더 의로운 것이 어디에 있읍니까? 또한 상호간의 사랑과 일치보다 더 유익한 것이 어디에 있읍니까? 게다가 재난을 당한다고 해서 유대인끼리 내분을 일으키는 법이 없고 번영을 누린다고 해서 중상 모략하거나 소요를 일으키는 일이 없으니 유대인을 어찌 만인의 교사라고 아니할 수 있읍니까? 전쟁에 나가서는 두려움을 모르는 용사(勇士)요, 평화시에는 농사와 수공업에 전적으로 종사하면서 만사(萬事)에 하나님께서 그들의 행동을 감찰하시고 다스리신다는 신념 아래 근면하게 살아가는 유대인을 만인의 교사라고 부르는 것은 어쩌면 너무나도 당연한 것입니다. 이같은 훌륭한 교훈들이 한 번 글로 남겨진 후에 선조들에 의해 아주 소중하게 전해져 내려온 것을 볼 때 우리는 마치 제자들이 스승에게 감사하듯이 선조들에게 감사를 하지 않을 수가 없읍니다. 모든 율법의 최초의 창시자는 모세이며 유대인이 다른 어떤 민족보다 그 율법을 충실하게 지켰음이 백일하에 명백하게 드러난 이상, 거짓과 중상 모략만을 일삼는 아피온과 몰로의 일당들(the Apions and the Molones)과 그 밖의 유대인의 적들의 허위는 만천하에 공개되었으리라고 저자는 생각합니다. 어찌 되었든간에 저자는 본서(本書)를 진리를 무척이나 사랑하는 당신 에파프로디투스(Epaphroditus)각하와 당신 덕분에 유대국에 관심을 갖게 된, 진리를 사랑하는 독자들에게 헌정하고 싶습니다.

헬라인에게 강연한 요세푸스의
음부론(陰府論)

초 록(抄錄)

헬라인에게 강연한 요세푸스의 음부론(陰府論)

초록(抄錄)

1. 의인과 악인의 영혼들이 억류되어 있는 음부(陰府, Hades)에 대해 잠깐 살펴볼 필요가 있을 것 같습니다. 음부는 정상적으로 끝 마무리를 하지 않은, 이 세상 안의 한 장소(a place in the world not regularly finished), 즉 이 세상의 빛이 비치지 않는 지하 세계 (a *subterraneous* region)를 가리키는 것입니다. 이 곳은 빛이 비치지 않기 때문에 영원한 암흑(perpetual *darkness*)만이 있을 뿐입니다. 음부는 영혼들의 감금 장소(a place of custody)로 허락된 곳으로 천사들이 감시하도록 임명되어 있읍니다. 천사들은 각 사람이 행한 대로 그 영혼에 임시적인 형벌(*temporary punishments*)을 가하고 있읍니다.

2. 음부에는 꺼지지 않는 불 연못(*a lake of unquenchable fire*)이라고 부르는 특별한 장소가 구별되어 있읍니다. 이 곳에 던져진 사람은 지금까지는 아무도 없읍니다. 그러나 이 곳은 하나님께서 이미 예정해 놓으신 한 날, 그러니까 만인이 의의 심판을 당할 그 날을 위해 예비된 것입니다. 그 날 불의한 자들과 하느님께 불순종한

요세푸스

자들, 그리고 사람이 손으로 만든 헛된 우상을 하나님처럼 숭배한 자들은 불결의 장본인들이었으므로 이 영원한 형벌(everlasting punishment)을 받게 될 것입니다. 그러나 반면에 의로운 자들은 부패하지 않고 쇠하지 않을 왕국(an incorruptible and never-fading kingdom)을 얻게 될 것입니다. 그러나 의인들도 현재는 음부 안에 갇혀 있읍니다. 그러나 악인들이 갇혀 있는 곳에 함께 갇혀 있는 것은 아닙니다.

3. 이 음부로 내려가는 길은 하나가 있읍니다. 그 입구 문(gate)에는 천사장(archangel)이 수많은 천사를 거느리고 서 있다고 우리는 믿고 있읍니다. 영혼을 감독하는 천사들의 인도를 받아 이 문을 통과한 영혼들이 모두 같은 길로 가는 것은 아닙니다. 의인은 오른쪽(right hand) 길로 들어가 천사들의 인도함을 받아 찬송을 부르면서, 창세 전부터 의인들이 거주해 온 빛(light)의 지역으로 향합니다. 이 곳은 필연(necessity)에 얽매이는 일아 없으며, 각자 받게 될 선한 상과 새 기쁨을 바라보며 항상 기뻐하는 일만 있는 곳입니다. 즉 우리가 이 세상에서 소유하고 있는 것 이상의 것을 기대하며 즐거워하는 곳입니다. 이 곳은 땀 흘리는 수고나 찌는 듯한 더위나 살을 에는 추위나 가시 덤불이라고는 조금도 없는 곳입니다. 이 곳은 장차 있을 천국에서의 영원한 새 생명과 안식(the rest and *eternal* new *life in heaven*)을 기다리며 항상 웃고 있는 선조들(the *fathers*)과 의인들의 얼굴을 볼 수 있는 곳입니다. 따라서 이곳을 우리는 아브라함의 품(*The Bosom of Abraham*)이라고 부르고 있읍니다.

4. 한편 악인들은 형벌을 담당한 천사들에 의해 강제로 끌려서 왼쪽(*left hand*) 길로 갑니다. 이제 어디서고 호의는 찾아볼 수 없으며 억지로 끌려 가는 죄수 신세가 되고 마는 것입니다. 악인들을 담당한 천사들이 험악한 얼굴로 그들을 비난하고 위협하며 계속해서 아래로 밀어 넣는 것입니다. 이 천사들은 악인들의 영혼을 지옥(hell itself) 바로 옆에 집어 넣습니다. 지옥 바로 옆이기 때문에 지옥의

요세푸스의 음부론(陰府論) 초록(抄錄)

소리는 계속해서 들을 수 있으나 처음에는 그 뜨거운 증기 때문에 자세한 모습을 볼 수가 없읍니다. 그러나 가까이 다가가서 지옥불의 무시무시한 장면을 보게 되면 장차 받을 심판을 연상하고 공포에 사로잡히게 마련입니다. 따라서 실제로는 심판을 받은 것이나 다름이 없게 되는 것입니다. 그뿐 아니라 선조들과 의인들의 장소를 그 곳에서 바라볼 수가 있기 때문에 사실상 이것으로도 그들은 심판을 받은 것이나 다름이 없는 것입니다. 악인들의 장소와 의인들의 장소 사이에는 한없이 깊고 넓은 혼돈(chaos)이 가로놓여 있기 때문에 단 한 명의 의인도 악인의 영혼을 불쌍히 여겨 그 곳으로 건너올 수가 없으며 아무리 대담한 악인이라도 그것을 건널래야 건널 수가 없읍니다.

5. 이상은 만인의 영혼이 하나님이 정해 놓으신 일정한 때까지 갇혀 있는 음부(陰府)에 관한 이야기입니다. 하나님은 정하신 때가 되면 만인을 죽은 자 가운데서 부활시키실 것입니다. 한 영혼을 한 몸에서 다른 몸으로 전생(轉生, transmigration)시키는 것이 아니라 죽은 그 몸을 다시 일으키는 것입니다. 여러분 헬라인들은 몸이 썩는 것을 보고 (죽은 자의 부활을) 믿지 않지만 부활을 믿는 법을 배워야 할 것입니다. 여러분들도 플라톤(Plato)의 사상대로 영혼이 하나님에 의해 불멸의 존재로 창조함을 받았다고 믿지 않습니까? 그러므로 이제 의심을 버리고 부활을 믿어야 할 것입니다. 하나님께는 죽기 전의 몸과 동일한 원소로 이루어진 몸에 생명을 불어 넣어 불멸의 존재로 만드실 수 있는 능력이 있음을 믿어야 할 것입니다. 하나님이 어떤 것은 하실 수 있고 어떤 것은 하실 수 없다고 말할 수는 없는 것 아닙니까? 그러므로 우리는 몸이 다시 일어나게 될 것임을 믿어 왔던 것입니다. 몸이 썩는다고 해서 완전히 소멸되는 것은 아니며 땅이 유해를 받아 보존하는 것입니다. 몸이란 종자(seed)와도 같아서 비옥한 땅에 들어가면 잘 자라는 것입니다. 뿌려진 것(what is sown)은 단지 낟알(bare grain)에 불과하나, 전능하신 창조주 하나님의 음성에 싹이 터서 몸을 입은 영광스러운 모습으로

(a *clothed* and *glorious* condition) 일으킴을 받을 것입니다. 물론 이같은 일은 몸이 썩어 (흙 속에) 섞이기 전에는 일어나지 않는 것입니다.

우리 유대인이 경솔하게 몸의 부활(the resurrection of the body)을 믿었던 것은 아닙니다. 원죄(原罪, original transgression) 때문에 몸이 잠시 동안 썩지 않을래야 않을 수 없는 것입니다. 비록 몸은 잠시 썩더라도 계속해서 존재는 하는 것입니다. 몸은 단지 재형성되기 위하여 마치 도공(陶工)의 화로에 던져지듯이 땅속에 던져진 것 뿐입니다. 전과 같은 상태로 다시 나타나지 않고 순결한 상태로 나타나기 위해, 그리고 더 이상 멸망당하지 않는 존재로 나타나기 위해 잠시 동안 땅속에 던짐을 당하는 것입니다. 결국 이렇게 해서 영혼은 각기 제 몸으로 회복되어 가는 것입니다. 영혼이 다시 몸을 입게(clothed itself) 되면 다시는 불행을 당하지 않게 될 것이며 영혼 그 자체도 순결하기 때문에 순결한 몸과 계속 함께 거하면서 이 세상에서 의롭게 살 때 즐거웠던 것처럼 함께 기쁨을 나누게 될 것입니다. 즉 몸이 더 이상 유혹에 빠지지 않기 때문에 영혼이 몸을 큰 기쁨으로 받아들이게 될 것이라는 말입니다. 그러나 악인들은 전혀 변화되지 않은 몸을 받게 될 것입니다. 영광스럽게 변화되지 않은 채 죽을 때의 그 병과 질고에서 전혀 해방되지 않은 몸 즉 불신앙 가운데 있던 그 몸을 받게 될 것이란 말입니다. 악인들이 심판을 받을 때는 이런 몸으로 나타나게 될 것입니다.

6. 왜냐하면 만인(萬人)은 악인이나 의인이나를 무론하고 말씀인 하나님(*God the word*) 앞에 끌려 나오게 될 것이기 때문입니다. 성부께서 모든 심판을 그에게 맡긴 것입니다(to him hath *the Father committed all judgment*). 그는 그의 아버지의 뜻을 성취하기 위하여 (*fulfil the will of his Father*) 재판장으로 오실 것입니다. 그가 바로 우리가 그리스도(*Christ*)라 부르는 자입니다. 여러분 헬라인들이 생각하는 것처럼 미노스(Minos)와 라다만투스(Rhadamanthus)가 재판장이 아니라 성부 하나님께서 영화롭게 하신(*God even the Father*

요세푸스의 음부론(陰府論) 초록(抄錄)

hath glorified) 그 분이 바로 재판장인 것입니다.

이 분에 대해서는 진리를 추구하는 자들을 위해서 내가 다른 곳에서 상세히 다루었읍니다. 만인에게 성부(the Father)의 의로우신 심판을 베풀 이 분은 각 사람의 행위대로 공의의 심판을 내릴 준비를 하고 계십니다. 그의 심판석 앞에 모든 인간들과 천사들과 귀신들이 서게 될 날에 그들은 한 입으로 "당신의 심판은 의로우십니다" 라고 외치게 될 것입니다. 이 같은 함성은 의인과 악인에게 모두 공의로운 판결을 내리시는 데 대한 응답의 표시인 것입니다. 그는 의롭게 행한 자들에게는 영원한 결실(*everlasting fruition*)을, 악행한 자들에게는 영원한 형벌(*eternal punishment*)을 내리실 것입니다. 악인들은 꺼지지 않는 불(*the unquenchable fire*)에 들어갈 것인데 그것도 끝이 없는 영원한 세계를 말하는 것입니다. 게다가 결코 죽지 않는 무서운 벌레가 있어 끝도 없이 몸을 괴롭힐 것입니다. 차라리 몸이라도 죽는다면 좋으련만 몸은 죽지 않고 벌레가 계속해서 몸을 파먹으며 괴롭히는 바람에 그 고통은 이루다 말로 표현할 수가 없을 것입니다. 수면 또한 그들에게 안식을 가져다 주지 못할 것이며 밤이 와도 위로를 얻지 못할 것입니다. 죽음이 그들을 고통에서 해방시켜 주지 못할 것이며 친척들의 중보 기도도 아무 소용이 없을 것입니다. 왜냐하면 의인들은 악인들을 보지 못하며 더 이상 그들을 기억하지 못할 것이기 때문입니다. 의인들은 오직 천국(*the heavenly kingdom*)을 얻게 해준 자기들의 의로운 행위만을 기억할 따름이기 때문입니다.

천국에는 잠도 없으며 슬픔도 없고 타락도 없으며 걱정도 없는 곳입니다. 천국은 시간으로 재는 낮과 밤이 없으며, 필연적 법칙(*necessity*)에 의해 천체 사이를 움직이면서 인생의 모습을 연상시키는 계절의 진행과 변화를 일으키는 해도 없을 뿐 아니라 계절의 시작을 알리면서 크기를 달리하는 달도 없을 것입니다. 대지를 촉촉히 적셔 주는 달은 물론 작열하는 태양도 없으며, (극 지방을) 회전하는 곰자리 별(*the Bear*)도 없으며 떠오르는 오리온자리 별(*the Orion*)도 없으며 유리하는 수많은 별도 찾아볼 수가 없을 것입니다. 그 때가 되면 이 세상은 여행하기에 힘이 들지 않을 것이며 낙원의 뜰 (the court of Paradise)을 발견하기가 그리 어렵지 않을 것입니다. 또한 보행자들이 그 위를 걸을 수 없도록 만든 바다의 무서운 파도 소리도 더 이상 없을 것입니다. 비록 바다에 물이 완전히 없어지지는 않겠지만 그 때가 되면 의인들은 쉽게 바다 위를 걷게 될 것입니다.

하늘에는 사람들이 거주하게 될 것이며 하늘로 올라가는 길을 발견하기가 불가능하지 않을 것입니다. 땅은 어디나 경작이 가능할 것이며 인간의 수고를 그렇게 많이 필요로 하지 않을 것이며 저절로 수많은 열매를 맺을 것입니다. 그 때가 되면 야수들은 물론 그 밖의 동물들도 생식하거나 번식하는 일은 없을 것입니다. 인간들도 출생은 하지 않을 것입니다. 의인의 수는 항상 고정적일 것이며 의로운 천사들과 (하나님의) 영들과 그의 말씀(his word)과 함께 결코 그 수가 줄어드는 일이 없을 것입니다. 의인들은 결코 늙지 않을 것이며 부패하지 않는 상태를 계속 유지하면서, 정상적인 삶의 제도를 통해 그들에게 지고(至高)의 행복을 안겨 주신 하나님께 늘 찬송을 올릴 것입니다. 그 때에는 모든 피조물도 영화롭고 순결한 영에 의해 영화되어 의인들과 함께 썩는 것에서부터 썩지 않는 데에 이르는 (from corruption to incorruption) 영원한 찬송을 하나님께 드리게 될 것입니다. 그 날에 온 피조물은 필연의 굴레(a bond of necessity)에 더 이상 얽매이지 않을 것이며 매우 자유스럽게 자발적인 찬송을 부르게 될 것이며 모든 굴레에서 해방된(freed from all bondage) 인간들과 영들과 천사들과 함께 그들을 만드신 하나님을 찬양하게 될 것입니다.

7. 그러므로 여러분 이방인들이여! 나의 이 말에 감동이 된다면 계보와 관련된 허망한 생각(your vain imagination about your pedigree)을 버리고 부(富)와 철학을 얻으려는 헛된 수고를 그만두십시오. 그리고 교묘한 궤변으로 시간을 허비하고 마침내는 마음의 미혹 가운데 빠지는 그런 일을 삼가십시오. 그 대신 여러분이 하

요세푸스의 음부론(陰府論) 초록(抄錄)

나님과 그의 말씀에 영감받은 해석자인 선지자의 말에 귀를 기울이고 하나님을 믿는다면 이런 것의 동참자가 될 것이며 장차 올 선한 모든 것을 소유하게 될 것입니다. 또한 여러분은 무한한 하늘과 그 곳에 있는 왕국으로 올라가는 길을 발견하게 될 것입니다. 하나님께서 현재 침묵으로 숨기시고 있는 것이 그 날에는 분명히 드러날 것입니다. 하나님이 자기를 사랑하는 자들을 위하여 예비하신 모든 것은 눈으로 보지 못하고 귀로도 듣지 못하고 사람의 마음으로도 생각지 못하였다(what neither eye hath seen, nor ear hath heard, nor hath it entered into the heart of man, the things that God hath prepared for them that love him)고 하셨읍니다.

8. "너희가 무엇을 행했든지 내가 하나도 남김없이 너희가 행한 대로 갚으리라"(In whatsoever ways, I shall find you, in them shall & judge you entirely). 마지막 때에 만물이 이같이 소리칠 것입니다. 처음에 의롭게 살다가 나중에 타락한 자들의 경우에, 타락하기 전의 그의 모든 선행은 전혀 쓸모가 없게 될 것입니다. 그것은 마치 비극으로 끝나는 연극의 한 토막과도 같은 것입니다. 지금까지 악하고 사치스럽게 살아온 자들이라 하더라도 누구든지 회개할 길은 있읍니다. 그러나 회개한 후에 사악한 습관을 극복하기 위해서는 많은 시간이 걸릴 것입니다. 그러므로 비록 회개한 후라 하더라도 조심하지 않으면 안 됩니다. 회개한 사람은 남은 인생을 살아갈 동안 내내 근면하게 자신을 되돌아보면서 조심해야만 합니다. 그것은 마치 병에서 갓 회복된 몸을 보살피면서 요양하는 것과 마찬가지입니다. 오랫동안 병에 시달리다가 병이 나은 사람은 엄격한 식이 요법(stricter diet)과 절제 있는 생활 태도를 필요로 하는 것이나 마찬가지 이치입니다. 우리를 사로잡던 불결한 악들의 사슬을 일시에 끊어 버릴 수는 있을 것입니다. 그러나 하나님의 은혜와 의인들의 기도와 형제들의 도움과 자기 자신의 진지한 회개와 끊임없는 각성이 없이는 우리의 개심(改心, amendment)이 확고한 결실을 맺을 수가 없을 것입니다. 병에 걸리지 않고 항상 건강을 유지하는 것이 최선

요세푸스

인 것처럼 죄를 전혀 짓지 않는다면 그것보다 더 좋은 일은 없을 것입니다. 그러나 병에 걸렸다 하더라도 병에서 회복되면 좋은 일이듯이 죄를 지었다 하더라도 회개하면 되는 것입니다. 하나님께 영광과 다스리심이 영원토록 계시기를 원하노라. 아멘.

부　록

월리암 휘스톤
(William Whiston)

논문 I

예수 그리스도와 세례 요한과 의인 야고보에 관한 요세푸스의 증언의 확실성

유대 역사가 요세푸스의 저서 속에서 우리는 나사렛 예수의 선구자인 세례 요한(John the Baptist)과 나사렛 예수(Jesus of Nazareth)와 나사렛 예수의 동생인 의인 야고보(James the Just)에 관련된 중요한 많은 증언들을 찾아볼 수 있다. 그러나, 최근에 이르러 나사렛 예수에 관한 요세푸스의 증언(testimonies)이 많은 이들의 의혹의 대상이 되었고 심지어 일부 식자(識者)층에서는 거짓 증언으로 완전히 몰아붙이는 경향이 두드러졌기 때문에, 예수에 관련된 이런 모든 증언들이 사실이라고 여러 번 천명(闡明)한 바 있는 저자로서는 이에 대해 언급해야 될 필요성을 느끼지 않을 수가 없었다. 그러므로 저자는 이 증언에 관한 최초의 증언들과 인용문들(*original evidence and citations*)은 주후 15세까지 살았던 여러 저술가들의 글을 살펴본 후에, 독자들의 만족을 위해서 그 증거들에 관한 나의 소견(*observations*)을 밝히도록 하겠다.

그러나 우선 요세푸스를 인용한 예들을 살펴보기에 앞서 독자들의 주의를 요하는 문제를 언급하고 넘어가야 하겠다. 그것은 다름이

요세푸스

아니라 바로 요세푸스의 권위(the authority of Josephus)에 관한 문제이다. 가장 뛰어난 학자요 탁월한 비평가인 죠셉 스칼리거(Joseph Scaliger)는 그의 저서 시간 개량론(*De Emendatione Temporum*)의 서언(序言, Prolegomena) 17페이지에서 이같이 말했다: "요세푸스는 모든 저술가 중에서 가장 진리를 사랑하며 가장 근면한 저술가이다. 따라서 유대국에 관련된 문제뿐 아니라 유대인과 관련이 없는 문제까지도 헬라와 라틴(Latin)의 저술가들을 믿기보다는 요세푸스를 신뢰하는 편이 훨씬 안전하다. 왜냐하면 그의 신실성과 해박한 지식이 그의 저서 어디에나 분명히 드러나 있기 때문이다."

요세푸스 당대부터 15세기 말에 이르는 기간 동안 요세푸스의 증언을 인용한 고대 인용문

A. D. 110년경. 타키투스의 연대기(Tacit. Annal.) 15권 44장—네로는 (자신이 로마에 불을 지른 것처럼) 떠돌아다니는 풍문을 잠재우기 위해, 사악한 풍습을 지킨다는 이유로 미움을 당하고 있던 속칭 그리스도인(Christians)이라고 하는 자들에게 그 죄를 덮어 씌웠다. 그리고 네로는 이들을 심하게 처벌하였다. 그리스도인이라는 이름의 창시자는 그리스도로서 디베료(*Tiberius*)재위 때에 총독 본디오 빌라도에 의해 처형을 당한 인물이었다(*The author of this name was Christ, who, in the reign of Tiberius, was brought to punishment by Pontius Pilate the procurator*).

A. D. 147년경. 순교자 져스틴(Just. Mart.) 트리포와의 대화(*Dialog. cum Tryph.*) p. 230.—여러분(유대인)은 예수께서 예언하신 대로 죽은 자들 가운데서 일어나셔서 하늘로 올라가셨음을 알고 있지 않소.

A. D. 230년경. 오리겐(Origen). 마태복음 주석(Comment. in Matth.) p. 234- 이 야고보는 의인으로 백성들 가운데 평판이 자자한 인물이었다. 따라서 플라비우스 요세푸스는 20권으로 된 유대 고대사(the Jewish Antiquities)속에서 성전이 훼파될 정도로 유대인이 최악의 재난을 당하게 된 원인은 유대인이 그리스도라고 부르는 예수의 동생 야고보에게 해를 가하려고 한 데 대한 하나님의 진노 때문이었다고 기술했다. 요세푸스가 예수를 그리스도로 영접하지 않았음에도 불구하고 야고보가 정말 의인이었다고 증언한 것을 보라. 이 얼마나 놀라운 일인가! 게다가 요세푸스는 한걸음 더 나아가 유대인들 스스로도 자신들의 재난은 야고보 때문이라고 실토했다고 말하고 있다.

A. D. 250년경. 오리겐. 켈수스 반박문(Contr. Cels.). 1권 p. 35, 36.-유대인임을 자칭하는 켈수스(Celsus)여! 그대가 유대인이라면 세례 요한을 인정할 것이고, 또 그가 예수께 세례를 준 것을 사실로 인정할 것 아니오. 예수께서는 요한을 가리켜 죄사함을 받게 하는 세례를 베푸는 자라고 하셨소. 요세푸스는 그의 저서 유대 고대사 제 18권에서 요한은 세례 베푸는 자였으며 세례를 받는 자들에게 정결을 약속하였다고 기록하였소. 더우기 요세푸스는 예수를 그리스도로 믿지 않았음에도 불구하고 예루살렘 시와 성전의 멸망의 원인을 살피면서 예수를 살해한 것이 바로 그 이유라고 말하려고 의도했음이 분명하오. 선지자들이 예언한 그리스도를 유대인이 살해했기 때문에 예루살렘 시와 성전이 멸망당한 것이라고 직접적으로 표현하고 싶었으나 요세푸스는 어쩔 수 없이 아래와 같이 표현하였음이 분명하오. 그러나 그의 표현이 사실과 그렇게 틀린 것은 아니오: "이 같은 재난은 그리스도라고 부르는 예수의 동생 의인 야고보를 살해한 것에 대한 보복으로 유대인에게 임한 것이었다. 왜냐하면 유대인이 매우 의로왔던 야고보를 살해했기 때문이었다." 이 야고보는 예수의 참 제자인 바울이 주의 형제(*the Lord's brother*)라고 부른 바로 그 인물이오(갈 1:19). 여기서 형제란 관계가 함

요세푸스

축하고 있는 의미는 근친 관계나 동일한 교육을 받은 관계를 의미하기보다는 가르치는 내용이나 자세가 동일함을 의미하는 것이오. 그러므로 요세푸스가 예루살렘 멸망은 야고보를 살해한 때문이라고 말하고 있는 것은 어쩌면 예루살렘 멸망은 예수님을 살해한 때문이라고 말하고 있는 것으로 보는 편이 더 타당할는지도 모르오.

A. D. 324년경. 유세비우스(Euseb). 복음의 증거(Demonstr. Evan.) 3권 p. 124 - 우리 구세주에 관해 저자가 제시한 증거만으로도 이미 충분하다고 생각한다. 그러나 유대인 요세푸스의 증언을 빼놓을 수 없기 때문에 이제 그의 증언을 들어보도록 하자. 요세푸스는 그의 저서 유대 고대사 제 18권에서 빌라도(Pilate) 때 일어난 일을 서술하면서 우리 구세주에 관해 이같이 기술하였다: "그를 인간이라고 부르는 것이 합당할는지는 모르나 이 당시 예수(Jesus)라고 부르는 한 현인(賢人, a wise man)이 있었다. 그는 놀라운 이적을 행하였으며 진리를 경외하는 자들에게 진리를 가르쳤다. 이에 그의 휘하에 많은 유대인들과 이방인들이 모여 들었다. 그는 그리스도(Christ)였다. 유대인 유력 인사들의 간청에 따라 빌라도가 예수를 십자가에 못박도록 사형 선고를 내리자 그를 처음부터 사랑하던 자들은 그를 버리지 않았다. 왜냐하면 그에 관해 수만 가지의 놀라운 사실을 예언한 예언자들의 말대로 그는 3일 만에 다시 살아나 그들 앞에 나타나셨기 때문이다. 따라서 그리스도의 이름을 따라 그리스도인이라는 족속들이 지금까지도 남아 있는 것이다." 요세푸스의 말을 따를 것 같으면 예수님의 휘하에는 12제자와 70문도 뿐아니라 수많은 유대인과 이방인들이 모여 들었다고 했다. 이로서 요세푸스는 그리스도가 다른 인간들과는 다른 무엇이 있었음을 우리에게 분명히 입증해 주고 있다. 그리스도께서 놀라운 이적을 행하지 않으셨고 비범한 교육 방법을 사용하지 않으셨다면 어떻게 그가 그 많은 유대인들과 이방인들을 끌어 모을 수 있었겠는가? 더우기 성경 사도행전(21 : 20)을 보면 예수가 선지자들이 예언한 바 하나님의 그리스도임을 믿는 유대인들이 수만에 이르렀음을 알 수가 있다.

논문 I

A. D. 330년경. 유세비우스. 교회사(Hist. Eccles.) 1권 11장 — 한편 복음서들은 세례 요한이 아들 헤롯(the younger Herod)에 의해 참수되었다고 전한다. 요세푸스 또한 이 역사를 언급하고 있는데 헤롯이 합법적인 전처와 이혼하고 재혼한 여인이 계수인 헤로디아(Herodias)라고 이름까지 분명히 언급하고 있다. 이혼당한 헤롯의 전처는 페트라 아라비아(the Petrean Arabians)의 왕인 아레타스(Aretas)의 딸이었다. 그런데 게다가 헤롯은 그녀의 남편이 아직 살아있음에도 불구하고 헤로디아를 강제로 이혼하게 만들고 자기 아내로 삼았다. 헤롯이 요한을 살해한 후 아레타스는 자기 딸의 명예를 더럽혔다는 이유로 헤롯에게 전쟁을 걸어왔다. 이 전쟁에서 헤롯의 군대는 전멸을 당했는데 그 원인은 요한을 무고하게 처형한 데 있었다고 요세푸스는 말하고 있다. 요세푸스는 요한이 의인이요 세례주는 자였다고 시인하고 있다. 이 점에서는 복음서와 똑같다. 결국 헤롯은 헤로디아 때문에 그의 왕국을 잃어버리고 골(Gaul)의 한 도시인 비엔나(Vienna)로 추방을 당하였다. 요세푸스가 그의 저서 유대 고대사 제 18권에서 요한에 관하여 기술한 내용은 아래와 똑같다: "일부 유대인들은 헤롯의 군대가 전멸당한 것은 하나님의 징벌이라고 믿었다. 헤롯이 세례 베푸는 자(the *Baptist*)라고 부르는 요한을 처형한 데 대한 하나님의 보복으로 그가 패전한 것은 당연한 결과라는 것이었다. 요한은 선한 인물이었다. 그는 유대인에게 하나님을 경외할 것과 서로 의를 행하면서 살 것을 권면하며 세례받을 것을 강조하였다. (물로) 씻는 것은 죄를 제거(용서)하는 수단이 아니라, 이미 의(義)로 인해 영혼이 완전히 정결해졌다는 사실을 전제로 하고 몸을 정결케 하는 수단으로 사용될 때에만 비로소 가치가 있는 것으로 보았다. 이에 그의 말을 기쁨으로 들은 많은 사람들이 그에게 구름 떼처럼 모여 들었다. 그러자 헤롯은 요한의 뛰어난 설득력이 폭동이나 소란을 일으키지나 않을까 걱정하였다. 무리들은 요한이 지시하면 무엇이든지 물불을 가리지 않고 해낼 것처럼 보였기 때문이었다. 따라서 헤롯은 소란이 일어나도록 방치해 두어 백성의 원망을 듣느니보다는 요한을 제거하여 후환을 없

애는 편이 좋겠다고 생각하였다. 그리하여 이 같은 의심 많은 헤롯의 성격 때문에 요한은 마케루스(Macherus) - 저자가 앞서 언급한 바 있는 성인 - 에 압송되어 그 곳에서 처형당하였다." 요세푸스는 요한 말고 우리 구세주에 관해서도 아래와 같이 언급하였다: "그를 인간이라고 부르는 것이 합당할지는 모르나, 이 당시 예수라고 부르는 한 현인(賢人)이 있었다. 그는 놀라운 이적을 행하였으며 진리를 경외하는 자들에게 진리를 가르쳤다. 이에 그의 휘하에 많은 유대인들과 이방인들이 모여 들었다. 그는 그리스도였다. 유대인 유력 인사들의 간청에 따라 빌라도가 예수를 십자가에 못박도록 사형 선고를 내리자 그를 처음부터 사랑하던 자들은 그를 버리지 않았다. 왜냐하면 그에 관해 수만 가지의 놀라운 사실을 예언한 예언자들의 말대로 그는 3일 만에 살아나셔서 다시 그들 앞에 나타나셨기 때문이다. 따라서 그리스도의 이름을 따라 그리스도인이라는 족속들이 지금까지도 남아 있는 것이다." 히브리인인 요세푸스가 그의 저서에서 세례 요한과 우리 구세주에 관해 이같이 증언하고 있다면, 그 확실성을 의심할 여지가 어디 있는가?

한편 야고보는 너무나 뛰어난 인물이었고 의인으로 평판이 자자한 사람이었기 때문에 분별력이 있는 유대인들은 야고보를 살해한 것이 예루살렘 패망의 원인이라고 생각하였다. 야고보를 무고하게 처형한 죄 외에는 달리 그 이유를 설명할 방법이 없었기 때문에 요세푸스는 그 점을 단도 직입적으로 인정하고 아래와 같이 기술하였다: "이 같은 재난은 그리스도라고 부르는 예수의 동생 의인 야고보를 살해한 죄에 대한 형벌로 유대인에게 임한 것이었다. 왜냐하면 유대인이 매우 의로왔던 야고보를 살해했기 때문이었다."

요세푸스는 그의 저서 유대 고대사 제 20권에서 야고보의 죽음을 아래와 같이 기술하였다: "케사르는 페스투스(Festus)가 죽었다는 소식을 듣고 알비누스(Albinus)를 총독으로 유대로 보냈다. 한편 그 당시 대제사장이었던 아나누스 2세(Ananus, junior)는 그 성격이 매우 대담하였다. 그는 우리가 앞서 살펴본 대로 다른 유대인들보다 판단이 성급한 사두개파의 일원이었다. 아나누스는 이와 같은 성격의 소유자인 데다가 페스투스는 이미 죽고 알비누스는 아직 부임해 오지 않은 권력의 공백 기간이 생기자 이 때가 바로 자신의 권위를 마음껏 행사할 수 있는 적기라고 생각하였다. 이에 그는 산헤드린 공회를 소집하고 그리스도라 부르는 예수의 동생 야고보와 (그의 동료) 몇 명을 공회 앞에 출두시켰다. 아나누스는 이들을 율법을 범한 죄로 고소하고 마침내 돌로 쳐죽이라고 사형 선고를 내렸다. 이에 율법을 범하는 것을 가장 싫어하며 공평하기를 원하는 유대인들은 아나누스의 처사를 매우 못마땅하게 생각하였다. 그리하여 그들은 (아그립바) 왕에게 사람을 보내 아나누스의 처사는 아무리 해도 정당화 될 수 없는 행위였음을 밝히고 다시는 그런 일을 하지 못하도록 조처해 달라고 간청하였다."

A. D. 360년경. 암브로스, 혹은 헤게시푸스(Ambrose, or Hegesippus) 예루살렘 시의 멸망(de Excid. Urb. Hierosolym). 2권 12장 — 헤롯의 군대가 전멸당한 것은 인간의 계략에 넘어가서가 아니라, "왕의 계수를 취하는 것은 옳지 않습니다"라고 충고를 서슴지 않은 의인인 세례 요한을 살해한 죄에 대한 하나님의 정당한 분노의 보복이었다는 견해가 그 당시 유대인들의 견해였음을 우리는 요세푸스의 저서를 통해 알 수가 있다(요세푸스는 자신에 대해 불리한 진술까지도 기록한 역사가로 우리가 결코 무시해서는 안 될 인물이다).

유대인들은 요한뿐 아니라 그리스도에 관해서도 증언을 하고 있다는 점을 요세푸스를 통해 발견할 수가 있다. 요세푸스는 아래와 같이 서술하고 있다: "그를 인간이라고 부르는 것이 합당할는지는 모르나 이 당시 위대한 기적을 행한 현인이 한 분 있었다. 그에 관해 수만 가지의 이적을 예언한 선지자들의 예언에 따라 그는 죽었으나 죽은 자 가운데서 3일 만에 다시 부활하여 제자들 앞에 나타났다. 그런데 바로 이 분으로부터 그리스도인이라는 무리들이 생겨 전 세계로 퍼지게 된 것이다. 따라서 오늘날 로마 제국 안에 이 종교를 모르는 지역은 한 군데도 없다." 만일 유대인들이 우리의 말을 믿지 못한다면 같은 유대인인 요세푸스의 말은 믿어야 할 것이다. 유대인들이 위대한 인물로 존경하는 요세푸스가 이같이 말했으니 어디 여부가 있겠는가? 요세푸스는 바른 생각의 길에서 떠나 자신이 말하고 있는 그리스도를 믿지는 않았으나 역사적 진실을 전해야겠다는 신념에서 이같이 말했던 것이다. 비록 마음의 완악함과 불의한 의도 때문에 그리스도를 믿는 신자가 되지는 못했으나 사실을 숨긴다는 것은 결코 옳지 못한 일이라고 생각했기 때문이다. 어찌 되었든간에 그가 신자가 아니라는 점이 오히려 편견을 방지해 주었을 것이다. 불신자이기 때문에 그런 사실을 인정하기를 꺼려하면서도 그렇게 인정하지 않을 수 없었다는 점이 오히려 요세푸스의 증언에 더 큰 신빙성을 갖게 만드는 요인이 된 것이다.

A. D. 400년경. 히에로니무스(Hieronymus). 기독교 저술가, 전기 사전의 요세푸스편(de Vir. Illustr. in Josepho) — 요세푸스는 그의 저서 유대 고대사 제 18권에서, 그리스도가 뛰어난 이적을 베풀었기 때문에 바리새인들에게 살해되었다는 점과 세례 요한이 참 선지자였다는 점과 예루살렘이 사도 야고보를 살해한 죄로 멸망당했다는 점을 분명하게 언급하고 있다. 이제 우리 주님에 관한 요세푸스의 증언을 들어보자: "그를 인간이라고 부르는 것이 합당할는지는 모르나 이 당시 예수라고 부르는 한 현인이 있었다. 그는 놀라운 이적을 행하였으며 진리를 쉽게 받아들이는 자들에게 진리를 가르쳤다. 이에 그의 휘하에는 수많은 유대인과 이방인들이 몰려들었다. 그는 이들에 의해 그리스도(Christ)로 믿어졌다. 유대인 유력 인사들의 간청에 따라 빌라도가 그에게 십자가의 사형 선고를 내리자 그를 처음부터 사랑하던 자들은 그를 버리지 않았다. 왜냐하면 그에 관해 수만 가지의 놀라운 사실을 예언한 선지자들의 예언대로 그가 죽은 자 가운데서 3일 만에 부활하여 그들 앞에 나타나셨다. 그리하여 그의 이름을 본떠 지은 그리스도인이라는 종파가 오늘날까지 남아 있게 된 것이다."

논문 I

A. D. 410년경 펠루시움의 이시도루스(Isidorus Pelusiota) 크리소스톰의 제자들(The Scholar of Chrysostom). 4권. 서신 225번
- 율법에 대한 열정이 대단한 유대인 가운데 요세푸스라는 유명 인사가 있었다. 그는 구약을 알기 쉽게 풀어 썼을 뿐 아니라 유대인을 옹호하기 위해 용감히 싸웠으며 유대인의 정치 체제가 말로 형용할 수 없을 정도로 고귀하다는 사실을 입증하였다. 그러나 요세푸스는 유대인의 유익보다는 진실을 앞세웠다. 따라서 그는 유대인의 유익이 된다 하더라도 거짓은 옹호하지 않았다. 그러므로 나는 그의 글을 살펴볼 가치가 있다고 생각한다. 그가 무엇이라고 그리스도에 관해 기술하고 있는지 한번 살펴 보자: "그를 인간이라고 부르는 것이 합당할는지는 모르나, 이 당시 예수라고 부르는 한 현인이 있었다. 그는 놀라운 이적을 행하였으며 진리를 기쁘게 받아들이는 자들에게 진리를 가르쳤다. 이에 그의 휘하에 많은 유대인들과 이방인들이 모여 들었다. 그는 바로 그리스도였다. 유대인 유력 인사들의 간청에 따라 빌라도가 예수를 십자가에 못박도록 사형 선고를 내리자 처음부터 그를 사랑하던 자들은 그를 버리지 않았다. 왜냐하면 그에 관해 수만 가지의 놀라운 예언을 한 예언자들의 말대로 그는 3일만에 부활하여 다시 그들 앞에 나타났다. 따라서 그리스도의 이름을 본뜬 그리스도인이라는 족속들이 지금까지도 남아 있는 것이다." 나는 여러 점에서 요세푸스의 진리를 사랑하는 자세를 크게 존경하지만 특히 "예수께서 진리를 기쁨으로 받아들이는 자들에게 진리를 가르치셨다"고 기록한 점에서 더욱 요세푸스가 존경스럽게 느껴진다.

A. D. 440년경. 소조멘(Sozomen). 교회사(Hist. Eccles.) 1권 1장
- 제사장이며 유대인과 로마인 사이에서 명성을 떨쳤던, 마티아스(Matthias)의 아들 요세푸스는 그리스도의 역사적 진실성을 잘 입증해 준다고 볼 수가 있다. 요세푸스는 그리스도가 놀라운 이적을 행한 데다가 진리의 교사였기 때문에 그를 인간이라고 부르는 것조차 꺼려하였다. 또한 그는 예수를 그리스도라고 공공연히 지칭했는가

하면 예수가 십자가에 처형되었다가 3일 만에 부활하였음을 인정하였고 예언자들이 그에 대해 수만 가지의 놀라운 예언을 했음을 솔직히 시인하였다. 게다가 요세푸스는 유대인뿐 아니라 이방인들까지도 수많은 인파가 예수의 휘하에 몰려들었음과 예수로부터 시작된 그리스도인이 그 당시에도 존재해 있었음을 증언해 주고 있다. 내가 보기에는 요세푸스가 이같은 표현으로 그리스도가 바로 하나님이라고 선포하려했던 것이 아닌가 생각된다. 그러나 요세푸스는 그리스도에게서 너무나 신기한 것을 본 나머지 큰 충격을 받아 자칫하면 신자들에게 누가 될까봐 중립적인 입장을 견지하면서도 신자들을 옹호하는 편에서 글을 쓴 것같다.

A. D. 510년경. 카시오도루스(Cassiodorus) 삼부로 된 역사, 소조메노편(Hist. Tripartit. e Sozomeno) — 제사장이며 유대인과 로마인 사이에서 명성을 떨쳤던, 마티아스의 아들 요세푸스 또한 그리스도의 역사성을 증언해 주는 증인이다. 요세푸스는 그리스도가 놀라운 이적을 행하고 참 진리의 교사라는 점에서 그를 인간으로 부르기를 삼갔다. 요세푸스는 또한 예수를 그리스도로 공공연히 지칭하였으며, 예수가 십자가에 달려 돌아가신 후 3일 만에 부활하였음과 많은 거룩한 선지자들이 그에 관해 수만 가지의 예언을 하였음을 인정하고 있다. 게다가 요세푸스는 예수가 살아 있을 당시 선택한 많은 유대인과 헬라인들이 계속해서 예수를 사랑했으며, 그리하여 결국은 그리스도인이라는 종파가 지금까지 남아 있게 된 것임을 입증해 주고 있다.

A. D. 640년경(Chron. Alex.) p. 514 — 요세푸스는 그의 저서 유대 고대사 제 18권에서 거룩한 사람인 세례 요한이 헤롯의 동생인 빌립의 아내, 즉 헤롯의 계수인 헤로디아 때문에 참수되는 경위를 서술하고 있다. 그의 이야기를 들어보면 다음과 같다: 헤롯은 합법적인 아내인 전처와 이혼을 하였는데 그녀는 페트라(Petra)의 왕인 아레타스(Aretas)의 딸이었다. 헤롯은 그녀의 남편이 아직 살아

논문 I

있음에도 불구하고 헤로디아를 남편과 이혼하게 만들고 자기 아내로 삼았다(세례 요한은 이에 반대하다가 처형을 당했다). 이에 아레타스는 자기 딸의 명예를 더럽혔다는 이유로 헤롯에게 전쟁을 걸어왔다. 이 전쟁에서 헤롯의 군대가 전멸을 당했는데, 그 원인은 세례 요한을 아무 죄없이 살해 한데 있었다고 요세푸스는 말하고 있다. 결국 헤롯은 헤로디아 때문에 그의 왕국까지 잃어 버리고 리용(Lyons) 시로 그녀와 함께 추방당했다고 한다.

p. 526, 527 – 우리 주님이 3년간 진리를 가르치셨다는 사실은 거룩한 복음서로부터는 물론 지혜로운 히브리인이었던 요세푸스의 저서를 볼 때 분명히 입증되고 있다.

p. 584, 586 – 요세푸스는 그의 저서 (유대) 전쟁사 제 5권에서 예루살렘이 베스파시안 황제 재위 제 3(2)년, 그러니까 유대인이 예수를 처형한 후 40년이 지난 때에 함락이 되었다고 기술하고 있다. 게다가 바로 그 때 예루살렘의 감독이었던 우리 주님의 동생 야고보가 (성전으로부터) 아래로 내던져져서 돌에 맞아 숨졌다고 우리에게 알려 주고 있다.

A. D. 740년경 아나스타시우스 아바스(Anastasius Abbas) 유대인 반박문 (contr. Jud.) – 그대들과 동족인 저술가 요세푸스가 그리스도에 관해 한 말을 잘 알고 있을 것이 아닌가? 그리스도가 하나님의 은총으로 인해 선하고 의로운 인물임이 드러났으며 또 실제로도 많은 이들에게 수다한 이적과 기적으로 도움을 주었다고 중언한 요세푸스의 말을 들어 보라.

A. D. 790년경 게오르기우스 신켈루스(Georgius Syncellus) 역대기(Chron.) p. 339 – 이 같은 재난은 그리스도라고 부르는 예수의 동생 의인 야고보를 살해한 죄에 대한 형벌로 유대인에게 임한 것이었다. 왜냐하면 유대인이 매우 의로왔던 야고보를 살해했기 때문이었다. 한편 아나누스는 대담하고 급한 성격의 소유자였는데 페스투스는 이미 죽고 알비누스는 아직 총독으로 부임해 오지 않은 권

213

요세푸스

력의 공백 기간이 생기자 이 때가 바로 자신의 권위를 마음껏 행사할 수 있는 적기라고 생각하였다. 이에 그는 산헤드린 공회를 소집하고 그리스도라 부르는 예수의 동생 야고보와 (그의 동료) 몇 명을 공회 앞에 출두시켰다. 아나누스는 이들을 율법을 범한 죄로 고소하고 마침내 돌로 쳐죽이라고 사형 선고를 내렸다. 이에 율법을 범하는 것을 가장 싫어하며 공평하기를 원하는 유대인들은 아나누스의 처사를 매우 못마땅하게 생각하였다. 그리하여 그들은 (아그립바) 왕에게 사람을 보내 아나누스의 처사는 아무리 해도 정당화 될 수 없는 행위였음을 밝히고 다시는 그런 일을 하지 못하도록 해달라고 간청하였다.

A. D. 850년경 요한 말레라(Johan Malela) 역대기(Chron.) 10권 - 유대의 철학자인 요세푸스의 말에 따르면, 그때부터 유대인의 몰락이 시작되었다고 한다. 그의 말을 들어보자: "(그를 하나님이 아니라 인간이라고 부르는 것이 합당할는지는 모르나) 선하고 의로운 사람이었던 그리스도를 유대인들이 처형한 다음부터 유대 땅은 고통에서 벗어난 적이 없다." 이상이 유대인인 요세푸스가 그의 저서에서 한 말이다.

A. D. 860년경 포티우스(Photius) Cod. 48권 - 나는 우주에 관한 (*About the Universe*) 요세푸스의 논문인 우주의 본질론(*Of the Substance of the Universe*)을 읽은 적이 있다. 이 논문은 두 개의 소논문으로 구성되어 있다. 여기서 요세푸스는 세계의 기원을 간략하게 다루고 있다. 그런데 요세푸스는 이 논문에서 유일하신 참 하나님이신 그리스도의 신성에 관해서 언급하고 있는데 그 논조가 우리가 말하는 것과 거의 유사하다. 즉 그리스도라는 명칭을 똑같이 사용하는 것은 물론 조금도 흠잡을 데가 없을 정도로 완벽하게 성자의 발생에 관해서도 언급하고 있다. 이 때문에 일부 사람들은 이 논문이 용어 사용면에서 다른 요세푸스의 저서들과 조금도 다를 바가 없음에도 불구하고 요세푸스의 저작성을 의심하고 있는 것이다. 어

찌 되었든간에 나도 어떤 글에서가 이 논문이 요세푸스가 쓴 글이 아니면 장로인 카이우스(Caius)가 쓴 글이라는 이야기를 읽은 적이 있다.

Cod. 238권 - 요세푸스에 따르면, 헤롯 대왕의 아들이요 갈릴리와 베뢰아의 분봉왕인 헤롯은 동생인 빌립의 아내, 즉 계수인 헤로디아(Herodias)를 사랑하게 되었다고 한다. 헤로디아는 헤롯 대왕의 손녀로서 형제지간인 아그립바와 함께 처형을 당한 아리스토불루스의 딸이었다. 그런데 헤롯이 계수를 동생과 이혼하게 만들고 자신의 아내로 삼았다는 것이다. (그리스도의) 선구자인, 위인인 세례 요한을 살해한 자가 바로 이 헤롯인 것이다. 요세푸스에 의하면 백성들이 모두 세례 요한의 말이라면 무슨 말이라도 순종하는 것을 보고는 요한이 폭동을 선동할까봐 두려워하여 헤롯이 그를 살해하였다고 한다. 이 헤롯의 시대에 우리 주님이 수난을 당하신 것이다.

Cod. 33권 - 나는 티베리아스의 유스투스의 역대기(the Chronicle of Justus of Tiberias)를 읽은 적이 있다. 그런데 유스투스는 막상 적어야 할 필요가 있는 것은 거반 생략하였다. 유대인 태생이기에 어쩔 수 없이 가질 수밖에 없었던 편견 때문에 그는 그리스도의 도래(到來)나 행적이나 기적에 관해서 일언 반구의 언급도 하지 않았다.

연대 미상. 마카리우스(Macarius) 악티스 상토룸(Actis Sanctorum) 5권(tom. v.) p. 149. 요세푸스의 작품(*ap. Fabric. Joseph.*) p. 61 - 예루살렘의 제사장이요, 유대 역사를 진실하게 기록한 역사가인 요세푸스는 참 하나님이신 그리스도께서 성육신하시고 십자가에 못박혀 죽으시고 3일 만에 부활하신 것을 잘 입증해 주고 있다. 그의 저서는 공공 도서관에 아직도 보관되어 있다. 이제 그의 말에 귀를 기울여 보자: "그를 인간이라고 부르는 것이 합당할는지는 모르지만, 이 당시 예수라고 부르는 한 현인(賢人)이 있었다. 그는 놀라운 이적을 행하였으며 진리를 기쁨으로 받아들이는 자들에게 진리를 가르쳤다. 이에 그의 휘하에 많은 유대인들과 이방인들이 모여들었다. 그는 그리스도였다. 유대인 유명 인사들의 간청에 따라 빌

요세푸스

라도가 예수를 십자가에 못박도록 사형 선고를 내리자 그를 처음부터 사랑하던 자들은 그를 버리지 않았다. 그에 관해 수만 가지의 예언을 했던 선지자들의 말대로, 그는 3일 만에 부활하여 다시 그들 앞에 나타나셨기 때문이다. 따라서 그리스도의 이름을 본뜬 그리스도인이라는 족속들이 지금까지도 남아 있는 것이다." 히브리인인 요세푸스가 우리 구세주에 관한 증언을 이같이 그의 저서에 명백히 기록하였으니 불신자들이 변명할 여지가 어디 있는가?

A. D. 980년경. 수이다스(Suidas) 예수의 음성 (voce 'Iησους) — 예루살렘 멸망에 관한 글을 쓴 요세푸스(유세비우스 팜필리 [Eusebius Pamphilii]가 그의 교회사 [Ecclesiastical History]에서 자주 언급하고 있는)는 그의 저서 포로기의 수상록(Memoirs of the Captivity)에서 예수가 성전에서 제사장들과 함께 직무를 행했다(Jesus officiated in the temple with the priests)고 드러내 놓고 말하고 있다. 사도 시대 직후의 인물인 요세푸스의 증언이 이와 같다.

A. D. 1060년경. 케드레누스(Cedrenus). 간추린 역사(Compend. Histor.) p. 196 — 요세푸스는 세례 요한에 관해서 아래와 같이 기술하고 있다: "일부 유대인들은 헤롯의 군대가 전멸당한 것은 하나님의 징벌이라고 믿었다. 헤롯이 세례 베푸는 자(the Baptist)라고 부르는 요한을 처형한 데 대한 하나님의 보복으로 그가 패전한 것은 당연한 결과라는 것이었다. 요한은 선한 인물이었다. 그는 유대인에게 하나님을 경외할 것과 서로 의를 행하면서 살 것을 권면하며 세례를 받을 것을 강조하였다." 요세푸스는 또한 그리스도에 관해서도 이같이 언급하고 있다: "그를 인간이라고 부르는 것이 합당할는지는 모르나, 이 당시 예수라고 부르는 한 현인이 있었다. 그는 놀라운 이적을 행하였으며 진리를 기쁨으로 받아들이는 자들에게 진리를 가르쳤다. 이에 그의 휘하에 많은 유대인들과 이방인들이 모여들었다. 빌라도가 그리스도를 십자가에 못박은 후에도 그를 처음부터 사랑하던 자들은 그에 관해 설교하는 것을 그치지 않았다. 왜냐하

면 예수가 그에 관해 수만 가지의 예언을 한 선지자의 말대로 3일 만에 다시 살아나셔서 그들에게 나타나 보이셨기 때문이었다."

A.D. 1080년경. 테오필락트(Theophylact) Joan. 13권 - 하나님의 무서운 진노가 임하여 유대인의 (예루살렘) 시는 멸망당했다. 이는 예수의 죽음에 대한 형벌로 인한 재난이었다.

A.D. 1120년경. 조나라스(Zonaras) 연대기(Annal) 1권 p. 267 - 요세푸스는 그의 저서 유대 고대사 제 18권에서 우리 주님이신 하나님 예수 그리스도에 관하여 이같이 기술하였다: "그를 인간이라고 부르는 것이 합당할는지는 모르지만, 이 당시 예수라고 부르는 한 현인이 있었다. 그는 놀라운 이적을 행하였으며 진리를 기쁨으로 받아들이는 자들에게 진리를 가르쳤다. 이에 그의 휘하에 많은 유대인들과 이방인들이 모여 들었다. 그는 그리스도였다. 유대인 유력 인사들의 간청에 따라 빌라도가 예수를 십자가에 못박도록 사형선고를 내리자 그를 처음부터 사랑하던 자들은 그를 버리지 않았다. 왜냐하면 그에 관해 수만 가지의 예언을 했던 선지자들의 말대로 그는 3일만에 부활하여 다시 그들 앞에 나타나셨기 때문이다. 따라서 그의 이름을 따른 그리스도인이라는 족속들이 지금까지 남아 있는 것이다."

A.D. 1120년경. 글리쿠스(Glycus) 연대기(Annal) p. 234 - 필로(Philo) 다음에는 현인인 요세푸스가 활약하였다. 요세푸스는 애진자(愛眞者, *The Lover of Truth*)라고 부를 수 있는 인물이다. 왜냐하면 우리 주님께 세례를 베푼 요한을 칭찬했을 뿐 아니라 그리스도도 현인이요 위대한 이적을 행한 자라고 소개하면서 십자가에 못박혔다가 3일 만에 부활했다고 증언하고 있기 때문이다.

A.D. 1170년경. 고트프리두스 비테르비엔시스(Gotfridus Viterbiensis) 역대기(Chron) p. 366 루피누스의 글에서(*e Vers. Ru-*

요세푸스

fini)-요세푸스는 헤롯이 요한을 살해한 죄에 대한 형벌로 발발하게 된 아라비아 왕 아레타스와 헤롯간의 대전투를 언급하고 있다. 또한 요세푸스는 그리스도에 관해서도 아래와 같이 기술하고 있다: "그를 인간이라고 부르는 것이 합당할는지는 모르나, 이 당시 예수라고 부르는 한 현인이 있었다. 그는 놀라운 이적을 행하였으며 진리를 기쁨으로 받아들이는 자들에게 진리를 가르쳤다. 이에 그의 휘하에 많은 유대인들과 이방인들이 모여 들었다. 그는 그리스도였다. 유대인 유력 인사들의 고소에 의해 빌라도가 그를 십자가에 못박도록 사형 선고를 내렸음에도 불구하고 그를 처음부터 사랑하던 자들은 그를 버리지 않았다. 왜냐하면 하나님의 영감을 받은 선지자들이 그에 관해 수만 가지의 예언을 한 대로 가 3일만에 부활하여 다시 그들 앞에 나타났기 때문이다. 이에 그의 이름을 본뜬 그리스도인이라는 이름과 종파가 지금까지 남아 있는 것이다."

A. D. 1360년경. 니케포루스 칼리스투스(Nicephorus Callistus) 교회사(Hist. Eccles.)

1권 P. 90, 91-이 분봉왕 헤롯에 대해서는 성 복음서뿐 아니라 애진자(愛眞者)인 요세푸스의 저서에서도 언급이 되고 있다. "헤롯은 합법적인 아내인, 페트라 아라비아의 왕인 아레타스의 딸과 이혼한 후 계수와 결혼을 하였다. 그것도 동생이 버젓이 살아 있음에도 불구하고 강제로 이혼을 하게 한 후 자기 아내로 삼은 것이었다. 그러나 요한을 처형한 후에 이 헤로디아 때문에 헤롯은 아레타스와 전쟁을 치르지 않을 수가 없었다. 왜냐하면 아레타스가 자기 딸의 명예를 실추시켰다는 이유로 헤롯에게 전쟁을 걸어왔기 때문이었다. 이 전쟁에서 헤롯의 군대는 전멸을 당하였다. 이는 그가 세례 요한을 무고하게 살해한 죄에 대한 형벌로 지극히 당연한 것이었다." 요세푸스는 요한이 의로운 인물이었다고 지적하고 있다. 이같이 볼 때 요세푸스는 복음서와 모든 면에서 일치하고 있다. 요세푸스는 헤롯의 말로에 관해서도 이같이 전해 주고 있다: "헤롯은 헤로디아 때문에 그의 왕국까지 상실하였다. 게다가 헤롯은 그녀와 함께 비엔나(Vienna) 시로 추방되는 비운을 맞이하

논문 I

였다. 비엔나는 서방의 맨끝에 있는 도시로 골(Gaul) 지방과 연접해 있는 도시이다."

A. D. 1450년경 하르드마누스 셰델리우스(Hardmannus Schedelius) 역대기(Chron.) p. 110- 제사장이요 저명한 역사가이며 다재 다능한 인물인, 마티아스의 아들 플라비우스 요세푸스는 그리스도를 매우 높게 평가하였다.

A. D. 1480년경 플라티나(Platina) 교황들의 생애, 그리스도편 (de Vitis Pontificum, in Christo) - 그리스도가 사가랴의 아들 요한에게 세례를 받을 때 나이인 30세까지 무엇을 하셨는지에 관해서는 언급을 피하기로 하겠다. 왜냐하면 복음서와 서신서뿐 아니라 그의 삶과 행동과는 거리가 먼 책들까지도 이 기간의 일에 관해서는 많이 기록해 놓았기 때문이다. 따라서 디베료 황제 때까지의 유대의 고대 역사를 헬라어로 기술한 플라비우스 요세푸스의 그리스도의 공생애에 관한 증언을 살펴보도록 하자: "그를 인간이라고 부르는 것이 합당할지는 모르나, 이 때 예수라고 부르는 한 현인이 있었다. 그는 놀라운 이적을 많이 행하였으며, 진리를 기쁨으로 받아들이는 자들에게 진리를 가르쳤다. 이에 그의 휘하에 많은 유대인들과 이방인들이 몰려 들었다. 그는 그리스도였다. 그러나 유대 유력 인사들의 선동에 넘어간 빌라도가 그를 십자가에 못박도록 사형 선고를 내렸음에도 불구하고 그를 처음부터 사랑하던 자들은 결코 그를 버리지 않았다. 왜냐하면 하나님의 영감을 받은 선지자들의 예언대로 그가 3일 만에 다시 살아나 그들 앞에 나타났기 때문이었다. 따라서 그리스도인(*Christians*)이라는 그 유명한 이름과 종파가 지금까지 존재하게 된 것이다."

게다가 요세푸스는 세례 요한이 참 선지자였기 때문에 모든 백성의 존경을 받았으나 그리스도가 죽기 바로 얼마 전에 마케루스 성에서 헤롯 대왕의 아들인 헤롯에 의해 살해를 당했다는 사실도 전해 주고 있다. 그것도 자신이나 자신의 왕국에 위협적인 존재였기 때문이 아니라 자신이 계수와 근친 상간의 죄를 저지른 것을 비난했다는 이유로 요한을 살해한 것이라고 요세푸스는 지적하고 있다.

A. D. 1480년경. 트리테미우스 아바스(Trithemius Abbas) 교회의 역사가(de Scriptor. Eccles.) — 유대인 요세푸스는 계속 유대인으로 남아 있었음에도 불구하고 자주 그리스도인을 칭찬했을 뿐 아니라 그의 저서 유대 고대사 제 18권에서 우리 주 예수 그리스도에 관해 유명한 증언을 남겼다.

전기(前記)한 증거들과 인용문들에 관한 저자의 소견

I. 위에서 열거한 저술가들이 요세푸스를 인용한 인용문의 문체(style)가 요세푸스의 문체, 더군다나 유대 고대사 부분의 문체와 동일하다. 세례 요한과 의인 야고보에 관한 인용문의 문체가 동일하다는 점에서는 아무도 이의를 제기하는 사람이 없는 것처럼 그리스도에 관한 인용문의 문체가 동일하다는 점에 대해서도 이론(異論)을 제기하는 자가 없다.

II. 이 증언들이 요세푸스 자신이 쓴 것이라는 점이 이론의 여지가 없는 사실로 받아들여지고 있다면 그가 예수 그리스도에 관한 증언을 전혀 하지 않았다고 주장하는 것은 말도 되지 않는다. 요세푸스가 세례 요한과 의인 야고보를 존경하는 어조로 기술하고 있는 것이 사실이라면 예수 그리스도에 관한 증언에 지대한 존경과 경외의 내용이 포함된 것은 지극히 당연한 일이다. 나사렛 예수의 선구자인 세례 요한과 그의 말을 듣고 예수를 참 메시아로 믿고 그의 제자가 된 많은 사람들에 관해 좋은 반응을 보인 요세푸스가 나사렛 예수에 관해 존경의 말을 한 것은 너무나도 당연한 일이 아닌가? 게다가 그리스도가 태어나서 살다가 돌아가신 바로 그 나라에, 그것도 그리스도가 죽으신 바로 직후에 활동한 요세푸스가 예수에 관해 경의에 찬 말을 한 마디라도 하지 않을 수 있었겠는가? 진정 이는 불가능한 일이다. 요세푸스와 동시대에 유대와 예루살렘의 유대인 기독교 신자의 유일한 감독으로 수년간 봉사했으며 예수 그리스도의 주요 제자요 사도였던 의인 야고보를 지칭할 해 그리스도라고 부르는 예수의 동생 야고보(*James, the brother of Jesus, who was called Christ*)라고 호칭하면서 우호적인 평을 내린 요세푸스가 야고보의 스승인 예수 그리스도에 관해 존경의 찬사를 올리는 일을 까맣게 잊어버릴 수 있을까? 이는 거의 불가능한 일이다. 현재 우리가 소유하고 있는 유대 고대사의 사본에 나타나 있는 요세푸스의 그리스도에 관한 증언은 거짓이라고 주장하는 최근의 학자들 가운데서 가장 박식한 이티기우스(Ittigius)의 말을 들어보도록 하자: "혹자는 요세푸스가 그리스도의 선구자인 세례 요한에 관해서나 그리스도의 제자인 야고보에 관해서 증언하기를 빼놓지 않았다고 내게 반론을 제기할는지도 모른다. 그리고 만일 요세푸스가 그리스도에 관해 일절 아무 말도 하지 않았다면 그는 참된 역사가라고 볼 수 없다고 내게 반대 의견을 제시할는지도 모른다. 그렇다. 나도 요세푸스가 그리스도에 관해서 완전히 침묵을 지켰다고 보지는 않는다. 게다가 한걸음 더 나아가서 요세푸스가 그리스도에 관해 언급을 했다면 분명코 칭찬의 말을 빼놓지 않았을 것이라는 사실도 솔직히 인정한다. 왜냐하면 현대 유대인들이 그리스도에 관해 갖는 뿌리 깊은 증오심을 우리가 공유(共有)할 필요는 없기 때문이다. 이들의 증오심은 사도들이 매일같이 그리스도의 이름으로 이적을 행하면서 거룩한 두려움을 마음에 심어줄 때 증오로 대항했던 옛날의 유대인들의 자세와 똑같은 것이기 때문이다."

Ⅲ. 그리스도에 관한 요세푸스의 증언 가운데 나타나는 유명한 구절인 "그는 그리스도였다"(*This was Christ or the Christ*)"는 표현은 이 예수가 하나님의 그리스도(*Christ of God*) 혹은 유대인의 참

요세푸스

메시야(the *true Messiah* of the Jews)라는 의미가 아니다. 단지 수많은 예수라는 이름을 가진 자들 - 요세푸스도 예수라는 이름을 가진 자들을 그의 역사서에 여러 명 언급하고 있듯이 - 가운데서 그리스도라는 이름을 붙이면 다른 이들과 구별이 되는 바로 그 예수라는 뜻으로 사용된 표현이거나, 아니면 그의 추종자들을 그리스도인(*Christians*)이라고 부르고 있고 예수 그리스도(*Jesus Christ*)라고 하면 모든 세상 사람들이 다 아는 바로 그 그리스도라는 뜻으로 사용된 표현인 것이다. 저자는 이것이 명백하다고 생각하는데 그 논거(論據)는 다음과 같다:

(1) 요세푸스가 유대 고대사를 쓴 대상인 헬라인들과 로마인들은 이상과 같은 뜻 외에 달리 이 구절을 이해할 수가 없기 때문이다. 메시야가 그리스도, 즉 하나님의 기름부음을 받은 자(the *annointed of God*)이며 그가 하나님의 백성을 상대로 왕, 선지자, 제사장의 직분을 행하는 임무를 떠고 있다는 사실을 안 유대인들이나 후대의 기독교인들은 메시야라는 뜻의 그리스도라는 표현을 쉽게 이해할 수 있었을지는 몰라도 요세푸스의 저서를 읽을 대상인 헬라인들과 로마인들은 결코 이런 뜻을 알 수가 없었을 것이다. 그들은 단지 예수 그리스도(*Jesus Christ*)라고 부르는 한 유명 인사가 유대에 살았었다는 사실이나 예수 그리스도가 그리스도인이라고 부르는 많은 추종자들을 거느린 새 종파를 창설했다는 사실만을 알고 있었을 것이다. 그들은 단지 이런 의미에서만 요세푸스의 그같은 표현을 이해할 수 있었을 것이고, 또한 요세푸스도 그 같은 뜻으로 이해하기를 바라고 그런 표현을 썼을 것이다. 요세푸스는 그의 저서 어디에서도 메시야(*Messiah*)라는 히브리 용어를 쓴 적이 없고 또한 그 같은 의미의 그리스도(*Christ*)라는 헬라어를 사용한 적도 없다.

(2) 요세푸스 자신이 그 증언의 마지막 구절에서 그 뜻을 잘 설명해 주고 있기 때문이다. 마지막 구절에서 요세푸스는 그리스도인은 단지 그리스도라는 이름에서 본뜬 것이라고만 설명하고 있다. 즉

논문 I

그리스도라는 단어에 참 메시야 혹은 하나님의 그리스도(Christ of God)라는 뜻의 어떤 부가어도 첨가되지 않고 있다는 말이다. 더우기 요세푸스의 이 같은 의도는 예수를 또 한 번 언급하고 있는 구절에서 분명히 드러내 보이려고 한 것 같다. 즉 그는 야고보가 아나누스에 의해 사형 선고를 받는 장면을 기술하면서 "참 메시야(true Messiah) 혹은 참 그리스도(the true Christ)라고 부르는 예수의 동생 야고보"라고 하지 않고 단지 "그리스도라고 부르는 예수의 동생 야고보"라고만 표현하였다.

(3) 게다가 요세푸스가 여기서 자신을 그리스도인이나 혹은 예수를 참 메시야로 믿는 신자로 선포하는 것은 그의 의도와는 완전히 벗어나는 일이기 때문이다. 만일 요세푸스가 그럴 의도가 있었다면 그는 헬라인과 로마인 독자들에게 그리스도(Christ)라는 단어의 의미를 분명히 설명했을 것이다. 게다가 그리스도나 기독교에 관해서 더 많은 지면을 할애하여 상술했을 것이다. 더우기 그 당시의 형편을 고려해 볼 때 이같은 선언은 헬라인들이나 로마인들에게 있어서 그 자신이나 그의 저서나 그의 조국인 유대국에 하등의 유리한 점이 없었을 것이다. 유대 고대사를 살펴볼 때 요세푸스는 헬라인들과 로마인들 사이에서 명성을 얻기 위해 많은 애를 쓴 흔적이 역력한데 그가 자신을 기독교인으로 선포했다는 점은 납득하기 어려운 것이다.

(4) 또한 요세푸스의 서술 방식은 사실이나 남의 의견을 역사적으로 기술하는 방식을 주로 취하고 있으며 자신의 견해를 직접적으로 기술하는 일은 거의 드물기 때문이다. 이 같은 사실은 그의 저서를 면밀히 검토해 보면 금방 알 수가 있다. 특히 세례 요한과 의인 야고보에 관한 그의 증언 부분에서는 더욱 그렇다. 그러므로 저자의 해석이 요세푸스의 서술 방식과도 일치되는 가장 적합한 해석이다.

(5) 요세푸스를 인용한 고대 저술가들이 단 한 명의 예외도 없이

223

이 구절을 저자와 같은 방식으로 해석한 것처럼 보이기 때문이다. 고대 저술가들은 이 구절이 요세푸스 자신의 증언임을 거의 의심 없이 받아들이면서도 그를 여전히 신자가 아닌 완악한 유대인으로 인정하고 있다. 제롬(Jerome)은 요세푸스가 이 같은 표현으로 일반적 견해 이상의 것을 의미하려고 하지 않았다는 것을 잘 알고, 문자적으로가 아니라 의미상으로 해석하는 제롬 특유의 해석 방식을 발휘하여, 이 귀절은 크레데바투르엣세 크리스투스(*Credebaturesse Christus*), 즉 그는 그리스도라고 믿어졌다(*He was believed to be Christ*)라고 해석하였다. 이것은 빌라도가 "이는 유대인의 왕 예수"(*This is Jesus, the King of the Jews*), (마 27:37) 라고 십자가 위에 죄패를 붙였다고 해서 그를 그리스도를 믿는 신자로 볼 수 없는 것과 마찬가지이다. 사실상 빌라도는 이 같은 표현을 스스로 해명하였다. "그리스도라 하는 예수를 내가 어떻게 하랴?" (*What shall I do with Jesus, who is called Christ?*, 마 27:17, 22). 만일 요세푸스의 이 같은 증언을 보고 요세푸스가 자신을 그리스도를 참 메시야로 믿는 신자로 선포한 것이라고 해석한다면 그것은 빌라도가 십자가 위에 쓴 죄패를 보고 그가 자신을 그리스도를 유대인의 참 왕으로 믿는 신자로 선포한 것으로 해석하는 것과 똑같은 우를 범하는 것이다.

Ⅳ. 비록 요세푸스가 여기서 자신을 그리스도인이라고 공개적으로 선포할 의향은 없었다고 하더라도, 그가 만일 유대 나사렛파(Jewish Nazarene) 혹은 에비온파(Ebionites)의 일원이 아니었다면 예수 그리스도에 관한 그 같은 증언은 나올 수가 없는 것이다. 에비온파는 나사렛 예수가 인간 이상인 것은 믿지 않으나 그를 참 메시아로 믿었다. 게다가 그들은 구원을 받기 위해서는 모세의 의식법을 준수해야 한다고 믿었다. 비록 이들이 제 1세기의 예수 그리스도의 13 사도들과 그 후세기의 그리스도의 카톨릭 교회(the whole Catholic Church of Christ)에 대항을 하기는 하였으나 이 유대 기독교인들의 두 가지 기본 신앙의 조항은 위와 같다. 따라서 저자가 보기에는 요세푸스는 그 마음이나 양심에 있어서는 유대 기독교인인 나사렛

파 혹은 에비온파의 일원이었음이 분명해 보인다. 더우기 요세푸스가 그리스도와 세례 요한과 야고보에 대해서는 증언을 한 반면 나머지 사도들과 그 동료들에 관해서는 일절 함구하고 있는 사실을 볼 때 이 같은 심증은 더욱 굳어진다. 따라서 저자는 기독교로 개종한 유대인 갈라티누스(Galatinus)를 제외하고는 최근까지 요세푸스의 이 증언을 놓고 연구를 거듭해 온 수많은 학자들이 이같이 분명하고 당연한 점을 발견해 내지 못했다는 사실에 놀라움을 금할 수가 없다. 우리는 이같은 사실을 사도 야고보의 말, 즉 "유대인 중에 믿는 자 수만 명이 있으니 다 율법(의식법)에 열심이 있는 자라"(행 21 : 20, so many ten thousands of Jews as believed in Christ, they are all zealous of the ceremonial law)는 말에서도 찾아볼 수가 있다. 이들은 분명코 나사렛파 혹은 에비온파 그리스도인들인 것이다. 따라서 요세푸스를 어떤 의미에서 신자 혹은 기독교인이라고 부를 수가 있다면, 우리가 지금까지 살펴본 증거를 통해 볼 때 그런 에비온파 기독교인들이 많다고 했듯이, 바로 요세푸스도 그 나사렛파 혹은 에비온파의 일원 가운데 한 사람이라는 결론을 내리지 않을 수 없다. 저자는 이 점이 현재 우리가 당면한 전체 문제를 해결하는 분명하고도 확실한 열쇠가 된다고 확신한다.

V. 요세푸스가 그 마음에 있어서나 양심에 있어서 나사렛파나 에비온파의 그리스도인임이 확실하고, 따라서 나사렛파나 에비온파의 그리스도인들처럼 우리의 복음서와 헬라어 신약 성경을 거부하고 "히브리 복음(the *Gospel according to the Hebrews*), 십이 사도 복음(the *Gospel according to the Twelve Apostles*), 마태복음"(the *Gospel according to Matthew*)이라고 부르는 나사렛파 혹은 에비온파의 히브리어 복음서들(the Hebrew Gospels of the Nazarenes or Ebionites)만 받아들였을 것이 분명하다고 가정해 본다면, 그리스도와 기독교에 관한 요세푸스의 증언을 언급할 때는 나사렛 혹은 에비온파의 복음서들과 기타 그들의 단편 문서들을 염두에 두고 고려해 보면서 해석해야 한다. 나사렛파 혹은 에비온파의 복음서가 마태복음

과 누가복음 서두에 나오는 부분, 그러니까 아우구스투스 케사르(아구스도 가이사, Augustus Cæsar)와 헤롯(Herod) 시대의 호적법과 세금 부과의 기사와 영아 살해의 기사는 생략하고 세례 요한의 사역에서부터 서두를 시작하는 것을 볼 때, 요세푸스가 이 부분의 역사를 우리에게 알려 주지 않는 것은 그리 놀랄 일이 아님을 알 수가 있다. 게다가 요세푸스가 그리스도의 동생 야고보를 의인 야고보(*James the Just*)라고 부르면서 매우 공의롭고 의로운 인물(a *most just or righteous man*)이라고 소개하고 있는데, 우리는 야고보에 관한 이 같은 칭호와 성품 묘사를 고대의 어떤 문서 속에서도 발견하지 못하며 오직 에비온파의 히브리 복음서와 헤게시푸스(Hegesippus)의 에비온파 단편들(the Ebionite fragments)에서만 찾아볼 수가 있음에 유의할 필요가 있다. 게다가 우리는 이와 같은 칭호와 성품 묘사가 바울이 기독교로 개종하기 전에 "율법의 의로는 흠이 없었다"(빌 3:4, 5, 6)라고 말한 것과 같은 의미에서 의로왔다는 뜻으로 쓴 것임도 주목할 필요가 있다.

요세푸스가 다른 유대인들과 마찬가지로 베스파시안과 티투스 밑에서 유대국이 당한 재난과 예루살렘의 멸망의 원인이 의인 야고보를 무참하게 살해한 데 있었다고 말한 점을 언급할 때 우리는 에비온파 기독교인들이 이사야 3:10의 예언을 야고보의 살해를 예언한 것이라고 해석하고 있음을 유의해야만 한다: "그 의로운 자가 우리에게 전혀 무익하니 우리 모두 그를 없애도록 하자. 이에 그들은 그 행위의 열매를 먹으리라"(*Let us take away the just one, for he is unprofitable to us: therefore shall they eat the fruit of their own ways*)라고 해석하면서 의인(Just) 야고보를 살해한 사건을 예언한 것으로 보고 있는 것이다. 또한 요세푸스는 A.D. 62년경 대제사장과 산헤드린이 야고보와 그 동료들을 살해한 처사에 대하여 율법에 열심이 있는 공정한 유대인들이 큰 불만을 품었으며, 자신도 이런 부당한 행위가 A.D. 68년경의 예루살렘 멸망을 초래한 하나님의 진노의 이유라고 생각하는 유대인들 가운데 하나라고 밝힌 것을 살펴보았다. 그런데 이런 견해는 개종한 유대인 혹은 에비온

논문 Ⅰ

파의 그리스도인들만의 견해였음을 유의해야 한다.

  항상 그리스도인들을 박해하였고 이번 경우에도 야고보와 그 동료들을 살해한 대제사장과 산헤드린은 물론, 유대 땅의 나사렛파 혹은 에비온파 기독교인의 대표인 야고보를 살해한 죄에 대한 형벌을 받아야 할 일반 유대인 불신자들도 이와 같은 견해를 품었다고 볼 수는 없다. 따라서 요세푸스가 기독교에 강한 호의를 갖고 있지 않았거나, 아니면 남몰래 유대인 기독교인 즉 나사렛파나 에비온파의 일원이 아니었다면 이같은 견해를 품기는 어려웠을 것이다. 이상의 사실이 그가 나사렛파나 에비온파 기독교인이었다는 강한 증거가 되는 것이다. 게다가 요세푸스는 "예수가 성전에서 제사장들과 함께 직무를 행했다"고 주장한 적이 있음이 수이다스(Suidas)의 글에 인용되어 있는데, 이 또한 에비온파 기독교인의 주장과 다를 바가 없다. 헤게시푸스(Hegesippus)는 에비온파 기독교인들이 의인 야고보도 제사장들과 함께 직무를 행했다고 주장한다는 점을 우리에게 알려 주고 있다.

  Ⅵ. 우리 주님에 관한 요세푸스의 그 유명한 증언을 인용한 인물로 저자가 제일 처음 언급한 인물은 타키투스이다. 타키투스는 사실상 유대인에 관한 거의 모든 내용을 요세푸스의 저서에서 발췌하였다. 이점에 대해서는 논문 Ⅲ에서 자세히 살펴보게 될 것이다.

  Ⅶ. 요세푸스가 유대 고대사를 쓸 때 태어났으므로 그와 동시대의 사람이라고 할 수 있는 순교자 저스틴(Justin Martyr)이 저자가 두번째로 언급한 인물이다. 저스틴은 유대 고대사라는 저서명은 분명히 언급을 했으면서도 요세푸스의 글을 그대로 직접 인용하지는 않았다. 그러나 저자가 보기에는 트리포(Trypho)의 대화에 나오는 다음의 이야기가 요세푸스의 주님에 관한 그 유명한 증언을 암시하고 있는 것처럼 보인다: "예수께서 선지자들이 예언한 대로 죽은 자 가운데서 부활하여 하늘에 오르셨다는 사실을 처음으로 말한 사람은 유대인이 아니오?" 지금뿐 아니라 저스틴 당대에도 요세푸스가 같한 증언만큼

227

요세푸스

확실한 유대인의 증언이 남아 있지 않았던 것 같다. 따라서 저자가 보기에는 저스틴이 위의 말을 할 때에는 요세푸스의 아래와 같은 증언을 염두에 두었음이 확실하다: "예수는 그에 관해 수만 가지의 예언을 한 선지자의 예언대로, 십자가에 달려 돌아가신 후 3일 만에 다시 사셔서 그의 제자들에게 나타나셨다."

Ⅷ. 저자가 세번째로 언급한 인물은 오리겐(Origen)이었다. 오리겐은 세례 요한과 의인 야고보의 뛰어난 성품에 관한 요세푸스의 증언은 곳곳에서 언급을 하고 있는 반면 그리스도에 관한 요세푸스의 저 유명한 증언에 관해서는 일체 침묵을 지키고 있다고 많은 이들은 생각한다. 그들은 오리겐이 이 요세푸스의 증언을 참된 증언이라고 생각하지 않았기 때문에 그에 대해 언급하지 않은 것이라고 주장한다. 특히 그들은 "그는 그리스도였다"(*This was the Christ*)라는 구절에 대해 큰 회의를 품었을 것이라고 주장하면서, 오리겐이 "요세푸스 자신은 예수를 그리스도로 인정하지 않았다"고 두 번씩이나 언급한 점을 상기시킨다. 그러나 이 구절에 대한 요세푸스의 증언은 저자가 이미 논증을 끝냈다. 즉 요세푸스가 그리스도라는 단어를 유대인이나 그리스도인이 이해하는 방식대로 헬라인들과 로마인 독자들에게 사용한 것이 아니라는 점은 이미 충분히 입증되었다. 요세푸스의 유대 고대사에 나오는 그리스도에 관한 증언을 요세푸스의 자신의 것으로 인정한다 하더라도, 요세푸스가 유대교나 기독교인들처럼 예수를 참 메시아와 진정한 하나님의 그리스도로 받아들이지 않았다는 점은 오리겐뿐 아니라 많은 고대 저술가도 인정했다고 저자는 확실하게 논증하였다. 따라서 오리겐이 이 구절의 해석에 관하여 다른 고대 저술가들과 다른 견해를 가졌다고 보지 않는 한, "요세푸스 자신은 예수를 그리스도로 보지 않았다"고 주장한다 해서 예수에 대한 요세푸스의 증언을 한 번도 언급하지 않았다고 볼 수는 없다.

오리겐이 요세푸스의 그리스도에 관한 증언 중 "그는 그리스도였다"라는 부분을 제외한 나머지 부분조차도 전혀 언급하지 않았다고

논문 I

보기보다는—저자는 이같은 주장을 할 하등의 근거가 없다고 보는데—오리겐의 사본들이 서로 틀린 점이 있고 어떤 사본은 그 구절을 아예 생략해 버렸기 때문에 나타난 현상이라고 보는 편이 좋을 것같다. 더우기 저자가 보기에는 오리겐이 요세푸스의 그리스도에 관한 증언의 주요 골격을 4번 정도 언급하고 있는 것으로 생각된다.

(1) 오리겐이 의인 야고보에 대한 요세푸스의 증언을 소개할 때가 그 첫번째 경우이다. 오리겐은 요세푸스가 직접적으로 "선지자들이 예언한 그리스도(that Christ which was foretold in the prophecies)를 유대인이 살해했기 때문에 예루살렘이 멸망당한 것이다"라고 표현하고 싶었으나 여러 가지 형편상 "의인 야고보를 살해한 죄의 형벌로 예루살렘이 멸망당한 것이다"라고 표현한 것이라는 나름대로의 해석이었다. 여기서 의인 야고보에 대한 요세푸스의 증언을 인용하면서 "선지자들이 예언한 그리스도"라는 표현을 오리겐이 사용한 것은 "예수는 그에 관해 수만 가지의 예언을 한 선지자의 예언대로 다시 3일 만에 살아나셨다"는 요세푸스의 증언을 암기하고 있다가 생각나는 대로 적었기 때문일 것이다.

(2) 만일 요세푸스가 예수와 그의 죽음에 관해 증언을 한 것과 요세푸스가 예수에 대해 좋은 견해를 갖고 있었다는 사실을 오리겐이 몰랐다면 요세푸스가 예루살렘 패망의 원인을 예수의 처형이 아니라 의인 야고보의 처형에 돌린 것을 보고 그렇게 놀랄 이유가 있었을까? 이같은 상황을 살펴보더라도 오리겐이 요세푸스의 그리스도에 관한 증언을 신빙성있게 받아들였다는 사실은 부인하기 어려운 것이다. 특히 요세푸스가 예루살렘 패망의 원인을 예수의 처형으로 돌리지 않고 의인 야고보의 처형에 돌린 표현을 보고 오리겐이 "요세푸스의 표현이 사실과 그렇게 틀린 것은 아니다"(not remote from the truth)라고 한 말은 예수에 관한 요세푸스의 증언을 염두에 두고 한 말임이 분명하다.

요세푸스

(3) 게다가 오리겐은 요세푸스의 의인 야고보에 관한 증언을 기술하면서 "유대인들이 예수를 단지 인간으로만 생각했는지 아니면 신적인 존재로 생각했는지 의문이 아닐 수 없다"고 말했다. 이것은 "그를 인간이라고 부르는 것이 합당한지 모르지만 예수라는 한 현인이 있었다"고 한 요세푸스의 표현과 흡사하다. 따라서 오리겐이 이 요세푸스의 표현을 염두에 두었을 가능성은 매우 높은 것이다. 이 점은 모든 유대인 불신자들과 나사렛파 유대인 그리스도인들이 예수를 요셉과 마리아의 아들로 태어난 한 인간(a *mere man*)에 불과하다고 보았다는 사실을 상기할 때 더욱 믿을 만한 것이다. 결국 저자 생각에는 로마인과 조화를 하면서도 그리스도를 하나님으로 믿는 기독교인과도 일치하는 점이 있는 요세푸스를 제외하고는 그 어떤 유대인도 그와 같은 표현을 사용하지 못했으리라고 본다.

(4) 그렇다면 세례 요한과 의인 야고보에 대한 요세푸스의 증언을 그대로 인용함에도 불구하고, (유대교적이고 기독교적인 의미에서) 요세푸스가 예수를 그리스도라고 고백한 것은 아니라고 오리겐이 두 번씩이나 명백히 밝힌 이유는 무엇인가? 그것은 예수에 대한 요세푸스의 증언만큼 오리겐에게 확실한 의미를 던져 준 구절이 없기 때문이다. 오리겐은 다른 고대 저술가들과 마찬가지로 예수가 그리스도인(Christians)이라는 종파의 이름이 나오게 된 그 그리스도, 즉 수많은 이적을 행하고 열렬한 진리의 추종자들을 거느린 예수 그리스도라는 인물이라는 의미에서 그리스도라고 불렸다는 뜻으로 이 구절을 해석했기 때문에 요세푸스가 기독교라는 종파에 개인적으로 가입하지 않은 것이라고 강조했던 것이다. 이 같은 해석은 오늘날 뿐 아니라 요세푸스 당시에도 가장 자연스러운 해석이었던 것이 분명하다. 이 점은 요세푸스가 야고보를 예수 그리스도의 동생(*brother of Jesus, who was Christ*)이라고 칭하지 않고 그리스도라고 부르는 예수의 동생(*brother of Jesus who was called Christ*)이라고 칭한 것에서도 분명히 알 수가 있다. 따라서 이 점을 보고 오리겐과 그 밖의 고대 저술가들은 그 같은 견해를 가지게 된 것임이 분명

하다.

IX. 앞서서 언급한 적이 있지만 수이다스(Suidas)와 테오필락트(Theophylact)의 글에는 우리가 주목해야 할 두 개의 구절이 하나씩 있다. 수이다스의 글에서는 예수가 성전에서 제사장들과 함께 직무를 행했다는 구절과, 테오필락트의 글에서는 유대인의 재난의 원인은 예수를 처형한 데 있다고 한 구절이 우리가 유의해야 할 구절이다. 이 두 구절은 현재 우리가 소유하고 있는 요세푸스의 저서들에서 살펴볼 수 없음은 물론 다른 고대의 권위 있는 문서(저서)들에서도 찾아볼 수가 없다. 그러나 수이다스가 이 구절을 유대인 포로기의 수상록 (*Memoirs of the Jews' Captivity*) — 우리가 어디서도 듣지도 보지도 못한 책인데 — 이라는 요세푸스의 논문에서 인용했다고 말하고 있는 점과 위의 두 구절이 나사렛파 혹은 에비온파의 일원으로서 요세푸스의 특성과 전혀 일치하지 않는 것도 아니라는 점에서 저자는 두 구절이 허위라고 단정짓고 싶지 않다. 단지 학식 있는 자들이 앞으로 연구할 과제로 남겨두고 싶다.

X. 이제 9세기경의 위대한 비평가 포티우스(Photius)에 관해 살펴보도록 하자. 포티우스가 요세푸스의 유대 고대사를 발췌한 것을 보면 그리스도에 관한 증언이 빠져 있기 때문에 혹자들은 그가 소유한 유대 고대사 사본에 그 부분이 빠져 있었다고 주장하기도 하고 혹자들은 포티우스가 그 부분을 허위로 보고 고의적으로 생략했다고 주장하기도 한다. 포티우스 이전의 많은 저술가들이 요세푸스의 글에서 그 부분을 인용한 것이 한두 사람이 아닌데, 포티우스의 불완전한 소(小) 요약문에 그 부분이 인용이 안 되었다고 해서 그가 소유한 사본에 그 부분이 빠져 있었다고 추론하다니 이보다 더 이상한 이야기가 어디에 있을까? 특별히 그토록 방대한 책을 발췌해서 요약집을 만드는데 그런 이야기를 삽입할 여유가 있었을까 한번 생각해 보라.

포티우스가 그리스도에 관한 요세푸스의 증언 부분에 침묵을 지

요세푸스

키고 있다는 것을 강조하면서 이상한 결론을 내리려는 사람들은 요약집의 특성과 간결성을 간과하고 있는 것처럼 보인다. 포티우스의 요약집에는, 그가 서두에서 분명히 밝혔듯이, 안티파테르와 헤롯 대왕과 그의 형제들과 가문의 이야기 외에 다른 부분에 관해서는 거의, 아니 전혀 언급하지 않고 있다. 즉 헤롯 대왕의 가문의 이야기와 그들의 행적을 아그립바 2세(Agrippa junior)시대, 그러니까 우리 주님이 돌아가신 지 15년 후 유대 총독 쿠마누스(Cumanus)의 시대까지 언급하고 있다. 따라서 포티우스는 우리 주님에 관한 요세푸스의 증언을 언급할 수 있는 유일한 자리인 빌라도 총독에 대해서는 한 마디도 언급하지 않고 있다. 그러나 우리가 앞서 살펴본 대로 요세푸스의 이름으로 된 우주의 본질론(*Of the substance of the Universe*)이 그리스도의 영원 발생(eternal generation)과 신성(divinity) 등의 고등 개념을 다루고 있다는 이유로 포티우스가 요세푸스의 저작성을 의심했다는 사실은, 요세푸스의 저서의 본문 가운데 그를 뒷받침할 만한 구절이 있다는 그의 지식과 확신을 반영하고 있는 것이다. 그리스도에 관한 요세푸스의 증언에는 우주의 본질론에서와 같은 고등한 개념이 나오지 않고 있는데 포티우스는 이 증언을 근거로 우주의 본질론의 요세푸스의 저작성을 의심한 것이 분명하다. 게다가 포티우스는, 우리가 앞서 살펴본 대로 티베리아스(디베랴)의 유스투스의 유대 역사(the Jewish History of Justus of Tiberias)를 언급하면서 예수 그리스도의 도래(到來)와 행적과 이적을 전혀 언급하지 않았다는 이유로 그의 유대교적 편견을 통렬히 비난한 반면에 요세푸스에 관해서는 그 같은 비난을 가하지 않았다.

결국 이같은 사실은 요세푸스는 유스투스와는 다르다는 사실을 포티우스가 알고 있었다는 점을 반증하고 있는 것이다. 즉, 요세푸스는 유스투스와는 달리 예수 그리스도의 도래와 행적과 이적을 언급했다는 사실을 포티우스가 알고 있었던 것이 분명하다는 말이다. 결국 이같은 점들을 종합해 볼 때, 포티우스의 요세푸스 사본에는 그리스도에 관한 증언이 포함되어 있었고, 그가 이 증언을 참된 것으로 믿고 있었던 것이 분명하다는 결론을 내릴 수 있는 것이다.

논문 I

XI. 이제 알렉산드리아의 클레멘트(Clement of Alexandria)가 이 증언들에 관해 침묵하고 있는 점을 살펴보도록 하자. 클레멘트가 요세푸스의 유대 고대사를 인용했음에도 불구하고 우리가 살펴보고 있는 증언들에 관해 침묵하고 있는 것은 결코 이상할 것이 하나도 없다. 왜냐하면 클레멘트가 요세푸스를 단 한 번만, 그것도 연대기적인 문제를 따져 보기 위해 인용했기 때문이다. 즉, 모세 시대부터 요세푸스 시대까지의 기간이 얼마나 되는가를 알아보기 위해 단 한 번 인용한 것뿐이다. 따라서 클레멘트가 요세푸스에 관해 침묵을 지키고 있다고 해서 우리가 살펴보고 있는 증언 부분뿐 아니라 요세푸스의 수백의 뛰어난 구절들에 대해서 클레멘트가 회의적 입장을 취한 것처럼 해석해서는 안 된다.

XII. 알렉산드리아의 클레멘트의 경우와 마찬가지로 터툴리안(Tertullian)이 요세푸스에 관해 침묵을 지키고 있다고 해서 이런 증언들이 그 당시의 요세푸스 사본에 들어 있지 않았다는 식의 추론(推論)을 내려서는 안 된다. 터툴리안은 아피온 반박문(Against Apion)을 제외한 요세푸스의 어떤 저서에 관해서도 암시조차 한 적이 없다. 아피온 반박문을 언급한 것도 단지 연대기적 문제 때문에 언급한 것뿐이다. 터툴리안이 요세푸스의 저서를 보았다는 흔적은 결코 찾아볼 수가 없다. 따라서 터툴리안이 요세푸스의 저서를 보았다고 주장할 근거는 거의 없는 것 같다. 사실상 터툴리안은 고대의 다른 어떤 저술가들보다 유대인을 반박하기 위해 요세푸스를 인용할 필요가 더욱 많았던 인물이었다. 즉 요세푸스 당시의 예루살렘 멸망이나 유대인이 당한 수난 가운데서 구약 성경의 예언이 성취된 것을 입증하기 위하여 요세푸스를 인용할 필요가 누구보다도 많았던 사람이 바로 터툴리안이었다. 그러나 터툴리안은 구약 성경의 예언이 성취된 것을 예루살렘의 멸망과 그 당시의 유대인들의 재난을 들어 설명하면서도 단 한 번도 요세푸스의 글을 인용한 적이 없다. 따라서 저자가 보기에는 터툴리안이 요세푸스의 헬라어판 유대 고대사(the Greek Antiquities)나 헬라어판 유대 전쟁사(the Greek books of the Jewish wars)를 결코 읽어본 적이 없는 것처럼 보인다. 이것은 아프리카(Africa)에서 살았던 라틴 저술가(a Latin writer)인 터툴리안에게 있어서는 결코 이상한 일이 아니다.

저자가 아는 한도에서는 아프리카의 저술가들 가운데 요세푸스의 글에서 단 한 줄이라도 인용한 학자가 없는 것으로 안다. 요세푸스의 증언을 적극적으로 인용한 저술가들이 워낙 많기 때문에 그 증언에 관해 침묵을 지키고 있는 저술가들에 관해서는 더 이상 언급할 가치가 없을 것 같아 여기서 생략하도록 하겠다.

논문 Ⅱ

독자 이삭을 제물로 바치라고 아브라함에게 명하신 하나님의 명령에 관하여

    독자 이삭을 제물로 바치라고 아브라함에게 명하신 하나님의 이 명령(창 22장)은 최근에 들어서서 고대(古代)의 사실들을 현대적 개념을 가지고 이성적으로 이해하려는 일부 인사들의 큰 오해에 직면하게 되었다. 이들은 고대의 사실이 생기게 된 참된 원인뿐 아니라 그 당시의 풍습, 견해, 환경 등에 관해서는 합당한 고려를 해보지도 않고 오직 현대적 개념만을 가지고 그 사실을 이해하려는 우를 범하고 있다. 이같은 오해는 현세대를 풍미하게 되어, 사도 바울(롬 4 : 16-25)과, 사도 야고보(약 2 : 2, 21-25)와 그리고 히브리서 저자(히 11 : 17-19)와 필로(Philo)와 1세기의 요세푸스와 그 밖의 수많은 저술가들에 의해 전무 후무한 영웅적 신앙의 행위로 칭송을 받았던 아브라함의 행동이 18세기에 이르러서는 거침돌(a *stone of stumbling and a rock of offence*)이 되어 버렸다. 더우기 성역사(聖歷史, the sacred history)에서 언약의 천사(*Angel of the Covenant*)가 하나님의 이름으로 크게 칭찬하면서 크게 번성할 것이라고 약속까지 했던, 아브라함의 신앙의 최고의 절정을 이루었던 행동이 때로는 건전한 상식과 종교적 성향을 가진 자들에게까지도 거침돌이 되고 만 것이다. 따라서 저자는 지적 호기심이 많은 독자들을 위하여 이 문제를 고대 원래의 빛으로 조명하면서 본래의 의미를 회복하도록 노력할 것이다. 우리는 이제 아래와 같은 순서로 논의를 진행할 것이다.

1. 오늘의 이 세속적인 시대에 이르기 전까지만 하더라도 자신들이 하나님의 피조물임을 인정하는 건전한 정신의 소유자들은 창조주가 그의 모든 이성적 피조물들을 마음대로 다스릴 정당한 권리가 있음을 거의 보편적으로 인정한 것이 사실이다. 창조자가 피조물의 수명을 그가 원하시는 대로 늘이기도 하시고 줄이기도 하실 수 있을 뿐 아니라 때로는 고통을 주실 권리도 있으며, 더 나아가서는 그의 거대한 우주 가운데의 한 장소에서 다른 장소로 그의 기쁘신 뜻에 따라 피조물을 옮길 권리도 있음을 인정했던 것이다. 그리하여 피조물은 창조주의 조치에 침묵으로 순종하는 것을 당연한 도리라고 생각하고 범사에 하나님의 선하신 섭리에 온 몸을 맡기는 것을 기쁨으로 여겼던 것이다. 저자는 여기서 하나님이 충분한 이유없이 멋대로 행동하는 단순한 폭군에 지나지 않는다고 말하는 것은 아니다. 저자는 자연과 계시를 통해서 "하나님은 그가 만드신 것을 미워하시지 않는다"(*he hateth nothing that he hath made*, 솔로몬의 지혜〔Wisdon〕 11 : 14)는 사실을 확실히 믿는다. 하나님께서 하시는 일이 때로는 우리가 처음 보기에는 슬픈 일인 것처럼 보일 때도 있다. 그러나 그럴 때도 실제로는 피조물의 유익을 위한 것이며 결국은 하나님의 선한 의도였음이 드러나는 것이다. 그럼에도 불구하고 하나님은 피조물에게 자신의 모든 처사를 일일이 설명해야 할 의무도 없는 것이며 또 일반적으로 그렇게 하지도 않는다. 하나님은 피조물에게 일일이 설명을 하지 않으시고 시련 가운데서 그들이 얼마나 참고 견디며 순종하는가를 시험하신다. 그렇게 함으로써 하나님의 의로우신 심판이 나타나는 그 날까지 시련을 허락하신 이유에 대한 설명을 유보하신다(롬 2 : 5).

논문 II

2. 아담의 시대로부터 오늘에 이르기까지 과거의 역사를 모두 돌이켜 볼 때 전능하신 하나님께서 온 인류를 그의 능력으로 다스리셨음을 알 수가 있다. 하나님은 지혜로운 자나 무식한 자나, 유대교인이나 기독교인이나 이방인이나를 막론하고 자신의 행동에 대한 이유를 굳이 밝히지 않으시고 주권적으로 통치하셨다. 이에 족장 아브라함과 사도 바울은 물론 마르쿠스 안토니누스(Marcus Antoninus)까지도 이같은 하나님의 섭리에 겸손히 굴복하면서, 하나님의 은혜와 선하심이 없이는 단 한 순간도 행복을 누릴 수 없으며 심지어 생명의 호흡까지도 하나님의 손에 달린 것이라고 항상 고백한 것이다. 하나님께서 악한 인간들을 홍수로 멸망시키기로 결정하셨을 때 죄 많은 어른들이나 순진한 어린 것들이 모두 죽음을 당했다. 하나님께서는 홍수 후에 인간의 수명을 줄이기로 결정하시고 다윗과 솔로몬 시대에 이르기까지 인간의 수명을 계속 단축시켰다.

하나님께서는 또한 그의 기쁘신 뜻대로 하늘에서 불과 유황을 내려 더러운 소돔과 고모라를 깨끗이 멸하셨으며, 아모리의 죄악이 관영해지자 아모리 족속을 가나안 땅에서 쫓아내셨다(창 15 : 16). 이 때도 죄 많은 어른들뿐 아니라 순진한 어린 것들까지도 비극을 당해야만 했다. 하나님은 히스기야 왕 시대에 천사를 보내 185,000명의 앗수르 군대(이 수는 성경뿐 아니라 갈대아인 베로수스〔Berosus the Chaldean〕에 의해서도 입증되고 있다)를 멸망시키셨다. 이 때 죽은 대부분의 앗수르 병사들은 산헤립(Sennacherib) 왕과 군대 지휘관들의 명령에 절대적으로 복종하고 전투에 참여한 것밖에는 다른 죄가 없는 자들인 것처럼 보임에도 불구하고 이 같은 비극을 당한 것이었다. 그뿐 아니라 아테네(Athene)와 런던(London)과 마르세이유(Marseilles) 등에서 수많은 의로운 남녀들과 죄없는 어린아이들이 전염병으로 삽시간에 떼죽음을 당한 경우도 있었다. 그러나 우리가 보기에는 너무 가혹한 하나님의 처사로 밖에 달리 생각할 도리가 없는 이 같은 상황에서도 온전한 정신을 소유한 자들은 하나님의 처사가 부당하다고 불평한 적이 없었다. 외관상으로 가혹한 하나님의 처사라고 볼 수밖에 없는 상황이 진정 가혹한 상황인지 인간으로서는 도저히 알 길이 없는 것이다.

인간의 생명을 일찍 불러가는 것이 때로는 본인에게 가장 큰 축복이 될는지도 모른다. 왜냐하면 저 세상에서 더 큰 불행을 가져다 줄지도 모르는 무서운 죄악을 계속 저지르는 것을 중단시켜 주는 것이기 때문이다. 더우기 약하고 무지하고 불쌍하기 짝이 없는 우리와 같은 존재들이 전지 전능하시고 선하시며 은혜로우신 하나님께 시시콜콜하게 모든 이유를 대라고 요구할 수는 없는 것이다. 우리가 우리 자신을 만든 것이 아니라 하나님이 우리를 지으셨기 때문이다. (시 100 : 3).

우리는 아무것도 아니며, 하나님을 떠나서는 아무것도 스스로 가진 것이 없으며, 우리 자신과 온 소유와 온갖 소망은 하나님의 무한한 은혜 가운데 나온 것이기 때문에, 하나님께서 그가 원하시는 것은 무엇이든지, 그리고 언제든지 우리에게서 가져가도 그것은 하나님의 당연한 권리인 것이다. 따라서 이 같은 경우를 당하더라도 지혜로운 의인들은 경건한 시편 기자나 욥처럼 아래와 같이 찬송하는 것이다: "내가 잠잠하고 입을 열지 아니하옴은 주께서 이를 행하신 연고니이다"(시 39 : 9). "주신 자도 여호와시요 취하신 자도 여호와시오니. 우리가 하나님께 복을 받았은즉 재앙도 받지 아니하겠느뇨"(욥 1 : 21; 2 : 10). 그러므로 생명을 단축시키라거나 생명을 취하라는 명령이 부당하다는 이유로 하나님의 명령에 반항한다면, 그것은 세계의 현체제(the present system of the world)와 하나님의 섭리에 대항하는 결과가 될 뿐 아니라 하나님의 섭리의 공의성에 기초한 자연종교(natural religion)는 물론 계시 종교(revealed religion)까지도 설 자리가 없어지게 되는 것이다. 이 같은 점은 아브라함의 시대 이후에 즉시 해결되었다. 즉 욥과 그의 세 친구의 설전이 오고 간 후에 엘리후와 하나님의 말씀에 의해, 하나님의 섭리는 마지막 심판 때에 온 세상 앞에 완전히 드러나고 철저히 해명될 것임이 밝혀진 것이다.

3. 오늘의 이 세속적인 시대 이전만 하더라도 건전한 정신을 소

논문 Ⅱ

유한 자들은 하나님께서 누구의 생명을 취하라고 하더라도 그 같은 명령이 분명히 전달되었을 때는 그대로 실행에 옮겨야 한다고 누구나 인정하였다. 저자는 고대뿐 아니라 현대의 군주들과 군대 사령관들과 판사들과, 심지어는 유력 인사들도 생명을 빼앗으라는 하나님의 명령의 근거가 없음에도 불구하고 수많은 생명을 살해하려고 했음을 본다. 어쨌든 현대의 회의론자들은 하나님의 명령을 정면에서 거부해도 좋다고 이야기하지는 않는다. 그들은 결과적으로는 하나님의 명령에 불복할 것을 이야기하면서도 겉으르는 그럴 듯한 방법으로 반대 의사를 개진한다. 하나님의 도덕적 속성에 어긋나는 명령, 즉 어린아이를 제물로 바치라는 등의 명령은 아무리 신으로부터의 계시임을 가장한다 하더라도 하나님이 내리신 명령이 아니라고 주장한다.

 하나님의 계시가 지금까지 오랫동안 중단되어 왔기 때문에 하나님의 계시가 어떤 방식으로 확실하게 인간에게 전달되는지 우리로서는 알 길이 없다. 게다가 하나님의 도덕적 속성과 일치하지 않는 것처럼 보이는 명령은 비록 항상 그렇지는 않았다 하더라도 일반적으로 아무리 계시로 가장되어 나타난다 하더라도 실행에 옮길 의무가 없는지에 관해서도 현재는 알 길이 없다. 그러나 옛 선지자의 시대나 하나님의 친구(사 41 : 8)로까지 불렸던 아브라함의 시대에는 그 같은 불확실성은 없었다. 왜냐하면 그들은 하나님의 계시를 항상 확실하게 파악한 것으로 제시되고 있기 때문이다. 특히 그들이 거짓 계시에 속지 않았다는 가장 명확한 증거는 후의 일의 경과나 결과가 항상 계시와 일치하여 하나님의 계시였음을 확실하게 입증해 주었다는 데 있었다. 아이에게 손을 대지 말라고 한 하나님의 첫번째 음성(창 22 : 11, 12)과 순종에 대한 상급으로 많은 축복을 주겠다고 하신 두번째 음성(창 22 : 17, 18)은 독자 이삭을 바치라고 한 명령이 참된 하나님의 계시였음을 확증해 주었음과 동시에 독자를 제물로 바치려고 한 아브라함의 행동이 의로운 행동이었음을 정당화시켜 주었다.

 하늘에서 난 첫번째 음성에 관해서는 후에 다루기로 하고 여기서는 아브라함의 순종의 대가로 영광의 축복을 약속하신 두번째 음성에 관해서만 살펴보도록 하자. "여호와의 사자가 하늘에서부터 두번째 아브라함을 불러 가라사대 여호와께서 이르시기를 내가 나를 가리켜 맹세하노니 네가 이같이 행하여 네 아들 네 독자를 아끼지 아니하였은즉 내가 네게 큰 복을 주고 네 씨로 크게 성하여 하늘의 별과 같고 바닷가의 모래와 같게 하리니 네 씨가 그 대적의 문을 얻으리라 또 네 씨로 말미암아 천하 만민이 복을 얻으리니 이는 네가 나의 말을 준행하였음이니라 하셨다 하니라"(창 22 : 15-18). 이 하나님의 약속들은 모두 확실하게 성취되었다. 특히 마지막의 가장 중요한 약속, 즉 "네 씨로 말미암아 천하 만민이 복을 얻으리라"고 하신 약속은 이 이전에는 그 누구에게도 이 같은 약속을 하신 적이 없다. 단지 아브라함에게 두 번 "땅의 모든 족속이 너를 인하여 복을 얻을 것이니라"(12 : 3 ; 18:18)고 약속하셨다. 아브라함의 위대한 후손(son)이요 씨(seed)인 메시아를 통해서 천하 만민이 복을 얻게 될 것이라고 하신 이 약속은 아브라함에게도 그 이전에는 주어지지 않았으며, 오직 독자 이삭을 제물로 서슴없이 바치려고 한 위대한 신앙과 순종의 행위를 보신 후에야 비로소 하나님께서 처음으로 허락하신 약속이었다. 이 약속은 결국 지금으로부터 오래 전인 다윗의 후손이요 아브라함의 후손인 나사렛 예수로 말미암아 이 땅에 실현된 것이다(마 1 : 1). 이 같은 점은 우리가 현재 크게 유의해야 할 점이다. 결국, 다정 다감하기 이루 말할 데 없는 아브라함이 현재의 모든 위로와 미래의 모든 소망-많은 후손을 보려는-의 원천인 사랑하는 독자를 선뜻 제물로 바치기로 결정했다면, 독자 이삭을 바치라는 명령이 하나님의 명령이라는 분명한 확신이 없이는 그 같은 결심을 내리기가 불가능했을 것이다.

4. 아브라함의 시대 훨씬 이전부터 귀신들과 이방신들은 인간 제물, 특히 독자를 바칠 것을 요구하였으며 실제로 또 제물로 받기도 하였다. 그것은 노아 홍수 이전이나 이후 다 마찬가지였다. 이 같은 풍습은 애굽에서는 오래 전에 사라지고 헤로도투스(Herodotus) 시대에는 동물 제사가 성행하고 인간 제물을 드리는 일은 거의 찾

아보기가 힘들었기 때문에 헤로도투스는 애굽인들이 인간을 제물로 바친 적이 있었다는 말을 도저히 믿을 수가 없다고 말하였다: "헤르쿨레스(Hercules)가 애굽의 쥬피터(Jupiter) 신전에서 희생 제물로 바쳐졌다는 식의 우화는 애굽인들의 성품과 그들의 법률을 전적으로 알지 못하는 헬라인들이 거짓으로 꾸며 낸 상상의 산물인 것이다. 수퇘지와 황소와 송아지와 거위를 제외하고는 어떤 짐승으로 제사를 드려도 불법이 되는 애굽인들이 인간을 제물로 바치다니 어디 말이 나 될 법한 소리인가!" 그러나 인간을 제물로 바치는 그러한 풍습이 페니키아(베니게)와 애굽에서 매우 성행했다는 사실은 산코니아토(Sanchoniatho)와 마네토(Manetho)와 파우사니아스(Pausanias)와 디오도루스 시쿨루스(Diodorus Siculus)와 필로(Philo)와 플루타르크(Plutarch)와 포르피리(Porphyry)의 글을 볼 때 명약 관화해진다. 더우기 이 같은 풍습이 아브라함 시대 훨씬 이전부터 있었다는 사실과 (비록 애굽은 아니더라도) 다른 지역에서는 A. D. 3세기까지 이같은 잔인한 풍습이 계속되었다는 사실은 존 마르샴 경(Sir John Marsham)과 컴버랜드 감독(Bishop Cumberland)에 의해 확실하게 입증되었다. 존 마르샴 경의 연대기(John Marsham's Chronicon)의 pp. 76-78, 300-304에서 원 저자들의 기록을 살펴보도록 하자.

"기근과 전염병이 돌자 크로누스(Chronus)는 그의 독자를 그의 아버지인 우라누스(Uranus)에게 번제로 바쳤다."

"페니키아(베니게)인들이 이스라엘(*Israel*, 일 [*Il*]이라고 해야 옳음)이라고 부르며, 죽은 후 토성(Saturn)에 봉헌된 크로누스가 왕으로 있을 때였다. 크로누스는 아노브렛(Anobret)이라는 여정(女精, nymph)과의 사이에서 독자(獨子)를 하나 낳고, 독자라는 뜻에서 예우드(*Jeud*)라고 불렀다(오늘날도 페니키아인들은 독자를 예우드라고 부르고 있다). 크로누스는 그의 나라가 전쟁의 큰 위험에 직면하게 되자 독자를 왕복으로 예쁘게 단장시킨 후 제단을 쌓고 그 독자를 제물로 바쳤다."

"페니키아인들은 전쟁이나 기근이나 전염병의 위험에 직면하게 되면 투표로 사랑하는 동족 가운데 한 명을 뽑아 토성에게 제물로 바쳤다. 산코니아토의 페니키아 역사(Sanchoniatho's Phoenician history)를 보면 이같은 인간 제물의 이야기로 가득 차 있음을 알 수가 있다."

(이 다음에 나오는 인용문들은 노아 홍수 이전의 사례들에 관한 인용문이다).

"아라비아에서는 두마티인들(the Dumatii)이 매년 어린아이 하나를 제물로 바쳤다."
"고대의 (애굽) 왕들은 오시리스(Osiris)의 무덤에서 트리포(Trypho)와 같은 피부 색깔을 가진 자들을 제물로 바쳤다고 전해져 내려오고 있다."
"그들이 이디티아(혹은 일리티아, Idithyia [or Ilithyia]) 시에서 트리포 사람들을 산 채로 화형시켜 그 재를 겨처럼 키질하였다. 게다가 이 같은 풍습은 복중(삼복 dog-days)이 되면 정해진 날짜에 많은 사람이 보는 가운데 행해졌다고 마네토(Manetho)는 전하고 있다."
"야만국들은 어린아이들을 제물로 바치는 것을 거룩한 풍습으로, 신들이 기뻐하시는 제물로 오랫동안 간주하였다. 이 같은 풍습은 일정한 때가 되면 왕과 개인들뿐 아니라 전체 국민이 모두 행하였다."
"도도네안 신탁(the Dodonean oracle)이 인간을 제물로 바칠 것을 명한 사실이 파우사니아스의 고대지(Pausanias's Achaics)의 코레수스(Coresus)와 칼리로에(Calirrhoe)의 비극적 역사 가운데 나타나 있다. 이 같은 사실은 애굽에서 야만적 풍습을 모두 없앤 아모시스(Amosis) 이전에 페니키아와 애굽의 제사장들이 도도네안 신탁이 세운 것임을 암시해 주고 있다."

— *Isque adytis hæc tristia dicta reportat:*
Sanguine placastis ventos, et virgine cæsa,
Cum primum Iliacas Danai venistis ad oras;
Sanguine quærendi reditus, animaque litandum
Argolica —.   VIRG. Æn. ii. 115.

논문 Ⅱ

"그는 신들로부터 이같은 무서운 응답을 받았다.
오, 헬라인들이여! 그대들이 트로이 땅을 구할 때
그대들은 처녀의 피로 트로이로 향한 통로를 살 수 있었도다.
그러므로 그대들은 돌아가는 귀향길도 피로 사야만 할 것이다.
헬라인의 피가 또다시 그대들의 죄를 속할 수 있으리라."

드리덴(Dryden)

이같은 인간 제물의 피를 요구하는 풍습은 이 세상의 불경건함과 폭정과 포악을 단적으로 보여주는 증거이다. 인간을 짓지도 않았고 인간을 보호할 수도 없는 사악한 귀신들과 사악한 인간들은 인간을 다스릴 권리도 없는 것이며 이 세상에서의 손해와 손실을 저 세상에서 보상해 줄 능력도 없는 것이다. 그럼에도 불구하고 사악한 귀신들과 인간들은 예물을 드리는 자가 하등의 죄를 범하지 않았음에도 불구하고 인간의 생명을 그것도 자식들을 희생 제물로 바칠 것을 요구하는 것이다. 따라서 저자가 보기에는 "처음부터 살인한 자"(요 8 : 44)인 마귀에게서 나온 이 같은 사악한 풍습은 무서운 범죄요 사탄적인 행위라고밖에 볼 수가 없다.

5. 따라서 전능하신 하나님께서는 구약 시대에도 이 같은 범죄를 저지른 이방 나라들과 심지어는 유대인들까지도 통렬하게 저주하신 것이다. 하나님께서는 다른 무서운 범죄뿐 아니라 이 같은 무서운 죄악을 범한 이방 국가들(때로는 유대인들까지도)을 팔레스틴에서 내어 쫓을 것이라고 경고하신 것이다. 이제 그와 같은 경고가 담긴 구약 성경의 구절들을 살펴보도록 하자.

"너는 결단코 자녀를 몰렉에게 주어 불로 통과케 말아서 네 하나님의 이름을 욕되게 하지 말라 나는 여호와니라"(레 18 : 21).

"너는 이스라엘 자손에게 또 이르라 무릇 그가 이스라엘 자손이든지 이스라엘에 우거한 타국인이든지 그 자식을 몰렉에게 주거든 반드시 죽이되 그 지방 사람이 돌로 칠 것이요"(레 20 : 2).

"너는 스스로 삼가서 네 앞에서 멸망한 그들의 자취를 밟아 올무에 들지 말라 또 그들의 신을 탐구하여 이르기를 이 민족들은 그 신들을 어떻게 위하였는고 나도 그와 같이 하겠다 하지 말라 네 하나님 여호와께는 네가 그와 같이 행하지 못할 것이라 그들은 여호와의 꺼리시며 가증히 여기시는 일을 그 신들에게 행하여 심지어 그 자녀를 불살라 그 신들에게 드렸느니라"(신명기 12 : 30, 31, 참조. 18 : 10; 열왕기하 17 : 17).

"이스라엘 열왕의 길로 행하며 또 여호와께서 이스라엘 자손 앞에서 쫓아내신 이방 사람의 가중한 일을 본받아 자기 아들을 불 가운데로 지나가게 하며 "(왕하 16 : 3).

"또 힌놈의 아들 골짜기에서 분향하고 여호와께서 이스라엘 자손 앞에서 쫓아내신 이방 사람의 가중한 일을 본받아 그 자녀를 불사르고."(대하 28 : 3).

"아와 사람들은 닙하스와 다르닥을 만들었고 스발와임 사람들은 그 자녀를 불살라 그 신 아드람멜렉과 아남멜렉에게 드렸으며"(왕하 17 : 31).

"왕이 또 힌놈의 아들 골짜기의 도벳을 더럽게 하여 사람으로 몰록에게 드리기 위하여 그 쟈녀를 불로 지나가게 하지 못하게 하고"(왕하 23 : 10).

"저희가 그 자녀로 사신에게 제사하였도다 무죄한 피 곧 저희 자녀의 피를 흘려 가나안 우상에게 제사하므로 그 땅이 피에 더러웠도다"(시 106 : 37, 38; 참조, 사 57 : 5).

논문 Ⅱ

"여호와께서 말씀하시되 유다 자손이 나의 목전에 악을 행하여 내 이름으로 일컬음을 받는 집에 그들의 가증한 것을 두어 집을 더럽혔으며 힌놈의 아들 골짜기에 도벳 사당을 건축하고 그 자녀를 불에 살랐나니 내가 명하지 아니하였고 내 마음에 생각지도 아니한 일이니라 그러므로 나 여호와가 말하노라 날이 이르면 이곳을 도벳이라 하거나 힌놈의 아들의 골짜기라 칭하지 아니하고 살륙의 골짜기라 칭하리니 매장할 자리가 없도록 도벳에 장사함을 인함이니라"(렘 7:30-32).

"이르기를 너희 유다 왕들과 예루살렘 거민아 여호와의 말씀을 들으라 만군의 여호와 이스라엘의 하나님이 이같이 말씀하시되 보라 내가 이곳에 재앙을 내릴 것이라 무릇 그것을 듣는 자의 귀가 진동하리니 이는 그들이 나를 버리고 이곳을 불결케 하며 이곳에서 자기와 자기 열조와 유다 왕들의 알지 못하던 다른 신들에게 분향하며 무죄한 자의 피로 이곳에 채웠음이며 또 그들이 바알을 위하여 산당을 건축하고 자기 아들들을 바알에게 번제로 불살라 드렸나니 이는 내가 명하거나 말하거나 뜻한 바가 아니니라"(렘 19:3-5).

"힌놈의 아들의 골짜기에 바알의 산당을 건축하였으며 자기들의 자녀를 몰렉의 불에 지나가게 하였느니라 그들이 이런 가증한 일을 행하여 유다로 범죄케 한 것은 나의 명한 것도 아니요 내 마음에 둔 것도 아니니라"(렘 32:35).

"또 네가 나를 위하여 낳은 네 자녀를 가져 그들에게 드려 제물을 삼아 불살랐느니라 네가 너의 음행을 작은 일로 여겨서 나의 자녀들을 죽여 우상에게 붙여 불 가운데로 지나가게 하였느냐"(겔 16 20, 21; 참조, 겔 20:26; 고전 10:20).

"너희들은 술법을 행하며 사악한 제물을 드리는 너희 거룩한 땅의 옛 거민들과 무자비한 자녀 살해자들과 인간의 고기와 피를 먹는 자들과 그들의 제사장들과 아무런 힘없는 자녀들을 자기 손으로 살해한 부모들을 미워하고 그 땅에서 쫓아내었느니라"(솔로몬의 지혜 12：4-6).

6. 그러나 전 유대 역사에 있어서 전능하신 하나님은 (그가 원하셨다면 언제든지 그렇게 요구할 권리가 있었음에도 불구하고) 그러한 인간 제물을 드리도록 허용하신 적이 단 한 번도 없다. 그것도 다른 민족들은 죄의 용서와 신의 은총을 얻기 위한 최대의 미덕으로 인간 제물을 일반적으로 승인하고 있던 때에 유독 유대인만큼은 이같은 제사가 없었으며 다른 제사들만 있었다. 이와 같은 점은 고대 이방의 기록들도 입증해 주고 있다. 산코니아토(Sanchoniatho)의 글을 번역한 필로 비블리우스(Philo Biblius)의 말을 들어보자 : "이러한 풍습은 무서운 재난과 큰 위험에 직면했을 때 고대인들이 행했던 풍습이었다. 고대의 한 도시나 국가의 통치자들은 그 도시나 국가가 멸망할 위기에 직면하게 되었을 때에는 그 위험을 피하기 위하여 벌을 내리려고 (복수를 가하려고) 하는 신들에게 속전(a price of redemption)으로 자기의 사랑하는 아들들을 제물로 바쳤다. 이렇게 해서 제물로 바쳐진 자들은 신비한 방법으로 죽음을 당했다." 이스라엘과 유다와 전쟁을 하다가 큰 위기에 직면했던 모압 왕이 취한 행동이 이 같은 사실을 잘 보여주고 있다: "이에 자기 위를 이어 왕이 될 맏아들을 취하여 성 위에서 번제를 드린지라"(왕하 3：27) 유대 선지자 미가(Micah)의 다음과 같은 말도 이 같은 사실을 반영하고 있는 것이다: "내가 무엇을 가지고 여호와 앞에 나아가며 높으신 하나님께 경배할까? 내가 번제물 일 년된 송아지를 가지고 그 앞에 나아갈까? 여호와께서 천천의 수양이나 만만의 강수 같은 기름을 기뻐하실까? 내 허물을 위하여 내 맏아들을, 내 영혼의 죄를 인하여 내 몸의 열매를 드릴까? 사람아 주께서 선한 것이 무엇임을 네게 보이셨나니 여호와께서 네게 구하시는 것이 오직 공의를 행하며 인자를 사랑하며 겸손히 네 하나님과 함께 행하는 것이 아니냐?"(미 6：6-8).

논문 Ⅱ

하나님께서 여기서 이방인들이 그들의 신들에게 보이는 열정적인 순종만큼 강한 믿음과 순종이 아브라함에게 있는지의 여부를 시험하신 것은 부인할 수 없는 사실이다. 그러나 하나님께서는 세심한 배려를 아끼지 않으셨으며 초자연적인 개입으로 이삭을 살해하는 것을 친히 막으시고 이삭 대신 제물이 될 대속 제물인 수양을 손수 준비해 두셨다: "여호와의 사자가 하늘에서부터 그를 불러 가라사대 아브라함아 아브라함아 하시는지라 아브라함이 가로되 내가 여기 있나이다 하매 사자가 가라사대 그 아이에게 네 손을 대지 말라 아무 일도 그에게 하지 말라 네가 네 아들 네 독자라도 내게 아끼지 아니하였으니 내가 이제야 네가 하나님을 경외하는 줄을 아노라 아브라함이 눈을 들어 살펴 본즉 한 수양이 뒤에 있는데 뿔이 수풀에 걸렸는지라 아브라함이 가서 그 수양을 가져다가 아들을 대신하여 번제로 드렸더라"(창 22:11-13).

한편 많은 사람들은 입다가 자신의 딸을 그것도 아직 소녀티를 벗지 못한 딸을 제물로 바치기로 서원했으며(삿 11:36-39) 그의 서원은 하나님의 율법의 규정에 따라(레 27:28, 29) 그대로 실행되지 않으면 안되는 구속력을 가졌기 때문에 어쩔 수 없이 딸을 제물로 바친 것으로 이해하고 있다. 그러나 좀더 깊이 생각하게 되면 이 같은 생각이 잘못임을 알 수가 있다. 입다는 단지 그의 딸을 장막에서 하나님을 섬기게 하든지, 아니면 장막이 아니더라도 평생 처녀로 있게 하든지 하는 식으로 그의 서원을 실행했어야 했을 것이다. 왜냐하면 율법은 그 같은 인간 제물을 요구하지도 않을 뿐 아니라 그 이후에도 그 같이 인간 제물을 바친 실례를 볼 수가 없기 때문이다. 따라서 요세푸스뿐 아니라 필로(Philo)까지도 그 같은 율법을 언급하지 않고 있는 것이다. 특히 요세푸스는 입다가 그 같은 서원을 하고 그것을 실제로 실행에 옮긴 것을 보고는 하나님의 율법에 합치된 행동이라고 칭찬하기는커녕 오히려 율법에 어긋나는 행동이라고 명백히 비난하였다: "그는 율법에 합치하지 않을 뿐 아니라 하나님께 열납되지도 않을 제사를 드린 것이다. 게다가 그는 그의 행동을 들을 사람들이 어떻게 생각할 것인가 조혀 고려하지도 않

요세푸스

았다."

7. 요세푸스와 그의 견해를 추종한 대감독 어셔(Archbishop Usher)에 따르면 그 당시 이삭의 나이는 적어도 25세는 되었다고 한다. 이렇게 보면 아브라함의 나이는 그 때 125세였다는 결론이 나온다. 그렇다면 이삭의 자발적인 동의 없이 아브라함이 어떻게 이삭을 결박할 수가 있었겠는가? 이런 경우에 있어서는 항상 제물이 될 당사자의 자발적인 동의가 절대적인 필수 사항이었던 것처럼 보인다. 따라서 요세푸스는 물론 성 클레멘트(St. Clement)도 이 같은 점을 특별히 명기(明記)하였던 것이다. 클레멘트의 말을 들어보자: "이삭은 자신이 알고 있는 바가 거짓되지 않고 실제로 나타날 것이라는 사실을 확신하고 기쁜 마음으로 자신을 제물로 바쳤던 것이다." 또한 요세푸스도 아브라함이 고통스러운 표정으로 이삭에게 하나님의 명령을 전한 후 인내하는 마음으로 즐겁게 그 명령에 순종하라고 권면하자, "이삭이 매우 즐겁게 그에 동의했다"고 기술하고 있다. 그리고 요세푸스는 이삭의 짧지만 경건하기 이루 말할 데 없는 대답을 적은 후에 "이삭은 즉시 자원하는 마음으로 단 위로 나아갔다"고 기술하고 있다. 사실상 입다도 그의 딸이 동의하기까지는, 경솔하기 그지 없는 그의 서원을 실행에 옮기지 않았다(삿 11 : 36,37).

8. 아브라함이 독자 이삭을 하나님의 명령에 순종하여 제물로 바칠 준비를 하긴 했으나, 하나님께서 간섭하셔서 이삭을 보호하실 것이라는 사실을 믿어 의심치 않았던 것처럼 보인다. 이 같은 사실은 아브라함이 이삭을 바칠 산을 바라보면서 집을 떠난 지 제 삼일에 그의 종에게 한 말과 아들 이삭에게 한 대답 속에 잘 나타나 있는 것처럼 보인다: "너희는 나귀와 함께 여기서 기다리라 내가 아이와 함께 저기 가서 경배하고 너희에게로 돌아오리라"(창 22 : 5). "이삭이 가로되 불과 나무는 있거니와 번제할 어린양은 어디 있나이까 아브라함이 가로되 아들아 번제할 어린양은 하나님이 자기를 위하여 친히 준비하시리라"(창 22 : 7-8). 이상의 두 귀절이 저자가 보기

에는 아브라함이 하나님의 간섭을 기대하고 있었음을 보여주는 것 같다.

9. 더우기 아브라함뿐 아니라 저자 생각에는 이삭까지도 하나님께서 이삭을 희생 제물로 살해하도록 허용하신다 하더라도 하나님께서 결국은 그를 죽은 자 가운데서 속히 다시 일으키실 것임을 확실히 믿고 있었던 것이 분명하다. 이러한 점은 저자가 앞서 인용한 "내가 아이와 함께 저기 가서 경배하고 너희에게로 돌아오리라"고 한 인용 구절에서도 분명히 살펴볼 수 있음은 물론 히브리서 저자에 의해서 더욱 분명히 드러나고 있다: "아브라함은 시험을 받을 때에 믿음으로 이삭을 드렸으니 저는 약속을 받은 자로되 그 독생자를 드렸느니라 저에게 이미 말씀하시기를 네 자손이라 칭할 자는 이삭으로 말미암으리라 하셨으니 저가 하나님이 능히 죽은 자 가운데서 다시 살리실 줄로 생각한지라." 아브라함의 이 같은 생각은 하나님께서는 진리 자체이시며 거듭해서 "내가 내 언약을 나와 너 사이에 세워 너로 심히 번성케 하리라", "내가 너와 내 언약을 세우니 너는 열국의 아비가 될지라 이제 후로는 네 이름을 아브람이라 하지 아니하고 아브라함이라 하리니 이는 내가 너로 열국의 아비가 되게 함이니라", "네 아내 사래는 이름을 사래라 하지 말고 그 이름을 사라라 하라 내가 그에게 복을 주어 그로 네게 아들을 낳아 주게 하며 내가 그에게 복을 주어 그로 열국의 어미가 되게 하리니 민족의 열왕이 그에게서 나리라"(창 17:2, 4, 5, 6, 15, 16), "이삭에게서 나는 자라야 네 씨라 칭할 것임이니라"(창 21:12)고 약속하신 말씀이 있었기 때문에 그야말로 자연스럽고도 극히 당연한 생각이었다. 더우기 이삭이 결혼도 하기 전인데 만일 제물르 바쳐진다면 하나님께서 그가 하신 약속으로 말미암아 틀림없이 그를 죽은 자 가운데서 다시 일으키실 것이라는 점은 당연한 결론이 아닐 수 없었다. 이것이 "여호와께서 이를 그의 의로 여기신" 타로 그 믿음인 것이다(창 15:6). 즉 하나님께서 이삭을 제물로 바치는 것을 허용하신다면 곧 그를 죽은 자 가운데서 다시 살리실 줄로 믿은 것이다. 이

249

에 히브리서 기자는 "비유컨대 죽은 자 가운데서 도로 받은 것이니라"고 옳게 생각한 것이다(히 11 : 19).

10. 아브라함이 부활에 관하여 이 같은 확신과 믿음을 소유할 수 있었던 근거는 단지 하나님의 성실하신 성품을 의지한 것만은 아니었다. 75세의 나이에 갈대아 혹은 메소포타미아에서 부름을 받은 후 (창 12 : 4) 125세의 나이까지 50년 동안 가나안과 애굽이라는 이방의 땅에서 나그네 생활을 하는 동안 하나님의 절대적이고 특별한 보호의 섭리와 은총을 늘 경험했었기에 이 같은 신앙이 가능했던 것이었다. 모든 인간의 생각과 기대를 뛰어넘어서 항상 풍요롭게 축복해 주시는 하나님의 은혜의 넘치는 체험이 있었기에 그 같은 일이 가능했던 것이었다. 하나님께서는 아브라함의 노년에 하갈을 통해 첫 아들인 이스마엘을 주셨을 뿐 아니라 후에 "사라가 나이 늙어" (히 11 : 11) "경수가 끊어졌을 때에"(창 18 : 11) 즉 "죽은 사라의 태" (롬 4 : 19)를 통해서 약속하신 대로 이삭을 주셨던 것이다. 그뿐 아니라 하나님께서는 50년 동안 아무리 불가능해 보이는 약속이라도 한 번 하신 약속은 끝까지 지키셨다. 따라서 아브라함은 처음에 갈대아 혹은 메소포타미아를 나올 때에는 믿음이 없어 하나님의 약속을 의심했는지 몰라도 50년 동안의 한결같은 체험을 경험한 후에는 믿음에 견고하여져서 하나님께 영광을 돌리며 약속하신 그것 (이삭의 부활)을 또한 능히 이루실 줄을 확신하였던 것이다(롬 4 : 20, 21).

11. 그러므로 하나님께서 이삭이 살해되는 것을 그대로 허락하신다 하더라도 결국 틀림없이 그를 죽은 자 가운데서 다시 살리실 것이라는 이 확신은 아브라함이 하나님께 이삭을 바치려고 한 행동과 이방인들이 거짓 신들에게 인간 제물을 바친 행동을 전적으로 구분하는 요소이다. 왜냐하면 거짓 신들에게 드린 인간 제물에는 이 같은 부활의 약속이나 전망이 조금도 들어 있지 않기 때문이다. 그러나 아브라함의 경우에는 이와 같은 부활의 약속과 전망이 들어 있기 때문에 하나님의 명령에서 불의가 제거되는 것이며 하나님께 순종한 아

논문 Ⅱ

브라함의 행동에서 비인간성이나 야만성이 제거되는 것이다.

12. 전체적으로 볼 때, 하나님의 명령과 그에 뒤따른 사건의 전모는 이삭이라는 인물을 통해서 먼 훗날의 아브라함의 위대한 후손이요 씨인 메시아, 즉 성부의 독생 성자—아브라함이 성자의 때 볼 것을 즐거워하다가 보고 기뻐하였는데(요 8:56)—를 미리 예표하고 모형적으로 보여 준 것이었다. 즉 성자께서 하나님의 정하신 뜻과 미리 아신 대로 희생 제물이 되어 십자가에 못박혀 죽으시고 3일만에 다시 부활하셔야 할 것을(행 2:22-32), 그것도 예루살렘에서 이 같은 일이 일어날 것임을 예표하신 것이다. 그뿐 아니라 이 같은 일이 일어나기 전까지는 하나님께서 수양이나 그 밖의 동물을 희생 제물로 받으실 것까지 예표하신 것이다. 이 같은 적용은 너무나 분명하기 때문에 누구나 깨달을 수가 있을 것이다.

아브라함이 굳이 모리아(Moriah) 혹은 예루살렘 땅까지 가지 않을 수 없었던 이유가 여기에 있으며 그가 모리아산에 도착한 것이 제 삼일이라고 명기(明記)된 것(창 22:2, 4)도 다 여기에 연유한 것이다. 가는 데 3일이 걸렸다는 이야기를 명시한 것은 희생 제물을 죽여 제사를 드린 후 돌아오는 데도 3일이 걸리는 것을 암시하고자 한데 있었다. 더우기 아브라함의 희생 제물이 육신을 따라 난 아들인 이스마엘이 아니고 약속을 따라 난 독자 이삭이었던 이유가 또 여기에 있는 것이다. 또한 아브라함에게 아들 이스마엘이 있었음에도 불구하고 이삭을 독생자(the *only son, or only begotten son*)라고 부르고 있는 것도 다 이에 연유한 것이다. 이삭이 손수 번제 나무를 지고 갈 수밖에 없었던 것(창 22:6; 요 19:17)도 다 여기에 그 이유가 있는 것이며, 제사를 드리는 장소가 모리아(Moriah) 혹은 환상(vision)의 땅—아마도 이 곳은 스키나(the Scechinah) 혹은 메시아가 나타났던 곳이었을 것이며, 아브라함 이전부터 하나님이 경배받으신 곳으로 메시아의 위대한 모형인 멜기세덱(아브라함이 제사를 드릴 때 함께 있었는지도 모름)이 살았던 곳이었을 것임—일 수밖에 없었던 이유도 다 여기에 있는 것이다. 즉 제사를 드려야 할 장소가 요세푸스나 그 밖의 대부분의 사람들의 주장처럼 성전이 후에 세워져서 모세가 규정한 모든 제사가 드려진, 후대에 모리아 산이라고 분명히 일컬어진 바로 그 산이나, 혹은 다른 이들의 주장처럼 메시아께서 화목 제물로 돌아가신 인근 갈보리 산일 수 밖에 없었던 이유가 다 이에 연유한다는 말이다.

이삭 대신 수양이 대속 제물로 바쳐졌다는 사실이 이 같은 점을 잘 보여 주고 있다. 더우기 클레멘트가 "이삭은 자신이 알고 있는 바가 거짓되지 않고 실제로 나타날 것이라는 사실을 확신하고 기쁜 마음으로 자신을 제물로 바쳤던 것이다"라고 기술한 것은 바로 이 같은 의도에서 나온 것이다. 모세 시대까지 계속해서 내려온 지명인 여호와이레(*Jehovah Jireh*), 즉 하나님께서 보실 것이다(*God will see*) 아니 하나님께서 준비하실 것이다(*God will provide*)라는 뜻의 여호와이레라는 지명이 아브라함에게 주어진 것은 하나님께서 때가 차면 그 곳에 번제할 어린양(세상 죄를 지고 갈 하나님의 어린양〔요 1 : 29〕)을 친히 예비하실 것이라는 뜻으로 주어진 것이다.

이방인들이 감히 상상도 못했던 부활의 개념이 들어 있을 정도로 아브라함의 경우가 독특하다 하더라도, 아들 이삭을 제물로 바치라고 한 하나님의 명령이 이방인들에게 좋지 않은 본보기, 즉 친자식을 이방신들에게 제물로 바치는 악습을 유발시키거나 크게 권장할 수 있는 선례를 제공해 준 것이라는 비난을 가하는 사람들이 아직 여전히 남아 있다. 그러므로 이제 그 점을 살펴보도록 하자:

13. 이 같은 비난은 전혀 사실과는 반대되는 것이다. 하나님이 아브라함에게 이삭을 바치라고 명령하셨어도(이방인들은 이 같은 명령이 그들의 일상 풍습과 같았기 때문에 그리 놀라지 않았을 것이다) 중간에 이삭을 바치는 것을 중단시키고 대신 양을 제물로 바치라고 준비해 놓은 사실은, 테트모시스(Tethmosis) 혹은 아모시스(Amosis)로 하여금 인근 애굽인들 사이에서 행해졌던 잔인한 인간 제물을 폐지시키고 그 대신 덜 잔인한 다른 제물로 대치시키게 만든 원인이 되지 않았을까 저자는 생각한다. 테트모시스 혹은 아모시스가 인간 제

논문 Ⅱ

물로 희생 제사를 드리는 것을 금지한 시기가 아브라함이 이삭을 바치려고 했던 시기와 비슷하다는 점을 주목하라. 저자는 이제 이 두 시기가 거의 일치함을 증명하려고 한다. 이 같은 점은 포르피리(Porphyry)가 유명한 애굽의 역사가요 역대기 편찬자인 마네토(Manetho)의 글을 인용한 부분에서 분명해진다. 포르피리가 마네토를 인용한 부분은 또다시 유세비우스(Eusebius)와 테오도렛(Theodoret)에 의해 재인용되었다. 포르피리의 글을 그대로 게재하면 이와 같다: "마네토가 고대사와 경건(Antiquity and Piety)에 관한 그의 글에서 증언하고 있는 바에 따르면, 아모시스는 애굽의 헬리오폴리스에서 인간을 살해하여 제사를 드리는 법을 폐지하였다고 한다. 그 당시 인간들은 주노(Juno)에게 희생 제물로 바쳐졌는데, 마치 순결한 송아지를 검사하여 도장을 찍듯이 순결한 인간을 골라 낸 후 하루에 3명을 제물로 바쳤다고 한다. 그런데 아모시스가 이 같은 법을 폐지하고 그 대신 밀랍으로 만든 인간 모양의 형상(men of wax)을 같은 수 만큼 제물로 바치도록 명령하였다는 것이다."

저자는 최근에, 애굽인들이 아브라함을 크게 존경하였다는 사실과 후에 모세가 배운 애굽의 모든 학문이 다름 아닌 바로 아브라함에게서 나온 학문이었다는 사실을 입증한 적이 있다. 한편 위에 인용한 구절에서, 우리는 인간 제물을 폐지하고 그 대신 인간 모양의 밀랍 인형으로 인간 제물을 대신한 첫번째 개혁이 일어난 장소가 애굽의 북동부인 헬리오폴리스, 즉 아브라함이 그 당시 살던 팔레스틴 남부의 브엘셀바에서 불과 120마일밖에 떨어지지 않은 곳이라는 점을 볼 수 있다. 게다가 그 같은 개혁을 명한 왕도 베니게 목자들(the Phoenician)을 추방한 후 첫 애굽인 왕이 된 테트모시스 혹은 아모시스라는 점도 알 수가 있다. 그러므로 이제 테트모시스 혹은 아모시스의 생존 연대를 밝혀 내서 아브라함이 이삭을 바치려고 했던 시기와 비교해 보는 일만 남았다. 저자가 A. D. 1721년에 출간한 연대표(Chronological Table)를 보면 이삭의 나이 25세 즉 아브라함의 나이가 125세였던 해는 A. M. (Annus Mundi) 2573 혹은 테트모시스(아모시스)의 총재위 기간 25년의 중간인 재위 제13년에 해당한다. 따라서 아모시스가 애굽에서 인간 제물을 금지시키고 다른 제물로 대치하도록 명령한 것은 하나님께서 이삭을 제물로 바치는 것을 금지시키시고 수양을 대신 제물로 바치도록 하신 엄숙한 명령이 그 동기가 되었던 것처럼 보인다. 이 같은 점은 현대인들의 근거없는 의심을 충분히 제거해 줌은 물론, 이삭을 제물로 바치지 못하게 하신 하나님의 명령이 직접적으로는 애굽인들이 인간 제물을 바치는 야만성을 즉시 중단시키도록 만들었을 뿐 아니라 다는 아니더라도 후 세대에 이같은 야만성을 중지시키는 데 큰 원동력이 되었을 수도 있다는 가능성을 확실하게 보여 주고 있다.

논문 Ⅲ

유대국의 기원과 최후의 유대 전쟁에 대한 타키투스의 글에 관하여 : 유대국의 기원에 관한 글은 요세푸스의 유대고대사에 대항하기 위해 쓴 작품인것 같으며, 최후의 유대 전쟁에 관한 글은 요세푸스의 유대전쟁사에서 거의 그대로 직접 인용한 작품임이 분명함

저명한 로마 역사가인 타키투스는 유대국의 기원과 유대 지지(地誌)와 케스티우스, 베스파시안, 그리고 티투스 치하에서의 최후의 유대 전쟁에 관하여 그 어떤 로마 역사가보다 많은 지면을 할애하였다. 그리고 타키투스는 요세푸스와 마찬가지로 로마 황제들인 베스파시안, 티투스, 도미티안에 대하여 매우 호감을 갖고 있었다. 게다가 타키투스는, 요세푸스가 로마에서 헬라어를 공부하고 헬라어 서적을 탐독하는 한편 그 당시 로마 세계에서 보편적으로 알려졌던 헬라어로 그의 저서들을 집필할 때와 동시대가 아니면, 바로 직후에 로마에서 활동하던 저명한 변증가요 역사가였다. 따라서 타키투스가 요세푸스의 저서를 몰랐을 가능성은 거의 없다. 그러므로 유대국과 유대인과 유대의 역사에 관하여 타키투스와 요세푸스의 글

요세푸스

을 비교해 보는 일은 매우 유익하리라 생각된다. 요세푸스와 타키투스의 글을 비교해 보면 시간과 장소만 일치하는 것이 아니라 내용과 배경까지도 자주 일치하는 모습을 볼 수가 있다. 그런 데도 불구하고 지금까지 일반 학자들은 물론 요세푸스와 타키투스의 글들을 편집한 저명한 학자들까지도 이 점에 대해 침묵을 지키고 있는 것은 저자가 보기에는 너무나 앞뒤가 맞지 않는 일이라고 생각된다. 유대 종교와 유대국에만 존재하고 있는 독특한 특성에 관해서 이방인인 타키투스가 상세히 언급하고 있는 것은 요세푸스의 저서를 인용하지 않고는 그 당시의 상황으로 보아 거의 불가능한 것을 알면서도, 이에 대해 한 마디의 언급도 하지 않은 것은 비록 변명의 여지가 없는 것은 아니라 저자로서는 도저히 이해할 수가 없다. 유대를 직접 방문한 적이 없는 타키투스가 유대국에 관한 글을 쓸 때 인용했을 것으로 보이는 역사가는 요세푸스를 제외하고는 티베리아스의 유스투스(Justus of Tiberias)와 안토니우스 율리아누스(Antonius Julianus)밖에는 아무도 없을 것이다.

티베리아스의 유스투스는 요세푸스와 동시대에 살다간 유대 역사가이며, 안토니우스 율리아누스는 미누티우스 펠릭스(Minutius Felix)가 그의 저서 옥타비우스(Octavius) 33절(sect. 33)에서 요세푸스와 같은 주제로 글은 쓴 적이 있다고 한 번 언급한 바 있는 인물이다. 이 두 인물에 대해서는 저자도 논문 I에서 언급한 바 있다. 그러나 타키투스가 티베리아스의 유스투스의 글을 인용했을 가능성은 없다. 왜냐하면 우리가 앞서 논문 I에서 포티우스(Photius)의 글(Cod. xxx)을 인용하면서 살펴보았듯이, 타키투스가 다룬 내용, 즉 티베리우스(디베료) 황제와 총독 본디오 빌라도 치하에서의 그리스도와 그의 수난에 관해서는 유스투스의 글에 전혀 언급이 되지 않고 있기 때문이다.

한편 안토니우스 율리아누스는 그 이름을 볼 때 유대인이 아니라 로마인임을 알 수가 있다. 요세푸스는 그를 단 한 번이라도 언급한 적이 없다. 따라서 그는 타키투스보다 유대에 관해서 많이 알고 있었을 것 같지 않다. 그러므로 저자가 보기에는 안토니우스 율리아누

논문 Ⅲ

스는 타키투스 이전의 역사가라기보다는 타키투스 이후에 요세푸스의 저서를 요약한 저술가인 것처럼 생각된다. 따라서 요세푸스의 7권짜리 유대 전쟁사가 그 당시 로마에서 호평을 받으면서 널리 알려져 있던 터에 타키투스와 같이 정확한 역사가가 그토록 빈약한 무명의 역사가들의 글을 인용했을 가능성은 거의 없는 것이다. 게다가 요세푸스의 저서는 황제인 베스파시안과 티투스는 물론 아그립바 왕과 아켈라오 왕과 칼키스 왕 헤롯의 검증을 받고 추천까지 받았다. 그뿐 아니라 요세푸스는 그의 동상이 세워질 정도로 추앙을 받았으며 그의 저서는 로마의 공공 도서관에 비치되어 있었다. 사실은 요세푸스 자신의 말뿐 아니라 유세비우스(Eusebius)와 제롬(Jerome)의 글을 볼 때도 분명히 알 수가 있다. 이와 반면에 요세푸스의 저서처럼 검증을 받고 추천까지 받은 유대인의 저서는 아무것도 없다고 알려져 있다. 이렇게 볼 때 타키투스가 요세푸스 외의 다른 역사가들을 인용하여 유대에 관한 글을 썼을 가능성은 희박하다. 그러나 타키투스는 이 최후의 유대 전쟁에 관한 몇 가지 사실들은 로마의 기록에서 인용했을 가능성이 얼마든지 있다. 즉 요세푸스 자신도 그의 자서전(65절)에서 언급한 바 있는 베스파시안의 주석(the Commentaries of Vespasian)은 물론 로마인들의 증언과 특히 유대 전쟁에 직접 참여했던 장교들과 병사들의 경험담을 인용했을 가능성이 있다는 말이다. 특히 요세푸스와 차이점을 보이는 부분에서 이같은 자료를 참고로 했을 가능성이 짙다. 그러나 베스파시안과 로마 병사들이 기껏해야 3~4년밖에 유대에 머무르지 않았기 때문에 유대의 지형이나 유대의 주요 역사 사실들까지 이들의 증언과 경험담을 참고했을 가능성은 없다.

  요세푸스와 타키투스는 모두 유대 전쟁사의 서론 부분에서 전쟁 발발 240년 전인 안티오쿠스 에피파네스로부터 본격적인 역사를 서술하고 있다. 따라서 타키투스가 모세로부터 티베리우스(디베료) 황제 치하의 그리스도 혹은 그리스도인들에 이르는 유대국 역사의 대부분의 자료를 로마 역사가들에 의존했을 가능성은 전혀 없는 것이다. 로마 역사가들은 유대인과 기독교인에 관해서는 거의 아는 것

요세푸스

이 없음이 통례이다. 따라서 이들은 부끄러운 줄도 모르고 일반적으로 사실을 왜곡하고 진실을 곡해하고 있는 것이다. 그리하여 타키투스도 유대인의 기원에 관해 언급할 때 진실을 왜곡하는 우를 범하고 있는 것이다. 따라서 독자들은 이방인들이 유대인과 기독교인에 관해 언급을 할 때에는 모두 사실을 왜곡한다고 일반화해도 큰 무리는 없을 것이다. 타키투스가 요세푸스의 유대 고대사를 반박하고 있는 내용을 보면 완전한 거짓이거나, 아니면 거짓에 가까운 왜곡된 사실들만을 말하고 있으며 사실이나 진실을 밝혀 줄 이야기는 거의 말하지 않고 있음을 알 수가 있다. 이에 대해서는 타키투스의 글을 먼저 살펴보고 후에 저자의 소견을 말하는 부분에서 더 자세히 살펴 보도록하자.

유대 역사

5권 2장

저 유명한 예루살렘 시의 최후의 시기를 살펴보기 전에 예루살렘 시의 기원부터 알아보는 것이 좋을 것같다. 예루살렘 시의 기원은 전승(傳承, tradition)에 의하면 아래와 같다: 유대인은 크레테(Crete) 섬을 도망쳐 나와 리비아(Libya) 해변에 정착하였다. 이 때가 바로 농업의 신(Saturn)이 쥬피터(Jupiter)의 세력에 밀려 왕국에서 쫓겨난 때와 일치한다. 크레테에는 이다(Ida)라는 유명한 산이 있는데, 그 인근 지역 주민은 이대이(*Idæi*)라고 부른다. 그런데 유데이(*Judæi*, 유대인[Jews])라는 명칭이 바로 여기에서 유래했다는 것이다. 이에 반해 어떤이들은 유대인들이란 이시스(Isis) 통치 밑에서 수다한 백성을 형성하고 있던 애굽의 한 민족이었다고 주장한다. 그런데 애굽인들이 히에로솔리무스(Hierosolymus)와 유다스(Judas)

258

를 지도자로 하는 유대인들을 인근 지역으로 내보냄으로써 부담을 덜 수 있었다는 것이다. 또한 어떤이들은 유대인들은 케페우스(Cepheus) 왕의 재위 때 공포와 증오 때문에 거주지를 옮기지 않을 수가 없었던 에디오피아인들이라고 주장한다. 이 탁에도 유대인들이 앗수르인들이라는 주장도 있다. 즉 일부 앗수르인들이 땅이 없어 함께 모여 방황하던 끝에 애굽의 일부를 차지하였다가 후에 다시 수리아 근접 지역 히브리 땅에 도시를 건설하고 정착한 것이라 한다. 또한 유대인의 조상이 위의 주장들보다 더 고귀하다는 주장도 있다. 즉 호머(Homer)의 시에 나오는 유명한 민족인 솔리미인들(the Solymi)이 유대국의 창건자들로서 그들이 세운 도시를 자신들의 이름을 본떠 히에로솔리마(Hierosolyma)라고 명명하였다는 주장이다.

3장

많은 저술가들은 아래와 같은 사실들을 주장하는데 일치를 보이고 있다: 언젠가 애굽에 전염병이 돌아 많은 이들이 병에 걸리게 되었다. 이에 애굽 왕 보코리스(Bocchoris)가 (쥬피터[Jupiter]) 함몬(Hammon) 신의 신탁을 받기 위해 찾아가서 전염병을 물리쳐 달라고 간청하였다. 이에 그 신은 보코리스 왕에게 "신들이 전염병자들을 미워하니 그들을 다른 나라로 옮겨 애굽을 정결케 하라"고 명령하였다. 따라서 보코리스 왕은 전염병자들을 가려내어 한 곳에 집결시킨 다음 사막에 내버렸다. 이에 병자들은 실망에 빠져 어찌할 바를 모르고 울기만 하였다. 이 때 그들 중에 하나인 모세라는 자가 나타나 그들을 권면하였다. 모세는 그들이 인간들과 신들에게 모두 버림을 받았으니 어떤 신들과 인간들에게서도 도움을 받을 생각을 하지 말고 자기를 하늘이 보내 준 지도자로 믿고 따르면 현재의 곤경에서 벗어날 수 있을 것이라고 권고하였다. 이에 그들은 모두 모세의 말에 수긍하였다. 그들은 어디가 어디인지 통 알지 못했음에도 불구하고 되는 대로 여행을 시작하였다. 그러나 무엇보다도 물이 없어 견딜 수가 없었다. 이에 그들은 죽기로 체념하고 모두 땅바닥에 나자빠졌다. 그 때 일단의 야생 나귀떼들이 풀을 뜯어 먹은 후에 나무 숲으로 가려진 바위 쪽으로 향하는 것이 눈에 띄었다. 이에 모세는 그 근처에 좋은 풀이 있는 줄로 생각하고 그 짐승들 뒤를 따라갔다가 많은 물의 근원을 발견하였다. 이것이 그들에게 보통 도움이 아니었다. 그 후 그들은 6일 동안 꼬박 여행을 한 후에 제 7일에 그들이 장차 도시와 성전을 세울 땅에 도착하여 그 곳 주민들을 몰아내고 그 땅을 차지하였다.

4장

한편 모세는 유대국을 자신에게 꼭 붙들어 매기 위해 다른 민족의 의식과는 정반대 되는 새 의식(new rites)을 창안해 냈다. 따라서 우리에게 성스러운 것은 유대인들에게 모두 불결한 것이 되었다. 결국 이것을 우리 편에서 바라보면 유대인들은 우리가 가장 경멸하는 풍습을 행한 것이 된다.

유대인들은 그 짐승(나귀)의 형상을 지성소 안에 모셔 놓고 있다. 이것은 그들이 더 이상의 방황과 갈증을 경험하지 않았으면 하는 바람이 표출된 것이다.

유대인들은 (쥬피터) 함몬에게 가까이 나아가는 방법으로 수양을 제물로 바친다. 그들은 또한 애굽인이 아피스(*Apis*)라는 이름으로 숭배하는 소도 희생 제물로 바친다.

유대인들은 돼지 우리가 보여주는 비참한 타락 상태와 불결 상태를 경계하기 위해 돼지고기는 먹지 않는다.

유대인들은 자주 오랜 기근에 시달리면서도 금식을 자주 갖는다. 유대인들은 땅의 소산을 도적질하기도 한다.

유대인들은 제7일에 안식을 한다. 제7일이 그들에게 (첫번째) 안식을 준 날이기 때문이라는 것이다. 그 밖에도 그들은 게으른 생활을 즐기기라도 하려는 듯이 매 7년마다 일을 하지 않고 빈둥거린다. 어떤 이들은 유대인들이 이렇게 하는 것은 농업의 신(Saturn)에게 경의를 표하기 위한 것이라고 주장한다. 즉 우리가 앞서 살펴보았던 대로 농업의 신(Saturn)과 함께 쫓겨나 유대국을 창건한 이대이(Idæi) 백성들이 이 같은 풍습을 남겨 주었다는 것이다. 혹자들은 위와 같은 이유 때문이 아니라 토성(the star Saturn)이 7혹성들 가운데서 가장 높은 곳에 위치하여 인간이 필요로 하는 에너지의 가장 중요한 에너지를 제공하기 때문이라고 주장하기도 한다. 게다가 대부분의 천체가 7(Seven)이라는 수자에 맞추어 운행을 하기 때문이라는 주장을 하는 자들도 있다.

5장

이 같은 의식들은 처음에는 어떤 방식으로 시작되었든간에 고대성(古代性)에 의해 지지되고 있다. 유대인들의 제도들은 불결하고 우스꽝스러운 것들이며 그들의 사악성의 산물이다. 와냐하면 세상의 모든 사악한 자들이 자기 조상 전래의 의식을 무시하면서 예루살렘으로 세금과 헌물을 갖다 바쳐 유대인 공동체만 배를 불리기 때문이다. 유대인들은 자기들끼리는 신의와 우애를 저버리는 일이 없으나 그 밖의 타민족들에게는 뿌리깊은 적대감으로만 일관한다. 유대인은 식생활과 침실 생활에 있어서 세상의 모든 민족들과는 완전히

요세푸스

동떨어진 생활을 하고 있다. 유대인은 세상에서 가장 호색적인 민족이다. 그러나 유대인은 이방 여인을 욕보이는 것이 율법에 어긋나지 않는 것임에도 불구하고 이방 여인은 건드리지 않는다.

유대인들은 다른 민족과 구별되기 위하여 생식기에 할례를 행한다. 유대교 개종자들도 할례를 행하는 것은 마찬가지다.

유대인들은 태어나기가 무섭게 신들을 무시하고 조국을 배반하며 부모와 형제와 자식을 경멸하는 법부터 배운다. 그러나 그들은 자손을 번식하고 번성케 하는 일에는 최대의 관심을 기울인다. 따라서 자식을 살해하는 일은 최고의 범법 행위로 간주된다.

유대인들은 전쟁에서 전사한 자나 범죄하여 처형을 당한 자나 그들의 영혼은 영원한 것으로 본다. 따라서 유대인들이 후손을 사랑하고 죽음을 가볍게 여기는 것이다.

유대인들은 시체를 화장하는 대신에 매장하는 법을 애굽인들로부터 받아들였다. 유대인들은 죽은 자의 시신을 정성스럽게 보살피는 것뿐 아니라 지하에 보이지 않는 세계가 있다는 사실을 믿는 데도 상호간의 완전한 일치를 보이고 있다. 그러나 그들 위에 신들이 있다는 사실은 전혀 믿지 않고 있다. 반면에 애굽인들은 수많은 동물과 각종 형상들을 숭배한다.

유대인들은 유일신(one Divine Being)만을 인정한다. 그것도 오직 마음으로만 알려질 수 있는 유일신만을 숭배하는 것이다. 그들은 썩어질 것들을 재료로 신들의 형상을 만드는 것이나, 인간의 형상으로 신들의 형상을 표시하는 것은 신성 모독으로 생각한다. 그들은 유일신은 최고의 존재이시며 영원하고 불변하고 불멸하는 존재로 생각하기 때문이다. 따라서 유대인의 성전뿐 아니라 도시 안에까지도 형상을 찾아볼 수가 없는 것이다. 그들은 왕들이나 황제들의 비위를 맞추기 위해 형상을 만드는 일은 결코 용납하지 않는다. 그러나 유대의 제사장들은 피리(저, pipe)와 소고를 연주할 때는 이마에 담쟁이덩굴(ivy)을 두른다. 이 같은 사실 외에 신전에 금으로 된 포도의 형상이 있기 때문에 유대인들이 동방의 정복자(the conqueror of the East)인 우리 조상 바쿠스(Bacchus)를 숭배하는 것이 아니냐고 생각하는 자들도 있다. 그러나 유대인들의 의식은 바쿠스의 의식과는 동일하지 않다. 바쿠스의 의식은 마치 축제처럼 유쾌한 데 반하여 유대인의 의식은 침울할 뿐 아니라 우스꽝스럽기까지 하다.

6장

유대는 동쪽으로는 아라비아, 남쪽으로는 애굽, 서쪽으로는 베니게(페니키아)와 대해(the Great Sea)에 둘러싸여 있다. 게다가 유대는 북쪽으로는 약간의 간격을 두고 수리아와 접해있다.

유대인들의 신체는 매우 건강하여 어떤 일도 견뎌 낼 수가 있다.

유대 땅에는 비가 많이 내리지 않는다. 그러나 그 땅은 매우 비옥하며 땅의 소산도 우리와 마찬가지로 풍요하기 이루 말할 수 없다.

유대에는 우리 나라에 없는 두 종류의 고유한 나무가 있다. 그것은 종려나무와 발삼나무(balsam-tree)이다. 특히 종려나무 숲은 크고 울창하여 매우 아름답다. 그러나 발삼나무는 그리 크지 않다. 나뭇가지에 물이 오르면 마치 누가 칼을 들이대고 베어가는 것을 무서워하기라도 하는듯이 가지가 떤다. 깨진 돌조각이나 수산물의 껍질로 나무에 상처를 내면 수액이 나오는데 그 수액은 건강에 매우 좋다.

유대에서 가장 큰 산은 리바누스(Libanus) 산으로 매우 높다. 이상하게 들릴는지 모르나 이 산은 항상 수목이 울창하며 눈이 덮이지 않는 날이 없다. 이 산은 또한 요단강과 그 근원에 물을 대주기도 한다. 이 요단강은 바다로 흘러들어가지 않는다. 요단강은 수량이 줄지 않고 첫번째 호수와 두번째 호수를 지나 세번째 호수에서 막힌다.

이 세번째 호수는 마치 바다처럼 면적이 매우 넓은 큰 호수이다. 그러나 이 호수는 물맛이 좋지 않은 데다가 냄새까지 고약해서 인근 주민들에게 큰 불편을 안겨다 준다. 이 호수에서는 바람이 파도를 일으키는 법도 없으며 물고기나 물새들이 사는 법도 없다. 그 이유는 정확하지 않다. 그러나 이 호수에서는 마치 무슨 단단한 물질이 밑에 있는 것처럼 몸이 둥둥 뜬다는 사실과 무슨 연관이 있지 않을까 생각한다. 수영을 할 줄 아는 사람이나 못하는 사람이나간에 물에 들어가면 몸이 뜬다. 이 호수는 또한 일정한 때가 되면 역청을 생산해 낸다. 따라서 사람들은 다른 기술들처럼 체험으로 역청을 거둬들이는 법을 배운다. 역청은 검은 색을 띤 독특한 액체로서 식초(vinegar)를 부으면 엉겨 붙어 위로 떠오른다. 그러면 손으로 잡아당겨 배의 윗머리에 싣는다. 그러면 사람이 손을 대 잘라내기 전까지는 저절로 배에 차게 된다. 역청을 잘라 내기 위해서는 놋이나 쇠로 된 기구도 소용이 없다. 고대의 저술가들에 따르면, 역청은 피나 여인의 월경 때의 분비물로 젖은 천 앞에서는 꼼짝도 못하나 쇠나 놋으로 된 기구로는 어떻게 할 수가 없다고 한다. 그 곳의 풍습에 익숙한 사람들의 말에 따르면, 사람들은 이 역청을 육지로 글어다가 태양열과 지열(地熱)을 이용해서 말린 다음 마치 목재와 석재를 자르듯이 도끼와 쐐기로 자른다고 한다.

7장

비옥하기 그지없어 많은 주민들이 도시들을 건설하고 살다가 번

갯불에 의해 완전히 불타 멸망되었다고도 예로부터 전해져 내려오는 평지가 이 호수에서 멀리 떨어지지 않은 곳에 위치하고 있다. 지금도 이 평지에 가면 멸망의 흔적을 찾아볼 수 있다고 한다. 땅이 불에탄 채 그대로 남아 있어 옛날의 비옥함을 잃어버린 모습을 볼 수 있다는 것이다. 게다가 사람이 경작한 식물이나 자생적으로 자란 식물들이 아직 어린 것이건 다 자란 것이건간에 모두 새까맣게 재로 변한 모습도 볼 수 있다는 것이다. 하늘에서 불이 내려 한 때 유명했던 도시를 완전히 잿더미로 만든 데다가 호수에서 나오는 좋지 않은 공기와 악취로 인해 인근 지역이 폐허로 바뀐 것이라고 나는 생각한다. 즉 토양뿐 아니라 공기까지도 좋지 못하기 때문에 제대로 결실을 하지 못했던 것이다.

벨루스(Belus) 강 역시 유대의 바다(the sea of Judea)로 흘러들어간다. 이 강의 하구에서 채석되는 모래는 초석(硝石)과 함께 섞어 녹으면 유리가 된다. 강변은 좁은 데도 불구하고 이 곳에서 채석되는 모래는 그야말로 무궁 무진하다.

8장

유대 지역의 대부분은 작은 마을들과 소도시들이 분산되어 있다. 유대국의 수도는 예루살렘이다. 예루살렘 시에는 엄청난 부(富)를 간직한 성전이 있었다. 도시 맨 외곽 지역에 성벽이 둘러싸여 있었으며, 그 다음에는 왕궁이 있었고, 성전은 가장 안쪽의 자리를 차지하고 있었다. 제사장들을 제외하고는 유대인들이라 하더라도 문안으로 들어갈 수가 없었다. 제사장을 제외한 모든 유대인들은 문 밖에 머물러 있어야 했다. 앗수르인들과 메대인들과 페르시아인들이 동방의 패자로 동방을 다스리는 동안 내내 유대인들은 노예들 가운데서도 가장 경멸스러운 노예들이었다.

요세푸스

　마게도니아인들이 동방의 세력을 잡게 된 후에 안티오쿠스 왕(King Antiochus)이 유대인들의 미신을 깨뜨려 버리고 헬라의 풍습을 도입하려고 애를 썼으나 그의 노력도 그만 허사로 돌아가고 말았다. 세상에서 가장 부도덕한 유대국을 개화시키려는 그의 수고는 파르티아인들과의 전쟁 때문에 그만 벽에 부딪히고 만 것이다. 왜냐하면 이 때 아르사케스(Arsaces)가 (마게도니아인들로부터) 떨어져 나갔기 때문이었다. 그러자 유대인들은 이 때를 이용하여 스스로 왕을 세웠다. 마게도니아인들은 세력이 약해졌고 파르티아인들은 아직 강성하지 못했으며 로마인들은 지리적으로 거리가 먼 틈을 탄 것이었다. 이 유대의 왕들은 백성들의 변덕으로 왕위에서 추방되었다가 무력으로 다시 정권을 장악한 후에는 전에 하던 짓을 그대로 행하였다. 즉 도시들을 파괴하고 동족의 형제와 아내와 부모들을 살해하는 한편 미신을 그대로 답습하였다. 왕들은 권력과 권세를 더욱 강하게 움켜 잡기 위해 대제사장직까지 겸임하였다.

9장

　유대인을 정복한 첫 로마인은 크네이우스 폼페이우스(Cneius Pompeius)였다. 폼페이우스는 승리자의 권리로 성전에까지 들어갔다. 성전 안에 신의 형상이라고는 찾아볼 길이 없고 아무것도 들어 있지 않은 신비한 빈 공간뿐이라는 사실이 세상 밖으로 전해진 것은 바로 이 폼페이우스 때문이었다. 이 당시 예루살렘 성벽은 파괴되었어도 성전은 그대로 남아 있었다. 그러나 이로부터 얼마 안 돼 로마에는 내전이 일어났다. 이 내전으로 유대와 인근 속주들이 다르쿠스 안토니우스(Marcus Antonius)의 지배하로 넘어가게 되었을 때 파르티아의 왕 파코루스(Pacorus)가 유대를 장악하게 되었다. 그러나 파코루스는 파울루스 벤티디우스(Paulus Ventidius)에게 살해되고 파르티아인들은 유프라테스(유브라데) 강 너머로 쫓겨나게 되었다. 그 후 유대는 카이우스 소시우스(Caius Sosius)에게 정복당하였다. 안토니우스는 유대 왕국을 헤롯에게 주었으며, 안토니우스가 아우구스투스에게 패하게 되었을 때도 아우구스투스는 헤롯의 유대 왕국을 넓혀 주었다.

헤롯이 죽은 후에 시몬이라는 자가 케사르의 의향도 알아 보지 않고 "왕"의 칭호를 사칭하였다가 당시 수리아 총독이던 퀸틸리우스 바루스(Quinctilius Varus)에게 처형당하였다. 그 후 유대국은 축소되었으며 헤롯의 자녀들에 의해 삼 등분되어 통치하였다.

티베리우스(디베료) 황제 치하에서 유대인은 평화를 누렸다. 그로부터 얼마 후 유대인은 카이우스 케사르의 상을 성전에 세우라는 명령을 받게 되었다. 그러나 유대인은 이 명령에 순종하지 않고 무기를 들었다. 이 반란은 케사르의 죽음으로 끝이 났다.

이 헤롯의 아들인 왕들이 죽거나 세력이 약화되자, 클라우디우스(Claudius) 황제는 유대 속주를 로마의 귀족에게 주어 다스리게 했다. 유대를 다스린 이 로마의 귀족 가운데는 마치 무슨 왕이나 되는 것처럼 온갖 사치를 부리며 잔인하다는 악명을 떨친 안토니우스 벨릭스(Antonius Felix)도 포함되어 있다. 그는 마치 왕처럼 행세하였으나 실상은 종의 근성을 가진 자였다. 벨릭스는 안토니우스의 손녀인 드루실라(Drusilla)와 결혼하여 안토니우스의 손주 사위가 되었다. 안토니우스에게는 손녀 드루실라 외에도 손자인 클라우디우스가 있었다.

요세푸스

연대기

12권

  성(姓)이 벨릭스(Felix)인 팔라스(Pallas)의 형제는 (팔라스와는) 달리 온유하게 행동하지 않았다. 그는 오래 전부터 유대를 다스려오면서 권력만을 의지한 채 사악한 죄를 저질러도 벌을 받지 않을 것이라 생각하고 갖은 만행을 다 자행하였다.

  유대인들은 반란을 잘 일으키기로 이름난 전형적인 민족이었다. 카이우스가 죽었기 때문에 그의 명령이 무효가 되었으나 앞으로 어떤 황제가 (성전에 황제의 상을 세우라고) 다시 명령할지 모르는 상태였기 때문에 어느 정도의 불안은 가시지 않은 채 남아 있었다. 그러다가 벨릭스가 뒤늦게 사태를 해결한다고 뛰어드는 바람에 유대인의 반란의 소지에 불을 붙이는 결과를 빚고 말았다. 이에 그의 정적(政敵)인 벤티디우스 쿠마누스(Ventidius Cumanus)도 벨릭스가 하는 대로 따라하기 시작했다. 그 당시 유대국은 벨릭스와 쿠마누스에 의해 분할되어 통치되고 있었다. 갈릴리는 쿠마누스가 다스렸으며 사마리아는 벨릭스가 다스렸다. 갈릴리인들과 사마리아인들은 예전부터 반목 상태에 있었는데 총독들에 대한 미움까지 겹치자 이들은 서로에 대한 증오를 억누르지 못했다. 이에 갈릴리인들과 사마리아인들은 서로 약탈하기 시작했다. 때로는 복병을 매복시켜 습격을 가하기도 했고 때로는 전투를 벌이기도 하였다. 게다가 그들은 약탈품과 노획물을 그들의 총독들인 (쿠마누스와 벨릭스에게) 갖다 바쳤다. 이에 총독들은 마냥 즐거워하였다. 그러나 사태가 심각해지자 그들은 로마 병사들을 보내 갈릴리인들과 사마리아인들의 폭동을 진압하려고 하였다. 그러나 병사들만 희생당하고 말았다. 이때 수리아 총독 콰드라투스(Quadratus)가 개입하지 않았다면 유대땅은 다시 전쟁의 화염에 휩싸 일뻔하였다. 이에 돈동 중에 병사들을 살해한 유대인을 처형할 것인가에 관한 문제는 오랫동안 토론의 대상이 될 성질의 것이 아니었다. 그들은 당연히 쳐형당해야 할 것이었으나 단지 쿠마누스와 벨릭스 때문에 뒤로 연기된 것뿐이었다. 왜냐하면 클라우디우스가 반란의 원인에 대한 설경을 듣고 총독들을 포함한 모든 문제의 결재권을 콰드라투스에게 일임했기 때문이었다. 이에 콰드라투스는 벨릭스를 재판관으로 은명했고 재판석에 앉게 했다. 이는 벨릭스를 고소하려는 자들의 입을 막기 위한 고의적인 행동이었다. 이에 쿠마누스만 둘이 책임져야 할 모든 책임을 혼자 모조리 뒤집어 쓰게 되었다. 이렇게 해서 유대 속주에는 다시 평화가 깃들게 되었다.

역 사

5권 10장

그러나 유대인은 게시우스 플로루스(Gessius Florus)가 총독이 될 때까지 참고 인내하였다. 그러나 플로루스의 치하에서 전쟁이 다시 일어나게 되었다. 그 당시 수리아 총독인 케스티우스 갈루스(Cestius Gallus)는 강온의 양면 정책을 써 달래기도 하는 한편 무력을 쓰기도 하였다. 그러나 그가 무력을 사용하면 대치적으로 성공을 거두지 못했다.

숙명이었는지 아니면 수명이 다해서인지는 잘 모르겠으나 그가 죽은 후에 베스파시안(Vespasian)은 자신의 뛰어난 명성과 훌륭한 장교들과 막강한 군대의 힘을 입어 두 여름을 지나는 동안의 짧은 기간에 예루살렘을 제외한 유대 전역을 수중에 넣을 수가 있었다.

요세푸스

 (네로〔Nero〕가 그의 군대 장관으로 임명한 플라비우스 베스파시아누스〔Flavius Vespasianus〕가 전 3개 로마 군단의 병력을 거느리고 유대전쟁을 수행하였다. 역사〔Histor.〕 1권 10장).

 그 다음해 1년 동안은 로마에서 내전이 일어나는 바람에 유대인들은 평안하게 지낼 수가 있었다. 그러나 이탈리아 (Italy)가 평온을 되찾자 이탈리아 밖의 속주 문제가 다시 쟁점으로 부각되게 되었다. (로마인들의) 비위를 상하게 하면서 끝까지 버틴 민족은 오직 유대인 뿐이었다. 이제 새로 출발한 정권에 무슨 불상사나 불행이 일어나는 것을 막기 위해 티투스(Titus)는 군대와 함께 머무는 것이 최선책으로 여겨졌다.

 (베스파시안은 어렵고 힘든 과제인 예루살렘 공성〔攻城〕을 제외해 놓고는 거의 모든 유대 전쟁을 종결지었다. 예루살렘 공성이 난제〔難題〕인 것은 포위된 유대인들이 공성을 끝까지 견뎌낼 힘이 있다는 데 그 이유가 있는 것이 아니라, 예루살렘이 지형적으로 천연의 요새이며 유대인들이 완고하게 미신에 집착해 있는 데 그 이유가 있었다. 베스파시안이 3개 군단의 병력을 거느리고 전쟁을 수행하고 있었음은 앞에서 살펴본 바와 같다. 역사〔Histor.〕 2권 5장).

 베스파시안이 젊은 청년이었을 때 그가 최고의 명예의 자리까지 오르게 될 것이라는 (신의) 약속을 받았다. 그 약속을 확증해 주기라도 하듯이, 그는 전쟁에서 연전 연승을 거두었으며, 후에는 집정관의 자리에 올랐고, 급기야는 유대인을 대파하고 대승을 거두게 되었다. 베스파시안은 이같이 만사가 형통하자 자신이 제국을 차지하게 될 전조라고 믿게 되었다.

 유대와 수리아 사이에는 갈멜(*Carmel*)이라고 부르는 산이 있고 또 갈멜이라는 신이 있다. 우리 선배들이 전해 준 바에 의하면 이 신은 어떤 형상도 없으며 어떤 신전도 가지고 있지 않다고 한다. 단지 제단과 엄숙한 예식만이 있다는 것이다. 한 번은 베스파시안이 마음에 은밀한 생각을 품고 그 곳에서 제사를 드렸다. 그러자 바실리데스(*Basilides*)라는 제사장이 거듭 창자를 바라보면서 이같이 말하였다: "베스파시안이여! 그대가 집을 짓든, 땅을 넓히든, 노예의 수를 늘리든, 무엇을 하든간에 그대는 만사 형통할 것이라. 그대는 막강한 자리를 얻게 될 것이며, 그대의 땅은 끝도 없을 것이고 그대의 종들은 수도 없이 많을 것이니라." 이 묘한 대답은 삽시간에 소문을 타고 퍼져 나가면서 온갖 해석을 추측케 하였다. 이런 소문보다 더 공적으로 알려진 소문이 없을 정도로 소문은 꼬리를 물고 돌아다녔다. 게다가 베스파시안이 은근히 기대하는 바를 미리 예고해 주는 이 같은 예언은 한두 번도 아니고 여러 번 나타났다.

무키아누스(Mucianus)와 베스파시아누스는 서로 완전한 합의를 보고, 무키아누스는 안디옥으로, 베스파시아누스는 가이사랴로 떠났다. 안디옥은 수리아의 수도였고 가이사랴는 유대의 수도였다. 베스파시안이 처음 황제로 추대된 것은 알렉산드리아에서였다. 알렉산드리아에 있던 티베리우스 알렉산더(Tiberius Alexander)가 7월 초하룻날에 로마 군단 병사들로 하여금 베시파시안에게 충성을 맹세하도록 서둘러 지시한 것이었다. 유대에서는 7월 5일에 병사들이 베스파시안을 황제로 추대하였음에도 불구하고 7월 초하루를 황제 즉위 기념일로 지키게 된 것은 바로 이에 연유한 것이다. 유대에 있던 병사들은 베스파시안의 아들 티투스가 수리아에서 돌아오는 것을 앉아서 기다릴 수가 없어 마중까지 나갈 정도로 베스파시안에게 열렬한 성원을 보냈다(79장). 베스파시안은 남은 유대 전쟁을 마저 끝내도록 하기 위해 정예 부대만을 티투스에게 넘겨주었다(역사 4권 51장).

베스파시안이 여름 바다의 잔잔함과 순풍을 기다리면서 알렉산드리아에 머무르는 수개월 동안 많은 이적들이 일어났다. 이 같은 이적들은 하늘이 베스파시안에게 호의를 보이고 신들이 그에게 호감

요세푸스

을 보인 징표였다.

　맹인으로 소문이 난 알렉산드리아의 한 천민이 애굽인이 섬기는 세라피스(Serapis) 신의 권면을 받아 베스파시안의 앞에 무릎을 꿇고 신음 소리를 내면서 이같이 간청하였다: "제발 제 눈을 고쳐 주십시오. 황제께서 침을 제 눈에 발라 주시면 될 것입니다." 그러자 세라피스 신의 권면을 받은 손이 병신인 한 불구자가 또 나와 그 앞에 무릎을 꿇고 고쳐 달라고 간청하였다. 베스파시안은 처음에는 그들을 비웃고 내쫓았다. 그러나 그들은 끝까지 매달리며 간청하였다. 이에 베스파시안은 자칫 잘못하다가는 별 볼 일 없는 허풍선이가 될까 적지 않게 염려가 되었다. 그러나 병자들이 계속 간청하자 은근히 고쳐 줄 수 있을지도 모른다는 생각이 들었다. 더우기 곁에 있는 사람들도 그가 고칠 수 있을 것이라고 아첨을 늘어 놓았다. 이에 베스파시안은 의사들에게 이 같은 소경과 손 불구가 치료될 수 있는지의 여부에 관한 의견을 제시하라고 지시하였다. 그러자 의사들은 아래와 같이 확신 없이 대답하였다: "소경은 눈의 시력 기능이 완전히 상실된 것이 아니기 때문에 장애 요인만 제거하면 시력을 회복할 수 있을 것입니다. 또한 손 불구도 기능이 정지된 것이므로 치유의 능력만 있다면 온전해 질 수 있을 것입니다. 저희들의 생각에는 아마도 신들께서 그들의 병을 고치시기를 원하시고 황제 폐하를 도구로 택하신 것 같습니다. 황제께서 고치시든지 못 고치시든지 하등의 문제가 될 것이 없다고 생각합니다. 만일 병이 낫는다면 황제께서 영광을 얻으실 것이며, 비록 병이 낫지 않는다 하더라도 저 미천한 자들만 조롱거리가 될 것이므로 황제께서는 아무 걱정하지 않으셔도 될 것입니다." 이에 베스파시안은 자신의 행운이 미치지 않는 곳이 없기 때문에 어떤 일도 못할 것이 없다는 생각이 들었다. 따라서 그는 기쁜 얼굴로 잔뜩 기대에 찬 군중들이 보는 앞에서 병자들이 요구하는 대로 해주었다. 그러자 불구의 손이 즉시 정상적으로 회복되었고 소경이 보게 되었다. 이 같은 이적은 그 당시 이를 목격한 사람들에 의해 지금까지 전해져 내려오고 있다.

논문 Ⅲ

5권 1장

　　같은 해 초에 유대 정복을 마무리 지으라는 부친 베스파시안의 명령을 받은 티투스 케사르(Titus Caesar) – 베스파시안과 티투스는 모두 황제가 되기 전부터 뛰어난 전쟁 솜씨로 평판이 자자한 인물들이었는데 – 는 그의 인정을 받으려는 병사들 때문에 전쟁을 수행하기가 쉬웠다. 즉 각 속주들은 물론 각 부대가 서로 티투스의 인정을 받기 위해 더 용감하게, 그리고 열정적으로 선의의 경쟁을 벌인 것이었다. 특히 티투스는 출세했다고 기고 만장하지 않고 평등하게 부하들을 대하려고 애를 썼다. 그는 직접 무장을 하고 선두에 나서서 모든 사람들을 친절하게 대하면서 만사를 멋지게 척척 처리해 나갔다. 그는 모든 부하들에게 행운과 복을 빌면서 따뜻하게 대하였다. 그는 부대의 앞에 서서 직접 진두 지휘하였다. 그는 일반 사병들과 어울리면서도 군대 장관으로서의 품위에 손상되는 일을 하지 않았다. 티투스는 유대에서 베스파시안의 옛 병사들이 로마군 3개 군단, 즉 제 5군단과 제 10군단과 제 15군단의 환영을 받았다. 그 밖에도 수리아에서는 제 12군단이 파견되어 왔으며, 알렉산드리아에서는 제 22군단과 제 23군단이 증파되어 왔다. 이 외에도 8개 기병대와 20개 보병대가 증원군으로 파견되어 왔다.

　　아그립바 왕도 물론 원군으로 참가하였다. 인근 국가끼리는 자주 증오와 미움의 관계에 빠지듯이 유대의 인근 국가들의 왕인 소헤무스(Sohemus) 왕과 안티오쿠스 왕의 군대들과 아라비아인들의 원군들이 유대인에 대한 증오심에서 티투스의 원정군에 가담하였다. 이 밖에도 로마 시에서 온 많은 사람들이 티투스에게 가세하였다. 그들은 모두 티투스의 호의를 남이 먼저 가로채기 전에 그의 호감을 사려는 기대에 부풀어 있었다.

　　티투스는 이 병력을 거느리고 완전한 전투 대형으로 적의 변경 안으로 진입해 들어갔다. 그는 경계를 게을리하지 않고 언제라도 전쟁에 돌입할 태세를 취하면서 예루살렘에서 멀지 않은 곳에 진을 쳤다.

10장

 우리가 앞서 살펴본 대로 티투스는 예루살렘 성벽 앞에 진을 친 후 그의 병사들이 싸울 태세가 되었다는 사실을 당당하게 과시하였다.

11장

 유대인들은 예루살렘 성벽 바로 밑에 진을 쳤다. 전투에서 승리하면 앞으로 진격하고 패배하면 곧바로 성 안으로 피신하기 위해 이같이 성벽 바로 밑에 진을 친 것이었다. 이에 일단의 로마군 기병들과 기동력이 좋은 보병대가 전투를 걸어왔다. 그리하여 쌍방간에 접전이 벌어졌으나 처음에는 우열을 가리기 힘들었다. 그러나 곧 로마군이 후퇴하였다. 그 후로 여러 날 동안 성문 앞에서 소규모의 전투가 벌어졌다. 그 결과 유대인은 많은 손실을 보고 성 안으로 쫓겨 들어가지 않을 수가 없었다. 그러자 로마군은 공격에 전력을 다하였다. 유대인이 기근에 견디다 못해 항복할 때까지 기다린다는 것은 명예스럽지 못한 일이라고 생각했기 때문이었다. 로마 병사들은 위험을 무릅쓰고 맹렬하게 공격하였다. 일부는 진정한 용기가 있어 위험을 두려워하지 않았으나 만용이나 포상에 대한 기대감에서 죽음을 두려워하지 않은 자들도 있었다.

논문 Ⅲ

티투스는 로마 시와 로마의 부와 쾌락이 눈에 어른하였다. 따라서 한시라도 빨리 로마에 가고 싶어 하루 속히 예루살렘을 함락시키고 싶었다.

예루살렘 시는 매우 높은 곳에 위치하고 있었으며 누벽(壘壁)과 성으로 방어 시설이 구축되어 있었다. 평지에 있어도 충분히 요새의 역할을 할 수 있을 만큼 요새화가 잘되어 있었다. 예루살렘은 두 개의 매우 높은 산을 성벽으로 둘러싼 도시였다. 자연적으로도 안쪽으로 구부러진 데다가 성벽을 기술적으로 안으로 구부러지게 건축하여 공성해 오는 적들을 측면에서 창을 던지면서 공격할 수가 있었다. 산의 정상 부분은 바위가 많은 험악한 지형이었으며, 고지(高地)에 건설된 망대들은 높이가 무려 60피이트나 되었다. 그리하여 그 망대들은 평지에서 보면 적어도 120피이트 가량이나 되었다. 망대들은 매우 아름다왔으며 멀리서 볼 때에는 똑같아 보였다. 왕궁 밑에는 안토니아 망대 외에도 다른 성벽들이 있었다. 안토니아 망대란 이름은 헤롯이 마르쿠스 안토니우스(Marcus Antonius)를 기리기 위해 붙인 이름으로 최상단 부분이 유별나게 돌출된 망대였다.

12장

성전은 그 나름대로의 성벽을 갖춘 요새와도 같았다. 사실 성전의 성벽은 다른 성벽보다도 건축하는 데 더 많은 인내와 수고가 들었다. 게다가 성전 주위를 에워싼 회랑들이 막강한 요새의 역할을 하기에 충분했다.

예루살렘 시 안에는 결코 그 근원이 마르지 않는 샘이 있었다. 게다가 빗물을 받아 저장해 두는 저수지와 연못들이 여러 곳 있었다.

요세푸스

예루살렘 시를 건설한 자들은 유대인의 생활 방식이 인근 민족의 그것과 너무 달라 전쟁을 자주 치러야 할 것으로 예상하고 오랜 동안의 공격에도 견딜 수 있도록 준비를 갖추었다. 게다가 폼페이에게 함락된 후에는 미비한 점을 완전히 보완하였다.

더우기 클라우디우스 황제 치하에서 탐욕이 팽배했던 틈을 이용하여 유대인들은 돈을 주고 예루살렘을 요새화할 수 있는 기회를 살 수가 있었다. 유대의 다른 도시들이 멸망함으로 인해 예루살렘에 과격한 무리들의 수가 늘어가게 되자 유대인은 평화 시에 마치 전쟁 준비를 하는 자들처럼 성벽을 쌓기 시작하였다. 과격한 무리들이 예루살렘으로만 모여드는 바람에 예루살렘은 전보다 더 폭동의 소지가 많아졌다.

예루살렘 안에는 세 명의 대장들이 있었고 각 대장들 밑에 부하들이 딸려 있었다. 시몬은 가장 깊숙한 곳의 가장 넓은 지역을 장악하고 있었으며 바르 기오라스(기오라스의 아들) (*Bar Gioras* [the son of Gioras])라고 부르는 요한은 예루살렘 시의 중간 부분을 관할하고 있었고 엘르아살은 성전을 수중에 넣고 있었다. 요한과 시몬은 수에 있어서나 무기에 있어서 우세를 보였던 반면에 엘르아살은 지형상의 고지라는 우세를 보이고 있었다. 그러나 파당을 짓고 싸움을 벌이고 방화를 하는 것만큼은 세 파가 모두 똑같았다. 그리하여 엄청난 양의 식량이 불에 타버리는 손실을 당하지 않을 수가 없었다. 그러나 얼마 후 요한은 제사를 드린다는 핑계로 일부 부하들을 성전에 투입시켜 엘르아살과 그의 부하들을 살해하고 성전을 장악하였다. 이것은 엘르아살과 그의 부하들이 자기들이 행한 대로 벌을 받은 것이었다. 이에 예루살렘 시는 로마군이 나타나서 잠정적인 평화를 누렸으며 로마군에 대항하기 전까지는 이 두 파에 의해 양분되어 있었다.

논문 Ⅲ

13장

　다분히 미신적이라고 할 수밖에 없는 이 유대국이 로마 종교의 의식들을 행함으로 속죄하기를 거부하고 이와 비슷한 경우에 늘 행하던 대로 예물과 맹세로 신들과 화합하기를 거절하자 이상한 조짐들이 일어났다. 번쩍 번쩍 빛나는 빛깔을 한 군대의 모습이 하늘에 나타나는가 하면 구름으로부터 섬광이 나와 성전이 환하게 비춰지기도 하였다. 더우기 성전의 문들이 갑자기 저절로 열리는가 하면, 신들이 떠난다는 내용의 큰 음성이 들리면서 마치 신들이 나가는 듯한 진동이 느껴져 일부 사람들은 두려워 떨기도 하였다. 대부분의 유대인들은 동방이 득세하여 한 인물이 유대에서 나와서 전세계를 다스리게 될 것이라는 성경의 예언이 그 당시에 성취될 것이라고 굳게 믿고 있었다. 이 모호한 예언은 베스파시안과 티투스를 가리키는 예언이었다. 그러나 대부분의 일반 유대인들은 늘상 하던 대로 자기 도취에만 빠져 있었다. 그들은 자기들이 한번 영광을 얻을 것으로만 아전 인수격으로 해석을 하니 아무리 역경을 거듭해도 깨닫지를 못했다.

　이 때 포위를 당한 유대인의 수는 남녀 노소를 합해 모두 600,000명이라고 전해지고 있다. 예루살렘에는 이들이 사용할 무기가 충분히 있었다. 더우기 놀라지 않을 수가 없는 것이 이 600,000명이 모두 무기를 들고 싸울 만큼 대담했다는 점이다. 유대인들은 여자도 남자 못지 않게 완고했다. 그들은 포로로 끌려갈 것을 생각하고는 죽는 것보다 오히려 사는 것을 두려워하였다.

　지형상 예루살렘은 급습이 아무런 효과도 나타내지 못하자 티투스는 토성을 쌓고 참호를 파는 방법으로 공격하기로 결심하였다. 그리하여 그는 각 군단에게 이 일을 분담시켰다. 그리고 고대인이나 그 당시 사람들에 의해 고안된 공성 장비들을 모두 장만하기까지는

요세푸스

공격을 가하지 않았다.

연대기

15권

　네로는 (자신이 로마에 불을 지른 것처럼) 떠돌아다니는 풍문을 잠재우기 위해, 사악한 풍습을 지킨다는 이유로 미움을 당하고 있던 속칭 그리스도인(*Christians*)이라고 하는 자들에게 그 죄를 덮어 씌웠다. 그리고 네로는 이들을 심하게 처벌하였다. 그리스도인이라는 이름의 창시자는 그리스도(*Christ*)로서 디베료 재위 때에 총독 빌라도에 의해 처형을 당한 인물이었다. 당분간 이 사악한 미신은 부분적으로는 그 기세가 약화되는 듯하였으나 얼마 후 그 미신이 처음 발생한 유대뿐 아니라 로마 시까지 번지기 시작하였다. 이 미신은 전파되는 곳마다 온갖 사악과 수치를 드러내면서 소동을 피우는 한편 사방으로 번져 나갔다. 따라서 처음에는 이 미신을 믿는다고 고백한 자들을 우선적으로 체포하였다. 그 후 수많은 사람이 수색 끝에 체포되어 로마 시에 방화한 죄 뿐 아니라 인간을 미워한 죄로 정죄되었다. 로마인들은 그리스도인들을 마구 조롱하였다. 그들은 그리스도인들에게 짐승 가죽을 뒤집어 씌워 죽이는가 하면 개들을 풀어 놓아 그들을 갈기갈기 찢어 죽이기도 하였다. 일부 그리스도인들은 십자가에 처형되기도 하였으며 화형을 당하기도 하였다. 게다가 일부 그리스도인들은 조명을 위한 횃불 대신으로 사용되기도 하였다. 네로는 이같은 장관을 위해 자신의 왕궁을 제공하기도 하였다. 네로는 또한 그리스도인들을 원형 경기장의 각종 경기(the Circensian games)에 투입하였으며 때로는 전차(戰車)를 모는 병사의 복장으로 경기장에 내보내기도 하였다. 네로는 때로는 일반 백성들 가운데 자리를 잡기도 하였고 때로는 경기장 안에 나타나기도 하였다. 비록 죄를 범한 자들에게 내린 정당한 형벌이었으나 그리스도인들에 대해 동정심이 일기 시작하였다. 공공의 유익을 위해서가 아니라 한 개인의 야만성을 충족시키기 위해 그리스도인들을 완전히 멸절시키기라도 하려는 듯이 온갖 극형을 가하자 동정심이 일지 않을 수가 없었던 것이었다.

● 지금까지 저자는 유대인들뿐 아니라 그리스도인들에게까지 가한 타키투스의 악의에 찬 중상 모략을 살펴보았다. 따라서 저자의 소견을 말하기에 앞서, 고대성(古代性)에 있어서나 그 권위에 있어서 결코 타키투스보다 못하지 않은 이방 고대 문서들 가운데서 그리스도인들을 호의적으로 본 두 문서들을 살펴보는 것이 좋을 것 같다. 즉 플리니(Pliny)가 비트니아(비두니아, Bithynia)의 집정관이었을 때 트라얀(Trajan)에게 보낸 편지와 이에 대한 트라얀의 답장을 살펴보도록 하자. 이 두 문서는 터툴리안과 유세비우스와 제롬의 글에 인용이 되어 있다. 더우기 이 문서들은 요세푸스의 최후의 편집자였던 하버캠프(Havercamp)가 보기에는 대단히 중요한 문서로 생각되었기 때문에 단지 읽어 볼 필요가 있을 정도가 아니라 거의 암기하다시피 해야 한다고까지 생각하였다.

트라얀에게 보낸 플리니의 서신
약 A. D. 112년경

황제 폐하!
제게 의문이 생겼을 때마다 폐하께 해답을 구하곤 했음을 폐하께서도 잘 알고 계실 줄 믿습니다. 저의 무지를 깨우쳐 주시고 미진한 행정 처리를 올바로 가르쳐 주실 분이 폐하 외에 또 누가 있겠읍니까? 저는 그리스도인들을 심문하는 것을 본 적이 없읍니다. 따라서 저는 어떤 방법으로 그들을 심문해야 하며 어떤 형벌을 어느 정도까지 가해야 하는지를 잘 모르고 있습니다. (피소된) 자들의 연령에 차이를 두어야 하는 것인지, 어린아이들과 장년을 똑같이 처벌해야 하는 것인지, 회개하면 용서받을 길은 없는 것인지, 전에는 그리스도인이었으나 그리스도교를 버린 사람들에게 혜택은 없는 것인지, 아무런 죄도 짓지 않았는 데도 단지 그리스도인이라는 죄 때문에 형벌을 가할 수 있는 것인지, 저의 궁금증은 한두 가지가 아닙니다. 그러나 그 동안 그리스도인들이 제 앞에 끌려 왔기 때문에 제 나름대로 아래와 같이 조치하였습니다. 저는 우선 그들에게 그리스도인인지 아닌지를 질문하였습니다. 그들이 그리스도인이라고 고백하면 저는 위협을 섞어 가면서 두 번, 세 번까지 그들이 그리스도인인지를 재차 질문하였습니다. 이 때 그들이 계속해서 그리스도인이라고 고집을 부리면 저는 그들을 처형하도록 명령하였습니다. 저는 그들의 그리스도인이라는 고백이 어떤 죄에 해당되든지간에, 그들의 완고함과 끈질긴 고집만으로도 충분히 처형받을 만하다고 생각했기 때문이었습니다. 특히 로마 시민들 가운데서도 이 같은 미친 종파에 가담한 자들이 더러 있었습니다. 따라서 저는 이들을 로마 시로 압송하도록 조치하였습니다. 그러나, 그럼에도 불구하고 이같은 조치를 취하면 흔히 그런 일이 발생하듯이 그 죄는 더 급속하게 사방으로 퍼져 나갔고 더 많은 이들이 제 앞에 잡혀 왔습니다. 작성자의 이름도 없이 그리스도인들의 명단임을 자칭하는 고발장이 제게 전달된 적도 있었습니다. 저는 그 명단에 적힌 자들을 심문하였으나, 그들은 현재 그리스도인도 아니며 그리스도인이었던 적도 없다고 부인하였습니다. 그들은 신들의 이름을 부르며 폐하의 형상 앞에 탄원하였습니다. 제가 이들의 의도를 알아보기 위해 향품과 포도주를 가져오게 하였더니 그들은 폐하의 형상에 절하였습니다. 더우기 그들은 그리스도를 저주하기까지 하였습니다. 이 같은 일들은 진정한 그리스도인이라면 할 수가 없는 일들이었읍니다. 따라서 저는 그들을 석방하는 것이 옳다고 생각하였읍니다.

　한편 그 명단에 적힌 자들 가운데 일부는 전에는 그리스도인이었으나 이제는 그리스도인이 아니라고 부인하는 자들도 있었읍니다. 또 일부는 전에는 그리스도인이었으나 이미 삼년 전에, 아니 그보다 더 오래 전에 그리스도를 버렸다고 주장했읍니다. 더우기 그 중의 한 사람은 이미 20년 전에 그리스도를 부인했다고 주장했읍니다. 이들은 모두 폐하의 형상과 로마의 신들의 형상 앞에 절을 하였으며 그리스도를 저주하였읍니다. 어쨌든 그들은 그들의 잘못이라고는 정해진 날 해 뜨기 전에 함께 모여 신께 하듯이 그리스도께 순서에 따라 찬송을 드리고 성만찬을 시행한 것뿐이라고 주장하였읍니다. 그들은 결코 죄를 지은 적이 없다는 것이었읍니다. 남의 것을 훔치거나 도적질한 적도 없으며, 간음을 범한 적도 없고, 약속을 어긴 적도 없고. 남이 맡긴 물건을 내 것이라고 주장하고 돌려주지 않은 적도 없다는 것입니다. 그들은 헤어졌다가 다시 만나 함께 식사를 나눈 죄 외에는 어떤 죄도 저지른 적이 없다는 것입니다. 그것도 그 같은 집회를 금하는 법령이 반포된 뒤에는 모인 적이 없다는 것이었읍니다. 따라서 저는 사실을 알아보기 위해 고문을 하기로 결정했읍니다. 그리하여 저는 여집사(*Deaconesses*)라고 부르는 두 명의 하녀를 고문하였읍니다. 그러나 그들이 터무니없는 악한 미신에 빠져 있다는 사실 외에는 아무 것도 발견할 수가 없었읍니다. 따라서 저는 더 이상의 심문은 뒤로 미루고 폐하께 문의를 올리게 된 것입니다. 특히 이 미신에 연루된 자들이 하나 둘이 아니기 때문에 폐하께 자문을 구하지 않을 수가 없었읍니다. 현재뿐 아니라 앞으로도 이에 연관되어 문책을 당하고 처벌을 받아야 할 이들이 남녀 노소, 빈부 귀천을 가릴 것 없이 한둘이 아니기 때문입니다. 이 미신은 도시뿐 아니라 지방에까지 마치 전염병처럼 급속히 퍼지고 말았읍니다. 그러나 이 같은 추세를 중지시키고 올바로 교정할 가능성이 없는 것은 아닙니다. 거의 폐허나 다름이 없었던 신전들에 이미 사람의 발길이 끊이지 않고 있으며 오랫동안 중단되었던 거룩한 예식들이 다시 행해지고 있읍니다. 과거에는 거의 팔리지 않았던 제물들이 사방에서 불티나게 팔리고 있읍니다. 그러므로 회개할 수 있는 여지를 준다면 수많은 이들이 쉽게 돌아오리라고 생각합니다.

플리니에게 보낸 트라얀의 답신

나의 플리니여!

그대는 그리스도인으로 고소된 자들을 심문하면서 옳게 행하였도다. 이 같은 사례에서 일반적인 재판 방식이 특별히 정해진 것이 없기 때문이노라. 이 그리스도인들을 특별히 색출할 필요는 없노라. 단지 고소되어 유죄임이 드러나거든 처벌하도록 하라. 그러나 여기서 한 가지 주의할 것이 있노라. 비록 과거에는 그리스도인이었다 하더라도 현재 그리스도인임을 부인하고 우리의 신들께 숭배하는 자들은 용서해 주도록 하라. 또한 작성자의 이름이 적히지 않은 고발장은 정식으로 받아들이지 말라. 그 같은 고발장은 매우 악한 행위로 나의 통치 철학과는 전혀 어울리지 않는 것임을 밝히노라.

이 논문에 언급한 타키투스의 인용문에 관한 저자의 소견

I. 우리는 여기서 당대 최고의 로마 역사가인 타키투스가 비록

직접 이름을 언급하지는 않았으나 요세푸스의 역사를 얼마나 존중 했는가를 찾아볼 수가 있다. 타키투스는 그의 역사에서 로마의 다른 역사가들의 글을 참고로 할 때도 좀체로 그 이름을 밝힌 적이 없다. 그러나 타키투스는 여러 구절들에서 요세푸스의 7권짜리 유대 전쟁사를 참조로 했음이 분명하다. 특히 유대 전쟁사가 포함하고 있는 240년 동안의 유대 역사는 물론 로마와 파르티아간의 문제에 관한 기술에서는 거의 요세푸스에 의존한 것이 분명하다.

Ⅱ. 그러나 로마와 파르티아와 유대에 관한 역사에서 요세푸스 외의 다른 역사가들을 참조로 한 부분에서는 거의 대개가 오류 투성이다. 따라서 타키투스는 다른 역사가들이나 자료 제공자들의 말에 귀를 기울이기보다는 차라리 요세푸스의 글에 의존하였으면 한층 더 좋을 뻔하였다.

Ⅲ. 타키투스가 요세푸스의 유대 고대사를 알고 있었고 또 유대국의 기원에 관한 그의 기술이 요세푸스의 유대 고대사의 설명과 대부분이 상충된다는 점도 알고 있었던 것처럼 보인다. 게다가 타키투스는 자신의 기술이 확실한 근거가 없는 유치하고 어리석은 이야기라는 사실도 수긍하였으며, 그 반면에 요세푸스의 유대 고대사의 글은 권위가 있고 확실하며 게다가 고대 기록들과 인근 국가의 문서들의 검증을 철저히 받은 것이라는 사실도 인정했던 것처럼 보인다. 이 같은 사실은 이 두 역사가의 글을 세심히 연구하게 되면 누구나 알 수 있는 일이다.

Ⅳ. 타키투스는 요세푸스의 유대 고대사 속에 나타나 있는 유대국의 진정한 고대 역사의 대부분을 고의적으로 숨기고, 이방 저술가들의 글로부터 날조되고 전혀 근거조차 찾을 수 없는, 그것도 부분적인 유대국의 역사만을 기술함으로써 공정성을 크게 상실하였다. 특히 공정을 기하겠다고 공언(公言)을 해놓고서는 (역사 1권 1장) 유대국에 불공정한 자세를 취했다는 사실이 우스꽝스럽기 그지없다.

로마의 역사에 관해서는 공정을 기했다고 자랑스럽게 떠벌리면서 유대국의 기원에 관해 이같이 공정성을 상실한 것은 도저히 납득할 수 없는 일이다.

Ⅴ. 하나님의 특별한 백성인 유대인에 대한 타키투스의 증오심과 경멸심은 그야말로 대단한 것이었다. 게다가 그는 로마인들의 엄청난 우상 숭배와 미신과 천체 숙명론(astral fatality)에 깊숙이 빠져있었기 때문에 유대인에 관해서는 건전한 이성과 공정성을 유지할 수가 없었다. 로마에 관한 역사에서는 건전한 이성과 공정성을 유지하던 그가 유대인에 관해서는 그것들을 유지할 수 없었던 것은 바로 이와 같은 이유에서였다.

Ⅵ. 타키투스가 유대인에게 큰 증오심을 품었던 것이 사실이라면 그리스도와 그의 추종자들과 그리스도교에 관한 그의 태도가 어떠하리라는 것은 미루어 짐작할 수가 있을 것이다. 타키투스는 그리스도가 유대인이라는 것을 알고 있었을 것이고 그의 추종자들 또한 유대인이라는 것을 알고 있었을 것이다. 또한 그리스도교도 유대에서 로마의 각 속주로 퍼졌다는 사실을 알고 있었을 것이다. 그렇다면 로마인들이 흔히 유대인과 혼동하기를 잘 하는 그리스도인들에게 타키투스가 유대인에게 가졌던 증오심과 경멸심을 품은 것은 그리 놀랄 일이 못 되는 것이다. 유대인에 관한 그의 중상 모략이 대개가 근거 없는 것임이 드러나 유대인보다는 그 자신의 명예가 손상을 입었듯이, 그리스도인들에 관한 그의 비난조의 말 또한 그리스도인들에게 손상을 입히기는커녕 자신만 상하게 만드는 것이다.

Ⅶ. 타키투스는 요세푸스의 유대 고대사가 출간된 바로 직후에, 그것도 완전히 상반되는 내용의 얼토당토 않은 글을 출판하였다. 게다가 유대인에 관한 타키투스의 얼토당토 않은 글 가운데는 요세푸스의 아피온 반박문에 언급된 마네토(Manetho)와 리시마쿠스(Lysimachus)의 글과 일치하는 글이 하나 있다. 따라서 이 같은 점들을

고려해 볼 때 우리는 요세푸스의 유대 고대사가 타키투스로 하여금 유대인에 관한 이 같은 근거 없는 글을 쓰게 한 원인이었음을 충분히 미루어 짐작할 수가 있다. 이같은 유사한 예를 우리는 요세푸스의 아피온 반박문(against Apion) 제 1권 1절에서 찾아 볼 수가 있다. 우리는 앞에 인용한 부분에서 아피온이 유대 고대사가 계기가 되어 유대인을 비난하는 얼토당토 않은 글을 쓰게 되었음을 보게 된다. 요세푸스가 아피온 반박문 2권에 걸쳐서 아피온을 철저하게 반박한 것도 다 이에서 연유한 것임을 우리는 알 수가 있다. 만일 타키투스가 요세푸스의 아피온 반박문 2권을 모두 읽고서도 유대인을 비난하는 그 같은 글을 출간했다면 그의 죄는 정말 용서할 수 없는 것이다. 그러나 타키투스가 요세푸스의 유대 고대사나 아피온 반박문을 결코 본 적이 없다고 하더라도 그의 잘못이 작아지는 것은 아니다. 왜냐하면 로마에서도 유대국의 기원은 물론 유대인과 기독교의 본성에 관하여 유대인과 그리스도인으로부터 직접 근거 있는 확실한 자료들을 충분히 입수할 수가 있었기 때문이다. 타키투스 자신의 말을 빌어도 그 당시 로마에는 많은 유대인과 그리스도인들이 있었기 때문이다. 따라서 타키투스가 이같이 허황된 글을 출간한 것은 아무리 해도 변명의 여지가 없는 것이다.

Ⅷ. 학식 있는 여러 비평가들이 타키투스에게는 찬사를 보내고 요세푸스에게는 강한 의혹의 눈초리를 보내는 것이 사실이지만, 요세푸스가 (무의식적으로 저지른) 실수는, 그 방대한 양의 저서를 고려해 볼 때 유대인에 관해 기술한 몇 안 되는 분량 가운데서 타키투스가 저지른 엄청난 실수에 비교해 보면 아무것도 아닌 것을 알 수가 있다. 따라서 후대의 소수의 비평가들이 유대인 역사가들 특히 요세푸스보다 헬라와 로마의 역사가를 선호하는 것은 하등의 이유가 없는 것이다. 그러므로 그 같은 후대의 소수의 비평가들은 철저한 연구 끝에 아래와 같이 엄숙하게 선언한 죠셉 스칼리거(Joseph Scaliger)의 양식과 겸손을 본받아야 할 것이다: "요세푸스는 모든 저술가 중에서 가장 진리를 사랑하며 가장 근면한 저술가이다. 따라

요세푸스

서 유대국에 관련된 문제뿐 아니라 유대인과 관련이 없는 문제까지도 헬라와 라틴의 저술가들을 믿기보다는 요세푸스를 신뢰하는 편이 훨씬 안전하다. 왜냐하면 그의 신실성과 해박한 지식이 그의 저서 어디에나 분명히 드러나 있기 때문이다." (시간 개량론. 서언. [De Emend. Temp. Prolegom.] p. 17).

주의. 유대국의 기원과 고대 역사에 관해 기술한 이방인의 글이 또 하나가 있다. 그것은 우리 주님과 동시대 인물인 트로구스 폼페이우스(Trogus Pompeius)에 의해 기록된 것으로 안토니우스 피우스(Antonius Pius) 시대의 인물인 져스틴(Justin)에 의해 요약되어 오늘날까지 전해지고 있다. 이 기록은 성경이나 요세푸스의 글과 비교해 보면 유익이 있을 것이라 생각한다. 따라서 저자는 이곳에 그 내용을 서술하면서 약간의 주(註)를 달아 놓을 것이다. 그리고 앞으로 필요할 때마다 이를 인용할 것이다.

져스틴

36권 1장

안티오쿠스 (시데테스, Antiochus [Sidetes])는 그의 부친 데메트리우스(Demetrius) 치하의, 마게도니아 제국의 통치하에서 자유를 부르짖던 유대인들을 정복하였다.[1] 그러나 유대인들은 이제 강성하

---

1. 이것은 사실이다. 유대 고대사 13권 5, 6, 7, 10, 11장과 8장 2절 등을 참조하도록 하라. 여기서 단지 오류로 지적될 수 있는 것은 안티오쿠스가 데메트리우스의 아들이라고 쓰여져 있는 점이다. 안티오쿠스는 여기에 언급되고 있는 데메트리우스와는 형제 사이이며 그들의 부친인 동명이인의 데메트리우스의 아들이다.

여겨서 이 안티오쿠스 왕이 죽은 후에는 마게도니아인들의 통치를 견딜 수가 없자 스스로 독자적인 왕국을 수립하고 큰 전쟁을 일으켜 수리아를 괴롭혔다.[2]

2장

유대인의 기원은 수리아의 가장 유명한 도시인 다메섹(다마스커스, Damascus)이다.[3] 왕후 세미라미스(Semiramis)를 통해 앗수르 왕들이 태어난 곳도 바로 다메섹이다. 다메섹이란 지명은 다메섹이라는 그 곳 왕의 이름에서 본뜬 것이다. 따라서 수리아인들은 마치 신전에서처럼 그의 아내인 아라테스(Arathes)의 무덤에서 그에게 경배를 드리는 것이며 아라테스를 최고의 경배를 받아야 할 여신으로 숭앙하는 것이다. 다메섹 이후에는 아셀(Azel)이 왕위에 올랐으며 그 다음에는 아돌(Ador)[4]과 아브라함(Abraham)과 이스라엘(Israhel)이 왕위에 올랐다. 이스라엘은 아들을 10명[5]이나 둔 행운 때문에 선조들보다 유명하다. 이스라엘은 그의 왕국을 10으로 구분하여 10아들

---

2. 이것은 사실이다. 유대 전쟁사 1권 2장, 유대 고대사 13권 6장, 마카비 1서 13장 등을 참조하도록 하라.

3. 저자는 이같이 말할 수 있는 근거가 무엇인지 잘 모르겠다. 혹시 아브라함이 하란을 떠나 가나안으로 오는 도중에 다메섹에서 얼마간 머무르며 통치했는지도 모른다. 이는 요세푸스의 글 속에 나오는 다메섹의 니콜라우스(Nicolaus of Damascus)의 주장이다. 유대 고대사 1권 7장 2절을 참조하도록 하라. 혹자들에 의해 아브라함의 아들이라고까지 주장되는 그의 종 다메섹 엘리에셀(Eleazar of Damascus)을 유대인 조상 중의 하나로 본 것인지도 모른다. 유대 고대사 12권 4장 10절의 주(註)를 참조하도록 하라.

4. 아셀과 아돌이라는 이 두 이름은 아사헬(Azahel)과 아돗(Adod)-흔히 아돌(Ador)이라고 표기도 되는데-인 것 같다. 이들은 수리아인들이 오늘날까지 신들로 경배하는 왕들이라고 말했던 바로 그 왕들인 것처럼 보인다. 유대 고대사 9권 4장 6절을 참조하도록 하라.

5. 10명의 아들이 아니라 12명으로 보아야 한다.

요세푸스

에게 나누어 주었으며, 그들 모두를, 분배가 끝난 후 세상을 떠난 유다(Judas)의 이름을 따라 유대인(Jews)이라고 부르면서 유다의 이름을 기억할 것을 명하였다.[6] 그러나 유다의 몫은 다른 형제들의 몫으로 첨가되었다. 이 10형제들 중의 막내[7]의 이름은 요셉이었는데 다른 형제들이 그의 비상한 재능을 두려워하였다. 이 때문에[8] 형제들은 요셉을 결박하여 외국 상인들에게 팔았다. 요셉은 외국 상인들에 의해 애굽으로 끌려갔다. 그는 거기서 뛰어난 총명을 발휘하여 마술(magic arts)[9]을 배웠으며 얼마 안 있어 왕에게 없어서는 안 될 가장 귀한 존재가 되었다. 왜냐하면 요셉은 이상한 전조들(prodigies)을 능숙하게 해석할 줄 알았으며 꿈 해몽술을 규칙으로 정착시켰기 때문이었다. 신의 율법이나 인간의 법률 가운데 그가 모르는 것이라고는 아무것도 없었다. 따라서 그는 수년 앞에 일어날 기근까지도 미리 내다볼 정도였다. 그의 제안에 따라 애굽 왕이 식량을 미리 비축하지 않았더라면 모든 애굽인들은 기근으로 멸절당할 뻔하였다. 한 마디로 말해서 그의 능력이 탁월하다는 사실이 너무도 여실히 입증되었기 때문에 그의 한 마디는 인간의 말이 아니라 바로 신의 말로 들렸다.[10] 모세는 요셉의 아들이었다.[11] 모세는 부친에게서 물려받은 지식뿐 아니라 그 용모의 준수함[12] 때문에 많은

---

6. 지파는 열두 지파가 있었어도 왕국은 두 왕국밖에 없었다. 더우기 유다는 다른 형제들보다 일찍 죽지 않았다. 그러나 유대이(*Judaei*) 혹은 유대인(Jews)이라는 명칭은 이 유다라는 이름에서 나왔다는 것이 일반적인 정설이다.

7. 막내는 요셉이 아니라 베냐민이었다.

8. 요셉이 형들에게 팔린 이유를 이방인들은 공허한 추측에서 인용하지 않고 성경과 요세푸스에서 인용했음이 분명하다.

9. 이적을 행하는 모든 능력을 마술에 포함시킨 것이 그 당시의 일반적 사고 형태였다.

10. 이것은 틀림없는 사실이다. 트로구스 폼페이우스(Trogus Pompeius)가 어디서부터 이런 글을 기록으로 남기게 되었는지 의아하게 생각할 사람이 한둘이 아닐 것이다. 이 글은 오비드의 변신(Ovid's Metamorphoses)의 시작을 제외하고는 유대인에 관한 거의 모든 이방의 문서 가운데 가장 성역사에 근접한 기록이다. 저자도 폼페이우스가 이 글을 어디에서 보고 기록했는지 알 수가 없다.

11. 모세는 요셉보다 몇 세대 이후의 인물로 요셉의 가문이나 지파에 속한 인물도 아니다.

논문 Ⅲ

존경을 받았다.

한편 애굽인들은 피부병과 문둥병으로 고생하는 이들이 많아지게 되자 신에게 문의를 하였다. 이에 그들은 그 전염병이 더 번지지 않게 하기 위해서는 모세와 전염병자들을 함께 추방해야 한다는 신탁(oracle)을 받게 되었다. 그리하여 모세는 추방을 당하지 않을 수가 없었다. 따라서 그는 추방당한 자들의 인도자가 되어 애굽의 신들을 가지고 도망을 쳤다.[13] 이에 애굽인들이 그 신들을 도로 찾기 위해 무장을 하고 뒤를 추격했으나 폭동 때문에 빈손으로 되돌아 올 수밖에 없었다.[14] 모세는 다메섹 옛 고향으로 되돌아가기 위해 시내산을 장악했다. 아라비아 사막을 가로지르는 고통스러운 여정에서 모세와 그의 백성들은 7일간의 굶주림으로 기진 맥진한 상태에서 마침내 목적지에 당도하였다. 이에 그들은 자기 나라 방언으로 제7일을 안식일(the Sabbath)이라고 부르고 제 7일마다 금식으로 그날을 거룩하게 하였다.[15] 제 7일이 굶주림과 방황의 종지부를 찍은 날이라는 의미에서 이같이 금식을 한 것이었다. 더우기 그들은 이런 의식을 통해서 자신들이 전염병이 퍼질 것을 우려해서 애굽에서 쫓겨난 것을 기억하고, 이웃 국가들에게도 마찬가지 이유로 기피 민족이 되지 않도록 하기 위해 이웃 국가들과의 교제를 삼갈 것을 다짐하였다. 이런 이유로 시작한 안식일 제도는 후에 그들의 종교의 일부분이 되었다. 모세가 죽은 후에는 그의 아들 아르바스(Arvas)[16]

---

12. 모세의 용모의 준수함은 어디에서나 명백히 언급이 되고 있는데, 특히 요세푸스의 저서 속에 잘 나타나 있다. 유대 고대사 2권 9장 6, 7절을 참조하도록 하라.
13. 이 애굽신들은 이스라엘인들이 가지고 도망친 것이 아니라 애굽인들이 가지고 홍해까지 쫓아왔다가 함께 물속에 수장된 것이다. (구약에 관한 소론, 부록.〔Essay on the Old Testament. Append.〕p. 239을 참조하도록 하라)
14. 애굽인들이 빠져 죽은 폭풍에 대해서는 "구약에 관한 소론. 부록." p.154, 155를 참조하도록 하라.
15. 유대인들은 안식일을 무슨 축제처럼 즐기는데 당연히 금식을 하는 편이 좋았을 것이다.
16. 아르바스(Arvas) 혹은 아론(Aaron)은 모세의 아들이 아니고 형이었다. 그는 모세의 뒤를 이은 왕국의 후계자가 아니라 첫번째 대제사장이었다.

요세푸스

가 제사장이 되었다. 그 후로부터[17] 동일 인물이 왕과 제사장을 겸직하는 것이 유대인의 정상적인 풍습이 되었다. 정의(justice)와 종교(religion)가 결합된 결과 그들이 얼마나 번영을 누렸는가 하는 점은 가히 눈을 의심할 정도이다.

3장

유대국의 부의 원천은 유대에서만 자라는 발삼(balsam)나무에 있다.[18] 유대에는 마치 벽처럼 양쪽에 산들로 둘러싸인 골짜기가 있다. 이 골짜기의 넓이는 200에이커 가량 되는데 여리고(Jericho)라고 부르고 있다. 이 골짜기에는 다산(多産)과 쾌적한 분위기를 자아내는 나무로 명성이 자자한 나무들이 숲을 이루고 있다. 이 숲이 종려나무와 발삼나무로만 이루어졌다고 생각해 보라. 얼마나 쾌적한 분위기인지 충분히 상상이 가지 않는가! 발삼나무는 테레빈(turpentine) 나무와 비슷하게 생겼는데 키가 크지 않은 것뿐이다. 따라서 발삼나무는 마치 포도처럼 재배될 수 있는 것이다. 일정한 때가 되면 발삼이 나무에서 분비되어 나온다. 더우기 이 골짜기는 풍요하기로도 유명하지만 신선한 곳으로도 유명하다. 원래 유대 지역은 이글거리는 태양 때문에 무척 더우나 이 곳만은 항상 시원한 바람이 불어오기 때문에 쾌적하기 이루 말할 수 없다. 또한 이 지역에는 매우 넓은 데다가 요동이 전혀 없기 때문에 사해(死海, Dead Sea)라고 부르는 아스팔티티스 호수(the lake Asphaltites)가 있다. 이 호수는 바람에 요동하는 적이 없다(전 호수를 정체된 호수로 만드는 역청이 바람의 작용을 무효로 만드는 것이다). 무생물은 바로 바닥

---

17. 저자의 계산에 의하면 모세와 아론이 죽은 후 1,400년 이상이 지나기 전까지는 이 같은 일이 일어나지 않았다.
18. 요세푸스의 유대 전쟁사 1권 6장 6절, 유대 고대사 14권 4장 1절, 15권 4장 2절을 참조하도록 하라.

으로 가라앉아 버리기 때문에 배가 뜨지 못하며 명반(alum)을 입힌 것을 제외하고는 어떤 금속도 뜨지 못한다. 유대인을 최초로 정복한 사람은 페르시아 왕 크세르크세스(Xerxes)[19] 이다. 유대인들은 후에 페르시아인들과 함께 알렉산더 대왕(Alexander the Great)의 통치를 받게 되었다. 유대인들은 오랫동안 마게도니아 제국의 통치를 받았으며 수리아 왕국의 지배를 받았다. 유대인들은 데메트리우스(Demetrius)에게서 떨어져 나온 후에는 로마인들과 화친하기를 구했다. 따라서 동방에서는 자유를 획득한 첫번째 민족이 되었다. 왜냐하면 로마는 그 당시 자신들에게 속한 것이 아니면 쉽게 양보했기 때문이었다.

주의. 우리는 여기서 유대인과 기독교인에 관하여 증오와 원한을 잔뜩 품고 글을 쓴 타키투스와 수에토니우스(Suetonius)를 제외하고는, 어떤 이방의 역사가들도 유대인과 기독교인에 대해 증오심을 가지고 글을 쓰지 않았다는 점을 알 수가 있다. 그들은 상당히 공정하게 글을 쓰려고 애를 썼다. 저자가 보기에는 도미티안과 로마인들이 유대인과 기독교인들을 한창 박해하던 대인 A.D. 93년 즉 도미티안 재위 제 13년에 로마에서 발간된 요세푸스의 유대 고대사가 아피온과 그 밖의 다른 인물-후에 요세푸스가 이에 대해 반박하였는데-은 물론 타키투스와 수에토니우스에게 이 같은 증오심과 적대감을 느끼게 한 동기가 되지 않았나 생각한다. 게다가 남을 비방하는 자들은 비방의 대상이 사악하고 비열한 인간들이 아니라는 점을 결코 용납하지 못하는 것이 통례인 것이다. 남을 비방하는 자들은 그들이 비난하는 대상이 아무리 덕이 많고 죄가 없는 자들이라 하더라도 후손들에게 자신의 명예를 더럽히지 않기 위해 비

---

19. 크세르크세스 왕은 결코 유대인을 정복한 적이 없다. 오히려 항상 유대인의 절친한 친구였다. 요세푸스의 유대 고대사 11권 5장을 참조하도록 하라. 이 후의 폼페이우스의 글은 사실이며 요세푸스나 마카비 가문의 역사와도 일치한다.

요세푸스

난하는 대상을 사악하고 비열한 자들로 묘사하는 것이 자연스러운 일이다.

논문 Ⅳ

요세푸스의 연대표

1. 저자는 요세푸스의 진정한 연대표(genuine chronology of Josephus)를 찾아 내는 난제를 해결하는 데 있어서 윌스 박사(Dr. Wills)의 노고에 힘입은 바가 크다. 윌스 박사가 로저 스트레인지 경(Sir Roger Le Strange)의 영어판 요세푸스에 첨부한 논문은 요세푸스의 연대표에 관한 문제를 다룬, 부피는 적지만 뛰어난 가치를 지닌 탁월한 논문이다. 게다가 저자는 구약의 진정한 본문을 되살리려는 의도로 쓴 저자의 논문 가운데서 제안(Prop.) X, XI, PP. 195-219의 연대표에 관한 논문을 참고하였으며, 하버캠프(Havercamp)의 정밀한 영어판 요세푸스를 읽으면서 깨달은 바를 많이 참조하였다. 현존하는 요세푸스의 사본들은 헬라어 사본들이건 아니면 라틴어 역본(루피누스〔Rufinus〕의 유대 전쟁사 라틴어 역본과 아피온 반박문 라틴어 역본, 카시오도루스(Cassiodorus)의 친구— 에피파니우스 스콜라스티쿠스〔Epiphanius Scholasticus〕라고 추정됨—의 유대 고대사 라틴어 역본을 의미함)을 막론하고 요세푸스 시대 이후로 그 수치(數値)들에 큰 오류가 발생하였다. 따라서 우리는 요세푸스의 진정한 연대표를 찾아 내기 위해서는 윌스 박사의 방법대로 이같은 변경이 이루어지기 전에 요세푸스의 글을 인용한 고대 저술가들의

요세푸스

인용문에 의지하지 않을 수 없다. 요세푸스의 진정한 연대표를 찾아내기 위해서 우리는 서론격으로 몇 가지 사실을 짚고 넘어가야 할 것이다.

우선 요세푸스가 헬라판 유대 전쟁사의 집필을 마친 것은 A.D. 75년, 그러니까 그의 나이 불과 38세 때의 일이었다. 그리고 그가 유대 고대사를 출간한 것은 그로부터 18년 후 도미티안 황제 재위 13년, 그러니까 A.D. 93 그의 나이 56세 때였다. 또한 그가 2권의 아피온 반박문(Against Apion)을 저술한 것은 그의 유대 고대사가 헬라인들과 이방인들 사이에서 읽혀지고 비난이 날아오게 된 다음의, 후대 일이었다. 이런 사실은 하버캠프(Havercamp)가 편집한 파브리키우스(Fabricius) 2권 p. 57에서 명백하게 입증되고 있다.

한편 유대 고대사의 부록으로 생각하고 저술한 자서전은 통속적인 견해와는 달리 트라얀 황제 재위 제 3년, 그러니까 A.D. 100년 그의 나이 63세 이후에 쓰여진 것이다. 왜냐하면 그의 자서전 65절을 보면 아그립바 2세가 죽은 것으로 묘사되어 있는데 그는 트라얀 황제 재위 제 3년 이전에 죽지 않았기 때문이다. 게다가 우리가 포티우스(Photius)를 통해 아는 바와 같이 요세푸스와 동시대 인물인 티베리아스(디베랴)의 유스투스(Justus of Tiberias)의 기록을 통해서도 이를 직접 확인할 수가 있다. 하버캠프의 영어판 요세푸스 2권 pp. 40, 58-63에서 요세푸스의 생애 다음에 나오는 유티우스의 단편(Justus of Tiberias's Fragment)에 관한 주(註)를 참조하도록 하라. 아피온 반박문이 자서전 뒤에 쓰여졌다는 사실은 차차 밝혀지게 될 것이다. 이제 서론은 이만큼 해두고 본론으로 들어가도록 하자. 즉, 고대 저술가들의 요세푸스의 인용문들을 통해서 요세푸스의 진정한 연대표를 찾아보도록 하자.

2. (1) 요세푸스는 아담의 창조로부터 모세의 죽음까지의 기간을 그 이상이 아닌 약 3천년으로만 보았다. 이것은 현존하는 요세푸스의 사본들, 즉 헬라어 사본들과 라틴어 역본들의 모든 사본에 나타나는 요세푸스 자신의 분명한 언급과 최후의 작품인 아피온 반박문 1권

8절을 볼 때에 분명히 드러난다. 또한 이같이 약 3,000년이라는 수치는 현존하는 사본들과 역본들 뿐 아니라 유세비우스(Eusebius)가 사용한 고대 사본에도 나타나 있다. 유세비우스는 그의 저서 교회사(Hist, Eccl.) 3권 10장 85절에서 요세푸스를 인용하면서 3,000년이라는 수치를 언급하였으며, 발레시우스(Valesius)의 주를 통해서 볼 때 유세비우스가 사용했던 요세푸스의 사본에도 같은 수치가 있었던 것처럼 보인다. 이 수치는 11세기의 인물인 니케포루스(Nicephorus)와 헤르마누스 콘트락투스(Hermannus Contractus)에 의해서도 인용되었으며, 17세기말의 베데(Bede)에 의해서도 조금도 틀림없이 그대로 인용되었다. 니케포루스의 교회사 p. 162; 헤르마누스 콘트락투스의 A. M. 2493; 베데의 De Natur. Rer. fol. 76과 De Rat. Temp. Epist. Apologet를 참조하도록 하라. 위의 증거들을 기초로 우리는 요세푸스가 아담의 창조로부터 모세의 죽음까지의 기간을 그 이상이 아닌 약 3,000년으로만 보았다는 사실을 단언할 수가 있다.

3. (2) 또한 요세푸스는 모세 시대, 즉 출애굽부터 A. D. 70년의 티투스 베스파시안에 의한 예루살렘 멸망까지의 기간을 1,770년 1,780년, 혹은 1,790년으로 보았다. 이같은 계산은 유대 고대사 8권 3장 1절과 유대 전쟁사 6권 10장을 그 근거로 산출한 것일 뿐 아니라 예루살렘 멸망 77년 후, 그러니까 요세푸스가 유대 고대사를 완성한지 54년이 지난 후의 한 익명의 저술가의 주장-알렉산드리아의 클레멘트의 글 속에 인용되어 있는-에 그 근거를 두고 있는 것이다. 클레멘트가 인용한 한 익명의 저술가의 주장은 아래와 같다(Strom. I. p. 341) : "유대국의 역사를 저술한 유대인 역사가 플라비우스 요세푸스의 연대표는 이와 같다. 모세 시대부터 다윗까지 〔출애굽부터, 다윗의 죽음까지〕가 585년간〔ἐ 혹은 5를, ἢ 혹은 8로 바꾸면 요세푸스의 글 속에 자주 등장하는 588년과 동일한 수치가 된다〕이며, 다윗부터 베스파시안의 재위 제 2년〔A. D. 70〕까지가 1,179년간이다. 또한 베스파시안 재위 제 2년부터 안토니우스(Antoninus) 재위 제 10년〔A. D. 147〕까지가 77년간이다. 따라서 모세부터 안토니우스 재위 제

요세푸스

10년까지의 전체 기간은 총 1,833년 [1,841년간이나 아니면 1,844년간이어야 한다].″ 585+1,179=1,764 혹은 588+1,179=1,767이라는 계산이 나온다. 우리는 클레멘트가 한 익명의 저술가의 글을 인용한 고대 인용문을 통해서 그 익명의 저술가의 수치가 3~4년간의 오차는 있으나 현존하는 모든 요세푸스 사본들에 나타나는 수치와 일치한다는 사실을 확인할 수가 있다. 첫번째 기간인 모세 시대의 출애굽까지의 기간은, 우리가 장차 보게 되겠지만 오늘날 588년간으로 받아들여지고 있다. 그리고 두번째 기간인 다윗의 죽음부터 베스파시안 재위 제 2년, 즉 A.D. 70년의 예루살렘 멸망까지의 기간은 유대 전쟁사 6권 10장에는 1,179년이라고 명기(明記)되어 있으며 유대 고대사 20권의 결론부분에는 거의 비슷한 연수로 나타난다. 유대 고대사 20권의 결론 부분에 나타나는 수치는 모세부터 베스파시안 재위 제 2년까지, 요세푸스 직후에 살았던 한 익명의 저술가가 요세푸스를 인용하면서 언급한 수치와 26년 이상의 차이를 보이지 않는다. 따라서 독자들은 유대 고대사 20권의 결론 부분에서 이끌어낸 p. 297의 도표로 충분히 만족할 수 있으리라고 본다.

따라서 우리는 요세푸스가 아담의 창조부터 모세의 죽음까지의 기간을 그 이상이 아닌 약 3,000년으로만 보았으며 출애굽부터 티투스 베스파시안에 의해 A.D. 70년에 예루살렘이 멸망할 때까지의 기간을 약 1,770년, 1,780년, 혹은 1,790년으로 보았다고 결론을 내릴 수가 있다.

4. (3) 위의 수치들이 요세푸스 자신의 원래 수치와 거의 유사하다는 사실은 현존하는 사본들 가운데서 오류가 없는 부분에 나타나는 일부 수치들을 볼 때 거의 확실해 보인다. 현존하는 유대 고대사 사본들의 서론 부분에서 요세푸스는 직접 이같이 말하고 있다: "내가 원자료로 삼은 유대인의 성서(聖書)는 5,000년의 역사를 담고 있다." 또한 요세푸스는 아피온 반박문 제 1권 초두에서 "내가 오늘날에 이르는 유대의 역사를 담은 유대 고대사는 5,000년의 역사를 담고 있다"고 명백히 선언하고 있다. 이 수치는 천 단위로 말한 개략적인 숫자이긴 하지만 거의 정확한 수치일 것이다. 요세푸스가 아

논문 Ⅳ

유대의 대제사장
〔83명〕

	연수
모세에서 솔로몬 시대까지 13명의 대제사장	612
성전 건축에 이르는 18명의 대제사장	466½
포로기	70
요세덱에서 유파토르까지 16명의 대제사장	414
야키무스	3
대제사장이 없었던 공백기	7
요나단	7
시몬	8
힐카누스 1세	31
아리스토불루스 1세	1
알렉산더	27
힐카누스 2세	9
아리스토불루스 2세	3¼
힐카누스 2세(재임)	24
안티고누스	3¼
헤롯시대 이후의 28명의 대제사장	107
	총계 1,793

피온 반박문에서 애굽의 연대표를 정확하게 사용하고 있는 것을 볼 때에 이 수치는 거의 정확한 수치임이 분명하다. 이에 관한 더 자세한 내용은 본 논문 35절에서 상세히 다루게 될 것이다. 이 수치로 보면 현재 요세푸스의 사본에 홍수 이전 기간을 2,656년으로 보는 견해는 설자리를 잃게 된다. 왜냐하면 이 연수를 홍수 이후의 연수와 합하게 되면 전체 기간이 5,000년이 아니라 거의 6,000년에 가깝기 때문이다. 따라서 우리가 장차 살펴보게 되겠지만 요세푸스 자신이 맨 마지막으로 교정한, 총기간 4,768년이란 수치가 5,000년이란 수치와 거의 엇비슷하게 들어맞고 있음을 알 수 있다. 따라서 유대

요세푸스

고대사 9권 4장 6절에 보면 유대 왕 여호사밧과 요람, 그리고 이스라엘 왕 아합과 요람 시대에 수리아를 연이어 통치했던 하닷(Hadad), 혹은 벤하닷(Benhadad)과 하사엘(Hazael)을 수리아인들이 신격화하면서 매우 고대의 인물이라고 생각하고 있지만 요세푸스가 유대 고대사를 집필하기 1,100년 전의 인물은 아니라는 점을 알 수가 있다. 요세푸스의 연대표에 따르면 이 기간은 그러니까 여호사밧의 죽음부터 유대 고대사가 발행된 도미티안 재위 제 13년까지는 1,041년인 것처럼 보인다. 또한 유대 전쟁사 4권 9장 7절에 보면 헤브론이 애굽의 멤피스(Memphis) 보다 오래된 도시로서 요세푸스 자신의 시대보다 2,300년 전에 건설되었다고 요세푸스는 기술하고 있다. 그러나 요세푸스는 구약 역사에서 정확히 언제 멤피스가 건설되었는지에 관해서는 언급하지 않고 있다. 게다가 유대 고대사 1권 8장 3절에서는 민수기 13:22에서처럼 멤피스를 타니스(Tanis)나 혹은 소안(Zoan)으로 옳게 교정하면서 헤브론과 타니스의 건설 때부터 그 자신의 시대까지의 기간을 언급하지 않고 생략하였다. 따라서 이 2,300년이란 수치는 매우 개략적이고 불확실한 수로 밖에 볼 수가 없다.

5. (4) 모세 시대로부터 요세푸스 시대까지의 기간이 약 2,000년이라는 계산은 현존하는 요세푸스의 사본 가운데 무려 8가지 수치에 달하는 지지 근거를 가지고 있다. 즉, 요세푸스의 유대 고대사 서문 3절과 유대 고대사 20권 11장 2절; 아피온 반박문 1권 7절, 2권 31절; 유대 전쟁사 6권 10장 1절에서 무려 8개의 수치가 등장하는데 이 수치들은 한결같이 모세부터 요세푸스까지의 기간이 약 2,000년임을 입증해 보여주고 있다. 처음 4개의 수치는 모두 일치하고 있으며 각 부분에서는 모세로부터 요세푸스에 이르는 2,000년의 역사를 개략적으로 재서술하고 있다. 이 수치는 개략적인 수치에 불과하나, 본 논문이 주장하고 있는 정확한 연대, 즉 모세의 출생부터 요세푸스 시대까지를 1,870년간, 1,880년간, 혹은 1,890년간으로 보는 견해와 크게 어긋나는 것은 아니다. 우리는 이 견해를 이미 잠깐 언급한 바 있으나 장차 자세히 살펴보게 될 것이다. 혹시 독자들 가운데는 유대인들이 이 기간

논문 Ⅳ

을 너무 길게 잡은 것이 아니냐고 의혹을 살 사람들도 있을 것이다. 그러나 같은 유대인이면서 요세푸스 직전에 살았던 필로(Philo)는 이 기간을 2,000년 이상(*more than two thousand years*)으로 잡았다는 점을 유의해야 할 것이다. 물론 필로는 정확한 계산은 아니라는 점을 분명히 밝히고 있다.[1]

한편 앞서 언급한 8개의 수치 가운데서 후의 4개의 수치는, 아브라함 시대의 의의 왕인 멜기세덱이 예루살렘을 건설한 때로부터 느부갓네살에 의해 예루살렘이 파괴된 때까지의 기간을 1,468년으로 보고 있으며, 다윗 때부터 느부갓네살의 예루살렘 정복까지를 477년간으로 보았으며, 다윗 때부터 티투스에 의해 예루살렘이 멸망할 때까지를 앞서 인용한 대로 1,179년간으로 보고 있다. 결국 이 수치들은 멜기세덱에 의해 예루살렘이 건설될 때부터 티투스에 의해 멸망될 때까지의 기간을 2,177년으로 간주하고 있는 것이다. 이같은 수치들은 우리가 앞서 언급한 연대표들과 또한 앞으로 언급할 연대표들이 일치할 뿐 아니라 전체적으로 볼 때에, 저자가 주장하는 요세푸스의 연대표의 진실성을 입증해 주는 확실한 증거가 된다.

(5) 아담의 창조부터 요세푸스 시대까지를 5,000년으로 보는 견해, 즉 아담의 창조부터 모세의 죽음까지를 3,000년, 그리고 그 후부터 요세푸스까지를 2,000년으로 보는 계산법은 오리겐(Origen)에 의해서도 강하게 입증되고 있다. 오리겐은, 70인경은 물론 요세푸스를 염두에 두고 아래와 같이 말한 것 같다 : "창조 때부터 그리스도의 탄생까지는 4,830년의 세월이 흘렀다. 그러니까 주후 70년까지는 4,900년의 세월이 흐른 셈이다."[2] 오리겐은 또한 다른 글에서 아담부터 노아까지〔창조부터 홍수까지〕의 기간을 모세부터 그리스도의 기간과 거의 동등하게 보았다. 이 점 또한 모세부터 요세푸스까지를 2,000년으로 보는 견해를 거의 엇비슷하게 지지하고 있다. 왜냐하면 우리가 차차 자세하게 살펴볼 때 드러나게 되겠지만 요세푸스는 이

---

1 . Ap Euseb. Præp. Evang. VIII. 6, p. 357.
2 . 마태복음 설교 29편.(Homil. XXIX in Matth), p. 139.

요세푸스

홍수 전 후의 족장들의 계보

요세푸스 유대 고대사 1권 2, 3장; 3장 2-4, 9절; 4장 5절; 7권 1장 1절

	아들을 낳기 전				아들을 낳은 후			수			평	주전
	히브리 사본	요세푸스 현존 사본	요세푸스 추정 원본	사마리아 오경	70인경	히브리 사본	사마리아 오경	70인경	히브리 사본	요세푸스 사본	사마리아 오경	70인경	(B.C.)
아담	130	230	130	130	230	800	800	700	930	930	930	930	4485
셋	105	205	105	105	205	807	807	707	912	912	912	912	4355
에노스	90	190	90	90	190	815	815	715	905	905	905	905	4250
게난	70	170	70	70	170	840	840	740	910	910	910	910	4160
마할랄렐	65	165	65	65	165	830	830	730	895	895	895	895	4090
야렛	162	162	162	62	162	800	785	800	962	962	847	962	4025
에녹	65	65	65	65	165	300	300	200	365	365	365	365	3963
므두셀라	187	187	187	67 187	167	782	653	802	969	969	720	969	3898
라멕	182	182	182	53 182	188	595	600	565	777	777	653	753	3711
노아	600	600	600	600	600				950	950	950	950	3529
홍수까지	1656	2256	1556	1307 1556	2242								2929
셈(홍수 후)	2	12	2	2	2	500	500	500	600		600		2927
아르박삿	35	135	135	135	135	403	303	330			438		2792
게난 2세	0	0	0	0	130	0	0	330		0	0		0000
셀라	30	130	130	130	130	403	303	336			433		2662
에벨	34	134	134	134	134	430	270	270			404		2528
벨렉	30	130	130	130	130	209	109	209			239		2398
르우	32	132	132	132	132	207	107	207			239		2266
스룩	30	130	130	130	130	200	100	200			230		2136
나홀	29	79	[28] 29	79	79 179	119	69	125	205	205 145	148	205	2107
데라(아브라함 출생시)	70	70	70	70	70						145		2037
아브라함 출생시까지의 총계	292	952	892	942	1072 1172								

논문 Ⅳ

각 기간을 대략 1,600년씩으로 보고 있기 때문이다.

6. 각론(各論)에 들어가기 위해 우리는 먼저 아담의 창조부터 아브라함의 출생에 이르는 족장들의 계보 도표를 현존하는 히브리 사본들과 사마리아 오경과 70인경과 요세푸스의 저서—현존하는 오류가 담긴 요세푸스의 사본들은 물론, 요세푸스의 추정 원본을 동시에 고려할 것인데—를 참고해서 살펴보도록 하자. 옆 페이지의 도표를 참고하라.

7. 요세푸스의 첫번째 난에 나오는 수치는 현존하는 요세푸스의 사본에 나타나는 수치이며, 두번째 난에 나오는 수치는 요세푸스 자신이 기록한 원본(추정 원본)에 기록되었을 것으로 추정되는—앞으로 이를 증명할 것인데—수치이다. 사마리아 오경의 난(column)을 보면 므두셀라와 라멕의 칸에 수치가 2개씩 나타나고 있다. 첫번째 수치는 유세비우스(Eusebius)와 신켈루스(Syncellus)와 현존하는 사마리아 오경 사본이 보여 주는 수치이며, 두번째 수치는 제롬(Jerome)이 보여 주는 수치이다. 이같은 약간의 차이는 나홀(Nahor)에 대해서 요세푸스는 물론 70인경에서도 나타난다. 또한 데라(Terah)의 수명에 관해서도 요세푸스의 난은 205세와 145세의 차이를 보이고 있다. 요세푸스가 데라의 수명을 205세로 본 것은 장차 적당한 때에 자세히 살펴보기로 하고 145세로 본 것을 이 자리에서 살펴보도록 하자.

현존하는 히브리 사본과 70인경은 물론 요세푸스 사본까지도 데라의 수명을 205세로 제시하고 있기 때문에 저자도 이 사본들의 수치를 제시하는 한편 사마리아 오경을 근거로 145세를 수정된 수치로 함께 기록해 넣었다. 저자가 이같이 145세를 수정된 수치로 제시한 이유는 이와 같다: 모든 고대 사본들과 역본들과 증언들은 데라가 아브라함과 나홀과 하란을 낳았을 때 나이가 불과 70세였다는데 의견의 일치를 보이고 있다. 게다가 아브라함이 부친 데라가 죽은 후 하란을 떠날 때의 나이가 75세 밖에 되지 않았다는 데도 일치를 보이고 있

301

다. 따라서 이렇게 볼 때 데라의 수명이 145세 이상 일 수가 없는 것이다. 그럼에도 불구하고 현존하는 히브리 사본과 요세푸스 사본과 70인경 사본들은 데라가 205세를 향수하고 죽었다고 분명하게 단언하고 있다. 그러나 사마리아 오경(Samaritan Pentateuch)을 보면 데라의 수명이 145세로 되어 있음을 분명히 살펴볼 수가 있다.

우리가 앞서 살펴본 고대 사본과 역본과 증언들의 논박할 수 없는 확실한 증거를 살펴볼 때 145세가 원래의 독법(*true reading*)이었던 것이 분명하다. 게다가 필로(Philo) 당시의 70인경이나 요세푸스의 논리 전개의 흐름을 보더라도 145세가 고대의 독법(*ancient reading*)이었음도 명백하다. 이상의 사실을 고려해 볼 때 우리는 히브리 마소라 사본이 성경에 얼마나 큰 오류를 끌어들였는가 하는 점을 한 눈에 알 수가 있다.

필로는 70인경을 사용하면서 수면론(De Somniis) p. 5721에서 다음과 같이 말하고 있다 : "야곱의 조부인 아브라함은 어떤 이유에서인지는 모르나 더 이상 하란에 머물 수가 없다고 생각했다. 따라서 (부친 데라가 70세에 낳은 아들인) 아브라함은 부친 데라가 하란에서 살다가 세상을 떠났음에도 불구하고 (단지) 75세의 나이에 하란을 떠났다." 이것은 만일 필로가 정확히만 말했다면, 그가 소유하고 있었던 70인경 사본에는 데라의 수명이 기껏해야 145세에 불과했다는 이야기가 된다. 또한 유대 고대사 1권 6장 5절의 요세푸스의 말을 들어 보더라도 그가 소유하고 있었던 사본에는 205세가 아니라, 145세로 되어 있었던 것이 분명하다. 현존하는 사본을 보더라도 다음과 같이 되어 있다:"데라가 205세로 세상을 떠나자 그들은 그를 장례 지냈다. 이미 인간의 수명은 단축되었고 점차 모세의 출생 때에 이르기까지 단축되어가는 과정에 있었다." 데라의 수명에 관해 요세푸스가 붙인 부연 설명, 즉 "인간의 수명이 상대적으로 짧아졌다는 사실에 놀랄 필요는 없다. 하나님께서 이미 인간의 수명을 단축시키셨고 계속해서 단축시키는 중이시기 때문이라"는 이유는 사마리아 오경처럼 데라의 수명을 145세로 볼 때 만이 그럴듯한 이유가 된다. 그러나 만일 현존하는 요세푸스 사본이나 히브리 마소라 사본이나 70인경 역본처럼 데라의 나이를 205세로 보면 이같은 부연 설명은 전혀 앞뒤가 맞지 않는 동떨어진 이야기가 되고 만다. 왜냐하면 데라의 나이를 205세로 보면 그의 부친 나홀보다 57세나 더 장수한 것이 되기 때문이다. 또한 데라의 나이 70세 때 아브라함이 출생했다는 구절 또한 데라의 수명을 205세로 보는 견해와 전혀 부합하지 못한다.

더우기 아담의 창조부터 모세의 죽음을 기껏해야 약 3,000년으로 보는 요세푸스의 견해 또한 요세푸스의 추정 원본에 데라의 수명이 205세로 되어 있었을 것이라는 주장을 용납할 수 없게 만든다. 데라의 수명이 205세였다면 아브라함의 출생 때 데라의 나이가 130세였다는 이야기인데 이는 모두 억지 해석인 것이며, 전 연대표의 기간을 60년간이나 늘려 결국은 아담의 창조부터 모세의 죽음까지의 총기간이 3,000년에서 53년이나 초과하는 결과를 빚고 마는 것이다. 이는 고대나 현대의 모든 요세푸스 사본이 일괄적으로 총기간을 기껏해야 3,000년으로 보는 견해에 정면으로 어긋나는 것이다.

8. 추론(推論, *Corollary*). 여기서 우리는 일반적으로 볼 때 요세푸스의 진정한 연대표(genuine chronology)는 현존하는 히브리 마소라 사본들이나 70인경 역본들보다는 사마리아 오경, 특히 제롬이 소유하고 있었던 사마리아 오경 사본의 수치에 더 가깝게 일치한다는 추론을 내릴 수 있다. 아담의 창조부터 모세의 죽음까지의 기간을 요세푸스는 거의 3,000년, 아니면 우리가 앞으로 자세히 살펴보겠지만 정확히 말해 2,993년간으로 제시하고 있는 반면에, 현존하는 사마리아 오경은 2,794년간, 그리고 제롬이 소유하고 있었던 사마리아 오경 사본은 3,043년간으로 제시하고 있으며, 현존하는 히브리 사본은 2,493년간 그리고 현존하는 70인경 사본은 3,859년간으로 각기 제시하고 있다.

이는 우리가 앞서 살펴본 홍수 전후의 족장들의 계보 도표가 우리에게 분명히 보여 주고 있다. 결국 이렇게 보면 요세푸스의 사본의 수치를 기준으로 할 때 현존하는 사마리아 오경 사본은 206년의

요세푸스

차이가 나는데 반하여 제롬이 소유하고 있었던 사마리아 오경은 불과 50년의 차이 밖에 나지 않는다. 게다가 현존하는 70인경 사본은 자그만치 866년이나 요세푸스의 수치를 초과하고 있으며, 히브리 마소라 사본은 무려 500년이나 모자란다. 이렇게 볼 때 요세푸스의 연대표는 제롬이 소유하고 있었던 사마리아 오경의 수치에 가장 근접하고 있다는 결론을 내릴 수 있다.

	연수
(1) 아담의 창조부터 노아의 홍수까지	1,556
(2) 홍수부터 아브라함의 출생까지	892
(3) 아브라함의 출생부터 그가 하란을 떠날 때까지	75
(4) 하란을 떠날 때부터 출애굽까지	430
출애굽부터 모세의 죽음까지	40
〔아담의 창조부터 모세의 죽음까지〕	〔2,993〕
(5) 출애굽부터 성전 건축까지(처음에는 592년간으로 보았으나 후에 요세푸스가 최종적으로 수정함)	612
(6) 성전 건축부터 성전이 방화되기까지(처음에는 470년간으로 보았으나 후에 요세푸스가 최종적으로 수정함)	466
(7) 성전이 방화된 때부터 유대인이 포로에서 귀환한 고레스 재위 제 1년까지	70
(8) 고레스 재위 제 1년부터 요세푸스의 유대 고대사의 역사 서술이 끝나는 네로 12년까지	639
(9) 그 후 베스파시안 재위 제2년, 혹은 예루살렘 멸망까지	4
(10) 그 후 요세푸스가 그의 유대 고대사 집필을 끝낸 도미티안 재위 제 13년, 즉 A.D. 93년까지	23
모세의 출생부터 도미티안 재위 제 13년까지(처음에는 1,878년간이었으나 후에 수정됨)	1,894
아담의 창조부터 도미티안 재위 제 13년까지(처음에는 4,751년간이었으나 후에 수정됨)	4,767

논문 Ⅳ

9. 지금까지 요세푸스의 개략적인 연대표를 살펴보았으므로 이제 각론(各論)으로 들어가도 좋을 것 같다. 특히 각 시대별로 구분하여 요세푸스의 추정 원본에 기록되었을 원래의 연대표를 세심하게 찾아보도록 하자.

10. 첫번째 두 시기의 수치, 즉 아담의 창조부터 노아의 홍수 전까지의 1,556년이라는 수치와 그 후부터 아브라함의 출생까지의 892년이라는 수치는 앞서 6절에서 우리가 본 족장들의 계보 도표를 다시 살펴보면 어떻게 해서 나온 수치인지 금방 알 수 있을 것이다. 위의 도표는 단지 요세푸스에 나타난 수치들을 대략적으로 한번 훑어본 것에 지나지 않는다.

우리가 1,556년간으로 본, 아담의 창조부터 홍수까지의 첫번째 시대에 대해서 현존하는 요세푸스의 사본에 나타나는 수치는 명확하지 못하다. 그러나 현존하는 요세푸스 사본들에 일반적으로 나타나는 수자인 2,656년이라는 수치는 아담의 창조부터 모세의 죽음까지를 기껏해야 3,000년으로 보는 기본 골격에 전적으로 모순되는 것이며, 70인경에 나타나는 수치들로부터 나온 일련의 수정 수치이거나, 아니면 개악(改惡) 수치에 불과한 것이다. 그러나 한 요세푸스의 사본에는 백자리 수가 없이 1,×56년으로 되어 있는데 이 사본이 이점에서는 요세푸스의 원본에 가까운 것처럼 보인다. 어쨌든 우리는 아직도 히브리 마소라 사본의 1,656년이라는 수치와 제롬이 소유하고 있었던 사마리아 오경의 1,556년이라는 수치 사이에서 어떤 것이 옳은지를 결정해야할 문제가 남아 있다. 그러나 요세푸스가 아담의 창조부터 모세의 죽음까지를 기껏해야 3,000년으로 본 사실을 유념해 볼 때 요세푸스의 원본에 1,656년이라는 수치가 기록되었을 가능성은 없다. 왜냐하면 이 기간을 1,656년으로 보면 총기간이 3,000년을 93년이나 초과하기 때문이다. 따라서 현존하는 히브리 사본과 심지어는 오리겐의 70인경까지도 에녹을 낳았을 때의 야렛의 나이를 162세로 크게 본데 반하여 요세푸스는 사마리아 오경에 근거하여 야렛의 나이를 62세로 본 것이 분명하다. 또한 아담의 창조부터 홍수

요세푸스

까지를 1,556년으로 보는 계산법은 현존하는 요세푸스의 사본(유대 고대사 10권 8장 5절)에 의해서도 지지되고 있다. 그곳을 보면 노아의 홍수부터 느부갓네살에 의해 성전이 방화될 때까지의 기간이 1,957년으로 되어 있으며, 500년이 적은 소노라스(Zonoras)와 프레쿨푸스(Freculphus)의 인용문을 제외한 거의 모든 헬라어와 라틴어판 요세푸스 사본이 아담의 창조부터 느부갓네살의 성전 방화까지를 3,513년으로 기술하고 있다. 따라서 3,513년에서 1,957년을 빼면 창조부터 홍수까지의 기간이 1,556년임을 알 수가 있다. 이 점 또한 창조부터 홍수까지의 기간이 1,556년이라는 사실을 확증해 주는 큰 증거가 아닐 수 없다.

주의. 저자가 졸저(拙著) 신이론(新理論, New Theory) 최근판(4판) pp. 39, 218에서 홍수를 B. C. 2926년으로 제시한 것을 기억하는 독자들은 위의 도표에서 홍수가 B. C. 2929년으로 되어 있는 것을 보고 의아하게 여길는지도 모른다. 그러나 위의 도표는 홍수의 원인을 혜성으로 본, 신이론에서의 저자의 가정을 전혀 도외시하고 성서들 자체에서만 이끌어낸 수치임을 기억할 필요가 있다. 즉, 아브라함에 이르는 10세대의 연수들을 모두 큰 달(31일이 있는, odd months)의 가감이 없는 완전한 해로 보고 계산한 것이다. 따라서 실제로는 B. C. 2929년에 홍수가 일어난 것이 아니다. 홍수가 일어난 절대적(absolute), 혹은 연대기적(chronological) 연도는 B. C. 2926년일 수밖에 없다. B. C. 2929년이라는 수치는 단지 성경에 나타난 여러 수치들을 합산한 결과로 나온 수치인 것이다. 따라서 홍수가 일어난 해를 B. C. 2926년으로 보는 것이 저자의 실제 견해임을 다시 밝혀 둔다.

11. 요세푸스의 연대표에 나타난 두번째 시대, 즉 홍수부터 아브라함의 출생까지를 892년으로 보는 계산법은 주로 사마리아 오경과 70인경, 그리고 현존하는 요세푸스의 사본의 지지를 받고 있다. 이 사본들은 현존하는 히브리 사본의 292년간이라는 총계(bare sum)를 제시

하면서도 총계를 이루고 있는 각 수치의 총합은 적어도 892년이나 되는 모순을 보이고 있다. 따라서 292년이라는 수치는 너무나 엄청난 오류이기 때문에 요세푸스의 원본에 이같은 수치가 기록되었을 리는 없다. 이 기간을 292년으로 보면 아담의 창조브터 모세의 죽음까지의 기간이 3,000년 근처에도 도달하지 못하기 때문이다.

홍수부터 아브라함의 출생까지의 기간을 892년으로 보느냐, 아니면 그보다 50년 더 많은 942년으로 보느냐의 문제는 실제로는 아무런 문제가 되지 않는다. 이 차이점은 데라를 낳았을 때 나홀의 나이를 28세 (혹은 29세)로 볼 것이냐, 아니면 79세로 볼것이냐(다른 수치들도 여럿 있으나 너무 많거나 적기 때문에 그 근거가 희박해서 제시하지 않았는데 이에 대한 자세한 내용은 윌스 박사의 책 p. 18에서 상세히 볼 수가 있을 것이다)의 독법(讀法, reading)의 차이에서 기인하는 것이기 때문이다. 이 수치들에 대해서는 각 사본마다 큰 이견(異見)을 보이고 있다. 현존하는 사마리아 오경과 70인경 역본은 79세로 나와 있으며, 윌스 박사에 의하면 오리겐(Origen)의 인용문에 요세푸스의 사본에는 28세 혹은 29세로 되어 있다는 기록이 나온다고 한다.

한편 히브리 사본과 일반 라틴어 역본에는 29세로 되어 있으며 현존하는 몇몇 요세푸스 사본에는 28세로 되어 있다. 79세냐 아니면 28세 (혹은 29세)냐의 이 두 수치는 거의 같은 것이기 때문에 어느 것이 더 옳은 것인가의 문제는 크게 논의할 가치가 없다. 그러나 요세푸스의 사본에 28세로 되어 있을 가능성이 높다는 점만은 지적해야 할 것 같다. 현존하는 몇몇 요세푸스 사본들이 28세로 되어 있다는 점과 79세로 보면 창조부터 모세의 죽음까지의 3,000년 기간을 43년이나 초과한다는 점을 감안해 볼 때 요세푸스의 원본에는 28세로 되어 있을 가능성이 높은 것이다. 그런데 여기서 요세푸스가 사마리아 오경이나 70인경과 정확하게 일치하여야 할 필요가 있는 것은 아니라는 점을 지적하고 넘어가야 할 필요가 있다(사마리아 오경이나 70인경과 일치하려면 79세로 보아야 한다). 왜냐하면 9세기의 프레쿨푸스(Freculphus)가 요세푸스는 사마리아 오경과 70인경과 거

요세푸스

의(*nearly*) 일치한다고 했지 정확하게(exactly) 일치한다고 하지는 않았기 때문이다.

여기서 한가지 지적하고 넘어갈 것이 있다. 다른 모든 사본들과 역본들은 홍수부터 아르박삿의 출생까지의 기간을 2년으로 밖에 보지 않는데 반하여 현존하는 모든 요세푸스 사본들은 무려 12년으로 보고 있다. 그러나 이를 뒷받침할 만한 방계(傍系) 근거(collateral evidence)가 없는 데다가 모세의 죽음까지를 기껏해야 3,000년으로 보는 기본 골격에 모순되기 때문에 이 12년이라는 수치는 후대의 필사자들의 단순한 실수에 지나지 않는 것이다.

12. 아브라함의 출생부터 부친 데라가 죽은 후 그가 하란을 떠날 때까지를 75년으로 보는 세번째 시대에 관해서는 모든 사본들 사이에 이견을 보이지 않고 있다. 데라의 수명을 205세로 보는 큰 실수에 관해서는 이미 살펴본 바가 있다. 데라의 수명을 205세로 보면 아브라함을 130세 이전에 낳지 않았다는 계산이 나오는데 이는 전혀 근거가 없는 주장임을 이미 7절에서 상세히 살펴보았다.

13. 아브라함이 하란을 떠날 때부터 출애굽까지를 430년으로 보는 네번째 시대에 관해서는 요세푸스 자신이 분명히 보여 주고 있을 뿐 아니라(유대 고대사 2권 15장 2절), 성경 출애굽기 12 : 40, 41절의 두 구절이 분명하게 입증해 주고 있다. 요세푸스도 이 기간을 430년으로 보고 그렇게 이해했으며 사마리아 오경과 70인경은 오늘날까지도 그렇게 읽혀지고 있다. 따라서 히브리 사본도 그렇게 읽혀져야 마땅할 것이다. 저자는 이미 구약에 관한 소론(Essay on the Old Testament) p. 62에서 이 문제를 명쾌하게 밝힌 적이 있다.

한편 출애굽부터 모세의 죽음까지를 40년으로 보는 계산법에 대해서는 특별히 언급할 필요가 없다. 왜냐하면 이 사실을 모르는 이는 아무도 없을 뿐 아니라 유대 고대사(3권 1장 6절, 4권 4장 6절, 8장 49절, 5권 1장 4, 29절)와 모든 사본들에 그렇게 나타나고 있기 때문이다. 그러므로 여기서는 단지 아담의 창조부터 모세의 죽음까지

논문 Ⅳ

총기간이 2,993년으로 산출되었는데 이 수치가 요세푸스 자신이 말한 약 3,000년이라는 수치와 거의 일치한다는 점만을 지적하고 넘어가는 것이 좋겠다.

14. 처음에는 592년으로 보았으나 최종적으로 요세푸스 자신이 수정하여 612년으로 본, 출애굽부터 성전 건축까지의 다섯번째 시대에 관해서는 요세푸스 자신이 그의 저서에서 여러번 반복하고 있을 뿐 아니라 우리가 앞서 3절에서 언급한 대로 고대 요세푸스 인용문을 볼 때 조금도 의심의 여지가 있을 수 없다. 요세푸스는 출애굽부터 다윗의 죽음까지를 585년간, 아니 오히려 588년간으로 보고 있으며 성전 건축을 다윗이 죽은 후 4년 뒤의 일로 간주하면서도 20년간의 허용 오차는 인정하고 있다. 유대 고대사 7권 3장 2절을 보면 요세푸스가 여호수아 시대부터 다윗의 예루살렘 장악까지를 515년간으로 계산하고 있음을 알 수가 있다. 여기에다 예루살렘 장악 후의 다윗의 통치 기간 33년과 성전 건축 전의 솔로몬의 통치 기간 4년과 광야 생활 40년을 더하면, 출애굽부터 솔로몬의 성전 건축까지의 총기간이 592년이라는 계산이 나온다. 유대 고대사 헬라어 사본 8권 3장 1절을 보면 이 기간이 592년임이 명시(明示)되어 있다. 또한 유대 고대사 10권 8장 5절에는 느부갓네살이 솔로몬 성전 건축이 있은지 470년 후에, 그러니까 출애굽 후 1,950년째, 혹은 어떤 사본들처럼 1,957년째 되는 해에 성전을 방화한 것으로 나와 있다. 따라서 후자의 수치에서 전자의 수치를 빼면 출애굽부터 성전 건축까지의 기간이 580년, 혹은 587년이라는 계산이 가능해진다. 이 수치는 우리가 앞서 살펴본 592년이라는 수치와 불과 5년 밖에 차이가 나지 않는다. 또한 유대 고대사 5, 6, 7권이 담고 있는 역사 기간은 476+32+40 = 548년이며, 여기에 광야 생활 40년과 성전 건축 전의 솔로몬의 통치 기간 4년을 합하면 출애굽부터 성전 건축까지의 592년이 된다. 여기서 요세푸스가 유대 고대사 11권 4장 8절에서 모세와 여호수아의 죽음부터 왕들이 있기 전까지의 기간을 개략적으로 500년 이상으로 말하고 있는 것을 굳이 언급할 필요는 없을 것 같다. 요세푸스가 유

요세푸스

대 고대사 말미에서 위의 수치들을 재고하고 변경하기 전까지의 수치들은 위와 같다. 그러나 유대 고대사 결론에 가서는 이 수치가 바뀌어져 있다. 즉, 현존하는 유대 고대사 헬라어 사본이나 라틴어 사본은 물론 4세기의 헤게시푸스(Hegesippus), 혹은 암브로스(Ambrose)의 사본에는 출애굽부터 성전 건축까지의 기간이 20년이 더 늘어난 612년으로 제시되고 있다. 이 밖에도 요세푸스는 아피온 반박문 제 2권 2절에서 마지막 재검토를 하면서 이 기간을 612년으로 간주하고 있다. 저자는 이 수치를 사본상의 오류라고 결코 생각하지 않는다. 이 수치는 바로 요세푸스 자신의 수정 수치인 것이다. 아피온 반박문 2권 3절을 참조하라.

15. 이제 이 기간을 612년으로 보는 요세푸스의 연대기의 세목(細目)을 살펴보도록 하자. 옆 페이지의 도표를 보라.

도표의 세목의 총계인 610년간이라는 수치는 요세푸스가 최종적으로 교정한 수정 수치 612년에 비하면 불과 2년 밖에 차이가 나지 않고 있다.

16. 이 기간의 총수치는 요세푸스의 글 여러 곳에서 거의 일치를 보이고 있는 반면에 세목에 관해서는 현존하는 요세푸스의 사본들 사이에 여러 가지 난점을 드러내 보여 주고 있다. 특별히 612년이라는 수치는 유대 고대사의 결론 부분 뿐 아니라 아피온 반박문 제 2권에 명백히 나타나고 있다. 어쨌든간에 난점들은 다음과 같다:

(1) 사사 돌라의 23년이라는 통치 기간이 요세푸스의 사본들에는 빠져 있다. 이같은 생략은 요세푸스 자신에 기인하는 것이 아니라 필사자들의 실수에 기인한 것이다. 왜냐하면 요세푸스 자신의 총계 수치에 이 23년이 포함되어 있다는 점은 누구나 시인하는 사실이기 때문이다.

(2) 사사 압돈의 이름이 요세푸스의 사본에 기록되어 있으면서도

논문 IV

	요세푸스의 계산 연수	유대 고대사 권	유대 고대사 장	유대 고대사 졸	저자의 계산 연수	주전
모세(광야 생활)	40	4	8	48	40	1532
여호수아	25	5	1	29	25	1492
중간기	18	6	5	4	18	1467
구산 치하에서의 핍박 생활	8	5	3	2	8	1449
사사 옷니엘	40	5	3	2	40	1441
모압인 치하에서의 핍박 생활	18	5	4	1	18	1401
사사 에훗	80	5	4	3	8	1383
사사 삼갈	1	5	4	3	1	1375
야빈 치하에서의 핍박 생활	20	5	5	2	20	1374
사사 드보라와 바락	40	5	5	4	40	1354
미디안인 치하에서의 핍박 생활	7	5	6	1	7	1314
사사 기드온	40	5	6	1	40	1307
왕(혹은 사사) 아비멜렉	3	5	7	2	3	1267
사사 돌라	23	—	—	—	23	1264
사사 야일	22	5	7	6	22	1241
암몬인 치하에서의 핍박 생활과 블레셋인의 침공, 5권 7장 1절; 8장 1절	18	5	7	10	18	1219
				총계 291		
사사 입다	6	5	7	12	6	1201
사사 입산	7	5	7	13	7	1195
사사 엘론	10	5	7	14	10	1188
사사 압돈	[8]	5	7	15	8	1178
블레셋인 치하에서의 핍박 생활	40	5	8	1	42½	1170
블레셋인 치하에서의 사사 삼손	20	5	8	12	—	—
블레셋인 치하에서의 사사 엘리	20	5	11	3	—	—
사사 사무엘 12+22½	32½	6	13	5	12½	1148
사울 왕	20	6	14	9	20	1116
다윗 왕	40	7	15	2	40	1096
성전 건축 전의 솔로몬 왕	3½	8	3	1	3½	1056
	총계 610				성전 건축	1052
					149	149
					291	291
					40	40
					480	480

311

그의 8년이라는 통치 기간이 생략되어 있다는 점이다. 물론 이것도 요세푸스 자신의 실수라기 보다는 필사자들의 잘못으로 보아야 할 것 같다.

(3) 요세푸스는 유대 고대사 8권 3장 1절에서 성전이 홍수가 있은지 불과 1,440년만에 지어졌다고 말하고 있다. 그렇다면 홍수부터 성전 건축까지의 1,440년에서 홍수부터 출애굽까지의 1,397년을 제외하면 출애굽부터 성전 건축까지의 기간이 592년이나, 혹은 612년이 아니라 불과 43년 밖에 안 된다는 결론이 나온다. 그러므로 1,440년이라는 수치는 너무나 큰 오류이기 때문에 요세푸스 자신의 실수로 볼 수가 없다. 따라서 필사자들의 실수라고 보아야만 한다.

(4) 요세푸스는 유대 고대사 6권 1장 4절과 2장 1절에서, 엘리의 죽음부터 사무엘상 7장에 나타나는 에벤에셀에서의 블레셋인들에 대한 사무엘의 승리까지가 20년이나 된다고 기술하고 있다. 그러나 이 20년이라는 수치는 만일 우리가 엘리와 사무엘 사이의 공백기를 20년으로 보지 않는다면 사무엘의 통치 기간이 기껏해야 12년밖에 안 된다는 사실과 전적으로 모순된다. 그러나 이 20년이라는 공백기를 요세푸스나 그 어떤 역대기 사가들도 언급하지 않고 있다. 또한 저자도 그같은 공백기를 인정할 하등의 근거도 없다고 생각한다.

(5) 요세푸스는 유대 고대사 5권 5장 1절에서 사사 에훗(Ehud) 치하에서의 안식이 불과 숨 한번 돌릴 정도(*hardly a breathing time*)로 짧았다고 기술하고 있다. 그런데 현존하는 사본들에는 에훗의 통치 기간이 무려 80년으로 나와 있다. 그러므로 에훗 치하에서의 안식이 숨 한번 돌릴 정도였다는 표현을 염두에 두고 생각해 볼 때 그 안식의 기간이 80년이었다고 보기 보다는 8년이라고 보아야 합당할 것 같다.

위의 다섯 가지의 난제 가운데서 요세푸스 자신에서 기인하는 난

논문 Ⅳ

문제처럼 보이는 네번째와 다섯번째 난문제는 우리가 특별히 고려해 보아야할 점들이다. 우선 엘리의 죽음부터 에벤에셀에서의 사무엘의 승리까지를 20년으로 본 요세푸스의 견해에 대하여 살펴보도록 하자. 요세푸스가 사울이 기름부음 받기 전의 12년간의 사무엘의 통치를 언급할 때에는 이 20년에 대해서는 주목을 하지 않았던 것처럼 보인다. 이 기간은 단지 엘리가 죽은 후부터, 에벤에셀에서의 사무엘의 승리 직전에 이스라엘 백성이 법궤를 미스바로 옮겨 오기 전까지 법궤가 20년간 기럇여아림에 있었다는 사실에 암시되어 있었을 따름이었다.

사무엘의 통치나 혹은 통치 전의 공백 기간이 20년이나 된다는 사실이 사사들의 목록에 암시되어 있었음이 분명하지만 명확하게 명시(明示)되어 있지 않았기 때문에 요세푸스가 처음에는 잘 모르고 그냥 넘어갔던 것처럼 보인다. 그러다가 요세푸스는 후에 이 20년의 기간이 간과되었음을 깨닫고 출애굽부터 성전 건축까지의 기간을 592년에서 612년으로 20년을 늘릴 수밖에 없었던 것처럼 보인다.

이제 그 다음으로 에훗의 통치 기간을 80년이 아닌 8년으로 보는 견해를 살펴보도록 하자. 이 8년이라는 수치는 현존하는 요세푸스의 사본들에는 어디에서도 나타나지 않는다. 단지 2세기의 테오필루스(Theophilus)가 소유하고 있었던 사본에만 나타난다(Ad Autolyc. III. 24). 그러나 8년이라는 수치가 단 한 사본에만 나타난다 하더라도 요세푸스 자신의 추론의 명백한 귀결이기 때문에 결코 무시해서는 안 된다. 특별히 수자는 논리의 연결보다는 필사자들이 오류를 범하기 쉬운 부분이기 때문에 더욱 그렇다. 에훗의 통치 기간을 80년으로 보면 사사기 11 : 26에서 입다가 말한, 시혼과 옥의 땅을 이스라엘 백성이 300년간 다스렸다는 사실과도 조화될 수 없을 뿐 아니라 출애굽부터 성전 건축까지를 480년으로 보는 견해와도 조화되지 못한다. 따라서 이상의 사실을 고려해 볼 때 에훗의 통치 기간을 80년이 아니라 8년간으로 보아야 한다는 설이 훨씬 우세하다. 그러나 어쨌든간에 저자는 80년과 8년이라는 두 수치가 모두 요세푸스의 사본들 안에 기록되었다고 생각한다. 즉, 요세푸스는 사사기와 사무엘서 본문을 근거로 출애굽부터 성전 건축까지를 592년, 혹은 612년으로 볼 때는 에훗의 통치 기간을 80년으로 간주한—이렇게 하지 않고서는 592년이나 612년이라는 수치가 차지 않음—반면에 저 유명한 열왕기상 6:1을 근거로 할 때에는 에훗의 통치 기간을 8년으로 본 것 같다. 열왕기상 6:1에는 출애굽부터 성전 건축까지가 불과 480년 밖에 되지 않는다고 명시되어 있다. 이 성경 귀절이 요세푸스의 사본에 에훗의 통치 기간이 8년으로 되어 있었을 것이라고 추측해 볼 수 있는 유일한 근거이다. 에훗의 기간을 8년으로 보지 않으면 사사기와 사무엘서에 나오는 각 세목의 수치들의 총계를 480년으로 축소시키는 것은 거의 불가능하기 때문이다.

17. 요세푸스가 조금도 모호성이 없는 열왕기상 6:1의 명백한 본문을 근거로 삼지 않고 사사기와 사무엘서의 불분명한 추론을 연대 산출 기준으로 삼았을까에 대하여 저자는 나름대로 아래와 같이 추측해 보았다 : 첫째 (그들이 소유하고 있는 사본에 에훗의 통치가 8년이 아닌 80년으로 되어 있는 상황에서는 현대의 연대기 학자들도 마찬가지 상황에 처해 있듯이) 요세푸스도 사사기와 사무엘서에 나오는 수치들을 열왕기서에 나오는 총수치인 480년 안에 끼어 맞출 수가 없었을 것이다.

둘째로 요세푸스는, 그의 저서 여러 곳에 그같은 경향이 드러나고 있듯이, 가능하다면 모세를 훨씬 고대의 인물로 부각시키려고 하였을 것이다. 결국 이 두 가지 이유 때문에 요세푸스는 열왕기서를 버리고 사사기와 사무엘서의 본문을 연대 산출 근거로 삼은 것이라고 저자는 생각한다. 그런데 여기서 저자는 독자들에게 한 가지 지적하고 넘어가고 싶은 것이 있다. 즉, 요세푸스 혼자만 모세를 훨씬 고대의 인물로 부각시키려는 경향을 보인 것은 아니라는 점이다. 바울은 사도행전 13:20에서 광야 생활 40년과 사울과 다윗의 통치 기간을 제외한 사사들의 통치 기간만을 무려 450년으로 간주하였으며, 필로는 요세푸스보다 이전에 살았음에도 불구하고 출애굽부터 자기 시대까지의 기간을 2,000년 이상으로 보았다. 결국 바울과 필로도 요

논문 Ⅳ

세푸스와 같은 생각에서 연대를 길게 잡은 것이다. 그러나 저자는
여러 강력한 증거에 의하여 출애굽부터 성전 건축까지의 기간이 480
년이라고 확신한다. 구약에 관한 소론(Essay on the Old Testament)
pp. 210, 211을 참조하도록 하라.

  18. 우리가 요세푸스의 논리와 테오필루스(Theophilus)의 수치에
근거하여 에훗의 통치 기간을 80년이 아닌 8년으로 본다면 사사기
와 사무엘서에 나타나는 수치와 입다가 말한 300년과 열왕기서 480
년이라는 수치와 조화를 시키는데 그렇게 곤혹을 느끼지는 않았을
것이다. (1) 사무엘이 비록 엘리가 대제사장으로 있을 때 태어났지
만(사무엘상 1장), 사울에게 기름부어 왕을 삼을 때는 이미 노인
(old man)이 되어 있었다(삼상 8 : 1, 5). 이 점은 사무엘이 그 당시
적어도 70세 가량되었다는 사실을 암시해 주고 있다. (2) 암몬인 치
하에서의 핍박 생활과 블레셋인의 침공은 존 마르샴 경(Sir John
Marsham)이 사사기 10 : 7-9의 주석에서 언급했듯이 장소만 다를
뿐 동시대에 발생한 일이다. 저자의 구약 연대기(Chronol. of the
Old Test.) p. 80을 참조하도록 하라.

  그 후 입다로부터 시작되는 4명의 사사가 모두 죽은 뒤 2, 3년까
지는 블레셋인이 이스라엘을 별로 괴롭히지 못한 것처럼 보이나 저
자의 견해로는 사사들이 죽은 직후에 블레셋인의 40년간의 핍박이
시작되었다고 생각한다. (3) 15절에 기록된 연대기 도표를 보면 시혼
과 옥을 정복한 때부터 암몬인 치하에서의 핍박 생활까지가 291년
으로 나와 있다. 이 수치는 입다가 개략적으로 말한 300년과 거의
일치하고 있다(삿 11 : 26; 유대 고대사 5권 7장 9절). (4) 삼손의 통
치 20년간은 블레셋인들의 때 안(*in the days of the Philistines*)에
있었음이 사사기 15 : 11, 20절에 명백히 명시되고 있기 때문에 존
마르샴 경이 사사기 10 : 7-9 주석에서 올바르게 본 것처럼 따로 계
산에 넣을 필요가 없는 것이다. (5) 70인경에는 엘리의 통치 기간이
20년으로 나와 있으며(삼상 4 : 18) 히브리 사본과 요세푸스 사본에
는 40년으로 나와 있다. 결국 이것은 그가 처음 20년간은 다른 사사

들의 통치하에서 단지 대제사장으로만 봉직했음을 의미하는 것이다. 즉 블레셋인의 40년간의 핍박이 있기 전의 20년간은 다른 사사의 지배를 받았다는 뜻이 된다.

 사무엘이 에벤에셀에서 거둔 대 승리로 말미암아 블레셋인의 40년간의 학정(虐政)을 종식시키기 20년 7개월 전에 엘리가 98세의 나이로 세상을 떠난 것은 부인할 수 없는 사실이기 때문이다(삼상 7장). 15절의 연대표에서 저자는 연대표의 제목 나열상 어쩔 수 없이 블레셋인의 압제 기간을 42½년으로 기록했으나 실제 블레셋인의 학정 기간은 더 길었음을 독자들은 유의해 주기 바란다. 사사기 10:7-9의 본문이 우리에게 보여 주고 있듯이 암몬인들이 북동쪽에서 침공을 시작한 바로 그 때에 블레셋인들도 남서쪽에서 침공을 시작하여 암몬인의 압제에서부터 입다와 입산과 엘론과 압돈 사사에 이르는 31년간 시시때때로 이스라엘을 침공했던 것이 분명하다. 그러나 압돈 사사가 죽은 후 수년 뒤까지는 블레셋인들의 세력이 이스라엘을 완전히 장악할 수 있을 만큼 크지 못했기 때문에 압돈 사사가 죽은 2, 3년 후부터 사무엘이 에벤에셀에서 대승을 거둘 때까지를 블레셋인의 압제기 40년으로 보는 것이다. 어쨌든 저자가 보기에는 암몬인과 동시에 이스라엘 침공을 시작한 때로부터 71년 동안을 일반적으로 블레셋인의 때(*the days of the Philistines*)라고 충분히 부를 수가 있다고 생각한다.

 이 71년 안에는 삼손의 20년간의 활동기와 엘리의 대제사장과 사사로서의 20년, 혹은 40년간의 활동기가 포함되어 있을 뿐 아니라 장소만 북쪽이라는 것이 다를 뿐 사사 입다와 입산과 엘론과 압돈의 활동기도 이 안에 포함되어 있다. (6) 사울의 통치 기간은 요세푸스가 옳게 보았듯이 20년 이상으로 결코 볼 수 없음이 명백하다. 31절을 참조하도록 하라. 사도 바울이 사울의 통치 기간을 40년으로 간주한 것(행 13:21)은 단지 그 당시의 통설에 불과한 것임이 틀림없다. 사울의 통치 기간에 관해서는 앞으로 상세히 다룰 것이다. 15절의 도표에서 저자가 출애굽부터 성전 건축까지의 기간을 480년으로 본 것은 이렇게 해서 자연스럽게 증명되었다.

19. 처음에는 470년으로 보았으나 후에 466년으로 본 여섯번째 시대, 즉 성전 건축부터 성전이 방화된 때까지의 연대 산출은 요세푸스의 저서의 이곳 저곳에 있는 자료를 모아 계산한 결과 나온 것이다. 요세푸스는 유대 고대사 10권 8장 5절에서 이 기간이 470년이라고 분명히 명시하고 있다. 요세푸스가 이 기간을 470년으로 보았다는 점은 출애굽부터 성전이 방화된 때까지의 기간이 1,062년이라고 말한 사실에서도 엿볼 수가 있다. 1,062년에서 출애굽부터 성전 건축까지의 592년을 제외하면 성전 건축부터 성전이 방화된 때까지의 기간이 470년이 되기 때문이다. 요세푸스의 사본을 이같이 읽는 독법(讀法, reading)은 소나라스(Zonaras)와 프레쿨푸스(Freculphus)에 의해서도 확증되고 있다. 게다가 요세푸스는 위에 인용한 구절에서 다윗의 후손 왕들이 514년을 통치했다고 기술하고 있다. 이 수치에서 다윗의 통치 40년과 성전 건축 전의 솔로몬의 통치 4년을 제외하면 470년이 남는다.

또한 요세푸스는 유대 고대사 11권 4장 8절에서 (사울을 포함한) 왕들의 통치 기간이 532년이라고 적고 있다. 이 수치에서 사울의 통치 20년, 다윗의 통치 40년, 솔로몬의 성전 건축 전 통치 4년을 빼면 성전 건축부터 성전이 방화되기까지의 기간이 468년이 된다. 이 수치는 앞서의 470년이라는 수치보다 불과 2년 짧으며 약간 더 정확한 수치이다.

한편 유대 전쟁사 6권 10장에 나오는 수치도 결코 부정확한 것이 아니다. 이곳에서 요세푸스는 다윗의 죽음 이후 성전이 방화되기까지를 477년간으로 보고 있는데 앞의 470년간이라는 수치보다 기껏해야 3, 4년 밖에 초과하지 않는 것이다. 그러나 어찌되었든간에 가장 정확한 수치는 유대 고대사 결론부분에 나오는 466년이라는 수치이다.

20. 그러나 아직 여기서 고려해야만 하는 난점들이 남아 있다. 그것은 다름이 아니라 살만에셀(Salmanassar)에 의해 이스라엘인이 포로로 잡혀 가기까지에 이르는 이스라엘 왕들의 연대와 총기간을 유

요세푸스

B.C.	유다 왕	연수	유대 고대사		
			권	장	절
	솔로몬(성전건축 시작후)	76	8	7	8
976	르호보암	17	8	10	4
959	아비야	3	8	11	3
957	아사	41	8	12	6
916	여호사밧	25	9	3	2
894	요람	8	9	5	3
887	아하시야	1	9	6	3
885	아달리야	6	9	7	1
879	요아스	40	9	7	1,2
			9	8	4
840	아마시야	29	9	9	3
811	웃시야	52	9	10	4
759	요담	16	9	12	1
744	아하스	16	9	12	3
728	히스기야	29	10	3	1
699	므낫세	55	10	3	2
643	아몬	2	10	4	1
641	요시야	31	10	5	1
610	여호아하스	¼	10	5	2
610	여호야김	11	10	6	3
599	여호야김	¼	10	6	3
599	시드기야	11	10	8	2,5

총계 469½ 혹은 470

논문 Ⅳ

B.C.	이스라엘의 왕	연수	유대 고대사 권	장	절
975	여로보암 1세	22	8	11	4
955	나답	2	8	11	4
954	바아사	24	8	12	3
931	엘라	2	8	12	4
931	시므리		8	12	5
930	오므리	12	8	12	5
919	아합	22	8	13	1
899	아하시야	2	9	2	1
898	요람	12	9	2	2
885	예후	27	9	8	1
857	여호아하스	17	9	18	5
842	요아스	16	9	9	1,3
826	여로보암 2세	40	9	10	13
773	사가랴	½	9	11	1
77⅚	살룸	1/12	9	11	1
772	므나헴	10	9	11	1
762	브가야	2	9	11	1
760	베가	20	9	11	1
731	호세아	9	9	13	1

총계 239½ 혹은 240

요세푸스

대 왕들의 연대와 비교해 볼 때 생기는 난점들이다. 따라서 저자는 하버캠프(Havercamp)의 저서 p. 296에 나오는 피터 브린츠(Peter Brinch)의 견해를 그대로 수용하여 요세푸스의 저서를 근거로 유다 왕과 이스라엘 왕의 연대와 총기간을 기술하고 같이 비교하였다.

주의. 저자는 구약의 연대기(Chronol. of the Old Test.) p. 96에서 유다와 이스라엘 왕들의 통치 연대를 율리우스의 시기(the Julian period)와 연관시켜 달까지 정확하게 계산하여 기록하였다. 따라서 위의 도표에서 주전(B. C.) 연대를 기록한 것은 앞서의 연구 결과에서 인용한 것이다.

21. 유다 왕들의 통치 연대를 모두 합치면 요세푸스가 성전 건축으로부터 성전이 방화되기까지의 기간으로 본 470년과 동일한 수치가 나온다. 아마도 요세푸스는 이 수치를 이스라엘의 왕들의 통치 연대와 비교하거나, 모자라는 달 수와 중복되는 달 수를 고려하지 않고 유다 왕들의 전통치 기간에서 이끌어낸 것 같다. 그러나 우리가 정확을 기하려면 모자라는 달 수와 중복되는 달 수를 염두에 두어야 한다.

사실상 저자가 보기에는 요세푸스도 후에 유대 고대사 결론 부분에서 이 점을 고려한 것 같다. 요세푸스는 이 결론 부분에서 성전 건축부터 성전 방화까지의 기간을 466년으로 줄여서 기술하고 있다. 이 수치는 저자가 구약의 연대기 pp. 69, 83-94에서 오래 전부터 주장해 온 424$\frac{1}{2}$년이라는 정확한 수치와 비교할 때 별로 큰 차이가 나지 않는 수치이다. 솔로몬의 통치 기간을 현존하는 다른 사본들처럼 40년으로 보지 않고 요세푸스처럼 80년으로 잡는다면 정확하게 424$\frac{1}{2}$년간이 된다는 말이다. 본 논문 58절과 구약에 관한 소론 pp. 31, 32를 참조하도록 하라.

위에 언급한 부분에서 저자가 입증한 증거 외에 여기서 한 가지 논거를 더 하겠다. 요세푸스의 사본 뿐 아니라 현존하는 사본들을 보면 솔로몬의 아들이며 후계자인 르호보암이 암몬 여인 나

아마(Naamah)의 소생임이 나와 있다. 그런데 솔로몬이 경건에서 떠나 이방의 여인들을 많이 사랑하기 전까지는 암몬 여인 나아마와 결혼하지 않았을 것이다(유대 고대사 8권 7장 5절; 열왕기상 11 : 1). 게다가 현존하는 모든 히브리 사본과 헬라어 사본들을 보면 르호보암이 부친이 죽은 후 통치를 시작한 것이 41세라고 되어 있으며 요세푸스의 글에는 40세라고 되어 있다(왕상 14 : 21; 대하 12 : 13). 이 점들을 고려해 볼 때 우리는 솔로몬이 거의 80년간 나라를 다스렸을 것이라고 결론을 내릴 수 있다. 물론 역대기서와 유대 고대사 8권 10장 4절에는 르호보암이 왕위에 오를 때 청년(*young man*)이었다고 기술하고 있다(유대 고대사 8권 8장 1절; 역대하 13 : 7). 후대에는 40세나 41세가 된 사람에게 청년이란 용어를 사용하지 않는 것이 일반적이다. 그러나 고대인들은 물론 요세푸스도 상당히 나이가 든 사람을 지칭할 때 이같이 청년이라고 표현하는 법을 피하지 않았다. 유대 고대사 1권 12장 3절의 주와 14권 9장 2절을 참조하도록 하라.

이같은 표현 방식은 인간의 수명이 현재보다 길고 청년기가 우리보다 오래 지속되었던 고대의 표현 방식이 후대에까지 내려온 한 예라고 생각한다. 이것은 특히 헤시오드(Hesiod)에게서 현저한 증거를 찾을 수가 있다. 헤시오드는 인간의 수명이 매우 길었던 고대(古代)를 언급하면서 나이가 백세인 사람을 큰 아이($μέγα\ νήπιον$, *a great infant*)라고 부르고 있다(Op. et Dier. ver. 130). 유대 고대사 1권 3장 9절을 참조하도록 하라. 한편 여로보암의 반역부터 10지파의 포로에 이르는 기간을 239년 몇 개월, 혹은 대충 십자리 수로 잡아 240년으로 본 것은 유대 고대사 9권 14장 1절을 그 근거로 한 것이다.

요세푸스는 이 치수를 계산함에 있어서 유대 왕의 통치 연대와 연결을 시킬 시도를 조금도 하지 않았을 뿐 아니라 모자라는 달이나 중복되는 달을 조금도 고려하지 않았든지, 아니면 두 번의 공백기(*interregna*)—저자의 구약 연대기 p. 89에서 이미 언급한 바 있듯이 여기서는 그 공백기가 무려 20년이나 되는데—를 고려하지 않았다. 따라서 여로보암 2세의 통치 기간을 11년이나 12년을 더 늘리든지 아니면 두 번의 공백기를 인정하든지 해야 이스라엘 왕과 유대 왕의 통치 기간의 조화를 꾀할 수가 있을 것이다. 그러나 요세푸스는 후에도 이스라엘 왕국의 왕정 기간의 부족을 교정하지 않았다. 따라서 비평가들이 240년을 멋대로 260년으로 교정해서는 안 된다. 더우기 유대 고대사 10권 9장 7절의 130년-이스라엘 왕국이 포로된 때로부터 유다 왕국이 포로가 된 때까지의 기간-을 133년으로 교정해서도 안 된다. 물론 130년이든 133년이든 이 두 수치가 모두 연대표에 나타나는 다른 수치보다 정확한 수치이긴 하지만 130년을 133년으로 수정해서는 안 된다. 왜냐하면 요세푸스가 이 두 경우에 있어서 정확한 수치를 언급한 것이 아니고 단지 개략적인 수치만을 언급한 것이기 때문이다. 따라서 요세푸스는 후에 어떠한 수정이나 교정도 가하지 않은 것이다.

22. 주의. 여기서 한 가지 지적하고 넘어가야 할 것이 있다. 요세푸스는 유대 고대사 10권 4장 4절에서, 여로보암이 벧엘에 세운 산당 제사장들의 **뼈**를 후에 요시야 왕이 불로 사를 것이라고 야돈(Jadon) 선지자가 여로보암을 비난한 때로부터 요시야 왕 제18년에 이 예언이 성취될 때까지의 기간이 361년이라고 기술하고 있는데 이 수치는 위의 유다 왕들의 도표에 나타난 수치보다 불과 4년 긴 것이다. 따라서 요세푸스 사본에 나타나는 르호보암부터 요시야까지의 기간이 위의 도표와 같았음을 우리는 확인해 볼 수가 있다. 그러나 요세푸스의 유대 고대사 바티칸 사본(the Vatican copy)에는 야돈이 제사장들의 뼈를 요시야가 불사를 것이라고 예언하기 4년 혹은 5년전-로이드 감독(Bishop Lloyd)의 연대기에 따르면-에 아히야(Achias)가 여로보암이 왕이 될 것을 미리 예언했다고 기록되어 있다. 따라서 이같은 점을 고려해 볼 때 요세푸스가 약간 혼동을 일으킨 것이 아닌가 의심이 생길 수도 있다. 즉, 요세푸스가 아히야의 예언 때부터 요시야 왕이 제사장들의 뼈를 불사르기까지의 362년, 혹은 361년의 기간을 야돈의 예언부터 그 예언이 성취되기까지의 기간인 357년과 혼동을 일으킨 것이 아닌가 하는 점이다.

논문 IV

이같은 주장을 받아들인다면 이 361년이라는 수치는 위의 유대 왕들의 도표의 수치와 정확하게 들어맞는다. 그러나 이같은 주장은 솔로몬에 관한 요세푸스의 기사와 조금도 일치하는 점이 없기 때문에 저자로서는 그 주장을 받아들일 수가 없다. 유대 고대사 8권 7장 6, 8절의 주를 참조하도록 하라.

23. 일곱번째 시기, 즉 성전이 방화된 때부터 고레스 왕 1년까지를 70년으로 보는 계산은 요세푸스 자신의 계산일 뿐 아니라 여러 곳에 그렇게 명시되거나 문맥 속에 분명히 암시되어 있다. 물론 요세푸스는 두 지파가 70년간의 포로 생활을 시작한 연대를 성전이 방화되기 무려 18년 이상 전으로 보는 분명한 오류를 범하고 있다. 이에 대해서는 저자의 구약 연대기(Chronology of the Old Testament) pp. 48-52와 p. 96의 도표를 보도록 하라. (사실 요세푸스는 이 오류를 아피온 반박문 제 1권 21절에서 결국 알아차린 것처럼 보이기도 한다). 그러나 이같은 오류가 있음에도 불구하고 요세푸스가 성 역사의 성연대기(sacred chronology)를 따랐음은 의심할 여지가 없다.

요세푸스는 유대 고대사 10권 9장 7절에서 유대 땅과 예루살렘 시는 물론 성전도 70년간 황폐된채 내버려져 있었다고 기술하고 있다. 또한 유대 고대사 11권 1장 1절에서 고레스 왕 제 1년이 유대 포로 제 70년째되는 해임을 두 번씩이나 강조하고 있다. 게다가 요세푸스는 위에서 인용한 구절에서 고레스 왕을 이름까지 들어 예언한 이사야 선지자로부터 성전이 방화된 때까지가 140년이며 고레스 제 1 년까지는 210년이라고 밝히고 있다. 따라서 앞의 수치에서 뒤의 수치를 빼면 유대인의 포로 생활 기간이 70년이었음을 알 수가 있다. 그밖에도 요세푸스는 유대 고대사 20권 10장 1절에서 성전이 방화된 때부터 고레스 왕 제 1년에 유대인이 포로에서 귀환할 때까지가 정확히 70년이라고 적고 있다. 그런데 현존하는 유대 고대사 사본의 10권 11장 1절과 2절, 4절을 보면 느부갓네살 왕 제 18년 - 요세푸스가 성전이 방화된 해로 보는 - 부터 고레스 왕 1년까지 이르는 바벨론 왕의 연대기가 나오는데 그 연대기의 수치가 70년이라는 수치와 모순된다는 점은 부인할 수 없는 사실이다.

이 연대기에는 성전이 방화된 후의 느부갓네살의 통치 기간을 25년 [전체는 43년]으로, 에윌므로닥(Evil-merodach)은 18년으로, 니글라살(Niglassar) [혹은 니리카솔라살(Niricassolassar), 아마도 예레미야 39 : 3의 네르갈사레셀(Nergal-sharezer)과 동일 인물인 것 같음]은 40년으로, 라보소르다쿠스(Labosordachus)는 9개월간으로, 그리고 발타살(Baltasar) [혹은 나보니더스(Nabonadius)]는 17년으로, 그리하여 도합 100년 9개월간으로 보고 있다. 그러나 이들 수치중 일부는 요세푸스의 다른 수치들 뿐 아니라 톨레미의 천문학적 규범(Astronomical Canon)과 너무나도 크게 틀리는 큰 오류들이기 때문에 요세푸스 자신의 실수로 볼 수가 없다. 이 톨레미의 규범에 보면 느부갓네살은 43년간, 나보니더스(혹은 발타살)는 17년간, 그리고 니글라살(혹은 니리카솔라살)은 4년간 통치한 것으로 되어 있다. 이는 우리가 앞서 살펴본 저자의 연대표의 수치와 동일할 뿐 아니라 베로수스(Berosus)와 신켈루스(Syncellus)와 아피온 반박문 제1권 19절의 수치와도 일치한다. 그러나 필사자들의 큰 실수로 인해 현재는 니글라살의 통치 기간이 4년이 아니라 40년으로 되어 있다.

결국 이렇게 보면 에윌므로닥 (혹은 일바로다무스 [Ilvarodamus])의 통치 기간도 톨레미의 규정의 2년이나 요세푸스의 18년이 아니라 22년간이 되어야 마땅하다. 결국 이렇게 해서 성전이 방화된 때로부터 고레스 왕 1년까지의 70년 기간— 실제로는 20년이 더 길지만— 은 다음과 같이 쉽게 수정해 볼 수가 있다.

	연 수
느부갓네살(성전이 방화된 후)	25½
에윌 므로닥	22
니글라살	4
라보소르다쿠스	¾
발타살	17
고레스 제 1년	1
총계	70

논문 Ⅳ

    요세푸스는 아피온 반박문 제 1권 21절에서 두로의 연대기(the Tyrian Annals)를 인용하여 이토바알(Ithobaal)에서 느부갓네살을 거쳐 고레스에 이르는 54년 3개월간을 통치한 왕들과 사사들의 명단을 제시하고 있다.
    요세푸스는 또한 이곳에서 전에 그가 자주 언급했던 대로 성전이 70년 동안 황폐되어 있었다고 하지 않고 단지 50년 동안 황폐되어 있었다고 적고 있다. 이 수치는 톨레미의 천문학적 규정(Astronomical Canon)에 의하면 가장 사실에 가까운 수치로서 저자가 보기에는 요세푸스 자신의 교정 수치가 아닌가 생각된다. 그러나 사본들에는 이 수치가 나타나지 않고 있으며 전혀 가능성이 없는 7이라는 수치만이 나타나고 있다. 이는 70이라는 수치에서 한 자리 수가 떨어져 나가고 남은 수자인 것 같다.
    한편 유세비우스와 신켈루스가 이 부분을 인용한 것을 보면 허드슨 박사(Dr. Hudson)가 잘 지적했듯이 50년으로 되어 있다. 게다가 어떤 한 사본에는 터무니없이 13년으로 되어 있다. 저자는 허드슨 박사처럼 50년이라는 수치를 요세푸스의 본문 가운데 삽입해 넣을 용의는 없지만 유세비우스와 신켈루스의 고대 인용문이 가장 큰 신빙성을 지니고 있다고 생각한다.

    24. 고레스 제 1년부터 A.D. 70년에 예루살렘이 멸망된 베스파시안 제 2년까지의 여덟번째 시기는 642$\frac{1}{2}$년간이다. 이 수치는 현존하는 요세푸스의 사본들에서 여러모로 수집한 자료로 산출한 것으로서 세분하여 자세하게 살펴보면 정확한 수치임이 드러나게 될 것이다.

    25. 다음 도표의 첫번째 기간이 246년이라는 사실은 요세푸스의 저서에서 아래와 같이 입증되고 있다. 유대 고대사 12권 7장 6절에 보면 고레스와 함께 바벨론 제국을 정복한 다리오 왕 제 1년의 다니엘의 예언부터 셀류쿠스 왕조 제 145년의 안티오쿠스 에피파네스의 성전 모독 사건까지의 기간이 408년으로 나와 있다. 성경 예언

325

요세푸스

	연수
(1) 고레스 제 1년부터 마지막 다리오 왕의 정복까지, 즉 바사(페르시아) 제국의 전통치시기	246
(2) 그 후부터 셀류쿠스의 헬라 시대까지	18
(3) 그 후부터 마카비가의 마타디아스까지	145½
〔그 후부터 아스모네안 왕가, 혹은 마카비 왕가의 통치 시작까지〕	〔3½〕
(4) 그 후부터 안티고누스의 죽음과 헤롯 대왕의 통치 원년까지	126
(5) 그 후부터 베스파시안 제 2년 성전 멸망까지	107
	총계 642½

의 문자적 성취(Lit. Accompl. of Proph.), pp. 106-108을 참조하도록 하라.

이 408년이라는 수치는 11세기의 케드레누스(Cedrenus)에 의해서도 인용되고 있다. 그런데 셀류쿠스 왕조는 페르시아(바사) 제국이 멸망한 지 18년 후에 시작된 왕조라고 알려져 있다. 그러므로 408년에서 144년과 18년을 합친 162년을 빼면 페르시아 제국의 존속 기간으로 246년이 남게 된다. 또한 유대 고대사 20권 10장 1절을 보면 유대인에게 자유가 주어진 때, 즉 고레스 왕 제 1년부터 안티오쿠스 에피파네스의 아들이요 후계자인 안티오쿠스 유파토르(Antiochus Eupator)까지가 414년으로 나와 있다. 이 수치는 4세기에 헤게시푸스(Hegesippus)가 요세푸스를 인용한 글 가운데서도 나타난다.

그 밖에도 유대 고대사 12권 9장 2절을 보면 안티오쿠스 에피파네스가 셀류쿠스 왕조 제149년에 그의 왕국을 아들 유파토르에게 넘겨주었다고 기술되어 있다. 따라서 유파토르의 통치 원년이 셀류쿠스 왕조 제 150년이라고 한다면 알렉산더 대왕이 다리오를 정복한 것이 셀류쿠스 왕조 창건 18년전이므로 두 수치를 합치면 168년이 된다. 그러므로 414년에서 168년을 빼면 페르시아 제국의 전 통치 기간으로 246년이 남게 된다.

한편 유대 고대사 11권에는 고레스 원년부터 알렉산더 대왕의 죽음까지가 253½년간으로 적혀 있다. 그런데 알렉산더 대왕의 죽음이 그가 다리오 왕을 정복한지 7년 후의 일이라는 사실은 너무나 유명한 사실이다. 따라서 253½년에서 7년을 빼면 페르시아 제국의 존속 기간으로 246½년이 남게 된다. 그런데 여기에 한 가지 인정할 것이 있다. 그것은 다름이 아니라 페르시아 제국의 존속 기간을 산출하는데 있어서 요세푸스가 큰 실수를 범하여 실지보다 38년이나 39년을 더 길게 보았다는 점이다. 톨레미의 규정(Canon)을 보면 페르시아 제국의 존속 기간은 실제로 207년밖에 되지 않았음을 알 수가 있다. 그러나 고대인들은 고레스가 처음으로 페르시아(바사) 군대의 총수권자가 된 것-헬라 연대기 사가에 의하면 그가 죽기 30년전임-과 그가 바벨론을 정복하고 바벨론 전역을 통치하기 시작한 것-톨레미의 규정에 의하면 그가 죽기 9년전임-을 구별하지 못했다. 더우기 키아사레스(Cyaxares), 혹은 메대의 다리오(Darius the Mede)가 죽은 후 고레스가 전제국을 홀로 통치하기 시작한 것-크세노폰(Xenophon)의 시로패디아(Cyropaedia)에 의하면 그가 죽기 7년전의 일임-과 위의 두 사건을 구별하지도 못했다. 성경 예언의 문자적 성취(Lit. Accompl. of Proph.)의 부록(Supplem.) p. 74를 참조하도록 하라.

이같은 실수에다가 요세푸스는 또 다른 실수까지 더 가하였다. 즉, 요세푸스는 크세르크세스 왕의 통치 기간을 21년 이상으로 잡고서도 그의 아들이요 후계자인 아르타크세르크세스 왕의 통치 기간을 따로 41년으로 잡는 실수를 하였다. 이같은 실수들이다가 다른 실수들까지 겹치는 바람에 요세푸스는 페르시아 제국의 존속 기간을 실제보다 38년이나 39년을 더 늘려 잡는 큰 실수를 하고 만 것이다.

26. 페르시아 제국의 종말부터 셀류쿠스 왕조의 시작까지를 18년으로 보는 두번째 기간은 이미 공백기(interval)로 알려진 시기로서

요세푸스

요세푸스의 논리를 역으로 유추해 볼 때 요세푸스도 알고 있었던 것 같다. 요세푸스는 고레스 원년부터 알렉산더 대왕의 죽음까지를 253년으로 보고 있으며 페르시아 제국의 존속 기간을 246년으로 보고 있음은 이미 살펴본 바와 같다. 따라서 앞의 수치에서 뒤의 수치를 빼면 페르시아 제국의 종말부터 알렉산더 대왕의 죽음까지 7년이 남게 된다. 또한 고레스 원년부터 알렉산더 대왕까지의 기간인 253년에다 유파토르 재위 제 1년까지의 셀류쿠스 왕조의 존속 기간인 150년을 더하면 403년이 된다.

이 수치를 고레스 원년부터 유파토르 원년까지의 기간인 414년 - 이 두 수치는 모두 요세푸스가 언급한 바 있는 수치임 - 을 빼면 알렉산더 대왕의 죽음부터 셀류쿠스 왕조의 시작까지 기간으로 11년이 남는다. 따라서 페르시아 제국의 종말부터 셀류쿠스 왕조의 창건까지는 11+7=18년이 된다. 이 수치는 톨레미의 규정(Ptolemy's Canon)뿐 아니라 그 당시의 신빙성 있는 어떤 연대기 사료를 보더라도 믿을만한 것이다.

27. 셀류쿠스 왕조의 시작부터 마카비가의 마타디아스(*Mattathias the Maccabee*)까지를 145년으로 보는 세번째 기간에 관해서는 요세푸스의 글에서 다음과 같이 입증될 수가 있다. 유대 고대사 12권 6장 3, 4절에는 마타디아스가 1년간 유대인들을 다스린 후 셀류쿠스 왕조 제 146년에 세상을 떠났다고 기술되어 있다. 게다가 이 수치를 반박하거나 이 수치에 모순되는 구절은 요세푸스의 저서 어느 곳에서도 찾아볼 수가 없다. 저자가 보기에는 요세푸스가 윌스 박사(Dr. Wills)의 말대로 단지 헤롯의 통치의 시작이 두차례 있었던 것을 혼동하였든지, 아니면 우리가 장차 살펴보게 될 아스모네안, 혹은 마카비 왕가의 통치 연대를 3, 4년 후로 잡았든지 무의식적으로 실수를 범한 것처럼 보인다.

28. 마타디아스 후부터 안티고누스가 죽고 헤롯 대왕이 통치를 시작하기까지의 아스모네안(*Asamoneans*), 혹은 마카비 왕가의 존속 기간을 126

년으로 보는 네번째 기간에 관해서는 요세푸스의 유대 고대사 14권 결론 부분에 분명히 명시되어 있다. 물론 헤롯이 그 기간을 125년으로 언급하고 있는 점이 유대 고대사 17권 6장 3절에 기술되어 있는 것도 사실이다.

이 중에서 126년으로 보는 것이 더 타당하다고 생각된다. 결국 이 기간은 셀류쿠스 왕조 제 145년에서 제 271년에 이른다. 이렇게 본 다면 헤롯이 로마에서 유대 왕국을 획득한 연대와 잘 일치한다. 그러나 요세푸스는 이 기간의 끝을 헤롯이 로마에서 유대 왕국을 획득한 지 3, 4년 후의 안티고누스의 죽음으로 보고 있다. 결국 이렇게 본다면 요세푸스는 아스모네안 혹은 마카비 왕가의 통치의 시작을 마타디아스가 최초로 자유에의 투쟁을 선언한 해로부터 계산하지 않고, 아들인 유다스 마카베우스가 그로부터 3, 4년 후에 리시아스(Lysias)를 쫓아내고 성전의 제사를 부활시킨 때로부터 계산했을 것이 분명하다. 왜냐하면 이렇게 해야 안티고누스의 죽음까지가 126년이 되기 때문이다.

한편 유대 고대사 15권 6장 4절에 보면, 힐카누스 2세(Hyrcanus II)가 모친 알렉산드리아가 통치할 때 9년간 대제사장으로 있다가 모친이 죽은 후 3개월간 통치하였으나 동생인 아리스토불루스에 의해 권좌에서 축출된 다음 다시 폼페이에 의해 복직된 후에 왕과 대제사장으로 무려 40년간이나 봉직하였다고 기술되어 있다. 그러나 이 부분은 어느 정도, 아니 크게 잘못되어 있는 것이다. 요세푸스의 최후의 계산이 기록되어 있는 유대 고대사 20권 10장 3절에 보면 힐카누스 2세가 9년간 대제사장으로 있다가 3년 동안 아리스토불루스 2세에게 그 직위를 넘겨 준 후에 [14권 6장 1절에는 아리스토불루스 2세의 재임 기간이 3년 6개월로 되어 있다], 다시 복직되어 24년간을 대제사장으로 있었다고 기록되어 있다. 결국 힐카누스는 모두 33년간, 아리스토불루스 2세는 3년간 대제사장직에 오른 것이기 때문에 모두 합쳐 보았자 36년밖에 안 되는 것이다. 아마도 요세푸스는 24, 에이코시테사라($\epsilon\iota\kappa o\sigma\iota\tau\epsilon\sigma\sigma\alpha\rho\alpha$)를 40, 테사라콘타($\tau\epsilon\sigma\sigma\alpha\rho\acute{\alpha}\kappa o\nu\tau\alpha$)로 잘못 쓰지 않았나 생각된다.

요세푸스

마지막으로 한 가지 요점만 더 살피고 넘어가도록 하자. 요세푸스는 유대 전쟁사 1권 3장 1절에서 아리스토불루스가 고레스 1년에 이스라엘 백성이 포로에서 귀환한지 471년만에 왕관을 쓰고 왕위에 올랐다고 기술하고 있다. 그러나 플레쿨푸스(Freculphus)가 인용한 글에는 475년간으로 되어 있으며, 유대 고대사 13권 11장 1절에는 481년으로 되어 있다. 그런데 이 세 수치 가운데서는 471년이 가장 사실에 가까운 것 같다. 그러므로 나머지 수치들은 이 수치에 의해 교정되어야 한다. 이 471년이란 수치는 아래 도표처럼 계산된다.

	연 수
고레스 원년부터 셀류쿠스 왕조까지	264
셀류쿠스 왕조부터 마카비 왕가까지	148
마카비 왕가부터 셀류쿠스 왕조 제 170년인 시몬 대제사장까지(유대 전쟁사 1권 2장 2절; 유대 고대사 13권 6장 5절; 마카비 1 서 13 : 41)	22
시몬 대제사장의 존속 기간(유대 고대사 20권 10장)	8
힐카누스 대제사장의 존속 기간(유대 전쟁사 1권 2장 8절; 유대 고대사 20권 10장, 혼히 30, 혹은 31, 혹은 33년이라고 하나 실상은 다음과 같다)	29
	총계 471

다음 기간(안티고누스의 죽음부터 성전 멸망까지)으로 넘어가기 전에 유대 고대사 13권 3장 1절의 저 유명한 구절을 들어 요세푸스의 연대기를 다시 한번 확증할 필요가 있을 것 같다. 위에 인용한 구절을 보면 주전 149년, 그러니까 애굽 왕 톨레미 필로메토르(Ptolemy Philometor) 제 32년에 추방된 유대 대제사장 오니아스(Onias)가 톨레미에게 애굽에 유대인의 하나님의 성전을 짓도록 허락해 달라고 청원하는 장면이 기술되어 있다. 요세푸스는 여기서 애굽에 이같

논문 Ⅳ

은 성전이 세워지리라는 사실은 이사야 선지자(사 19:18, 19)에
의해 이미 600여년 전에 예언되었던 일이라고 밝히고 있다. 결국 이
예언은 주전 749년 이전에 행해진 예언이라는 결론이 나온다. 앞에
서 우리가 언급했던 대로 주전 749년이면 히스기야 통치 말년에 해
당된다. 사실 이사야 선지자가 예언 활동을 한 것은 히스기야 통치
말년이다(사 1:1). 그러나 저자의 계산으로는 주전 749년보다 35
년 후인 주전 714년, 그러니까 히스기야 제 14년에 이사야가 이같
은 예언을 한 것으로 짐작된다(Authent. Rev. Part II. p. 755). 여
기서 저자의 계산과 요세푸스의 계산은 차이가 난다. 그러나 요세
푸스가 부당하게 페르시아 제국의 존속 기간을 38년, 혹은 39년 연
장한 것을 톨레미의 규정(Ptolemy's Canon)을 근거로 교정한 사실
을 기억하고 있는 독자라면 그리 놀라운 일은 아닐 것이다. 또한 현
재 우리가 밝히고 있는 요세푸스의 연대기를 확증해 주는 작은 증
거가 있다. 아피온 반박문 제 2권 11절에서 요세푸스는 폼페이가 유
대를 침공하고 정복하기 전에 유대국은 단지 자유만 누리고 있었던
것이 아니라 120년간 다른 국가들을 다스리고 지배하고 있었다고 주
장하고 있다. 이제 이 근거를 살펴보도록 하자. 토비아스(Tobias)
의 손자요, 요셉(Joseph)의 아들인 힐카누스는 주전 183년, 혹은 182
년에 요단강 건너 편에서 작은 왕국을 세우고 7년간 다스렸다. 그
직후 아스모네안 왕가, 혹은 마카비 왕가가 통치권을 장악하고 주전
63년에 폼페이의 침공이 있을 때까지 나라를 다스렸다. 이렇게 보
면 결국 유대인이 120년간 자유를 누리며 자치국가를 형성하고 있었
다는 요세푸스의 주장은 그 근거가 있는 것이다.

29. 안티고누스의 죽음부터 A.D. 70년 베스파시안 제 2년의 성전
멸망까지의 기간을 107년으로 보는 다섯번째 기간에 대한 연대 산출
은 요세푸스 자신의 가장 정교한 연대표인 유대 고대사 20권 10장에
그 근거를 두고 있다. 신켈루스(Syncellus)나 유세비우스(Eusebius)
가 소유하고 있었던 사본은 물론 현존하는 모든 사본들에 있어서도
폼페이에 의한 예루살렘 함락부터 소시우스와 헤롯에 의한 예루살렘

331

요세푸스

함락 사이의 기간이 27년간, 아니 단 하루도 틀리지 않고 정확히 27년간이라고 밝히고 있다. 그러나 우리가 현재 살펴보고 있는 연대표에서는 이 기간을 26년간 이상으로 볼 수가 없다. 이 1년간의 오차가 요세푸스 자신의 오류에 기인하는 것인지, 아니면 필사자들의 실수에 기인하는 것인지에 관해서는 저자로서도 정확히 알 길이 없다. 그러나 우리가 현재 살펴보고 있는 연대기의 관점에서 비추어 볼 때 이 오차는 비록 큰 영향을 미치지 못하는 작은 실수라 하더라도 실수는 실수인 것이다. 또한 유대 고대사 14권 9장 2절에 보면 이해하기 힘든 구절이 나온다. 즉, 그것은 다름이 아니라 헤롯이 매우 어렸을 때(*very young*), 불과 15세의 나이(*15 years of age*)에 갈릴리의 총독이 되었다는 기사(記事)가 나온다(본서에는 25세로 기록되었음). 그러나 헤롯에 대한 요세푸스의 전반적인 기록을 살펴보면, 15세가 아니라 25세라고 해야 앞뒤가 맞는다. 게다가 요세푸스 당시에는 25세나 25세 이상되는 사람들에게도 '젊었다' 혹은 '매우 젊었다'라는 표현을 흔히 사용하였다. 또한 이 밖에도 헤롯이 그 당시 25세라고 해야 앞뒤가 맞는 점들이 많이 있기 때문에 15세를 25세라고 해야 한다. 결국 이같은 점들을 고려해 볼 때 이 오류는 요세푸스 자신의 실수가 아니라 필사자들의 잘못임이 분명해 보인다.

30. 이제는 우리가 지금까지 살펴본 수치들과 요세푸스가 20권이나 되는 유대 고대사의 각권 서두에서 밝힌 수치들을 비교해 볼 차례가 되었다.

독자들은 여기서 우리가 지금까지 살펴본 수치들이 첫번째 수치인 3,833년만 제외하고는 요세푸스의 현존하는 사본들이 제시하는 수치와 동일하다는 사실을 알게 될 것이다. 이 첫번째 수치인 3,833년은 요세푸스 자신의 수치가 아니요 2,733년이 그의 수치라는 사실은 우리가 이미 1, 2절에서 입증한 바 있다. 유대 고대사 각권 서두에 기록된 이와 같은 수치들이 요세푸스 자신의 기록인지, 아니면 후대의 편집자나 필사자들의 기록인지는 정확히 알 수가 없다. 그러나 첫번째 수치를 제외하고는 이 수치들이 요세푸스 자신의 수치들

논문 Ⅳ

과 조금도 틀린 점이 없기 때문에 저자는 이 수치들이 바로 요세푸스 자신이 기록한 수치들이라고 밖에 볼 수가 없다. 첫번째 수치가 차이가 나는 이유는 요세푸스의 생애 가운데 견해의 변화가 일어났거나, 아니면 필사자들의 오류이거나, 아니면 이 두 요소가 결합되어 나타난 실수이거나 셋 중의 하나이다. 그 밖에도 요세푸스 헬라어 사본들과 라틴어 역본 사본들 사이에는 작은 상이점들이 나타난다. 그러나 윌스 박사가 잘 지적해 주었듯이 유대 고대사 11-20권까지의 역사에서 라틴어 역본과 헬라어 사본간의 차이는 불과 3년 5개월밖에 나지 않는데 이는 별로 큰 차이가 아닌 것이다. p. 334의 도표를 보도록 하자.

4,751년에서 4,709$\frac{1}{2}$년을 빼면 그 차이가 41$\frac{1}{2}$년이다. 또한 4,767년에서 4,709$\frac{1}{2}$년을 빼면 그 차이가 56$\frac{1}{2}$년이다. 본 논문의 9절을 보도록 하라.

31. 이밖에도 현존하는 요세푸스의 사본에는 일련의 연대표들에 있어서나 부분적인 연대 계산에 있어서나 너무나 큰 오류가 있기 때문에 요세푸스 자신의 실수로 볼 수 없는 수치들이 더러 있다.

유대 고대사 6권 13장 5절과 14장 9절에 보면 사울이 사무엘의 생존 기간 동안에 18년간 그리고 그가 죽은 후 22년간 - 헬라어 사본이 보여 주고 있듯이 - 을 통치하였다고 기술되어 있다. 이곳을 보면 사울의 통치 기간이 40년이 되는 셈이다. 이 40년이라는 수치는 사도 바울이 사도행전에서 사울의 통치 기간으로 언급한 수치와 동일할 뿐 아니라 사도행전 13:21의 수치를 완전히 생략해 버린 아랍역 사본을 제외하고는 윌스 박사(Dr. Wills)가 소유하고 있었던 모든 요세푸스의 사본과 역본에 동일하게 나타나는 수치와 같은 수자이다. 그러나 요세푸스의 고대 라틴어 역본에는 사울의 통치 기간이 20년이 아니라 단지 2년으로 나와 있다. 또한 요세푸스는 유대 고대사 10권 8장 4절에서 사울의 통치 기간은 모두 합쳐야 20년밖에 되지 않는다고 분명히 명시(明示)하고 있다. 안디옥의 테오필루스(Theophilus of Antioch)가 이같이 말한 것도 요세푸스의 글을 인

333

요세푸스

용한 때문이 아닌가 생각된다(Ad. Autol. III. p. 135). 사무엘이 죽은 후의 사울이 통치 기간이 2년이라고 한다면 이는 사무엘상 13 :

유대 고대사 권	
1. 3833	〔2733〕
2.	220
3.	2
4.	38
5.	476
6.	32
7.	40
8.	163
9.	157
10.	182½
11.	253½
12.	170
13.	82
14.	32
15.	18
16.	12
17.	14
18.	32
19.	3½
20.	22
유대 고대사의 20권의 역사 서술이 끝나는 A.D. 66년의 네로 제 12년부터 A.D. 70년의 베스파시안 재위 제 2년에 예루살렘 성전이 멸망하기까지	4
	총계 4686½
그 후부터 요세푸스가 유대 고대사 집필을 마친 A.D. 93년의 도미티안 제 13년까지	23
	총계 4709½

1과 너무나도 잘 들어맞는다. 사무엘상 13 : 1을 보면 사울이 이스라엘을 다스린지 2년이라고 기록되어 있다. 아마도 이 구절에서는 '사무엘이 죽은 후(after the death of Samuel)'라는 표현이 빠진 것 같다. 그러나 사무엘상 13 : 1에서 수치외에 다른 부분은 오류 투성이이고, 70인경과 요세푸스에는 이같은 사실이 빠져 있는 데다가 그 당시 사무엘이 살아 있었기 때문에 저자는 사무엘상 13 : 1의 증거를 믿을 수가 없다. 유대 고대사 6권 6장 1절의 주(註)를 보도록 하라. 그러나 사무엘이 죽은 후의 통치 기간을 2년만으로 보는 견해는 유대 고대사 6권 초두에서 에벤에셀의 승리 후의 사무엘과 사울의 통치 기간을 32년으로 본 사실과 일치할 뿐 아니라 무엇보다도 역사의 흐름과 맥이 통한다. 더우기 모든 사본들에 있어서 사무엘과 사울의 죽음 사이의 기간이 불과 5장(삼상 26장–30장)으로 밖에 처리가 안될 정도로 짧은 기간이었다는 사실이 이를 뒷받침해 주고 있다. 또한 알렉산드리아의 클레멘트(Clement of Alexandria)도 사무엘이 죽은 후의 사울의 통치 기간이 불과 2년밖에 안 된다는 점을 확인해 주고 있다(Strom. I. p. 325). 이는 아마도 클레멘트가 요세푸스의 고대 사본에서 인용한 것이 아닌가 생각된다. 이 밖에도 우리가 만일 사울의 통치 기간을 40년으로 잡는다면 출애굽부터 성전 건축까지의 기간이 이미 확증된 480년을 초과하게 된다. 게다가 사울의 불순종으로 그의 왕국이 길지 못할 것이라고 한 하나님의 예언(삼상 13 : 13, 14 ; 유대 고대사 6권 6장 2절)을 고려해 볼 때 사무엘이 죽은 후에 사울의 통치 기간이 22년이나 지속되었다고 보기가 어렵다. 따라서 사울의 통치 기간을 40년이라고 보는 수치는 후대의 요세푸스의 필사자들이나 교정자들의 오류인 것이지 결코 요세푸스의 실수는 아닌 것이다.

우리는 이미 본 논문 16절에서 현존하는 요세푸스의 사본의 오류 하나를 암시한 바가 있다. 유대 고대사 8권 3장 1절을 보면 홍수부터 솔로몬의 성전 건축까지가 1,989년임에도 불구하고 불과 1,440년으로 되어 있다. 또한 위에서 인용한 부분을 보면 아담부터 성전

요세푸스

건축까지가 3,545년임에도 불구하고 3,102년으로 되어 있다.

이 밖에도 오류는 여럿이 있다. 유대 고대사 9권 14장 1절을 보면 여호수아부터 열 지파가 포로로 잡혀가기까지가 907년간임에도 불구하고 800년간으로 되어 있다.

또한 유대 고대사 10권 8장 5절을 보면 홍수부터 느부갓네살의 성전 방화까지가 2,450년, 혹은 2,457년임에도 불구하고 1,950년, 혹은 어떤 사본에는 1,957년으로 되어 있다. 위에서 인용한 부분을 보면 아담의 창조부터 느부갓네살의 성전 방화까지가 4,013년임에도 불구하고 3,513년으로 되어 있다. 결국 이 두 기간이 각각 500년이 부족한 수치로 나타나 있다. 이에 대해서는 우리가 이미 본 논문 10절에서 살펴본 바가 있다. 그런데 이 잘못된 수치들은 요세푸스 자신의 수치들이 아니라 후의 교정자들이나 필사자들의 오류임이 분명하다. 왜냐하면 위에서 인용한 본문에서 요세푸스는 성전 건축부터 성전 방화까지를 470년, 출애굽부터 성전 방화까지를 1,062년으로 보았는데 이는 매우 정확할 뿐 아니라 앞의 두 수치들과 전적으로 모순되기 때문이다.

또한 유대 고대사 7권 결론부분을 보면 다윗의 장사부터 힐카누스가 그의 무덤을 열때까지가 1,300년으로 되어 있으며, 9세기의 프레쿨푸스(Freculphus)도 그같이 언급하고 있음을 볼 수가 있다. 그러나 요세푸스 자신의 광범위한 연대기를 보면 이 기간이 980년, 그리고 기껏해야 대략적으로 보아 1,000년을 넘지 않는 것으로 되어 있다.

이상의 오류들과 그밖에 저자가 언급하지 않은 다른 몇몇 오류들은 너무나 큰 실수인데다가 요세푸스 자신의 광범위한 연대기(chronology)와 너무 크게 모순되기 때문에 요세푸스 자신의 오류로는 볼 수가 없다. 따라서 본 논문의 저자는 이같은 오류들이 후대의 필사자들이나 교정자들의 실수라고 생각한다.

32. 그러나 모든 오류들이 다 후대의 필사자들이나 교정자들의 잘못이라는 것은 아니다. 요세푸스의 생애 가운데 나타난 관점의 변화로 인해 연대기를 기술하는 방식에 차이가 남으로써 생긴 작은 오류 등은 요세푸스의 실수로 볼 수도 있다. 이같은 실수는 요세푸스가 참고로 했던 서적이나 사본상의 부정확성에 기인한 것일 수도 있고, 요세푸스 자신의 잘못된 기억력에서 기인한 것일 수도 있으며, 성급하게 집필한데서 온 부주의에서 기인한 것일 수도 있다. 이같은 오류는 요세푸스의 저서와 같은 어려운 대작(大作)을 집필하는데 있어서는 아무리 뛰어난 저술가라도 피할래야 피할 수 없는 과오인 것이다. 따라서 저자는 요세푸스 자신의 과오에서 비롯된 오류들을 앞으로 열거하려고 한다. 요세푸스가 처음에 저술한 유대 전쟁사에는 연대기적이고 역사적인 실수가 상당히 많으며 후대의 저술인 유대 고대사와 아피온 반박문 제 1권에는 약간의 실수가 나타난다. 하버캠프(Havercamp) 판(edition)의 요세푸스의 각주(notes)란에는 이같은 오류들이 개략적으로 잘 지적되어 있다.

(1) 유대 고대사 9권 14장 1절을 보면 여호수아로부터 살만에셀(Salmanassar)에 의해 열지파가 포로로 되기까지 947년이라고 되어 있다. 그러나 이 수치는 너무 크다. 그러나 우리가 여호수아를 기점으로 잡지 말고 요세푸스가 흔히 시대 구분점으로 잘 잡는 여호수아 당시의 출애굽을 기점으로 잡고 요세푸스의 최후의 수정 수치로 계산해 본다면 612+〔75, 혹은〕 76+260=〔947 혹은〕 948이라는 계산이 나온다. 이 947, 혹은 948이라는 수치는 유대 고대사 9권 14장 1절의 947이라는 수치와 같거나 거의 유사한 수치이다. 따라서 이 오류는 요세푸스 자신의 실수이었을 가능성이 높다. 즉, 여호수아를 기점으로 연대 계산을 한 것은 요세푸스의 부주의에서 기인한 실수임이 분명하다.

(2) 위에서 언급한 유대 고대사 9권 14장 1절을 보면 여로보암의 반역부터 열 지파가 포로가 된 때까지의 기간이 불과 240년밖에 안 된

다고 기술하고 있다. 그러나 우리가 앞서 증명한 바와 같이 요세푸스의 진정한 연대기에 따르면 이 기간의 실제 연수는 260년이다. 이 240년이라는 작은 수치는 우리가 앞서 본 논문 20, 21절에서 살펴본대로 유대 왕들과의 연관성을 전혀 고려하지 않고, 여로보암부터 포로기 전까지의 이스라엘의 왕들의 통치 연대만을 단순하게 합산한 수치에 불과한 것이다. 따라서 우리는 이 240년이라는 작은 수치에 20년의 공백기(*interregna*) 둘을 합산할 필요가 있는 것이다. 그리하여 저자는 이 부정확성(*inaccuracy*) 혹은 지나친 정확성(*overmuch accuracy*)— 독자들 가운데는 이같이 생각할 사람들도 있을지 모르는데 —은 요세푸스 자신의 오류이지 필사자들이나 교정자들의 오류가 아니라고 생각한다.

(3) 아피온 반박문 1권 19절을 보면 베로수스(Berosus)에게서 인용한 유명한 인용 구절이 있다. 이 구절은 유대 고대사 10권 11장 1절에서도 찾아볼 수가 있다. 유대 고대사 10권 11장 1절을 보면 나보콜라살(Nabocolassar), 혹은 느부갓네살(Nebuchadnezzar)의 부친인 나보콜라살(Nabocolassar), 혹은 나보폴라살(Nabopolassar) 왕이 에테 에이코시 헨(ἔτη εἰκοσι ἕν), 즉 21년을 통치했다고 기록되어 있다. 반면에 아피온 반박문 1권 9절에서는 같은 왕이 에테 에이코시 엔네아(ἔτη εἰκοσι ἐννέα), 즉 29년을 통치한 것으로 나와 있다. 그런데 톨레미의 규정(Ptolemy's Canon)을 보면 21년으로 되어 있다. 따라서 21년이 맞는 것이고 29년이 틀린 것으로 보인다. 그러나 서로 매우 비슷한 헬라어 단어들을 요세푸스가 잘못 본 것인지, 아니면 후대의 필사자들이 잘못 본 것인지는 저자로서는 알 길이 없다.

(4) 유대 전쟁사 서문 7절과 1권 1장 1절과 5권 9장 4절을 보면 요세푸스가 안티오쿠스 에피파네스가 성전을 더럽힌 기간이 3½년이라고 주장한 반면에, 유대 고대사 10권 11장 7절(한번)과 12권 7장 6절(두번)에서는 그 기간이 3년밖에 안 된다고 솔직하게 시인하고 있

논문 Ⅳ

다. 이 두 수치 가운데서 3년이 더 정확한 수치라는 사실은 원 역사가인 마카비서 저자의 기록을 볼 때 확실히 알 수가 있다(마카비 1서 1 : 54, 59; 4 : 52; 마카비 2서 10 : 3, 5).

(5) 유대 전쟁사 1권 1장 1절을 보면 요세푸스는 유대 반역의 시작을 오니아스(Onias) 대제사장 때로 간주하고 있다. 반면에 유대 고대사 12권 5장 1절과 마카비 2서 4 : 7 등에서는 유대 반역의 시작을 오니아스의 형제인 야손-유대 반역의 원인이었던 인물-에게서 찾고 있다.

(6) 유대 전쟁사 서문 7절과 1권 1장 2, 5절에서 요세푸스는 안티오쿠스(Antiochus)가 예루살렘을 무력으로($\kappa\alpha\tau\grave{\alpha}\ \kappa\rho\acute{\alpha}\tau o\varsigma$, by *force*) 점령했다고 되어 있다. 물론 마카비 2서 5 : 11에도 그와 같이 되어 있다. 그러나 유대 고대사 12권 5장 3절에 보면 예루살렘이 전쟁 없이($\grave{\alpha}\mu\alpha\chi\eta\tau\acute{\iota}$, *without fighting*) 함락되었다고 기술되어 있다.

(7) 유대 전쟁사 1권 1장 2절을 보면 박키데스(Bacchides)가 안티오쿠스의 명령에 의해 유대인을 박해하고 강압적으로 통치하기 위해 파견되었다고 기술되어 있으나, 유대 고대사 12권 5장 5절, 6장 1, 2절에는 박키데스가 아니라 아펠레스(Apelles, 혹은 아폴로니우스)가 파견되었다고 적혀 있다.

(8) 유대 전쟁사 1권 1장 3절에는 마티아스(Mattathias) 혹은 마타디아스가 아사모네우스(Asamoneus)의 아들로 되어 있으나 유대 고대사 12권 6장 1절에는 그의 증손자(*great grandson*)로 되어 있다.

(9) 유대 전쟁사 1권 1장 4절에는 유다스 마카베우스(Judas Maccabeus)가 로마와 첫번째로 동맹을 맺은 시기를 안티오쿠스 에피파네스의 생존 당시로 나와 있으나, 유대 고대사 12권 10장 6절에는 에피파네스가 죽은 후인 그의 아들 안티오쿠스 유파토르(Eupator)의

339

시대로 기술되어 있으며, 마카비 1서 8장에는 적어도 에피파네스가 죽은 후라고 기록되어 있다.

⑽ 유대 전쟁사 1권 1장 5절에서는 유파토르의 군대의 보병의 수가 50,000명이라고 되어 있으나, 유대 고대사 12권 9장 2절에는 마카비 1서 6:30처럼 100,000명으로 되어 있으며, 마카비 2서 11:2에는 80,000명으로 나와 있다. 이 외에도 차이점은 많이 있다.

⑾ 유대 전쟁사 1권 1장 6절은 유다스가 아케도사(Akedosa), 혹은 아다사(Adasa)에서 유파토르의 군대 장관과 전투를 벌인 사건을 기술하면서, 이 전투에서 유다스가 전사당했다고 적고 있다. 그러나 아케도사, 혹은 아다사에서의 전투는 유파토르의 군대 장관과 싸운 전투가 아니라 데메트리우스 소테르(Demetrius Soter)의 군대 장관들과 싸운 전투였다. 게다가 유다스는 이 전투에서 전사하지 않았으며 훨씬 후에 전사하였다. 우리는 이같은 사실에 관한 증거를 유대 고대사 12권 10장 5절과 마카비 1서 7:40-50과 마카비 2서 15:36에서 찾아볼 수가 있다.

⑿ 유대 전쟁사 1권 2장 7절을 보면, 그곳에 언급된 안티오쿠스라는 사람의 성(姓)이 아스펜디우스(Aspendius)라고 되어 있으나, 유대 고대사 13권 10장 1절에는 그의 성이 아스펜디우스가 아니라 시지케누스(Cyzicenus)라고 적혀 있다. 따라서 요세푸스의 최근판 편집자들은 어떤 사본상의 증거도 없이 유대 전쟁사의 본문에 지케누스라는 성을 삽입해 넣었다. 그러나 저자는 요세푸스의 저서를 영역(英譯)하면서 이같은 조치를 감히 취하지 못했다.

⒀ 유대 전쟁사 1권 2장 8절에는 요한 힐카누스(John Hyrcanus)의 대제사장직 봉직 기간이 꼭 33년(33 *entire years*)이라고 되어 있는 반면에, 유대 고대사 20권 10장에는 그가 대제사장으로 있었던 기간이 30년밖에 안 된다고 기술되어 있다.

한편 유세비우스의 복음의 변증(Demonst. VIII. 11)과 다니엘서 9장에 대한 제롬(Jerome)의 주석은 힐카누스의 대제사장직 봉직 기간을 단지 29년으로 보고 있다. 아마도 유세비우스와 제롬은 이 수치를 요세푸스의 고대 사본에서 인용한 것처럼 보인다. 더우기 요세푸스의 연대기와 마카비서의 연대기는 이 기간이 33년임을 인정하지 않는다. 물론 이 기간이 31년임도 인정하지 않는다.

(14) 유대 전쟁사 1권 4장 5절에서 요세푸스는 알렉산더 대왕의 군대가 기병 1,000, 원군과 보병 8,000, 그리고 특히 유대인 원군이 10,000명이었다고 기술하고 있는 반면에, 유대 고대사 13권 14장 1절에서는 원군이 6,200명, 그리고 유대인 원군이 약 20,000명에 달했다고 적고 있다.

(15) 유대 전쟁사 1권 8장 2절에는 가비니우스(Gabinius)가 스카우루스(Scaurus) 후임자로 수리아에 파견되었다고 기술되어 있다. 그러나 스카우루스 다음에는 필립(Philip)과 렌툴루스(Lentulus)가 계속 후임자로 파견되었으며 그 후에야 비로소 가비니우스가 후임자로 파견되었다. 물론 필립과 렌툴루스의 통치 기간이 모두 합쳐 보아야 불과 2년밖에 안 되는 짧은 기간이었지만 요세푸스는 이 사실을 몰랐던 것처럼 보인다. 따라서 그는 병행 구절인 유대 고대사 14권 5장 2절에서 이 오류를 교정하지 않았다.

(16) 유대 전쟁사 1권 8장 8절에서 요세푸스는 크라수스(Crassus)의 파르티아 원정사를 다른 곳에서 밝히겠다고 약속해 놓고는 실제로 그렇게 하지 않았다. 요세푸스는 유대 고대사 14권 7장 3절에서 "다른 사람들이 그렇게 말하더라"고만 표현하였다. 요세푸스가 이같이 다른 곳에서 살펴보겠다고 한 약속들이 여럿 있었음에도 불구하고 현존하는 요세푸스 사본에는 그 구체적인 약속들의 실현을 찾아볼 수가 없다.

요세푸스

(17) 유대 전쟁사 1권 9장 4절에 보면 안티파테르가 한 전투에서 부하 80명을 잃었다고 기술되어 있는 반면에, 유대 고대사 14권 8장 2절에 보면 부하 50명을 잃었다고 기술되어 있다.

(18) 유대 전쟁사 1권 10장 8절에는 헤롯이 힐카누스 왕의 의사와는 정반대로 무사히 위기를 극복할 수 있었다고 기술되어 있는 반면에 유대 고대사 14권 9장 4,5절에는 힐카누스의 도움으로 헤롯이 위기를 모면했다고 기록되어 있다.

(19) 유대 전쟁사 1권 13장 6절에는 마리암네(Mariamne)가 힐카누스의 딸이라고 되어 있는 반면에, 유대 고대사에는 여러 곳에서 그녀가 알렉산드라의 딸이며 힐카누스의 손녀라고 되어 있다. 그리고 유대 전쟁사 1권 22장 1, 2절과 26장 2절에는 힐카누스와 마리암네의 관계가 할아버지와 손녀의 관계로 묘사되어 있다. 따라서 유대 전쟁사 1권 13장 6절의 표현은 오류인 것이다(유대 전쟁사 1권 13장 6절에는 알렉산드라가 힐카누스의 딸로 되어 있음; 편집자 주).

(20) 유대 전쟁사 1권 17장 5절에는 한 진영의 위치가 (갈릴리의) 가나(Cana)로 되어 있으나, 유대 고대사 14권 15장 2, 12절에는 (사마리아의) 이사나스(Isanas)로 되어 있다. 이 오류는 두 지명의 발음상의 유사성 때문에 필사자들이 저지른 실수인 것처럼 보인다.

(21) 헤롯이 목욕을 하다가 위기를 모면한 사건은 유대 전쟁사와 유대 고대사 사이에 약간의 차이가 있다. 유대 전쟁사 1권 17장 7절에는 헤롯이 목욕탕 속에 들어가지 않은 상태에서 세명 이외의 다른 적병들도 나타났다고 되어 있는 반면에, 유대 고대사 14권 15장 13절에는 헤롯이 실제로 목욕탕 안에 있었고 오직 3명의 적병만 나타난 것으로 기술되어 있다.

(22) 유대 전쟁사 1권 18장 5절에는 안토니(Antony)가 파르티아인들

과 전쟁을 하여 파르티아인인 티그라네스(Tigranes)의 아들 아르타바제스(Artabazes)를 클레오파트라에게 선물로 준 것으로 되어 있다. 그러나 티그라네스와 아르타바제스는 파르티아인이 아니라 아르메니아인(Armenian)이다. 유대 고대사 15권 4장 3절을 보면 안토니가 싸운 이 전투는 파르티아인들과의 전투가 아니라 아르메아인들과의 전투였다. 이것은 모세스 코레넨시스(Moses Chorenensis)의 역사에서도 마찬가지이다.

(23) 유대 전쟁사 1권 19장 3절에는 지진으로 인해 유대에서 사망한 자의 수가 30,000명이라고 되어 있으나, 유대 고대사에는 30,000명으로 된 몇몇 사본을 제외하고는 대개가 10,000명드로 되어 있다.

(24) 유대 전쟁사 1권 21장 1절을 보면 헤롯이 성전을 그의 통치(안티고누스의 죽음으로부터 계산해서) 제 15년에 건설한 것으로 되어 있으나, 유대 고대사 15권 11장 1절에는 (같은 시점을 기준으로 해서) 헤롯의 제 18년까지도 성전 건축이 시작되지 않았음이 명백히 드러나고 있다. 이 점에 관해서는 저자의 구약 연대기(Chronol. of the Old Testament) p. 144를 보면 상세히 알 수가 있을 것이다.

(25) 유대 전쟁사 1권 22장 3절을 보면 헤롯에 의해 리사니아스(Lysanias)와 말리쿠스(Malichus)가 살해된 기사(記事)가 나타난다. 헤롯이 리사니아스를 살해한 사건은 유대 고대사 15권 4장 1절과 디오(Dio, XLIX, p. 411)에 의해서 확증되고 있다. 그러나(클레오파트라에 의해 헤롯과 함께 살해 명령이 내려진 인물이라고 유대 전쟁사 1권 18장 4절에서 밝힌 바 있는) 말리쿠스(Malichus)의 살해에 관해서는 딘 알드리치(Dean Aldrich)에 의하면 유대 고대사나 디오(Dio)나 그 밖의 어떤 저술가에게서도 그 증거를 찾을 수 없다고 한다.

(26) 유대 전쟁사 1권 22장 5절을 보면 요세푸스는 마치 요셉(Joseph)

과 마리암네가 헤롯이 안토니에게서 돌아온 즉시 살해된 것처럼 기술하고 있으나, 유대 고대사 15권 3장 9절을 보면 요셉은 즉시 처형되었어도 마리암네는 일년 후에야 비로소 살해되었음을 알 수가 있다.

(27) 유대 전쟁사 1권 26장 3절을 보면 헤롯의 아들 알렉산더와 아리스토불루스의 반역적인 행동에 대해 실토하라고 고문을 가하자 그들의 측근 인사들이 한 마디도 고소된 내용을 시인하지 않았다고 되어 있는 반면에, 유대 고대사 16권 10장 4절에는 그들이 알렉산더와 아리스토불루스의 반역적인 행동들을 여럿 실토한 것으로 기술되어 있다.

(28) 유대 전쟁사 1권 27장 2, 3절에는 사투르니누스(Saturninus)의 사절이 2명밖에 언급되어 있지 않으나, 유대 고대사 16권 11장 3절에는 3명이나 언급되어 있다.

33. (29) 유대 전쟁사 2권 6장 3절에는 유대에서 나오는 일년 세입이 400달란트이고 갈릴리와 베레아의 연세입이 200달란트이며 빌립의 분봉국(the tetrachy of Philip)에서 나오는 연세입이 100달란트라고 되어 있으나, 유대 고대사 17권 11장 4절에는 그 수치들이 훨씬 적게 나타나고 있다. 유대 고대사 17권 11장 4절의 주(註)를 보도록 하라.

(30) 유대 전쟁사 2권 6장 3절에는 헤롯이 아켈라오에게 유언으로 준 영토가 연세입 400달란트가 되는 영지라고 밝히고 있는 반면에 우대 고대사 17권 11장 4절에는 600달란트가 되는 영지라고 차이를 보이고 있다.

(31) 유대전쟁사 2권 6장 3절에 보면 몇몇 도시들이 케사르에 의해 헤롯의 동생 살로메에게 추가 유산으로 주어졌다고 기술되어 있으나, 유대 고대사 17권 8장 1절과 13장 4절에는 이 도시들이 헤롯이 직접 유산으로 준 것으로, 케사르는 단지 추인만 한 것으로 기록되어 있다.

(32) 유대 전쟁사 2권 6장 3절에는 케사르가 헤롯의 결혼하지 않은 두 딸들에게 1,000달란트의 유산을 준 것으로 되어 있으나 (유대 전쟁사에는 50만 드라크마로 되어 있음 : 편집자 주), 유대 고대사 17권 11장 5절에는 1,500달란트를 준 것으로 되어 있다 (유대 전쟁사에는 은화 25만 드라크마로 되어 있음 : 편집자 주).

(33) 유대 전쟁사 2권 7장 3절에는 아켈라오가 추방되기 얼마 전에 그의 통치 기간이 9년밖에 되지 않을 것임을 의미하는, 9개 이삭이 나타나는 꿈을 꾼 기사가 기록되어 있다. 그러나 유대 고대사 17권 13장 3절에는 아켈라오가 꾼 꿈에 나타난 이삭의 수가 9개가 아니라 10개이며, 이 꿈은 그의 통치 기간이 10년밖에 안될 것임을 예고한 것이라는 내용의 줄거리가 실려 있다. 그러나 요세푸스 자신의 가문에 관한 기록을 살펴볼 때 후자의 10년이 맞는 수치이다. 요세푸스는 그의 자서전 1절에서 자신의 부친이 아켈라오 제 10년에 출생하였다고 기술하고 있다. 물론 아켈라오가 제 10년을 마지막 달까지 다 채운 것은 아니다.

(34) 유대 전쟁사 2권 9장 4절에 보면 빌라도가 400퍼얼롱이나 멀리 떨어진 곳에서 예루살렘으로 물을 끌어 왔다고 기록되어 있는 반면에 유대 고대사 18권 3장 2절을 보면 200퍼얼롱 떨어진 곳에서 물을 끌어 왔다고 기술되어 있다. 이 두 수치 가운데서 후자의 수치가 더 타당성이 있어 보인다.

(35) 유대 전쟁사 2권 9장 5절을 보면 빌라도가 수많은 유대인들을 살해했을 때 쯤에(about the time) 아그립바가 헤롯 안티파스를 고소하기 위해 티베리우스(디베료) 황제를 찾아간 것으로 되어 있다. 그러나 유대 고대사 18권 5장 3절에는 아그립바가 헤롯 안티파스를 고소한 것은 이보다 자그만치 꼭 8년후에 일어난 일이다.

(36) 유대 전쟁사 2권 9장 5절에는 아그립바가 위험한 말을 했다가

345

그로 인해 티베리우스 황제에 의해 투옥된 계기가 잔치 석상이라고 되어 있으나, 유대 고대사 18권 6장 6절에는 병거를 타고 가다 위험한 말을 한 것으로 분명히 나타나 있다.

(37) 유대 전쟁사 2권 9장 5절에는 티베리우스 황제의 재위 기간이 22년 6개월 3일간으로 나와 있는 반면에, 유대 고대사 18권 6장 10절에는 22년 5개월 3일간으로 나와 있다. 그러나 요세푸스의 글을 인용한 것으로 보이는 소노라스(Zonaras)는 물론 디오(Dio)의 글에는 22년 7개월 7일간으로 나타나 있다. 그런데 바로 이 마지막 수치가 요세푸스의 원래의 정확한 수치인 것처럼 보인다.

(38) 유대 전쟁사 2권 9장 6절에는 헤롯 안티파스가 스페인(Spain)으로 추방된 것으로 나와 있는 반면에, 유대 고대사 18권 7장 2절에는 골(Gaul)의 리용(Lyons)으로 추방된 것으로 나타나 있다. 그런데 후자가 스트라보(Strabo)와 디오(Dio)의 증언과 잘 일치하고 있다. 스트라보는 그가 알로브로게스(*Allobroges*)로 추방되었다고 기술하고 있으며(Lib. XV. p. 765), 디오는 알프스 너머로(*beyond the Alps*) 추방되었다고 기술하고 있다(Lib. LV. p. 649).

(39) 유대 전쟁사 2권 11장 1절을 보면 원로원을 지지한 보병대(cohort)가 3개 연대에 불과했다고 되어 있는 반면에, 유대 고대사 19권 2장 3절에는 4개 연대였다고 기술되어 있다.

(40) 유대 전쟁사 2권 12장 5절에는 쿠마누스가 엘르아살과의 전투에서 포로로 잡은 적병보다 살해한 적병이 더 많았다고 기술하고 있는데 반하여, 유대 고대사 20권 5장 1절에는 그 반대로 이야기하고 있다.

(41). 유대 전쟁사 2권 12장 6절에는 콰드라투스가 반역한 유대인들과 사마리아인들을 징벌하기 위해 가이사랴로 왔다고 되어 있으나, 유대 고대사 20권 6장 2절에는 가이사랴가 아니라 사마리아로 온 것

논문 Ⅳ

으로 되어 있다.

(42) 유대 전쟁사 2권 13장 5절을 보면, 사도행전 21 : 38에서 말한 '난을 일으킨 애굽인'을 따르는 추종자가 30,000명이라고 말하고 있다. 이에 대해 누가는 사도행전 21 : 38에서 그 추종자가 불과 4,000명에 지나지 않는다고 되어 있다. 그런데 유대 고대사 20권 8장 6절은 누가의 기사(記事)에 더 가깝게 일치하는 것 같다. 이 구절에서 요세푸스는 30,000명이란 수치는 전혀 언급하지도 않고 펠릭스에 의해 진압되어 살해당한 자의 수가 400명이고, 체포된 자의 수가 200명이라고 되어 있다. 따라서 이같이 작은 수치는 30,000보다는 4,000에 더 잘 일치하는 것 같다.

(43) 유대 전쟁사 2권 20장 5절을 보면, 요세푸스와 함께 잠시 동안 갈릴리를 통치했던 두 명의 제사장인 요아사르(Joazar)와 유다스(Judas)에 대해서는 조금도 언급하고 있지 않은 반면에 자서전 7절 등에서는 분명히 언급하고 있다.

(44) 유대 전쟁사 2권 21장 3절을 보면 요세푸스가 타리케아에서 큰 곤경에 빠졌을 때 불과 네 명의 친구들과 호위 병사들 밖에 없었다고 되어 있는 반면에, 자서전 28절에 보면 시몬이라는 친구 한 명 밖에 없었다고 기술되어 있다.

(45) 유대 전쟁사 2권 21장 7절에는, 요세푸스가 티베리아스 (디베랴)에 갔을 때 그의 철천지 원수인 기스칼라의 요한(John of Giscala)이 병이 든 것을 핑계로 다른 사람은 인사하러 나왔는데도 불구하고 집 안에서 꼼짝도 하지 않았다고 되어 있는 반면에, 요세푸스 자서전 17절에서는 요한이 비록 어색하기는 했지만 다른 사람들과 함께 그를 영접했다고 되어 있다.

(46) 유대 전쟁사 4권 9장 7절에는 팔레스틴의 케브론(Chebron), 혹

은 헤브론(Hebron)이 애굽의 멤피스(Memphis) 보다 오래된 고도 (古都) 라고 되어 있으나, 민수기 13 : 22과 유대 고대사 1권 8장 3 절을 보면 멤피스가 아니라 소안(Zoan), 혹은 타니스(Tanis) 보다 오래된 도시로 되어 있다. 저자의 연대표에 의하면 타니스, 혹은 소안 의 두번째 왕으로 되어 있는 케브론(Chebron)이 유대 남방의 애굽 인 근 지역에 케브론, 혹은 헤브론 시를 창건하고 자신의 이름으로 명명 했다고 마네토(Manetho)는 주장하고 있다.

(47) 유대 전쟁사 5권 9장 4절에는 요세푸스가 유대인에게 행한 연설이 나온다. 이 연설가운데서 요세푸스는 아브라함이 롯을 구하기 위해 데리고 간 318명의 종이 대장(captain)들이었고, 이들 밑에는 허다한 수(*immense number*)의 병사들이 있었다고 말하고 있다. 그러나 유대 고대사에서는 318명의 종들과 세명의 친구들만으로 네 앗수르 왕의 연합군의 대군을 격멸하여 민첩함과 용감성을 보여 주었다고 옳게 말하고 있다. 즉, 여기서는 유대 전쟁사와는 이 318명의 종을 대장으로 보지 않고 일개 병사로 보고 있는 것이다.

(48) 유대 전쟁사 6권 4장 8절에 보면 솔로몬 성전 건축부터 티투스의 성전 파괴까지를 유대 고대사의 1,180년과는 달리 1,130년으로 보고 있다. 본 논문 15, 20절을 참조하도록 하라. 또한 학개가 고레스왕 2년에 성전을 건축한 때로부터 티투스의 성전 파괴까지는 643년이 아니라 639년으로 보고 있다. 여기에는 오류가 두 가지나 있다. 첫째 오류는 이 성전이 고레스 2년에 지어졌다는 것이며, 둘째 오류는 학개가 성전을 지었다는 것이다. 사실 이 성전을 고레스 2년이 아니라 디리오(Darius) 2년에 지어졌으며, 그것도 학개가 지은 것이 아니다. 학개는 단지 성전 건축을 하도록 스룹바벨과 예수아를 격려한 것 뿐이다. 이 점은 다른 사본들 뿐 아니라 요세푸스의 유대 고대사를 볼 때 분명히 나타난다. 이 오류는 유대 고대사에 나타나는 실수들과는 다른, 복잡하게 얽힌 오류이다.

⑷⑼ 유대 전쟁사 7권 10장 2절을 보면 애굽에 있는 오니온(Onion)성전을 지은 대제사장 오니아스 3세(Onias III)가 시몬의 아들(*the son of Simon*)로 되어 있으나, 유대 고대사 13권 3장 1절에는 오니아스의 아들(*the son of Onias*)로 되어 있다. 유대 고대사 12권 5장 1절을 참조하도록 하라.

⑸⑽ 마지막으로 유대 전쟁사 7권 10장 4절에 보면 오니아스 3세가 세운 성전이 343년간 지속된 것으로 되어 있다. 그러나 요세푸스 자신의 계산에 의하면 343년이 아니라 223년간이 되어야 옳다. 왜냐하면 필로메토르(Philometor) 제 23년, 즉 주전 149년에 완공되어 예루살렘 멸망 직후인 A. D. 74년에 파괴되었기 때문이다. 프리도 박사의 Connect. at anno 149를 보도록 하라.

주의. 저자는 지금까지 여호야김과 여호야긴과 시드기야 왕의 통치 기간과 고레스 1년까지의 70년간의 포로 생활 기간에 관한 요세푸스의 연대기에 대해서는 특별하게 언급한 것이 없다. 요세푸스는 이 시기에 관해서는 상당히 큰 혼동을 일으킨 것처럼 보인다. 요세푸스는 다니엘이 여호야김 왕 때가 아니라 시드기야 왕때 포로로 잡혀 갔으며, 에스겔은 여호야긴 왕 때가 아니라 여호야김 왕 때 포로로 잡혀갔다고 생각했을 뿐 아니라 성전도 시드기야 왕 제 12년 초가 아니라 제 11년, 그러니까 현존하는 사본들처럼 느부갓네살 왕 재위 제 19년이 아니라 제 18년에 방화되었다고 기술하고 있다. 이같은 요세푸스의 오류는 그 원인이 여러 가지가 있었을 것이다. 첫째 그에게는 톨레미의 천문학적 규정(Astronomical Canon)이 없었다. 둘째 요세푸스는 느부갓네살의 부친이 바벨론에서 죽기 2½년 전부터 유대에서 통치를 시작했다는 점-톨레미의 규정은 이 때를 느부갓네살의 통치 원년으로 보고 있는데-을 알지 못했다. 세째 요세푸스는 가끔 시드기야 때의 성전 방화로부터 포로기 70년간을 계산해도 고레스 원년을 넘어서지 않을 것이라고 생각하였다. 이 밖에도 요세푸스 당시의 시대적 지역적 상황으로는 어쩔 도리가 없는 오류들이 여럿 있다. 따라서 저자는 이 시대와 관련된 저자의 앞에서

요세푸스

의 구약 연대기를 조금도 변경시키지 않은 것이다. 구약 성경 사본들을, 요세푸스는 알지 못했으나 귀하기 그지 없는 고대 문서들인 톨레미의 천문학적 규정과 크세노폰의 시로패디아(Xenophon's Cyropædia)와 비교해 보면 이 시대에 관해서는 요세푸스의 역사에서 이끌어낼 수 있는 연대기보다 훨씬 정확한 연대기를 도출해 낼 수 있을 것이다.

주의. 여기서 지금까지는 한번도 언급하지 않았으나 요세푸스가 달 수와 날 수까지 동원해서 기간을 언급한 것을 살펴보도록 하자.

연수	월수	일수	
240	7	7	여로보암 원년부터 열 지파가 포로되기까지, 유대 고대사 9권 14장 1절.
514	6	10	사울 원년부터 시드기야 말년까지, 유대 고대사 10권 8장 4절.
470	6	10	성전 건축부터 방화까지, 유대 고대사 10권 8장 5절.
1062	6	10	출애굽부터 성전 방화까지, 유대 고대사 10권 8장 5절.
3513	6	10	아담의 창조부터 성전 방화까지, 유대 고대사 10권 8장 5절.
466	6	10	바벨론 포로 전까지의 대제사장 존속 기간, 유대 고대사 20권 10장.
468	6	0	솔로몬의 성전 건축부터 티투스의 성전 방화까지, 유대 전쟁사 6권 10장 6절.
467	6	0	다윗(솔로몬)의 성전 건축부터 바벨론인들의 성전 파괴까지, 유대 전쟁사 6권 10장 6절.

도표의 수치들, 특히 달수와 일수들은 요세푸스 자신의 기록인 것 같지 않으며 더우기 요세푸스가 언급한 연대들은 일반적으로 그같은 정확성을 기하지 않는다. 따라서 이같은 정확한 수치임을 자칭

하는 수자들이 요세푸스 자신의 기록일 가능성은 거의 없는 것이다. 단지 후대의 필사자들과 교정자들이 정확성을 가장하기 위해 요세푸스의 수치를 수정한 것이 분명하다. 비록 요세푸스 자신이나 필사자들의 작은 오류가 없는 것은 아니나 위의 도표의 마지막 세 수치들은 사실과 거의 일치하는 것처럼 보인다. 독자들도 이를 비교 연구해 보면 쉽게 알 수 있을 것이다.

34. 주의. 우리가 방금 살펴본대로 51군데의 오류는, 현존하는 요세푸스 사본에 나타나는 오류 가운데서 필사자나 교정자들의 실수가 아니라 요세푸스 자신의 실수처럼 보이는 가장 중요한 실례들이다. 독자들은 이미 요세푸스 자신의 오류들이 주로 유대 전쟁사 1~2권에만 몰려 있는 것을 쉽게 간파했을 것이다.

요세푸스가 많은 서적을 통독하지 않은 때, 즉 38세도 안된 젊은 나이에 쓴 글에 많은 오류가 생긴 것이다. 그 당시는 요세푸스가 많은 책을 읽지 못했으며 그나마 읽은 책마저도 모두가 권위 있는 책들이 아니었다. 특히 요세푸스는 그가 역사를 기술할 때 원자료로 삼아야 할, 히브리어로 쓰여진 고대 문서들인 마카비 1서(the First Book of Maccabees)와 요한 힐카누스의 연대기(Chronicle of John Hyrcanus) 중 어느 하나도 읽지 않은 것 같다. 그러나 물론 후대에 그가 유대 고대사를 저술할 때는 이 문서들을 그대로 따르면서 그 내용을 세심하게 요약한 것은 부인할 수 없다. 또한 요세푸스는 헬라어로 기록된 키레네의 야손(Jason of Cyrene)의 5권으로 된 저서와 혹은 그 요약집인 마카비 2서를 읽어 본 적이 없는 것 같다. 확실히 요세푸스는 이같은 기록들을 거의, 아니 전혀 인용한 흔적이 없다. 따라서 요세푸스가 저술한 초기의 역사서의 서두 부분에 상대적으로 많은 오류가 발견된다는 점은 부인할 수 없는 사실이다. 어쩌되었든간에 요세푸스도 이 점을 후에 알았던 것처럼 보인다.

요세푸스는 유대 고대사 12권 5장 2절에서, 유대 전쟁사 1권의 역사 서술이 시작되는 기점인 안티오쿠스 에피파네스의 역사를 기술해 나가기 시작하면서 이같이 말하고 있다 : "이제 나는 이 왕에 대한 이야기를 분명하게 밝히고자 한다. 즉, 그가 어떻게 유대와 예루살렘 성전을 정복하게 되었는지를 상세히 살펴보고자 하는 것이다. 왜냐하면 전에 이에 대한 역사를 기술한 적이 있으나 단지 요약식으로 살펴본 것에 지나지 않기 때문이다. 따라서 나는 이 역사를 다시 살펴보면서 정확한 내용을 밝히려는 것이다." 요세푸스가 처음에 집필한 저술 내용을 나중에 이같이 교정한 것은 정말 대단한 일이다. 그는 한두 번도 아니고 자주 이같은 교정 작업을 서슴지 않았다. 그러나 요세푸스의 주석가들은 그의 이같은 위대한 행동을 눈여겨 보지 못하고, 오히려 당혹감을 감추지 못하였다. 그리하여 그들은 쓸데없이 유대 전쟁사와 유대 고대사의 병행 구절을 조화시키려고 헛수고를 하였다. 사실 그들은 이같은 양 저서의 상이점이 조화가 결코 될 수 없는 모순임을 솔직히 인정하고 유대 고대사가 유대 전쟁사의 정직한 교정판(*emendations*)임을 시인했어야만 옳았을 것이다. 유대 전쟁사와 그 부록인 자서전(Life)을 쓴지 약 18년 후의 저술인 유대 고대사가 더 후대의 작품인 아피온 반박문과 함께 유대 전쟁사 1~2권에 나오는 내용보다 더 정확하고 권위가 있을 것이라는 점은 결코 놀라운 일이 아니다.

그런데 여기서 독자들은 한 가지 주목해야 할 것이 있다. 그것은 이같은 오류가 유대 전쟁사 1~2권 외의 3~7권에서는 거의 발견되지 않았다는 점이다. 유대 전쟁사 3~7권의 역사는 요세푸스 당대의 역사로서, 그 자신이 직접 보고 들은 것을 기록했을 뿐 아니라 다른 자료들을 인용해도 역사를 직접 목격한 자들의 최초의 증언(original information)을 참고로 했기 때문에 별반 오류가 없다. 지금까지 우리는 요세푸스가 유대국의 히브리 기록을 근거로 기술한 유대국의 연대기를 살펴보았다.

35. 여기서 우리는 지금까지 살펴보지 않은 한 가지 점을 살피고 넘어가야만 할 것 같다. 요세푸스는 아피온 반박문 1권 14-16, 26, 31절 등에서 유대인과 연관을 갖고 있는 것으로 스스로 간주한 다른 고대 연대기를 소개하고 있다. 그는 애굽 연대기 사가요 역사가

인 마네토(Manetho)를 인용하여 고대 연대기를 언급하고 있다. 요세푸스 또한 마네토의 글에서 페니키아(베니게) 목자들(the Phoenician shepherds), 즉 요세푸스가 목자-왕들(*shepherd kings*), 혹은 목자-노예들(*shepherd captives*)이라고 해석한 힉소스(*Hic·Sos*)에 관한 기사(記事)를 인용, 소개하고 있다. 요세푸스는 여기서 이들이 바로 페니키아(베니게), 혹은 가나안으로부터 와서 야곱 시대부터 모세 시대까지 애굽에 거하면서 목축에 전념한 이스라엘 자손들을 의미한다고 믿었다. 물론 애굽인 마네토도 모세의 인도 아래 이스라엘 백성이 출애굽했음을 솔직히 인정하고 있다. 어찌되었든간에 마네토의 연대기에 따르면 오랜 기간 동안 애굽 본토인을 핍박하고 무력으로 다스리던 이 페니키아 목자들이 다나우스(Danaus)가 아르고스(Argos)에 오기 393년 전, 그러니까 애굽의 왕인 아메노피스(Amenophis) 통치 518년 전에 애굽을 떠났다고 되어 있다.

요세푸스는 이것을 트로이 전쟁(the Trojan war) 거의 1,000년 전의 일이라고 해석하고 있다. 그런데 이 페니키아 목자들의 출애굽은 요세푸스 자신이 제시한 성 연대기(sacred chronology)를 기준으로 보면 야곱과 그의 아들이 애굽에 들어가기 훨씬 전의 일로 나타난다. 저자의 연대표를 참조하도록 하라. 그러나 요세푸스는 유대인과 유대인의 성서들을 무시하는 헬라인들을 논박하기 위해 쓴 아피온 반박문에서 이 애굽의 연대기를 따랐다. 그럼으로써 요세푸스는 성서를 근거로 주장할 수 있는 유대국의 고대성보다 유대국의 기원이 더 오랜 것으로 주장하여 헬라인들의 견해를 쉽게 논박할 수 있을 것으로 생각한 것이었다. 만일 애굽에 거주하였던 페니키아 목자들이 이스라엘인이라는 요세푸스의 주장이 입증될 수만 있다면 유대국의 기원의 고대성은 마네토와 그의 추종자들에게는 부인할 수 없는 사실로 나타날 수가 있는 것이었다. 어찌되었든간에 요세푸스는 페니키아 목자들이 이스라엘인이라고 생각했음이 분명하다. 따라서 초대 기독교 연대기 사가들도 위대한 유세비우스가 요세푸스의 이 큰 오류를 지적하고 이스라엘이 애굽에 거주하기 전에 이미 페니키아 목자들이 애굽을 떠난 사실을 입증하기까지 이들이 바로 이

요세푸스

스라엘인이라고 생각하는 잘못을 저지르고 말았다.

컴버랜드 주교(Bp. Cumberland)는 그의 저서 산코니아토(Sanchoniatho) 2권 3, 4절 pp. 350-415에서 이 페니키아 목자들이 이스라엘의 출애굽 훨씬 이전에 애굽을 떠났음을 완전히 증명하였다. 독자들은 또한 마르샵(Marsham)의 크로니콘(Chronicon) pp. 6, 98-104, 134, 135를 참조하도록 하라. 사실상 이 애굽 연대기는 아피온 반박문 제 1권에서 마네토와 변론을 할 때는 요세푸스에게 별로 큰 효용이 없는 근거였으나, 제 2권에서 아피온과 리시마쿠스와 논쟁을 할 때는 특별히 유용한 근거였다. 아피온 반박문 2권 2절에서 요세푸스는 애굽의 잔인한 왕으로 소문난 사바콘(*Sabachon the cruel*)에 의해 화형된 보코리스(Bocchoris) 때부터 자기 당대까지가 적어도 1,700년이나 된다고 주장하고 있다. 사실상 이 기간을 이렇게 길게 잡기 위해서는 애굽의 연대기에 근거하지 않고는 거의 불가능한 것이다. 권위 있는 기록(Authent. Rec.) 2권 p. 970을 보도록 하라.

우리는 여기서 요세푸스가 아피온 반박문에서 어떤 저술가들을 상대로 하고 있으며 페니키아 목자들을 어떻게 생각하고 있었는지를 염두에 두어야 한다. 또한 요세푸스가 아피온 반박문을 기록한 집필 의도가 유대국의 고대성을 조금도 인정치 않으려는 이들에게 될 수 있으면 유대국의 기원을 먼 고대에 있는 것으로 보여 주려는 데 있음을 기억해야 할 것이다. 따라서 요세푸스가 유대국의 기원의 고대성을 의심하는 자들이 인정치 않는 유대국의 기록을 인용하지 않고 그들이 부인할래야 할 수가 없는 애굽의 기록을 인용한 것이다. 요세푸스는 유대 성서의 기록을 근거로 모세의 출애굽부터 자신의 시대까지를 약 1,900년으로 보았으며, 대략적으로 2,000년이라고 여러 번 기술하였다. 그러면서도 애굽의 연대기를 인용하면서 그 기간을 2,000년 이상이 된다고 아피온 반박문 2권 32절에서 주장하고 있는 것은 결코 놀랄 일이 아니다. 이 구절은 유세비우스의 복음의 준비 (Præp. Evang.) 8권 p. 369에도 역시 나타나 있다.

36. 이상의 관찰에서 우리는 요세푸스가 역사서들을 집필할 때의

심중의 깊은 의도를 알 수 있다. 요세푸스는 유대국의 고대 문서들과 다른 국가들의 고대 연대기적·역사적 기록들을 조화하려고 애쓰지 않았을 뿐 아니라 현대 학자들처럼 자기의 가설(*hypotheses*)을 억지로 뜯어 맞추려고 하지도 않았다. 요세푸스는 공정하고 솔직하게 모든 기록과 문헌들을 있는 그대로 제시하고 최후의 판결은 공정한 독자들의 손에 맡겼다. 특별히 유대국과 다른 국가들의 문헌이 상충할 때는 더욱 그러하다. 유대국의 기록과 다른 국가들의 기록이 서로 일치할 때는—주로 일치하는 부분이 많았는데—요세푸스는 이점을 놓치지 않고 분명하게 강조하여 유대국의 연대기와 역사가 진실함을 여실히 입증하였다. 더우기 요세푸스는 세속 사가(世俗史家)든지 성 사가(聖史家)든지간에 그가 권위를 인정하지 않을 수 없는 것은 자기 멋대로 첨가하거나 생략한 적이 없다고 몇 번씩이나 강조하였다. 구약에 관한 소론(Essay on the Old Testament) pp. 190-195와 유대 고대사 8권 2장 8절을 참조하도록 하라.

요세푸스는 외국인을 위해서, 즉 외국인의 인정을 받고 또 외국인들을 교육하기 위해서 히브리 기록들에 나타난 고대 히브리어의 간략성과 문장의 단순성을 버리고 문장을 화려하게 꾸민다든지, 아니면 불필요한 내용을 생략한다든지 하는 식으로 요약집을 만든 것이 아니었다. 이같은 점은 요세푸스 자신의 주장 뿐 아니라 그의 저서들의 일반적 흐름을 보아서도 분명히 알 수 있다. 이러한 본문에의 충실성은 성 역사가들(sacred historians)을 제외하고는 그 누구도 따라갈 수 없는 요세푸스의 독특한 특징인 것이다.

우리는 이같은 사실을 아브라함의 후손이 애굽에서 받을 고통의 기간으로 400년이 예언되었다는 점을 요세푸스가 두 번씩이나 언급한 사실(창 15:13; 유대 고대사 1권 10장 3절; 2권 9장 1절)에서 확인할 수가 있다. 요세푸스는 여기서 그 기간을 400년간이라고 말하면서 다른 성경 본문들—이스라엘 백성이 애굽에 단지 215년 동안만 있었다고 분명히 암시하고 있는—과 억지로 조화시키려고 하지 않았다. 유대 고대사 2권 15장 2절에서 보듯이 요세푸스 자신도 그 기간을 215년간이라고 보았음에도 불구하고 오늘날 우리들이 양 수

요세푸스

치를 조화시키려고 애쓰면서 괴로와하듯이 양자를 조화시키려고 애를 쓰지 않았다. (이삭의 출생부터 출애굽까지가 불과 405년밖에 안 되므로 400년이라는 수치는 교정되어야 할 것이다). 또한 요세푸스는 일주일만에 그토록 많은 머리털이 어떻게 자랄 수 있는가에 대해서는 하등의 설명도 없이 압살롬이 머리를 한 번 깎을 때의 머리털의 무게가 200세겔, 혹은 5파운드나 나갔다고 솔직이 기술하고 있다(삼하 14:26; 유대 고대사 7권 8장 5절). 요세푸스는 압살롬이 8일에 한 번씩 자주 머리를 깎았다고 생각했으면서도 어떻게 그렇게 빨리 머리가 자랄 수 있는지에 대해서는 아무런 설명도 없이 충실하게 본문을 따른 것이었다(성경에는 일년에 한 번씩 머리를 깎았다고 기록되었음 : 편집자 주). 사실상 요세푸스는 이 난점을 풀려고 했어도 오늘날의 우리들처럼 쉽게 풀지는 못했을 것이다. 저자는 압살롬의 깎은 머리 무게가 200세겔이나 나간 것은 한 번 깎았을 때 그런 것이 아니라 그가 죽은 후에 그가 깎은 머리털의 총 무게가 그렇게 나간 것이라고 생각한다. 성경 예언의 문자적 성취(Lit. Accompl. of Proph.) 부록 pp. 77-78을 참조하도록 하라.

그밖에도 요세푸스는 에녹과 엘리야의 승천 사건, 발람의 나귀가 말을 한 사건, 요나가 큰 물고기 뱃속에 들어갔다가 육신 해(the Euxine Sea)에 토해진 사건 등과 그밖에 이방인들이 믿지 못하는 기적들을 아무런 거리낌없이 본문에 있는 그대로 기술하였다. 더우기 요세푸스는 약 4년 전에 이미 엘리야가 승천했다고 기록하고서도 엘리야가 요람 왕에게 보냈다는 서신을 성경 본문에 있는 그대로 기술하였다(유대 고대사 9권 5장 2절). 이에 대한 자세한 내용은 유대 고대사 9권 5장 2절의 주를 참조하도록 하라.

요세푸스는 그런 식으로 말하면 아하스가 불과 11세의 나이에 히스기야를 낳은 셈이 됨에도 불구하고, 거의 모든 다른 사본들처럼 아하스가 20세의 나이에 통치를 시작했다고 기술하였으며(유대 고대사 9권 12장 3절), 모든 다른 사본들처럼 아하스가 20년간 나라를 다스렸으며 그의 아들 히스기야가 25세의 나이에 왕위에 올랐다(유대 고대사 10권 3장 1절)고 아무 부담 없이 적고 있다. 요세푸스

논문 Ⅳ

는 그렇게 적게 되면 전체 성경 역사에서 가장 해결하기 어려운 난제가 생긴다는 것을 알면서도 조금도 부담을 느끼지 않을 정도로 자료의 본문에 충실했다. 또한 요세푸스는 유대 고대사 9권 10장 1절에서 우리가 현재 소유하고 있는 사본들처럼 요아스의 아들 여로보암 2세가 매우 사악한 인물이었다고 밝히면서 그가 바로 이스라엘이 수많은 불행을 당하게 된 원흉이라고 덧붙이고 있다. 물론 그로 인해 이스라엘이 어떤 불행을 당했는지는 요세푸스나 현존하는 사본들이 모두 아무런 언급도 하지 않고 있다. 어찌되었든간에 요세푸스는 여로보암 2세를 이같이 혹평하면서도 이와는 전혀 다른 평가를 또 내리고 있다.

　요세푸스는 현존하는 사본들처럼 여로보암 2세가 유대국을 위해 큰 업적을 남겨 하나님으로부터 즉시에 큰 복을 받았다고 앞의 평가와는 상반되는 평가를 내리고 있다. 저자가 보기에는 여로보암 2세가 회개하고 행위를 고친 후에 이같은 하나님의 축복을 받은 것 같으나 현존하는 성경 사본들과 요세푸스에는 이같은 내용이 빠져 있다. 이에 관해서는 후에 적당한 때에 상세히 살펴보도록 하자. 우리는 지금까지 요세푸스가 어떻게 해서 처음에 여로보암의 반역부터 열 지파의 포로까지의 기간을 이스라엘 왕들의 통치 연수의 총계에 불과한 240년간으로밖에 보지 않았는지에 대해서 살펴보았다. 또한 어떻게 해서 솔로몬의 성전 건축부터 느부갓네살의 성전 방화까지의 기간을 그 기간의 유대 왕들의 통치 연수의 총계에 불과한 470년으로밖에 보지 않았는지에 대해서도 유심히 살펴보았다. 요세푸스는 이같은 연대 산출에 필수적인, 두 왕국간의 왕들의 통치 연대의 비교를 소홀히 하였으나 후에 유대 고대사 결론부분에서 이같은 비교 연구를 시도하여 좋은 성과를 거두었음을 살펴보았다. 요세푸스의 이같은 좋은 성과는 그가 후에 성 연대기를 집중적으로 연구한 결과가 아닌가 저자는 생각한다.

　이제 주제를 약간 바꾸어 요세푸스가 마네토에서 인용한 애굽의 연대기에 대해서 생각해 보도록 하자. 요세푸스의 아피온 반박문이 유대 고대사보다 훨씬 후에 집필된 것이 부인할 수 없는 사실이기 때문에, 그 동안에 페니키아의 목자들에 관한 마네토의 연대기를 애굽에 거주하던 유대인의 연대기로 볼 수 있도록 해준 유대의 기록이나 문서들을 요세푸스가 발견했을 수도 있지 않느냐는 가능성이 제기될 수도 있다. 그러나 아피온 반박문에서 이같은 사실을 보여 주는 조그마한 암시도 찾을 수가 없기 때문에 우리는 그와 같은 가능성을 결코 인정할 수 없다.

오늘날 일반적으로 인정되고 있는 유세비우스의 견해, 즉 이 페니키안 목자들의 왕국은 이스라엘 백성이 애굽에 거주하기 몇 세기 전에 있었던 왕국이라는 주장을 놓고 볼 때, 요세푸스가 여기서 주장한 것처럼 모세를 실제보다 수세기 앞선 인물로 제시해 준 기록들이 있었으리라고는 도저히 상상할 수가 없다. 따라서 우리는 페니키아 목자들을 이스라엘인으로 보려고 한 요세푸스의 가설이 나오게 된 원인을, 그가 유대의 율법 수여자인 모세를 다른 국가의 율법 수여자들보다 가능하다면 더 고대의 인물로 제시하고 싶은 열망 외에 다른 곳에서는 찾을 수가 없는 것이다. 여기서 요세푸스는 우리가 흔히 말하는 사람에의 논증(observation *ad hominem*, 논지〈論旨〉의 당, 부당〈當, 不當〉은 차치하고, 논자〈論者〉의 인격, 이력, 사상, 전언 등을 지적함으로써 자기의 입론〈立論〉의 참됨을 주장하는 논증 – 역자 주)을 하고 있는 것이다. 즉, 마네토의 애굽 연대기에서 모세의 고대성을 입증할 수 있을 것 같으니까 유대의 연대기와 비교하거나 조화시킬 생각도 하지 않고 마네토의 명성에 호소하여 자기의 주장을 입증하려고 한 것 뿐이다.

37. 이제 우리는 요세푸스의 성(sacred) 연대기에 대해서 몇 가지 점을 더 살펴보려고 한다. 공정한 독자들이라면 지금까지 본 논문을 읽으면서, 조심스럽고 공정하게 비교 연구한 끝에, 현존하는 요세푸스 사본들로부터 도출해 낸 성 연대기의 세목(細目)들의 총계가 전체 성 역사의 3대 구분의 총계 수치와 거의 비슷하다는 사실을 쉽게 깨달을 수 있었을 것이다. 즉, 성 연대기의 세목들의 총계가 ⑴ 아담의 창조부터 모세의 죽음까지를 2,993년, 혹은

약 3,000년으로, (2) 모세의 죽음, 혹은 출애굽부터 다윗의 시대, 혹은 다윗의 죽음까지를 585년 아니 오히려 588년으로, (3) 다윗의 시대, 혹은 다윗의 죽음부터 A.D. 70년의 베스파시안 제 2년까지를 정확히 1,179년으로 보는 총계 수치들과 거의 일치한다는 사실을 쉽게 주목할 수 있었을 것이다.

이 세 수치들의 총계는 4,757년, 혹은 4,760년에 이르며, 이미 9절에서 살펴본 대로 요세푸스의 유대 고대사에서 제시한 10개 시대 구분의 총계와 거의 유사하다. 또한 독자들은 본 논문을 세심하게 읽었다면 다른 현대 학자들 뿐 아니라 피터 브린치(Peter Brinch)까지도 하버캠프 판 요세푸스의 pp. 291-304에 나오는 요세푸스의 연대기에 큰 오류들이 많이 나타난다는 이유로 부당하게 요세푸스를 비난하고 있음을 금방 느낄 수가 있을 것이다. 그들은 문제를 깊이 연구하거나 냉철하게 판단해 보지도 않고 후대의 필사자들이나 교정자들의 오류를 요세푸스 자신의 오류로 전가하는 한편 요세푸스가 후에 재고하거나 교정한 것은 조금도 인정하지 않았다. 게다가 그들은 요세푸스가 톨레미의 규정(Ptolemy's Canon)이나 크세노폰의 시로패디아(Cyropædia)나 요세푸스의 연대기를 이해하는 데 도움이 되는 최근의 발굴 자료들을 참고로 하지 않았다는 이유로 그를 맹비난할 뿐 아니라, 심지어는 요세푸스가 소유하고 있었던 성경 사본을 교정을 받아야 할 오류 투성이의 현존하는 성경 사본들과 일치하지 않는다는 이유로 그를 비방하기까지 한다. 또한 요세푸스가 소유하고 있었던 권위 있는 증거 자료들이 지지를 받을 수 없는 현대의 몇몇 가설들에 일치하지 않는다는 이유로 요세푸스를 비난하기도 한다. 그러나 이 학자들, 특히 비평적이면서도 비난을 잘하는 이 식자(識者)들이 그렇다고 해서 요세푸스의 오류를 잘 식별해 내는 능력이 있는 것도 아니다. 그들은 형편 없는 그들 나름대로의 억측에 근거하여 그 권위를 도저히 부인할 근거가 없는 중요한 역사적 사건들까지도 제멋대로 부인하고 오류로 간주하고 있다. 그들은 요세푸스의 오류를 드러내는 것이 마치 무슨 기쁨인양 그의 실수를 끄집어 내는 데 혈안이 되어 있다.

요세푸스도 인간이기 때문에 모든 인간들처럼 때로는 오류를 범

요세푸스

할 수도 있는 것이다. 요세푸스가 오늘날의 우리보다 더 좋고 권위 있는 구약 성경 사본을 가지고 있었다는 점은 부인할 수가 없는 사실이다. 요세푸스는 유대 고대사와 아피온 반박문을 집필하면서 적어도 80명의 저술가의 글을 참고했다고 밝히는 한편 그가 참고한 저술가들의 목록까지 발간하였다. 그러나 현재 우리가 소유하고 있는 요세푸스의 사본에는 불과 14명의 저술가의 이름밖에 남아 있지 않다. 요세푸스는 매우 근면한 역사 탐구자인 한편 위대한 애지자(愛知者)였다. 이런 사실에도 불구하고 현대 학자들은 훨씬 후대의, 오류가 많은 구약 성경 사본을 근거로 요세푸스 사본을 거부하고 부인하고 있다. 그러나 우리는 그것이 사실이 아님을 입증하는 확실한 증거가 나타나기 전까지는 신실하고 정직한 인물들로 알려지고 있는 요세푸스와 그밖의 다른 고대 저술가들의 글을 진실로 받아들여야 한다는 점을 항상 우리의 원리와 기준으로 삼아야 한다.

저자는 현대의 학식 있는 저술가들, 심지어는 딘 프리도(Dean Prideaux)의 글을 대하면서도 내심 솟구쳐 오르는 분노를 억제할 수가 없었다. 그들은 요세푸스가 아니고는 고대 역사의 진면목에 대해서 알 수 있는 길이 거의 막혀 있음에도 불구하고, 어떤 실제적인 반증(反證)도 없이 단지 자신들의 근거 없는 억측이나 의혹에 근거하여 요세푸스의 글의 일부분들을 거짓으로 간주하는 일을 다반사로 하고 있기 때문이다. 그러나 여기서는 현재 연대기적 문제만을 다루고 있기 때문에 이 문제를 상세히 다룰 수가 없다. 이에 대해서는 본 논문의 전반부에서 충분히 다뤘다고 생각한다.

38. 주의. 요세푸스의 연대기에 관해서는 더 이상 할 이야기가 없기 때문에, 저자가 전에 구약에 관한 소론 pp. 214-215에서 했던 것처럼 생각하는 진정한 성 연대기를 기술해 보는 것도 큰 유익이 될 것이다. 저자는 여기서 구약에 관한 소론에서 기술했던 대로 성 연대기를 거의 그대로 제시하려고 한다. 왜냐하면 그 동안 그 연대기를 변경해야만 할 어떤 중요한 증거도 접하지 못했기 때문이다.

이것은 우리가 요세푸스가 사용했던 사본과 거의 유사한 사본인

논문 Ⅳ

제롬의 오경 사본을 유세비우스나 사마리아 오경의 사본보다 더 권위 있게 간주하는 한에서는 변경할 것이 거의 없다는 말이다. 유세비우스와 사마리아 오경의 사본은 우리가 본 논문 6, 8절에서 이미 살펴본 대로 창조부터 홍수까지의 기간을 제롬의 오경 사본의 기간보다 246년을 짧게 보고 있다. 이에 관해서는 권위 있는 기록(Authentic Records) 1부 pp. 463－464와 구약에 관한 소론 pp. 21－22를 참조하도록 하라.

	연 수
(1) 아담의 창조 직후의 추분부터 홍수 끝까지	1556
(2) 홍수 끝부터 유대 유월절, 그러니까 춘분 쯤에 아브라함이 하란을 떠날 때까지	966$\frac{1}{2}$
(3) 아브라함이 하란을 떠난 후부터 출애굽의 유대 유월절까지	430
〔그 후부터 유대 유월절 6주 전의 모세 죽음까지〕	〔40〕
(4) 출애굽부터 솔로몬의 성전 건축까지	480
(5) 성전 건축부터 성전이 방화되기까지	464$\frac{1}{2}$
(6) 성전이 방화된 후부터 주후 1년 유월절까지	587$\frac{1}{2}$
	총계 4484$\frac{1}{2}$
결국 모세의 죽음부터 주후 1년 유월절까지	1492$\frac{1}{2}$

주의. 우리가 소유하고 있는 성경에서처럼 요세푸스도 다윗의 통치 기간을 40년 6개월이라고 하면서도 통틀어서 그냥 40년이라고 흔히 말하고 있는 것을 볼 때에, 솔로몬의 통치 기간을 80년으로 보는 요세푸스의 계산 속에 몇 개월이 초과하는지, 아니면 몇 개월이 모자라는지 도저히 알 길이 없다. 따라서 저자는 출애굽부터 성전 건축까지에 이르는 세목들의 수치－15절에서 이미 살펴본바 있는－뿐 아니라 열왕기상 6：1의 480년이라는 수치를 달수가 모자라거나

361

요세푸스

남음이 없는 완전한 480년으로 계산하였다. 이렇게 보면 저자가 주후 1721년에 발간한 연대기 도표의 1,492년간—모세의 죽음부터 주후 1년까지—과 그 수치가 완전히 일치하게 된다. 따라서 저자는 본 요세푸스의 영역본에서 저자가 1721년에 출간한 연대표에 따라 난외주를 기록하였다.

39. 뛰어난 인물인 뜨와나르 선생(Mons. Toinard)은 그의 명저 복음서의 조화(Harmony of the Gospels) p. 9에서 희년(*Jewish year of jubilee*)은 7×7=49년이 지나간 다음의 첫해(the first of a sabbatic week of years), 즉 제 50년째가 되는 해가 항상 해당된다고 설파하였다. 이는 학식 있는 유대인들의 견해와 모세 율법인 레위기 25:8-11의 명백한 의미에도 일치할 뿐 아니라 특히 요세푸스(유대 고대사 3권 12장 3절)와 마이모니데스(Maimonides) (패트릭 감독의 레위기 25:12 주석)의 견해와도 부합한다. 즉, 매 49년째와 50년째가 되는 해는 희년에 의한 안식 주기에는 조금도 변동을 일으키지 않고 항상 안식년과 희년이 되는 것이다. 따라서 이같은 분명한 특징을 이용하여 요세푸스의 연대기와 그밖의 다른 이들의 연대기와, 특히 마소라 히브리 사본을 자료로 만든 저자의 과거의 연대기와 사마리아 오경과 70인경과 요세푸스를 비교 연구하여 작성한 본 논문의 저자의 연대기의 진실성을 시험해 보는 것도 매우 유익할 것이다. 즉, 누구의 연대기가 이같은 특징에 부합하여 그 진실성을 드러낼 수 있는지를 알아보는 것도 본 논문의 의도에 적합할 것이다.

40. 식자들이라면 우리가 현재 소유하고 있는 성경에서나 요세푸스의 유대 고대사에서 안식년과는 달리 희년이 선포되고 희년이 이스라엘 백성에 의해 즐기는 장면을 거의 한번도 보지 못했을 것이다. 성경 예언의 문자적 성취(Literal Accomplishment of Prophecies) p. 75를 참조하도록 하라. 비록 그 두 본문들에서는 그 해가 희년이라는 분명한 언급은 없으나 저자는 최근에 요세푸스의 유대 고대사는 물론 성경에서 매우 주목할 만한 희년의 사건을 찾아낼 수가

논문 Ⅳ

있었다. 물론 저자는 오래 전에 이처럼 주목할만하지는 못하나 이 사야의 예언에서 희년을 찾아낸 적이 있었다. 저자가 찾아냈다고 말한 희년은 모세가 죽은 해, 그러니까 여호수아가 이스라엘 백성을 가나안 땅으로 인도한 후 여리고 성에서 가나안의 첫 열매를 먹을 때 맞이했던 희년, 그러니까 이스라엘의 유대에서의 최초의 희년을 의미하는 것이다.

　모세의 율법에 의하면 매 희년에는 큰 기쁨의 소리, 즉 희년의 나팔(the *trumpet of jubilee*) 소리로 희년임을 선포해야 한다고 되어 있다(레 25 : 8 등). 이 때는 유대 땅에서의 최초의 희년이기 때문에 다른 희년과는 달리 요엘, 혹은 요벨림의 나팔(the *trumpet of Jobel or Jobelim*)로 희년임을 특별히 선포하였을 것이다. 이 나팔을 성경 번역자들은 히브리 사본이나 사마리아 오경이나 70인경이나 요세푸스의 어느 곳에서도 그렇게 번역해야할 하등의 근거가 없었음에도 불구하고 양각 나팔(the *trumpets of rams' horns*)이라고 번역하였다. 양각 나팔이 조그만 절기나 사사기 7 : 16-18의 기드온의 경우에서처럼-요세푸스와 70인경은 이 구절에서 기드온이 사용한 나팔을 양각 나팔이라고 불렀는데-전쟁에서 가끔 사용되었는지 몰라도 요벨(*Jobel*)은 결코 양각 나팔을 의미하지 않았다. 즉, 그 어느 곳에서도 이 보잘것없는 양각 나팔이 큰 기쁨의 소리의 나팔(the trumpets of a *loud and joyful sound*), 곧 희년의 나팔(*trumpets of jubilee*)로 사용되었다는 근거를 찾을 수가 없다.

　시내산에서 율법이 수여될 때 불렸던 나팔 소리(출 19 : 13)를 제외하고는, 희년에 관련된 율법들과 여리고 함락 사건에서는 요벨의 나팔이 희년의 나팔이라는 의미 외에 다른 뜻으로 쓰인 적이 없다. 희년과 관련된 율법에서는 이 요벨의 나팔이라는 단어가 18번 쓰였으며(레 25 : 10-12, 두번씩 쓰였음, 레 25 : 15, 28, 30, 31, 33, 40, 52, 54; 27 : 17, 18, 21, 23, 24; 민 36 : 4), 여리고 함락 사건에서는 모두 5번 쓰였는데 복수로 요벨림(*Jobelim*)이라고 쓰인 것이 4번, 단수로 요벨(*Jobel*)이라고 쓰인 것이 1번이다(수 6 : 4-6, 8, 13). 이 희년은 모세의 생존 당시, 그러니까 나팔절(the *feast of trum-*

363

pets), 혹은 신년(new-year's day), 즉 티스리(Tisri) 월 1일로부터 시작되었던 것처럼 보인다(민 29 : 1). 그리고는 바로 직후에 나팔을 불면서 미디안을 공격한 것처럼 보인다. 그 때 만일 유대인들이 약속의 땅에 이미 들어가 있었다면, 희년의 나팔을 불도록 규정된 날인 티스리월 10일이었을 것이며(레 25 : 9), 그렇지 않았다면 그 직후의 장막절이었을 것이다(민 31 : 6). 그러나 유대인들은 아직 가나안 땅에 들어가기 전이므로 큰 기쁨의 소리(loud and joyful sound), 즉 자유의 소리(the sound of liberty) — 요세푸스가 레위기 25 : 10의 의미에 일치하게 요벨(Jobel)이라는 단어의 의미를 이같이 해석했는데 — 를 발할 수가 없었다. 따라서 요세푸스는 가나안 땅에 들어가자마자 그 첫째날에 제사장들로 하여금 희년의 나팔을 불면서 여리고 성의 주위를 돌도록 명령했던 것이다.

요세푸스의 견해에 따르면 첫날 말고도 유월절의 나머지 닷새를 하루에 한번씩 여리고 성의 주위를 돌도록 한 후에 유월절 마지막 날이 되는 제 7일째에는 7번을 돌도록 명령했다고 한다. 즉, 희년의 나팔 소리 외에는 그 어떤 소리도 내지 않고 여리고 성의 주위를 돌았다는 것이다. 제 7일에 7번 여리고 성을 돌고 난 후 백성들이 함성을 한꺼번에 지르면서 희년의 나팔을 불자 여리고 성이 무너지고 함락되었다는 것이다. 우리가 무슨 이유로 그 동안 이 장엄한 희년의 선포(proclamation of a year of jubilee)를 간과해 왔는가는 확실히 알 수가 없다. 그러나 여리고 함락 때의 이 장엄한 희년의 선포는 모든 시대로부터 티투스 베스파시안에 의해 성전이 방화된 때에 이르는 유대 역사 기간 동안 선포된 어떤 희년보다 훨씬 장엄한 선포였음은 부인할 수가 없는 사실이다. 첫 안식년 이전의 6년간의 첫해로서 이같은 장엄한 희년보다 더 알맞는 것은 없었다. 현존하는 성경이나 요세푸스의 사본을 볼 때 가나안 땅에서 안식을 누리려는 여호수아의 소망은 6년이 지난 후에 성취되었음을 보여 주고 있다. 결국 6년이 지난 후 이스라엘 백성은 가나안 땅에서 첫 안식년을 지낼 수 있었다(수 21 : 43, 44; 22 : 4).

논문 Ⅳ

　41. 우리는 여호수아 때의 장엄한 희년 외에 열왕들의 역사에서와 이사야서에서 안식년과 희년이 2년 계속해서 나타나는 모습을 볼 수가 있다. 이 희년은 이사야서에 기록되어 있는데 히스기야 왕 재위 제 18년 후반부와 제 19년 전반부에 걸쳐 있었다.

　이같은 연대 산출은 어셔 대감독(Archbishop Usher)의 견해에 이미 암시되어 있었다. 어셔 대감독은 이때를 세계 창조 제 3295년, 즉 주전 710년으로 보았다. 비록 저자는 어셔 대감독의 이 견해를 지금까지 깊이 연구해 보지도 않았고 이 견해도 다른 이들의 연대기를 검사해 보지도 않았으나 오래 전부터 그의 견해를 사실로 인정하였다. 하나님께서 이사야 선지자를 통해 예비하신 말씀은 아래와 같다 : "왕이여 이것이 왕에게 징조가 되리니 금년에는 스스로 난 것을 먹을 것이요(안식년이면 유대인들이 항상 그랬듯이, 레 25 : 1-7) 제 2년에는 또 거기서 난 것을 먹을 것이요(희년이면 유대인들이 항상 그랬듯이, 레 25 : 11) 제 3년에는 심고 거두며 포도나무를 심고 그 열매를 먹을 것이니이다(왕하 19 : 29 ; 사 37 : 30). 이 예언은 아래와 같은 뜻이다 : "네가 현재 그렇게 두려워하는 산헤립 때문에 앞으로는 두려워하는 일이 없을 것이다. 너는 이미 시작된 2년 동안의 안식, 즉 안식년과 희년을 산헤립으로부터 어떤 고통도 받지 않고 안식을 누리게 될 것이며, 제 3년에는 전에 태평 성대를 누릴 때처럼 일상적인 네 일에 전념하게 될 것이다."

　42. 위의 해석을 증명해 보자. 레위기를 보면, 하나님께서 광야에서 안식일날 먹을 분량까지 합해서 제 6일에 만나를 이틀치나 내려 주셨던 것처럼(출 16 : 22-26), 보통 안식년 전 해에는 2년치 곡물의 소출이 나도록 해주실 것이며, 희년과 안식년이 겹치는 때의 안식년 전 해에는 3년치 곡물의 소출이 나도록 해주실 것이라는 분명한 약속을 접할 수 있다.

　레위기 25장을 보면 안식년과 희년을 지킬 것을 명한 후에 아래와 같이 약속하고 있다 : "혹 너희 말이 우리가 만일 제 7년에 심지도 못하고 그 산물을 거두지도 못하면 무엇을 먹으리요 하겠으나 내가 명하

요세푸스

여 제 6년에 내 복을 너희에게 내려 그 소출이 3년 쓰기에 족하게 할지라. 너희가 제 8년에는 파종하려니와 묵은 곡식을 먹을 것이며 제 9년 곧 추수하기까지 묵은 곡식을 먹으리라"(레 25 : 20-22). 위 본문대로라면 내용이 잘 이해가 안 된다. 왜 1년만 묵은 곡식을 먹으면 되는데 3년 동안 묵은 곡식을 먹는다고 되어 있는지, 즉 제 7년에만 묵은 곡식을 먹으면 되는데 제 9년까지 묵은 곡식을 먹으라고 한 것인지는 위 본문으로는 해결이 안 된다. 따라서 아인스워스(Ainsworth)와 월 박사(Dr. Wall)도 이에 대한 해결책을 제시하려고 노력하지도 않았다. 그러나 문맥의 흐름이나 논리로 볼 때에 위의 본문은 아래처럼 개정되어야 뜻이 통한다. "(보통 안식년의 경우에) 혹 너희 말이 우리가 만일 제 7년에 심지도 못하고 그 산물을 거두지도 못하면 무엇을 먹으리요 하겠으나 내가 명하여 제 6년에 내 복을 너희에게 내려 그 소출이 2년 쓰기에 족할지니라 너희가 제 8년에는 파종하리라 그러나 (특별히 희년의 경우에) 혹 너희 말이 우리가 만일 (제 7년은 물론 제 8년에도) 심지도 못하고 그 산물을 거두지도 못하면 무엇을 먹으리요 하겠으나 내가 명하여 제 6년에 내 복을 너희에게 내려 그 소출이 3년 쓰기에 족할지니라 너희가 제 9년까지 즉 추수하기까지 묵은 곡식을 먹으리라." 유대인이 한 해에 파종하고 그 다음 해에 추수하지 않는다는 점, 즉 제 8년에 파종하고 제 9년에 추수하지 않는다는 점과 안식년과 희년이 가을 파종기 전에 시작하여 추수기 후까지 계속된다는 두 가지 점을 주목한다면 본문을 위와 같이 개정하지 않을 수 없게 된다.

저자는 유대인들이 희년에 안식하는 것을 지키지 않게 된 이후에 위의 본문을 자기들 멋대로 생략하고 요약한 것이 아닌가라는 강한 의심을 떨쳐 버릴 수가 없다. 즉, 히스기야 시대 이후에, 그러나 사마리아 오경과 70인경이 현재의 모습을 취하기 이전에, 희년에 안식할 것을 명백히 명하고 있는 율법이 자신들의 행동과 명백한 모순을 빚게되자 레위기 25 : 20-22절을 현존하는 사본의 모습으로 변경시킨 것이 분명하다. 패트릭 감독(Bishop Patrick)에 의하면 유대교 율법학자들은 레위기 25 : 10을 주해하면서 "르우벤 지파와 갓 지파와 므낫세 반 지파가 포로로 잡혀간 후 희년을 지키는 일이 끊어졌다"고 주장한다고 한다. 그러나 이 주장은 사실과 무근하다. 왜 냐하면 살만에셀에 의해 열 지파가 포로로 잡혀간 후의 히스기야 때 까지도 희년이 지켜진 모습을 볼 수 있기 때문이다. 그러나 저자가 보기에는 이스라엘 열 지파는 이미 이스라엘로 범죄하게 만든 여로보암 때부터 안식년과 희년에 안식해야만 하는 율법을 엄격히 지키지 않았던 것처럼 보인다. 또한 유다 2지파는 비록 안식년은 아닐지라도 희년의 안식은 악한 므낫세 왕부터 지키지 않았던 것처럼 보인다. 이 시대에 희년은 므낫세 왕 재위 제 40년에 한 번 있었고, 바벨론 포로 제 44년째, 그러니까 느부갓네살 왕이 죽던 해에 한 번 있었다. 심지어는 유다 왕국의 2지파까지도 그렇게 일찍부터 안식년과 희년을 제대로 지키지 않은 사실을 놓고 볼 때, 적어도 땅에 안식을 주지 않은 점에서는 사사 시대나 왕정 시대에서나 우상 숭배를 일삼던 때에 안식년과 희년을 엄격히 지켰을까 하는 의구심마저 든다.

저자가 이렇게 의심을 품는 데는 두 가지 이유가 있다: 첫째는 성경의 성 역사가들이나 요세푸스가 안식년과 희년을 지킨데 대해서는 전혀 한 마디도 언급하고 있지 않기 때문이다. 둘째는 유다 왕국의 2지파가 그 동안 땅에 안식을 주지 않은 만큼, 그들이 70년간 포로 생활하는 동안 땅이 70년간 내내 안식을 누리게 될 것이라고 성경이 분명하게 언급하고 있기 때문이다(레 26 : 33-35; 대하 36 : 21). 70년 동안의 안식이라면 이것만으로 계산할 때는 490년간의 안식년의 총계이다. 그러나 희년을 계산에 넣으면 매 49년마다 8년간의 안식을 해야 할 연수가 나온다. 이렇게 보면 70년 동안의 안식이라면 430년간의 모든 안식년과 희년의 총계가 된다. 이 430년의 마지막 해는 시드기야 왕 재위 말년으로서 느부갓네살에 의해 성전이 방화되고 유대 땅이 폐허가 된 때이다. 그런데 사사 시대 이후 유대의 시드기야 왕에 이르기까지 각 지파들이 우상숭배를 한 연수를 모두 합치면 약 430년에 달한다.

한편 바벨론 포로 후에 유대인들이 희년을 다시 엄격하게 지키기 시작했을 것이라고 생각하기 쉬우나 그들은 안식년과 희년 때에 안식을 지키지 않았다. 따라서 하나님의 선지자들과 신앙심이 좋은 지

요세푸스

도자들이 안식년과 희년에 안식하는 풍습을 되살리기 위해 애를 쓰지 않았다면 유대인들은 희년을 제대로 기억하지도 못했을 것이다. 그러나 저자의 견해로는 학개, 스가랴, 말라기 선지자가 활동할 때나 스룹바벨, 에스라, 느헤미야가 통치할 때에 희년이 닥치지는 않았다. 따라서 우리가 앞서 살펴본 레위기 25:20-22의 본문이 생략 요약된 것은 느헤미야 시대 이후라고는 생각하지 않는다. 이 느헤미야 사본을 요세푸스가 집필 자료로 이용했다는 점은 이 전 논문에서 살펴본 바가 있다.

43. 이제는 유대인들이 2년 동안 유대 땅에 안식을 주어 파종하지 않고 쉬는 일이 매우 어려운 일이었을 것이라는 현대인들의 일반적인 견해에 대해 살펴보도록 하자. 이에 대해서는 앞절에서 저자가 레위기 25:20-22의 본문을 원래대로 회복시킴으로써 이미 대답이 되었으리라고 생각한다. 이같은 현대인들의 견해는 유대인들이 매 3년마다 소득의 10분의 3을 바치기가 어려웠을 것이라는 현대 유대교 학자들의 오해와 맥을 함께 하는 오류이다. 매 3년마다 소득의 10분의 3을 바치는 것은 모세 율법의 한 규정이며(신 14:28, 29; 26:12, 13), 의인 토빗(Tobit)은 앗수르의 포로로 끌려가서도 이 율법의 규정대로 10분의 3을 바쳤으며(토빗서 1:6-8), 요세푸스도 이를 율법으로 인정하였다(유대 고대사 4권 8장 22절).

저자가 보기에는 요세푸스 당시의 경건한 유대인들은 이를 다시 행하였으리라고 생각한다. 매 3년마다 10분의 3을 바치는 것이 힘들었으리라는 견해는, 또한 장성한 유대인 남자들이 일 년에 세 번씩이나 3대 절기 때 고향을 비워 두고 예루살렘에 올라간 것은 율법이 그렇게 명령했고 또 유대인들이 실제로 그렇게 실행했으며 이는 안전하지 못한 행동이었다는 견해와 맥을 함께 하는 오류인 것이다. 3대 절기 때에 적들이 지방을 습격하여 아내와 자식들을 죽일 수도 있는 것이니 이보다 더 위험한 일이 어디 있느냐는 식으로 유대인들을 비난하는 이들도 있다. 물론 인간적으로 말하면 적들이 충분히 그럴 수도 있었다. 그러나 매 3년마다 10분의 3을 요구하신 하나님께서는 그렇게 하면 "네 창고가 가득히 차고 네 즙틀에 새 포도즙이 넘치리라"(잠 3 : 10)고 약속하셨다. 〔사도적 규정(the Apostol. Constitut.) Ⅶ.29에서 유대인 기독교회 시대 때 이와 비슷한 일이 일어났음을 주목해 보라〕. 또한 "네가 매년 세 번씩 여호와 너의 하나님께 보이러 올 때에 아무 사람도 네 땅을 탐내어 엿보지 못하리라"(출 34 : 24)고 약속하시고 이를 실제로 성취시키신 하나님께서는, 그의 율법을 성실히 지키는 자들을 복주시기 위해서 제 6년에 3년치의 곡물이 열리도록 하실 수 있었으며 또 실제로 그렇게 하셨다. 이런 기적적인 풍작은 유대국을 항상 보호하고 통치하신 하나님의 특별한 섭리의 한 징표에 불과했다. 즉, 유대인들이 하나님을 최고의 왕이요 통치자로서 인정하고 그에게 복종하면서 모세를 통해 주어진 율법에 순종할 때 하나님께서 베푸신 특별한 섭리의 한 징표였던 것이다.

유대인들이 하나님의 율법을 버리고 세속 정치에만 전념하다가 하나님의 버림을 받고 하나님의 섭리의 혜택을 잃기 전에는, 유대인들 가운데서 어떤 사두개인이나 종교에 회의를 갖는 회의론자를 찾아 볼 수가 없다. 이 점에서 현대의 회의론자들은 깊이 숙고해 볼 필요가 있다.

44. 그러므로 이제 안식년에, 특히 희년이 뒤따르는 안식년에 유대 지역의 경작지의 소출 현황이 어떠했는지를 유대 역사를 훑어보면서 깊이 연구해 볼 필요가 있다. 즉, 하나님께서 레위기에서 약속하신대로 제 6년에 평상시보다 소출이 더 많았는지 아닌지의 여부를 살펴보도록 하자. 그런데 여기에 한 가지 단서가 있다. 즉, 유대인들이 그 당시 모세의 다른 율법들은 물론 안식년과 희년에 관한 율법을 엄격히 지켰을 경우에 소출이 늘어났는지의 여부를 살펴보겠다는 말이다. 저자가 아는 한도 내에서는 여호수아 때부터 티투스 베스파시안에 의해 성전이 멸망되기까지에 이르는 전 유대 역사 동안 안식년에 관한 언급은 불과 10번, 혹은 11번밖에 되지 않는다. 따라서 이것을 하나씩 따로 살펴보도록 하자.

45. 첫번째이자, 가장 주목할 만한 예는 선왕(善王)인 히스기야 시대, 즉 주전 709년에 있었던 안식년으로서 이는 앞에서 살펴보았다. 2년의 안식 기간 동안 유대인이 평화롭게 안식을 누리는 것을 산헤립이 결코 방해하지 못할 것이라고 한 하나님의 약속을 염두에 두고 생각해 볼 때, 우리는 제 6년에 이미 3년치의 소출을 저장해 놓았음을 쉽게 상상해 볼 수 있다. 만일 그렇지 않았다면 3년 이내에 기근으로 굶어 죽을 판국인데 산헤립이 와서 노략질하지 못할 것이라고 한들 그들에게 무슨 위로가 되었겠는가? 랍사게가 앗수르 땅을 극찬하면서 "너희 본토같이 곡식과 포도주가 있으며 떡과 포도원이 있으며 기름 나는 감람과 꿀이 있는 지방"이라고 표현한 것은 그가 제 6년과 제 7년 초에 유대 땅에서 직접 살아본 경험에서 나왔을 가능성이 크다(왕하 18:32; 사 36:17). 랍사게의 이같은 표현은 레위기에서 약속하신 하나님의 약속이 실현되었을 때의 유대 땅의 자연스런 묘사가 아닐 수 없다.

46. 두번째 예는 악한 왕인 시드기야 재위 제 9년, 즉 주전 590년의 안식년이다. 시드기야 왕의 통치 때에는 안식년을 지키려고 한 의도를 전혀 찾아볼 수 없다. 즉, 시드기야의 통치하에서는 안식년이 지켜지지 않았다. 따라서 이 왕의 통치하에서 안식년이 지켜지지 않았기 때문에 유대인의 70년간의 포로 기간 동안 땅이 안식을 누리게 되는 데 한 원인자가 되었다. 바로 이 해에 유대인들은 하나님과 맺은 언약까지 파기하였다. 즉, 이 자유의 해(*year of release*)에 동족 노비를 처음에는 하나님의 율법에 순종하여 풀어 주었다가 마음이 변하여 자유케 하였던 노비를 다시 끌어다가 노비로 삼았던 것이다. 즉, 안식년에 땅을 갈고 파종하기 위하여 동족 노비를 다시 끌어다가 노비로 삼은 것이었다. 이는 모세 율법을 정면에서 위반한 것이었다(렘 34:8-17). 그런데 우리는 바로 이런 일이 일어난 직후에 예루살렘 시가 큰 기근에 시달리게 됨을 본다(렘 34:17; 37:21; 38:9). 이것을 볼 때 하나님께서 섭리로 제 6년을 저주하시고 축복하시지 않았기 때문에 소출이 적었음을 유추해 볼 수 있

다.

47. 세번째 예는 성전 재건이 시작된, 다리우스 히스타스페스(Darius Hystaspes) 제 2년, 그러니까 주전 520년의 안식년이다. 성전을 재건하기 전의, 제 6년(the sixth, 안식년 전해)의 상황에 대해서는 학개 2:15-19에서 찾아볼 수 있다. "그 때에는 20석 곡식 더미에 이른즉 10석 뿐이었고 포도즙 틀에 50그릇을 길으려 이른즉 20그릇뿐이 었느니라 나 만군의 여호와가 말하노라 내가 너희 손으로 지은 모든 일에 폭풍과 곰팡과 우박으로 쳤으나 너희가 내게로 돌아오지 아니하였느니라." 그러나 유대인들이 학개와 스가랴의 성전 건축 제의를 수락하고 7년 후-요세푸스의 유대 고대사 11권 4장 7절, 그때도 희년이 뒤이어 나타나는 안식년이었음-에 상황이 어떻게 달라졌는지는 학개서 2:19에 나타나 있다. "곡식 종자가 오히려 창고에 있느냐? 포도 나무, 무화과 나무, 석류 나무, 감람 나무에 열매가 맺지 못하였느니라 그러나 오늘부터는 내가 너희에게 복을 주리라." 여기서 우리는 다른 율법을 순종하거나 불순종할 때도 마찬가지이지만 안식년과 희년에 땅에 안식을 주었는지의 순종 여부에 따라 하나님의 축복과 저주가 나누어지는 모습을 볼 수 있다.

48. 이제 네번째와 다섯번째의 안식년의 예를 살펴보도록 하자. 네번째 예는 서기관 에스라가 백성들 앞에서 엄숙하게 율법을 낭독했을 때이고, 다섯번째 예는 느헤미야 총독이 모든 빚과 부채를 탕감해 주었을 때이다. 그러니까 각기 크세르크세스 재위 제 8년과 제 29년의 일이었다. 성경 예언의 문자적 성취(Lit. Accompl. of Proph).의 부록 pp. 62-63을 참조하도록 하라. 네번째 안식년의 예의 경우에는 백성들이 안식년을 성수하려는 강한 열망이 있었음을 볼 수 있다. 즉, 에스라가 안식년 초에 백성들 앞에서 율법을 낭독하자 그들은 "율법의 말씀을 듣고 다 울었다"(느 8장; 에스드라 1서 9장). 그들이 운 것은 첫째로 그들의 과거의 큰 범죄 때문이었을 것이며, 둘째로 무엇보다도 안식년에 관한 율법을 어긴 데 대한

요세푸스

자책감 때문이었을 것이며, 세째로 한 걸음 더 나아가서 앞으로는 율법에 순종하겠다는 의사의 표현이었을 것이다. 따라서 그들은 즉시 율법에 따라 초막을 짓고 장막절을 지켰으며 모세가 준 하나님의 모든 율법, 특히 안식일에 관한 율법을 지키기로 언약을 맺었다(느 10 : 28 – 31).

이를 볼 때 그 해가 안식의 해(a year of *rest*), 혹은 안식년(*a sabbatic year*)으로 지켜졌음에는 의심의 여지가 없다. 그러나 여기서 우리는 제 6년(the *sixth* year, 안식년 전해)이 지나갔음에도 불구하고 식량이 부족했다는 흔적을 조금도 찾을 수 없다. 오히려 유대인들은 이와는 정반대로 에스라와 느헤미야의 권면에 따라 "가서 살진 것을 먹고 단 것을 마시는 한편 예비치 못한 자들에게 나누어 주고 크게 즐거워하였다"(느 8 : 9, 11; 에스드라 1서 9 : 50, 54). 이같은 일은 풍요하고 식량이 넉넉할 때에만 가능한 일이 아닌가? 이제 다섯번째 안식년의 예, 즉 크세르크세스 재위 제 29년의 안식년에 대해 살펴보도록 하자. 느헤미야 5 : 1–13에서 우리는 부유한 유대인들이 그 전부터 자유의 해(a *year of release*)인 안식년에 안식하기를 원하기보다는 가난한 동족들을 학대하고 핍박하기를 즐겨 했음을 알 수 있으며, 심지어는 느헤미야가 다스리는 동안에도 백성들이 안식일을 성수하도록 만드는 일이 결코 쉽지 않았음을 알 수 있다(느 13 : 15). 그러나 어찌되었든간에 이때 유대인들은 느헤미야의 권고로 빚을 탕감해 주었음이 분명하다. 결국 유대인들의 이같은 악한 행위로 말미암아 그들에게 큰 기근이 있었음을 볼 수 있다(느 5 : 5). 이것은 제 6년에 하나님의 복을 받지 못하고 오히려 저주를 받았음을 분명히 암시해 주고 있다.

그 당시 느헤미야는 가난한 자들의 빚을 탕감해 주는 것 이상을 고집하지 못했던 것처럼 보인다. 아마도 느헤미야는 백성들에게 안식년에 안식할 것을 요구해 보았자 아무 소용도 없을 것이라고 생각한 것 같다.

49. 여섯번째의 예는 유다스 마카비(Judas the Maccabee) 시대로서 안

논문 Ⅳ

티오쿠스 유파토르(Antiochus Eupator)가 성전을 포위했던 주전 163년의 안식년이다. 이 해는 땅에 안식을 주는 해로 지켜졌다(마카비 1서 6:49, 53; 유대 고대사 12권 9장 5절). 우리는 위에 인용한 구절들에서, 안식년을 대비하여 유대인이 비축해 놓은 식량의 여분(*residue of the store*)에 비해 너무나 많은 사람들이 벳수라(Bethsura)와 성전에 몰려들었기 때문에(마카비 1서 6:53) 성전에 기근이 생기게 되었음을 볼 수 있다. 그러나 우리는 성을 포위한 자나 유대 땅에 거한 백성들이 식량의 부족을 겪었다는 이야기나 제 6년이 흉년이었다는 흔적은 찾아볼 수가 없다. 오히려 그와는 정반대로 비축해 놓은 식량의 여분을 이방인들에게서 간신히 구원받은 유대인들이 성전으로 몰려와 다 먹어치웠다는 표현에서, 안식년을 대비하여 비축해 놓을 식량이 있을 만큼 제 6년이 풍년이었음을 읽을 수 있다. 물론 공성이 시작되기 전에 비축해 놓은 이 식량을 다 먹어 치우긴 했어도, 제 6년이 풍년이었던 것만큼은 분명한 사실이다. 그러나 하나님께서는 이제 그의 말씀에 순종하는 유대인들을 구원하셨다. 하나님께서는 수리아의 왕위를 탐내는 필립이란 자를 페르시아에서 내보내심으로써 성전에 갇혀 큰 고통을 당하는 유대인들을 그의 섭리로 구원해 내셨다. 이 필립(Philip) 때문에 유파토르는 어쩔 수 없이 성전의 포위를 풀 수밖에 없었으며, 한 걸음 더 나아가 유대국과 동맹을 맺고 유대국의 풍습대로 살아갈 수 있도록 허용하지 않을 수 없었다(마카비1서 6:55-56). 이같은 축복은 제 6년의 풍년보다 더 크고 더 적절한 축복이 아닐 수 없었다.

50. 일곱번째 예는 시몬(Simon)이 죽고 요한 힐카누스(John Hyrcanus)가 대제사장이 되던 해인 주전 135년의 안식년이다. 이 해는 요세푸스에 따르면 적어도 전쟁으로부터는 안식했던 해로 되어 있다(유대 전쟁사 1권 2장 4절; 유대 고대사 13권 8장 1절). 그러나 마카비 1서 16:11-22에 따르면 그 해는 땅을 안식하게 하기는커녕 오히려 무서운 전투와 전쟁과 난폭함이 난무하던 한 해였다. 따라서 우리에게는 이 해가 안식년으로 지켜졌다고 생각할 하등의 근거가

요세푸스

없다. 물론 우리는 그 이전 해인 제 6년에 소출의 현황이 어떠했는지도 모르며, 마카비서의 기자도 유다스(Judas) 시대의 역사 기술과는 달리 이 해가 안식년이라는 사실조차 언급하지 않았다. 어찌 되었든 간에, 이때까지만 하더라도 유대국은 우림(Urim)의 계시와 하나님의 섭리로 통치되는 신정 정치(a theocracy)였으나 이후로는 정치적 왕정(a political monarchy)으로 전락하였다. 따라서 이후의 안식년들은 정치적 왕정에 속한 제도로 변한 것이다. 유대 고대사 3권 8장 9절의 주를 참조하도록 하라. 어쨌든 그 후로도 유대인들은 땅에 안식을 부여하면서 안식년을 지켰다. 그러므로 요세푸스가 분명히 언급한 안식년의 예들을 살펴보도록 하자.

51. 우리가 요세푸스의 글에서 접할 수 있는, 안식년 직전의 제 6년의 여덟번째 예는 주전 66년 혹은 65년이다. 아레타스(Aretas)와 힐카누스에 의해 성이 포위되었을 때 유대인들이 예루살렘에서 율법과 언약을 어기고 불경한 범죄를 서슴지 않은 대가로 농작물에 병이 번져 수확이 형편없게 되었다. 그 결과 밀 1 모디우스(modius)가 11드라크마(drachmæ)라는 엄청난 가격에 매매되는 현상까지 나타나게 되었다(유대 고대사 14권 2장 2절). 아마도 이때는 안식년이었을 가능성이 크다. 안식년이기 때문에 새로운 소출이 없으므로 곡물의 가격이 엄청나게 비쌌던 것 같다. 이것은 이스라엘 백성이 참하나님을 믿는 종교를 버리자 하나님께서도 그들을 버린 후의 일로, 그들이 저주를 받아 제 6년과 안식년에 기근이 불어닥친 것이었다. 만일 그렇지만 않았다면 하나님께서 그들을 보호하셨을 터인데 상황이 그렇지 못했던 것이다. 유대인들이 하나님을 버리고, 그러자 하나님께서 그들을 버리신 것에 관해서는 다음 절에서 또 볼 수 있다.

52. 아홉번째 예는 소시우스와 헤롯이 예루살렘을 공격하여 무력으로 함락시킨 주전 37년의 안식년이다. 요세푸스는 유대 고대사 14권 16장 2절에서 안식년 때문에 기근, 즉 큰 식량의 궁핍(*a famine,or*

great scarcity of provisions, on account of the sabbatic year) 이 있었다고 명시하고 있다. 이때가 제 7년을 안식의 해, 즉 안식년으로 성수하였음에도 불구하고 제 6년에 풍년이 들지 않은 첫번째 예가 아닌가 생각한다. 그러나 이상의 사실이 그리 놀라운 것은 아니다. 왜냐하면 유대국의 신정 정치가 이제 세속적이며 정치적인 전제적 왕정으로 바뀌었기 때문이다. 50절에서 이미 살펴본 바와 같이 신정 정치의 특색인, 하나님의 계시의 수단인 우림(Urim)이 이미 오래 전에 없어지고 유대국은 타락하고 심히 부패하였다. 바리새인들은 오래 전부터 의식을 형식적으로 지키는 데만 혈안이 되어 있었다.

그들이 지키는 의식 중의 하나가 안식일과 안식년에 안식을 철저히 지키는 것인데, 이들은 내적인 성결이나 진정한 신앙심은 없이 그저 외적인 형식만을 중요하게 여겼다. 유대인의 고대의 경건과 사랑의 참 정신은 이미 사라진 지 오래였다. 게다가 이들이 벌이는 전쟁은 더 이상 율법에 따른 종교 전쟁도 아니었으며 율법을 수호하려고 한 데서 나온 전쟁도 아니었다. 단지 야망에만 가득 찬 사악한 대제사장인 안티고누스와 그에 못지않게 야심 만만하고 악한 헤롯과의 권력 투쟁에서 기인한 세속적이고 육신적인 전쟁이었다. 게다가 안티고누스는 우상을 숭배하는 이방 국가인 파르티아인들을 끌어들이고, 헤롯은 마찬가지로 이방 국가인 로마를 끌어들이면서까지 치열한 권력 투쟁을 벌인 세속적 전쟁이었다. 권위 있는 기록(Authent. Rec.) 1부 p. 204를 참조하도록 하라. 유대인들이 하나님의 통치를 저버렸고, 이방 국가들보다 심하지는 않을지언정 그보다 나을 것이 하나도 없을 정도로 사악해진 이상, 하나님께서 옛날 유대인들을 보호하시듯이 그의 섭리로 그들을 보호하시지 않는다고 해서 놀랄 것은 조금도 없다.

53. 열번째 예는 희년이 뒤이어 계속되는 특별한 경우로서, 헤롯의 재위 제 13년, 그러니까 주전 24년, 혹은 23년의 안식년이다. 비록 요세푸스가 이 해가 안식년이라고 분명히 언급은 하지 않았으나 헤

요세푸스

롯의 재위 제 13년, 주전 24년에 무서운 기근과 전염병이 있었다는 기사(유대 고대사 15권 9장) 속에서 그 해가 안식년이었음을 쉽게 추론할 수 있다. 안식년이 시작되기 전에, 혹은 주전 24년 여름에 무서운 한발과 공기 중의 전염병균이 사방으로 퍼지는 바람에 유대와 심지어는 수리아까지 기근과 전염병으로 온갖 고생을 당했다는 내용의 기사를 읽어 볼 수 있다.

유대 고대사 15권 9장 2절에 보면 헤롯이 애굽에서 가져 온 대량의 곡식을 수리아인들에게 종자로 나누어 주었다고 기록되어 있으나 유대인들에게 나누어 주었다는 말은 단 한 마디도 찾아볼 수 없다. 만일 그 다음 해가 유대인이 파종할 수 없는 안식년이 아니었다면 헤롯이 유대인들에게 종자를 나누어 주지 않았을 리가 없다. 따라서 그 다음 해가 바로 안식년이었다는 결론을 내릴 수 있는 것이다. 어찌되었든간에 여기서 또 한 가지 특기할만한 점은, 이 안식년에 이어 곧바로 희년이 끼었다는 사실이다. 앞으로 희년들의 도표를 곧 살펴보게 되겠지만, 주전 23년, 혹은 22년에 이 희년을 마땅히 지켜야 했음에도 불구하고 유대인들은 이 희년을 지키지 않았다. 신정 정치 아래에서 하나님의 섭리의 손길이 있었다면 제 6년에 안식년과 희년을 위해 보통 때보다 세 배나 많은 3년치의 소출이 나왔어야 했음에도 불구하고 오히려 무서운 한발과 전염병까지 겹쳤다는 사실을 우리는 다시 한 번 주목해야 한다.

요세푸스는 유대 고대사 15권 9장 1절에서 이 기간 동안, 즉 제 2년에 수리아에 구호 물자가 오기전까지는 수리아와 유대가 모두 큰 곤역을 치뤘다고 자세히 기술하고 있다. 이 기근과 전염병을 유대인들이 신정 정치를 버리고 대신 인간적 정치 체제를 수립하는 한편 하나님의 율법, 특히 안식에 관한 율법을 어긴 죄에 대한 하나님의 형벌의 일환으로 유대인들에게 내린 것인지 아닌지의 여부는 우리가 한번 심각하게 고려해 보고 넘어가야 할 문제이다.

54. 마지막으로 열한번째의 예는 로마 황제 카이우스의 말년, 즉 A. D. 41년의 안식년이다. 요세푸스에 의하면 유대인들이 우상 숭배

로 성전이 더럽혀지는 것, 즉 로마 황제의 상이 성전에 들어오는 것을 막기 위해 놀라울 정도의 열정을 보이고 있었을 때 큰 한발을 당하고 있었다고 한다. 결국 수리아 총독이 자기 목숨을 걸고 종교적 결단을 보여, 로마 황제의 상을 성전 안에 강제로 들여놓는 일을 하지 않았다. 그 후 하나님께서는 기적적으로 즉시 비를 내려 극심한 한발을 모면하게 해주셨다. 유대 고대사 18권 8장 5, 6절을 보도록 하라. 이상이 모세의 죽음 이후부터 티투스 베스파시안(Titus Vespasian)에 의해 유대의 제사 제도 정체(政體)가 멸망되기까지에 이르는 유대 역사 기록-성경이나 혹은 요세푸스의 글에서-에서 찾아볼 수 있었던 안식년과 희년에 대한 기록이다.

55. 이제 저자의 본래 의도인 희년의 연대표를 작성해 보자. 우리가 앞서 살펴본 대로 이사야서가 언급하고 있는 희년, 즉 히스기야 왕 재위 제 19-20년이 우리가 연대표를 작성하는 데 있어서 필수적인 기본 수치이다. 즉, 히스기야 재위 제 19-20년이란 제 19년 후반기부터 제 20년 전반기를 의미하는 것으로 주전(B.C.)으로 환산하면 B.C. 709년 후반기부터 B.C. 708년 전반기까지를 의미한다. 이상의 수치는 어셔 대감독(Archbishop Usher)과 딘 프리도(Dean Prideaux)의 연대표와 저자의 구약 연대기의 유다와 이스라엘 왕들의 연대표에서 서로 일치를 보이고 있다. 더우기 모세 율법에 따르면 안식년이 7번 지난 다음의 제 50년이 희년(a year of jubilee)이라는 사실은 누구도 부인할 수 없는 명확한 사실이다. 따라서 B.C. 709-708년에서 그 이전을 49년을 더하고 그 이후는 49년을 빼면 희년이었던 연대가 정확히 나온다. 즉, 모세의 시대로부터 세례 요한이 율법 시대에 종지부를 찍고 복음 시대를 연 티베리우스(디베랴) 황제시대에 이르는 역사 동안에 있었던 희년의 연대를 산출할 수 있다는 말이다.

이 기간 동안에는 49년을 한 단위로 볼 때 모두 31번의 49년이 있었다. 이를 계산하면 총 수치는 1,519년이다. 그러나 희년에서 시작해서 희년으로 끝났기 때문에 희년이 모두 32번이었던 것을 감안

요세푸스

주전에 31번, 주후에 1번 있었던 희년의 연대표

	B. C.		B. C.
	1787−1786		
	1738−1737		
	1689−1688		
	1640−1639		
	1591−1590		
	1542−1541		
1.	1493−1492	저자의 견해로 본 첫 희년	
2.	1444−1443		
3.	1395−1394	어셔 대감독과 뜨와나르(M. Toinard)씨의 견해로 본 첫 희년	
4.	1346−1345		
5.	1297−1296		
6.	1248−1247		
7.	1199−1198		
8.	1150−1149		
9.	1101−1100		
10.	1052−1051		
11.	1003−1002		
12.	954− 953		
13.	905− 904		
14.	856− 855		
15.	807− 806		
16.	758− 757		
17.	709− 708		
18.	660− 659		
19.	611− 610		
20.	562− 561		
21.	513− 512		
22.	464− 463		
23.	415− 414		
24.	366− 365		
25.	317− 316		
26.	268− 267		
27.	219− 218		
28.	170− 169		
29.	121− 120		
30.	72− 71		
31.	23− 22		
32.	27− 28	A. D.	

하면 전체 기간은 1,520년이다. 예루살렘의 멸망으로 인해 유대국의 사회적, 종교적 제도는 물론이고 안식년과 희년의 제도가 완전히 없어지기까지 희년은 모두 32번이 있었다. 이상의 근거에서 살펴볼 때 32번의 희년의 연대는 옆 페이지의 도표와 같음이 분명하다. 31번은 주전이고 1번은 주후이다.

저자의 다른 연대표들의 연대가 주전 1,800년까지 소급하기 때문에 실제로 제일 처음에 지켜졌던 희년 이전의 6번의 희년의 연대도 기술한 것임을 독자들은 유의해 주기 바란다. 옆의 도표에서, 처음 수치는 희년이 시작한 가을의 연대이며 나중 수치는 희년이 끝나는 가을의 연대이다. 그러니까 처음 연도에는 3개월이 포함되어 있는 것이고 나중 연도에는 9개월이 포함되어 있는 것이다. 그러니까 희년 제 1년은 주전 1,493년 가을에서 주전 1,492년 가을까지인 셈이고, 희년 마지막 해는 주후 27년 가을에서 주후 28년 가을까지인 셈이다.

56. 주의. 어셔 대감독이 실수하여 희년이 항상 안식년과 일치한다고 잘못 생각한 때문에 그의 희년의 연대표의 수치는 저자의 연대표의 수치보다 항상 1년 앞선다. 그러나 뜨와나르 씨(Mons. Toinard)는 희년이 안식년에 바로 이어지는 해라고 옳게 생각했기 때문에 저자의 연대표와 수치가 완전히 일치한다. 그러나 이 두 학자는 희년이 여호수아의 가나안 입성 때가 아니라 그 후에 처음 지켜졌다고 생각한 데다가 가나안 입성의 연도조차 몰랐기 때문에, 저자보다 희년 제 1년을 100년 가량 늦게 잡았다. 따라서 저자는 희년 제 1년을 주전 1,493-1,492년으로 잡았는데 반해 어셔 대감독은 주전 1,396-1,395년으로 보았으며, 뜨와나르 씨는 주전 1,395-1,394년으로 잡았다. 이 학자들의 연대기를 보면서 안식년과 희년에 관련된 자료를 참고하려는 자들이 혹 무슨 실수라도 저지를지 모른다는 노파심에서 저자가 이 점을 지적한 것뿐이니 잘 참고해 주기 바란다.

57. 이제 이 희년 연대표의 독특한 성격(*distinguishing character*)

요세푸스

을 기준(χριτήριον)으로 해서 여러 사람들의 연대표를 판단해 보자. 즉 누구의 연대표가 모세의 죽음과 그 한 달 후의 가나안의 입성 연대를 희년 제 1년 연대와 가깝게 산출해 냈는지를 살펴보도록 하자. 따라서 저자는 고대와 현대를 막론하고 저자가 만날 수 있었던 제 (諸) 학자들의 모세의 죽은 해에 대한 사망 추정 년도와 희년 제 1년 (주전 1,492-1,493년) 과의 오차를 아래 도표로 나타내 보았다. 이에 대해서는 리키올루스(Riciolus)의 연대기 pp. 290-292를 참조하였음을 밝혀 둔다.

	연수	희년 제 1년 과의 오차
아프리카누스와 율리우스 힐라리온 (According to Africanus and Julius Hilarion)	1756	19
70인경을 근거로 한 캐리박사의 대 연대기 (Dr. Cary's larger chronology from the LXXII).	1725	12
요세푸스의 연대기(본논문 9절) (Josephus's largest chronology, as above, sect.9)	1681	7
요세푸스의 중연대기(본논문 14절) (Josephus's shorter chronplogy, as above, sect. 14)	1661	22
니케포루스 칼리스투스(Nicephorus Callistus)	1631	8
비놀씨(Mons. Vignol)	1619	20
아이삭 보시우스(Isaac Vossius)	1616	23
알렉산드리아의 클레멘트 (Clement of Alexandria)	1617	20
비네르(Vignere)	1583	7
브레트 박사(Dr. Brett)	1574	16
메제르린(Megerlin)	1564	23
카펠루스(Capellus)	1555	14
리키오루스(Ricciolus)	1552	11
요세푸스의 소연대기(본논문 16절) (Josephus's shortest chronology, as sect. 16)	1549	8

논문 Ⅳ

	연수	희년 제 1년 과의 오차
휘스톤(저자)이 본논문에서 밝힌 연대기(본논문 38절) (Mr. Whiston's present chronology, sect. 38)	1492	0
페타비우스(Petavius)	1491	1
월터 랄레이경(Sir Walter Raleigh)	1479	13
유세비우스와 그 추종자들 (Eusebius and his followers)	1472	20
푼키우스, 마리아누스 스코투스, 마새우스 (Funccius, Marianus Scotus, and Massæus)	1470	22
랑케투스, 살리아누스, 토르니엘루스 (Lanquetus, Salianus, and Torniellus)	1469	23
스칼리제, 칼비시우스, 헬비쿠스, 탈렌쓰씨, 이삭손, 라파드 (Scaliger, Calvisius, Helvicus, Mr. Talnets, Isaacson, and à Lapide)	1457	14
오리가누스, 우보엠미우스, 베드포드 씨 (Origanus, Ubbo Emmius, and Mr. Bedford)	1456	13
심손, 하웰 박사(Simson, and Dr. Howel)	1455	12
어셔 대감독, 로이드 감독, 뜨와나르씨, 히브리 사본을 기초로 한 휘스톤(저자)씨의 전(前)연 대기(Archbishop Usher, Bishop Lloyd, Mons. Toinard, and Mr. Whiston in his former chronology, all from the Hebrew)	1451	8
히브리 사본을 근거로 한 캐리 박사의 소 연대기 (Dr. Cary's shorter chronology, from the Hebrew)	1450	7
헨리 필리피, 존 마르샴 경 (Henry Philippi, and Sir John Marsham)	1447	4
헤르와투스(Herwartus)	1409	15
아리아스 몬타누스(Arias Montanus)	1361	16
고르돈(Gordon)	1357	12
티리누스(Tirinus)	1317	21
유대 율법학자들(The Jewish Rabbins)	1272	24

요세푸스

58. 독자들 중에는 솔로몬의 통치 기간에 40년밖에 할애하지 않은 저 유명한 연대기 학자 페타비우스(Petavius)의 연대기가 요세푸스의 본문을 그대로 인정하고 무려 80년의 통치 기간을 받아들인 저자의 연대기와 엇비슷하게 맞아 들어가는 것에 대해 의아심을 품는 자들도 있을 것이다. 그런 자들은 아래의 사실을 유의해 보면 의아심이 풀리게 될 것이다. 페타비우스는 현존하는 히브리 사본의 열왕기상 6 : 1의 480년간이라는 수치에 끼어 맞추기 위해 광야 생활과 여호수아 시대와 사사 시대와 사무엘, 사울, 다윗 왕 시대의 각 기간을 줄이려고 애쓰다가 마침내는 광야 40년 생활 전체를 출애굽으로 보아 광야생활 끝부터 성전 건축까지를 480년간으로 간주하는 중대한 실수를 범하였다.

그는 이렇게 함으로써 출애굽부터 성전 건축까지를 480년에서 520년간으로 은근히 늘려 놓았다. 게다가 페타비우스는 희년과 안식년이 항상 일치한다고 생각하였으며 희년의 연대기를 산출할 기준이 되는 기본 연대도 알고 있지 못했다. 따라서 그의 연대기와 저자의 연대기가 큰 근사치를 보이는 것은 순전히 우연에 불과한 것이며, 가나안 입성과 희년이 일치했다는 성 연대기의 주목할 만한 특성에 부합하기 위해서는 요세푸스처럼 솔로몬의 통치 기간을 80년으로 보아야 할 필요성만 입증해 준 것이다. 이 기준($\varkappa\rho\iota\tau\acute{\eta}\rho\iota o\nu$)에 맞는 연대표를 산출해 내기 전까지는 연대기 학자들은 저자의 연대표가 모세의 죽음으로부터 성전 멸망에 이르는 유대 역사의 성 연대기로는 가장 정확한 것임을 솔직하게 인정해야 할 것이다.

저자의 연대기 산출이 단지 희년 제 1년을 연구한 결과로만 이루어진 것은 아니다. 이미 14년 전에 저자는 연대표를 산출한 적이 있다. 그때 저자는 주전 1,492년이 세계 창조 2,993년에 해당되고 바로 그 해에 모세가 죽었다는 사실을 밝혔었다. 그러나 바로 최근까지도 주전 1,492년이 희년 제 1년이라는 사실은 깨닫지 못했다. 저자는 수년 전에 톨레미의 규정(Ptolemy's Canon)과 마카비 1 서와 요세푸스의 저서 등을 참조하여 희년을 비교, 연구하던 끝에 열 지파가 포로로 끌려간 이후부터는 저자나 그 밖의 학자들이 산출해 낸 성 연대기가 옳다는 사실을 확인할 수 있었다. 성경 예언의 문자적 성취(Lit. Accomp. of Proph.)의 부록 p. 75를 참조하도록 하라. 그러나 희년이 희년 제 1년부터 지금, 즉 주후 1,736년 부활절까지에 이르는 3,227년간의 역사의 연대기를 확증해 줄 수 있을 것이라는 생각을 한 것은 최근의 일이었다.

한편 출애굽부터 여호수아가 유월절 만월에 가나안에 들어가기 전까지의 기간이 40년이고 아브라함이 하란에서 나온 때부터 출애굽 유월절 때까지가 430년(출 12 : 40, 41)이기 때문에 아브라함 때부터 여호수아의 가나안 입성까지의 전기간이 470년간이라는 점은 현존하는 모든 사본들이 일치된 견해를 보이고 있다. 다라서 앞의 3,227년이라는 수치에 470년을 더하면 총 3,697년이라는 수치가 나온다. 따라서 아브라함이 하란을 떠나던 때의 만월, 즉 주전 1,962년 4월 13일부터 올해, 그러니까 주후 1,736년 3월 15(만월)일까지는 태양년(tropical year)으로는 3,697년이고, 루니솔라년(lunisolar year)으로는 3,693년이다. 이같은 계산의 정확성은 요세푸스가 사용했던 고대 성전 사본에서 기인한 것이기 때문에 저자가 볼 때에는 충분히 만족할 만한 것이라고 생각하며, 학식 있는 많은 저명한 연대기 사가들이 깊이 생각해 볼 만한 가치가 있는 것이라고 생각한다.

59. 주의. 저자가 영역한 본 요세푸스 영역본에서는 그리스도 탄생 이전은 주전(Anno)이라는 용어를 쓰면서 거꾸로(*backward*) 계산했지만, 그리스도 탄생 이후는 주후(A. D.)라는 용어를 쓰면서 전진적으로(*forward*) 계산하였다. 아브라함이 하란을 떠나기 이전의 역사에 대한 본 논문의 연대기의 연대 수치는 본 논문만이 갖는 독특한 견해이다. 따라서 이같은 이유 때문에 아브라함이 하란을 떠난 때로부터 솔로몬의 통치 최후까지의 기간이 로이드 감독의 성경(Bishop Lloyd's Bible)에 나오는 연대기나 마샬 씨의 연대표(Mr. Marshal's Tables of Chronology)나 어셔 대감독의 연대기(Archbishop Usher's Annals)에 나오는 수치보다 보통 40-41년이나 많다. 그러나 솔로몬 이후의 역사에 관해서는 본 논문의 연대기는 위에 인

요세푸스

용한 인물들의 연대기는 물론 프리도 박사의 연관(Dr. Prideaux's Connection)에 나오는 연대기와도 대부분 일치한다. 이같이 일치한다고 말할 수 있는 근거는 이미 본 논문에서 상세히 살펴보았다. 저자는 본 논문에서 큰 오류가 발견되지 않기를 간절히 소망한다. 왜냐하면 저자가 항상 모든 문제를 해결할 수 있다고 확신하지 못하기 때문이다.

논문 V

크리스토퍼 켈라리우스의 논문

플라비우스 요세푸스가 쓴 헤롯 왕가의 역사는 날조된 것이라는 죤 하르뒨의 견해를 논박함. 고대의 주화들은 요세푸스의 역사의 진실성을 입증해 주고 있음

1. 우리가 헤롯 왕가의 역사를 살펴보려고 하는 마당에 우선 누구의 역사를 근거로 삼을 것인지를 알아보는 것이 급선무일 것이다. 우리가 근거로 삼으려는 역사가는 플라비우스 요세푸스이다. 요세푸스는 유대인의 역사를 기록한 가장 뛰어난 역사가로서 동서 고금을 막론하고 다른 역사가들보다 큰 권위를 인정받은 인물이었다. 제롬(Jerome)은 요세푸스의 명성을 그의 저서인 유스토키움에게 보낸 22번째 서신(twenty-second Epistle to Eustochium) 15장에서 어찌나 극찬했던지 그를 최고의 역사가로, 헬라의 리비(the Grecian Livy)로 추켜 세울 정도였다. 즉, 제롬은 요세푸스가 그 능력이나 근면성이나 신실성에 있어서 파두아의 티투스 리비우스(Titus Livius

of Padua) 못지 않은 역사가로 만인의 존경을 한몸에 받는 인물이라고 칭찬하고 있다.

　파두아의 티투스 리비우스가 어떤 인물인가 하는 점은 플리니(2권 서신 3)와 제롬(서신 103, 1장)의 아래와 같은 말 속에 잘 드러나 있다: "리비우스를 보기 위해 한 카디즈(*Cadiz*) 사람이 지구 끝에서부터 왔다. 그리고는 그를 보자마자 곧바로 떠났다." 사람들의 존경을 한몸에 받는 저술가인 유세비우스(Eusebius)도 그의 교회사 3권 9장에서 요세푸스를 신임할 수 있는 저술가(*an author worthy of credit*)로 평하였다. 이제 현대 학자 한 사람을 들어 요세푸스에 대한 견해를 들어보도록 하자. 현대의 위대한 학자인 스칼리제(Scaliger)는 그의 저서 시간 개량론(Emendatio Temporum) 서언(Prolegomena)에서 요세푸스를 모든 역사가들 가운데 가장 진실을 사랑한 역사가라고 평하면서 충분히 그렇게 불릴 만한 자격이 있는 인물이라고 칭찬하였다.

　2. 위대한 명성을 떨친 학자들로부터 거의 만장 일치의 극찬을 받고 있는 상황에서 존 하르뒨(John Harduin) 같은 저명한 학자가 요세푸스를 역사를 날조한 엉터리 가짜 역사가라고 혹평한 것은 우리에겐 큰 충격이 아닐 수 없다. 존 하르뒨은 플리니 주석(Notes upon Pliny)과 고대 주화들로부터 고대 도시들과 국가들의 위치를 발견해 낸 공적 등으로 인해 학계에서 비상한 관심을 끌고 있는 저명한 학자이다. 그런데 그가 최근 파리에서 출간된 "주화들의 힘을 빌어 회복된 연대기"(Chronology restored from Coins)에서 요세푸스의 권위를 깎아내리다 못해 역사를 날조한 엉터리 사기꾼이라고 신랄한 비평을 가한 것이다. 게다가 존 하르뒨은 고대의 주화들을 연구하다 보니 요세푸스의 헤롯 왕가의 역사가 순전히 거짓말이라는 사실을 깨닫지 않을 수 없었다고까지 주장하고 있다. 저자도 고대 주화가 역사와 연대기의 많은 부분을 수정할 수 있을 정도로 중요한 가치가 있다는 사실을 통감하고 있다. 그러나 저자는 하르뒨이 제시한 주화들에서 요세푸스에 대한 동서 고금의 평가를 바꿔야

할 하등의 이유도 아직은 발견하지 못했다. 더우기 저자는 요세푸스에 대한 평가가 부당하게 훼손되고 평가 절하되는 것을 간과해서는 안 된다는 생각을 갖게 되었다. 따라서 저자는, 능력의 한도 내에서 최선을 다해 존 하르퇸이 근거로 제시한 모든 고대 주화들의 내용을 밝히고 저자의 추론과 해석을 사실에 가깝게 만인 앞에 발표하여 요세푸스의 역사가 진실한 역사임을 입증해 보이고자 한다.

3. 요세푸스가 기록한 헤롯 왕가의 역사는 학자들이라면 모르는 사람이 없을 정도로 널리 알려졌으며 지금까지는 그 진실성을 의심하는 사람이 없었다. 따라서 저자도 졸저 고대 역사(Antiqua Historia)에서 헤롯 왕가의 역사를 요세푸스에서 발췌했음을 명시하면서 간략하게 소개한 적이 있다. 헤롯 왕가의 약사(略史)를 살펴보면 다음과 같다: 헤롯은 이두매의 유명한 개종자의 가문 출신으로, 안티파테르의 아들이었다. 헤롯은 부친으로부터 팔레스틴 최고 통치권을 물려받았다. (헤롯은 율리우스 케사르로부터 통치권을 추인받은 후에) 파르티아 군대를 등에 업은, 하스모네안 왕가의 마지막 후손인 안티고누스(Antigonus)의 침공을 받아 통치권을 상실하였다. 그러나 헤롯은 얼마 후 안토니(Antony)의 도움을 힘입어 통치권을 회복하기에 이르렀고 왕(king)이라는 칭호까지 얻게 되었다. 헤롯은 또한 그에게 왕국을 추인해준 아우구스투스 케사르(Augustus Cæsar)의 후원을 등에 업고 수리아, 아라비아, 애굽으로 둘러싸인 전 팔레스틴을 오랫동안 통치하면서 폭정을 휘둘렀다. 헤롯의 아들 아켈라오는 분봉왕이라는 칭호로 9년간 유대와 사마리아를 다스리다가 골(Gaul) 지방으로 유배당하는 비운을 당하였다. 그 후 아켈라오가 소유했던 영토는 로마의 속주로 편입되었고 케사르가 보낸 총독들에 의해 다스려지게 되었다.

한편 헤롯의 또 다른 아들들인 헤롯 안티파스와 빌립은 각각 자기 분봉국을 다스렸다. 헤롯 안티파스는 갈릴리와 베뢰아를, 빌립은 이두래(Iturea)와 드라고닛(Trachonitis)을 통치하였다. 헤롯 안티파스는 세상을 떠나고 빌립은 추방을 당하게 되자, 헤롯 대왕의 손자인 동시에 헤롯 대왕이 죽인 아리스토불루스의 아들인 아그립바는 클라우디우스 케사르의 호의를 얻어 조부인 헤롯 대왕이 다스렸던 영토를 다시 통치할 수 있었다. 그러니까 유대 땅이 로마의 속주에서 해제된 것이었다. 그러나 얼마 후에 아그립바가 세상을 떠나자 유대는 다시 로마의 속주가 되었다. 따라서 그의 아들인 아그립바 2세(Agrippa junior)는 칼키스 왕(king of Chalcis)이 되었으며 후에 아빌레네(Abylene) 땅과 빌립의 분봉국 왕이 되었다.

4. 그런데 하드튄은 여러 부분에서 위의 역사에 이의(異議)를 제기한다. 첫째로 그는 헤롯이 율리우스 케사르(Julius Cæsar)의 도움을 얻어 통치를 시작했다고 주장한다. 둘째로, 헤롯은 전 팔레스틴을 다스린 것이 아니라 유대와 사마리아만 통치했다는 것이다. 세째로, 아켈라오는 헤롯 대왕과 마찬가지로 왕의 칭호를 얻었으며 부친이 다스리던 왕국을 그대로 물려받았다는 것이다. 네째로, 갈릴리와 그 밖의 여러 지역은 분봉왕 세노도루스(Zenodorus the tetrarch)의 통치를 받다가 헤롯 대왕 생존시 그의 아들들인 헤롯과 빌립에 의해 분봉국으로 양분되어 통치되었다는 것이다. 다섯째로, 이 분봉왕 헤롯은 세례 요한을 살해한 인물로, 유대인도 의의 개종자(proselyte)도 아니며 이방인이라는 것이다. 여섯째로, 야고보를 죽이고 베드로를 투옥시킨 인물도 이 분봉왕 헤롯이나 아그립바라는 이름으로 가장한 것뿐이라는 것이다. 일곱째로, 아켈라오가 죽은 후 (하르튄은 아켈라오가 추방된 사실을 부인한다) 속주로 편입되었던 유대는 요세푸스의 주장과는 달리 다시 왕국으로 환원된 적이 없다는 것이다. 이상과 같은 점들과 그 밖의 다른 점들이 하르튄이 주장하는 역설(paradoxical opinions)이다. 이제 그의 역설을 하나씩 살펴보도록 하자.

5. 헤롯의 통치 개시에 관한 하르튄의 의견은 다음과 같다: "내가 현재 보기에는 유대가 헤롯에게 하사된 동기는 전제 군주(*dictator*)였던 율리우스 케사르가 헤롯에게 거액의 빚을 졌기 때문인 것 같다. 이 같은

사실은 '각하, 당신께서는 케사르의 50애틱 달란트를 헤롯에게서 강탈하다 시피 하지 않으셨읍니까?'(*But you, sir, have you extorted fifty Attic talents of Cæsar, by the means of Herod*)라는 아티쿠스(Atticus)에게 한 툴리(Tully)의 말(6권, 서신 1)로 미루어 볼 때 쉽게 추측할 수 있는 것이다." 비록 어리석다고까지는 볼 수 없으나 이 얼마나 이상한 소리인가! 위 서신은 키케로(Cicero)가 지방 총독으로 아시아(Asia)에 있었고 케사르는 아직 골(Gaul)에 있을 때 키케로가 쓴 서신이다. 그렇다면 알렉산드리아 전쟁 이전에는 케사르가 누군지알지도 못했던 이두매인 헤롯의 돈이 어떻게 케사르에게 들어갈 수 있었을까? 더우기 지명은 혼동을 일으킬 만큼 독법(讀法, reading)이 다양하다. 따라서 어떤 이들은 헤로데스(*Herodes*)라고 읽지 않고 오로데스(*Orodes*)라고 읽으며, 심지어 어떤 이들은 게누아리오스(*Genuarios*)라고까지 읽기도 한다. 그리하여 혹자들은 게누애오스(Genuæos)가 알로브로제(the Allobroges) 가운데 있는 한 도시라는 사실까지 알아내기에 이르렀다. 그러나 이 같은 혼란보다는 요세푸스의 역사가 얼마나 명쾌하고 분명한가! 케사르가 펠루시움을 공격해서 함락시킬 때와 그 밖의 여러 전투에서, 힐카누스 왕의 친구였던 부친 안티파테르가 케사르를 크게 도운 공로가 인정되어, 힐카누스 왕의 보좌역에 임명되었거나 아니면 힐카누스가 대제사장으로서 종교적인 업무만 관장하는 동안 세속적인 업무를 혼자 관장하는 실권자의 위치에 임명되는 보답을 받은 것이라는 요세푸스의 역사 서술이 더 분명하다. 요세푸스의 유대 전쟁사 1권 18장을 참조하도록 하라.

6. 이제 헤롯 왕국의 통치 영역에 관해서 살펴보도록 하자. 부친 생존시에 헤롯은 갈릴리의 총독이었다. 이 같은 직책으로 인해 헤롯은 수리아 총독이었던 섹스투스 케사르(Sextus Cæsar)와 우정을 맺을 수 있었다. 말리쿠스의 음모에 걸려 헤롯의 부친이 독살당하게 되자 파티르아 세력을 등에 업은 안티고누스와 전쟁을 벌이게 되었다. 이 전쟁에서 힐카누스 왕은 적의 포로가 되어 끌려갔고

헤롯의 형제 파사엘루스(Phasaelus)는 감옥에서 자살하였으며, 헤롯은 천신 만고 끝에 이탈리아(Italy)로 피신할 수 있었다.

헤롯은 로마에서 안토니의 후원으로 로마 원로원에 의해 왕으로 선포되었다. 그 후 얼마 동안은 유대의 왕의 자리를 놓고 헤롯은 안티고누스와 경합을 벌여야만 했다. 그러나 안티고누스가 소시우스(Sosius)가 이끄는 로마군에 패하여 포로로 잡혀가 참수되자 헤롯은 하스모네안 왕가의 전 왕국 영토를 차지하게 되었다. 이 하스모네안 왕국의 영토에는 갈릴리와 인근 지역까지 포함되어 있었다. 그러나 하르된은 그의 저서 p. 24에서 헤롯의 분봉국의 영토는 단지 유대와 사마리아뿐이었다고 거짓 주장을 늘어놓고 있다.

7. 하르된이 이 같은 주장을 하게 된 이유를 살펴보도록 하자. 첫째로, 누가복음 1:5을 보면 헤롯은 단지 유대의 왕(king of Judea)이라고만 호칭되어 있기 때문이라는 것이다. 그러나 우리가 만일 유대를 좁은 의미로 해석한다면 헤롯은 사마리아도 통치하지 않았다고 보아야 한다. 따라서 우리가 유대를 넓은 의미로 해석한다면 그 안에는 사마리아뿐 아니라 갈릴리와 베뢰아까지 포함되어 있는 것이다. 둘째로, 하르된은 마태복음 2:22의 "그 부친 헤롯을 이어 임금됨을"(reigned in the stead of his father)이란 구절을 근거로 아켈라오가 단지 유대와 사마리아만을 물려받았다는 점에 이의를 제기한다. 하르된은 마치 이 구절이 헤롯 왕의 전 왕국이 아켈라오에게 계승된 것을 가리키는 양 해석한다. 만일 헤롯의 유언의 개입이 없었거나, 아우구스투스 황제 같은 최고 상관의 간섭이 없었다면 하르된이 생각한 것처럼 아켈라오가 헤롯의 전 왕국을 물려받았을지도 모른다. 그러나 헤롯 대왕의 유언과 아우구스투스 황제의 개입으로 인해 헤롯 왕국의 반은 장자인 아켈라오에게 돌아가고 나머지 반은 동생들인 분봉왕 안티파스와 빌립에게 돌아가고 말았다. 세째로, 하르된은 헤롯 대왕이 갈릴리에 도시를 건설한 적이 없다는 근거를 들어 헤롯의 왕국의 영토가 유대와 사마리아에 지나지 않았다고 주장하고 있다. 즉 가이사랴나 세바스테(Sebaste)를 건설한 것처럼, 로마인을

향한 자신의 충성심과 존경심의 표현으로 도시를 건설했는데 갈릴리에는 그같은 도시를 건설하지 않았다는 것이다. 그러나 사실상 헤롯은 이두매에도 그 같은 도시를 건축하지 않았다. 더우기 엄격하게 따지자면 헤롯은 유대에도 그 같은 도시를 건설하지 않았다. 왜냐하면 우리가 사도행전 12:19에서 알 수 있듯이 가이사랴는 유대 변경 밖에 있었기 때문이었다. 헤롯이 자기 왕국의 일부 지역에 그 같은 도시들을 건설한 것만으로도 충분한 것이지, 모든 지역에 그 같은 도시들을 건설할 필요가 있었던 것은 아니지 않은가?

8. 하르된은 헤롯 생존시에 갈릴리는 분봉왕 세노도루스(Zenodorus the tetrarch)의 통치를 받았다는 점을 자신의 주장의 가장 큰 논거(論據)로 삼고 있다. 따라서 그는 헤롯 대왕의 아들들이 갈릴리를 차지한 것은 부친에게서 유산으로 물려받은 것이 아니라, 통혼(intermarriage)에 의한 것이나, 아니면 그 밖의 다른 직함에 의한 것이었음이 분명하다고 추론하고 있다.

하르된은 한두 개의 고대 주화에 근거하여 이 같은 주장을 펴고 있는 것이다. 이 고대 주화는 옥타비안(Octavian)의 얼굴과 세노도루스의 얼굴이 양면에 새겨져 있는 주화이다. 그런데 이 두 인물은 왕관을 쓰지 않은 모습으로 주화 위에 새겨져 있으며, 아래와 같은 명각(銘刻)이 쓰여져 있다. 한 주화에는 ZHNOΔΩPOΣ TETPAPXH……ΓH……라고 쓰여져 있으며 다른 주화에는 ZHNOΔOPOY TETPAPXOY……라고 새겨져 있는데, 나머지 부분은 마멸되어 글씨를 알아볼 수가 없다. 앞의 주화에는 헬라 연대가 알아볼 수 있게 나타나는데 L. BPΣ, 즉 CLXXXII(182)라고 쓰여져 있다. 그러나 이같은 사실이 헤롯 왕국의 분배에 관한 학설에 어떤 도움을 줄 만한 가치가 있는 것은 아니다.

요세푸스는 유대 고대사 15권 9장에서 세노도루스의 통치 구역을 드라고닛(트라코니티스, Trachonitis)과 그 인근 지역으로 한정하면서 갈릴리와는 분명하게 구분을 짓고 있다. 그런데 아우구스투스는 이 지역을 세노도루스가 죽은 후에 헤롯에게 하사하였다. 이 사실

요세푸스

은 디오 카시우스(Dio Cassius)의 저서 54권 p. 526에서 다음과 같이 확증되고 있다. 그에 의하면 로마 시 건설 제 734년에 아우구스투스가 헤롯에게 세노도루스의 분봉국을 하사하였다는 것이다. 이 분봉국은 후에 빌립이 부친에게서 유산으로 물려받은 분봉국과 거의 동일한 영역으로서 당시에는 파네아스(Paneas)도 포함하고 있었으나 갈릴리 변경 밖에 위치한 분봉국이었다는 것이 요세푸스의 주장이다. 그러나 하르뒨은 그의 저서 p. 30에서 "나는 바로 그 당시에 세노도루스가 갈릴리의 분봉왕이었다는 쪽으로 기울어지고 있다"(*I incline to believe that Zenodorus was at the same time tetrarch of Galilee*)고 밝히고 있다.

하르뒨은 이같이 어떤 결정적인 증거도 제시하지 않고 단지 추측에 불과한 자신의 의향(*inclination*)만을 내세우고 있다. 따라서 우리는 (헤롯이 계승한) 하스모네안 왕국의 영토를 고려해 볼 때 갈릴리는 세노도루스의 관할 영토가 아니었다고 확신할 수 있을 뿐 아니라 그렇게 단언까지 할 수가 있다. 이제 하르뒨이 제시한 고대 주화의 양면에 (옥타비안과 세노도루스의) 얼굴이 새겨진 것에 대해 생각해 보자. 우선 이 같은 일은 유대인의 주화에서는 찾아보기 힘든 일이다. 우리가 복음서들을 통해 분명히 알 수 있듯이 갈릴리는 항상 유대인들이 많이 거주하는 장소였다. 따라서 세노도루스의 주화와 같이 얼굴이 새겨진 주화는 갈릴리 총독의 주화일 수가 없는 것이다. 여기서 다음으로 넘어가기 전에 부친 안티파테르가 죽은 후이나 아직 파르티아 전쟁이 일어나기 전의 헤롯에 관한 한 가지 사실을 언급하고 지나가야 할 것 같다.

요세푸스가 유대 고대사 14권 8장 1절에서 밝혔듯이 이 당시 헤롯은 형제인 파사엘루스와 함께 분봉왕(*tetrarchs*)으로 선포되었다가 후에 힐카누스가 포로로 잡혀 가고 파사엘루스가 자살하자 에트나르크(*ethnarch*, 한 민족의 지배자, 혹은 왕이라는 의미-역자 주)의 칭호를 얻게 되었다. 이 같은 사실은 이런 종류의 학문에서는 세계적 권위자인 에즈키엘 스판하임(Ezekiel Spanheim)에 의해서도 입증되고 있다. 그는 그의 저서 De Præst. et Usu Numism p. 447에서 ΗΡΩΔΟΥ ΕΘΝΑΡ⋯⋯ 라고 쓰여진 고대 주화를 제시하면서 그의 뛰어난 학식을 이용하여 이 이름은 로마인들에게서 왕의 칭호를 얻기 전의 헤롯(대왕)을 가리키고 있는 것이라고 말하였다(유대 전쟁사 2권 7장 3절을 참조하도록 하라).

9. 이제 아켈라오에 대해 생각해 보도록 하자. 요세푸스는 유대 고대사 17권 13장에서 아우구스투스가 아켈라오에게 왕(king)이 아니라 분봉왕(ethnarch)의 직위를 하사하였다고 밝히는 한편, 아켈라오도 왕의 직위는 케사르의 동의와 하사가 있어야 한다는 사실 때문에 아우구스투스의 추인이 있기 전에 왕이란 칭호를 사용하기를 꺼려했다고 말하고 있다. 그러나 하르된은 마태복음 2:22에서 아켈라오가 부친의 뒤를 계승하여 통치했다(reigned)고 밝히고 있으므로 아켈라오도 부친 헤롯과 마찬가지로 왕이었다고 주장하고 있다. 그러나 여기서 우리는 성경 기자(聖經記者, sacred writers)들이 속인(俗人), 특히 왕보다 직위가 낮은 제후들도 왕이라고 부르는 유대인 속인들을 대상으로 글을 썼다는 사실을 잊어서는 안 된다. 마태(14:1)나 누가(9:7)는 헤롯 안티파스(Herod Antipas)를 지칭할 때 로마의 법령에 따라 그를 분봉왕(tetrarch)이라고 불렀으나 마가(6:14)는 그를 속칭(a popular way of speaking)으로 왕(king)이라고 호칭한 것을 주목할 필요가 있다. 아켈라오는 부친의 뒤를 계승한 것은 사실이나 전체 왕국을 이어 받은 것이 아니라 일부분만을 계승한 것이다. 이 같은 사실을 지적하기 위해서 마태복음 2:22은 유대라는 지명을 언급한 것이다. 더우기 아켈라오가 부친의 뒤를 이어 왕의 칭호까지 계승한 것은 아니다. 왜냐하면 왕의 칭호는 세습되는 것이 아니라 로마의 재량에 달린 것이었기 때문이다.

10. 한편 아켈라오의 통치 기간과 사망 연대에 대해서는 지금까지 의견이 분분하다. 요세푸스는 유대 고대사 17권 끝부분에서 아켈라오가 9년간의 통치 끝에 그러니까 그의 재위 제 10년에 형제들의 고소를 당해 아우구스투스에 의해 골(Gaul) 지방의 비엔나(Vienna)로

요세푸스

추방되었다고 적고 있다. 이에 대해 디오 카시우스(Dio Cassius)도 그의 저서 55권 p. 567에서 그것에 동의하고 있다. "팔레스틴의 헤롯은 형제들에게 고소를 당해 알프스 산맥 너머로 추방을 당했다"(*Herod of Palestine was accused by his brethren, and was banished beyond the Alps.*) 디오 카시우스는 매 해의 집정관들의 수를 세는 방법으로 계산하여 아켈라오가 추방된 해는 아우구스투스 황제가 죽기 8년 전, 그러니까 그리스도의 나이 8세(혹자는 그리스도의 나이 10세 때 라고도 함)라고 밝히고 있다. 이에 반해 요세푸스의 계산을 따르자면 아켈라오는 그리스도가 11세가 된 이후에 추방된 셈이 된다. 이에 대해 하르된은 그의 저서 p. 38에서 요세푸스의 연대기는 성경에 어긋난다고 주장하고 있다.

성경에는 우리 주 그리스도가 12세 되기 이전에 매년 성전을 방문한 것으로 되어 있으므로, 만일 8세 때부터 성전을 방문한 것으로 계산하면 적어도 4번은 성전을 방문한 셈이 된다. 그렇다면 그를 피해 (애굽으로 도망치기까지 한) 아켈라오가 버젓이 살아 있는 상태에서 그리스도가 성전을 4번이나 방문한 셈이 되는데 이는 그야말로 어불성설이라는 것이다. 그러나 이와 같은 하르된의 주장은 누가복음의 본문의 문맥으로부터 하등의 지지를 받지 못한다(누가복음 2장). 여기에서 전례를 좇아(*according to custom*)라는 표현은 아기 그리스도를 가리키는 것이 아니며, 그의 부모나 절기나 절기의 예식들을 가리키는 것이다. 물론 많은 해석자들처럼 "동행에 있는 줄로 생각하고"라는 표현을 그리스도가 전례대로 성전에 올라간 것으로 해석하면 문제는 달라질지도 모른다. 이에 대해서는 본 논문의 저자도 할 말이 없다. 그러나 어찌 되었든간에 저자는 그리스도가 아켈라오로부터 한 번 피신했었다는 이유로 아켈라오가 살아 있을 때는 그리스도가 성전에 가지 못했을 것이라고 단언하는 것에 대해서는 반대한다. 그리스도의 부모가 애굽에서 아기 그리스도를 데리고 돌아왔을 때 아켈라오가 헤롯의 아들이라는 이유 때문에 아켈라오에게서 도망치려고 한 것은 아니었다(만일 그랬다면 그들이 헤롯의 또 다른 아들이 통치하는 갈릴리로 가서 살았을리가 만무하지 않은가?). 그들은 단지 그들의 거주지인 베들레헴이 아켈라오에게 발각될까봐 두려워한 것이었다.

11. 그러나 아켈라오의 통치 기간에 관해서는 저자도 별 관심이 없다. 특히 연대가 수자(figure)로 쓰여져서 오류가 생겼을 가능성이 높기 때문이다. 현존하는 고대 주화들 가운데서 진정한 아켈라오의 주화는 없다(그러나 본 논문 8절을 참조하라). 하르된이 제시한 고대 주화들이 분명하게 보여 주고 있는 사실은 오직 한 가지, 즉 아켈라오가 악티움(Actium) 해전의 승리가 있기 39년 전에 권좌에서 물러났다는 점 뿐이다. 풍요의 상징인 곡식 이삭(ear of corn)과 유대의 영화를 상징하는 종려나무가 새겨진 주화는 단지 케사르(Cæsar)라는 이름과 XXXIX(39)라는 수치만을 보여 주고 있다. 이상의 사실을 고려해 볼 때 우리는 이 주화가 왕국이나 분봉국에서 주조된 것이 아니라 이제 로마의 속주로 편입된 유대에서 주조된 것이라는 추론(推論)을 내릴 수가 있다.

한편 아켈라오가 언제 권좌에서 물러났는가라는 점도 의견이 분분하지만 어떻게 권좌에서 물러났는가라는 점은 더더욱 의견이 분분하다. 요세푸스는 그가 추방되었다고 주장하고 있는 반면에 하르된은 그가 후사없이 죽었다고 말하고 있다. 그러나 디오 카시우스는 요세푸스의 견해에 동조하고 있다. 다른 이들이 그를 아켈라오라 부르는 데 반하여 디오 카시우스는 안티파스나 아그립바의 경우와 마찬가지로 그를 헤롯 가문의 공통 이름을 사용하여 단지 헤롯(Herod)이라고 칭하고 있다. 디오 카시우스의 주장을 통해 볼 때 우리는 요세푸스와 마찬가지로 아켈라오가 추방되었다는 결론을 내릴 수 있다. 더우기 유대인들도 요세푸스와 비슷한 결론을 내리고 있다는 점에서 우리는 안심하고 이 같은 결론에 매달릴 수가 있다. 벤 고리온(Ben Gorion)은 그의 저서 61장 결론부에서 "아켈라오가 꿈을 꾼 지 50일째가 되는 날 로마 군대가 아켈라오를 공격하기 위해 올라왔다. 그리고 로마군 대장은 아켈라오를 사슬로 결박하여 로마로 압송하였다. 이에 아켈라오는 로마에서 죽었다"고 적고 있다. 벤 고리온은 아켈라오가 유배되었다는 점에서는 요세푸스와 일치하고 있다. 물론 그는 아켈라오가 유배된 장소와 유배된 방법에 대해서는 오류를 범하고 있는 것은 사실이나 어쨌든 유배되었다는 사실에는 요세푸스와 견해를 같이하고 있다.

12. 이제 분봉왕 헤롯과 아그립바 왕에 대해 살펴보도록 하자. 우리가 앞서 언급한 대로 분봉왕 헤롯과 아그립바 왕에 대해서는 요세푸스와 하르된 사이에 의견의 차이가 심하게 나타난다. 요세푸스는 이 두 인물을 별개의 인물로 취급한다. 즉 분봉왕 헤롯은 헤롯 대왕의 아들로 세례 요한을 살해한 인물이며, 헤롯 안티파스라는 이름으로 통하였으며, 왕이 아니라 갈릴리의 분봉왕이었다가 카이우스 케사르에 의해 골(Gaul) 지방으로 추방된 자인 반면에, 아그립바 헤롯(Agrippa Herod)은 헤롯 대왕이 죽인 아리스토불루스의 아들, 그러니까 헤롯 대왕의 손자로서 카이우스 케사르의 총애를 받아 왕이라는 칭호와 함께 빌립과 리사니아스(Lysanias)의 분봉국을 하사받은 후에 다시 클라우디우스 황제의 신임을 얻어 유대와 사마리아는 물론 안티파스의 분봉국까지 하사받았으나 오래 다스리지 못하고 클라우디우스 재위 제 3년이 끝나기도 전에 갑자기 처참한 최후를 맞이한 인물이라는 것이다. 그러나 이에 반해 하르된은 이 두 인물이 오랫동안 분봉왕으로 있다가 마침내 왕의 자리에까지 오른 분봉왕 헤롯 한 사람을 가리키고 있다고 주장한다. 즉 이 두 인물은 별개의 인물이 아니라 세례 요한과, 요한의 형제 야고보를 모두 죽인 동일 인물이라는 것이다. 그러므로 이제 하르된의 이 같은 주장을 세심하게 따져 보도록 하자.

13. 하르된은 그의 저서 p. 54 등에서 분봉왕 헤롯이 유대인도 개종자도 아니요 이방인에 불과하다고 주장하면서 그의 논리를 전개하고 있다. 분봉왕 헤롯은 이미 90년 전에 개종자(proselyte)로 유대국에 합류한 한 민족의 후예였으며, 유대인 부친을 두었으며, 갈릴리인들과 같은 유대인들을 통치하였으며, 매년 유대인의 명절에는

예루살렘에 올라가 세례 요한의 말을 즐겨 들었던 인물이었다. 그렇다면 우리가 어찌 그를 유대교에 개종하지 않은 인물로 볼 수 있겠는가? 분봉왕 헤롯이 유대 율법을 준수한 헤롯 대왕의 아들이었음은 요세푸스의 글뿐 아니라 마크로비우스(Macrobius)의 사투르날(Saturnal) II. 4에 나오는 아우구스투스의 농담, 즉 "헤롯의 아들이 되기보다는 그의 돼지가 되는 편이 훨씬 좋겠소"라는 농담을 통해서도 분명히 알 수가 있다. 물론 성경에 요세푸스의 주장처럼 분봉왕 헤롯이 헤롯 대왕의 아들이라는 분명한 언급은 나타나지 않는다. 요세푸스의 글을 영 못 믿겠다면 고대 비명이 이 사실을 확인시켜 줄 것이다. 이 비명은 Jac. Spon. 이라는 근면한 학자에 의해 Miscell. Erud. Antiq. fol. 338에서 빛을 보게 된 비명이다. "'ΗΡΩΔΗΝ 'ΗΡ-ΩΔΟΥΒΑΣΙΛΕΩΣ 'ΥΙΟΝ ΤΕΤΡΑΡΧΗΝ"(헤롯 왕의 아들 분봉왕 헤롯, *Herod the tetrarch, the son of Herod the king*). 헤롯이 그 피를 이어 받은 이두매인들은 그 당시 개종자가 아니라 이미 오래 전에 유대교로 들어온 유대인이었다. 따라서 스칼리제(Scaliger)는 그의 저서 유세비우스 혹평(Animadversions on Eusebius) p. 165에서 헤롯 대왕은 개종자(a *proselyte*)의 고손자였다고 기록하고 있다.

이상의 사실들을 고려해 볼 때 분봉왕 헤롯이 경배하러 예루살렘에 올라 갔을 때, 하르된이 생각한 것처럼 헬라인들과 동일한 취급을 받은 것은 아니라는 점을 알 수가 있다(요 12 : 20). 분봉왕 헤롯은 유대 종교의 교리를 완전히 고백하는 유대인과 동등한 취급을 받았음이 분명하다. 분봉왕 헤롯이 계수를 아내로 취했을 때 세례 요한이 유대교를 믿는 신자로서 그 같은 일은 율법에 어긋난다고 비난한 사실은 그가 유대인과 동등하게 간주되었음을 분명히 보여주고 있다. 따라서 분봉왕 헤롯을 이방인으로 보는 하르된의 주장에 대해서는 더 이상의 반증이 필요하지 않을 정도로 명백해졌으리라 본다.

14. 하르된은 이같이 주장한 다음에 한 고대 주화와 그 위에 새겨진 명각(銘刻)을 근거로 요세푸스를, 역사를 날조한 사기꾼으로 몰아세우고 있다. 그가 제시한 고대 주화에는 헬라어로 'ΗΡΩΔΗΣ

ΤΕΤΡΑΡΧΗΣ ΜΓ 라고 쓰여져 있고 그 이면에는 ΓΑΙΩ ΚΑΙΣΑ. ΤΕΡΜ. ΣΕΒ 라고 적혀 있다.

한편 위대한 학자인 노리스(Hen. Noris)는 헤롯 안티파스의 주화를 연구한 그의 논문에서 이 주화를 언급하면서 앞면의 월계수 위에는 ΓΑΙΩ ΚΑΙΣΑΡ ΓΕΡ……ΝΙΚΩ. 이면의 종려나무 둘레에는 ʹΗΡ-ΩΔΗΣ ΤΕΤΡΑΡΚΗΣ 라는 문구와 연대를 나타내는 ΜΓ 라는 문자가 새겨져 있다고 밝힌 적이 있었다. 이 주화를 통해서 볼 때 카이우스 카리굴라(Caius Caligula) 통치 때에 분봉왕 헤롯이 재위 제 43년을 맞이했다는 사실을 확인할 수 있다. 그러나 이 점이 요세푸스의 역사와 모순되는 것은 아니다. 왜냐하면 요세푸스는 카이우스 황제 때, 그것도 카이우스 통치 말년에 분봉왕 헤롯이 유배되었다고 밝히고 있기 때문이다. 유대 고대사 18권 9장을 참조하도록 하라.

한편 우리가 위에서 방금 인용한 바 있는 노리스는 카이우스의 통치 마지막 해가 분봉왕 헤롯의 재위 제 43년에 해당한다고 말하고 있다. 노리스는 이 같은 연대 계산에는 뛰어난 능력을 소유한 인물이다(이에 대해 자세한 내용을 알기 원하면 유대 전쟁사 1권 33장 8절의 주를 보도록 하라). 통속적인 연대 계산 방법에 비추어 볼 때 분봉왕 헤롯의 통치 기간이 너무 길다는 생각이 들지도 모른다. 그러면 분봉왕 헤롯(안티파스)은 그의 부친이 살아 있을 때, 그러니까 그가 죽기 얼마 전부터 갈릴리의 총독으로 임명되었을 것이라고 생각해도 큰 잘못은 없을 것이다. 그것은 헤롯이 그의 부친 안티파테르가 살아 있을 때 갈릴리의 총독으로 임명되었다가 후에 전권을 장악한 것이나 마찬가지인지도 모른다. 비록 우리는 분봉왕 헤롯의 통치 기간 안에 분봉왕 외에 다른 직책으로서의 통치 기간이 포함되지 않는다고 생각하나 이상의 가설은 우리가 살펴본 연대 계산을 지지해 주는 충분한 근거를 지니고 있다. (그러나 위의 고대 주화가 헤롯 대왕의 연대기와 완전히 일치하기 때문에 이상의 논법은 사실상 불필요한 것이다).

15. 더우기 하르된은 분봉왕 헤롯과 아그립바 대왕이 모두 헤롯

(Herod)이라는 공통 이름으로 불렸다는 근거를 들어 이 두 인물이 동일 인물이라고 주장하고 있다. 그는 성경에서도 그들을 안티파스나 헤롯 대왕으로 호칭한 적이 단 한 번도 없다는 사실을 잊고 있다. 그러나 비록 성경에서는 요세푸스처럼 이 두 인물의 이름을 구분해서 언급하고 있지는 않지만 이 두 인물이 다른 사람이라는 사실은 분명히 드러나고 있다. 사도행전 12장과 13장의 서두에 보면 한 헤롯은 왕(king)으로 호칭되고 있고 다른 헤롯은 분봉왕(tetrarch)으로 불려지고 있다. 즉, 직책과 직위가 분명히 다르게 언급되고 있는 것이다. 이것은 다른 저술가들이 안티오쿠스 왕가(the Antiochuses)와 톨레미 왕가(the Ptolemies)를 지칭할 때 그 역대 왕들이 서로 다름에도 불구하고 그 고유한 이름으로 부르지 않고 단지 안티오쿠스와 톨레미로 호칭하고 있는 것과도 동일한 것이다. 순교자 져스틴(Justin Martyr)이 트리포와의 대화(Dialogue against Trypho) p. 330에서 헤롯 대왕의 아들 헤롯을 왕(king)이라고 호칭하고 있는 것도 부인할 수 없는 사실이다. 그러나 져스틴이 그를 유대인의 왕으로 그의 부친의 후계자로 부르고 있는 것은 그가 역사의 문외한임을 스스로 입증하고 있는 것이나 다름이 없는 셈이다.

16. 하르뒨은 자신의 주장을 입증하는 근거로 또 다른 고대 주화를 제시하고 있다. 그 주화에는 ΒΑΣΙΛΕΤΣ ʹΗΡΩΔ······ΤΔΙΟΣ (클라우디오스를 사랑하는 자, 헤롯 왕, *King Herod, a lover of Claudius*). 그리고 이면에는 ΚΛΑΤΔΙΩ ΚΑΙΣΑΡΙ ΣΕΒΑΣΤΩ ΕΤ Γ.(클라우디오스 케사르 아우구스투스께, 제 3년, *To Claudius Cæsar Augustus, the third year*)라고 새겨져 있다. 이상에서 헤롯(Herod)을 헤롯의 아들(*the son of Herod*)로 보아야만 할 무슨 분명한 논리라도 있는가? 아니, 저자가 지극히 존경하는 위대한 학자인 에즈키엘 스판하임(Ez. Spanheim)이 그의 저서 p. 443에서 말한 것처럼 위의 주화의 헤롯을 아그립바 대왕(Agrippa the Great)으로 보아서는 안 될 무슨 특별한 이유라도 있는가? 요세푸스가 유대 고대사 19권 끝에서 밝힌 것처럼 아그립바 대왕은 클라우디오스가 넓게

확장시켜 준 왕국을 3년간 다스렸던 것이 분명하다. 더우기 아그립바 대왕은 클라우디우스가 베풀어 준 호의에 감격하여 클라우디우스를 사랑하는 자(*A lover of Claudius*)라는 칭호를 스스로 듣기 원했던 것이 분명하며, 헨리 노리스(Henry Noris)가 고대 주화를 통해 입증한 것처럼 가바(Gaba)와 티베리아스(Tiberias) 같은 그의 왕국 내의 도시들을 클라우디안 도시들(*Claudian cities*)이라고 부르기까지 하였다.

저자는 한때 이탈리아 내의 독일인의 영광(the glory of the Germans in Italy)이라고까지 불렸던 루카스 홀스테니우스(Lucas Holstenius)가 바르베리니(Barberini)의 보고에서 발견한 주화도 바로 이 아그립바 왕을 가리키는 것으로 생각된다. 이 주화의 앞면에는 BA-ΣΙΛΕΥΣ ἩΡΩΔΗΣ (헤롯 왕, *King Herod*), 이면에는 ΚΛΑΥΔΙΑ ΚΑΙΣΑΡΕΑ (클라우디안 가이사랴, *the Claudian Cesarea*)라고 쓰여져 있다.

17. 사도행전 12장에 언급되고 있는 헤롯은 요세푸스가 아그립바 대왕(Agrippa the Great)이라고 부른 바로 그 인물이다. 비록 하르된이 요세푸스의 증언을 늘 무시했듯이 이번에도 그의 증언을 받아들이기를 거절한다 하더라도 고대 수리아 해석자의 의견은 무시하지 못할 것이다. 그 고대 수리아 해석자는 해석자라기 보다는 주석자(a paraphrast)로서 사도행전 12:1의 불분명한 문맥을 주해하면서 "아그립바라고 불리는 헤롯 왕"(*Herod the king, who was named Agrippa*)이라고 분명히 밝혔다. 그 이상의 고대의 권위 있는 기록을 찾아볼 수 없을 만큼 고대의 권위 있는 역본이 이같이 분명하게 밝히고 있는데 어디서 더 명백한 증거를 찾을 수 있겠는가? 이 역본의 모든 사본들에는 이에 대한 이문(異文)이 전혀 나타나지 않는다. 따라서 후대의 삽입이거나 후대의 발상일 여지는 조금도 없다.

18. 하르된이 고대 주화로부터 요세푸스의 헤롯 왕가의 역사를 뒤집을 만한 어떤 증거도 제시하지 못하고 있으므로 사도행전 12장의

논문 V

헤롯은 아리스토불루스의 아들인 헤롯 아그립바(Herod Agrippa)로 보아야 한다. 즉 클라우디우스 케사르가 조부인 헤롯 대왕의 왕국을 하사한 바로 그 헤롯 아그립바로 간주해야 한다는 말이다. 헤롯 아그립바는 황제를 저주한 죄 때문에 디베료 황제에 의해 투옥되었다가 카이우스 케사르의 호의로 석방되어 리사니아스와 빌립의 분봉국을 다스리는 왕으로 임명되었다. 그 후 3년 만에 헤롯 아그립바는 분봉왕 헤롯의 분봉국을 하사받았으며, 그로부터 얼마 안 지나 클라우디우스로부터 유대와 사마리아까지 다스리는 권한을 부여받았다. 그리하여 그는 비극적인 죽음을 당하기까지 3년 동안을 전 팔레스틴 혹은 온 이스라엘 땅을 다스렸다. 그의 죽음에 대해서는 누가는 물론 요세푸스도 글을 남기고 있다. 물론 누가만큼 상세하지 못한 것은 사실이다. 유대 고대사 19권 결론부와 디오 카시우스(Dio Cassius) 59권 p. 645와 60권 p. 670을 참조하도록 하라.

19. 여기서 우리는 한 가지 증거를 더 살펴보고 넘어가는 것이 좋을 것 같다. 즉 요세푸스 당시대의 인물로 요세푸스와는 철천지 원수지간인 티베리아스의 유스투스(Justus of Tiberias)의 증언을 살펴보도록 하자. 그러나 그는 요세푸스처럼 분봉왕 헤롯과 헤롯 아그립바를 별개의 인물로 나누고 있다. 포티우스(Photius)는 그의 저서 비블리오테카(Bibliotheca)에서 자신의 저서인 크로니콘(Chronicon), 코드(Cod) XXXIII을 인용하면서 다음과 같이 말하고 있다:

"유스투스는 그의 역사서를 모세로부터 시작해서 헤롯 왕가의 일곱번째 통치자요 유대의 마지막 왕인 아그립바의 죽음까지 적고 있다. 아그립바는 클라우디우스 황제에게서 왕국을 하사받았으며 네로 황제의 통치 하에서 왕국을 확장했고 베스파시안 황제 하에서 그 영역을 더 넓혔다. 그리고 트라얀 황제 재위 제3년에 세상을 떠났다."

즉, 이상의 말은 아그립바 2세(Agrippa junior)가 헤롯 왕가의 일곱번째 통치자로 클라우디우스 황제 때 통치를 시작해서 트라얀 황제 제 3년에 세상을 떠났다는 것이 그 요지이다. 그런데 이것은 요세푸스의 기사와 일치한다. 즉 요세푸스가 I. 헤롯 대왕, II. 아켈라오,

요세푸스

III. 빌립, IV. 안티파스, V. 아그립바 1세(Agrippa the elder), VI. 칼키스의 헤롯(Herod of Chalcis), VII. 아그립바 2세(Agrippa junior)로 헤롯 왕가의 연대기를 잡은 것과 일치한다는 말이다.

20. 하르뒨은 사도행전에 언급된 헤롯이 유대를 통치했다는 사실을 부인한다. 즉 한 번 로마 속주로 편입되면 왕국으로 다시 회복될 수 없다고 주장하고 있다. 그러나 로마의 속주로 편입되었다가도 후에 속주의 형식이 폐지되고 왕국이 회복된 예가 아시아(Asia)와 길리기아(Cilicia)와 본도(Pontus)와 수리아 콤마게나(Syria Commagena)에서 어디 한두 번 있었던가! 이 같은 역사적 실례들을 본 논문의 저자의 저서인 고대 역사(Antiqua Historia)에 추가된 도표에서 찾아볼 수가 있을 것이다.

하르뒨은 빌라도 총독이 예수 그리스도를 결박해서 보낸 분봉왕 헤롯은 예루살렘에 거주한 일종의 객(stranger)에 불과했다고 주장한다. 그는 또한 케사르의 총독이 시민법에 관련된 문제가 아니라 유대 종교에 관련된 문제 때문에 그 당시 갈릴리의 총독으로 우연히 예루살렘에 와 있었던 분봉왕 헤롯에게 제자들을 보낸 것으로 해석하고 있다(사도행전 12장). 그러나 이 같은 하르뒨의 주장은 누가의 사도행전 12장의 기록을 분명하게 해석하지 못한 것이다. 만일 하르뒨의 주장대로 사도행전 12장의 헤롯이 분봉왕 헤롯이요, 또한 분봉왕 헤롯이 예루살렘에서는 단지 객(손님, stranger)에 지나지 않았다면 무슨 권위로 로마 총독의 병사들을 처벌할 수 있었겠는가? 사도행전 12:19을 보면 헤롯이 임무를 다하지 못했다는 이유로 에켈류세 아파크테나이($ἐκέλευσε\ ἀπαχθῆναι$), 즉 죽이라고 명했다고 되어 있다. 플리니(Pliny)는 트라얀 황제에게 보내는 서신(Epistle to Trajan)에서 기독교인에 대해 다음과 같이 쓰고 있다: "그들이 믿는 종교를 끝까지 버리지 않는 그리스도인들은 제가 죽이라고 명령했습니다." 이에 대해서는 저자가 전에 그에 대해 주를 단 것을 참조하도록 하라. 수리아 역본은 사도행전 12:19을 아래와 같이 분명하게 설명하고 있다: "그는 간수들을 유죄로 선언하고 죽이라고 명했다." 더우기 사도행전 12장의 헤롯이 예루살렘에서 객일 수밖에 없는 분봉왕 헤롯이라면 그가 무슨 이유로 예루살렘에서 가이사랴로 가서 마치 그 곳이 자신의 왕궁인 양 그 곳에 디에트리젠(διετριζεν), 즉 거하였을까(inhabit)? 유대가 속주였다면 가이사랴는 로마 총독의 통치 중심부이지 결코 갈릴리 총독의 통치 중심부가 아닌 것이다. 이 같은 점은 벨릭스(Felix)와 페스투스(Festus)의 역사를 볼 때 분명히 알 수가 있다.

21. 하르뒨이 자신의 주장의 근거로 제시한 고대 주화, 즉 ΒΑΣΙ-ΛΕΥΣ ΜΕΓΑΣ ΑΓΡΙΠΠΑΣΦΙΛΟΚΛΑΥΔΙΟΣ(아그립바 대왕, 클라우디오스의 연모자, *The great king Agrippa, the lover of Claudius*)이라는 명각(銘刻)이 새겨진 주화는 오히려 요세푸스의 주장을 지지하고 있다. 만일 이 주화의 증거처럼 그가 대왕(a great king)이라면 분봉왕 헤롯은 하르뒨이 인정한 갈릴리와 빌립의 분봉국의 두 분봉국보다 넓은 통치 영역을 소유했을 것이 분명하다. 왜냐하면 두 분봉국을 소유한 정도라면 대왕(a *great king*)은 커녕 그냥 왕(a *common king*)이나 심지어는 소왕(a *small king*)이라는 호칭조차도 어울리지 못했을 것이다. 그러나 요세푸스는 아그립바 왕을 그의 조부가 소유했던 왕국의 영토, 즉 전 팔레스틴에 걸치는 큰 왕국을 소유한 왕으로 묘사하고 있다. 이렇게 되어야 대왕이라는 거창한 이름에 겨우 들어맞는 셈이 된다.

22. 우리는 이미 분봉왕 헤롯의 종교에 대해 살펴보았다. 따라서 전 절에서 사도행전 12장의 헤롯이 분봉왕 헤롯이 아니라는 사실을 입증한 이상 사도행전 12장의 헤롯 아그립바의 종교에 대해 살펴보는 것도 유익할 것이다. 분봉왕 헤롯과 아그립바 왕을 동일 인물로 보는 하르뒨은 야고보를 살해한 헤롯이 유대인임을 부인하고 있다. 하르뒨은 그의 저서 p. 55에서 헤롯이 그리스도인들과 대적한 이유는 종교적인 이유 때문이 아니라 유대인을 기쁘게 해주기 위해서였다고 한 누가의 말(행 12 : 2)을 근거로 하여 그가 유대인도 개종자도 아니라고 단언을 내리고 있다. 그러나 그렇다면 유대인을 기쁘게 하려

403

고 애쓰는 자는 누구나 유대인이 아니란 말인가? 하르뒨의 논법대로라면 백성들의 인심과 호의를 사기 위해 자기 재산까지 처분한 인기 애국자들(popular patriots)이라고 불린 로마인들은 로마인일 수가 없다. 더우기 유트로피우스(Eutropius)의 말에 따르면 황제들도 로마인들의 환심을 사려고 꽤나 애를 썼다고 하는데 황제들도 로마인일 수가 없다.

23. 요세푸스가 유대 전쟁사 2권 11장 5절에서 말한 바를 따를 것 같으면 이 아그립바 왕의 형제가 칼키스의 왕 헤롯(Herod, the king of Chalcis)이다. 그런데 고대 주화의 전문가인 피터 세귄(Peter Seguin)은 칼키스 왕 헤롯의 주화를 발굴하여 발표하였다. 이 주화의 앞면에는 ΚΛΑΤΔΙΩ ΚΑΙΣΑΡΙ ΣΕΒΑΣΤΩ ET E, 즉 제 5년에 클라우디우스 케사르 아우구스투스께(To Claudius Cæsar Augustus in the fifth year)라는 글귀가 새겨져 있고, 이면에는 왕관을 쓴 왕의 얼굴 주위에 ΒΑΣΙΛΕΥΣ ΗΡΩΔ······ΥΔΙΟΣ, 즉 헤롯 왕 클라우디우스의 연모자(King Herod, the lover of Claudius)라는 문구가 새겨져 있다. 그러나 하르뒨은 그의 저서 p.58에서 칼키스 왕 헤롯이라는 인물이 존재하지도 않았을 뿐 아니라 칼키스 왕국이라는 왕국도 존재하지 않았다고 적고 있다. 하르뒨이 이같이 어리석은 주장을 되풀이 하는 것은 요세푸스의 주장은 거짓이라는 그의 기본 전제에 기인한 것이다. 그러나 요세푸스는 유대 고대사 19권 5장 1절에서 아그립바의 형제 헤롯이 칼키스의 지배자라고 밝히고 있을 뿐 아니라 유대 전쟁사 2권 11장 5절에서도 이 헤롯이 칼키스를 다스렸다고 적고 있다.

요세푸스가 유대 고대사 20권 1장에서 인용한 클라우디우스 황제의 서신을 보면 그는 왕(king)으로 호칭되어 있다. 어찌 되었든간에 이런 모든 문제의 핵심은 헤롯 아그립바가 클라우디우스 제 5년에 생존해 있었느냐는 질문에 달려 있다. 그러나 헤롯 아그립바가 클라우디우스 제 5년에 생존해 있었을 가능성은 없으며 유세비우스의 견해와도 일치하지 않는다. 유세비우스는 그의 저서 크로니콘

(Chronicon)에서 아그립바가 클라우디우스 제 4년에 세상을 떠났다고 적고 있다. 스칼리제(Scaliger)는 그의 저서 유세비우스의 크로니콘 혹평(Animadversions on that Chronicon) p. 189에서 [그리고 피어슨 [Pearson]은 Annal. Paulin. p. 51에서) 유세비우스의 연대 계산을 지지 옹호하고 있다. 더우기 뛰어난 명성을 구가하고 있는 디오 카시우스(Dio Cassius)는 그의 저서 60권 p. 670에서 "클라우디우스 케사르가 아그립바의 형제에게 확실하고 큰 통치권을 하사하였다"고 기술하고 있다. 여기서 아그립바의 형제란 요세푸스에 의하면 바로 칼키스의 헤롯(Herod of Chalcis)인 것이다(유대 고대사 19권 5장). 이처럼 디오까지도 유세비우스의 견해에 동의하는 마당에 우리는 굳이 요세푸스나 유세비우스의 견해를 배척할 하등의 이유가 없다.

24. 이제 우리가 마지막으로 살펴볼 인물들은 사도행전 25(23)장에 언급된 아들 아그립바와 그의 누이인 베니게(Bernice)이다. 아들 아그립바는 부친의 사망 소식을 들었을 때 17세의 젊은 청년이었고 로마의 클라우디우스 황제와 함께 있었다. 이 때 클라우디우스는 그를 부친의 후계자로 임명하려고 했으나 황제의 측근들이 "로마 제국 변경에 있는 유대국과 같은 왕국을 어린 청년에게 맡기는 것은 위험하다"고 충고하는 바람에 유대는 아그립바의 다른 영토들과 함께 다시 로마의 속주로 편입되기에 이르렀다. 그리고 쿠스피우스 파두스(Cuspius Fadus)가 총독으로 파견되었다. 요세푸스의 유대 고대사 제 19권 결론부를 참조하도록 하라. 그러나 하르튄은 여기서 유대가 다시 로마의 속주로 편입된 것을 부정한다. 즉 하르튄은 아우구스투스 황제 이후로 유대는 항상 로마의 속주로 편입되어 있었기에 왕국으로 회복되었다가 다시 속주로 편입된 적이 없다는 것이다. 이에 대해서는 우리가 앞서 반증(反證)을 했었다. 즉 아시아에서 왕국으로 회복되었다가 속주로 편입된 예가 여럿 있었음을 살펴보았다. 여기서 우리는 타키투스(Tacitus)의 역사서 5권 9장을 보도록 하자: "왕들이 죽고 그 세력도 미약해지자 클라우디우스는 유대 속주를 로마 기사들과 귀족(freed-men)을 보내 통치하게 하였

요세푸스

다."

25. 비록 부친이 죽은 즉시 왕국을 이어받지 못한 것은 사실이나 아그립바의 아들 아그립바 2세가 왕국을 얻지 못한 것은 아니었다. 요셉 스칼리제(Joseph Scaliger)는 유세비우스에 관한 그의 저서 p.189에서 이같이 말하고 있다: "부친이 죽은 후 왕국은 즉시 그에게 넘겨지지 않았으며 그가 성인이 되어 단독으로 통치를 할 수 있는 연령이 되기까지 오랫동안 그 왕국은 케사르의 이름으로 통치되었다."

스칼리제는 또한 타키투스의 연대기(Annals)를 인용하면서 다음과 같이 적고 있다: "그들의 왕들인 소헤무스(Sohemus)와 아그립바(Agrippa)가 죽자 이두래인들(the Itureans)과 유대인들(Jews)은 수리아 속주에 편입되었다. 그런데 여기서 한 가지 주의해야 할 점이 있다. 여기서 이두래인들은 영원히 수리아 속주(the province of Syria)에 편입되었으나 유대인들은 아그립바2세(Agrippa junior)가 성년이 되어 스스로 통치를 할 나이에 이르렀을 때까지만 수리아 속주에 편입되었다는 점이다. 그러나 이 기간이 불과 아그립바1세가 죽은 후 5년 동안밖에 안 된다고 타키투스는 말하고 있다. 그러나 코르넬리우스 타키투스(Cornelius Tacitus)가 그 연대기(Chronology)에 있어서나 열국의 역사(History of other Nations)에 있어서 한두 번도 아니고 여러 번 그것도 큰 오류를 범하고 있다는 사실을 모르는 사람이면 모를까 누가 이를 믿을 수 있겠는가?"

본 논문의 저자는 스칼리제 같은 위대한 학자가 이 같은 말을 한 것이 애석하기 그지없다. 왜냐하면 이 점에서는 요세푸스와 타키투스가 잘 일치하고 있기 때문이다. 우리가 앞서 요세푸스와 유세비우스의 글을 통해서 살펴본 대로 아그립바 1세의 사망 연도는 클라우디우스 황제 재위 제 4년이다. 당시 17세였던 아그립바 2세는 그의 부친을 계승하여 즉시 왕위에 오르지 못했으며 수리아 속주에 편입되기에 이르렀다. 그러나 폼페이우스(C. Pompeius)와 베라니우스(Q. Verannius)가 집정관이었던 클라우디우스 재위 제 9년초에,

클라우디우스 황제는 곧 죽을 것이 분명한 칼키스 왕 헤롯, 그러니까 숙부 계승자로 아그립바의 아들 아그립바를 임명하였다. 그로부터 4년 후, 그러니까 클라우디우스 재위 제 12년에 클라우디우스는 아그립바 2세에게서 칼키스를 빼앗고 그 대신 리사니아스와 빌립의 분봉국, 즉 트라코니티스(Trachonitis)와 바타네아(Battanea)와 아빌레네(Abilene)를 하사하였다. 반면에 유대와 사마리아와 갈릴리와 같은 통치권 안에 있었던 그 밖의 지역들은 예루살렘이 멸망되기까지 로마 총독의 지배를 받았다. 요세푸스의 유대 고대사 20권 5장 등을 참조하도록 하라. 어쨌든 아그립바 2세는 클라우디우스 재위 제 9년부터 트라얀 재위 제 3년까지 50년간 나라를 다스렸다. 우리가 앞서 살펴본 대로 포티우스는 그의 저서 비블리오테카(Bibliotheca) 코드(Cod) XXXIII에서 요세푸스와 동시대 인물인 티베리아스의 유스투스(Justus of Tiberias)의 글을 다음과 같이 인용하고 있다: "유스투스는 그의 역사서를 모세로부터 시작해서 헤롯 왕가의 일곱번째 통치자요 유대의 마지막 왕인 아그립바의 죽음까지 적고 있다. 아그립바는 클라우디우스 황제에게서 왕국을 하사받았으며 네로 황제의 통치 하에서 왕국을 확장했고 베스파시안 황제 하여서 그 영역을 더 넓혔다. 그리고 트라얀 황제 재위 제 3년에 세상을 떠났다."

이 아그립바 2세의 주화는 지금까지도 많은 양이 남아 있다. 이 주화들에는 베스파시안, 티투스, 도미티안 황제의 초상이 새겨져 있다. 이 주화들은 저자의 큰 후원자인 에즈키엘 스판하임(Ez. Spanheim)의 저서 De Præst. et Usu Numismatum, p. 864에 잘 나타나 있다. 이 주화들 가운데 베스파시안의 초상이 새겨져 있는 주화의 이면에는 ΣΤΟΥ ΚΘΒΑ ΑΓΡΙΠΠΑ(아그립바 왕 저 29년, *In the twenty-ninth year of king Agrippa*)라는 문귀가 들어 있는데 이는 그가 매우 오랫동안 나라를 다스렸음을 보여 주고 있다.

26. 이제 헤롯 왕가의 역사와 왕들의 순서와 계승에 관해서는 이 정도로 마치도록 하자. 그리고 하르된이 요세푸스에게 이의를 제기하는 부분 중 나머지 부분에 대해서 살펴보도록 하자. 하르된은 요세

요세푸스

푸스의 진실성을 의심하면서 안티파스(Antipas)의 이름이 우리가 본 논문 13절에서 살펴본 주화들의 명각(銘刻)에 나타나지 않음은 물론 다른 주화들에도 나타나지 않는다고 주장한다. 그러나 하르퇸의 주장이 사실이라면 안티파스는 물론 아켈라오의 이름도 의문시되어야 한다. 왜냐하면 하르퇸 자신도 고백했듯이 어느 고대 주화에서도 아켈라오의 이름을 찾아볼 수 없을 뿐 아니라 오히려 디오 카시우스의 글에서는 아켈라오라는 이름 대신 헤롯이라는 이름이 등장하기 때문이다.

벤 고리온(Ben Gorion)은 그의 저서 63장의 초두에서 안티파스(Antipas)라는 이름이 어떤 이름인가를 밝히고 있다. 벤 고리온은 안티파테르(Antipater)라고 부르고 있다. 우리가 플리니의 서신들(Pliny's Epistles)에서 볼 수 있듯이 여기에서 안티파스라는 이름이 나온 것이다. 플리니의 서신 X, 5을 보면 보면 하르포크라테스(Harpocrates)라는 이름에서 하르포크라스(Harpocras)라는 이름이 파생된 것으로 나타나 있다. 하르퇸은 또한 요세푸스가 어떤 곳에서는 안티파스가 골 지방으로, 어떤 곳에서는 스페인(Spain)으로 추방되었다고 하는 등의 모순을 보이고 있다는 이유로 요세푸스를 거짓 역사가로 부르고 있다. 그러나 이 같은 모순을 설명하는 일은 그리 어렵지 않다. 아마도 안티파스는 처음에는 골(Gaul) 지방으로 추방되었을 것이다. 그러다가 형량(刑量)이 가중되어 그의 고향으로부터 가장 멀리 떨어진 스페인으로 추방된 것이 아닌가 생각한다. 벤 고리온은 그의 저서 63장에서 (요세푸스의 유대 전쟁사에 나오는) 지명(地名)들을 확인시켜 주고 있는데 안티파스가 스파라드(Sepharad) -유대인의 언어로는 스페인임- 라고 부르는 곳으로 추방되었다는 사실도 함께 확증해 주고 있다.

그 밖에도 하르퇸은 한 야만 민족을 다스리는 소왕(小王)이 로마 원로원의 도움을 받는 것도 쉽지 않은 일인데 아그립바가 왕국을 얻는 데 클라우디우스의 협조가 있었다고 하는 것은 도무지 납득이 가지 않는다는 이유로 요세푸스의 진실성을 의심하고 있다. 그러나 디오 카시우스는 그의 저서 60권 p. 670에서 요세푸스의 견해를 옹호하고 있다. 그는 클라우디우스를 언급하면서 "그가 당시 로마에 우연히 거주하였던 아그립바에게 은혜를 베풀어서 팔레스틴의 한 왕국을 하사해 주었다"고 밝히고 있다.

27. 하르된은 헤롯이 예루살렘 성전을 건설했다는 요세푸스의 기록은 헤롯을 추켜 세우기 위한 요세푸스의 날조 행위라고 그를 맹비난하고 있다. 그러나 헤롯이 성전을 재건한 사실이 허위가 아님은 성경 기자에 의해서도 분명히 입증되고 있다(요 2 : 20). 46년간의 공사로 지어진 성전이라는 말은 4년 만에 완공된 스룹바벨의 성전 건축을 의미하는 것이 아니다 (스 6 : 15). 유대가 로마 속주로 편입되면서 성전의 보수가 그친 것도 아니며, 로마 총독의 감독 아래서 성전 보수가 이루어진 것도 아니다. 왜냐하면 로마 황제들이 아그립바 1세가 죽은 후에 그랬던 것처럼 성전을 관리하는 일과 종교에 관련된 일은 유대의 귀족들에게 맡겼기 때문이다. 그 당시 클라우디우스 황제는 이 일을 아그립바 1세가 죽자 그의 형제인 칼키스 왕 헤롯에게 일임하였다(유대 고대사 20권 1장 3절) 이 같은 특권은 아그립바 2세를 이어 예루살렘 멸망에 이르기까지 유대인 왕들에게 하사되었다. 유대 고대사 20권 7장과 특히 8장 2절을 참조하라. 그곳을 보면 헤롯이나 아그립바가 유대와 예루살렘에 관해서는 하등의 권리 행사도 할 수 없는 처지였음에도 불구하고 클라우디우스 황제가 성전을 관리하는 일을 아그립바 왕에게 맡겼음을 알 수가 있다. 그 당시 유대와 예루살렘은 로마 총독의 직접 관할하에 있었다.

28. 하르된은 요세푸스가 지명(地名)에서 큰 오류를 범했다고 생각했다. 하르된은 요세푸스가 팔레스틴의 가이사랴를 페니키아(베니게)에 위치한 것으로 보았다는 이유로 요세푸스가 팔레스틴을 가 본 적도 없는 인물이라고 혹평하고 있다. 이 무슨 듣지도 보지도 못한 비난인가! 만일 요세푸스가 비난받아야 마땅하다면 먼저 지형학의 왕(the prince of geographers)인 스트라보(Strabo)부터 비난받아야 한다. 스트라보는 그의 저서 16권 p. 520에서 코엘레수리아(Coelesyria)

409

요세푸스

로 건너가려면 페니키아(베니게)를 통과해야 한다고 밝히면서 도시들을 언급하고 있다. 그는 p. 523에서는 페니키아의 도시들에 대한 묘사로 결론을 맺고 있는데 그 중에는 다음과 같은 글이 나타난다: "아케(톨레마이스, 돌레마이, Ptolemais) 다음에는 항구를 갖춘 스트라토 망대가 있다." 그런데 바로 이 스트라토 망대가 가이사랴인 것이다. 게다가 플리니의 서신 V, 13을 보면 "스트라토의 망대는 가이사랴와 동일한 지명이며, 헤롯이 건축한 것입니다"라고 되어 있다. 요세푸스의 주장이 스트라보의 의견과 동일하다면 도대체 무슨 근거로 요세푸스를 비난하는 것인가? 비록 어떤 지형학자들은 페니키아의 영역을 좁게 보기는 하지만 어떤 지형학자들과 역사가들은 페니키아의 영역을 남쪽으로 확대해서 보고 있다. 리비(Livy)의 저서 35권 13장을 보면 이와 같은 글이 있다: "안티오쿠스 왕이 페니키아의 라피아(Raphia)에서 애굽 왕 톨레미에게 딸을 시집보냈다. 그리고는 겨울이 지나자 에베소로 갔다." 여기서 라피아는 애굽 변경에 가까운 해변의 도시인 데도 불구하고 페니키아 내의 도시로 보고 있음을 유의해야 한다.

29. 하르뒨은 하스모네안 왕국(the *kingdom of the Hasmoneans*)이 허위라는 이유로 요세푸스를 비난한다. 그러나 요세푸스 훨씬 이전의 인물인 스트라보는 그의 저서 16권 p. 524에서 수리아와 유대의 기사를 다루는 과정에서 "알렉산더가 제일 처음으로 제사장이 아닌 왕으로서 행세하였다"고 밝히고 있다. 여기서 알렉산더는 힐카누스와 아리스토불루스의 부친인 얀네우스(Jannæus)를 가리키고 있는 것이다. 이것만으로도 요세푸스가 거짓 역사가라는 하르뒨의 비난은 설 자리가 없어졌다. 물론 스트라보의 위 증언이 모두 옳은 것은 아니다. 즉 알렉산더가 스스로 왕관을 쓰고 왕으로 행세한 첫 인물이 아니라는 점이다. 이미 그의 형제인 아리스토불루스가 왕으로 행세하였기 때문이다(유대 고대사 13권 10장 7절의 주를 보도록 하라). 하르뒨은 고대 주화에서 하스모네안 왕가의 왕들의 주화를 보지 못했기 때문에 그 같이 주장한 것이 분명하다. 그러나 이런 식으로 고대

주화에 나타나지 않는다고 해서 그 존재 사실을 부인한다면 역사의 주요 사실들조차도 부인되어야 할 것이다. 예를 들어 알렉시우스 콤네누스(Alexias Comnenus)가 발견한 트라페준타인 제국(Trapezuntine empire)을 들 수가 있다. 이 제국은 콘스탄티노플이 라틴족에게 정복되어 세워진 제국으로서 무려 250년간이나 지속되었다. 그러나 이 제국은 지금까지 어떤 고대 주화의 증거도 찾을 수가 없다. 고대 주화의 전문가들조차도 이 제국의 주화를 본 적이 없다고 부인하고 있다. 그러나 그럼에도 불구하고 니케타스(Nicetas), 그레고라스(Gregoras), 파울루스 베네투스(Paulus Venetus), 칼코콘디레스(Chalcocondyles) 등은 이 제국을 허구의 제국으로 보지 않는다.

30. 마지막으로 하르된은 요세푸스에게 문법적 잘못이 있다고 혹평을 가한다. 그는 이같이 말한다: "나는 $A\gamma\rho\iota\pi\pi\alpha$의 속격은 $A\gamma\rho\iota\pi\pi\sigma\upsilon$로 본 요세푸스의 파격 어법(solecism)에 대해서는 더 이상 할 말이 없다. 물론 요세푸스가 자기와 동시대의 왕이라고 주장하고 있는 아그립바 왕의 주화에 이런 어형(語形)이 나타나는 것은 사실이다." 그러나 이것이 헬라어에 뛰어난 저술가들이 사용한 파격 어법은 아니다. 이 같은 형태의 이름에는 두 가지 형태의 속격이 있다. $A\gamma\rho\iota\pi\pi\alpha$라는 형태의 속격은 사도행전 25:23과 크시필린(Xiphiline), 그러니까, 스티픈 판(Stephens's edition)은 p. 222, 그리고 실부르기우스(Sylburgius) 판은 p. 322에서 찾아볼 수가 있다. 그렇다고 해서 $A\gamma\rho\iota\pi\pi\sigma\upsilon$라는 형태의 속격이 파격 어법인 것도 아니다. 이 형태는 플루타르크(Plutarch)뿐 아니라 디오 카시우스(Dio Cassius)와 알렉산드리아의 아피안(Appian of Alexandria)과 소나라스(Zonaras)까지도 사용하고 있다. 그렇다면 하르된은 이 저술가들도 파격 어법을 저질렀다고 비난할 것인가? 이 같은 것은 $-\alpha\varsigma$로 끝나는 고유 명사, 즉 $A\iota\nu\epsilon\iota\alpha\varsigma$, $'A\rho\epsilon\tau\alpha\varsigma$, $M\alpha\iota\kappa\eta\nu\alpha\varsigma$ 같은 이름들에서도 마찬가지 현상을 볼 수가 있다. 테오도루스 가자(Theodorus Gaza)는 Isagog. 1권 p. 4에서 $A\iota\nu\epsilon\iota\alpha\varsigma$는 $A\iota\nu\epsilon\iota\alpha\varsigma$의 변화형이라고 말하고 있다.

고대 연구가로 저명한 앤드류 모렐리우스(Andrew Morellius)는

요세푸스

그의 스페시미나(Specimina) 도표 23에서 최근에 발굴된 주화의 BA-ΣΙΛΕΩΣ ΑΡΕΘΟΥ ΦΙΛΕΛΛΗΝΟΣ라는 글귀를 소개하고 있다. 디오 카시우스도 위에 인용된 저서에서 Μετά τε τας 'Αγρίππας, καὶ τας Μαικήνας라고 쓰고 있다. 요세푸스가 하르된이 옳다고 생각하는 형태의 속격 어형을 모른 것은 아니다. 그 한 예로 유대 고대사 14권 2장의 Πέτρα, τὰ Βασίλεια τας Αρέτα를 들 수가 있다.

31. 하르된은 요세푸스가 헤롯의 영아 살해 사건을 언급하지 않은 것을 볼 때 그가 신약 성경을 읽지 않은 것 같다고 추론하고 있다. 심지어는 스칼리제(Scaliger)도 그의 유세비우스 혹평(Animadversions on Eusebius) p. 176에서 다음과 같이 말하고 있다: "그와 같이 잔인한 영아 살해 사건을 요세푸스가 언급하지 않은 것은 이상하다. 특히 헤롯 대왕의 야만성을 적나라하게 드러냈으면서도 그 사건을 기록하지 않은 것은 이해하기 힘들다." 본 논문의 저자도 이 점에 대해서는 의아하게 생각한다. 그러나 이것을 하르된처럼 요세푸스의 허구성을 보여주는 증거로 생각하지는 않는다. 그 원인은 아마 다른 여러 가지가 있을 것이다. 만일 이에 대해 누군가의 잘못이 있다면 그것은 요세푸스의 잘못이 아니라 다메섹의 니콜라우스(Nicolaus of Damascus)의 잘못으로 보아야 한다. 요세푸스는 다메섹의 니콜라우스의 기록을 충실하게 따랐다. 그런데 다메섹의 니콜라우스는 헤롯의 친구였고 아우구스투스 앞에서 헤롯을 변호한 증인이었으며 헤롯 생포 당시에 역사를 기록했기 때문에 이 영아 살해 사건은 생략했음이 분명하다. 그런데 요세푸스 자신도 솔직이 시인했듯이 다메섹의 니콜라우스의 기록을 충실히 참조하다 보니 이 사건을 그만 잊어 버린 것 같다. (그러나 여기에 오류가 있다) 저자 (켈라리우스가 아닌 휘스톤을 가리킴 - 역자 주)가 권위 있는 기록(Authent Rec.) p. 954-960과 논문 I에서 입증한 바와 같이 요세푸스는 유대 고대사 집필 당시 에비온파 그리스도인이었다. 따라서 공관 복음은 믿지 않았고 나사렛파 혹은 에비온파의 히브리 복음서(*Gospel according to the Hebrews*)만을 믿었다. 이 히브리 복음서는 헤롯의 영아

논문 V

살해 사건 훨씬 이후인 세례 요한의 사역부터 시작하고 있다. 요세푸스는 헤롯에게 아부하는 다메섹의 니콜라우스(Nicolaus of Domascus)의 역사만을 참고한 것이 아니라 그 밖의 중요 역사 자료들도 참조하였다. 유대 고대사 16권 7장 1절의 주를 참조하도록 하라. 요세푸스는 이 영아 살해 사건이나 그 밖의 그 당시의 주요 사건들을 고의적으로 생략한 것이 아니라 단지 히브리 복음서가 제시하는 대로만 역사를 기술한 것 같다.

주의. 한 마디로 요약하면 켈라리우스의 위 논문은 요세푸스의 평가를 절하하려고 시도한 하르된의 허위성을 여지없이 드러내 보여 주었다. 그리고 위 논문은 요세푸스가 그 당시의 역사와 헤롯 왕가의 역사에 대해 분명하고 확실한 지식을 가지고 있었을 뿐 아니라 그 당시의 역사 기록을 충실하게 따랐음을 보여 주었다.

주의. 신약 성경과 요세푸스는 헤롯 대왕의 후계자를 아켈라오라고 호칭하고 있으나 디오(Dio)가 제시하는 한 고대 주화에는 그를 헤롯으로 명명하고 있다(본 논문 8절을 보라). 또한 신약 성경과 한 고대 주화는 요세푸스가 아그립바 대왕이라고 부른 왕을 그냥 헤롯으로 호칭하고 있다.

한편 분봉왕 헤롯에게 아내를 빼앗긴 분봉왕 헤롯의 형제인 빌립(신약 성경이 이렇게 호칭함)을 요세푸스는 헤롯이라고 부르고 있다. 이를 종합해 볼 때 어떤이들은 헤롯 대왕의 후손들을 그냥 헤롯이라고 호칭한 반면에 어떤이들은 아켈라오, 안티파스, 아그립바, 빌립 등의 개별명으로 부르고 있는 것을 알 수가 있다. 따라서 이 같은 사실을 염두에 두고 비교·종합해 보면 모순을 쉽게 해결할 수 있을 것이다.

1737년 4월 28일

윌리암 휘스톤
(William Whiston)

요세푸스의 저서에 언급된

유대도량형

요세푸스의 저서에 언급된 유대도량형

유대 도량형(Jewish weights and measures)을 살펴보기에 앞서 이에 관련된 요세푸스의 글 가운데서 기준점을 제공해 줄 만한 부분들을 나열해 보도록 하자.

유대 고대사 3권 1장 6절을 보면 오멜(Omer)이 나온다. 1 오멜(omer)은 한 앗사론(Assaron) 1/10딜(deal) 즉 1/10바드(Bath) 혹은 1/10에바(Epha)에 해당된다.

유대 고대사 3권 6장 6절을 보면 1앗사론(혹은 오멜)이 7아틱 코툴래(Attic Cotulæ)에 해당됨을 알 수가 있다.

유대 고대사 3권 6장 7절을 보면 히브리어로 등대를 킨카레스(Chinchares)라고 하는데 이것은 1달란트(Talent) 즉 100마네(Manehs) 혹은 100므나(Mnas, 혹은 100 파운드[pounds])에 해당된다.

유대 고대사 3권 8장 2절을 보면 1시크루스(Siclus) 혹은 1 세겔(Shekel)이 4아틱 드라크마(Attic Drachmæ)에 달한다고 나와 있다.

유대 고대사 3권 8장 10절에서 요세푸스는 대릭(Darics)이라는 고대 주화를 언급하고 있다.

유대 고대사 3권 9장 4절에서는 1힌이 2아틱 코우세스(Attic Chouses) (혹은 2로마 콩기우스[Roman Congii])에 해당된다고 말하고 있다.

유대 고대사 3권 15장 3절을 보면 70코리(Cori, 혹은 70코멜

417

[Chomers])가 31 시실리안(Sicilian), 41아틱 메디므니(Attic Medimni)에 해당된다고 기술되어 있다.

유대 고대사 8권 2장 8절을 보면 1바두스(Badus) 혹은 1바드(Bath)은 72섹스태(Xestæ, 혹은 72섹스타리[Sextaries])에 해당된다고 적혀 있다.

유대 고대사 9권 4장 5절을 보면 1스아(Seah) 혹은 1사톤(Saton)은 1½ 모디우스(Italian Modius)에 달한다고 쓰여져 있다.

유대 고대사 14권 7장 1절을 보면 1마네(Maneh) 혹은 1므나(Mna)는 2½리트래(Litræ) (혹은 2½리브래(Libræ, 혹은 2½파운드(Pounds)] - 여기서 (리트래는 12아브와뒤쁘와 온스(Avoirdupois ounces)에 해당됨-에 해당됨을 알 수가 있다.

유대 고대사 15권 9장 2절을 보면 1코루스(Corus, 혹은 1코멜[Chomer])은 10아틱 메디미니(Attic Medimni)에 해당된다고 적혀 있다.

유대 전쟁사 2권 21장 2절을 보면 1두로·주화(a Tyrian coin)가 4아틱 드라크마(Attic Drachmæ)에 해당되며 유대 도량형으로 환산하면 1시크루스(Siclus) 혹은 1세겔(Shekel)에 해당된다고 되어 있다.

주의. 안토니우스 아우구스투스(Antonius Augustus)는 카르타고 주화(Carthaginian coins) 2개의 무게가 4드라크마(Drachmæ)나 요세푸스의 저서에 나오는 1세겔(shekel)에 해당된다고 말한다. 카르타고는 두로의 식민지였음이 최근에 밝혀지게 되었다. 컴버랜드(Cumberland)의 도량형(Weights and Measures) p. 106을 참조하도록 하라.

저자는 졸저 성전의 이모저모(Description of the Temples) 8장과 권위 있는 기록(Authentic Records) 2부 pp. 875-877에서 유대 1규빗(Jewish cubit)은 영국 도량형의 거의 21인치에 해당한다는 점과, 유대인들이 1규빗을 이보다 길게 잡았다고 생각할 만한 하등의 근거가 없다는 점과, 이런 사실로부터 유대의 길이 단위들을 쉽게 산출해 낼 수 있다는 점 등을 살펴보았다. 더우기 저자가 아는 한도 내에

유대의 길이 도량형

요세푸스의 저서에 언급된 유대도량형

	큐빗	인치	피이트	인치
큐빗(Cubit, the standard)		21	1	9
세렛, 큰 뼘(Zereth, or large span)	$\frac{1}{2}$	10.5	0	0
작은 뼘(Small span)	$\frac{1}{3}$	7	0	0
손바닥 길이(Palm, or hand's breadth)	$\frac{1}{6}$	3.5	0	0
인치, 엄지 손가락 넓이(Inch, or thumb's breadth)	$\frac{1}{18}$	1.16	0	0
디짓, 손가락 폭(Digit, or finger's breadth)	$\frac{1}{24}$	.875	0	0
오르키아(Ὀργυία), 길(or fathom)	4	84	7	0
에스겔의 간나(잔대)(Ezekiel's Canna, or reed)	6	126	10	6
아라비아 간나(Arabian Canna, or pole)	8	168	14	0
쇠누스(Schoenus, line, or chain)	80	1,680	140	0
안식일의 여행 허용 거리(Sabbath-day's journey)	2,000	42,000	3,500	0
유대 마일(Jewish mile)	4,000	84,000	7,000	0
스타디움, 펄롱(Stadium, or furlong)	400	8,400	700	0
파라상(Parasang)	12,000	252,000	21,000	0

* 컴버렌드(Cumberland's)의 도량형(Weights and Measures), p. 57, 58, 135, 136을 보라.

요세푸스

서는 요세푸스의 글 중에 위와 같은 결론을 무너뜨릴 만한 하등의 이유를 찾을 수가 없다. 규빗이라는 길이 단위의 기원과 그 밖의 다른 길이 단위들과 이들 상호간의 차이점들에 대해서 뿐 아니라 이 길이 단위들이 신체 부분들과 어떤 관련을 맺고 있으며, 키가 다르고 시대가 다를 때에는 이 길이 단위들이 어떤 값을 가지고 있었는지에 관해서는 라미(Lamy)의 성막과 성전(De Tabernac. et Templ.) 1권 1장 3절과 8장 9절, 그리고 저자의 권위있는 기록(Authentic Records)을 참조하도록 하라.

유대의 용량 단위

유대의 용량 단위를 확정(確定)하기에 앞서, 요세푸스가 항상 비교의 대상으로 삼았던 아틱(Attic)과 로마(Roman)의 도량형은 물론 왕국의 도량형을 입방 인치(cubical inches)와 파인트(pint) 혹은 파운드(pound) — 약 29입방인치(이 분량은 포도주 1파인트[wine pint], 포도주 1/2 쿼트[the half of wine quart], 포도주 1/8갤론[the eighth part of wine gallon]에 해당됨) — 와 비교해서 살펴보아야만 할 것 같다. 이 도표를 참조로 해서 독자들은 나름대로 다른 도량형으로 환산해 보아도 좋을 것이다.

주의. 요세푸스는 자신이 알고 있는 지식과 그의 구약 성경 사본을 근거로 하여 성전에 있는 기구인 놋바다(the brazen sea)가 반구로서 그 용량이 3,000바드(Baths), 즉 직경이 10규빗, 그리고 대략적으로 보아 원주가 30규빗이나 되었다고 그의 저서에서 적고 있다. 허드슨(Hudson) 박사에 의하면 요세푸스의 사본은 헬라어 사본이나 라틴어 사본을 막론하고 이 점에서는 차이가 나지 않는다고 한다. 우리가 소유하고 있는 열왕기상 7:23-26의 히브리어·헬라어 사본은 그 직경, 원주, 깊이에 있어서 요세푸스의 주장과 일치하고

요세푸스의 저서에 언급된 유대도량형

	큐빗, 입방인치	파인트(파운드)
포도주 갤런(Wine gallon contains)	231	7.96
곡식 갤런(Corn gallon contains)	272	9.38
쿨래우스 로마누스(Culaeus Romanus)	33,129.6	
메디므누스 아티쿠스(Medimnus Atticus)	2,484.72	85.68
암포라 로마나(Amphora Romana)	1,656.48	
모디우스 이탤리쿠스, -16 섹스타리(Modius Italicus, -16 Sextaries)	552	18.8
아틱 코우스(Attic Chous), 로마 콩기우스(or Roman Congius), 물 120온스, 아브와뒤쁘와에 해당(equal to 120 ounces of water, Avoirdupois)	207.06	.714
코에닉스(Choenix), -물 30온스(30 ounces of water)	51.76	1.78
코틸라 아티카, 물 10온스(Cotyla Attica, 10 ounces of water)	17.25	.59
섹스테스, 로마 섹스타리, -2 코틸레, -물 20온스 (Xestes or Roman Sextary, -2 Cotylae, -20 ounces of water)	34.5	1.18

421

요세푸스

있으며 사방이 둥근(round all about) 진짜 반구라고 밝히고 있다. 그러나 여기서 한 가지 차이가 나는 것은 그 용량이 2,000바드밖에 안 된다고 한 점이다.

한편 역대하 4:2-5의 히브리어·헬라어 사본들은 용량을 제외하고는 열왕기상 7:23-26과 동일하다. 역대하 본문은 요세푸스와 마찬가지로 용량이 3,000바드라고 적고 있다. 물론 제네바판 요세푸스가 놋바다의 용량을 2,000바드로 본 것은 부인할 수 없는 사실이다. 이에 대해 허드슨 박사는 제네바 판 편집자들이 이 수치를 어떤 사본에서 이끌어 낸 것이 아니라 열왕기상 7:23-26에서 이끌어 낸 것이 분명하다고 말하고 있다. 그러나 요세푸스가 1앗사론(Assaron) 혹은 1오멜(Omer)-1/10바드(Bath) 혹은 1/10에바(Epha), 출애굽기 16:36- 이 7(아틱) 코틸래([Attic] Cotylæ) 혹은 1207.5입방 인치(cubical inches)에 해당된다고 한 것을 볼 때 놋바다의 용량은 열왕기서 본문처럼 2,000바드에 해당함을 알 수가 있다. 사실 여기서 용량이 2,000바드냐, 아니면 3,000바드냐 하는 것만 문제가 될 뿐 다른 점에 관해서는 별 의심의 여지가 없다. 어쨌든 저자로서도 양쪽이 다 그럴 만한 증거들을 가지고 있기 때문에 어느 쪽이 옳다고 단언을 내릴 수가 없다. 따라서 저자는 현대 율법 학자들의 주장과 이에 근거한 현대 학자들의 견해를 거부하고 기하학의 계산 방법을 동원하여 유대의 1바드 혹은 1에바의 용량을 계산하려고 한다. 즉 놋바다가 용량이 2,000바드 혹은 3,000바드라는 두 가지 가설을 근거로 유대의 1바드 혹은 1에바의 용량을 산출하고 기타 다른 용량 단위도 산출해 내고자 하는 것이다. 이 같은 계산 방법이 저자가 보기에는 유대 율법학자들의 견해나 이에 근거한 현대 학자들의 주장보다 더 확실한 것이다. 10^3규빗, 즉 210^3인치(inches)는 9,261,000입방 인치(cubical inches)에 해당한다. 그런데 기하학자들에 따르면 직경과 한 면의 길이가 같다면 입방체(정육면체)와 구의 용량은 1 : 0.532, 즉 1000 : 532의 비율이 된다. 따라서 직경이 10규빗, 즉 210인치의 구(球)의 체적은 4,843,503입방 인치에 해당된다. 그러므로 이 구의 반인 반구(半球)의 체적은 2,421,751 입방 인치가 되는 셈이다. 이 수치를 앞에서 우리가 언급한 바 있는 놋 바다의 용량인 2,000 혹은 3,000이라는 수치로 나누면 1바드 혹은 1에바는 1210.911 입방 인치거나 807.274입방 인치거나 둘 중의 하나이다. 전자의 경우를 입방 규빗으로 환산해 보면 1/8 입방 규빗보다 조금 더 되는 2/23입방 규빗(the cube of the cubit)이 되며, 후자의 경우에는 1/11과 1/12입방 규빗의 가운데인 2/23입방 규빗이 된다. 이것을 다시 영국의 도량형으로 환산해 보면 전자는 41.74파인트 (혹은 파운드), 후자는 27.83파인트(혹은 파운드)에 해당된다. 컴버랜드의 도량형(Weights and Measures) pp. 86, 137을 참조하도록 하라. 따라서 저자는 다음의 도표에서 유대의 용량 단위를 입방 인치와 파인트(혹은 파운드)로 그리고 2,000바드의 경우와 3,000바드의 경우의 이중(二重)으로 환산하여 놓았다.

주의. 요세푸스의 현존하는 사본들의, 유대 고대사 8권 2장 8절을 보면 1바두스(Badus) 혹은 1바드(Bath), 즉 1/10코루스(Corus) 혹은 1/10코멜(Chomer)은 72섹스태(혹은 섹스타리, Xextæ or Sextaries), 즉 2484.72입방 인치—이것은 1메디무느스 아티쿠스(the Medimnus Atticus)에 해당됨—에 해당함을 알 수가 있다. 또한 유대 고대사 15권 9장 2절을 보면 10바드에 해당되는 1코루스(Corus) 혹은 1코멜(Chomer)은 10메디므니(Medimni)에 달한다고 기록되어 있다. 이같이 이상의 수치들은 두 구절에서 서로 일치하고 있으나 우리가 앞에서 계산한 수치들과는 큰 차이가 나고 있다. 더우기 유대 고대사 3권 15장 3절을 보면 70코리 혹은 70코멜(Chomers)이 31 시실리안 (Sicilian), 41아틱 메디므니(Attic Medimni)밖에 되지 않는다고 되어 있다. 이것을 입방 인치로 환산하면 1코루스 혹은 1코멜은 불과 1,454입방 인치에 지나지 않는다. 결국 17배나 차이가 나는 24847.2입방 인치와 1,454입방 인치가 마찬가지인 양 유대 고대사는 취급하고 있는 것이다. 결국 두 번째 수치도 우리의 계산과는 큰 차이가 난다. 이 두 수치들이 서로 엄청난 차이를 보이고 있으므로 저자는 이 두 수치들을 모두 버리고 앞

	3000바드인 경우		2000바드인 경우 요세푸스	
	큐빗, 입방큐빗	파인트, 혹은 파운드	큐빗, 입방큐빗	파인트, 혹은 파운드
바드, 혹은 에바(Bath, or Epha)	807.274	27.83	1210.911	41.74
코루스 혹은 코멜―10바드 혹은 에바(Corus, or Chomer,―10 Baths, or Epha)	8072.74	278.3	12109.11	417.4
스이, 사톤, ―⅓에바(Seah, or Saton, ⅓ of Epha)	269.091	9.266	403.64	13.994
스이, 사톤(요세푸스의 견해) ―1½모디우스 이탈리쿠스(Seah, or Saton, according to Josephus, ―1½ Modius Italicus)	828	28.3	828	28.3
힌, (유대 율법학자들의 견해) (Hin, according to the Rabbins) ―⅙에바(⅙ of Epha)	134.54	4.4633	201.81	6.694
힌, (요세푸스의 견해), 2아틱쿠스(Hin, according to Josephus, equal to 2 Attic Chouses)	414.12	14.3	414.12	14.3
오멜, 앗사론 ―1/10에바(Omer, or Assaron ―1/10 of Epha)	80.727	2.78	121.09	4.17
캅, ―1/18에바(Cab, ―1/18 of Epha)	44.859	1.544	67.288	2.316
록, ―1/72에바(Log, ―1/72 of Epha)	11.21	.39	16.81	.585
메트레테스, 혹은 수리아 퍼킨, 요 2:6(Metretes, or Syrian firkin, John ii. 6)	207	7.125	207	7.125

* 컴바렌드(Cumberland)의 도량형(Weights and Measures) pp. 86, 90, 91, 92, 137을 보라.

요세푸스의 저서에 언급된 유대도량형

에서 살펴본 기하학의 원리에 근거한 계산을 계속 따를 것이다.

주의. 요세푸스의 계산에 따른 1스아(Seah) 혹은 1사톤(Saton)은 유대 율법 학자들이 보는 1/3바드 혹은 1/3 에바 설(說)과는 크게 차이가 나서 놋바다의 용량을 3,000바드로 보고 계산해 낸 1바드 혹은 1 에바보다 그 용량이 크다. 그리고 놋바다의 용량을 2,000바드로 보고 계산해 낸 1바드의 용량으로 비교해 보더라도 요세푸스의 1스아(혹은 사톤)는 2/3바드(혹은, 2/3에바) 이상이 된다. 따라서 우리는 아직까지 이 점에 대해서는 말 그대로 오리 무중을 헤매고 있다.

주의. 1힌(Hin)의 용량을 많이 잡는 요세푸스의 견해는 출애굽기 30:22-33의 내용과 잘 부합한다. 즉 관유용 감람기름 한 힌(Hin)에 무려 마른 향품이 1,500세겔(혹은 750온스, 혹은 47파운드)이나 들어간 것을 볼 때 출애굽기 30:22-33의 내용에는 요세푸스의 견해가 잘 일치한다. 그러나 짙은 기름 1/4힌에 고운 밀가루 1/10딜 (혹은 에바)을 섞어 떡을 만들라고 한 출애굽기 29:40의 내용에는 1힌의 용량을 적게 잡은 유대 율법 학자의 견해가 더 적합해 보인다. 따라서 놋바다의 용량이 2,000바드인지 3,000바드인지 확정할 수 없는 것과 마찬가지로 저자는 1힌의 정확한 용량도 단정할 수가 없다. 그러므로 어느 한 쪽의 견해를 두둔하기보다는 양쪽의 견해를 균형 있게 강조하는 것이 좋을 것이다. 그러나 저자의 개인적인 견해는 3,000바드 쪽이다. 그렇다고 3,000바드 쪽의 견해가 2,000바드 쪽의 견해를 완전히 누를 만한 증거가 있는 것은 아니다. 그러나 하나님이 광야에서 한 사람의 만나 1인분을 1오멜(Omer)로 정한 것을 볼 때 놋바다의 용량을 2,000바드로 보고 계산한 1오멜의 용량보다는 3,000바드로 보고 계산한 1오멜의 용량이 더 타당해 보인다. 이에 대해서는 저자의 졸저 권위있는 기록들(Authent Records) 2부 pp. 880, 881과 컴버랜드의 도량형 pp. 87-88을 참조하도록 하라. 결국 전체적으로 볼 때 저자는 놋바다의 용량을 2,000바드로 보고 산출해 낸 계산 체계보다는 3,000바드로 보고 산출해 낸 계산 체계 쪽으로 기울어지는 것은 어쩔 도리가 없다.

요세푸스

유대의 도량형

유대의 1세겔(shekel)의 무게와 가치와 이에 근거한 다른 무게 단위와 주화들의 가치와 중량을 확정(確定)하기에 앞서 1세겔과 맞먹는 다른 중량 단위와 주화들을 먼저 살펴보도록 하자.

	실링	페니
4아틱 드라크마(4 Attic Drachmæ),		
브래우드(Breerwood)의 견해	2	6
베르나르드(Bernard)의 견해	2	8½
그리브스(Greaves)의 견해, 67그레인	2	9½
평균치	2	8
2 알렉산드리아 드라크마(Two Alexandrian Drachmæ),		
−4아틱 드라크마(4 Attic Drachmæ)	2	8
1 두로 주화(A Tyrian coin)	2	8
4 드라크마, 트로이 도량형, −240 그레인(Four Drachmæ, Troy weight,−240 grains)	2	7
4 드라크마, 아브와뒤쁘와(Avoirdupois)−219그레인(grains) 혹은 ½온스(ounce)	2	4¼
4 로마 데나리우스 혹은 펜스(Four Roman Denarii, or pence)	2	7
세겔(Shekel), 버나드(Bernard)의 견해	3	0
컴버랜드(Cumberland)의 견해	2	4¼
빌라판두스(Villalpandus)의 견해	2	9½
어셔 대감독(Abp. Usher)의 견해	2	5
드본셔 공작의 세겔(Duke of Devonshire's shekel)		
바커(Barker)가 중량을 달음	2	4½
1 세겔의 평균 중량(버나드 박사의 1세겔 중량 제외)	2	5¼
4 아틱 드라크마, 2 알렉산드리아 드라크마, 4트로이 드라크마, 4 아브와뒤쁘와, 1 두로 주화, 4 데나리우스, 수세겔의 평균치	2	6

요세푸스의 저서에 언급된 유대도량형

이제 유대의 주화와 중량 단위를 아래와 같이 도표로 살펴보도록 하자.

	파운드	실링	페니
스타테르(Stater), 시크루스(Siclus), 표준 성소 세겔 (or shekel of the sanctuary, the standard)	0	2	6
1세겔에 해당하는 1두로 주화(Tyrian coin), equal to the shekel)	0	2	6
브가, 반세겔 (Bekah, half of the shekel)	0	1	3
드라크마 아티카, $\frac{1}{4}$세겔 (Drachma Attica, one—fourth)	0	0	$7\frac{1}{2}$
드라크마 알렉산드리아(Drachma Alexandria), 다르크몬(Darchmon), 아다르크몬(Adarchmon), $\frac{1}{2}$(one-half)	0	1	3
게라(Gerah), 오볼루스(Obolus), $\frac{1}{12}$	0	0	$1\frac{1}{2}$
마네(Maneh), 므나(Mna),—100세겔(중량), —21900 트로이 그레인(grains Troy)			
마네(Maneh), 므나(Mna), 미나(주화) (Mina, coin)—60세겔(shekels)	7	10	0
은 1 달란트(Talent of silver)—3000세겔(shekels)	375	0	0
금 1 드라크마(Drachma of gold)	0	1	1
금 1 세겔(Shekel of gold)	0	4	4
금 1 다릭(Daric of gold)	1	0	4
금 1 달란트(Talent of gold)	648	0	0

주의. 신약 성경에 언급된 로마의 주화의 가치는 다음과 같다. 컴버랜드의 도량형 pp. 117, 118, 139를 참조하도록 하라.

	실링	페니	파딩
데나리우스(The Denarius)	0	7	3
아스, 아시스(Their As or Assis)	0	0	3.1
앗사리온(Their Assariun)	0	0	1.5
쿼드란(Their Quadrans)	0	0	.75
미테(Their Mite)	0	0	.333

요세푸스

주의. 고대의 증언들과 현재의 1세겔의 무게를 종합해서 고려해 볼 때 히브리 1세겔은 거의 4아틱 드라크마, 혹은 2 알렉산드리아 드라크마, 혹은 4 드라크마 트로이(Drachmæ Troy), 혹은 4아브와뒤쁘와(Avoirdupois), 혹은 1두로 주화(a Tyrian coin), 혹은 4데나리우스에 해당한다. 따라서 이것들의 평균치를 내보면 2 실링 6페니에 달한다. 물론 여기서는 주화로 쓰였던 것을 생각해서 어느 정도 마모되었을 것을 감안한 수치이다. 저자는 여기서 버나드 박사의 견해는 받아들이지 않았다. (버나드 박사와 딘 프리도(Dean Prideaux)는 1세겔이 3실링의 가치나 된다고 말하고 있다). 딘 프리도의 연결(*Connexion*), 서언(Pref.) pp. 20, 21을 참조하도록 하라.

물론 유대 율법학자들이 후대의 1세겔이 고대의 1세겔보다 1/5가량 더 컸다고 주장하고 있는 것은 사실이다. 그들은 후대의 1세겔이 적어도 2실링 10페니의 가치는 되었다고 주장하고 있다. (버나드 박사가 무게를 달아 본 바 있는 주화가 그에 속하지 않는다면) 아직까지 이 후대의 1세겔짜리 주화는 발굴되지 않았다. 따라서 더 증거가 나타나기 전에는 이 유대 율법 학자들의 주장을 받아들일 수가 없다. 비록 후대에 그 같은 주화가 주조되었다고 하더라도, 구약과 신약 시대, 그리고 요세푸스 시대의 1세겔의 중량과 가치 계산에 영향을 미치지는 못 한다. 유대 고대사 3권 8장 2절의 주를 참조하라.

저자는 유대의 금 1드라크마, 금 1세겔, 금 1달란트의 가치는 은의 가치보다 11배-19배까지 높게 잡지 않았다. 그러나 지금까지는 금의 가치를 은의 가치보다 무려 14, 15 심지어는 16배까지나 높게 잡았다. 더우기 구약 성경에 금화가 여러 번 언급된 것을 면밀히 검토하지도 않고 이렇게 높이 잡은 것이다. 저자의 졸저 "성전의 이모저모" 13장과 컴버랜드의 도량형 pp. 138, 139를 참조하도록 하라.

요세푸스가 민수기 7장에서 세겔 단위 대신 언급한 금화 1대릭의 가치에 대해서는 저자는 컴버랜드 감독의 견해를 따랐다. 이에 대해서는 컴버랜드의 저서 p. 115를 참조하도록 하라.

주의. 히브리 온 1달란트가 정확히 3,000세겔이라는 점은 이견의 여지가 없는 분명한 사실이다. 그런데 요세푸스의 현존하는 사본을 살펴보면 온 1달란트가 100마네, 혹은 100므나, 혹은 100미내(Minæ)에 해당된다고 적혀 있다. 이 마네(혹은 므나, 혹은 미내)를 파운드화 체계로 환산하면 1마네(므나 혹은 미내)는 30온스 혹은 60세겔에 해당한다. 이런 식으로 계산하면 히브리 온 1달란트는 무려 3,000달란트의 2배인 6,000달란트나 된다. 저자는 요세푸스가 이같이 큰 오류를 범했으리라고는 상상조차 할 수 없다. 도대체 어디서 이 같은 오류가 생겼는지 도저히 알 길이 없다. 저자가 보기에는 후대의 요세푸스의 교정자들이 요세푸스의 연대표뿐 아니라 요세푸스의 도량형까지도 제멋대로 뜯어 고치려고 무척이나 애쓴 흔적이 보이며 또 그만큼 성공을 거두기까지 했던 것처럼 보인다.

유대의 월력

요세푸스와 그 밖의 저술가들의 저서들 가운데 나타나는 유대 월력을 수로-마게도니아식 월명(月名)과 로마식 월명과 함께 아래 도표에 그려 보았다. 이것은 하버캠프판(Havercamp's Edition) 요세푸스 p. 407에 나오는 에즈키엘 스판하임(Ezekiel Spanheim)의 견해에 약간의 수정을 가한 것이다.

주의. 저자는 본 요세푸스 영역판에서는 주 그리스도 이전 시대는 주전(anno)으로, 그리스도 이후 시대는 주후(A. D.)로 표시하였다. 독자들 중 혹시 각 연도의 안누스 문디(Annus Mundi) 즉 세계 창조 연도(the year of the world) — 세계 창조를 제 1년으로 계

요세푸스

히브리 월명	수로 마케도니아 월명	로마 월명
(1.) 니산(Nisan)	산티쿠스(Xanthicus)	3– 4월(March and April)
(2.) 이야르(Jyar)	아르테미시우스(Artemisius)	4– 5월(April and May)
(3.) 시완(Sivan)	대시우스(Dæsius)	5– 6월(May and June)
(4.) 탐무즈(Tamus)	파네무스(Panemus)	6– 7월(June and July)
(5.) 아브(Ab)	루스(Lous)	7– 8월(July and August)
(6.) 엘룰(Elul)	고르피애우스(Gorpiæus)	8– 9월(August and September)
(7.) 티쉬리(Tisri)	휘페르베레태우스 (Hyperberetæus)	9–10월(September and October)
(8.) 마르케시완 (Marchesvan)	디우스(Dius)	10–11월(October and November)
(9.) 카슬레우(Casleu)	아펠래우스(Apellæus)	11–12월(November and December)
(10.) 테베트(Tebeth)	오디내우스(Audynæus)	12– 1월(December and January)
(11.) 세바트(Shebat)	페리티우스(Peritius)	1– 2월(January and February)
(12.) 아달(Adar)	디스트루스(Dystrus)	2– 3월(February and March)

* ( ) 브아달(Veadar), 제 2의 아달(Second Adar)이 윤달임.

산해서 누적해 온 연도; 역자주—를 알고 싶은 사람은 4485라는 수치에서 해당 연도의 수치를 빼면 될 것이다. (저자는 주전 4484년 후반에 아담이 창조되었다고 생각한다. 따라서 저자는 주전 4,484년을 세계 창조〔A. M.〕제 1년으로 잡는다) 즉 4485에서 각 해당 연도를 빼면 세계 창조 연도(A. M.)가 되는 것이다. 물론 엄격히 따지면 아담이 창조된 연도도 이에 포함된다. 예를 들어 모세가 죽고 여호수아가 가나안 땅에 들어간 주전 1492년을 세계 창조 연도로 환산한다면 4485에서 1492를 빼면 된다. 즉 두 수치의 차인 2993년이 본서의 요세푸스 연대표와 주(註)에서 찾아볼 수 있는, 모세 사망 세계 창조 연도인 것이다. 저자가 가장 정확한 연대표로 생각하고 있는 사마리아 오경의 소 연대표(the shorter Samaritan Chronology)에 나오는 연도들의 세계 창조 연도(A. M.)를 알기를 원하는 사람은 앞에서 계산해 낸 세계 창조 연도에서 다시 249를 빼면 된다. 즉 2993에서 249를 빼면 2744가 되는데, 사마리아 오경의 소 연대표에서의 모세가 사망 한 세계 창조 연도(A. M.)는 2744년이 되는 셈이다. 또한 주전의 한 연도를 율리우스기(the Julian period)로 환산하려면 4714—율리우스기로 주후 1년임—에서 그 연도의 수치를 빼면 된다. 즉 모세가 죽고 여호수아가 가나안 땅에 들어간 해인 주전 1492년을 율리우스기로 환산하면 4714−1492=3222 즉 율리우스기 3222년이 되는 것이다.

목 록

목 록

요세푸스의 역사, 결국 신·구약 성경의
역사를 확증해 주거나 설명해 주는
증거들로 요세푸스가 직접 인용한
고대 증언들과 기록들, 그리고
요세푸스의 역사에 대한 주(註)에서
언급한 고대 주화들의 목록

유대 고대사

1권

 천문학 최고(最古)의 발견이 비명으로 적혀 있는, 요세푸스 당시만 하더라도 시리아드(Siriad) 땅에 현존하고 있었던 돌 기둥, 2장 3절.
 노아 홍수 후의 첫 도시가 건설되었던 장소의 아르메니아식 지명〔나키드예우안(Nachidsheuan), 혹은〕 Αποβατήριον, 즉 아라랏 산으로부터의 혈통의 첫 장소(*first place of descent* from Mount Ararat),

요세푸스

3장 5절.

홍수에 관한 베로수스(Berosus)의 증언, 6절.

홍수에 관한 애굽인 히에로니무스(Hieronymus)의 증언, 6절.

므나세아스(Mnaseas)와 그 밖의 많은 이들의 홍수에 관한 증언, 6절.

다마스커스의 니콜라우스(Nicolaus of Damascus)의 홍수에 관한 증언, 6절.

홍수 이전의 인간들이 수명이 길었다는 사실을 밝히고 있는 모든 고대 헬라 저술가들의 증언, 특히 마네토(Manetho), 베로수스, 모쿠스(Mochus), 헤스티아에우스(Hestiæus), 애굽인 히에로니무스, 헤시오드(Hesiod), 헤카타에우스(Hecatæus), 헬라니쿠스(Hellanicus), 아쿠실라우스(Acusilaus), 에포루스(Ephorus), 다마스커스의 니콜라우스의 증언, 9절.

바벨탑에 관한 시빌(the Sibyl)의 증언, 4장 3절.

홍수를 피해 피신한 자들이 바벨로니아의 시날평지로 도피했다는 헤스티아에우스(Hestiæus)의 증언, 4장 3절.

아브람에 대한 베로수스의 증언, 7장 2절.

아브람에 대한 헤카타에우스(Hecatæus)의 저서, 7장 2절.

아브람에 대한 다마스커스의 니콜라우스의 증언, 7장 2절.

아브람이 그두라를 통해 낳은 후손들에 대한 클레오데무스(Cleodemus) 혹은 말쿠스(Malchus)의 증언, 알렉산더 폴리히스토르(Alexander Polyhistor)를 인용함, 15장.

2권

신께서 페르시아(바사) 제국을 멸하시기 위해 알렉산더를 보냈을 때 밤빌리아 바다가 신의 섭리로 그와 그의 군대를 위해 육지처럼

목 록

갈라졌다는 사실을 담은 알렉산더의 행적사, 16장 5절.

3권

우림(Urim)에 의한 답변의 진실성을 부인하기가 어렵자, 유대 대제사장의 흉패를 신탁(*the Oracle*)이라고 부른 헬라인들의 증언, 8장 9절.
　유대인을 증오하는 자들조차도 유대국의 공동체의 체제를 세운 분은 하나님이심을 인정하지 않을 수가 없었다는 사실, 15장 3절.

7권

수리아의 왕들인, 하닷(Hadad)과 그의 아들 벤하닷(Benhadad)에 관한 다메섹의 니콜라우스의 증언, 5장 2절.

8권

성전 건축을 위해 히람과 솔로몬이 서로 협조한 사실을 입증하는 두로 문서 보관서(Tyrian Archives)의 증언, 2장 8절.
　히람과 솔로몬에 대한 메난더(Menander)의 증언, 5장 3절.
　히람과 솔로몬에 대한 디우스(Dius)의 증언, 5장 3절.
　개별적인 이름을 언급하지 않고 애굽의 330명의 왕을 언급한 헤로도투스(Herodotus)의 증언, 6장 2절. (이 왕들에 관해서는 저자의 졸저, 구약에 관한 소론 p.222와 논문들을 참조하도록 하라)

요세푸스

세소스트리스(Sesostris)에 관한 헤로도투스의 증언, 10장 2, 3절.
아합과 엣바알 시대의 기근에 관한 메난더의 증언, 13장 2절.

9권

살만에셀(Shalmaneser)과 페니키아에서의 그의 전쟁에 관한 메난더의 증언, 14장 2절.

10권

앗수르와 아라비아의 왕인 산헤립(Sennacherib)에 대한 헤로도투스의 증언, 1장 4절.
185,000명의 산헤립의 군대가 예루살렘 근방에서 전멸한 사실에 대한 베로수스의 증언, 1장 4, 5절.
바벨론 왕 발라단(Baladan)에 관한 베로수스의 증언, 2장 2절.
느부갓네살(Nebuchadnezzar)에 대한 베로수스의 증언, 11장 1절. 아피온 반박문 1권 19절.
느부갓네살에 대한 메가스테네스(Megasthenes)의 증언, 11장 1절.
느부갓네살에 대한 디오클레스(Diocles)의 증언, 11장 1절.
느부갓네살에 대한 필로스트라투스(Philostratus)의 증언, 11장 1절.

11권

성전과 예루살렘 성벽 건축에 관해, 고레스가 시신네스(Sisinnes)

와 사트라부사네스(Sathrabuzanes)에게 보낸 서신, 우리가 소유하고 있는 요세푸스 외의 다른 사본에는 이 서신의 언급이 빠져 있음. 1장 3절.

12권

안식일을 미신적으로 지킨 유대인의 폐습 때문에 톨레미 라구스(Ptolemy Lagus)에 의해 예루살렘이 함락되었다는 아가타르키데스(Agatharchides)의 증언, 1장.

아그립바 대왕이 유대인들에게 공의와 호의를 베풀었다는 다메섹의 니콜라우스의 증언, 3장 2절.

안티오쿠스 대왕(Antiochus the Great)이 유대인들에게 호의적인 내용으로 쓴 서신, 3장 3절.

안티오쿠스 대왕이 예루살렘 성전이 더럽혀지지 않도록 하라는 내용으로 공포한 법령(decree), 3장 4절.

유대인들의 충성을 입증해 주는 안티오쿠스 대왕의 서신, 3장 4절.

그리심 산의 성전을 헬라의 쥬피터 신에게 봉헌하겠다는 내용으로 사마리아인들이 안티오쿠스에게 보낸 서신, 5장 5절.

이에 대한 안티오쿠스의 답신, 5장 5절.

안티오쿠스 에피파네스의 죽음에 대한 폴리비우스(Polybius)의 증언, 9장 1절.

유대와 동맹을 맺기로 한 로마 원로원의 첫 포고령(decree), 10장 6절.

13권

요나단에게 대제사장직을 수여한다는 사실을 확증하는 알렉산더 발라스(Alexander Bala)의 서신, 2장 2절.
요나단에게 큰 호의를 베풀면서 보낸 데메트리우스 왕의 서신, 2장 3절.
애굽에 유대인의 성전을 짓도록 허락해 달라고 톨레미 필로메토르(Ptolemy Philometor)와 그의 왕후인 클레오파트라에게 보낸 오니아스(Onias)의 서신, 3장 1절.
이에 대한 톨레미와 클레오파트라의 답신, 3장 2절.
딸과의 결혼을 허락해 달라고 톨레미 필로메토르에게 보낸 알렉산더 발라스의 서신의 요약, 4장 1절.
이에 청혼을 허락한다는 내용의 톨레미의 답신의 요약, 4장 1절.
데메트리우스 니카토르(Demetrius Nicator)의 주화들, 4장 9절.
유대인들에게 호의를 베푼다는 내용으로 요나단에게 보낸 데메트리우스 왕의 서신. 이 서신에는 라스테네스(Lasthenes)에게 보냈던 서신의 내용이 들어 있음, 4장 9절.
라케데모니아인들에게 보낸 요나단의 편지, 이 편지에는 라케데모니아인들의 왕인 아레우스(Areus)가 대제사장 오니아스(Onias)에게 보냈다는 편지가 언급되어 있음, 5장 8절.
이에 대한 라케데모니아인들의 호의적인 답신에 대한 간단한 언급, 5장 8절.
유대의 세겔, 거룩한 성 예루살렘, 자유의 해 제 1, 2, 3, 4년에 관한 비명, 마카비 1서에의 진실성에 대한 강한 증거, 7장 1절의 주(註) 참고.
알렉산더 발라의 아들, 알렉산더가 고대 주화에 신(*The god*)으로 호칭되어 있다는 점, 7장 1절의 주(註).
안티오쿠스 왕의 동방 원정에 유대 대제사장 힐카누스가 동행했다는 다메섹의 니콜라우스의 증언, 8장 4절.
유대인들과의 동맹을 선포한 로마 원로원의 법령, 9장 2절.
오니아스, 켈키아스(Chelcias), 아나니아스(Ananias), 그리고 그 당시 애굽의 저명 유대인들에 관한 스트라보(Strabo)의 증언, 10장 4절.
마카비 왕가의 첫 왕인 아리스토불루스에 대해 스트라보가 티마

목 록

게네스(Timagenes)라는 이름으로 호평함, 11장 3절.

알렉산더 얀네우스(Alexander Janneus) 왕이 톨레미 라티루스(Lathyrus)와 싸울 때 동원한 군대가 어떤이는 50,000, 어떤이는 80,000이라는 주장을 폄, 12장 4절.

여기서 알렉산더 쪽의 손실이 어떤 이는 30,000이라고 주장하는데 반하여 티마게네스는 50,000이라고 주장함, 12장 5절.

톨레미 라티루스의 무자비한 인간성에 관한 스트라보와 다메섹의 니콜라스우의 증언, 12장 6절.

주화에 나타난 안티오쿠스 디오니시우스(Antiochus Dionysius), 15장 1절, 유대 전쟁사 1권 4장 7절.

14권

헤롯 대왕의 부친인 안티파테르가 바벨론 유수에서 귀국한 본토 유대인의 후손이라고 주장한 다메섹의 니콜라스우의 증언. 그러나 요세푸스는 이를 아부의 결과로 봄, 1장 3절.

유대의 왕인 아리스토불루스 혹은 알렉산더가 로다인들에게 준, 환희(The delight)라고 부르는 500 달란트 상당(혹은 중량)의 금으로 만든 포도나무 형상을 로마에서 보았다는 스트라보의 증언, 3장 1절.

폼페이가 유대 성전을 점령했을 때, 단에서 봉사하는 유대 제사장들이 살해당하기 직전까지 미동도 하지 않고 제사를 계속 드렸다는 스트라보의 증언, 4장 3절.

위와 동일한 내용에 대한 다메섹의 니콜라우스와 티투스 리비우스(Titus Livius)의 증언, 4장 3절.

폼페이와 가비니우스의 유대 원정에 대한 다메섹 니콜라우스와 스트라보의 일치된 견해, 6장 4절.

유대인들이 코스(Cos) 섬에 막대한 재물을 쌓아 놓았다는 스트라보의 증언, 7장 2절.

　애굽과 키레네(Cyrene)와 그 밖의 많은 지역에 거주하는 유대인들에게 주어진 특권에 대한 스트라보의 많은 증언, 7장 2절.

　유대 대제사장 힐카누스가 미트리다테스(Mithridates)를 좇아 애굽으로 들어갔다는 사실을 아시니우스(Asinius)를 인용하여 언급한 스트라보의 증언, 8장 3절.

　위의 사실을 힙시크라테스(Hypsicrates)를 인용하여 재차 입증한 스트라보의 증언, 8장 3절.

　힐카누스 치하의 유대인들과의 동맹을 갱신한 로마 원로원의 법령, 8장 5절.

　힐카누스 치하의 유대인들에게 호의를 베푼 아테네인들의 법령, 8장 5절.

　율리우스 케사르가 시돈인들에게 보낸 서신과 힐카누스 치하의 유대인들에게 호의를 베푼 법령, 10장 2절.

　힐카누스 치하의 유대인들에게 호의를 보인 카이우스 율리우스 케사르의 법령, 10장 3절.

　동일한 취지로 반포한 율리우스 케사르의 또 다른 법령, 4절.

　동일한 취지로 반포한 율리우스 케사르의 또 다른 법령, 5절.

　동일한 취지로 반포한 율리우스 케사르의 또 다른 법령, 6절.

　동일한 취지로 반포한 율리우스 케사르의 마지막 법령, 7절.

　유대인들의 원래의 특권을 인정하라고 파리아인들에게 명한 카이우스 율리우스의 법령, 8절.

　유대인들에게 호의를 보인 안토니우스와 돌라벨라(Dolabell)의 법령, 10절.

　유대인들의 원래의 특권을 인정하라고 에베소인들에게 명한 돌라벨라의 서신, 12절.

　동일한 취지로 집정관 루키우스 렌툴루스(Lucius Lentulus the consul)가 반포한 법령, 13절.

　동일한 취지의 델리(the Delii)인들의 법령, 14절.

　카이우스 파니우스(Caius Phanius)가 동일한 취지로 반포한 법령

15절.
　집정관 루키우스 렌툴루스가 동일한 취지로 반포한 법령, 16절.
　루키우스 안토니우스가 동일한 취지로 사르디아인들에게 보낸 서신, 17절.
　총독 렌툴루스(Lentulus)가 유대인들에게 특권을 베푼 사실에 대한 세 명의 저명한 로마인들의 공적인 증언, 18절.
　유대인들에게 호의를 베푸는 내용의 로마 원로원 법령, 19절.
　라오디게아인들이 유대인의 특권을 인정한다는 투의 카이우스 루빌리우스(Caius Rubilius)에게 보낸 서신, 20절.
　총독 푸블리우스 세르빌리우스(Publius Servilius)가 유대인이 원래 누리던 특권을 향유하도록 허락하라고 밀레시아인들에게 보낸 서신, 21절.
　유대인들에게 호의를 보인 버가모인들(the Pergamens)의 법령, 22절.
　유대인들에게 호의를 보인 할리카르나수스 주민들의 법령, 23절.
　동일한 취지의 사르디아인들(the Sardians)의 법령, 24절.
　동일한 취지의 에베소인들의 법령, 25절.
　유대인들에게 호의를 보인 그 밖의 다른 법령들, 26절.
　유대 사절들에 대한 무르쿠스 안토니우스의 답변, 12장 3절.
　무르쿠스 안토니우스가 유대인에게 호의를 베풀라고 두로인들에게 명한 서신, 4절.
　유대인들에게 호의적인 법령을 포함하여 무르쿠스 안토니우스가 두로인들에게 명한 서신, 5절.

15권

　안티고누스가 참수당한 사실에 대한 스트라보의 증언, 1장 2절.
　요세푸스가 힐카누스에 대해 언급하면서 전거(典據)로 인용한 헤롯의 논평, 6장 3절.

위와 상반되는 내용이 담긴 그 밖의 다른 증언들로 요세푸스가 언급한 증인들, 6장 3절.

16권

유대인에게 호의를 보인 아우구스투스 케사르의 법령, 6장 2절.

아우구스투스 케사르가 동일한 취지로 노르바누스 플라쿠스(Norbanus Flaccus)에게 보낸 서신, 6장 3절.

아그립바가 동일한 취지로 에베소인들에게 보낸 서신, 6장 4절.

아그립바가 동일한 취지로 키레니아인들(the Cyrenians)에게 보낸 서신, 6장 5절.

동일한 취지의 노르바누스 플라쿠스의 서신, 6장 6절.

율리우스 안토니우스(Julius Antonius)가 동일한 취지로 에베소인들에게 보낸 서신, 6장 7절.

베리투스(Berytus)에 있는 아우구스투스의 식민지의 주화, 11장 1절; 유대 전쟁사 7권 3장 1절.

19권

알렉산드리아 유대인에게 호의를 보인 클라우디우스(Claudius)의 법령, 5장 2절.

전 로마 제국의 유대인에게 호의를 베푼 클라우디우스 법령, 5장 3절.

클라우디우스의 총독인 페트로니우스(Petronius)가 도리스(Doris)의 행정 장관들에게 그 곳에 거주하는 유대인들을 호의적으로 대하라고 지시하며 보낸 법령, 6장 3절.

20권

대제사장의 의복 관리를 유대인에게 넘긴 클라우디우스의 허락, 1장 2절.
헬레나(Helena) 왕후의 기념비에 대한 파우사니아스(Pausanias)의 증언, 2장 5절과 4장 3절.
베수비우스(Vesuvius) 화산 폭발 7장 2절.

유대 전쟁사

1권

가다라(Gadara)의 주화, 7장 7절의 주(註).
아레타스(Aretas) 왕과 관련된 명각(銘刻)이 새겨진, 신기한 1 데나리온(Denarius) 주화, 8장 1절의 주(註).
브룬두시움(Brundusium)의 주화, 14장 3절의 주(註).
델리우스(Dellius), 15장 3절.
사모사타(Samosata)의 주화, 16장 7절의 주(註).
타렌툼(Tarentum)의 주화, 31장 3절의 주(註).

요세푸스

2권

움미디우스 콰드라투스(Ummidius Quadratus)를 언급하고 있는 고대 비명들, 12장 5절의 주(註).

로마와의 전쟁을 피하도록 유대인들에게 간곡히 설득한 아그립바 2세의 특기할 만한 연설, 16장 4절.

3권

가이사랴 빌립보(Cesarea Philippi)의 주화, 9장 7절의 주(註).

4권

카시안 쥬피터(Casian Jupiter)의 주화, 11장 5절의 주(註).

6권

케스티우스(Cestius)가 행한 유월절 양의 수에 관한 기사, 9장 3절.

7권

티투스(Titus)의 승전 기념 아치, 5장 5절.

요세푸스의 자서전

요나단과 그 일행들이 요세푸스에게 보낸 서신, 44절.
이에 대해 요세푸스가 보낸 답신, 44절.
요나단과 그 일행들이 요세푸스에게 보낸 또 다른 서신, 45절.
이에 대해 요세푸스가 보낸 답신, 45절.
아그립바 2세(Agrippa jun)가 요세푸스에게 보낸 62통의 서신 가운데 한 서신, 65절.
위의 62통의 서신 가운데 또 다른 서신, 65절.
티베리아스의 유스투스(Justus of Tiberias)의 연대기에 대한 포티우스(Photius)의 기록, 고대 주화들에 의해 확증됨. 35절의 주(註).

아피온 반박문

1권

고대 애굽 왕들과 그들의 왕궁 목자들에 관한 마네토(Manetho)의 증언, 14절.
위와 동일한 내용에다 연대기를 첨가시킨 마네토의 증언, 15절.
히람(Hiram, 히롬)과 솔로몬에 관한 두로 연대기(the Tyrian

Annals)의 증언, 17절.

디우스(Dius)가 그의 저서 베니게 역사(the Phoenican History)에서 위의 두 인물에 대해 밝힌 증언, 17절.

고대 두로 왕들과 그들의 역사에 관한 애굽인 메난더(Menander)의 증언, 18절.

바벨론 왕들인 나보폴라살(Nabopollassar)과 느부갓네살에 관한 갈대아인 베로수스(Berosus)의 증언, 19절. 이것은 유대 고대사 10권 11장 1절에서도 인용된 바 있다.

그 외의 베로수스의 다른 증언, 20절.

느부갓네살에 대한 베니게 문서 보관소의 기록들의 증언, 20절.

느부갓네살에 대한 필로스트라투스(Philostratus)의 증언, 20절. 이 인물은 유대 고대사 10권 11장 1절에서도 인용된 바 있다.

메가스테네스(Megasthenes)도 느부갓네살에 대해 증언하고 있다, 20절. 유대고대사 10권 11장 1절에서도 인용.

느부갓네살에서부터 고레스(Cyrus)에 이르는 바벨론 왕들에 대한 베로수스의 증언, 20절.

히람(Hiram) 왕까지 이르는 두로 왕들과 그 연대기에 대한 페니키아 베니게 기록들의 증언, 21절.

피타고라스(Pythagoras)의 증언. 헤르미프스(Hermippus)의 글에 실린 피타고라스의 말을 유대인에게 호의적인 증거로 요세푸스가 채택한 것이다, 22절.

위와 동일한 취지의 테오프라스투스(Theophrastus)의 증언, 22절.

할례의 기원에 관한 헤로도투스(Herodotus)의 증언, 22절.

크세르크세스(Xerxes)의 군대에 참가한 유대인에 관한 케릴루스(Cherilus)의 증언, 22절.

유대인과 아리스토텔레스의 대화에 관한 클레아르쿠스(Clearchus)의 증언, 22절.

유대인에 관한 저서를 낸 아브데라의 헤카테우스(Hecateus of Abdera), 22절과 23절.

유대인에 관한 헤카테우스의 그 밖의 다른 증언, 22절.

목 록

유대인에 관한 아가타르키데스(Agatharchides)의 증언, 22절.

유대인에 대해 언급한 바가 있는 테오필루스(Theophilus), 테오도투스(Theodotus), 므나세아스(Mnaseas), 아리스토파네스(Aristophanes), 헤르모게네스(Hermogenes), 유페메루스(Euphemerus), 코논(Conon), 그리고 소피리온(Zopyrion)의 증언, 22절.

유대국의 고대성에 관한 모든 헬라인들의 증언, 특히 유대국의 역사를 누구보다도 잘 아는 데메트리우스 팔레레우스(Demetrius Phalereus), 필로(Philo senior), 그리고 유폴레무스(Eupolemus)의 증언, 22절.

유대인에 관한 마네토의 거짓 증언, 26절 등. 이에 대한 요세푸스의 논박, 28-31절.

유대인에 관한 캐레몬(Cheremon)의 거짓 증언, 32절. 이에 대한 요세푸스의 논박, 33절.

유대인에 관한 리시마쿠스(Lysimachus)의 거짓 증언, 34절, 이에 대한 요세푸스의 논박, 35절.

2권

유대인에 대한 아피온의 거짓 증언, 1절 등. 이에 대해 요세푸스가 논박함.

유대인에게 호의적이었음을 입증해 주는 알렉산더 대왕, 톨레미 라기(Ptolemy Lagi), 톨레미의 후계자들의 서신, 4절.

케사르가 유대인에게 베푼 특권을 보여 주고 있는 알렉산드리아의 한 기둥, 4절.

알렉산더 대왕이 유대인에게 호의를 베풀었다는 헤카테우스의 증언, 4절.

70인경 역본에 관한 데메트리우스 팔레레우스(Demetrius Phalereus), 안드레아스(Andreas), 아리스테아스(Aristeas)의 증언, 4절.

요세푸스

　톨레미 피스코(Ptolemy Physco)의 첩인 이타카(Ithaca) 혹은 이레네(Irene)가 유대인을 해하지 말 것을 간청하여 결국 톨레미를 만류시킨 역사, 5절.
　포시도니우스(Posidonious), 아폴로니우스 몰로(Apollonius Molo), 리시마쿠스(Lysimachus)의 유대인에 관한 거짓 증언, 7절과 15절, 이에 대한 요세푸스의 반론.
　안티오쿠스가 예루살렘 성전을 더럽힌 이유에 대한 폴리비우스(Polybius), 스트라보(Strabo), 다메섹의 니콜라우스, 티마게네스(Timagenes), 카스토르(Castor), 그리고 아폴로도루스(Apollodorus)의 증언, 7절.

　주의. 저자는 원래 위와 같은 간단한 목록을 제시하려고 한 것은 아니었다. 저자는 요세푸스의 역사와 신·구약의 역사를 확증해 주거나 설명해 줄 수 있는 고대 증거들과 기록들의 완전한 목록을 만들려고 처음에는 생각했었다. 그러나 그 일은 막대한 시간과 방대한 지면을 요하는 큰 작업이었음을 곧 알게 되었다. 게다가 처음 계획한 책의 분량을 넘어섰기 때문에 부득불 이 정도로만 멈추지 않을 수가 없었다. 그러나 저자의 이 결핍을 유세비우스가 그의 저서 복음의 준비(*Preparatio Evangelica*)에서 모아 놓은 고대 증거 목록이 보충해 주고 있기 때문에 큰 문제는 없으리라고 본다. 그의 이 고대 증거 목록은 요세푸스의 저서와 함께 번역(飜譯)될 가치가 있는 책이라 사료된다(왜냐하면 요세푸스와 유세비우스는 이 문제에 관해 글을 쓴 고대의 두 주요 저술가이기 때문이다). 그뿐 아니라 현대의 학자들이 고대의 증언을 모아 놓은 저서들도 저자의 이같은 결핍을 충분히 보충해 주리라고 생각한다. 이에 관한 주요한 인물들의 저서들을 살펴보면 다음과 같다: 그로티우스(Grotius)의 기독교의 진리(*Of the Truth of the Christian Religion*), 후에티우스(Huetius)의 복음의 제시(*Demonstratio Evangelica*)와 쾌스티오네스 알네타내(*Quæstiones Alnetanæ*)─이 두 저서는 그로티우스처럼 조심성 있고 분별력 있게 접근해야 하지만─그리고 스틸링플리트(Stillingfleet)의 거룩한 기원(*Origines Sacræ*)과 그 밖의 인물들의 저서를 들 수가 있다. 그 밖에도 저자의 줄저인 구약의 원문(原文) 회복을 위한 소론(the *Essay to restore the true Text of the Old Testament*)의 부록과 권위 있는 기록들(the *Authentic Records*)에 첨가시킨 고대 증거들의 목록도 참고가 될 것이며, 성경 주석가, 특히 그로티우스(Grotius)와 르 끌레르끄(Le Clerc)의 주석에 나타나는 고대 증거들의 간헐적인 인용문들도 큰 도움이 될 것이다. 물론 톨레미의 천문학적 규정(the *Astronomical Canon*)과 요한 힐카누스의 연대기 (the *Chronicle of John Hyrcanus*)와 그 밖에 이와 유사한 저술가들의 저서가 큰 도움이 되는 것은 두말 할 나위도 없을 것이다.

주의. 여기서 성경의 진리와 성경에 근거한 요세푸스의 역사의 진실성을 입증해 주는 고대 증언들에 관한 저자의 논증을 확증해 주는 또 다른 두 가지 요점을 살펴보는 것이 좋을 것 같다. (1) 고대의 진정한 기록들 가운데 성경과 요세푸스의 역사의 진실성을 반박하는 증언이 없는 것처럼 보인다는 점이다. 이 문제에 관해 그 누구보다도 철저하고 세심하게 연구한 그로티우스(Grotius)의 말을 들어 보자: "이 증언을 논박할 수 있는 외증이 혹시 남아 있는지도 모른다. 그러나 그런 외증이 현재까지 발견되지 않은 것만큼은 확실하게 말할 수가 있다."[1] (2) 요세푸스가 처한 상황이 그렇게 할 수가 없었음에도 불구하고 요세푸스가 유대의 성서를 확고히 믿고 이방의 적대자의 비난에 대항하여 성서를 끝까지 옹호한 사실이 성경의 진리와 요세푸스의 역사서의 진실성을 확실히 보여 주고 있다는 점이다. 첫째로, 다른 유대인들과 마찬가지로 요세푸스는 로마의 굴레에서 유대국을 해방시키고 새 왕국을 세울 지상의 영광된 메시아를 기대하고 있을 때, 다른 메시아가 미천한 모습으로 나타나서 유대국을 해방시키기는커녕 유대국에 의해 십자가에서 죽게 되자 크게 실

---

1. 그로티우스의 "기독교 진리"(*Of the Truth of the Christian Religion*), 3권 13, 14절.

망했음이 분명하다. 게다가 둘째로, 요세푸스는 유대국 공동체와 그 수도인 예루살렘이 완전히 폐허가 되는 모습을 목격한 데다가 우상 숭배에 물든 로마에 끌려가 유대교와 유대주의를 버리라는 숱한 유혹에 직면하였을 것이다. 그럼에도 불구하고 요세푸스는 유대교를 굳게 붙잡았을 뿐 아니라 유대국의 성서를 확고히 신뢰하고 이방의 적대자들의 비난에 끝까지 대항을 한 모습은 그야말로 놀라운 일이 아닐 수 없다. 요세푸스가 그럴 수가 없는 상황에서도 이같이 자세를 흐트러뜨리지 않은 이유가 무엇인가? 구약과 이방의 고대 기록들을 철저히 연구한 결과 구약의 진실성에 확신을 갖게 되고 그 권위가 절대적임을 인정한 결과가 아닌가? 요세푸스는 이와 같은 연구 결과 구약이 조금도 의심할 바가 없는 완전한 권위와 절대적이라 할 수 있는 진실성을 갖고 있는 문서임을 깨달았던 것이 분명하다. 이같은 결론은 저자의 오랜 연구의 결과로서 사실에 가장 가까운 결론이 아닌가 생각한다.

독자들의 편의를 위해 여기서 한 가지 예를 들어 보도록 하겠다. 즉 시간을 주(week)로 구분하여 제 7일, 안식일을 기념하는 안식일 제도에 관한 고대의 증언들을 살펴보도록 하자. 이 안식일 제도는 그 기원이 매우 오래 되었고, 그 의미도 중요하며 저자가 아피온 반박문 제 2권 40절의 주(註)에서 언급한 바가 있으므로 여기서 그 실례를 들어 보는 것도 유익할 것이다.

아리스토불루스,
유세비우스의 복음의 준비 XIII, 12, 13
(*Aristobulus, in Eusebius's Præp. Evang.*)

호머(Homer)와 헤시오드(Hesiod)는 구약 성경을 보고 제 7일이 성일(聖日)이라고 말하고 있다.

헤시오드는 이같이 말했다:

목 록

"매월 첫째 날과 네째 날, 그리고 성일인 일곱째 날이 있다."

헤시오드는 또 말한다:

"제 7일은 또한 태양의 비침을 받은 날이다."

호머는 이같이 말한다:

"성일인 제 7일이 또한 왔다."

호머는 또 말한다:

"제 7일이었다. 그 날엔 만물이 완전케 되었다."
"제 7일에 우리는 뱃짐을 아케론 강(the Acheron)에 놔두었다."

리누스(Linus)는 또 이같이 말한다:

"제 7일에 만물은 완전케 되었다."
"제 7일은 행복의 날이요, 제 7일은 생일이다."
"제 7일은 으뜸가는 날이요, 그 날은 완전한 날이다."

리누스는 또한 말한다:

"만물은 별이 총총한 하늘에서 7을 단위로 만들어졌으며 매년 원을 그리며 회전한다."

이상이 유세비우스의 복음의 준비에 나오는 아리스토불루스(Aristobulus)의 말이다.

독자들은 (알렉산드리아의) 클레멘트가 저자가 위에서 제시한 증거에 대해서 무엇이라고 말했는지 알면 도움이 될 것이다.

클레멘트는 리누스(Linus)를 대신하여 다음과 같이 썼다:

453

요세푸스

"시인 칼리마쿠스(Callimachus)는 이같이 말하고 있다. '제 7일에 만물은 완전하게 되었다.'"

필로(Philo) 드 문디 오피피키오
(De Mundi Opificio), p. 20.

(거룩한 제 7일) 이 축일은 한 도시나 한 국가의 축일이 아니라 전세계의 축일이다. 따라서 이 제 7일만이 보편적 축일이요 세계의 성일이라고 불려질 수 있는 것이다.

모세의 생애
(Of the Life of Moses)
2권 p. 657

거룩한 제 7일을 존중히 여기지 않는 자가 어디에 있단 말인가?

요세푸스의 아피온 반박문
(Josephus against Apion)
2권 40절

제 7일에 안식하는 유대인의 풍습이 도달하지 않은 나라가 헬라인이나 야만인을 제외하고 그 어떤 나라, 그 어떤 도시가 있는가? 거의 모든 도시마다 안식일에 금식하고 등불을 켜며 음식을 금하고 있다.

테오필루스가 아우톨리쿠스에게
(Theophilus to Autolygcus)
II. p. 91.

제 7일에 관해서는 만인이 모두 그같이 부르고 있다.

목 록

필로포누스(*Philoponus*), 창조론(*De Creatione*)
Ⅶ. 14; Ⅴ. 19.

7일간이 한 주기가 되어 회전하면서 전 시간을 이룬다는 사실은 만인이 의견의 일치를 보이고 있다.

안식일과 주일 성수에 관한 어셔 대감독의 서신
(*Archbp. Usher's Letters concerning the Sabbath, and Observation of the Lord's Day*)

(비록 그들이 고대 이교주의를 그대로 유지하긴 했었으나) 슬라보니아인들(the Slavonians)이 주간의 제 2일에 제사장과 제후와 함께 정의를 실현하기 위해 함께 모였다고 헤르몰두스(Hermoldus)는 슬라보니아인들의 역사(Chronic. Slavor.) 1권 84장에서 기술하고 있읍니다. 세네카(Seneca)는 서신 95(Epistle 95)에서, "신들도 불을 원하지 않고 인간들도 거기서 나는 그을음을 좋아하지 않으므로 안식일(*sabbath day*)에 등을 켜지 못하도록 금령을 만듭시다"라고 했읍니다. "태양(*sun*)과 태양의 날(*sun's day*)을 섬긴다고 당신들은 조롱하지만 당신들의 풍습이 우리의 그것과 얼마나 유사한가 한번 생각해 보시오. 우리는 토성(Saturn)과 그의 안식(*sabbaths*)을 지키는 당신들과 비슷한 풍습을 지키는 것이오"라고 터툴리안은 말했읍니다(ad. Nationes, cap. 13). 또 어떤 이는 "나는 새들도, 무서운 전조도, 내가 토성의 날을 지킨다는 사실도 비난하지 않소"(Tibul. Eleg. 3. Lib. 1) 라고 했읍니다. 루키안(Lucian)도 그의 유돌로기세스(Ψευδολογισής) 에서 제 7일에 소년들을 놀 수 있도록 허락해 주었다고 쓰고 있읍니다(Op. Græcolat. p. 893. Edit. Paris. anno 1615). 앨리우스 람프리디우스(Ælius Lampridius)도 알렉산더 세베루스(Alexander Severus)에 대해 말하면서 그가 제 7일(*seventh day*)에 수도에 있는 신전과 그 밖의 신전들에 찾아갔었다고 기록하고 있읍니다. 디오 카시우스(Dio Cassius)도 토성의 날(Saturn's day)을 언급하고 있읍니다. 물론

디오 카시우스는 토성의 날이라는 명칭이 헬라인들에게 그리 오래된 명칭은 아니라는 점을 인정하고 있읍니다. 그러나 그는 시간을, 일주일을 단위로 계산하는 풍습은 애굽인들(유대인들이 그들과 함께 215년간을 살면서 이 같은 계산법을 사용했을 것임)에게서 유래되어 전세계에 퍼진 것이라고 말하고 있읍니다(카시우스의 저서 37권 p. 41, 42). 어찌 되었든간에 헤로도투스도 그의 두번째 저서에서 시간을 일주일을 단위로 계산하는 풍습은 새로운 것이 아니며 매우 오래된 풍습이라고 말하고 있읍니다(그가 이것을 말할 때는 일주일의 7 요일을 7 혹성의 이름으로 호칭하기 훨씬 전의 일입니다. 아니 사람들이 7 혹성을 제대로 구분해서 알기 훨씬 전의 일입니다. 어떤 이들은 아무 근거도 없이 7 혹성으로부터 일주일을 단위로 시간을 계산하는 법이 나왔다고 하나 이것은 터무니없는 말입니다) 요세푸스도 유대 고대사 12권 5장 5절에서 유대인이 아닌 사마리아인들조차도 아주 오랜 옛날부터 안식일을 지켰으며, 심지어는 안식년까지도 지켰다고 — 유대 고대사 11권 8장 6절 — 밝히고 있읍니다.

주의. 제 7일을 거룩하게 생각하는 법과 일주일을 단위로 시간을 계산하는 법이 창조의 사실로부터 유래하였다고 본 것이 고대인들의 일치된 견해인 것처럼 보인다. 그 밖의 다른 설명은 현재로서는 충분한 근거가 없다.

구약 본문과 요세푸스 역사의

병행구절 목록

구약 본문과 요세푸스 역사의 병행구절 목록

창세기		유대고대사		
		권	장	절
1:	1–31	1	1	1
2:	1–3			
	4–25	—		2,3
3:	1–24	—		4
4:	1–15	2		1
	16–24	—		2
	25	—		3
4:	26			
5:	1–32	—	3	1,2,4
6:	1–7			
	8–22	—		2
7:	1–24			
8:	1–22	—		5,7,8
9:	1–17	—		8
	28, 29	—		9
10:	1–5	6		1
	6–20	—		2
	21–32	—		4
11:	1–9	4		1
	10–32	—	6	5

창세기		유대고대사		
		권	장	절
12:	1–9	1	7	1
	10–20	—	8	1
13:	1–12	—	—	3
	13	—	11	1
14:	1–12	—	9	1
	13–16	—	10	1
	17–24	—	—	2
15:	1–21	—	—	3
16:	1–15	—	—	4
	16			
17:	1–27	—	—	5
18:	1–21	—	11	2
	23–33			
19:	1–9	—	11	3
	10–26	—	—	4
20:	1–18	—	12	1
21:	1–7	—	12	2
	8–19	—	12	3
	20–21	—	12	4
22:	1–19	—	13	1–4

459

요세푸스

창세기	유대고대사 권 장 절			창세기	유대고대사 권 장 절		
23：1−20	1	14	1	44：1−34	2	6	7−8
24：1−67	−	16	1−3	45：1−28	−	−	9
25：1−4	−	15	1	46：1−34	−	7	1−5
7, 8	−	17	1	47：1−26	−	−	6,7
25：12−18	−	12	4	48：1−22 }			
21−28	−	18	1	49：1−33 }	−	8	1,2
29−34	2	1	1	50：1−26 }			
26：1−31	1	18	2				
34−35	−	−	4				
27：1−46	−	−	5−8	출애굽기			
28：1−22	−	19	1−3	1：1−22	2	9	1,2
6−9	−	18	8	2：1−10	−	−	4−6
29：1−9 }				15−25	−	11	1−2
30：1−24 }	−	19	4−8	3：1−10	−	12	1
30：25−43 }				14, 15	−	−	4
31：1−55 }	−	19	9−11	11−22	−	−	2
32：1−32	−	20	1,2	4：1−9	−	−	3
33：1−16	−	−	3	10−31	−	13	1
34：1−31	−	21	1	5：1−23	−	−	4
35：1−15	−	21	2	7：1−13	−	−	3
16−26	−	−	3	14−10：29	−	14	1−5
27−29	−	22	1	8：1−15	−	−	2
36：6−8	2	1	1	16−19	−	−	3
1−43	−	−	2	20−32	−	−	3
37：1−11	−	2	1,2	9：1−7	−	−	3
18−35	−	3	1−4	8−12	−	−	4
39：1−23	−	4	1−5	13−35	−	−	4
40：1−23	−	5	1−3	10：1−20	−	−	4
41：1−45	−	−	4−7	21−29	−	−	5
46−57	−	6	1	11：1−10	−	−	6
42：1−25	−	−	2−4	12：1−51	3	10	5
26−38 }				37−42	2	15	1
43：1−14 }	−	−	5	13：1−22	−	−	1
15−34	−	−	6				

구약 본문과 요세푸스 역사의 병행구절 목록

출애굽기	유대고대사 권	장	절
14 : 1-31	2	15	1
	-	-	3
10-12	-	-	4
13-15	-	16	1
13-31	-	-	2,3
15 : 1-21	-	-	4
22-26	3	1	1
16 : 1-36, 27	-	-	3-6
17 : 1-7	-	-	7
8-16	-	2	1-5
18 : 1-12	-	3	1
13-27	-	4	1,2
19 : 1-14	-	5	1
15-20	-	-	2
21-25	-	-	3,4
20 : 1-17	-	-	5
18-23 : 33	-	-	6
21장, 22장, 23장 아래의 신명기 참조			
23 : 14-17	-	10	4
24 : 1-18	-	-	8
25장, 26장, 27장, 35장, 36장, 37장, 38장	-	6	
28장, 29장, 30장, 40장, 레위기 여러 곳	-	7-10	

레위기

	유대고대사 권	장	절
6 : 1-7	4	8	29
11 : 1-47	3	11	2

레위기	유대고대사 권	장	절
13장, 14장, 15장	3	11	3
16 : 1-34	-	10	3
17 : 1-16	-	11	2
18 : 1-30	-	12	1
19 : 13	4	8	38
14	-	-	32
19	-	-	20
23-25	-	-	19
20 : 1-27	3	12	1
21 : 1-24	4	8	23
20	-	-	40
23 : 4-14	3	10	5
26-32	-	-	3
34-36	4	8	12
24 : 10-20	-	-	6,33
19, 20	-	-	35
25 : 1-55	3	12	3
35-37	4	8	25
27 : 30-34	-	-	8

민수기

	유대고대사 권	장	절
1 : 1-54	3	12	4
2 : 1-34	-	-	5
3 : 1-51	-	-	5
5 : 1-10	-	11	3
11-31	-	-	1,6
6 : 1-27	4	4	4
9 : 1-14	3	12	6
15-23	-	-	5
10 : 1-10	-	-	6
11 : 1-35, 11-36	-	13	1

461

요세푸스

민수기	유대고대사 권	장	절	신명기	유대고대사 권	장	절
13 : 1−33	3	14	1,2	34−40	3	15	1−3
14 : 1−5	−	−	3	40−46	4	1	1−3
6−10	−	−	4	2 : 1−8	−	4	5
11−39	−	15	1−3	34−37	−	5	1,2
40−45	4	1	1−3	3 : 1−17	−	−	2,3
15 : 1−41	−	4	4	4−12	−	8	2−5, 13,14
16 : 1−40	−	2	1−4	13 : 1−18	−	−	45
41−50	−	4	1	14 : 3−21	3	11	2
17 : 1−13	−	−	2	22−29	4	8	8
18 : 1−32	4	4	4	15 : 12−18			
19 : 1−22	−	−	6	출애굽기	−	−	28
20 : 1−13	4	4	6	21 : 1−11			
14−21	−	−	5	16 : 1−17	4	8	7
22−29	−	−	7	18−20			
21 : 21−35	−	5	1−3	17 : 8−13	−	−	14
22 : 24	−	6	1−5	6			
25 : 1−15	−	−	6−13	19 : 15−21	−	−	15
16−18	−	7	1	17 : 14−20	−	−	17
27 : 12−23	−	−	2	19 : 14			
28 : 1−31	3	10		27 : 17	−	−	18
29 : 12−40	−	−	4	19 : 11−13			
31 : 1−54	4	7	1	19−21	−	−	33
32 : 1−42	−	−	3	20 : 10−20	−	−	41
35 : 1−34	4	7	4	21 : 10−14			
36 : 1−13	3, 4	12, 7	3, 5	15−17	−	−	23
				18−21	−	−	24
				22 : 1−3	−	−	29
신명기				5, 9	−	−	43
1 : 1−3	4	8	1	9, 10	−	−	20
4	−	5	2	13−30	−	8	23
22−28	3	14	1,2	23 : 1	−	8	40
29−33	−	−	3,4	17, 18	−	−	9
				19	−	−	25

구약 본문과 요세푸스 역사의 병행구절 목록

신명기	유대고대사 권	장	절	여호수아	유대고대사 권	장	절
24, 25	4	8	21	7 : 6−9	5	1	13
24 : 1−5	−	−	23	10−15 } 23−26 }		−	14
6, 10−13	−	−	26				
7	−	−	27	8 : 1−35		−	15
14, 15	−	−	38	9 : 1−19		−	16
16	−	−	39	10 : 1, 6 } 9−28 }		−	17
19−22	−	−	21				
25 : 4	−	−	21	10 : 15−34		−	18
5−10	−	−	23	12 : 24		−	20
26 : 12−19	−	−	22	13 : 8−32 } 22 : 1−9 }		−	20
27 : 17	−	−	18				
18	−	−	31	14 : 15 : 16 : 17 : 18 : 19 : }		−	22, 23
31 : 1−30	−	−	44				
9−13	−	−	12				
32 : 1−52	−	−	44, 47				
33 : 1−29	−	−	47				
34 : 1−7	−	−	49				
8	−	−	48	20 : 21 : }		−	24
10−12	−	−	49				
				22 : 1−6		−	25
				10−34		−	26, 27
				23 : 1−16		−	28
여호수아				24 : 29, 30		−	29
2 : 1−24 } 3 : 1−14 }	5	1	1				
15−17	−	−	3	사사기			
4 : 1−24	−	−	4				
5 : 8−10	−	−	11	1 : 1−4	5	2	1
6 : 1−19	−	−	5, 6	5−8	−	−	2
20−27	−	−	7	9−15	−	−	3
26	−	−	8	8	−	3	2
17−19	−	−	9	9−11	−	−	3
7 : 1, 16−22	−	−	10	12−14	−	4	1
2−5	−	−	12	15−26	−	−	2

요세푸스

사사기	유대고대사 권 장 절			사사기	유대고대사 권 장 절		
27-31	5	4	3	15: 1-6	5	8	7
4: 1-3	—	5	1	7-17	—	—	8
21, 22	—	—	4	18, 19	—	—	9
1, 24 5: 1-31	—	—	2,3	16: 2, 3	—	—	10
6: 1-6	—	6	1	1, 4 4-21	—	—	11
11-35	—	—	2	22-31	—	—	12
7: 1-8	—	—	3	18: 1-31	—	3	1
9-14	—	—	4	19: 1-30	—	2	8
15-25 8: 4-21	—	—	5	20: 1-14	—	—	9
				17-25	—	—	10
1-3	—	—	6	26-48 21: 8-12	—	—	11
22-32	—	—	7				
9: 1-6	—	7	1	13-24	—	—	12
7-21	—	—	2				
22-33	—	—	3				
34-49	—	—	4				
50-57	—	—	5	룻기			
10: 3-5	—	—	6	1: 1-18	5	9	1
7-18	—	—	7	19-22 2: 1-23	—	—	2
11: 1-11	—	—	8				
12-28	—	—	9	3: 1-13	—	—	3
30-40	—	—	10	14-18 4: 1-22	—	—	4
12: 1-6	—	—	11				
7	—	—	12				
8-10	—	—	13				
11-12	—	—	14				
13-15	—	—	15	사무엘상			
13: 1	—	8	1	1: 1-17	5	10	2
2-7	—	—	2	18-28 2: 20, 21	—	—	3
8-23	—	—	3				
24, 25	—	—	4	12-36	—	—	1
14: 1-6	—	—	5	3: 1-21	—	—	4
7-20	—	—	6	4: 1, 2	—	11	1

464

구약 본문과 요세푸스 역사의 병행구절 목록

사무엘상	유대고대사 권	장	절	사무엘상	유대고대사 권	장	절
4 : 3−10	5	11	2	14 : 17−31	6	6	3
11−18	−	−	3	32−35	−	−	4
19−22	−	−	4	36−45	−	−	5
5 : 1−12	6	1	1	46−52	−	−	6
6 : 1−11	−	−	2	15 : 1−3	−	7	1
12−18	−	−	3	4,5,7−9	−	−	2
19−21, 7 : 1, 2	−	−	4	6	−	−	3
				10−23	−	−	4
3−6	−	2	1	24−35	−	−	5
7−12	−	−	2	16 : 1−13	−	8	1
13, 14	−	−	3	14−23	−	−	2
15−17	−	3	1	17 : 1−11	−	9	1
8 : 1−3	−	−	2	12−32	−	−	2
4−6	−	−	3	33−37	−	−	3
7−9	−	−	4	38−47	−	−	4
10−18	−	−	5	48−54	−	−	5
19−22	−	−	6	18 : 6−16	−	10	1
9 : 1−16	−	4	1	17−26	−	−	2
17−27, 10 : 1−9	−	−	2	27−30	−	−	3
				19 : 1−3	−	11	1
10−16	−	−	3	4−7	−	−	2
17−19	−	−	4	8−10	−	−	3
19−24	−	−	5	11−17	−	−	4
25−27	−	−	6	18−24	−	−	5
11 : 1−3	−	5	1	20 : 1−3	−	−	6
4−6	−	−	2	4−8	−	−	7
7−13	−	−	3	9−23	−	−	8
14, 15	−	−	4	24−34	−	−	9
12 : 1−5	−	−	5	35−42	−	−	10
6−25	−	−	6	21 : 1−9	−	12	1
13 : 1−7, 16−23	−	6	1	10−15	−	−	2
				22 : 1−4	−	−	3
8−23, 14 : 1−16	−	−	2	5−10	−	−	4
				11−16	−	−	5

요세푸스

사무엘상	유대고대사 권	장	절	사무엘하	유대고대사 권	장	절
22:17−19	6	12	6	5: 6−10	7	3	1,2
20−23	−	−	8	14−16	−	−	3
23: 1−14	−	13	1	17−25	−	4	1
15−25	−	−	2	6: 1−19	−	−	2
26−28	−	−	3	14,20−23	−	−	3
29				7: 1−29	−	−	4
24: 1−22	−	−	4	8: 1−4	−	5	1
25: 1	−	−	5	5−8	−	−	2,3
2−13	−	−	6	9−18	−	−	4
14−35	−	−	7	9: 1−13	−	−	5
36−44	−	−	8	10: 1−6	−	6	1
26: 1−25	−	−	9	7−14	−	−	2
27: 1−12	−	−	10	15−19			
28: 1−2	−	14	1	11: 1	−	−	3
3−19	−	−	2	2−17	−	7	1
20−25	−	−	3	18−27	−	−	2
29: 1−11	−	−	5	12: 1−15	−	−	3
30: 1−30	−	−	6	11	−	9	5
31: 1−7	−	−	7	15−25	−	7	4
8−13	−	−	8	26−31	−	−	5
				13: 1−20	−	8	1
				21−28	−	−	2
				29−38	−	−	3
사무엘하				39−14:23	−	−	4
1: 6−10	6	14	7	15: 1−11	−	9	1
1−27	7	1	1	12−37	−	−	2
2: 1−7	−	−	2	16: 1−4	−	−	3
8−32				5−14	−	−	4
3: 1	−	−	3	15−23	−	−	5
2−21	−	−	4	17: 1−14	−	−	6
22−27	−	−	5	15−22	−	−	7
28−39	−	−	6	23−29	−	−	8
4: 1−12	−	2	1	18: 1−5	−	10	1
5: 1−5	−	−	2	6−17	−	−	2

구약 본문과 요세푸스 역사의 병행구절 목록

사무엘하	유대고대사 권	장	절	열왕기상	유대고대사 권	장	절
18:17, 18	7	10	3	3: 1–15	8	2	1
19–27	—	—	4	16–28	—	—	2
28–33	—	—	5	4: 1–19	—	—	3
19: 1–8	—	—		20–28	—	—	4
9–15	—	11	1	29–34	—	—	5
16–23	—	—	2	5: 1–18	—	—	6,7,8
24–30	—	—	3	6: 1–38	—	3	1
						4	1
31–40	—	—	4	7: 1–19	—	5	1,2
41–43	—	—	5	13–51	—	3	4–9
20: 1–6	—	—	6			4	1
7–15	—	—	7	8: 1–9	—	4	1
16–26	—	—	8	10–21	—	—	2
21: 1–17	—	12	1	22–66	—	—	3–5
18–22	—	—	2	9: 1–9	—	—	6
22,23: 1–7	—	—	3	11–14	—	5	3
8–39	—	—	4	15–19	—	6	1
24: 1–14	—	13	1,2	20–22	—	—	3
15–17	—	—	3	26–28	—	—	4
18–25	—	—	4	10: 1–13	—	—	5,6
				14–23	—	7	1,4
				24–26	—	—	3
열왕기상				11: 1–13	—	—	5
1: 1–4	7	14	3	14–25	—	—	6
5–21	—	—	4	26–40	—	—	7,8
22–40	—	—	5	41–43	—	7	8
						8	1
41–53	—	—	6	12: 1–15	—	—	2
2: 1–9	—	15	1	16–24	—	—	3
10, 11	—	—	2	25–33	—	—	4
12	8	1	1	13: 1–10	—	—	5
13–21	—	—	2	1–6	10	4	4
22–27	—	—	3	11–34	8	9	1
28–35	—	—	4	14: 1–20	—	11	1,3,4
36–46	—	—	5				

467

요세푸스

열왕기상	유대고대사 권	장	절	열왕기하	유대고대사 권	장	절
14 : 21-26	8	10	2	3 : 1-3	9	2	2
27-31	—	—	4	4-27	—	3	1,2
15 : 1-10	—	11	3	4 : 1-7	—	4	2
11-15	—	12	1	6 : 8-23	—	—	3
16-22	—	—	4	24-33	—	—	4
27-34	—	—	3	7 : 1-2			
16 : 1-8	—	—	3,4	3-20	—	—	5
9-28	—	—	5	8 : 7-15	—	—	6
29-33	—	13	1	16-29	—	5	1-3
17 : 1-16	—	—	2	9 : 1-37	—	6	1-4
17-24	—	—	3	10 : 1-14	—	—	5
18 : 1-15	—	—	4	15-31	—	—	6
16-46	—	—	5,6	32-36	—	8	1
19 : 1-21	—	—	7	11 : 1-12	—	7	1,2
20 : 1-9	—	14	1	13-16	—	—	3
10-21	—	—	2	17-21	—	—	4
22-28	—	—	3	12 : 2	—	—	5
29-34	—	—	4	4-16	—	8	2
35-43	—	—	5	17-21	—	—	4
21 : 1-29	—	13	8	13 : 1-9	—	—	5
		15	4	10-21	—	—	6
22 : 1-5	—	—	3	22-25	—	—	7
6-28	—	—	4	14 : 1-7	—	9	1
29-40	—	—	5,6	8-10	—	—	2
40, 51-53	9	2	1	11-20	—	—	3
41-50	—	3	2	23-28	—	10	1
		4	1	29	—	—	3
				15 : 1-4	—	—	3
				5-7	—	—	4
열왕기하				8-29	—	11	1
1 : 1-16	9	2	1	32-35	—	—	2
17-18				36-38	—	12	1
2 : 1-15	—	—	2	16 : 1-5	—	—	1
				7-20	—	—	2,3

구약 본문과 요세푸스 역사의 병행구절 목록

열왕기하	유대고대사 권	장	절	역대상	유대고대사 권	장	절
17: 1, 2	9	13	1	6: 6, 7	8	1	3
3-24	—	14	1	10: 1-7	6	14	7
25-41	—	—	3	8-12	—	—	8
18: 1-7	—	13	1	13, 14	—	—	9
8	—	—	3	11: 1-3	7	1	2
13-16	10	1	1	4-9	—	3	1,2
17-37	—	—	2	10-47	—	12	4
19: 1-8	—	—	3	13: 1-14	—	4	2
9-34	—	—	4	14: 3-7	—	3	3
35-37	—	—	5	8-17	—	4	1
20: 1-11	—	2	1	15: 13	—	—	2
12-19	—	—	2	29	—	—	2
20, 21	—	3	1	17: 1-27	—	—	4
21: 1-16	—	—	1	18: 1-4	—	5	1
17, 18	—	—	2	5-8	—	—	2,3
19-26	—	4	1	9-17	—	—	4
22: 1, 2	—	—	1	19: 1-7	—	6	1
3-20	—	—	2	8-15	—	—	2
23: 1-14	—	—	3	16-19	—	—	3
15-20	—	—	4	20: 1-3	—	—	3
21-27	—	—	5	21: 1-13	—	13	1
28-30	—	5	1	14-17	—	—	3
31-37	—	—	2	18-30 } 22: 1	—	—	4
24: 1-4	—	6	1	22: 2-5	—	14	1
8-16	—	—	3	6-19	—	—	2
17-20	—	7	1	23, 24장 } 25, 26장	—	—	7
25: 1-26	—	{ — 8 9	3,4 1,2 1	27: 1-34	—	—	8
				28: 1-10	—	—	9
				11-21 } 29: 1-25	—	—	10
역대상				23-25	8	1	1
3: 1-4	7	1	4				

요세푸스

역대상	유대고대사 권	장	절	역대하	유대고대사 권	장	절
29 : 26−30	7	15	3	12 : 1−4	8	10	2
				5−12	−	−	3
				10−16	−	−	4
				13 : 1−12	−	11	2
역대하				13−22	−	−	3
1 : 3−10	8	2	1	14 : 1, 2	−	−	3
14−17	−	−	4	1−5	−	12	1
2 : 1−10	−	−	6	10−11	−	−	1
11−16	−	−	7	12−15 }			
17, 18	−	−	8	15 : 1−15 }	−	−	2
3 : 1, 2	−	3	1	16 : 1−6	−	−	4
3−17 }				17 : 1−6	−	15	1
4 : 1−22 }	−	−	2−9	7−19	−	−	2
5 : 1−12	−	4	1	18 : 1−3	−	−	3
13, 14 }				4−26	−	−	4
6 : 1−11 }	−	−	2	28−34	−	−	5
12−42	−	−	3	19 : 1−11	9	1	1
7 : 1−3	−	−	4	20 : 1−37	−	−	2−4
8−10	−	−	5	21 : 1−20	−	{ 4	1
12−22	−	−	6			{ 5	1−3
8 : 1	−	5	1	12−15	−	−	2
2	−	−	3	16−19 }			
2−6	−	6	1	22 : 1 }	−	−	3
7−9	−	−	3	5−6	−	6	1
17, 18	−	−	4	10−12	−	7	1
9 : 1−12	−	−	5,6	23 : 1−11	−	−	2
13−21	−	7	2	12−15	−	−	3
22−25	−	−	3	16−21	−	−	4, 5
27	−	−	4	24 : 4−14	−	8	2
29−31	−	−	8	15−22	−	−	3
31	−	8	1	23−27	−	−	4
10 : 1−15	−	−	2	25 : 1−13	−	9	1
16−19	−	−	3	14−19	−	−	2
11 : 5−23	−	−	10	20−28	−	−	3

구약 본문과 요세푸스 역사의 병행구절 목록

역대하	유대고대사 권	장	절	이사야	유대고대사 권	장	절
26 : 1–15	9	10	3	14 : 28–32	9	8	3
16–23	—	—	4	36 : 1	10	1	1
27 : 1–6	—	11	2	2–22	—	—	2
7–9	—	12	1	37 : 1–7	—	—	3
28 : 1–8	—	—	1	9–35	—	—	4
9–15	—	—	2	36, 37	—	—	5
16–27	—	—	3	38 : 1–22	—	2	1
29 : 1–11	—	13	1	39 : 1–8	—	—	2
12–36 } 30 : 1–12	—	—	2	44 : 28 } 45 : 1	11	1	2
13–27 } 31 : 1–21	—	—	3				
32 : 1–10	10	1	1	예레미야			
11–19	—	—	2	1 : 2 } 25 : 3	10	5	1
20	—	—	3				
21–23	—	—	5	29 : 11 } 10	11	1	2
24–30	—	2	1				
31	—	—	2	26 : 8–24	10	7	2–5
32, 33	—	3	1	32 : 5	—	7	2
33 : 1–10	—	—	1	34 : 3	—	—	3
11–20	—	—	2	37 : 11–21	—	—	3
21–25 } 34 : 1–4	—	—	4	38 : 1–28	10	7	4–6
			1	39 : 1–3	—	8	1
5–7	—	—	5	4–7	—	—	2
8–28	—	—	2	40 : 1–16 } 41 : 1–18 } 42 : 1–22	—	9	1,5
29–33	—	—	3–5				
35 : 1–19	—	—	5				
21–27	—	5	1				
36 : 1–8	—	{ — 6	2 1	43 : 1–6	—	—	6
				8–13	—	—	7
9, 10	—	—	3	52 : 1–11	—	{ 7 8	2 2
11, 12	—	7	2				
21–23	11	1	1				

471

요세푸스

에스겔	유대고대사 권	장	절
12 : 13	10	7	2
17 : 20	—	—	2

다니엘

	권	장	절
1 : 3−7	10	10	1
8−20	—	—	2
2 : 1−49	—	—	3,4
3 : 1−30	—	—	5
4 : 1−37	—	—	6
5 : 1−31	—	11	2−4
6 : 1−3	—	—	4
4−28	—	—	5,6
8 : 1−27	—	—	7
9 : 26, 27	—	—	7

요나

	권	장	절
1−4장	9	10	2

나훔

	권	장	절
2 : 8−13	9	11	3

에스라

	권	장	절
1 : 1, 2	11	1	1
3, 4	—	—	2
5−11	—	—	3
2 : 1−70	—	{ — / 3	3 / 10 }

에스라

	유대고대사 권	장	절
3 : 1−13	11	{ 2 / 4 }	1 / 1,2
4 : 1−5	—	{ 1 / 4 }	3 / 3
6−24	—	{ 2 / 4 }	1 / 5
17−24	—	2	2
5 : 1, 2	—	4	5
3−5	—	4	4
6−17	—	—	6
6 : 1−4	—	—	7
6−22	—	—	8
7 : 1−26	—	5	1
27, 28	—	—	2
8 : 35, 36	—	—	2
9 : 1−15	—	—	3
10 : 1−44	—	—	4

에스드라상

	권	장	절
2 : 1−4	11	1	1
5−7	—	—	2
8	—	—	3
9−24	—	2	1
25−30	—	—	2
3 : 1−12	—	3	2
17−24	—	—	3
4 : 1−12	—	—	4
13−32	—	—	5
33−40	—	—	6
41−46	—	—	7
47−57	—	—	8
58−63	—	—	9

구약 본문과 요세푸스 역사의 병행구절 목록

	유대고대사		
에스드라상	권	장	절
5: 1−46 · · · · ·	11	3	10
47−55 · · · · ·	−	4	1
56−73 · · · · ·	−	−	2,3
6: 1−6 · · · · ·	−	−	5
7−22 · · · · ·	−	−	5−9
23−26 · · · · ·	−	−	6
7: 1−15 ⎫ 27 ⎭ · · · ·	−	−	7,8
8: 1−24 · · · · ·	−	5	1
25−67 · · · · ·	−	−	2
68−90 · · · · ·	−	−	3
9: 1−36 ⎫ 91 ⎭ · · · ·	−	−	4
37−55 · · · · ·	−	−	5

느헤미야			
2: 1−8 · · · · ·	11	5	6

7:   9 ⎫
   73 ⎭ · · · − ⎧
                         ⎨
                         ⎩
	−
	 3
		7
		 10

4: 1−23 ⎫ 6: 1−16 ⎭ · · · ·	−	5	8

에스더			
1: 1−22 · · · · ·	11	6	1
2: 1−20 · · · · ·	−	−	2
21−23 · · · · ·	−	−	4
3: 1−9 · · · · ·	−	−	5
10−15 · · · · ·	−	−	6
4: 1−16 · · · · ·	−	−	7
17 · · · · ·	−	−	8

	유대고대사		
에스더	권	장	절
5: 1−8 · · · · ·	11	6	9
6: 9−14 ⎫ 1−11 ⎭ · · · ·	−	−	10
7: 1−10 · · · · ·	−	−	11
8: 1−17 ⎫ 9: 1−24 ⎭ · · · ·	−	−	12
10: 25−32 ⎫ 1−3 ⎭ · · · ·	−	−	13

마카베오상			
1: 1−9 · · · · ·	11	8	1
10−64 · · · · ·	12	5	1−4
2: 1−14 · · · · ·	−	6	1
15−48 · · · · ·	−	−	2
49−68 · · · · ·	−	−	3
69−70 · · · · ·	−	−	4
3: 10−26 · · · · ·	−	7	1
27−37 · · · · ·	−	−	2
38−60 · · · · ·	−	−	3
4: 1−25 · · · · ·	−	−	4
26−35 · · · · ·	−	−	5
36−55 · · · · ·	−	−	6
56−61 · · · · ·	−	−	7
5: 1−16 · · · · ·	−	8	1
17−23 · · · · ·	−	−	2
24−36 · · · · ·	−	−	3
37−44 · · · · ·	−	−	4
45−54 · · · · ·	−	−	5
55−68 · · · · ·	−	−	6
6: 1−13 · · · · ·	−	9	1
14−17 · · · · ·	−	−	2
18−30 · · · · ·	−	−	3

요세푸스

마카베오상	유대고대사 권	장	절	마카베오상	유대고대사 권	장	절
16 : 31−47	12	9	4	11 : 45−56	13	5	3
48−54	−	−	5	57−59	−	−	4
55−59	−	−	6	60−62	−	−	5
60−63	−	−	7	63−66	−	−	6
7 : 1−7	−	10	1	67−74	−	−	7
8−20	−	−	2	12 : 1−23	−	−	8
21−25	−	−	3	24−34	−	−	10
26−32	−	−	4	35−38	−	−	11
33−50	−	−	5	39−45	−	6	1
8 : 1−32	−	−	6	46−51	−	−	2
9 : 1−10	−	11	1	52, 53			
11−22	−	−	2	13 : 1−6	−	−	3
23−31	13	−	1	7−11	−	−	4
32−36	−	−	2	12−20	−	−	5
37−42	−	−	4	21−30	−	−	6
43−53	−	−	3	31−33			
54−57	12	−	6	41−50	−	−	7
58−69	13	−	5	14 : 1−3	−	5	11
70−73	−	−	6	4−24	−	7	3
10 : 1−14	−	−	2	15 : 15−24	−	−	3
15−20	−	−	2	37	−	−	2
21−45	−	−	3	16 : 1−10	−	−	3
46−50	−	−	4	11−24	−	−	4
51−57	−	3	1				
58−66	−	4	1				
67−73	−	−	3				
74−89	−	−	4	마카베오하			
11 : 1−7	−	−	5	4 : 7−50	12	5	1
8−11	−	−	6	5 : 1	−	−	2
12, 13	−	−	7	11−27			
14−19	−	−	8	6 : 1−31	−	−	4
20−38	−	−	9	7 : 1−42			
39, 40	−	5	1	8 : 1−7	−	6	4
41−44	−	−	2	8−36	−	7	3

구약 본문과 요세푸스 역사의 병행구절 목록

마카베오하	유대고대사 권	장	절	마카베오하	유대고대사 권	장	절
9: 1−29	12	9	1	13: 1−26	12	9	4
10: 1−8	−	7	6	14: 3−11	−	10	3
11: 9−38, 1−38	−	9	4	12−46	−	−	4
12: 1−45	−	9 / 10	7 / 1	15: 1−37	−	−	5

색 인

색 인

A

Aaron(아론), 유대고대사 2권 13장 1절, 20권 10장; 제사장이 됨, 3권 8장 1절; 그의 아들들, 3권 8장 1절; 그의 죽음, 4권 4장 7절.

Abassar, or Sanabassar(아바살, 혹은 세스바살), 유대고대사 11권 4장 4절.

Abbarus(아바루스), 두로 왕, 아피온 반박문 1권 21절.

Abdastartus(아브다스타르투스), 두로왕, 아피온 반박문 1권 18절.

Abdemon(아브데몬), 두로인, 유대고대사 8권 5장 3절; 아피온 반박문 1권 17-18절.

Abdenago, or Abednego (아브데나고, 혹은 아벳느고), 유대고대사 10권 10장 1절.

Abdon(압돈), 사사로서 엘론(Elon)을 계승함, 유대고대사, 5권 7장 15절.

Abel(아벨), 그의 제사, 유대고대사 1권 2장 1절.

Abennerige(아벤네릭), 카락스 스파시니(Charax Spasini)의 왕, 유대고대사 20권 2장 1절.

Abia, or Abiah(아비아, 혹은 아비야〈아비얌〉), 르호보암(Rehoboam)의 아들, 유대고대사 7권 10장 3절, 8권 10장 1절; 부친을 계승함, 4절; 열 지파를 정복함, 8권 11장 2-3절.

Abia(아비아), 아라비아의 왕, 유대고대사 20권 4장 1절.

Abiathar(아비아달), 대제사장, 유대고대사 6권 14장 6절; 대제사장직을 박탈당함, 8권 1장 3절.

Abibalus(아비발루스), 두로 왕, 아피온 반박문 1권 17절.

Abigail(아비가일), 유대고대사 6권 13장 7절; 다윗과 결혼함, 8절.

Abigail(아비갈), 아마사(Amasa)의 모친, 유대고대사 7권 10장 1절.
Abihu(아비후), 아론(Aaron)의 아들, 유대고대사 3권 8장 1절.
Abilamaradochus, or Evil Merodach(아빌라마라도쿠스, 혹은 에윌므로닥), 유대고대사 10권 11장 2절.
Abimael(아비마엘), 유대고대사 1권 6장 4절.
Abimelech(아비멜렉), 형제들을 살해함, 유대고대사 5권 7장 1절; 추방됨, 3절; 세겜족을 몰살시킴, 4절; 맷돌에 맞아 죽음, 5절.
Abinadab(아비나답), 유대고대사 6권 1장 4절, 8권 2장 3절.
Abiram(아비람), 유대고대사 4권 2장 2절.
Abishag(아비삭), 처녀로서 다윗의 시중을 듬, 유대고대사 7권 14장 3절
Abishai(아비새), 유대고대사 6권 13장 9절.
Abner(아브넬), 넬(Ner)의 아들, 유대고대사 7권 1장 3절; 사울(Saul)의 친족, 6권 4장 3절; 사울의 군대 장관, 7권 1장 3절; 이스라엘인들과 다윗을 화해시킴, 7권 1장 4절; 살해됨, 5절.
Abram, or Abraham(아브람, 혹은 아브라함), 데라(Terah)의 아들, 유대고대사 1권 6장 5절; 갈대아를 떠나 가나안으로 향함, 7장 1절; 다마스커스(Damascus)에 거함, 2절; 식민지를 개척할 계획을 세움, 15장; 애굽인들에게 수학을 가르침, 8장 2절; 롯과 가나안 땅을 나눔, 3절; 앗수르인들을 격파함, 10장 2절; 하나님께서 아들을 주시겠다고 약속하심, 3절; 그의 죽음, 17장.
Absalom(압살롬), 유대고대사 7권 3장 3절; 그술(Geshur)로 도피함, 8장 3절; 요압(Joab)의 꾀로 왕궁으로 다시 부름 받음, 4-5절; 부친 다윗에 대해 반역을 일으킴, 9장 2절; 부친을 추격함, 10장 1절; 그의 군대가 패주함; 2절; 그의 머리카락이 나무에 걸림, 2절; 요압의 칼에 맞아 숨짐. 2절.
Acenchres(아켄크레스), 애굽의 왕후, 아피온 반박문 1권 15절.
Achar, or Achan(아갈, 혹은 아간), 도적질을 함, 유대고대사 5권 1장 10절; 벌을 받음, 14절.
Achitophel, or Ahithophel(아히도벨), 압살롬의 총애하는 신하, 유대고대사 7권 9장 2절; 악한 계략을 꾸밈, 5절; 목매달아 자살함, 8절.
Acme(아크메), 유대전쟁사 1권 32장 6절; 그녀가 안티파테르(Antiparter)와 헤롯(Herod)에게 보낸 서신들, 유대고대사 17권 5장 7절; 처형당함, 7장.
Achmon(악몬), 아랍(Araph)의 아들, 거인 족의 후손으로 다윗을 공격함, 유대고대사 7권 12장

색 인

1절, 아비새에게 살해당함, 1절.
Acratheus, or Hatach (아크라테우스, 혹은 하탁), 유대고대사 11권 6장 7절.
Actium, battle at (악티움 전투), 유대고대사 15권 5장 1절; 6장 1절; 유대전쟁사 1권 19장 1절; 헤롯의 재위 제 7년에 벌어짐, 유대고대사 15권 5장 2절.
Ada (아다), 라멕(Lamech)의 아내, 유대고대사 1권 2장 2절.
Adad, or Hadad (아닷, 혹은 하닷), 다메섹(Damascus)의 왕, 유대고대사 7권 5장 2절.
Adam (아담), 그의 창조, 유대고대사 1권 1장 2절; 그의 타락, 유대고대사 1권 1장 2절.
Ader, or Hadad (아데르, 혹은 하닷), 이두매인(an Idumean), 유대고대사 8권 7장 6절.
Adonias, or Adonijah (아도니아스, 혹은 아도니야), 왕을 사칭함, 유대고대사 7권 14장 4절; 성전의 단을 잡음, 6절; 아비삭(Abishag)을 아내로 요구함, 8권 1장 2절; 그러나 거절 당함, 3절.
Adonibezek (아도니베섹), 예루살렘의 왕, 포로가 되어 수족이 잘린 채 예루살렘에서 죽음, 유대고대사 5권 2장 2절.
Adoram (아도니람), 유대고대사 8권 2장 8절.
Adrammelech (아드람멜렉), 유대고대사, 10권 1장 5절.
Adrasar, or Hadadezer (아드라살, 혹은 하닷에셀), 소페네(Sophene) 혹은 소바(Zoba)의 왕, 유대고대사 7권 5장 1절, 8권 7장 6절.
AEbutius (에부티우스), 십부장(a decurion), 요세푸스 자서전, 24절.
AEgypt (애굽), 한 왕의 이름을 본떠 지은 것임, 아피온 반박문 1권 15절.
AEgyptian kings (애굽 왕들), 바로(Pharaoh)라고 불리면서 솔로몬 (Solomon) 통치 때까지 1,300년간 애굽 땅을 다스린 인물들, 유대고대사 8권 6장 2절.
AEgyptians (애굽인들), 지혜롭기로 온 세계에 정평이 나 있음, 유대고대사 8권 2장 5절; 아브라함에게서 수학을 배움, 유대고대사 1권 8장 2절; 그들의 거룩한 서기관들, 혹은 제사장들, 2권 9장 2절; 가축을 식용으로 먹는 것은 법에 어긋나는 것으로 간주함, 2권 7장 5절.
AEgyptians' false prophet (애굽인 거짓 선지자), 유대고대사 20권 8장 6절; 벨릭스(Felix)에 의해 패주되어 쫓겨남, 유대전쟁사 2권 13장 5절.
AElius Gallus (앨리우스 갈루스), 유대고대사 15권 9장 3절.
AEmilius Regulus (애밀리우스 레굴루스), 유대고대사 19권 1장 3절.
AEneas or, Aretas 애네아스, 혹은 아레타스) 아라비아(Arabia)에서 오보다스(Obodas)의 뒤를 계승함, 유대고대사 16권·9장 4

481

요세푸스

절.
AEsop(애솝), 알렉산드라의 종임, 유대고대사 15권 3장 2절.
AEthiopian commodities (이디오피아 상품), 유대고대자 8권 6장 5절; 노예들과 원숭이들이 그 수출 상품임, 7장 2절.
AEthiopians(이디오피아인들), 아라비아인들과 경계를 이룸, 유대고대사 9권 5장 3절.
Agag(아각), 아말렉의 왕, 유대고대사 6권 7장 2절; 그의 죽음, 5절.
Agar, or Aagr(하갈), 이스마엘(Ishmael)과 함께 아브라함의 집에서 쫓겨남, 유대고대사 1권 12장 3절.
Aggeus, or Haggai, (아게우스, 혹은 학개), 선지자임, 성전의 재건에 대하여 예언을 함, 유대고대사 11권 4장 5절.
Agones, or games (아고네스, 혹은 운동 경기), 케사르를 기념하기 위해 헤롯이 만듦, 5년마다 1번씩 있는 운동 경기임, 유대고대사 15권 8장 1절, 유대전쟁사 1권 21장 8절; 가이사랴(Cesarea) 완공을 축하하기 위한 운동 경기, 유대고대사 16권 5장 1절.
Agrippa[Marcus the Roman] (아그립바[마르쿠스, 로마인]), 유대인에게 호의를 보임, 유대고대사 12권 3장 2절; 헤롯에게 극진한 환대를 받음, 16권 2장 1절; 시노페(Synope)에서 헤롯에게 마찬가지로 답례를 함, 2절; 그의 보스포루스(Bosphorus) 원정, 2절; 예루살렘 주민들을 향한 연설, 유대전쟁사 2권 16장 3-4절; 예루살렘 주민들의 특권을 추인함, 유대고대사 16권 2장 4절; 유대인들에 대해 호의적인 내용을 담아, 에베소인들에게 보낸 그의 서신, 6장 4절; 유대인들에 대해 호의적인 내용을 써서 키레네(Cyrene) 인들에게 보낸 그의 서신, 5절.
Agrippa the Great, or Elder (아그립바 대왕, 혹은 대아그립바), 헤롯의 손자, 유대고대사 17권 2장 2절; 그의 파란 만장한 모험, 유대고대사 18권 6장 3-4절; 구속되어 감옥에 수감됨, 6절; 그의 장래에 석방의 기쁨과 행복한 미래가 있을 것임이 예언됨, 7절; 석방되어 왕이라는 칭호와 함께 두 개의 분봉국의 지배자가 됨, 10절; 로마에서 카이우스(Caius)에게 성대한 잔치를 베풀어 줌, 18권 8장 7절; 클라우디우스에게 한 그의 충고, 19권 4장 1-2절; 클라우디우스가 그에게 그의 조부의 거의 모든 통치 영역을 하사해 줌, 5장 1절; 그에 대한 요세푸스의 칭찬, 7장 3절; 베리투스(Berytus) 주민들에게 막대한 호의를 베품, 5절; 여러 왕들을 극진하게 환대함, 8장 1절; 가이사랴에서 쇼(show)를 개최하고, 친히 성장을 한 채 무대에 나타나자 신(神)으로까지 갈채를 받음

색 인

2절; 그 후 곧 급작스럽게 이상한 죽음을 당함, 2절; 그의 죽음과 자녀들, 유대전쟁사 2권 11장 5-6절.

Agrippa(아그립바), 아그립바 1세가 키프로스(Cypros)를 통해 낳은 아들, 유대전쟁사 2권 11장 6절; 즉각적으로 그의 부친의 왕국을 계승하지 못함, 유대고대사 19권 9장 2절; 클라우디우스가 그의 숙부인 칼키스의 헤롯(Herod [of Chalcis])의 왕국을 아그립바 2세에게 하사함, 유대고대사 20권 5장 2절; 유대전쟁사 2권 12장 1절; 클라우디우스가 후에 빌립(Philip)과 리사니아스(Lysanias)의 분봉국을 그에게 더 줌, 유대고대사 20권 7장 1절; 가말라(Gamala) 공격에서 적이 쏜 돌에 맞아 부상함, 4권 1장 3절; 로마인과의 전쟁을 피하도록 유대인들에게 권고한 그의 유명한 연설, 유대전쟁사 2권 16장 4-5절.

Agrippa(아그립바), 벨릭스(Felix)와 드루실라(Drusilla)의 아들, 유대고대사 20권 7장 2절.

Agrippa Fonteius(아그립바 폰테이우스), 전사함, 유대전쟁사 7권 4장 3절.

Ahab(아합), 이스라엘 왕, 유대고대사 8권 13장 1절; 엘리야(Elijah)의 꾸중을 들음, 8절; 벤하닷(Benhadad)과 싸워 그를 격파함, 14장 2절; 벤하닷을 용서해 줌, 4절; 수리아인 병사의 활에 맞아 죽음, 15장 5절; 그의 아들들, 9권 6장 5절.

Ahaziah(아하시야), 아합의 아들, 유대고대사 8권 15장 6절, 9권 2장 2절.

Ahaziah(아하시야), 예루살렘 왕, 유대고대사 9권 6장 3절.

Ahaz(아하스), 유다 왕, 유대고대사 9권 12장 2절.

Ahijah(아히야), 선지자, 그의 예언의 내용, 유대고대사 8권 7장 7절.

Ahikam(아히감), 유대고대사 10권 9장 1절.

Ahimaaz(아히마아스), 사독(Zadok)의 아들, 유대고대사 7권 9장 2절; 대제사장, 10권 8장 6절.

Ahimelech, or Achimelech(아히멜렉), 제사장, 혹은 대제사장임, 사울(Saul)의 살해 지시에 의해 살해됨, 유대고대사 6권 12장 6절.

Ahitub(아히둡), 유대고대사 8권 1장 3절.

Ahitophel, or Achitophel(아히도벨), 유대고대사 7권 9장 2절; 악한 계략을 꾸밈, 5절; 목을 매 자살함, 8절.

Ai(아이성), 포위되었다가 함락됨, 유대고대사 5권 1장 12절, 15절.

Aizel, or Uzal(아이셀, 혹은 우살), 유대고대사 1권 6장 4절.

Alans(알란), 유대전쟁사 7권 7장 4절.

Albinus(알비누스), 유대의 총독, (procurator), 유대고대사 20권 9

요세푸스

장 1절.
Alcimus, or Jacimus(알키무스, 혹은 야키무스), 악한 대제사장, 유대고대사 12권 9장 7절; 데메트리우스(Demetrius) 앞에서 유다스(Judas)를 비난함, 10장 1절; 그의 죽음, 6절.
Alcyon(알키온), 의사, 유대고대사 19권 1장 20절.
Alexander Lysimachus(알렉산더 리시마쿠스), 알렉산드라의 유대인 최고 행정 장관(the alab-arch), 유대고대사 19권 5장 1절, 20권 5장 2절.
Alexander(알렉산더), 알렉산더가 글라피라(Glaphyra)를 통해 낳은 아들, 유대전쟁사 1권 28장 1절.
Alexander(알렉산더), 안티오쿠스 에피파네스(Antiochus Epiphanes)의 아들, 유대고대사 13권 2장 1절; 발라스(Balas)라고 불리기도 함, 유대고대사 13권 2장 1절의 註; 역사가들 중 일부가 수리아 왕이라고 주장함, 3절의 註; 요나단에게 보낸 서신, 3절; 데메트리우스(Demetrius)와 전투를 벌임, 4절; 톨레미 필로메토르(Ptolemy Phllometer)의 딸에게 청혼을 함, 4장 1절; 아라비아(Arabia)에서 최후를 맞이함, 그리고 그의 머리가 톨레미에게 보내짐, 8절.
Alexander and Aristobulus(알렉산더와 아리스토불루스), 헤롯의 아들들이며 아리스토불루스는 감옥에 수감됨, 유대고대사 16권 10장 5절; 부친의 명에 의해 교살됨, 11장 7절, 유대전쟁사 1권 27장 6절.
Alexander(알렉산더), 아리스토불루스(Aristobulus)의 아들, 유대전쟁사 1권 8장 7절; 수리아(Syria)를 괴롭힘, 유대고대사 14권 5장 2절; 로마와 전쟁을 벌임, 유대전쟁사 1권 8장 7절; 가비니우스(Gabinus)에 의해 정복됨, 유대전쟁사 1권 8장 7절; 폼페이(Pompey)의 명에 의해 살해됨, 유대고대사 14권 7장 4절, 유대전쟁사 1권 9장 2절.
Alexander Janneus(알렉산더 얀네우스), 형제인 아리스토불루스의 뒤를 계승함, 유대전쟁사 1권 4장 1절; 그에 대한 반역이 일어남, 유대고대사 13권 14장 2절; 톨레마이스(톨레마이, Ptolemais)원정, 12장 2절; 야만스러울 정도로 잔인하기 때문에 트라키안(Thracian)이라는 별명이 붙음, 14장 2절; 3년간 병석에 누웠다가 4일열로 세상을 떠남, 15장 5절, 유대전쟁사 1권 4장 8절; 힐카누스(Hyrcanus)와 아리스토불루스(Aristobulus)가 그의 아들임, 유대고대사 13권 16장 1절, 유대전쟁사 1권 5장 1절.
Alexander the Great(알렉산더 대왕), 부친 필립(Philip)의 뒤를 계승함, 유대고대사 11권 8장 1절; 다리우스(Darius)를 정복함,

3절; 아시아 전역을 휩쓸며 연전 연승함, 3절; 예루살렘의 대제사장에게 서신을 보냄, 3절; 몸소 예루살렘을 방문함, 4절; 그의 꿈, 5절; 대제사장의 이마 부분에 쓰인 하나님의 이름을 보고 경탄함, 5절; 성전에 들어감 5절; 유대인에게 큰 특권을 베품, 5절; 다이아나(Diana) 신전에 보관되어 있는 그의 갑옷과 무기, 12권 9장 1절; 그의 사후에 제국이 분열됨, 12권 1장 1절.

Alexander(알렉산더), 파사엘루스(Phasaelus)와 살람프시오(Salampsio)의 아들, 유대고대사 18권 5장 4절.

Alexander,〔Tiberius〕(알렉산더〔티베리우스〕), 카스피우스 파두스(Caspius Fadus)의 뒤를 이어 유대 총독이 됨, 유대고대사 20권 5장 2절; 유대전쟁사 2권 11장 6절; 애굽 총독이 됨, 2권 15장 1절, 18장 7절; 베스파시안(Vespasian) 황제 치하에서 로마군 최고 사령관의 직위에 오름, 4권 10장 6절, 6권 4장 3절.

Alexander Zebina(알렉산더 세비나), 수리아의 왕, 안티오쿠스 그리푸스(Antiochus Grypus)에 의해 정복됨, 그리고 세상을 떠남, 유대고대사 13권 9장 3절.

Alexandra(알렉산드라), 알렉산더 얀네우스의 미망인, 얀네우스의 사후에 통치권을 장악함, 유대고대사 13권 16장 1절; 병에 걸려 세상을 떠남, 5-6절; 그녀에 대한 찬사, 6절.

Alexandra(알렉산드라), 힐카누스(Hyrcanus)의 딸, 아리스토불루스의 아들이요 힐카누스의 형제지간인 알렉산더의 아내, 또 다른 아리스토불루스와 마리암네의 모친, 유대고대사 15권 2장 5절; 클레오파트라(Cleopatra)에게 서신을 보냄, 5절; 델리우스(Dellius)의 충고에 의해 그녀의 아들과 딸의 초상화를 안토니(Antony)에게 보냄, 6절; 헤롯과 화해한 척함, 7절; 헤롯의 의혹을 삼, 3장 2절; 애굽으로 도피할 준비를 함, 3장 2절; 아리스토불루스의 죽음을 애도함, 4절; 클레오파트라에게 그녀의 아들의 죽음과 헤롯의 계략에 대해 알림, 5절; 감옥에 갇힘, 9절; 딸 마리암네(Mariamne)에 대한 그녀의 품위 없는 행동, 7장 5절; 헤롯의 명에 의해 죽음을 당함, 8절.

Alexandra(알렉산드라), 파사엘루스와 살람프시오(Salampsio)의 딸, 키프러스의 티미우스(Timius of Cyprus)와 결혼함, 유대고대사 18권 5장 4절.

Alexandria(알렉산드리아) 파로스(Pharos) 섬에 이르는 둑길, 그 길이가 7퍼얼롱이나 됨, 유대고대사 12권 2장 13절; 이 도시의 상당한 지역이 유대인에게 할당됨, 14권 7장 2절; 유대인이 이 도시의 시민권을 가지고 있음이 율리우스 케사르(Julius Cæsar)

요세푸스

의 놋기둥에 선포되어 있음, 10장 1-2절.

Alexas(알렉사스), 살로메(Salome)의 남편, 유대고대사 17권 1장 1절, 유대전쟁사 1권 28장 6절.

Alexas Selcias(알렉사스 셀키아스), 알렉사스의 아들, 유대고대사 18권 5장 4절.

Alisphragmuthosis, or Halisphragmuthosis(알리스프라그무토시스, 혹은 할리스프라그무토시스), 애굽의 왕, 아피온 반박문 1권 14절.

Aliturius(알리투리우스), 유대인, 요세푸스 자서전 3절.

Alliance(동맹), 톨레미(Ptolemy)와 안티오쿠스(Antiochus)간의 동맹, 유대고대사 12권 4장 1절.

Altar of incense(분향단), 유대고대사 3권 6장 8절, 유대전쟁사 5권 5장 5절, 아피온 반박문 1권 22절.

Amadetha, or Hammedatha(아마데타, 혹은 함므다다), 유대고대사 11권 6장 5, 12절.

Amalekites(아말렉 족속), 이스라엘을 공격, 유대고대사 3권 2장 1절; 정복되고 약탈당함, 4-5절.

Aman or Haman(아만, 혹은 하만), 유대인의 적, 유대고대사 11권 6장 5절; 유대인에게 불리한 법령 선포, 6절; 모르드개(Mordecai)를 죽이기 위한 교수대를 만들라고 지시함, 10절; 그러나 오히려 모르드개에게 영광을 돌리는 역할을 맡게 됨, 10절; 그의 사악한 계략이 왕 앞에 밝히 드러남, 11절; 그의 법령이 폐기됨, 12절; 교수대에서 교살됨, 11절.

Amarinus, or Omri(아마리누스, 혹은 오므리) 이스라엘 왕, 유대고대사 8권 12장 5절.

Amasa(아마사), 군대 장관, 유대고대사, 7권 11장 1절; 예델(Jether)의 아들, 15장 1절; 요압(Joab)에게 살해됨, 11장 7절.

Amasias, or Amaziah(아마시아스, 혹은 아마샤), 유다 왕, 유대고대사 9권 8장 4절, 9장 1절; 이스라엘 왕 요아스(Jehoash)와 전쟁을 함, 3절; 계략에 걸려 패한 뒤 살해됨, 3절.

Ananias(아나니아스), 유대 고대사 11권 4장 9절; 오니아스의 아들, 13권 10장 4절.

Amasias, or Zechariah(아마시아스, 혹은 스가랴), 아하스(Ahaz)의 아들, 전사함, 유대고대사 9권 12장 1절.

Amasias, or Maaseiah(아마시아스, 혹은 마아세야), 시 총독, 유대고대사 10권 4장 1절.

Amathus(아마투스), 유대고대사 1권 6장 2절.

Ambassadors(사신들), 예물을 갖고 히스기야(Hezekiah)에게 파견된 사신, 유대고대사 10권 2장 2절; 아랍인(the Arabs)에게 살해된 유대의 사신, 15권 5장 2절; 이 아랍인의 행위는 국제법을 무시한 행위임, 3절, 사신

색 인

들은 경기장에서 로마 원로원의 원들과 함께 앉을 수 있는 자격이 있음, 14권 10장 6절.
Ambassage(사신 파견), 요나단(Jonathan)이 라케데모니아인들(the Lacedemonians)에게 사신 파견, 유대고대사 13권 5장 8절; 유대인들이 로마에 사신을 파견함, 12권 10장 6절.
Ambition and avarice(야망과 탐욕), 많은 불행의 원인, 유대고대사 7권 1장 5절
Ambivius[Marcus](암비비우스[마르쿠스]), 유대 총독, 유대고대사 18권 2장 2절.
Amenophis, (아메노피스) 애굽의 왕, 아피온 반박문 1권 15절, 26절, 32절.
Amesees(아메세스), 애굽의 왕후, 아피온 반박문 1권 15절.
Aminadab, or Abinadad(아미나답, 혹은 아비나답), 유대고대사 6권 1장 4절, 8권 2장 3절; 11권 4장 2절.
Ammonius(암모니우스), 살해당함, 유대고대사 13권 4장 6절.
Amnon(암논), 다윗의 아들, 유대고대사 7권 3장 3절; 이복 누이인 다말(Tamar)에게 반함, 8장 1절; 압살롬의 지시로 살해됨, 2, 3절.
Amorites(아모리인의 땅), 르우벤, 갓, 므낫세 반 지파에게 주어짐, 유대고대사 4권 7장 3절.
Amphitheatre(원형 경기장), 헤롯 대왕이 예루살렘과 그 인근 평야에 건설함, 유대고대사 15권 8장 1절.
Amram(아므람), 모세의 부친, 유대고대사 2권 9장 3절.
Amram(아므람), 유대고대사 20권 1장 1절.
Amraphel(아므라벨), 유대고대사 1권 9장.
Amutal, or Hamutal(아무탈, 혹은 하무달), 여호아하스의 모친, 유대고대사 10권 5장 2절.
Anacharias, or Rabshaken(아나카리아스, 혹은 랍샤게), 산헤립(Sennacherib)의 군대 장관, 유대고대사 10권 1장 1절.
Ananelus(아나넬루스), 대제사장이 됨, 유대고대사 15권 2장 4절; 대제사장직을 박탈당함, 3장 1절 대제사장직에 복직됨, 3절.
Ananias(아나니아스), 대제사장, 유대고대사 20권 6장 2절; 유대전쟁사 2권 12장 6절, 17장 2절; 아들과 함께 사슬에 묶여 로마로 압송됨, 유대고대사 20권 6장 2절; 형제인 에스키아스(히스기야, Ezekias[Hezekiah])와 함께 살해되고 맘, 유대전쟁사 2권 17장 9절.
Ananias(아나니아스), 마삼불루스(Masambulus)의 아들, 유대전쟁사 5권 13장 1절.
Ananus senior(아나누스 1세), 대제사장, 유대고대사 20권 9장 1절; 그에 대한 찬사, 유대전쟁사 4권 3장 7절.
Ananus junior(아나누스 2세), 아

요세푸스

나누스 1세의 아들로 대제사장이 됨, 유대고대사 20권 9장 1절, 요세푸스 자서전 38절, 유대전쟁사 4권 3장 9절; 백성에게 한 연설, 10절; 감독 야고보를 고소함, 유대고대사 20권 9장 1절; 대제사장직에서 쫓겨남 유대고대사 20권 9장 1절; 그의 죽음, 유대전쟁사 4권 5장 2절.

Ananus, or Annas (아나누스, 혹은 안나스), 셋(Seth)의 아들, 대제사장이 됨, 유대고대사 18권 2장 1절; 대제사장직을 박탈당함, 2절.

Ananus(아나누스), 바마두스(Bamadus)의 아들, 시몬(Simon)의 경호원, 유대전쟁사 5권 13장 1절, 6권 4장 2절.

Ananus(아나누스), 성전의 최고 책임자, 유대고대사 20권 6장 2절.

Ananus(아나누스), 요나단의 아들 유대전쟁사 2권 19장 5절.

Anchus, or Achish(안쿠스, 혹은 아기스), 가드(Gath)의 왕, 유대고대사, 6권 13장 10절.

Andreas(안드레아스), 필라델푸스 (Philadelphus)의 경호 대장, 유대고대사 12권 2장 2절; 아피온 반박문 2권 4절.

Andromachus(안드로마쿠스), 헤롯의 궁정에서 쫓겨남, 유대고대사 16권 8장 3절.

Andronicus(안드로니쿠스), 메살라무스(Messalamus)의 아들, 유대고대사, 13권 3장 4절.

Αγγαρυεσθαι (세금 면제), 데메트리우스(Demetrius)가 유대인에게 보인 혜택, 유대고대사 13권 2장 3절.

Angels of God (하나님의 천사들), 여인들과 동침함, 유대고대사 1권 3장 1절.

Anileus(아닐레우스), 유대고대사 18권 9장 1, 4, 5절; 바벨로니아인들에게 살해됨, 7절.

Anna, or Hannah(안나, 혹은 한나), 엘가나(Elcanah)의 아내, 유대고대사 5권 10장 2절.

Annibus, or Hannibal(안니부스, 혹은 한니발), 반역을 일으킨 죄로 파두스(Fadus)에 의해 처형됨, 유대고대사 20권 1장 1절.

Annius Lucius(안니우스 루키우스) 거라사를 장악함, 유대전쟁사 4권 9장 1절.

Annius Minucianus(안니우스 미누키아누스), 유대고대사 19권 1장 3절.

Annius Rufus(안니우스 루푸스), 유대 총독, 유대고대사 18권 2장 2절.

Anoch, or Enoch(아녹, 혹은 에녹), 유대고대사 1권 2장 2절.

Anteius(안테이우스), 살해됨, 유대고대사 19권 1장 15절.

Antigonus(안티고누스), 알렉산더가 죽은 후에 아시아를 통치함, 유대고대사 12권 1장 1절.

Antigonus(안티고누스), 아리스토불루스의 아들, 유대고대사 14권 4장 5절; 힐카누스와 안티파테르를 탄핵함, 8장 4절, 유대

색 인

전쟁사 1권 10장 1절; 헤롯에게 정복됨, 유대고대사 14권 12장 1절; 파르티아인들의 도움으로 유대를 침공함, 13장 3절; 통치권을 장악함, 10절, 유대전쟁사 1권 13장 9절; 힐카누스의 귀를 자르고 파사엘루스를 죽게 만듬, 유대고대사 14권 13장 10절;소시우스(Sosius)에게 항복함, 유대고대사 14권 16장 2절, 유대전쟁사 1권 18장 2절; 결박되어 마르쿠스 안토니(Marcus Antony)에게 압송됨, 유대전쟁사 1권 18장 3절; 로마인에게 참수된 첫번째 왕임, 유대고대사 15권 1장 2절; 헤롯 이전에 나라를 다스림, 17장 5장 2절.

Antigonus(안티고누스), 힐카누스 1세(Hyrcanus I)의 아들, 아리스토불루스 왕과 형제지간, 사마리아 공성 때 최고 지휘관으로 활약, 유대고대사 13권 10장 2절; 아리스토불루스 왕의 사랑을 한몸에 받음, 11장 1절; 왕후와 그녀의 측근들의 감시를 받다가 중상 모략에 의해 살해됨, 2절, 유대전쟁사 1권 3장 2, 3, 4절.

Antioch(안디옥), 수리아 최대의 도시이며 로마 제국내의 세번째 큰 도시, 유대전쟁사 3권 2장 4절; 셀류쿠스 니카토르(Seleucus Nicator)에 의해 유대인이 이 도시의 시민권을 얻게 됨, 유대고대사 12권 3장 1절; 화재로 타버림, 유대전쟁사 7권 3장 4절.

Antiochus(안티오쿠스), 콤마게네, 혹은 콤마게나(Commagene, or Commagena)의 왕, 유대고대사 18권 2장 5절, 19권 5장 1절, 8장 1절, 유대전쟁사 5권 11장 3절, 7권 7장 1절.

Antiochus Cyzicenus(안티오쿠스 키시케누스), 유대고대사 13권 10장 1절; 사마리아인들을 돕다가 크게 패함, 2절, 유대전쟁사 1권 2장 2절; 포로가 되어 셀류쿠스(Seleucus)에 의해 처형됨, 유대고대사 13권 13장 4절.

Antiochus Dionysius(안티오쿠스 디오니시우스), 안티오쿠스 그리푸스(Antiochus Grypus)의 네번째 아들, 수리아의 왕, 유대인 원정을 감행함, 유대고대사 13권 15장 1절, 유대전쟁사 1권 4장 7절.

Antiochus the Great(안티오쿠스 대왕). 유대인에게 호의적인 그의 서신들, 유대고대사 12권 3장 3절; 톨레미 필로파테르(Ptolemy Philopater)와의 전투, 유대고대사 12권 3장 3절; 그의 딸 클레오파트라를 톨레미에게 아내로 줌, 4장 1절.

Antiochus Epiphanes(안티오쿠스 에피파네스), 애굽 원정을 감행함, 유대고대사 12권 5장 2절; 예루살렘을 정복하고 성전을 약탈함, 3절, 유대전쟁사 1권 1장 1절; 페르시아로 세금을 거두러감, 유대고대사 12권 7장 2절; 돌아오는 도

중에 유대인을 멸절시킬 계획을 세움, 유대고대사 12권 7장 2절;사마리아에 행한 답변, 5장 5절; 통치권을 필립(Philip)에게 넘겨 주고 세상을 떠남, 12권 9장 1-2절.

Antiochus Eupator(안티오쿠스 유파토르), 안티오쿠스 에피파네스의 아들, 유대고대사 12권 9장 3절, 유다스(Judas)와 전쟁을 함, 유대고대사 12권 9장 4절, 유대전쟁사 1권 1장 5절; 유대인과 화평을 맺음, 유대고대사 12권 9장 7절;그 화평을 깸, 7절; 데메트리우스(Demetrius)에 의해 처형됨,10장 1절.

Antiochus Grypus(안티오쿠스 그리푸스), 유대고대사 13권 10장 1절; 그의 죽음, 13장 4절.

Antiochus Philometor (안티오쿠스 필로메토르), 유대고대사 13권 12장 2절.

Antiochus Pius(안티오쿠스 피우스), 안티오쿠스 키시케누스(Antiochus Cyzicenus)의 아들, 셀류쿠스(Seleucus)와 전쟁을 함, 유대고대사 13권 13장 4절; 전투에서 전사함, 4절.

Antiochus Eusebius, or Pius (안티오쿠스 유세비우스, 혹은 피우스), 예루살렘을 포위함, 유대고대사 13권 8장 2절; 예루살렘의 포위를 품, 파르티아 원정을 감행하다가 패한 후에 전사함, 4절.

Antiochus(안티오쿠스), 셀류쿠스(Seleucus)의 손자, 알렉산더(Alexander)의 아들, 유대고대사 12권 3장 2절.

Antiochus(안티오쿠스), 셀류쿠스와 형제지간, 전사함, 유대고대사 13권 13장 4절.

Antiochus Soter(안티오쿠스 소테르), 데메트리우스와 형제지간, 유대고대사 13권 10장 1절; 트리포(Trypho)와 전쟁을 벌임, 7장 2절.

Antipas(안티파스), 헤롯이 사마리아 여인 말타케(Malthace)를 통해 낳은 아들, 유대고대사 17권 1장 3절, 유대전쟁사 1권 28장 4절; 갈릴리의 분봉왕임, 유대전쟁사 1권 33장 7절; 왕이 되기 위해 로마를 방문함, 유대고대사 17권 9장 4절, 유대전쟁사 2권 2장 3절; 헤롯이 그에게 유산으로 남겨 준 것, 유대고대사 17권 8장 1절; 케사르가 그에게 하사한 것, 11장 4절; 한 번 헤롯에 의해 왕으로 선포됨, 유대전쟁사 1권 32장 7절.

Antipas(안티파스), 왕족 중의 하나, 감옥에 수감되었다가 처형됨, 유대전쟁사 4권 3장 4-5절.

Antipater(안티파테르), 헤롯의 부친으로서 이두매인임, 안티파스(Antipas)라고도 불리며 문제를 일으키기를 좋아함, 유대고대사 14권 1장 3절; 스카우루스(Scaurus)에 의해 아레타스(Aretas)에게 보내는 사신으로 임명됨, 5장 1절; 그의 아내인 이두매 여인 키프로스(Cypros)와 그의 아들들, 7장 3절; 그의 용맹성, 8장 1절; 힐카누스(Hyrcanus)에

색 인

게 당분간 아레타스의 보호 아래로 피신하라고 충고함,유대전쟁사 1권 6장 2절; 아들 파사엘루스(Phasaelus)를 예루살렘 총독으로 헤롯을 갈릴리 총독으로 임명함, 유대고대사 14권 9장 2절, 유대전쟁사 1권 10장 4절; 케사르의 호의를 얻기 위해 무진 애를 씀, 유대전쟁사 1권 9장 3절; 케사르의 호의를 얻어 로마의 시민권을 획득함, 유대고대사 14권 8장 3절, 유대전쟁사 1권 9장 5절; 안티고누스(Antigonus)의 고소에 자기를 변호함, 유대전쟁사 1권 10장 2절; 유대의 행정장관이 됨, 유대고대사 14권 8장 5절, 유대전쟁사 1권 10장 3절; 유대인 사이에서 크게 인정받음, 유대고대사 14권 9장 2절; 독살당함,· 11장 4절,유대전쟁사 1권 11장 4절.

Antipater(안티파테르), 파사엘루스와 살람프시오(Salampsio)의 아들, 헤롯 대왕의 손자, 유대고대사 18권 5장 4절.

Antipater(안티파테르), 살로메(Salome)의 아들, 케사르 앞에서 아켈라오(Archelaus)를 비난함, 유대고대사 17권 9장 5절.

Antipater(안티파테르), 헤롯의 아들, 유대고대사 14권 12장 1절; 로마의 케사르에게 보내짐,16권 3장 3절, 유대전쟁사 1권 29장 2절, 31장 2절; 로마에 거주하는 동안 서신들을 보내 부친과 형제 사이를 이간시킴, 유대고대사 16권 4장 1절, 유대전쟁사 1권 23장 1절, 24장 1절; 그의 교활성, 유대고대사 16권 7장 2절; 헤롯의 소환을 당함, 17권 5장 1절; 부친과 공동 통치권을 행사함, 17권 1장 1절; 형제들을 죽인 후 모든 이들의 미움을 삼, 1장 1절; 부친의 생명을 노림, 1장 1절; 신변의 위험을 느끼고 불안해 함, 1장 1절, 유대전쟁사 1권 31장 4절; 바루스(Varus)의 앞에 나가 재판받음, 유대고대사 17권 5장 3절, 유대전쟁사 1권 32장 1절; 변명을 늘어 놓음,유대전쟁사 1권 32장 1절; 결박당함, 유대고대사 17권 5장 7절, 유대전쟁사 1권 32장 5절; 처형당함, 유대고대사 17권 7장, 유대전쟁사 1권 33장 7절.

Antipater(안티파테르), 사마리아인, 유대고대사 17권 4장 2절, 유대전쟁사 1권 30장 5절.

Antipater(안티파테르), 헤롯의 누이의 아들, 유대고대사 17권 1장 3절.

Antipatris(안티파트리스), 베스파시안 황제에 의해 정복됨, 유대전쟁사 4권 8장 1절.

Antiphilus(안티필루스), 유대고대사 17권 4장 2절, 유대전쟁사 1권 30장 5절; 헤롯의 아들 안티파테르에게 보낸 서신,유대고대사 17권 5장 7절.

Antonia(안토니아), 클라우디우스(Claudius)가 페티나(Petina)를 통해 낳은 딸, 유대전쟁사 2권

12장 8절.
Antonia(안토니아), 클라우디우스의 모친, 드루수스(Drusus)의 아내, 아그립바에게 돈을 빌려 줌, 유대고대사 18권 6장 4절; 그녀에 대한 찬사, 6절.
Antonia the Tower(안토니아 망대) 유대전쟁사 1권 3장 3절; 티투스(Titus)에 의해 함락됨, 6권 1장 7절.
Antonius(안토니우스), 군대 대장, 유대전쟁사 3권 2장 1절.
Antonius(안토니우스), 백부장, 유대전쟁사 3권 7장 35절.
Antonius[Mark], (안토니우스〔마르크〕), 그의 용맹성, 유대고대사 14권 5장 3절, 유대전쟁사 1권 8장 4절; 유대인에게 호의를 베풀라는 내용으로 그와 돌라벨라(Dolabella)가 내린 법령, 유대고대사 14권 10장 9절; 카시우스(Cassius)가 죽은 후 아시아로 진격함, 12장 2절; 힐카누스에게 보낸 그의 서신, 3절; 두로인들에게 보낸 그의 서신, 4절; 클레오파트라에게 완전히 반함, 13장 1절; 파사엘루스와 헤롯을 분봉왕으로 임명, 13장 1절; 파사엘루스와 헤롯을 고소하는 자들을 처형하라고 지시함, 2절; 헤롯에게 특별한 호의를 베풂, 14장 4-5절; 아덴(아덴스 아테네, Athens)에 거함, 15장 5절, 유대전쟁사 1권 16장 4절.
Antonius[Lucius],(안토니우스〔루키우스〕, 마르크 안토니(Mark Antony)의 아들, 유대인에게 호의를 베풀라는 내용으로 사르디아인들(the Sardians)에게 보낸 그의 서신, 유대고대사 14권 10장 17절.
Antonius Primus(안토니우스 프리무스), 유대전쟁사 4권 11장 2절.
Anubis(아누비스), 신의 이름, 유대고대사 18권 3장 4절.
Apachnas(아파크나스), 애굽 왕, 아피온 반박문 1권 14절.
Apame(아파메), 다리우스(Darius)의 첩, 유대고대사 11권 3장 5절.
Apion(아피온), 알렉산드리아의 대표로 카이우스(Caius)에게 파견된 사신, 유대고대사 18권 8장 1절.
Apollo's temple(아폴로 신전), 가사(Gaza)에 있음, 유대고대사 13권 13장 3절.
Apollodotus(아폴로도투스), 가사인들(the Gazeans)의 총사령관, 살해됨, 유대고대사 13권 13장 3절.
Apollonius(아폴로니우스), 알렉산더(Alexander)의 아들, 유대고대사 13권 9장 2절.
Apollonius Daus(아폴로니우스 다우스), 코엘레수리아(Coelesyria) 총독, 유대고대사 13권 4장 3절; 요나단에게 전쟁을 걸었으나 결국 패하고 말았음, 4절.
Apollonius(아폴로니우스), 사마리아의 총독, 유대고대사 12권 5장 5절, 7장 1절.
Aponius(아포니우스), 유대고대사

색 인

19권 4장 5절.

Apophis(아포피스), 애굽 왕, 아피온 반박문 1권 14절.

Apsalom(압살롬), 유대전쟁사 2권 17장 9절.

Apsan or Ibzan(압산, 혹은 입산), 입다(Jephtha)의 아들, 유대고대사 5권 7장 13-14절.

Aquila(아퀼라), 카이우스(Caius)를 살해한 공모자, 유대고대사 19권 1장 14절.

Arabians(아라비아인들), 13세가 되면 할례를 행함, 유대고대사 1권 12장 2절; 유대 왕 알렉산더가 이들의 열 두 도시를 장악함, 14권 1장 4절; 이디오피아인들이 이들의 인근에 거주함, 9권 5장 3절.

Arabia(아라비아), 유대와 변경을 이룸, 페트라(Petra)가 왕의 상주 도시임, 유대고대사 14권 1장 4절; 사브디엘(Zabdiel)이 이들의 주인임, 13권 4장 8절; 아라비아인들이 대패함, 15권 5장 5절; 아라비아의 여인들은 독약을 만드는데 능숙함, 17권 4장 1절.

Aram(아람), 유대고대사 1권 6장 4절.

Arn, or Haran(아른, 혹은 하란), 롯(Lot)의 부친, 유대고대사 1권 6장 5절.

Araske, or Nisroch(아라스케, 혹은 니스록), 신전, 유대고대사 10권 1장 5절.

Arases, or Rezin(아라세스, 혹은 르신), 수리아와 다메섹의 왕, 유대고대사 9권 12장 1절.

Aranna(Araunah), or Orona(아라나〔아라우나〕, 혹은 오로나), 여부스인, 그의 타작마당, 유대고대사 7권 13장 4절; 이삭이 제물로 바쳐질 뻔했으며, 후에는 성전이 건설되었던 장소, 4절.

Archelaus(아르켈라우스), 카파도키아의 왕, 헤롯을 방문함, 유대고대사 16권 8장 6절, 10장 7절, 유대전쟁사 1권 25장 1절; 헤롯과 함께 안디옥을 방문함, 유대고대사 16권 8장 6절, 유대전쟁사 1권 25장 6절; 헤롯과 그의 아들 알렉산더와 페로라스를 화해시키는 데 성공함, 유대고대사 16권 8장 6절, 유대전쟁사 1권 25장 1-6절.

Archelaus(아켈라오), 헤롯 대왕의 아들, 유대고대사 17권 1장 3절, 4장 3절, 유대전쟁사 1권 31장 1절; 분봉왕(ethnarch)이 됨, 유대고대사 17권 11장 4절, 유대전쟁사 2권 7장 3절; 글라피라(Glaphyra)와 결혼함, 유대고대사 17권 13장 1절, 유대전쟁사 2권 7장 4절; 헤롯의 사후(死後)에 왕으로 선포됨, 유대고대사 17권 8장 2절, 유대전쟁사 1권 33장 9절; 그가 백성들에게 행한 연설, 유대고대사 17권 8장 4절, 유대전쟁사 2권 1장 1절; 백성들을 달래려고 애를 씀, 유대고대사 17권 9장 1절; 로마를 방문함, 11장 3절, 유대전쟁사 2권 6장 1절; 그곳에서 유대인들의 대표자들에 의해 고소를 당함, 유대 고대사 17권 11장 2절, 유대전쟁사 2권 6장 1절; 결국 골(Gaul) 지방의 비엔나(Vienna)로 추방됨, 7장 3절; 그와 글라피라가 꾼 꿈의 내용, 유대고대사 17권 13장 3-4절, 유대전쟁사 2권 7장 3-4절.

Archelaus(아르켈라우스), 켈키아스(Chelcias)의 손자, 유대고대사 19권 9장 1절.

Archelaus(아르켈라우스), 마가다투스(Magadatus)의 아들, 유대전쟁사 6권 4장 2절.

Aretas(아레타스), 아라비아의 왕, 유대고대사 13권 13장 3절, 14권 1장 4절, 16권 10장 9절, 유대전쟁사 1권 6장 2절, 29장 3절; 아리스토불루스를 공격함, 유대고대사 14권 2장 1절; 오보다스(Obodas)의 뒤를 계승함, 16권 9장 4절; 힐카누스(Hyrcanus)에게 도움을 제공함, 유대전쟁사 1권 6장 2절; 케사르 앞에서 안티파테르와 함께 실레우스(Sylleus)를 비난함, 유대고대사 17권 3장 2절.

Aretas(아레타스), 코엘레수리아의 왕, 유대 원정을 감행함, 유대고대사 13권 15장 2절.

Aretas(아레타스), 아라비아 페트라(Arabia Petrea)의 왕, 유대고대사 17권 10장 9절, 18권 5장 1절.

Arioch(아리옥), 느부갓네살 왕의 호위대장, 유대고대사 10권 10장 3절.

Arion(아리온), 알렉산드리아의 재무관, 유대고대사 12권 4장 7절.

Aristras, or Aristaeus (아리스트라스, 혹은 아리스테우스), 톨레미 필라델푸스(Ptolemy Philadelphus)의 경호부대 대장, 유대고대사 12권 2장 5절, 아피온 반박문 2권 2, 4절.

Aristobulus(아리스토불루스) 힐카누스 1세의 아들, 유대고대사 13권 10장 2절.

Aristobulus(아리스토불루스), 알렉산더 얀네우스(Alexander Janneus)의 아들로서 야심만만하고 대범함, 유대고대사 13권 16장 1절; 모친인 알렉산드라(Alexandra)를 비난함, 3절; 모친 생존 시 왕국을 손아귀에 넣으려고 온갖 애를 다 씀, 5절; 왕위를 놓고 형인 힐카누스와 경합을 벌임, 14권 1장 2절; 형과 타협을 보는 데 성공, 14권 1장 2절, 유대전쟁사 1권 6장 1절; 금 포도상을 폼페이(Pompey)에게 보냄, 유대고대사 14권 3장 1절; 폼페이에 의해 자녀들과 함께 로마로 잡혀감, 4장 5절; 탈옥하는 데 성공했으나 가비니우스(Gabinus)에게 붙잡혀 다시 로마로 압송됨, 6장 1절, 유대전쟁사 1권 8장 6절; 역경만을 계속 당함, 유대고대사 14권 6장1절; 폼페이의 측근들에게 독살됨, 7장 4절; 그의 자녀들, 7장 4절.

Aristobulus(아리스토불루스), 헤롯

대왕의 아들, 유대고사 15권 10장 1절; 살로메의 딸인 베르니케(Bernice)와 결혼함, 유대고대사 16권 1장 2절; 감옥에 갇힘, 10장 5절; 베리투스(Berytus)에서 열린 재판정에서 부친에게 고소당하고 유죄 판결을 받음, 11장 2절; 그리고 교살당함, 7절, 유대전쟁사 1권 27장 6절; 그의 자녀들, 유대고대사 17권 1장 2절.

Aristobulus(아리스토불루스), 칼키스 왕 헤롯(Herod, king of Chalcis)의 아들, 유대고대사 20권 8장 4절.

Aristobulus(아리스토불루스), 요셉(Joseph)과 마리암네(Mariamne)의 아들, 유대고대사 18권 5장 4절.

Aristobulus(아리스토불루스), 아리스토불루스의 아들, 마리암네와 남매지간임, 준수한 청년, 헤롯에 의해 대제사장에 임명됨, 유대고대사 15권 3장 1, 3절; 헤롯의 은밀한 지령에 의해 익사당함, 3절, 유대전쟁사 1권 22장 2절.

Aristobulus(아리스토불루스), 아리스토불루스와 헤롯 대왕의 손녀 베르니케(Bernice) 사이에서 낳은 아들, 유대고대사 18권 5장 4절.

Aristocracy(귀족 정치), 최상(最上)의 통치 형태, 유대고대사 4권 8장 17절.

Aristocracy(귀족 정치), 가비니우스(Gabinus)가 유대에서 시도함, 유대전쟁사 1권 8장 5절.

Arithmetic and Astronomy(수학과 천문학), 갈대아(Chaldea)에서 애굽을 거쳐 그리이스로 전래됨, 유대고대사 1권 8장 2절.

Areus(아레우스), 라케데모니아인들(the Lacedemonians)의 왕, 대제사장 오니아스(Onias)에게 서신을 보냄, 유대고대사 12권 4장 10절.

Ark of God(하나님의 궤), 그 이모저모, 유대고대사 3권 6장 5절; 블레셋인들에게 강탈당함, 6권 1장 1절; 이스라엘 인들에게 되돌아옴, 3절; 예루살렘으로 옮겨져 아미나답(Aminadab)의 집을 거쳐 오벧에돔(Obededom)의 집에 모셔 짐, 유대고대사 7권 4장 2절.

Ark of Noah(노아의 방주), 그것이 도달한 곳, 유대고대사 1권 3장 5절; 이에 대한 모든 이방 역사가들의 언급, 6절.

Armais(아르마이스), 애굽 왕, 아피온 반박문 1권 15절.

Armenia(아르메니아), 안토니우스(Antonius)에 의해 정복됨, 유대고대사 15권 4장 3절; 코티스(Cotys)가 소아르메니아(Lesser Armenia)의 왕임, 유대고대사 19권 8장 1절.

Armesses(아르메세스), 애굽 왕, 아피온 반박문 1권 15절.

Armory of David(다윗의 병기), 성전에 보관됨, 유대고대사 9권 7

장 2절.
Aropheus, or Armariah(아로페우스, 혹은 아르마리아), 유대고대사 8권 1장 3절.
Arphaxad(아르박삿), 유대고대사 1권 6장 4절.
Aruntius, or Euaristus(아룬티우스, 혹은 유아리스투스), 유대고대사 19권 1장 18절.
Arsaces(아르사케스), 파르티아인들의 왕, 유대고대사 13권 5장 11절, 8장 4절.
Artabanus(아르타바누스), 메디아(Media)의 왕, 유대고대사 18권 2장 4절.
Artabanus(아르타바누스), 파르티아인들의 왕, 유대고대사 18권 4장 4-5절, 9장 3-4절; 이사테스(Izates)에게로 피신함, 20권 3장 1절; 이에 이사테스의 환대를 받은 후 다시 왕국을 회복함, 1-2절; 그의 죽음, 4절.
Artabazes, or Artavasdes(아르타바세스, 혹은 아르타바스데스), 티그라네스(Tigranes)의 아들, 안토니(Antony)가 클레오파트라에게 이 인물을 선물로 줌, 유대전쟁사 1권 18장 5절.
Artaxerxes(아르타크세르크세스), 페르시아인들의 왕, 유대고대사 11권 6장 1절; 유대인에게 해로운 법령을 반포함, 6절; 이 법령을 취소함, 12절.
Artaxias(아르탁시아스), 아르메니아의 왕, 유대고대사 15권 4장 3절.

Artorius(아르토리우스), 꾀를 내어 간신히 목숨을 건짐, 유대전쟁사 6권 3장 2절.
Arucas(알가), 유대고대사 1권 6장 2절.
Arudeus(아르왓), 유대고대사 1권 6장 2절.
Asa(아사), 예루살렘의 왕, 유대고대사 8권 12장 1절; 다메섹 왕에게 원군을 요청, 4절.
Asahel(아사헬), 아브넬(Abner)에게 살해됨, 유대고대사 7권 1장 3절.
Asamoneus(아사모네우스), 유대고대사 12권 6장 1절.
Asamoneans(아스모네안 왕가), 그 왕가의 몰락, 유대고대사 14권 16장 4절.
Askalonites(아스글로인들), 그 완고함 때문에 벌을 받음, 유대고대사 12권 4장 5절.
Asermoth, or Hazermaveth(하살마웻, 혹은 하셀마벳), 유대고대사 1권 6장 4절.
Aserymus(아세리무스), 두로인들의 왕, 아피온 반박문 1권 18절
Ashdod, or Azotus(아스돗, 혹은 아소투스), 요나단(Jonathan)에 의해 정복됨, 유대고대사 13권 4장 5절; 하나님의 궤 때문에 주민들이 곤욕을 당함, 6권 1장 1절.
Aschanax(아스그나스), 유대고대사 1권 6장 1절.
Ashpenaz(아스부나스), 환관, 유대고대사 10권 10장 2절.

색 인

Asia(아시아), 안키라(Ancyra)에서 아시아인들이 모임, 유대고대사 16권 6장 2절; 아시아 총독 발레리우스(Valerius), 19권 1장 20절; 아시아의 500도시, 유대전쟁사 2권 16장 4절.
Asineus and Anileus (아시네우스와 아닐레우스), 형제지간임, 유대고대사 18권 9장 1절.
Asocheus, or Shishak (아소케우스, 혹은 시삭), 애굽 왕, 유대전쟁사 6권 10장.
Asprenas (아스프레나스), 유대고대사 19권 1장 13절; 살해당함, 15절.
Assemblies (집회), 율리우스 케사르가 유대인을 제외한, 로마의 모든 사람들의 집회를 금지시킴, 유대고대사 14권 10장 8절.
Ass's head (나귀의 머리), 유대인들이 나귀 머리를 숭배한다고 주장한 아피온(Apion)의 위증(僞證), 아피온 반박문 2권 7절.
Assi[Assis], (아시[아시스]), 애굽의 왕, 아피온 반박문 1권 14절.
Assyrian empire (앗수르 왕국), 그 멸망, 유대고대사 10권 2장 2절.
Astarte's temple (아스다롯의 신전), 유대고대사 6권 14장 8절, 아피온 반박문 1권 18절.
Astartus (아르타르투스), 두로의 왕, 아피온 반박문 1권 18절.
Astronomy (천문학), 고대인들은 천년씩 살았기 때문에 천문학의 발전이 가능했음, 유대고대사 1권 3장 9절; 갈대아에서 애굽을 거쳐 그리이스로 전래됨, 8장 2절.
Asylum (도피성), 유대 지역에 있는 도피성으로 지정된 도시, 유대고대사 4권 7장 4절.
Athenians decree (아테네인들의 법령), 힐카누스에게 경의를 바치는 내용으로 되어 있음, 유대고대사 14권 10장 2절.
Athenion (아테니온), 유대고대사 12권 4장 3절.
Athenio (아테니오), 클레오파트라의 군대 장관, 유대전쟁사 1권 19장 2절; 그의 반역, 유대고대사 15권 5장 1절.
Athronges, or Athrongeus (아트롱게스, 혹은 아트롱게우스), 목자로서, 자칭 유대인의 왕으로 행세, 그의 형제들과 함께 진압당함, 유대고대사 17권 10장 7절, 유대전쟁사 2권 4장 3절.
Atratinus (아트라티누스), 헤롯의 입장을 두둔한 옹호자, 유대고대사 14권 14장 4절.
Augustus (아우구스투스), 수리아에 도착, 유대고대사 15권 10장 3절; 헤롯에게 보낸 서신, 16권 11장 1절; 유대의 문제를 놓고 회의를 개최함, 17권 9장 5절; 유대인에게 호의적인 내용으로 된 그의 법령과 서신, 16권 6장 2절; 헤롯에게 분노함, 9장 3절; 다메섹의 니콜라우스의 중재로 헤롯과 화해함, 10장 8절; 헤롯의 왕국을 나눔, 유대전쟁사 2권 6장 3절; 그의 죽음, 유대고대사 18권 2장 2절, 유대전쟁사 2

497

요세푸스

권 9장 1절.
Axioramus(악시오라무스), 대제사장, 유대고대사 10권 8장 6절.
Azariah(아사랴), 선지자, 유대고대사 8권 12장 2절.
Azarias(아사랴), 대제사장, 유대고대사 10권 8장 6절.
Azarias(아사랴), 다니엘의 친구 중의 하나, 유대고대사 10권 10장 1절.
Azarias(아사리아스), 유다스(Judas) 밑의 군대 지휘관으로서 얌니아(Jamnia)의 군대 장관 고르기아스(Gorgias)에게 패배당함, 유대고대사 12권 8장 6절.

Azau, or Hazo(하소), 나홀의 아들, 유대고대사 1권 6장 5절.
Azizus(아시수스), 에메사(Emesa)의 왕, 할례 받고 아그립바 2세의 누이인 드루실라(Drusilla)와 결혼함, 유대고대사 20권 7장 1절; 그의 죽음, 8장 4절.
Azotus, or Ashdod(아소투스, 혹은 아스돗), 하나님의 궤 때문에 주민들이 온역을 당함, 유대고대사 6권 1장 1절; 요나단에게 정복됨, 13권 4장 4절.
Azricam(아스리감), 유대고대사 9권 12장 1절.

B

Baal(바알), 두로 왕, 아피온 반박문 1권 21절.
Baal(바알), 두로의 신, 유대고대사 9권 6장 6절.
Baalis(바알리스), 암몬인의 왕, 유대고대사 10권 9장 2−3절.
Baanah(바아나), 림몬(Rimmon)의 아들, 유대고대사 7권 2장 1절.
Baaras(바아라스), 지명(地名)인 동시에, 그 곳에서 자라는 식물의 이름, 유대전쟁사 7권 6장 3절.
Baasha(바아사), 이스라엘 왕, 유대고대사 8권 12장 3절;선왕(先王)인 나답(Nadab)을 살해함, 11

장 4절; 그의 죽음, 12장 4절.
Babas(바바스), 그의 아들들을 코스토바루스(Costobarus)가 숨겨둠, 유대고대사 15권 7장 10절; 그의 아들들이 후에 헤롯에게 살해됨, 7장 10절.
Babylon(바벨론), 바벨(Babel−언어의 혼잡)에서 유래, 유대고대사 1권 4장 3절; 발타살(Baltasar)의 통치 때 고레스(Cyrus)에게 정복됨, 10권 11장 4절; 그 곳에 많은 유대인들이 거주함, 15권 2장 2절, 18권 9장 1절;바벨론에 느부갓네살이 세운 건물, 10권 11장 1절; 베로수스(Bero-

sus)의 증언에 따르면 이 바벨론의 성벽은 세미라미(Semiramis)가 아니라 느부갓네살이 쌓은 것이라고 함, 아피온 반박문 1권 19-20절; 베로수스에 의하면 이 성벽은 느부갓네살이 벽돌과 역청으로 기묘하게 쌓은 성벽이라고 함, 아피온 반박문 1권 19-20절; 메디아(Media)의 산을 모방하여 느부갓네살이 만든 매달린 낙원(pensile garden), 아피온 반박문 1권 19-20절, 유대고대사 10권 11장 1절.

Bacchides(박키데스), 유대고대사 12권 10장 2절; 유대인을 공격함, 13권 1장 1-2절; 유대인에 대해 격분하다가 살해당하고 맘, 유대전쟁사 1권 1장 2-3절.

Badezorus(바데소루스), 두로의 왕, 아피온 반박문 1권 18절.

Badus, or Bath(바두스, 혹은 밧), 유대의 용량 단위, 유대고대사 8권 2장 8절.

Bagoas(바고아스), 내시, 유대고대사 17권 2장 4절.

Bagoses(바고세스), 유대인의 적대자, 유대고대사 11권 7장 1절.

Balaam(발람), 선지자, 유대고대사 4권 6장 2절; 그의 나귀가 말을 함, 유대고대사 4권 6장 3절.

Baladan(발라단), 바벨론 왕, 유대고대사 10권 2장 2절.

Balak(발락), 모압 왕, 유대고대사 4권 6장 2절.

Ballas, or Barea(베라, 혹은 바레아), 소돔 왕, 유대고대사 1권 9장.

Balatorus(발라토루스), 두로 왕, 아피온 반박문 1권 21절.

Baleazarus(발레아사루스), 두로왕, 아피온 반박문 1장 18절.

Balm, or Balsam(발삼나무), 여리고 근처에서 자람, 유대고대사 14권 4장 1절, 15권 4장 2절, 유대전쟁사 1권 6장 6절.

Baltasar〔Belshazzar, or Naboandel, or Nabonadelus〕(발타살〔벨사살, 혹은 나보안델루스, 혹은 나보나디우스〕), 바벨론 왕, 유대고대사 10권 11장 2절; 그가 본 무서운 장면과 그에 대한 해석, 2-3절; 그의 죽음, 유대고대사 10권 11장 4절.

Balthasar〔Belteshazzar〕(발타살〔벨드사살〕), 다니엘의 또 다른 이름, 유대고대사 10권 10장 1절.

Banacates(바나카테스), 유대고대사 8권 2장 3절.

Banus(바누스), 은자(隱者), 요세푸스의 선생, 요세푸스 자서전 2절.

Barachias〔Berechiah〕, (바라키아스〔베레갸〕), 유대고대사 9권 12장 2절.

Barak(바락), 드보라(Deborah)의 설득에 못이겨 시스라(Sisera)에 대항하여 싸웠던 인물, 유대고대사 5권 5장 2절.

Barbarians(야만인들), 이들의 재산은 전에는 주로 가축이었음, 유대고대사 2권 11장 2절.

Bardanes(바르다네스), 파르티아의 왕, 살해됨, 유대고대사 20권 3장 4절.

Baris(바리스), 다니엘(Danel)이 엑바타나(Ecbatana)에 세운 망대, 유대고대사 10권 11장 7절(註 24 참고).

Barnabazus(바르나바수스), 유대고대사 11권 6장 4절.

Barsas(바르사), 고모라(Gomorrah)의 왕, 유대고대사 1권 9장 1절.

Baruch(바룩), 히브리어에 능통한 인물로서 바벨론 유수 때 선지자 예레미야와 함께 유대에 남음, 유대고대사 10권 9장 1절.

Barzapharnes(바르사파르네스), 파르티아의 총독, 유대전쟁사 1권 13장 1절.

Barzillai(바실래), 유대고대사 7권 9장 8절.

Basan, or Baasha(바산, 혹은 바아사), 이스라엘의 왕, 유대고대사 8권 12장 3절; 그의 선왕(先王)인 나답(Nadab)을 살해함, 11장 4절; 그의 죽음, 12장 4절.

Basima, or Basmath(바시마, 혹은 바스맛), 솔로몬의 딸, 유대고대사 8권 2장 3절.

Baskets(광주리), 머리에 이고 간 광주리, 유대고대사 2권 5장 3절.

Bassus(Ventidius) (바수스 [벤티디우스]), 벤티디우스 란을 보라.

Bassus(Cecilius) (바수스 [케킬리우스]), 섹스투스 케사르(Sextus Cæsar)의 살해자, 유대고대사 14권 11장 1절, 유대전쟁사 1권 10장 10절.

Bassus[Lucilius] (바수스 [루킬리우스]) 군대를 지휘하고 유대로 파견됨, 마케루스(Macherus)를 장악함, 유대전쟁사 7권 6장 1-6절.

Bath, or Badus(바드, 혹은 바두스) 유대의 도량형 단위, 유대고대사 8권 2장 8절.

Baths(온천), 요단 강 너머의 칼리르호에(Callirrhoe)에 있는 온천, 유대고대사 17권 6장 5절.

Bathsheba(밧세바), 유대고대사 7권 7장 1-4절.

Bathyllus(바틸루스), 유대전쟁사 1권 31장 1절.

Bathyllus(바틸루스), 안티파테르의 신하(freedman), 유대고대사 17권 4장 3절.

Battering-ram(공성망치), 그 이모저모, 유대전쟁사 3권 17장 19절.

Battle at Tarricheae(타리케아의 전투), 타리케아는 게네사렛 호수(the Lake of Gennesareth)연변에 위치하고 있음, 유대전쟁사 3권 10장 1절.

Beeltethemus(브엘테테무스), 유대고대사 11권 2장 2절.

Bela, or Zoar(벨라, 혹은 소알) 이 곳의 왕, 유대고대사 1권 9장 1절.

Belshazzar[or Baltasar, or Naboandel, or Nabonadius](벨사살[혹은 발타사, 혹은 나보안델, 혹은 나보나디우스]), 바벨론 왕, 유

색 인

대고대사 10권 11장 2절; 그가 본 무서운 장면과 그 해석, 2-3; 그의 죽음, 4절.
Belshazzar(벨드사살), 다니엘의 또 다른 이름, 유대고대사 10권 10장 1절.
Belus(벨루스), 두로의 신, 유대고대사 8권 13장 1절.
Belus(벨루스), 바벨론의 신, 유대고대사 10권 11장 1절; 바벨론에 있는 벨루스의 신전, 1절.
Benaiah(브나야), 여호야다(Jehoiada)의 아들, 제사장 혈통의 용맹한 인물임, 유대고대사 7권 12장 4절; 솔로몬의 군대장관이 됨, 8권 1장 4절.
Beneficence(자선), 자선(선행)에 대한 칭찬과 자선이 가져다 주는 축복, 유대고대사 6권 14장 4절.
Benhadad(벤하닷), 하닷의 아들 수리아 왕, 사마리아를 처음으로 포위함, 유대고대사 8권 14장 1절; 두번째 사마리아를 포위함, 9권 4장 3절; 병에 걸림, 그리고 하사엘(Hazael)에게 교살당함, 6절.
Benjamites(베냐민지파), 그들이 지은 큰 죄 때문에 기브아(Gibea)에서 공격을 받아 마침내 대패하고 거의 전멸당하다시피함, 유대고대사 5권 2장 8-11절; 베냐민 지파가 소생함, 12절.
Beon(브온), 아피온 반박문 1권 14절.
Bernice(베르니케), 소아그립바의 딸, 유대고대사 18권 5장 4절; 아그립바의 형제인 헤롯에게 시집을 감, 19권 5장 1절.
Bernice(베르니케), 아그립바의 모친, 그녀의 죽음, 유대고대사 18권 6장 1절.
Bernice(베르니케), 헤롯의 미망인, 폴레모(Polemo)와 재혼함, 유대고대사 20권 7장 3절; 폴레모와 다시 결별함, 3절.
Bernice(베르니케), 살로메의 딸, 아리스토불루스의 아내, 유대고대사 16권 1장 2절.
Bernice(베르니케), 대아그립바의 딸이면서 동시에 소아그립바와는 오누이지간임, 그녀의 생명이 위험에 빠짐, 유대전쟁사 2권 15장 1절.
Bernicianus(베르니키아누스), 칼키스 왕 헤롯과 그의 형제 아그립바의 딸인 베르니케 사이에서 낳은 아들, 유대전쟁사 2권 11장 6절.
Berytus(베리투스), 헤롯과 그의 아들들 간에 법적인 재판이 열렸던 장소, 유대고대사 16권 11장 2절; 이곳에 거한 로마인 주민들, 16권 10장 8절.
Bethuel(브두엘), 나홀의 아들, 유대고대사 1권 6장 5절.
Besaleel and Aholiab(브사렐과 오홀리압), 거룩한 건축가들, 유대고대사 3권 6장 1절.
Bigthan(빅단), 유대고대사 11권 6장 4절.
Birthday(생일), 폼페이(Pompey)의 아들의 생일을 수리아인들이

요세푸스

명절로 지킴, 유대고대사 12권 4장 7절.
Bobelo(보벨로), 유대고대사 11권 4장 9절.
Bocchoris(보코리스), 애굽 왕, 아피온 반박문 1권 33절.
Book of the law found(발견된 율법서), 유대고대사 10권 4장 2절.
Books(책), 솔로몬이 지은 책, 유대고대사 8권 2장 5절; 유대인들이 가장 정성스럽게 여기는 22권의 책, 아피온 반박문 1권 8절.
Booz(보아스), 엘리멜렉(Elimelech)의 가족의 일원, 룻에게 친절을 베품, 유대고대사 5권 9장 2절; 룻과 결혼을 함, 4절.
Brazen vessels(놋으로 만든 그릇), 금보다 더 귀함, 유대고대사 11권 5장 2절.
Bride(신부), 가까운 친척이면서도 결혼하기를 거부할 때 신부가 그 남자에게 취하는 행동에 대한 모세 율법의 규정, 유대고대사 5권 9장 4절.
Britannicus(브리타니쿠스) 클라우디우스(Claudius)와 메살리나(Messalina) 사이에서 난 아들, 유대전쟁사 2권 12장 8절.
Britons(브리튼), 영국, 유대전쟁사 6권 6장 2절.
Brocchus(브로쿠스), 군단 지휘관, 유대고대사 19권 3장 4절.
Brother(형제), 알렉산더 발라스(Alexander Balas)가 대제사장 요나단에게 붙인 칭호, 유대고대사 13권 2장 2절; 데메트리우스 소테르(Demetrius Soter)가 요나단 대제사장에게 준 칭호, 4장 9절.
Buckle, or Button(버클, 혹은 버튼), 금단추, 수리아 왕 알렉산더가 요나단에게 보냄, 유대고대사 13권 4장 4절; 데메트리우스가 요나단에게 보낸 것임, 5장 4절.
Bukki(북기), 아비수아(Abishua)의 아들 대제사장, 유대고대사 8권 1장 3절.
Burrhus(부루스), 네로(Nero)의 헬라어 비서, 유대고대사 20권 8장 9절.
Buz(부스), 나홀(Nahor)의 아들, 유대고대사 1권 6장 5절.

C

Caesar〔Julius〕(케사르〔율리우스〕), 애굽에서의 전투, 유대고대사 14권 8장 1절; 유대인에게 호의적인 그의 법령; 10장 2절; 브루투스(Brutus)와 카시우스(Cassius)에게 살해됨, 11장 1절.
Caesarea, or Cesarea(가이사랴), 헤롯이 건축함, 유대고대사 15권 9장 6절; 예루살렘으로부터 600 퍼얼롱 떨어진 곳에 위치하고 있음, 13권 11장 2절, 유대전쟁사 1권 3장 5절.
Caesarean games(가이사랴의 경기), 헤롯이 창시함, 유대고대사 15권 8장 1절, 유대전쟁사 1권 21장 8절; 가이사랴 세바스테(Caesarea Sebaste)가 완공된 때 이 경기가 시작됨, 유대고대사 16권 5장 1절.
Caesennius Petus, or Cesennius Petus(카에센니우스 페투스, 혹은 케세니우스 페투스), 수리아 총독, 유대전쟁사 7권 7장 1절.
Caesonia, or Cesonia(케소니아), 카이우스의 아내, 루푸스(Lupus)에 의해 살해됨, 유대고대사 19권 2장 4절.
Cain(가인), 동생 아벨(Abel)을 죽인 살인자, 그가 받은 형벌, 유대고대사 1권 2장 1절; 그의 후손들이 놋(Nod) 땅에 거함, 2장 2절.
Caius(카이우스), 게르마니쿠스(Germanicus)의 아들, 황제가 됨, 유대고대사 18권 6장 9절, 유대전쟁사 2권 9장 5-6절; 황제 티베리우스(Tiberius)의 손자인 티베리우스를 처형함, 유대고대사 18권 6장 9절; 분봉왕 헤롯을 추방함, 7장 2절, 그의 통치 모습 2절; 예루살렘 성전에 그의 신상을 세우도록 명령함, 8장 2절; 아그립바의 청을 듣고 예루살렘에 그의 신상을 세우는 것을 철회함, 8절; 페트로니우스(Petronius)에게 보낸 그의 서신, 8절; 로마에 속한 속국들을 괴롭힘, 19권 1장 1절; 자신을 신(神)이라고 자칭함, 1절; 그를 해하려는 반역의 음모들, 2절; 반역자들의 수가 늘어남, 10절; 그의 죽음, 14절; 페트로니우스를 죽인다고 위협한 그의 서신이 그가 죽은 후에야 페트로니우스에게 도착함, 18권 8장 9절, 유대전쟁사 2권 10장 5절; 그의 성품, 유대고대사 19권 2장 5절.
Caleb(갈렙), 가나안 땅을 정탐한 정탐꾼 중의 하나, 유대고대사 3권 14장 4절, 5권 2장 3절.
Calf golden(금 송아지), 다프네(Daphane), 혹은 단(Dan) 근처에 세운 금 송아지, 유대전쟁사 4권 1장 1절.
Calleas(칼레아스), 유대고대사 17권 1장 1절.
Callimander(칼리만더), 유대고대사 13권 10장 2-3절.
Callinicus(칼린쿠스), 안티오쿠스의 아들로 콤마게네(Commagene)의 왕임, 유대전쟁사 7권 7장 2절.
Callistus(칼리스투스), 카이우스의 신하(freedman), 유대고대사 19권 1장 10절.
Cambyses(캄비세스), 고레스의 뒤를 계승함, 유대고대사 11권 2

장 1절; 6년간의 통치를 끝으로 세상을 떠남, 2절.
Camp(진영), 유대인들의 진영, 유대고대사 3권 12장 5절; 앗수르인들의 진영, 유대전쟁사 5권 7장 3절, 12장 2절.
Camuel, or Kemuel(카무엘, 혹은 그무엘), 나홀(Nahor)의 아들, 유대고대사 1권 6장 5절.
Canaan(가나안), 그 지형과 지역 구분, 유대고대사 5권 1장 22절; 가나안인들이 단 지파를 괴롭게 함, 3장 1절; 가나안인들을 하나님의 명령에 어긋나게도 그냥 살려줌, 2장 7절; 유다와 시므온 지파는 가사(Gaza)와 에그론(Ekron)을 탈취하지 못함, 4절.
Candlestick(금 등대), 성막 안에 있음, 유대고대사 3권 6장 7절; 유대전쟁사 7권 5장 5절.
Cantheras(칸테라스), 대제사장직에서 쫓겨남, 유대고대사 20권 1장 3절.
Capellus(카펠루스), 안틸루스(Antyllus)의 아들, 요세푸스 자서전 13절.
Capito [Capitolinus] (카피토[카피톨리누스]), 유대전쟁사 7권 5장 6절.
Captives of the Jews(유대인 포로들), 얼마나 죽고 얼마나 살아 남았는가? 유대전쟁사 6권 9장 2-3절; 전쟁의 승리의 기념물로 유대인들이 포로로 전승국에 끌려감, 7권 5장 3절.
Captives(포로), 열 지파의 포로됨과 두 지파의 포로됨, 유대고대사 10권 9장 7절.
Careas, or Kareah(카레아스, 혹은 가레아), 유대고대사 10권 9장 2절.
Carus(카루스), 헤롯의 미동(美童), 유대고대사 17권 2장 4절.
Cassander(카산더), 알렉산더가 죽은 후 마게도니아를 통치함, 유대고대사 12권 1장 1절.
Cassius Longinus(카시우스 롱기누스), 수리아의 총독, 유대고대사 20권 1장 1절; 안티파테르와 헤롯을 총애함, 14권 11장 2절; 파르티아인들을 격퇴한 후 유대로 물러남, 7장 3절, 유대전쟁사 1권 8장 9절; 빌립보(Philippi)에서 패배함, 유대고대사 14권 12장 2절.
Castles, or Citadels(성채), 예루살렘에 두 개, 즉 하나는 도시내에, 하나는 성전 옆에 있음, 유대고대사 13권 1장 3절, 15권 8장 5절.
Castor(카스토르), 유대인으로서 간교한 계략을 꾸밈, 유대전쟁사 5권 7장 4절.
Castration(거세), 모세 율법은 인간과 가축의 거세를 금함, 유대고대사 4권 8장 40절; 느부갓네살이 유대의 왕족 중 청년들을 거세시켰는데 그 중에 선지자 다니엘이 포함되어 있음, 10권 10장 1절.
Catullus(카툴루스), 리비아 펜타폴리스(Lybia Pentapolis)의 총독,

유대전쟁사 7권 11장 1절; 유대인에 대한 그의 비난, 2절; 그의 죽음과 그에 대한 하나님의 심판, 3-4절.

Cecilius Bassus(케킬리우스 바수스) 섹스투스 케사르(Sextus Cæsar)의 살해자, 유대고대사 14권 11장 1절, 유대전쟁사 1권 10장 10절.

Celadus (켈라두스), 유대고대사 17권 12장 2절, 유대전쟁사 2권 7장 2절.

Celenderis (켈렌데리스), 유대전쟁사 1권 31장 3절.

Celer (켈러), 군단 지휘관, 유대고대사 20권 6장 2절; 처형 당함, 3절.

Celtic legion (켈트 군단), 유대고대사 19권 1장 15절.

Cendebeus (켄데베우스), 안티오쿠스 군대의 지휘관, 유대고대사 13권 7장 3절, 유대전쟁사 1권 2장 2절.

Cerealis [Petelius] (케레알리스[페텔리우스]), 사마리아인들을 공격하기 위해 파견됨, 유대전쟁사 3권 7장 32절; 총사령관으로 임명되면서 성전을 공격하라는 명령을 받음, 6권 2장 5절; 성전 공략 전략 회의에 참석하라는 지시를 받음, 6권 4장 3절.

Cecinna (케킨나), 베스파시안에게 보냄을 받음, 유대전쟁사 4권 11장 3절.

Cestius Gallus (케스티우스 갈루스), 수리아 총독, 요세푸스 자서전 43절, 유대전쟁사 2권 14장 3절; 유대인을 공격하기 위해 군대를 소집함, 18장 9절; 예루살렘에 입성함, 19장 4절; 패배함, 7절.

Chagiras (사기라스), 나바테우스(Nabateus)의 아들, 유대전쟁사 5권 11장 5절.

Chalaman (갈라만), 수리아의 왕, 유대고대사 7권 6장 3절.

Chalcol (갈골), 유대고대사 8권 2장 5절.

Cham, or Ham (캄, 혹은 함), 노아의 아들, 유대고대사 1권 4장 1절; 그의 후손, 6장 2절.

Chanaan, or Canaan (가나안), 함의 네째 아들, 그의 후손, 유대고대사 1권 6장 2절.

Chares (카레스), 유대전쟁사 4권 1장 4절; 그의 죽음, 9절.

Chatura, or Keturah(카투라, 혹은 그두라), 아브라함의 맨 마지막 아내, 유대고대사 1권 15장 1절.

Chebron(케브론), 애굽 왕, 아피온 반박문 1권 15절.

Chebron, or Hebron(케브론, 혹은 헤브론), 멤피스(Memphis)[타니스(Tanis)]보다 오랜 고도(古都), 유대전쟁사 4권 9장 7절; 이스라엘이 이 도시를 장악함, 유대고대사 5권 2장 3절.

Chedorlaomer(그돌라오멜), 유대고대사 1권 9장.

Chelbes(켈베스), 두로의 왕, 아피온 반박문 1권 21절.

Chelcias(켈키아스), 오니아스의 아들, 유대고대사 13권 10장 4절.

505

요세푸스

Chellio, or Chilio〔Chilion〕(켈리오, 혹은 킬리오〔기론〕), 엘리멜렉 (Elimelech)의 아들, 유대고대사 5권 9장 1절.

Cherea Cassius (케레아 카시우스), 카이우스에게 대항할 의도를 가짐, 유대고대사 19권 1장 3-4절; 다른 사람들을 거사 음모에 끌어들임, 5절; 카이우스에게 첫 일격을 가함, 14절; 참수 처형을 당함, 4장 5절.

Cherubim(그룹), 그 형상이 어떠한지는 알려지지 않고 있음, 유대고대사 8권 3장 3절.

Chesed(게셋), 나홀의 아들, 유대고대사 1권 6장 5절.

Chetim〔Cethim〕, or Kittim(케임, 혹은 깃딤), 유대고대사 1권 6장 1절.

Childrens(자식들), 항상 그 부모들을 닮는 것은 아님, 유대고대사 6권 3장 2절.

Christ and Christians (그리스도와 그리스도인), 유대고대사 18권 3장 3절.

Chusarthes, or Chusan(쿠사라테스, 혹은 구산), 앗수르의 왕, 이스라엘을 핍박함, 유대고대사 5권 3장 2절,

Chusi, or Hushai(쿠시, 혹은 후새), 유대고대사 7권 9장 2절.

Chutheans〔a people of Cutha〕(쿠테아이들, 혹은 구다인들), 그 정체(正體)와 그 기원, 유대고대사 9권 14장 3절; 사마리아로 올라옴, 10권 9권 7절; 성전 재건을 방해함, 11권 2장 1절.

Cinnamus(킨나무스), 유대고대사 20권 3장 2절.

Circumcision(할례), 유대인이 팔레스틴에 이를 받아들임, 아피온 반박문 1권 22절, 그 제도, 유대고대사 1권 10장 5절; 아라비아인들은 아들이 13세가 되면 할례를 시행함, 12장 2절; 헤로도투스에 의하면, 팔레스틴의 수리아인들이 애굽으로부터 할례 제도를 받아들였다고 함, 8권 10장 3절; 요세푸스의 견해에 의하면 누구에게나 강요하지는 않았다고 함, 요세푸스 자서전 23절; 요한 힐카누스(John Hyrcanus)는 이두매인들에게 할례를 받든지, 아니면 고향을 떠나든지 양자택일을 하라고 강요, 유대고대사 13권 9장 1절; 아리스토불루스는 이두레아인들(the Iturean)에게 할례받을 것을 강요, 11장 3절.

Classicus(클라우시쿠스), 유대전쟁사 7권 4장 2절.

Claudius Caesar(클라우디우스 케사르), 유대고대사 19권 2장 1절, 3장 1절; 무명의 처지에서 일약 황제의 자리에 오름, 유대고대사 19권 3장 1절, 유대전쟁사 2권 11장 1절; 군대의 세력이 그를 지지함, 유대고대사 19권 4장 5절; 아그립바에게 관대하게 대함, 5장 1절; 유대인에게 호의적인 그의 법령, 3절; 유대인에게 보낸 그의 서신, 유대고대

사 20권 1장 2절; 그의 죽음, 8장 1절, 유대전쟁사 2권 12장 8절; 그의 아내와 자녀들, 8절.
Clement(클레멘트), 유대고대사 19권 1장 6절.
Cleopatra(클레오파트라), 안티오쿠스(3세)의 딸, 톨레미와 결혼함, 유대고대사 12권 4장 1절.
Cleopatra(클레오파트라), 필로메테르(Philometer)의 아내, 유대고대사 13권 3장 1-2절; 아피온 반박문 2권 5절; 톨레미 라티루스(Ptolemy Lathyrus)에 대항하여 군대를 일으킴, 유대고대사 13권 13장 1절; 알렉산더와 동맹을 체결함, 2절; 톨레마이스(톨레마이, Ptolemais)를 정복함, 2절.
Cleopatra(클레오파트라), 데메트리우스 2세(Demetrius II)의 아내, 유대고대사 13권 7장 1절; 안티오쿠스 소테르(Antiochus Soter)와 결혼함, 1절.
Cleopatra(클레오파트라), 애굽의 왕후, 길리기아(Cilicia)에서 안토니(Antony)를 만남, 유대고대사 14권 13장 1절; 그녀의 탐욕과 야만성, 15권 4장 1절, 유대전쟁사 1권 18장 4절; 자매인 아르시노에(Arsinoe)를 살해함, 유대고대사 15권 4장 1절; 안토니로부터 아라비아와 유대의 일부를 받아냄, 1절; 헤롯에게 추파를 보냄, 2절; 헤롯이 그녀를 애굽까지 전송함, 2절.
Cleopatra[Selene] (클레오파트라[셀레네]), 티그라네스(Tigranes)에 의해 포위됨, 유대고대사 13권 16장 4절, 유대전쟁사 1권 5장 3절.
Cleopatra of Jerusalem(예루살렘의 클레오파트라), 헤롯의 아내, 유대고대사 17권 1장 3절, 유대전쟁사 1권 28장 4절.
Cleopatra(클레오파트라), 플로루스(Florus)의 아내, 유대고대사 20권 11장 1절.
Clitus(클리투스), 티베리아스의 반역의 주동자, 요세푸스 자서전 34절; 요세푸스의 명에 의해 왼손이 잘리는 처벌을 받음, 요세푸스 자서전, 34절, 유대전쟁사 2권 21장 10절.
Cluvius(클루비우스), 유대고대사 19권 1장 13절.
Collegas[Cneius], (콜레가스[크네이우스]), 유대전쟁사 7권 3장 4절.
Colonier(식민지), 이탈리아 내·외의 식민지들, 유대고대사 19권 5장 3절.
Colums, or pilars(기둥), 시리아드(Siriad) 평원의 기둥들, 유대고대사 1권 2장 3절; 솔로몬 궁전의 기둥들은 코린트식(the Corinthian order)임, 8권 5장 2절; 헤롯의 성전의 기둥들, 유대전쟁사 5권 5장 2절.
Commandments(계명들), 두 돌판에 쓰여짐, 유대고대사 3권 5장

요세푸스

4절; 하나님의 손에 의해 직접 쓰여짐, 8절; 계명의 내용을 그대로, 직접 글로 쓰는 것은 율법에 어긋남, 4절.
Conscience(양심), 악한 행동을 숨기면서 출세를 기도하는 것보다는 선한 행동을 끝까지 고수하며 양심을 지키는 것이 더 완전함, 유대고대사 2권 4장 4절.
Conspiracy(음모), 헤롯을 해치려는 음모, 유대고대사 15권 8장 3절.
Convention(회의), 안키라(Ancyra)에서 열린 아시아의 회의, 유대고대사 16권 6장 2절; 예루살렘 회의, 요세푸스 자서전 13절.
Coponius(코포니우스), 유대 총독 유대고대사 18권 1장 1절, 2장 2절, 유대전쟁사 2권 8장 1절.
Coracinfish(코라킨어), 물고기의 이름, 유대전쟁사 3권 10장 8절.
Corban(고르반), 유대전쟁사 2권 9장 4절.
Cores, or Corah(코레스, 혹은 고라), 모세에 대해 반역을 주동함, 유대고대사 4권 2장 2절, 그의 추종자들과 함께 멸망당함, 3장 3절.
Corinthus(코린투스), 헤롯의 경호원 중의 하나, 유대고대사 17권 3장 2절; 아라비아 태생, 유대전쟁사 1권 29장 3절.
Cornelius Faustus(코르넬리우스 파우스투스), 실라(Sylla)의 아들,
유대고대사 14권 4장 4절, 유대전쟁사 1권 7장 4절.
Cornelius(코르넬리우스), 롱구스(Longus)의 형제, 유대전쟁사 6권 3장 2절.
Cori(코리), 10애틱 메디므니(Attic medimni)에 해당하는 유대의 용량 단위, 유대고대사 3권 15장 3절.
Costobarus(코스토바루스), 이두매인, 살로메의 남편, 유대고대사 15권 7장 9절.
Costobarus(코스토바루스), 강도들의 우두머리, 유대고대사 20권 9장 4절.
Cotylas, or Zeno(코틸라스, 혹은 제노), 유대고대사 13권 8장 1절, 유대전쟁사 1권 2장 4절.
Cotys(코티스), 소 아르메니아(Lesser Armenia)의 왕, 유대고대사 19권 8장 1절.
Cozbi(고스비), 미디안 여인, 유대고대사 4권 6장 10절.
Coze, or Koze(코제), 이두매인들이 유대교로 개종하기 이전에 믿던 우상, 유대고대사 15권 7장 9절.
Crassus(크라수스), 가비니우스(Gabinius)의 뒤를 계승한 동방의 총독, 유대고대사 14권 6장 4절; 유대에 와서 성전의 보물을 약탈함, 7장 1절, 유대전쟁사 1권 8장 8절; 파르티아 원정에서 전사함, 유대고대사 14권 7장 3절, 유대전쟁사 1권 8장 8절.
Creation of the world(세계 창조),

유대고대사 1권 1장 1절.
Crimes(범죄), 죄를 지으면 지을수록 범죄의 구렁텅이에 깊숙아 빠짐, 유대고대사 6권 7장 4절.
Crown, or mitre(관), 대제사장이 머리에 쓰는 관, 유대고대사 3권 7장 6절.
Cumanus(쿠마누스), 유대의 총독, 유대고대사 20권 5장 2절, 유대전쟁사 2권 12장 1절.
Curses(저주), 에발(Ebel)산에서 퍼부은 저주, 유대고대사 4권 8장 44절, 5권 1장 19절.
Cuspius Fadus(쿠스피우스 파두스), 유대 총독, 유대고대사 15권 11장 4절, 20권 1장 2절, 유대전쟁사 2권 11장 6절.
Customs, or taxes(세입, 혹은 세금), 수리아 페니키아(베니게), 유대·사마리아의 세금이 8,000달란트에 이름, 유대고대사 12권 4장 4절.
Cypros(키프로스), 아그립바 왕의 아내, 유대전쟁사 2권 11장 6절.
Cypros(키프로스), 안티파테르의 아내, 자녀 넷을 낳음, 유대고대사 14권 7장 3절, 유대전쟁사 1권 8장 9절.

Cypros(키프로스), 안티파테르와 키프로스 사이에서 난 딸, 알렉사스 셀키아스(Alexas Selcias)와 결혼, 유대고대사 18권 5장 4절.
Cypros(키프로스), 파사엘루스(Phasaelus)와 살람프시오(Salampsio)의 딸, 대아그립바와 결혼함, 유대고대사 18권 5장 4절, 6장 2-3절.
Cyrenius, or Quirinius(키레니우스, 혹은 키리니우스), 유대고대사 17권 13장 5절, 18권 1장 1절, 유대전쟁사 7권 8장 1절.
Cyreneans(키레니아인), 라케데모니아인들로부터 파생됨, 유대전쟁사 2권 16장 4절.
Cyrus(고레스), 페르시아의 왕, 유대고대사 10권 11장 2절; 유대성전을 재건하기로 결심, 11권 1장 1절; 유다인들을 포로에서 해방시킴, 2-3절; 그의 죽음, 2장 1절.
Cyrus(고레스), 크세르크세스(Xerxes)의 아들, 헬라인들은 아르타크세르크세스(Artaxerxes)라고 부름, 왕이 됨, 유대고대사 11권 6장 1절; 하만이 내린 법령을 취소함, 12절.

D

Dagon(다곤), 아스돗(Ashdod)의 신, 유대고대사 6권 1장 1절. 그의 신전이 불타버림, 13권 4장 4절.

요세푸스

Damascene colonies(다메섹의 식민지), 상부 메대(Upper Media)로 올라감, 유대고대사 9권 12장 3절.
Damasus(다마스커스, 혹은 다메섹), 디글랏 빌레셀(Tiglath Phileser)에 의해 정복됨, 유대고대사 9권12장 3절; 로마에 의해 정복됨, 14권 2장 3절.
Dan(단), 단 지파가 세운 도시, 유대고대사 5권 3장 1절.
Danaus, or Hermeus(다나우스, 혹은 헤르메우스), 애굽 왕, 아피온 반박문 1권 26절.
Daniel the prophet(선지자 다니엘), 동료들과 함께 거세당함, 유대고대사 10권 10장 1절, 다니엘과 그 동료들의 엄격한 식사 생활, 2절; 미래에 일어날 일들을 예언함, 2절; 느부갓네살이 꾼 꿈을 이야기하고 그것을 해몽함, 3-4절; 그 때문에 왕의 총애를 받음, 5절; 그의 동료들이 타는 풀무 불못에 던짐을 당함,5절;다니엘이, 손가락이 벽에 쓴 글씨를 해석함, 11장 2절; 다리오(Darius)에 의해 메대(Media)로 감, 4절; 다리오 왕국의 총리 대신이 됨, 4절; 그를 해하려는 음모, 5절; 사자굴에 던짐을 당함, 6절; 엑바타나(Ecbatana)에 망대를 건설함, 7절; 그의 예언의 방법과 성취 확실성, 7절; 수양의 환상을 봄, 7절; 로마인들을 멸절시킬 것임을 예언함, 7절; 안티오쿠스 에피파네스(Antiochus Epiphanes)가 성전을 더럽힐 것임을 미리 예언함, 12권 7장 6절.
Darda(다르다), 유대고대사 8권 2장 5절.
Darius(다리우스), 아스티게스(Astyges)의 아들, 헬라인들은 다리오로 호칭함, 유대고대사 10권 11장 2, 4절.
Darius(다리오), 히스타스페스(Hystaspes)의 아들, 왕위에 오름, 유대고대사 11권 3장 1절; 큰 잔치를 배설함, 2절; 문제를 풀도록 제기함, 2절; 스룹바벨에게 성전 재건을 명함, 7절; 사마리아인들을 금지시키는 그의 서신, 4장 9절.
Dathan(다단), 유대고대사 4권 2장 2절.
David(다윗), 그의 족보, 유대고대사 5권 9장 4절; 사무엘에게 기름 부음을 받음, 6권 8장 1절; 사울 앞에서 하프를 연주함, 2절; 골리앗과 싸움, 6권 9장 4절; 그와 요나단 사이의 우정, 11장 1, 6절; 요나단의 중재로 사울과 화해함, 11장 2절; 사울에게 목숨의 위험을 느낌, 3절; 도피함, 6권 12장 1절; 사울의 목숨을 두번씩이나 살려줌, 13장, 4, 9절; 가드(Gath) 왕을 돕겠다고 약속함, 14장 1절; 아말렉인들을 추격하여 패주시킴,6절; 사울과 요나단을 위한 장례식 조문(oration)을 지음, 7권 1장 1절; 유대 왕이 됨, 2절; 이스라

510

엘 왕이 됨, 2장 2절; 예루살렘을 정복함, 3장 1절; 여러 아내를 거느리고 11명의 자녀를 둠, 3절; 블레셋을 정복함, 4장 1절; 하나님의 궤를 예루살렘으로 옮겨 옴, 4장 2절; 미갈이 다윗을 힐난함, 3절; 성전을 짓겠다고 제안함, 4절; 그의 연전 연승 5장 1절; 므비보셋(Mephibosheth)에게 후히 대우함, 5절; 밧세바와 사랑에 빠짐, 7장 1절; 그리고 결국은 그 남편 우리아를 살해함, 7장 1절; 밧세바와 결혼함, 7장 2절; 나단 선지자에게 심한 꾸중을 들음, 7장 3절; 밧세바와의 사이에서 난 아들이 죽음, 7장 4절; 압살롬의 죽음을 애도함, 10장 5절; 백성들의 수를 계수하도록 지시함, 13장 1절; 그 형벌로 기근이나 칼 대신 온역을 택함, 13장 2절; 성전 건축의 재료를 많이 준비함; 14장 1절; 솔로몬에게 성전을 건축하도록 권면함, 14장 2절; 제사장들은 모두 24반차로 나눔, 14장 7절; 그의 죽음, 15장 2절; 장엄하게 장사지냄, 15장 3절; 그의 무덤에 숨겨 진 수많은 보물, 3절, 16권 7장 1절, 유대전쟁사 1권 2장 5절.

Day (낮), 낮이 이상하게 길어짐, 유대고대사 5권 1장 17절.

Debora (드보라), 유대고대사 5권 5장 3절.

Deceased (죽은 사람), 유대인들이 죽은 사람에게 보인 특별한 배려, 아피온 반박문 2권 27절.

Decrees of the Rommans (로마의 법령), 유대인에게 호의적인 법령, 유대고대사 14권 8장 5절, 10장 2-25절.

Dellius (델리우스), 유대고대사 14권 15장 1절, 15권 2장 6절, 유대전쟁사 1권 15장 3절.

Deluge (노아 홍수), 유대고대사 1권 3장 3절.

Demetrius (데메트리우스), 알렉산드리아의 유대인 행정 장관(alabarch), 유대고대사 20권 7장 3절.

Demetrius (데메트리우스), 데메트리우스의 아들, 그의 장인인 톨레미(Ptolemy)와 요나단과 합세하여 알렉산더(Alexander)를 격파함, 유대고대사 13권 4장 7-9절; 니카토르(Nicator)라고도 불리움, 9절; 유대인에게 호의적인 내용으로 보낸 서신, 9절; 안티오쿠스의 도움을 삼, 5장 3절; 요나단과의 우의를 깨뜨림, 5장 3절; 안티오쿠스에게 패하여 길리기아(Cilicia)로 도피함, 4절; 아르사케스(Arsaces)에 의해 포로가 됨, 11절; 트리포(Trypho)가 그에게 반역을 일으킴, 7장 1절; 군부의 미움을 삼, 9장 3절; 패배하고 아내인 클레오프트라에게 도피하였으나 헛수고로 돌아감, 3절; 다시 두로(Tyre)로 도피하였으나 체포되어 수감된 후 세상을 떠남, 3절.

Demetrius Eucerus (데메트리우스유

511

케루스), 안티오쿠스 그리푸스 (Antiochus Grypus)의 네째 아들, 수리아의 다메섹 왕이 됨, 유대고대사 13권 13장 4절; 유대인들이 그의 도움을 청함, 5절; 알렉산더와 전쟁을 벌여 그를 패배시킴, 14장 1절, 유대전쟁사 1권 4장 4-5절; 그의 형제 필립(Philip)과 전쟁을 함, 그리고 패배하여 파르티아로 포로가 되어 끌려간 후, 거기서 세상을 떠남, 유대고대사 13권 14장 3절.

Demetrius of Gadara(가다라의 데메트리우스), 폼페이의 신하(freedman), 가다라 시의 재건 허락을 받아냄, 유대고대사 14권 4장 4절.

Demetrius Phalerius(데메트리우스 팔레리우스), 왕의 도서관장, 유대고대사 12권 2장 1절, 아피온 반박문 2권 4절; 필라델푸스 (Philadelphus)왕에게 청원함, 유대고대사 12권 2장 3절; 해변에 72명의 성경 번역자들의 숙소를 마련해 줌, 13절.

Demetrius Soter(데메트리우스 소테르), 셀류쿠스(Seleucus)의 아들, 수리아 왕이 됨, 유대고대사 12권 10장 1절; 안티오쿠스 왕을 처형함, 1절; 유대인을 공격하기 위해 박키데스(Bacchides)와 니카노르(Nicanor)를 보냄, 2, 4절; 그의 성품, 13권 2장 1절; 그가 요나단에게 보낸 서신, 3절; 알렉산더와의 전투에서 전사당함, 4절.

Demoteles(데모텔레스), 유대고대사 13권 5장 8절.

Diana's temple(다이아나의 신전), 페르시아(Persia)의 엘리마이스 (Elymais)에 있음, 유대고대사 12권 9장 1절; 애굽에도 있음, 13권 3장 1절.

Dioclerus(디오클레루스), 유대고대사 8권 2장 3절.

Dina(디나), 야곱의 딸, 유대고대사 1권 19장 8절.

Diodorus(디오도루스), 야손(Jason) 의 아들, 유대고대사 13권 9장 2절.

Diodotus, or Trypho(디오도투스, 혹은 트리포), 유대고대사 13권 5장 1절.

Dionysius(디오니시우스), 트리폴리(Tripoli)의 독재자, 유대고대사 14권 3장 2절.

Diophantus(디오판투스), 서신을 위조하는데 명수인 인물, 유대고대사 16권 10장 4절.

Divorce(이혼), 이혼의 이유, 아내가 남편에게 이혼증서를 주는 것이 율법에 어긋나지 않는가? 유대고대사 4권 8장 23절.

Doeg(도엑), 수리아인, 유대고대사 6권 12장 4절.

Dolabella(돌라벨라), 그가 유대인에게 호의적인 내용으로 에베소인들에게 보낸 서신, 유대고대사 14권 10장 12절.

Dolesus(돌레수스), 유대전쟁사 4권 7장 3절.

색 인

Domitia(도미티아), 요세푸스에게 친절하게 대함, 요세푸스 자서전, 76절.
Domitian(도미티안), 베스파시안(Vespasian)의 아들, 부친 부재시 섭정으로 나라를 통치함, 유대전쟁사 4권 11장 4절; 요세푸스에게 호의를 베품, 요세푸스 자서전 76절; 게르만족 원정을 감행, 유대전쟁사 7권 4장 2절.
Domitius Sabinus(도미티우스 사비누스), 유대전쟁사 5권 8장 1절.
Doris(도리스), 헤롯의 첫 아내, 안티파테르의 모친, 유대고대사 14권 12장 1절, 17권 1장 3절, 유대전쟁사 1권 28장 4절; 왕궁에서 쫓겨나게 됨, 1권 30장 4절.
Dorians(도리아인), 유대인 회당에 케사르의 상을 세우려고함, 유대고대사 19권 6장 3절; 페트로니우스(Petronius)가 이를 금하는 명령을 내림, 3절.
Dorotheus(도로테우스), 유대고대사 12권 2장 12절.
Dortus(도르투스), 유대인 족장, 유대고대사 20권 6장 2절.
Dositheus(도시테우스), 유대인, 그의 배신, 유대고대사 15권 6장 2절.
Dositheus(도시테우스), 유대인의 군대 장관, 아피온 반박문 2권 5절.
Dove(비둘기), 방주에서 내어보냄, 유대고대사 1권 3장 5절.
Draco's laws(드라코의 법률), 아피온 반박문 1권 4절.
Drusilla(드루실라), 대아그립바와 키프로스(Cypros) 사이에서 난 딸, 유대고대사 18권 5장 4절; 에메사(Emesa) 왕 아시수스(Azizus)와 결혼함, 20권 7장 1절; 후에 유대 총독 벨릭스(Felix)와 결혼함, 20권 7장 2절.
Drusus(드루수스), 드루실라와 오누이지간, 유대고대사 18권 5장 4절.
Drusus(드루수스), 티베리우스(Tiberius)와 형제 지간, 유대고대사 18권 6장 8절.
Duration of the Jewish law(유대 율법의 존속 기간), 아피온 반박문 2권 31절.

E

Eagle(독수리의 상), 성전 전면(前面)에서 금독수리 상을 끌어내림, 유대고대사 17권 6장 3절; 라케데모니아인들의 도장에는 독수리가 용을 움켜잡고 있는 형상이 그려져 있음, 12권 4장 10

절.
Earthquake(지진), 다단(Dathan)과 아비람(Abiram)의 추종자들을 삼킨 지진, 유대고대사 4권 3장 1-3절; 유대에 있었던 대지진, 15권 5장 2절.
Eating the sinew upon the hip(환도뼈 큰 힘줄을 먹는 것), 유대인들이 환도뼈 큰 힘줄을 먹지 않는 이유, 유대고대사 1권 20장 2절.
Ebal(오발), 유대고대사, 1권 6장 4절.
Eban(에반), 다윗의 아들, 유대고대사 7권 3장 3절.
Ebutius(에부티우스), 십부장, 유대전쟁사 3권 7장 3절; 전투에서 전사당함, 4권 1장 5절.
Eclipse of the moon(월식), 유대고대사 17권 6장 4절.
Ecnibalus(에크니발루스), 두로 왕, 아피온 반박문 1권 21절.
Eglon(에글론), 모압 왕, 이스라엘인을 핍박함, 유대고대사 5권 4장 1절.
Elah(엘라), 이스라엘 왕국에서 바아사(Baasha)의 뒤를 이은 왕, 유대고대사 8권 12장 4절.
Elam(엘람), 유대고대사 1권 6장 4절.
Elcanah, or Elkanah(엘가나), 유다 지파의 군대 장관, 유대고대사 9권 12장 1절.
Elcanah, or Elkanah(엘가나), 사무엘의 부친, 유대고대사 5권 10장 2절.

Elcias(엘기아스), 대제사장, 유대고대사 10권 8장 6절.
Eleazar's home(엘르아살의 가문), 유대고대사 7권 14장 7절.
Eleazar's command(엘르아살의 지휘), 유대전쟁사 5권 6장 1절.
Eleazar(엘르아살), 아론의 아들, 유대고대사 3권 8장 1절.
Eleazar(엘르아살), 대제사장 아나누스(Ananus)의 아들, 유대고대사 18권 2장 2절, 유대전쟁사 2권 17장 2절.
Eleazar(엘르아살), 디네우스(Dineus)의 아들, 유대고대사 20권 6장 1절, 8장 5절, 유대전쟁사 2권 12장 4절.
Eleazar(엘르아살), 도대(Dodo)의 아들, 유대고대사 7권 12장 4절.
Eleazar(엘르아살), 마귀를 내어 쫓음, 유대고대사 8권 2장 5절.
Eleazar(엘르아살), 요아사르(Joazar)와 형제지간, 대제사장이 됨, 유대고대사 17권 13장 1절; 대제사장직에서 쫓겨남, 1절.
Eleazar(엘르아살), 유다스 마카베우스(Judas Macabeus)와 형제지간, 아우란(Auran)이라고 불리움, 유대고대사 12권 6장 1절, 9장 4절; 코끼리에게 밟혀 죽음을 당함, 9장 4절, 유대전쟁사 1권 1장 5절.
Eleazar(엘르아살), 강도들의 두목, 유대고대사 20권 1장 1절; 포로가 되어 로마로 압송됨, 8장 5절, 유대전쟁사 2권 13장 2절.
Eleazar(엘르아살), 마사다(Masada)

514

색 인

요새에서 부하들에게 행한 연설, 유대전쟁사 7권 8장 6절.
Eleazar(엘르아살), 모세의 아들, 유대고대사 2권 13장 1절.
Eleazar(엘르아살), 아론의 아들, 대제사장, 유대고대사 4권 4장 7절.
Eleazar(엘르아살), 필라델푸스(Philadelphus) 당시의 대제사장, 유대고대사 12권 2장 5절; 필라델푸스에게 보낸 그의 서신, 6절; 그의 죽음, 4장 1절.
Eleazar(엘르아살), 성전의 재무관, 유대고대사 14권 7장 1절.
Eleazar(엘르아살), 사메아스(Sameas)의 아들, 그의 뛰어난 용맹성, 유대전쟁사, 3권 7장 21절.
Eleazar(엘르아살), 시몬(Simon)의 아들, 유대전쟁사, 4권 4장 1절, 5권 1장 2절, 3장 1절.
Eleazar(엘르아살), 루푸스(Rufus)에 의해 포로가 됨, 유대전쟁사 7권 6장 4절.
Eli(엘리), 대제사장, 삼손(Samson) 사후 이스라엘의 사사가 됨, 유대고대사 5권 9장 1절; 그의 방탕한 두 아들, 10장 1절.
Eliakim(엘리야김), 유대고대사 10권 1장 2절.
Eliashib(엘리아십), 대제사장임, 유대고대사 11권 5장 5절; 그의 죽음, 7장 1절.
Elien(엘리엔), 다윗의 아들, 유대고대사, 7권 3장 3절.
Elijah(엘리야), 선지자, 사렙다 과부에게 기적을 베품, 유대고대사 8권 13장 2절; 아합(Ahab)에게 나타남, 5절; 비가 내릴 것을 예언, 6절; 그의 경령에 거짓 선지자가 모두 죽음을 당함, 7절; 하늘로부터 불을 내리게 해달라고 기도함, 5절; 하늘로 승천함, 9권 2장 2절.
Elimelech(엘리멜렉), 유대고대사 5권 9장 1절.
Elioneus(엘리오네우스), 칸테라스(Cantheras)의 아들, 대제사장이 됨, 유대고대사 19권 8장 1절.
Eliphale, or Eliphelet(엘리발레, 혹은 엘리벨렛), 다윗의 아들, 유대고대사 7권 3장 3절.
Elisa(엘리사), 유더고대사 1권 6장 1절.
Elisha(엘리사), 선지자, 사밧(Shaphat)의 아들, 유대고대사 8권 13장 7절, 9권 2장 2절, 3장 1절; 그의 이적, 9권 4장 2절; 그의 죽음과 그에 대한 찬사, 8장 6절; 마른 샘물 초원을 다시 물이 나게 함, 유대전쟁사 4권 8장 3절.
Elkanah, or Elcanah(엘가나), 유대고대사 9권 12장 1절.
Elkanah, or Elcanah(엘가나), 사무엘의 부친, 유대고대사 5권 10장 2절.
Elmodad(알모닷), 유대고대사 1권 6장 4절.
Elon, or Helon(엘론, 혹은 헬론), 사사 입산(Ibsan)을 이어 사사가 됨, 유대고대사 5권 7장 14절.
Elpis(엘피스), 헤롯의 아내, 유대

515

요세푸스

고대사 17권 1장 3절, 유대전쟁사 1권 28장 4절.
Emnos(엠노스), 다윗의 아들, 유대고대사 7권 3장 3절.
Ennaphen(엔나벤), 다윗의 아들, 유대고대사 7권 3장 3절.
Enemies(적), 정복했을 때 적을 죽이는 것은 율법에 어긋나지 않음, 유대고대사 9권 4장 3절.
Enoch(에녹), 유대고대사 1권 2장 2절, 3장 2절.
Enoch and Elijah(에녹과 엘리야), 살아서 승천한 인물, 유대고대사 9권 2장 2절.
Enos(에노스) 셋의 아들, 유대고대사 1권 3장 2절.
Ensigus(군기), 케사르의 상이 그려진 로마군의 군기, 유대고대사 18권 3장 1절; 이 군기에 대해 희생 제물을 바치고 경배함, 유대전쟁사 6권 6장 1절.
Epaphroditus(에파프로디투스), 그의 성품, 유대고대사 서문 2절; 요세푸스의 절친한 친구, 요세푸스 자서전 76절.
Ephesians(에베소인들), 그들이 유대인에게 호의적인 내용의 법령을 반포함, 유대고대사 14권 10장 25절.
Ephod(에봇), 유대고대사 3권 7장 5절.
Epicrates(에피크라테스), 유대고대사 13권 10장 2절.
Epicureans(에피큐로스 학파, 에비구레오 학파), 섭리에 대한 이 학파의 오류를 논박함, 유대고대사 10권 11장 7절.
Epiphanes(에피파네스), 콤마게나(Commagena)의 왕 안티오쿠스(Antiochus)의 아들, 유대고대사 19권 9장 1절.
Epistle(서신), 대제사장 요나단이 라케데모니아인들에게 보낸 서신, 유대고대사 13권 5장 8절; 필라델푸스(Philadelphus)가 유대인 포로들을 석방하라고 명한 서신, 12권 2장 3절; 그가 대제사장 엘르아살(Eleasar)에게 보낸 서신, 5절; 솔로몬과 두로 왕 히담이 주고 받은 서신, 8권 2장 6-7절; 크세르크세스(Xerxes)가 에스드라스(Esdras)에게 보낸 서신, 11권 5장 1절; 아르타크세르크세스(Artaxerxes)가 유대 인근 총독들에게 보낸 서신, 6장 12절; 안티오쿠스 대왕(Antiochus the Great)이 톨레미 에피파네스(Ptolemy Epiphanes)에게 보낸 서신, 12권 3장 3절; 사마리아인들이 안티오쿠스(Antiochus)에게 보낸 서신, 5장 5절; 알렉산더 데메트리우스(Alexander Demetrius)가 요나단(Jonathan)과 유대인에게 보낸 서신, 13권2장 2절; 오니아스(Onias)가 톨레미와 클레오 파트라에게 보낸 서신, 3장 1절; 율리우스 케사르가 시돈의 행정 장관들에게 보낸 서신, 14권 10장 2절; 무루쿠스 안토니(Murcus Antony)가 두로인들에게 보낸 서신, 12장 4절.

색 인

Esaiah, or Isaiah(이사야), 선지자,유 대고대사 9권 13장 3절, 10권 1장 3 -4절;그에 대한 찬사, 2장 1- 2절; 앗수르에 대한 그의 예언, 10권 1장 4절; 고레스 왕의 통치 기간 전의 햇수에 관한 예언, 11권 1장 1절; 고레스 왕이 이 예언들을 읽음, 2절; 오니아스 (Onias)의 성전에 관한 그의 예언, 유대전쟁사 7권 10장 3절.

Esau, or Adom(에서, 혹은 에돔), 유대고대사 2권 1장 1절; 그의 출생, 1권 18장 1절.

Eschol(에스골), 유대고대사, 1권 10장 2절.

Esdras(에스드라스), 유대고대사 11권 5장 1절; 이방인들과의 혼인을 슬퍼함, 3절; 백성들에게 유대 율법을 들려줌, 5절; 그의 죽음, 5절.

Essen, or high priest's breastplate (대제사장의 흉패), 유대고대사 3권 7장 5절; 흉패가 더 이상 빛나지 않게 됨, 8장 9절.

Essens(에센파), 헤롯이 존중히 여김, 유대고대사 15권 10장 5절; 맹세하는 것을 반대함, 유대전쟁사 2권 8장 6절; 이들의 풍습과 의식과 교리의 이모저모, 유대고대사 13권 5장 9절, 18권 1장 5절, 유대전쟁사 2권 8장 2절; 기름 부음 받는 것을 꺼림, 3절; 그들의 성서를 근면하게 항상 읽음, 6절; 에센파 시몬(Simon the Essens)은 꿈을 해석하는 데 능통하였음, 유대고대사 17권 13장 3절.

Esther(에스더), 유대고대사 11권 6장 2절; 왕비가 됨, 유대고대사 11권 6장 2절; 유대인에 대해 큰 관심을 갖음, 7절; 왕과 하만(Haman)을 잔치에 초대함, 9절.

Ethan(에단), 유대고대사 8권 2장 5절.

Ethbaal, or Ithobalus(엣바알, 혹은 이토발루스), 두로와 시돈 왕, 유대고대사 8권 13장 1-2절, 아피온 반박문 1권 18, 21절.

Elthemus(엘테무스), 아라비아인의 장군, 유대전쟁사 1권 19장 5절.

Ethi, or Ittai(에티, 혹은 잇대) 가드 사람(the Gittito), 유대고대사 7권 9장 2절.

Ethnarch [Simon] (분봉왕[시몬]) 유대고대사 13권 6장 6절; 유대인들이 계약서 같은 데서 "유대분봉왕 시몬재위 제 몇년" 식으로 연대를 표현함, 7절.

Ethnarch [Archelaus] (분봉왕 [아켈라오]), 유대고대사 17권 11장 4절, 유대전쟁사 2권 6장 3절.

Euratus of Cos(코스의 유라투스), 유대고대사 16권 10장 2절, 유대전쟁사 1권 26장 5절.

Euaristus Aruntius(유아리스투스 아룬티우스), 유대고대사 19권 1장 18절.

Eve(하와), 하와의 창조, 유대고대사 1권 1장 2절; 하와의 타락,4

요세푸스

절.
Evi(에비, 혹은 에위), 미디안 왕, 유대고대사 4권 7장 1절.
Evil-Merodach(에윌므로닥), 유대고대사 10권 11장 2절, 아피온 반박문 1권 20절.
Euodus(유오두스), 티베리아스(Tiberias)의 신하(freed-man), 유대고대사 18권 6장 8절.
Eupolemus (유폴레무스), 요한의 아들, 유대고대사 12권 10장 6절.
Eurycles(유리클레스), 헤롯의 아들들을 비난함, 유대고대사 16권 10장 1절, 유대전쟁사 1권 26장 1절; 본국으로 돌아옴, 4절.
Eutychus(유티쿠스), 아그립바의신하(freedman)이면서 병거 모는 자, 유대고대사 18권 6장 5절.
Eutychus(유티쿠스), 카이우스 케사르(Caius Cæsar)의 마부, 유대고대사 19권 4장 4절.
Exempt from military service (병역 면제자), 그 대상, 유대고대사 4권 8장 41절.
Exorcisms, or froms of Casting out demons(축사[엑소시즘], 혹은 귀신을 쫓아내는 방식), 솔로몬이 창안해 냄, 유대고대사 8권 2장 5절.
Ezekias[Hezekias](에스키아스 [히스기아스]) 강도단 두목, 유대고대사 14권 9장 2절.
Ezekiel(에스겔), 선지자, 유대고대사 10권 5장 1절, 8장 2절;바벨론에 포로로 잡혀감, 6장 3절; 유대의 몰락에 관한 그의 예언, 7장 2절; 에스겔의 예언과 예레미야의 예언은 상충되지 않음, 2절.

F

Fabatus(파바투스), 케사르의 신하, 유대고대사 17권 3장 2절.
Fabius(파비우스), 다메섹의 총독, 유대고대사 14권 11장 7절, 유대전쟁사 1권 12장 1절.
Fabius(파비우스), 백부장, 유대고대사 14권 4장 4절.
Factions(파당), 예루살렘에는 세 파당이 나뉘어져 있었음, 유대전쟁사 5권 1장 4절.
Fadus [Cuspius] (파두스[쿠스피우스]), 유대총독, 유대고대사 15권 11장 4절, 19권 9장 2절, 유대전쟁사 2권 11장 6절.
Famine(기근), 헤롯의 재위 제 13년에 있었던 기근, 유대고대사 15권 9장 1절; 글라우디오(Claudius) 재위 때 있었던 기근, 3권 15장 3절; 파두스와 알렉산더 총독의 재임 때 있었던 기근, 20권

5장 2절; 예루살렘의 혹심한 기근, 20권 2장 5절, 유대전쟁사 5권 10장 2절, 12장 3절; 사울이 기브온 거민에게 잔혹하게 대함으로서 일어났던 기근, 유대고대사 7권 12장 1절; 사마리아의 기근, 13권 10장 2절; 시드기야의 재위 제9년에 예루살렘에 있었던 기근, 10권 7장 4절.

Fast (금식), 폼페이 (Pompey)가 예루살렘을 함락하던 날에 있었던 금식, 유대고대사 14권 16장 4절.

Fate (숙명), 피할 수 없는 것임, 유대고대사 8권 15장 6절, 유대전쟁사 5권 13장 7절, 6권 1장 8절, 2장 1절, 4장 8절, 5장 4절.

Feast (잔치), 무교절의 잔치, 유월절 난을 보라. 잔치 (feasts) 때엔 그 신분의 고하에 따라 좌석이 배열됨, 유대고대사 12권 4장 9절.

Felix (펠릭스), 유대고대사 14권 11장 7절, 유대전쟁사 1권 12장 1절.

Felix (벨릭스), 팔라스 (Pallas)와 형제지간임, 유대총독임, 유대고대사 20권 7장 1절, 8장 5절, 유대전쟁사 2권 12장 8절, 13장 7절.

Festivals (절기), 히브리인의 절기, 유대고대사 3권 10장 1절; 3대 절기, 4-7절, 18권 4장 3절; 이 절기들때엔 로마 복사들이 성전을 감시하기 위해 성전 곳곳에 배치됨, 유대전쟁사 2권 12장 1절; 이 절기 때, 데메트리우스 소테르(Demetrius Soter)가 유대인들을 사면함, 유대고대사 13권2장 3절; 유대인들은 절기 때는 노동을 하지 않음, 3권 10장 6절; 이방인들은 절기 때 빈둥거리며 쾌락만을 추구함, 1권 21장 1절; 유대인들은 절기에 슬퍼하지 않음, 11권 5장 5절; 유대인들은 절기 때 먼 거리를 여행하지 않음, 13권 8장 4절; 애굽 여인들은 절기 때 여러 사람 앞에 나설 수가 있음, 2권 4장 3절; 절기 때 제단에서 사용될 나무들이 운반됨, 유대전쟁사 2권 17장 6절; 유다스 마카베우스가 성전을 청결케 한 수전절, 유대고대사 12권 7장 7절.

Festus [Porcius] (페스투스 [포르키우스]), 유대 총독, 유대고대사 20권 8장 9절; 그의 죽음, 9장 1절.

Flaccus [Norbanus] (플라쿠스 [노르바누스]), 유대고대사 16권 6장 3절; 수리아 총독, 18권 6장 2절.

Flesh (고기), 말이나 노새 등의 고기는 예루살렘 성 안으로 들여올 수가 없음, 유대고대사 12권 3장 4절.

Fly [the god of] (파리 [의 신]) 브엘세붑 (Belzebub), 에그론 (Ekron)의 신, 유대고대사 9권 2장 1절.

Florus [Gessius] (플로루스 [게시우스]), 유대 총독, 유대고대사 18권 1장 6절, 19권 9장 2절, 20

권 9장 5절; 유대전쟁의 원인임, 유대고대사 20권 11장 1절, 유대전쟁사 2권 14장 3절. 백성들의 조롱을 당함, 14장 6절; 예루살렘 시를 약탈함, 9절; 케시티우스(Cestius) 앞에서 유대인을 중상모략으로 비난함.

Fonteius Agrippa (폰테이우스 아그립바), 스키티아인들에게 살해됨, 유대전쟁사 7권 4장 3절.

Fountain (샘), 여리고 근처에 있는 샘, 유대전쟁사 4권 8장 3절; 엘리사가 그 샘을 고침, 3절; 그 샘의 여러 가지 효력, 3절.

Friends (친구), 친구지간이라 해도 결코 시샘(시기)에서 자유로울 수가 없음, 유대고대사 6권 4장 3절.

Frigius (Titus) (프리기우스 [티투스]), 유대전쟁사 6권 4장 3절.

Fronto (프론토), 유대전쟁사 6권 4장 3절.

Fulvia (풀비아), 한 유대인에게 갖고 있던 돈을 사기당한 여인, 유대고대사 18권 3장 5절.

Furius (푸리우스), 백부장, 유대고대사 14권 4장 4절, 유대전쟁사 1권 7장 4절.

G

Gaal (가알), 아비멜렉(Abimelech)의 손에서 세겜인(the Shechemites)들을 보호함, 유대고대사 5권 7장 3절.

Gaam (가암, 혹은 가함), 나홀의 아들, 유대고대사 1권 6장 5절.

Gabaris, or Gabares (바리스, 혹은 가바레스), 유대고대사 8권 2장 3절.

Gabinius (가비니우스), 유대고대사 14권 3장 2절, 4장 1절, 유대전쟁사 1권 6장 6절; 로마군 총사령관이 됨, 유대고대사 14권 5장 2절, 수리아 총독, 유대전쟁사 1권 8장 2절.

Gadara (가다라), 베스파시안에 의해 정복됨, 유대전쟁사 4권 7장 3절; 가다라인들이 포로가 되어 죽음을 당함, 4절.

Gaddis (가디스), 요한(John)이라고도 부름, 유대고대사 13권 1장 2절.

Galba (갈바), 유대고대사 18권 6장 9절; 네로(Nero)뒤를 계승함, 유대전쟁사 4권 9장 2절; 음모에 걸려 살해됨, 2절.

Galilee (갈릴리), 로마의 지배권 하에 들어가고 맘, 유대전쟁사 4권 2장 1절.

Galli (갈리), 거세한 자들을 이같이 부름, 유대고대사 4권 8장 40절.

Gallicanus (갈리카누스), 유대전쟁

색 인

사 3권 8장 1절.
Gallus〔Aelius〕(갈루스〔앨리우스〕), 유대고대사 15권 9장 3절.
Gallus〔Cestius〕(갈루스〔케스티우스〕), 수리아 총독, 요세푸스 자서전 8절, 유대전쟁사 2권 14장 3절.
Gallus(갈루스), 백부장, 유대전쟁사 4권 1장 5절.
Gallus〔Rubrius〕(갈루스〔루브리우스〕), 유대전쟁사 7권 4장 3절.
Gamala(가말라), 포위됨, 유대전쟁사 4권 1장 1절.
Games(경기), 경기장에서의 경기, 유대고대사 19권 1장 4절; 헤롯이 올림픽 경기를 회복시킴, 16권 5장 3절; 헤롯이 가이사랴(Cesarea)에서 경기 대회를 발족함, 1절, 유대전쟁사 1권 21장 8절; 티투스 (Titus)는 그의 부친과 동생의 생일에 경기를 개최할 것을 명령함, 7권 3장 1절.
Gerizzim(그리심), 그리심 산의 성전이 훼파됨, 유대고대사 13권 9장 1절.
Gauls(골인, 골 족), 골 족은 국내적으로 행복을 누릴 수 있는 기반이 닦여 있음, 유대전쟁사 2권 16장 4절; 골족 사람들이 헤롯의 경호 부대원으로 활약함, 1권 20장 3절.
Gaza(가사), 함락되고 파괴됨, 유대고대사, 13권 13장 1절.
Gazeane(가사인), 요나단에 의해 심하게 처벌을 받음, 유대고대사 13권 5장 5절.

Gamellus, or Gemellus〔Tiberius〕(가멜루스, 혹은 게멜루스〔티베리우스〕), 유대고대사, 18권 6장 8절.
Gemellus(게멜루스), 헤롯의 친구, 왕궁에서 쫓겨남, 유대고대사 16권 8장 3절.
Gentile gods(이방 신들), 요세푸스의 견해로는 조롱해서는 안된다고 함, 유대고대사 4권 8장 10절, 아피온 반박문 2권 34절.
Geometry(기하학), 장수한 족장들에 의해 발명됨, 유대고대사 1권 3장 9절.
Gera(게라), 에홋(Ehud)의 부친, 유대고대사 5권 4장 2절.
Gerastratus(게라스트라투스), 두로의 왕, 아피온 반박문 1권 21절.
Germanicus(게르마니쿠스), 그의 집, 유대고대사 19권 1장 15절.
Germans(게르만인), 그 이모저모, 유대전쟁사 2권 16장 4절; 로마의 노예가 됨, 4절;반역을 일으킴, 7권 4장 2절; 아그립바에 대한 한 게르만인의 예언, 유대고대사 18권 6장 7절.
Gessius Florus(게시우스 플로루스), 유대 총독임, 위의 플로루스(Florus)란을 보라.
Gather(게델), 유대고대사 1권 6장 4절.
Giants(거인), 헤브론에 아직 남아 있음, 유대고대사 5권 2장 3절, 7권 12장 2절.
Gibeah(기브아), 그 주민들이 부녀자 강탈의 죄를 저지름, 유대

521

고대사 5권 2장 8절; 이들의 죄가 드러나고 처벌당함, 11절.
Gibeonites(기브온인), 자신들을 살해한 사울의 죄를 보복해 줄 것을 다윗에게 요구함, 유대고대사 7권 12장 1절.
Gideon(기드온), 그의 전략, 유대고대사 5권 6장 5절; 그의 죽음, 7절.
Glaphgra(글라피라), 아르켈라우스(Archelaus)의 딸, 헤롯의 아들 알렉산더와 결혼함, 유대고대사 16권 1장 2절, 7장 2절; 살로메(Salome)와 적대 관계에 놓임, 2절, 유대전쟁사 1권 24장 2절; 그녀의 자부심, 2절, 남편이 수감되자 크게 슬퍼함, 유대고대사 16권 10장 7절; 후에 리비아(Libya)왕 유바(Juba)와 재혼하였으며, 다시 유대 분봉왕 아켈라오와 세 번째 결혼을 함, 17권 13장 4절; 그녀가 꾼 꿈의 내용과 죽음, 4절.
God〔the true God〕(하나님〔참하나님〕), 성막에 임재하심, 유대고대사 3권 8장 5절; 그 분의 은총은 오직 종교(경건)를 통해서만 얻을 수가 있음, 5권 1장 28절; 그 분의 예지(豫知), 그 분의 작정은 피할 수가 없음, 4권 3장 2절; 그 분의 뜻은 항거할 수가 없음, 2권 9장 2절; 그 분의 뜻이 아니고는 어떤 일도 일어날 수가 없음, 6장 5절; 그 분의 섭리는 에피큐로스 학파의 학설과는 반대임, 10권 11장 7절; 그 분으로부터는 아무것도 숨길 수가 없음, 2권 3장 1절; 그 분께 불순종하는 것은 위험을 자초하는 것임, 6권 7장 2절; 하나님과 인간 중에서 누구를 섬기는 것이 쉬운가?, 8권 10장 3절; 악한 자들을 징벌하시기 위해 짐승들을 사용하심, 10권 11장 6절; 수리아인들은 참 하나님을 단순히 언덕의 하나님으로만 생각, 8권 14장 3절; 악인들에 의해 쉽게 속아 넘어가는 분이 아님, 4권 8장 38절; 하나님은 제물을 기뻐하지 않으시고 선한 성품을 기뻐하심, 6권 7장 4절; 위험의 순간에는 심지어 악인들조차도 참 하나님의 이름을 부름, 17권 5장 6절; 인간들이 미래에 대비할 수 있도록 미래에 일어날 일을 예언하심, 2권 5장 6절; 진퇴양난의 지경에 빠졌을 때에만 도움을 베푸심, 15장 5절; 예배를 중히 여기는 자들을 기뻐하심, 16권 2장 4절; 모세에게 자신의 거룩하신 이름을 가르쳐 주심, 2권 12장 4절; 그 분의 성품상 가난한 자들에게 자비로우심, 4권 8장 26절; 무소부재하심, 2권 3장 1절; 만인의 행복은 그 분의 후한 선물의 결과임, 4권 8장 2절.
Gods(이방의 거짓 신들), 라반(Laban)의 신이 도난당함, 유대고대사 1권 19장 9절; 페르시아의 구다(Cutha)인들이 사마리아에 이방 신을 들여옴, 9권 14장 3

색 인

절; 아마샤(Amaziah)가 아말렉인들을 정복하고 그들이 믿던 이방 신을 섬김, 9장 2절; 요세푸스의 견해에 따르면, 이방 신은 모욕되거나 저주되어서는 안 된다고 함, 4권 8장 10절, 아피온 반박문 2권 24절; 브엘세붑(Beelzebub), 에그론(Akron) 인들이 섬기는 파리의 신, 유대고대사 9권 2장 1절.
Goliath(골리앗), 가드(Gath) 시 출신, 거인, 유대인들에게 일대일 대결로 전쟁의 승부를 가리자고 도전적인 제의를 함,유대고대사 6권 9장 1절.
Gomer and Gomerites(고멜과 고멜족), 유대고대사 1권 6장 1절.
Gorgias(고르기아스), 얌니아(Jamnia)의 총독, 전투에 패함, 유대고대사 12권 7장 4절; 그러나 후에 대승을 거둠, 8장 6절.
Gorion and Symeon(고리온과 시므온), 반역자들을 공격하도록 백성들을 격려함, 유대전쟁사 4권 3장 9절; 처형당함, 6장1절.
Gratus(그라투스), 유대 총독, 유대고대사 18권 6장 5절; 헤롯의 노종(old slave)을 처형시킴, 17권 10장 6절; 예루살렘을 방문하는 바루스(Varus)를 영접함,유대전쟁사 2권 5장 2절; 클라우디우스(Claudius)를 알아보고 그를 황제로 추대하자고 외친 한 그라투스라는 인물, 유대고대사 19권 3장 1절.
Greeks(헬라인들), 헬라인들은 고대 국가들을 자기들 나름대로 호칭함, 유대고대사 1권 5장; 히브리식 이름을 헬라식으로 고쳐 부름, 6장 1절.

H

Hadad(하닷), 수리아 왕, 유대고대사 7권 5장 2절.
Hadad, or Hadar(하닷, 혹은 하다르), 에돔인, 솔로몬의 적대자가 됨, 유대고대사 8권 7장 6절.
Hadadezer, or Hadarezer(하닷에셀, 혹은 하다레셀), 소파네(Sophane),혹은 소바(Zobah)의 왕, 유대고대사 8권 7장 6절.
Hagar and Ishmael(하갈과 이스마엘), 아브라함에게 쫓겨남, 유대고대사 1권 12장 3절.
Haggai(학개), 선지자, 학개와 스가랴(Zechariah) 선지자가 성전 건축을 할 것을 유대인에게 권면함, 유대고대사 11권 4장 5절.
Haggith(학깃), 다윗의 아내, 유대고대사 7권 14장 4절.
Halicarnasseans decree(할리카르나수스인들의 법령), 유대인들에게

523

호의적인 내용으로 되어 있음, 유대고대사 14권 10장 23절.
Haman(하만), 함므다다(Ammedatha)의 아들, 유대인의 적, 유대고대사 11권 6장 5절; 그가 유대인을 해하려고 반포한 법령, 6절; 그 법령을 아르타크세르크세스(Artaxerxes) 왕의 이름으로 반포함, 6절; 모르드개(Mordecai)를 처형할 교수대를 세우도록 지시함, 10절; 그러나 오히려 모르드개를 높이지 않을 수 없는 지경에 떨어지게 됨, 10절; 그가 유대인을 해하려고 반포한 법령이 폐기됨, 12절; 자신이 세운 교수대에서 처형됨, 12절.
Hannah(한나), 엘가나(Elkanah)의 아내, 유대고대사 5권 10장 2절
Haran(하란), 롯(Lot)의 부친, 유대고대사 1권 6장 5절.
Haran or Charran(하란, 혹은 카란), 메소포타미아의 한 도시명, 유대고대사 1권 6장 5절.
Harhts(창기), 결혼할 수 없음, 유대고대사 4권 8장 23절.
Hatach or Acratheus(하탁, 혹은 아크라테우스), 환관, 유대고대사 11권 6장 7절.
Hazael(하사엘), 수리아 왕, 유대고대사 8권 13장 7절, 9권 4장 6절; 유대를 약탈함, 8장 4절; 그의 죽음, 7절.
Hazo, or Azau(하소, 혹은 아사우), 나홀의 아들, 유대고대사, 1권 6장 5절.
Heber(에벨), 셀라의 아들, 유대고대사 1권 6장 4절.
Hebrews(히브리인), 유브라데(유프라테스) 강 너머로 두 번씩이나 포로로 잡혀감, 유대고대사 10권 9장 7절; 일부 인사들은 히브리인들이 애굽에서 기원(起源)하였다고 주장, 이들은 갈대아 기원설은 옳지 않다고 반박, 2권 7장 4절; 히브리인들의 식사 풍습에 관한 독특한 규칙들, 4권 6장 8절; 요단강까지 행군, 5권 1장 1절; 열 지파가 포로로 끌려간 후 유브라데 강 너머로 흩어져 살게 됨, 로마제국 영역 밖으로도 흩어짐, 11권 5장 2절; 히브리인들의 언어와 민족성은 수리아와 매우 흡사함, 12권 2장 1절; 히브리어 명사는 어미 변화가 없이 언제나 그 형태가 동일함, 1권 6장 2절; 히브리인들은 오직 하나의 성전과 하나의 제단만 있음, 4권 8장 5절; 실로(Shiloh)에 일년에 세 차례씩 나아가야 함, 5권 2장 12절; 히브리인 중 오직 두 지파만이 로마의 통치하에서 살게 됨, 11권 5장 2절; 솔로몬 시대의 지혜로운 유대인들, 8권 2장 5절.
Helcias the Great(헬키아스 대왕), 유대고대사 18권 8장 4절.
Helcias(헬키아스), 성전의 재무관(treasurer), 유대고대사 20권 8장 11절.
Helena(헬레나), 아디아베네(Adiabene)의 왕후, 유대 종교를 믿

음, 유대고대사 20권 2장 1절; 예루살렘을 방문함, 5절; 예루살렘에 장사됨, 4장 3절.
Hephzibah(헵시바), 유대고대사 10권 3장 1절.
Hercules's temple(헤르큘레스의 신전), 아피온 반박문 1권 18절.
Herennius Capito(헤렌니우스 카피토), 얌니아(Jamnia) 총독, 유대고대사 18권 6장 4절.
Hermeus, or Danaus(헤르메우스, 혹은 다나우스), 애굽 왕, 아피온 반박문 1권 26절.
Herod(헤롯), 안티파테르(Antipater)의 아들, 유대고대사 14권 7장 3절, 유대전쟁사 1권 8장 9절; 약관의 나이 15(25)세 때 갈릴리를 통치하기 시작, 유대고대사 14권 9장 2절; 히스기아스(Hezekias)와 다른 강도들을 처형함, 유대전쟁사 1권 10장 5절; 그로 인해 고소되어 재판을 당함, 유대고대사 14권 9장 4절; 구사일생으로 도피함, 5절; 섹스투스 케사르(Sextus Caesar)에게로 피신한 후 그에 의해 코엘레수리아(Coelesyria)의 군사령관에 임명됨, 5절; 카시우스(Cassius)를 위시한 로마인들의 총애를 받음, 11장 2절; 카시우스에 의해 수리아(Syria) 군사령관에 임명됨, 4절, 유대전쟁사 1권 11장 4절; 말리쿠스(Malicus)를 처형함, 6절; 안티고누스(Antigonus)를 패주시켜 유대 밖으로 쫓아냄, 유대고대사 14권 12장 1절; 마르크 안토니(Mark Antony)에게 뇌물을 먹임, 2절; 유대인들의 고소를 당하나 안토니에 의해 오히려 분봉왕(tetrarch)으로 임명됨, 13장 1절; 그를 대항하는 유대인들의 함정에서 벗어남, 6-7절; 구사일생으로 도피함, 8절, 유대전쟁사 1권 13장 7절; 애굽으로 갔다가 로데스(Rhodes)를 거쳐 로마로 감, 유대고대사 14권 14장 2-3절, 유대전쟁사 1권 14장 2-3절; 안토니의 요청으로 로마 원로원이 그에게 왕의 칭호를 줌, 유대고대사 14권 14장 4절, 유대전쟁사 1권 14장 4절; 유대로 돌아와 안티고누스와 전쟁을 함, 유대고대사 14권 15장 1절; 욥바(Joppa)를 장악하고 예루살렘을 포위함, 1-2절, 유대전쟁사 1권 15장 4절; 세포리스(Sepphoris)를 장악함, 유대고대사 14권 15장 4절; 그의 적들을 진압하고 유대에 준동하던 강도들을 일망타진함, 4-5절; 사모사타(Samosata) 공성에 안토니의 군대와 합류함, 그리고 그 공으로 많은 명예를 얻게 됨, 8-9절; 큰 위험들에서 신의 섭리로 여러번 목숨을 건짐, 11-12절; 파푸스(Pappus)를 격퇴함, 13절; 예루살렘을 포위하고 장악한 후 안티고누스를 사로잡아 결박하여 안토니에게로 압송함, 16장 1-4절, 유대전쟁사 1권 17장 9절; 자기 친구들은 승진시키고

요세푸스

안티고누스의 추종자들은 처형함, 유대고대사 15권 1장 2절; 저 유명한, 알렉산드라(Alexandra)의 딸 마리암네(Mariamne)와 결혼함, 2장 5절, 유대전쟁사 1권 17장 9절; 장모인 알렉산드라에 대해 불평을 늘어놓음, 유대고대사 15권 2장 7절; 처남인 아리스토불루스(Aristobulus)를 여리고에서 교묘한 방법으로 익사시킴, 3장 3절; 이로 인해 안토니의 호출을 당하게 됨, 5절; 안토니를 뇌물로 매수하여 자기 편으로 만듦, 8절; 요셉(Joseph)을 처형시킴, 9절; 클레오파트라가 그에게 추파를 던짐, 4장 2절; 안토니의 명에 따라 아라비아인들과 전쟁을 함, 5장 1절, 유대전쟁사 1권 19장 1절; 전쟁에 패한 후 사기를 잃은 부하들에게 행한 그의 연설, 유대고대사 15권 5장 3절, 유대전쟁사 1권 19장 4절; 아라비아인들을 이기고 전쟁에서 승리함, 유대고대사 15권 5장 4절, 유대전쟁사 1권 19장 6절; 힐카누스(Hyrcanus)를 처형시킴, 유대고대사 15권 6장 2절; 헤롯의 실록(Herod's commentaries), 3절; 만일 자기에게 무슨 일이 생기면 아내인 마리암네도 죽이라고 부하에게 지시함, 5절; 아우구스투스 케사르(Augustus Caesar) 앞에서도 태연자약함, 6절; 케사르에 의해 왕위를 추인(追認) 받음, 7절, 유대전쟁사 1권 20장 2절; 케사르를 위해 환대를 베품, 유대고대사 15권 6장 7절, 유대전쟁사 1권 20장 3절; 케사르의 호의를 얻어 많은 은총을 입고 그의 영토가 넓어지게 됨, 3절; 자기 아내 마리암네를 처형함, 유대고대사 15권 7장 4절, 유대전쟁사 1권 22장 5절; 아내의 죽음 때문에 심적 불안을 느낌, 유대고대사 15권 7장 7절, 유대전쟁사 1권 22장 5절; 하나님의 보응을 받아 일종의 정신병으로 고생함, 유대고대사 15권 7장 7절, 유대전쟁사 1권 22장 5절; 유대인의 풍습과 규례를 떠남, 유대고대사 15권 8장 1절; 경기장을 건설하고 쇼(show)를 개최함, 유대고대사 15권 8장 1절; 그를 해하려는 음모, 3절; 사마리아에 신전을 세움, 5절; 예루살렘에 왕궁을 건설함, 9장 3절; 예루살렘으로부터 60퍼얼롱 떨어진 곳에 성채를 건축함, 4절; 기근으로 고생하는 백성들에게 도움의 손길을 폄, 2절; 시몬(Simon)의 딸과 재혼함, 3절; 그의 정책, 5절; 가이사랴(Cesarea)를 건설함, 6절; 아들들을 로마로 보냄, 10장 1절; 신전을 지어 케사르에 바침, 3절; 백성들에게 세금 ⅓을 감면해 줌, 4절; 비밀리에 모이는 모든 집회를 금지시킴, 4절; 정탐꾼들을 곳곳에 배치함, 4절; 에센파 사람들을 존중히 여김, 5절; 예루살렘 성전을 재건함, 11장 1절, 유대전쟁사 1권

526

21장 1절; 도적질에 관해 새로운 법을 만들어 반포함, 유대고대사 16권 1장 1절; 케사르에게로 가서 아들들을 데려다가 결혼을 시킴, 2절; 마르쿠스 아그립바(Marcus Agrippa)를 환대함, 2장 1절; 아그립바의 총애를 받음, 2장 1절; 백성들에게 세금을 ¼ 감면해 줌, 4절; 그의 집안 내의 불화, 3장 1절; 마리암네와의 사이에서 낳은 아들들보다 안티파테르를 편애함, 3절; 아퀼레이(Aquilei)에 감, 그리고 로마의 케사르 앞에서 아들들을 비난함, 4장 1절; 아들들과 화해함, 4절, 유대전쟁사 1권 23장 3절; 케사르를 위한 운동 경기를 개최함, 유대고대사 16권 5장 1절; 마을들을 건설하고 성채들을 세움, 2절; 아폴로 신전(Apoll's temple)을 건설하고 올림픽 경기를 다시 일으킴, 3절, 유대전쟁사 1권 21장 12절; 헤롯의 기질에 대한 묘사, 유대고대사 16권 5장 4절; 다윗의 무덤을 엶, 7장 1절; 친척들을 의심함, 7장 3절; 케사르 앞에서 실레우스(Sylleus)의 고소를 당함, 9장 3절; 아들들에 대한 그의 잔인성, 11장 2절; 베리투스(Berytus) 집회에서 아들들을 친히 고소함, 2절; 다메섹의 니콜라우스에게 로마에 있는 사람들이 자기와 자기 아들들의 문제에 관해서 어떻게 생각하고 있는지를 물어봄, 3절; 헤롯이 두 아들을 교살시키려고 지시함, 7절; 그가 죽인 두 아들의 자식들, 그러니까 그의 손자들을 보살핌, 17권 1장 2절, 18권 5장 4절, 헤롯의 아내들과 자녀들, 17권 1장 3절; 헤롯이 마리암네가 낳은 자식들을 결혼시킬 계획을 세움, 유대전쟁사 1권 28장 5절; 계획을 변경함, 6절; 안티파테르를 케사르에게 보냄, 유대고대사 17권 3장 2절, 유대전쟁사 1권 28장 2절; 자기 동생 페로라스(Pheroras)가 독살되었다고 믿음, 유대고대사 17권 4장 1절, 유대전쟁사 1권 30장 1절; 자기를 독살하기 위해 준비해 놓은 독약을 찾아냄, 유대고대사 17권 4장 2절, 유대전쟁사 1권 30장 2절; 안티파테르를 심문하고 결박함, 유대고대사 17권 5장 7절; 노년에 고통가운데 지냄, 6장 1절; 유언장을 씀, 6장 1절; 무서운 병에 걸림, 5절, 유대전쟁사 1권 32장 1-5절; 유대 유력 인사를 살해하라는 명령을 내림, 유대고대사 17권 6장 5절; 자살하려고 기도함, 7장 1절; 유언의 내용을 고침, 8장 1절; 그의 성품, 8장 1절;그의 죽음과 장사, 3-4절, 유대전쟁사 1권 33장 8절; 그의 유언장을 공개하고 읽음, 유대고대사 17권 8장 2절; 그의 유언은 케사르에 의해 추인될 때까지는 그대로 집행되지 않음, 11장 4절.

Herod(헤롯), 헤롯 대왕의 아들, 분봉왕, 유대고대사 18권 2장 1절, 7장 1절, 유대전쟁사 2권 9장 1절; 케사르를 기념하기 위해 마을을 건설함, 유대전쟁사 2권 9장 1절; 케사르에게 서신을 보냄, 유대고대사 18권 4장 5절.

Herod(헤롯), 분봉왕 헤롯의 의붓형제, 유대고대사 18권 5장 1절.

Herod(헤롯), 아리스토불루스와 살로메 사이에서 난 아들, 유대고대사 18권 5장 4절.

Herod(헤롯), 아리스토불루스와 살로메의 딸 베르네케 사이에서 난 아들, 유대고대사 17권 1장 2절, 유대전쟁사 1권 28장 1절.

Herod(헤롯), 헤롯과, 시몬의 딸 마리암네 사이에서 난 아들, 유대고대사 18권 5장 1절.

Herod(헤롯), 헤롯과, 예루살렘의 클레오파트라(Cleopatra of Jerusalem) 사이에서 난 아들, 유대고대사 17권 1장 3절, 유대전쟁사 1권 28장 4절.

Herod(헤롯), 대아그립바와 형제지간, 칼키스(Chelcs)의 왕, 유대고대사 19권 5장 1절, 8장 1절, 헤롯 왕의 딸인 올림피아스(Olympias)와 요셉(Joseph) 사이에서 난 딸인 마리암네와 결혼함, 18권 5장 4절; 클라우디우스의 허락으로 성전 관할권을 갖게 됨, 20권 1장 3절; 그의 죽음과 자녀들, 5장 2절, 유대전쟁사 2권 11장 6절.

Herod(헤롯), 파사엘루스(Phasaelus)와 살람프시오(Salampsio)의 아들, 유대고대사 18권 5장 4절.

Herodias(헤로디아스), 아리스토불루스가 살로메의 딸 베르니케를 통해 낳은 딸, 유대고대사 18권 5장 1절, 유대전쟁사 1권 28장 1절; 대아그립바의 누이, 분봉왕 헤롯의 아내, 아그립바가 왕위를 얻게 된 것을 시기함, 유대고대사 18권 7장 1절, 유대전쟁사 2권 9장 6절; 남편이 추방되 남편과 함께 추방되기를 원함, 유대고대사 18권 7장 2절; 헤롯 대왕과, 시몬의 딸 마리암네 사이에서 난 아들인 헤롯과 결혼함, 5장 1절, 6장 2절; 남편이 어엿이 살아 있음에도 불구하고 형부인 헤롯과 재혼함, 5장 4절.

Hezekiah(히스기야), 유다 왕, 유대고대사 9권 13장 1절; 백성들에게 종교적인 내용을 연설함, 2절; 성전 청결과 유월절 제사를 성대하게 치룸, 3절; 산헤립의 공격을 막아냄, 10권 1장 1절; 병에서 회복됨, 2장 1절; 그의 죽음, 3장 1절.

Hin(힌), 히브리의 용량 단위, 유대고대사 3권 9장 4절.

Hiram(히람), 두로 왕, 다윗의 친구, 유대고대사 7권 3장 2절.

Hiram(히람), 두로 왕, 솔로몬에게 사신을 파견함, 유대고대사 8권 2장 6절.

Hiram(히람), 두로왕, 아피온 반박문 1권 17, 18, 21절.

색 인

Hophni(홉니), 엘리(Eli)의 아들, 유대고대사 5권 10장 1절; 전사함, 11장 2절.
Hoshea(호세아), 이스라엘 왕, 유대고대사 9권 13장 1절, 포로가 됨, 14장 1절.
House of the forest of Lebanon (레바논의 숲이라고 불리우는 집), 유대고대사 8권 6장 5절.
Huldah(훌다), 여선지자, 유대고대사 10권 4장 2절.
Hur(후르), 미디안의 군주, 유대고대사 4권 7장 1절.
Hushai(후새), 다윗의 친구, 유대고대사 7권 9장 2, 6, 7절.
Hymns(시편) 다양한 보격(步格)으로 지은 다윗의 시편, 유대고대사 7권 12장 3절.
Hyrcanus(힐카누스), 요셉 토비아스(Joseph Tobias)의 아들, 유대고대사 12권 4장 6절; 그의 기묘한 발명, 6절; 톨레미에게 파송되고, 그의 환대를 받음, 7-9절; 그의 행동과 죽음, 11절.
Hyrcanus[John](힐카누스[요한]), 마카비 가(家) 시몬(Simon)의 아들, 가까스로 목숨을 건짐, 유대고대사 13권 7장 4절; 톨레미를 공격함, 8장 1절, 유대전쟁사 1권 2장 3절; 대제사장이 됨, 유대고대사 13권 8장 1절, 유대전쟁사 1권 2장 3절; 안티오쿠스의 포위를 당함, 유대고대사 13권 8장 2절; 화평을 돈을 주고 삼, 3-4절; 다윗의 무덤에서 돈을 꺼냄, 유대고대사 13권 8장 4절; 사마리아로 진격하여 잃었던 촌락들을 되찾은 후 사마리아를 포위하고 장악함, 10장 2-3절, 하나님과의 영적 교통 3절, 그의 죽음과 그에 대한 찬사, 7절.
Hyrcanus II(힐카누스 2세), 알렉산더 얀네우스(Alexander Janneus)의 아들, 대제사장이 됨, 유대고대사 13권 16장 1-2절, 유대전쟁사 1권 5장 1절; 세속 통치권을 동생에게 넘겨줌, 유대고대사 14권 1장 2절; 활동적이지 못함, 요새로 피신한 경위, 유대고대사 14권 1장 2절; 스카우루스(Scaurus)를 돈으로 매수함, 2장 3절; 폼페이 앞에서 동생을 힐난함, 3장 2절; 대제사장직을 회복함, 4장 4절; 케사르의 추인을 얻어 대제사장직을 확고히 함, 8장 5절, 유대전쟁사 1권 10장 3절; 로마인과 아테네인들에게서 존경을 얻음, 유대고대사 14권 8장 5절; 율리우스 케사르(Julius caesar)의 신망을 얻음, 10장 2절; 안티고누스에게 포로가 되고 귀를 짤림, 13장 10절; 파르티아인들에 의해 석방되어 헤롯에게로 돌아옴, 15권 2장 4절; 그의 파란만장한 생애, 4절.
Hystaspes(히스타스페스), 다리우스(Darius)의 부친, 유대고대사 11권 3장 1절.

요세푸스

Ibhar, or Jeban(이바르, 혹은 예반), 다윗의 아들, 유대고대사 7권 3장 3절.
Ibes(이베스), 뱀들을 잡아 먹은 애굽의 동물, 유대고대사 2권 10장 2절.
Ibzan(입산), 입다(Jephtha) 이후에 이스라엘의 사사가 된 인물, 유대고대사 5권 7장 13-14절.
Ide(이데), 하녀, 유대고대사 18권 3장 4절.
Idumeans(이두매인), 유대고대사 12권 8장 1절, 유대전쟁사 4권 4장 1, 4-7절; 유대인으로 변함, 13권 9장 1절; 반(半) 유대인이 됨, 14권 15장 2절; 코제(Koze), 그들이 이전에 섬기던 우상, 15권 7장 9절.
Images, or brazen oxen(형상들, 혹은 놋 소들), 이같은 형상을 만드는 것은 율법에 어긋남, 유대고대사 8권 7장 5절; 동물의 형상을 만드는 것은 율법을 어기는 것임, 15권 8장 1절, 9장 5절; 형상을 세우고 섬기는 것은 유대인에게는 금지되어 있음, 16권 6장 2절.
Impostors(사기꾼들), 유대 전역에서 사기 행각을 벌임, 유대고대사 20권 8장 5절.
Incense(분향), 아론의 후손만이 분향할 수 있음, 유대고대사 9권 10장 4절.

Infants murdered(영아 살해), 애굽에 있었던 영아 살해, 유대고대사 2권 9장 2절.
Ireneus(이레네우스), 청원자, 유대고대사 17권 9장 4절.
Iron(철), 금, 은, 놋보다 강함, 유대고대사 10권 10장 4절; 철날이 무딜 정도로 살해를 자행, 13권 12장 5절.
Isaac(이삭), 유대고대사 1권 10장 5절.
Isaiah(이사야), Esaiah란을 보라.
Ishbosheth(이스보셋), 사울의 아들, 왕이 됨, 유대고대사 7권 1장 3절; 살해 당함, 2장 1절.
Ishmael(이스마엘), 유대고대사 1권 10장 4절.
Ishmael(이스마엘), 왕족 출신, 유대고대사 10권 9장 2절; 아히감(Ahikam)의 아들 그다랴(Gedaliah)를 살해, 3-4절.
Isis(이시스), 이시스 신전(神殿)이 더럽혀지고 파괴됨, 유대고대사 18권 3장 4절.
Israel(이스라엘), 야곱(Jacob) 란을 보라.
Israelites(이스라엘인들), 유대고대사 3권 12장 4절; 그들의 종교적 열정이 식음, 5권 2장 7절; 메대(Media)와 페르시아(Persia)로 끌려감, 9권 14장 1절.
Istob, or Ishtob(이스톱, 혹은 돕), 왕, 유대고대사 7권 6장 1절.

530

색 인

Isus(이수스), 대제사장, 유대고대사 10권 8장 6절.
Ithamar(이다말), 아론의 아들, 유대고대사 3권 8장 1절; 그의 가족, 7권 14장 7절; 대제사장직을 잃음, 8권 1장 3절.
Ithobalus, or Ethbaal(이토발루스, 혹은 엣바알), 두로 왕, 유대고대사 8권 13장 1-2절, 아피온 반박문 1권 21절.

Izates(이사테스), 헬레나(Helena) 왕후의 아들, 유대 종교를 믿음, 유대고대사 20권 2장 1-4절; 할례를 받음, 4절; 모노바수스(Monobazus)의 뒤를 계승함, 2장 2절; 그의 죽음, 4장 3절; 그의 자녀들과 형제들이 예루살렘에서 포위당함, 유대전쟁사 6권 6장 3절.

J

Jabal(야발), 유대고대사 1권 2장 2절.
Jabesh(야베스), 살룸(Shallum)의 부친, 유대고대사 9권 11장1절.
Jabesh Gilead(야베스 길르앗), 심하게 파괴됨, 유대고대사 5권 2장 11절.
Jabin(야빈), 가나안 왕, 이스라엘인을 핍박함, 유대고대사 5권 5장 1절.
Jacimus, or Alcimus(야키무스, 혹은 알키무스), 사악한 대제사장, 유대고대사 12권 9장 7절.
Jacob(야곱), 그의 출생, 유대고대사 1권 18장 1절; 라헬(Rachel)을 놓고 라반(Laban)과 계약을 맺음, 19장 7절; 천사와 씨름함, 20장 2절; 그의 아들들, 19장 8절; 몰래 라반의 집을 빠져 나옴, 9절; 애굽에 내려갈 때 그의 후손, 2권 7장 4절; 아들 베냐민을 애굽에 내려 보내면서 슬피 움, 6장 5절; 형인 에서와 상봉함, 1권 20장 3절.
Jacob(야콥), 소사스(Sosas)의 아들, 유대전쟁사 5권 6장 1절, 6권 8장 2절.
Jacob(야곱), 이두매인, 조국을 배반함, 유대전쟁사 4권 9장 6절.
Jadius, or Jaddua(야디우스, 혹은 야두아), 요한의 아들, 대제사장, 유대고대사 11권 7장 2절; 대제사장의 의복을 입고 알렉산더를 만남, 8장 5절; 그의 죽음 7절.
Jadon(야돈), 선지자, 유대고대사 8권 8장 5절; 사자에게 죽음을 당함, 9장.
Jael(야엘), 겐족(the Kenite), 헤벨(Heber)의 아내, 시스라(Sise-

531

요세푸스

ra)를 살해함, 유대고대사 5권 5장 4절.
Jamblicus(얌블리쿠스), 수리아의 지배자, 유대고대사 14권 8장 1절; 유대전쟁사 1권 9장 3절.
James(야고보), 예수 그리스도의 동생, 돌에 맞아 죽음, 유대고대사, 20권 9장 1절.
Janius〔Jonias〕 (야니우스〔요니아스〕), 애굽 왕, 아피온 반박문 1권 14절.
Japhet(야벳), 유대고대사 1권 4장 1절; 그의 후손들이 소유한 지역(땅), 6장 1절.
Jarden(야르덴), 바수스(Bassus)에 의해 둘러 싸인 숲 지역, 유대전쟁사 7권 6장 5절.
Jared(이랏), 유대고대사 1권 2장 2절.
Jason, or Jesus(야손, 혹은 예수), 유대고대사 12권 5장 1절.
Jeban〔Ibhar〕(예반〔이발〕), 다윗의 아들, 유대고대사 7권 3장 3절.
Jechonias(여고냐), 유대고대사 11권 5장 4절.
Jecoliah(여골리야), 유대고대사 9권 10장 3절.
Jedidah(여디다), 요시야 왕(King Josiah)의 모친, 유대고대사 10권 4장 1절.
Jahaziel(야하시엘), 선지자, 유대고대사 9권 1장 2절.
Jachiel(히엘), 모세의 후손, 유대고대사 7권 14장 9절.
Jehoahaz(여호아하스), 유다 왕, 유대고대사 10권 5장 2절; 애굽에서 죽음, 유대고대사 10권 5장 2절.
Jehoash(요아스), 아하시야(Ahaziah)의 아들, 구사일생으로 목숨을 건짐, 유대고대사 9권 7장 1절; 왕이 됨, 2절; 살해됨, 8장 4절.
Jehoiada(여호야다), 유대고대사 7권 2장 2절.
Jehoiakim(여호야김), 유다 왕, 유대고대사 10권 5장 2절; 바벨론에 반역을 함, 6장 2절; 느부갓네살에게 살해되어 예루살렘 성문 밖에 내어 던짐을 당함, 3절.
Jehoiachin(여호야긴), 여호야김의 아들, 유대고대사 10권 6장 3절.
Jehonadab(여호나답), 예후(Jehu)의 옛 친구, 유대고대사 9권 6장 6절.
Jehoram, or Joram(여호람, 혹은 요람), 이스라엘 왕, 유대고대사 9권 2장 2절; 모압 원정을 감행함, 3장 1절; 그의 성품과 죽음, 5장 2−3절.
Jehoshaphat(여호사밧), 아힐룻(Ahilud)의 아들, 유대고대사 7권 5장 4절.
Jehozabad(여호사밧), 유다의 경건한 왕, 유대고대사 8권 15장 1절; 아합(Ahab)과 동맹을 맺은 것에 대해 용서 받음, 유대고대사 9권 1장 1절; 그의 선단이 부쉬짐, 1장 4절; 그의 죽음, 3장 2절.
Jehosheba(여호세바), 유다 왕 아

색 인

하시야(Ahaziah)의 누이, 유대고대사 9권 7장 1절.

Jehu(예후), 님시(Nimshi)의 아들, 유대고대사 8권 13장 7절; 이스라엘의 왕이 됨, 9권 6장 2절; 그의 행위, 3절; 바알의 제사장들을 살해함, 6절; 그의 죽음, 8장 1절.

Jehu(예후), 선지자, 한내(Hannai)의 아들, 유대고대사 8권 12장 3절.

Jenae(예내), 다윗의 아들, 유대고대사 7권 3장.

Jephtha(입다), 암몬을 격파함, 유대고대사 5권 7장 9-10절; 에브라임인들을 크게 도륙함, 11절.

Jeremiah(예레미야), 선지자, 요시아 왕의 죽음을 애도함, 유대고대사 10권 5장 1절, 예루살렘에 대한 예언, 6장 2절, 7장 2-6절; 그의 서기 바룩(Baruch), 6장 2절; 고소되었다가 석방됨, 6장 2절; 그의 예언이 성전에서 읽혀진 후 소각됨, 6장 2절; 유대인이 포로에서 해방될 것에 관한 그의 예언, 7장 3절; 감옥에 수감되고, 구덩이에 던져짐, 3-5절; 포로가 된 후 바룩과 함께 유대에 남음, 유대고대사 10권 9장 1절.

Jericho(여리고), 함락됨, 유대고대사 5권 1장 7절, 여리고를 재건하는 자에 대한 저주, 8절; 로마인들에게 약탈을 당함, 14권 15장 3절.

Jeroboam(여로보암), 느밧(Nebat)의 아들, 솔로몬에게 반역함, 유대고대사 8권 7장 7절; 열 지파의 왕이 됨, 8장 3절; 금송아지를 세움, 4절; 그의 손이 마름, 8장 5절; 아비얌에 대한 원정을 감행, 11장 2절; 그의 죽음, 4절.

Jeroboam II(여로보암 2세), 이스라엘 왕 요아스(Joash)의 아들, 수리아와 전쟁을 벌임, 유대고대사 9권 10장 1절; 그의 죽음, 3절.

Jerusalem(예루살렘), 다윗이 정복함, 유대고대사 7권 3장 1절; 그 이름의 유래, 2절; 바빌론인들에게 포위되고 정복됨, 10권 8장 2절; 폼페이(Pompey)에 의해 포위되고 정복됨, 14권 4장 4절; 헤롯과 소시우스(Sosius)에 의해 포위되고 정복됨, 16장 2-4절; 톨레미에 의해 포위되고 정복됨; 12권 1장 1절; 정복된 횟수, 유대전쟁사 6권 10장 1절; 파괴되어 평지와 같아짐, 7권 1장 1절; 수리아 왕 데메트리우스에 의해 거룩하고 신선한 자유의 도시로 선포됨, 유대고대사 13권 2장 3절; 예루살렘 성안의 두 성채, 13권 2장 1절; 예루살렘을 처음으로 건설한 인물, 유대전쟁사 6권 10장 1절; 유대의 중앙에 위치, 3권 3장 5절; 로마인에 의해 방화됨, 6권 8장 5절; 이곳에서 1년에 1번씩 금식이 행해짐, 유대고대

533

요세푸스

사 14권 16장 4절; 폼페이, 헤롯, 수시우스에 의해 예루살렘이 함락될 때에도 금식하던 날이 있음, 4장 3절; 예루살렘의 여부스 왕을 위시한 네 왕이 기브온 거민을 공격함, 5권 1장 17절; 그러나 이 동맹군은 여호수아에게 패배함, 5권 1장 17절; 예루살렘의 이모저모, 유대전쟁사 5권 4장 1−4절, 아피온 반박문 1권 22절.

Jerushah(여루사), 요담(Jotham)의 모친, 유대고대사 9권 11장 2절.

Jessai(이새), 악기마아스(Achimaaz)의 아들, 유대고대사 7권 12장 4절.

Jesse(이새), 오벳(Obed)의 아들, 다윗의 부친, 유대고대사 6권 8장 1절.

Jesus Christ(예수 그리스도), 그 분에 관한 증언, 유대고대사 18권 3장 3절.

Jesus(예수), 아나누스(Ananus)의 아들, 그의 불길한 외침과 죽음, 유대전쟁사 6권 5장 3절.

Jesus, or Jason(예수, 혹은 야손), 유대고대사 12권 5장 1절.

Jesus(예수), 티베리아스(Tiberias)의 총독인 삽피아스(Sapphias)의 아들, 요세푸스 자서전 12, 27절, 유대전쟁사 2권 20장 4절.

Jesus(예수), 오니아스(Onias)와 형제지간, 안티오쿠스 에피파네스에 의해 대제사장직을 박탈당함, 유대고대사 15권 3장 1절.

Jesus(예수), 가말리엘(Gamaliel)의 아들, 대제사장이 됨, 유대고대사 20권 9장 4절.

Jesus(예수), 아나누스(Ananus) 다음으로 나이가 많은 제사장, 유대전쟁사 4권 4장 3절, 5장 2절; 그가 이두매인들에게 행한 연설, 4장 3절.

Jesus(예수), 담네우스(Damneus)의 아들, 대제사장이 됨, 유대고대사 20권 9장 1절.

Jesus(예수), 가말라(Gamala)의 아들, 요세푸스 자서전 38, 41절.

Jesus, or Joshua(예수, 혹은 여호수아), 눈(Nun)의 아들, 유대고대사 3권 14장 4절; 모세의 후계자가 됨, 4권 7장 2절; 아말렉인을 공격하도록 이스라엘인에게 명령함, 3권 2장 3절; 이스라엘을 거느리고 요단강을 건넘, 5권 1장 3절; 땅을 분배하는 문제를 논의함, 20절; 두 지파와 반 지파에게 연설을 함, 25절; 그의 죽음, 29절.

Jesus(예수), 시에(Sie)의 아들, 대제사장, 유대고대사 17권 13장 1절.

Jesus(예수), 사밧(Shaphat)의 아들, 강도단두목, 요세푸스 자서전 22절, 유대전쟁사 3권 9장 7절.

Jesus(예수), 테부투스(Thebuthus)의 아들, 제사장, 유대전쟁사 6권 8장 3절.

Jeshua(예수아), 요사닥(Josedek)의 아들, 유대고대사 11권 3장 10절.

Jethro(이드로), 미디안 사람, 유

대고대사 2권 12장 1절, 5권 2장 3절.
Jews(유대인), 고대부터 귀족정치(aristocracy)를 유지함, 유대고대사 14권 5장 4절, 유대전쟁사 1권 8장 5절; 유대 대제사장들은 율법에 어긋나지 않도록 결혼하려고 세심한 주의를 기울임, 아피온 반박문 1권 7절; 알렉산드리아에서는 헬라인들과 동등한 특권을 누림, 유대전쟁사 2권 18장 7절; 안디옥에서 큰 위험의 지경에 처함, 7권 3장 3절; 갈릴리 근처의 엑바타나(Ecbatana)에서 큰 위험을 겪음, 요세푸스 자서전 11절; 가이사랴에서 많은 유대인이 희생 당함, 유대전쟁사 2권 18장 1절; 스키토폴리스(스구도볼리, Scythopolis)에서 많은 유대인이 죽음을 당함, 3절; 대제사장직을 놓고 분열 파당을 일으킴, 유대고대사 12권 5장 1절; 안식일에 죽음을 당함, 6장 2절; 유브라데 강 너머에 사는 유대인에 관하여, 15권 3장 1절; 애굽의 알렉산드리아와 키프러스(구브로, Cyprus)에 거주하는 유대인에 관하여, 13권 10장 4절; 알렉산더 대왕의 원군으로 전투에 참가함, 11권 8장 5절; 톨레미(Ptolemy)에 의해 애굽으로 끌려감, 12권 1장 1절; 로마에서 추방당함, 18권 3장 5절; 로마의 속주로 편입되기를 바람, 17권 11장 2절; 셀류쿠스 니카토르(Seleucus Nicator)의 호의를 얻음, 12권 3장 1절; 베스파시안과 티투스의 호의를 얻음, 1-2절; 마르쿠스 아그립바(Marcus Agrippa)의 호의를 얻음, 2절; 안티오쿠스 대왕(Antiochus the Great)의 호의를 얻음, 2절; 경기장 안에 갇힘, 그러나 후에 석방됨, 17권 8장 2절; 스파르타인(The Spartans)의 복지를 위해 기도함, 13권 5장 8절; 아시아의 열왕들이 유대인에게 특권을 베품, 14권 10장 1절; 애굽인들과 두로인들이 유대인을 가장 미워함, 아피온 반박문 1권 13절; 데메트리우스(Demetrius)가 유대인의 세금을 일부 면제함, 유대고대사 13권 2장 3절; 알렉산드리아의 유대인에게 스스로 행정장관을 두어 통치할 수 있도록 함, 14권 7장 2절; 로마의 유대인들이 예루살렘에 보낼 헌금을 수집하는 것이 허락됨, 10장 6절; 로마 통치 하에서 자유를 누림, 단지 세금만 바치면 됨, 10장 6절; 알렉산더 대왕의 치하에서 그들나름대로의 율법을 가짐, 11권 8장 5절; 이방 여인들과 결혼하는 것이 금지됨, 12권 4장 6절; 그들의 율법을 철저하게 지킴, 아피온 반박문 1권 22절; 로마의 경기장에서의 유대 사신들의 관람석, 유대고대사 14권 10장 6절; 알렉산드리아에 수많은 유대인 무리가 거주, 7장 2절; 바벨론에 수많은 유대인 무리가 거주, 15권 2장 2절; 유대국의 통치 형태, 11권 4장 8절; 특권을 놓고 가이사랴에서 수리아인들과 투쟁을 벌임, 20권 8장 9절; 유대인의 결혼, 아피온 반박문 2권 25절; 안디옥에 유대인의 회당이 있음, 유대전쟁사 7권 3장 3절; 로마제국 치하에서의 그들의 특권, 유대고대사 16권 2장 4절; 아켈라오(Archelaus)를 고소하기 위해 케사르에게 사신을 보냄, 17권 11장 1절; 아시아의 유대인들이 케사르에게 사신을 보냄, 16권 6장 1절; 유대인의 대 살륙, 18권 9장 9절; 메소포타미아와 바벨론에서 유대인이 환란을 당함, 9장 1절; 유대 예식의 고대성, 15권 2장 4절; 수리아, 페니키아(베니게)와 이두매의 마을들이 유대인에게 속함, 13권 15장 4절.

Jezebel(이세벨), 아합의 아내, 유대고대사 8권 13장 4절; 개들에 의해 찢김, 9권 6장 4절.

Jezeniah(여사냐), 유대고대사 10권 9장 2절.

Jidlaph, or Jadelph(이들라프, 혹은 이들랍), 유대고대사 1권 6장 5절.

Joab(요압), 다윗의 군대 장관, 유대고대사 7권 1장 3절; 예루살렘 성채를 장악함, 3장 1절; 아도니야(Adonijah)와 공모함, 14장 4절.

Joatham, or Joram(요아담, 혹은 요람), 대제사장, 유대고대사 8권 1장 3절, 10권 8장 6절.

Joazar(요아사르), 보에투스(Boethus)의 아들, 대제사장, 유대고대사 17권 6장 4절, 18권 1장 1절; 아켈라오에 의해 대제사장직을 박탈 당함, 17권 13장 1절, 18권 2장 1절.

Johanan(요하난), 가레아(Kareah)의 아들, 유대고대사 10권 9장 2절, 이스마엘(Ishmael)을 추격함, 5절.

Johanan(여호하난), 엘리아십(Eliasib)의 아들, 유대고대사 11권 5장 4절.

John Hyrcanus(요한 힐카누스), 힐카누스(Hyrcanus)란을 보라.

John the Baptist(세례 요한), 헤롯에 의해 처형 당함, 유대고대사 18권 5장 2절.

John(요한), 도르카스(Dorcas)의 아들, 유대전쟁사 4권 3장 5절.

John(요한), 가디스(Gaddis)라고 불리움, 요나단(Jonathan)의 형제, 살해당함, 유대고대사 13권 1장 2절.

John(요한), 레위(Levi)의 아들, 기스칼라(Gischala)를 재건함, 요세푸스 자서전 10절, 유대전쟁사 2권 20장 6절, 요세푸스의 적, 요세푸스 자서전 13절, 25절, 유대전쟁사 2권 21장 1절; 절대적 통치권을 장악하려고 애씀, 4권 3장 13절.

John(요한), 유대전쟁사 4권 4장 2절.

John the Essen(에센파 요한), 유대전쟁사 2권 20장 4절, 3권 2

색 인

장 1절.

John(요한), 유다스(Judas)의 아들, 대제사장, 유대고대사 11권 7장 1절; 성전에서 자기 형제를 살해함, 11권 7장 1절.

John(요한), 이두매인의 대장, 살해당함, 유대전쟁사 5권 6장 5절.

Joktan, or Joctan(욕단), 유대고대사 1권 6장 4절.

Jonadab(요나답), 암논(Ammon)의 친족, 유대고대사 7권 8장 1절; 시므아의 아들, 3절.

Jonas, or Jonah(요나스, 혹은 요나), 선지자, 유대고대사 9권 10장 1절.

Jonathan(요나단), 아나누스(Ananus)의 아들, 대제사장직을 거절함, 유대고대사 19권 6장 4절; 그의 행동, 유대전쟁사 2권 12장 5절; 시카리(Sicarii, 강도들)들에 의해 살해됨, 13장 3절.

Jonathan(요나단), 아푸스(Apphus)라고 불리움, 마카비가(家)의 인물, 유대고대사 12권 6장 1절; 안티오쿠스 유파토르(Antiochus Eupator)와 동맹을 맺음, 유대전쟁사 1권 2장 1절; 트리포(Trypho) 때문에 놀람, 그리고 죽음을 당함, 유대전쟁사 1권 2장 1절.

Jonathan(요나단), 사울(Saul)의 아들, 블레셋의 수비대를 격파함, 유대고대사 6권 6장 2절; 사울과 다윗을 화해시킴, 11장 2절; 블레셋과의 전투에서 전사함, 유대고대사 6권 14장 7절.

Jonathan(요나단), 사두개인, 힐카누스(Hyrcanus)를 선동하여 바리새인을 대적하게 함, 유대고대사 13권 10장 6절.

Jonathan(요나단), 아비아달(Abiathar)의 아들, 유대고대사 7권 9장 2절.

Jonathan(요나단), 시카리(Sicarii)의 두목, 유대전쟁사 7권 11장 1절.

Jonathan(요나단), 대제사장, 벨릭스(Felix)의 지시로 살해됨, 유대고대사 20권 8장 5절.

Jonathan(요나단), 마카비가(家)의 인물, 유다스(Judas) 이후 유대인 최고의 지휘관이 됨, 유대고대사 13권 1장 1절; 그의 형제 시몬(Simon)과 함께 나바테아인(Nabateans)을 격파함, 13권 5장 10절; 박키데스(Bacchides)와 평화를 맺음, 6절; 예루살렘 성을 재건함, 2장 1절; 데메트리우스(Demetrius)를 살해함, 4절; 로마인과 스파르타인에게 보낸 그의 서신, 5장 8절; 스파르타인에게 보낸 그의 서신, 5장 8절; 트리포(Trypho)에 의해 살해됨, 6장 6절.

Joppa(욥바), 로마인에게 함락됨, 유대전쟁사 2권 18장 10절; 파괴됨, 3권 9장 2절.

Joram(요람), 대제사장, 유대고대사 10권 8장 6절.

Jordan(요단강), 이스라엘인들이 그 강을 건넘, 유대고대사 5권 1장

537

요세푸스

3절.
Josedek(요세덱), 포로기의 대제사장, 유대고대사 10권 8장 6절.
Joseph(요셉), 사카리아스(Zacharias)의 아들, 유대고대사 12권 8장 6절.
Joseph(요셉), 안티파테르(Antipater)의 아들, 유대고대사 14권 7장 3절, 유대전쟁사 1권 8장 9절.
Joseph Cabi(요셉 카비), 대제사장 시몬의 아들, 유대고대사 20권 8장 11절; 대제사장직을 박탈당함, 9장 1절.
Joseph Caiaphas(요셉 가야바), 대제사장, 유대고대사 18권 2장 2절.
Joseph(요셉), 여자 의사의 아들, 가말라(Gamala)에서 소란을 야기시킴, 요세푸스 자서전 37절.
Joseph(요셉), 달레우스(Daleus)의 아들, 유대전쟁사 6권 5장 1절.
Joseph(요셉), 엘레무스(Ellemus)의 아들, 마티아스(Matthias) 대제사장직을 대행함, 유대고대사 17권 6장 4절.
Joseph(요셉), 아켈라오(Archelaus)의 친족 중 하나, 유대전쟁사 2권 5장 2절.
Joseph(요셉), 재무관, 유대고대사 15권 6장 5절.
Joseph(요셉), 고리온(Gorion)의 아들, 유대전쟁사 2권 20장 3절.
Joseph(요셉), 헤롯의 숙부, 유대고대사 15권 3장 5절; 헤롯의 누이인 살로메와 결혼, 유대전쟁사 1권 22장 4절; 자기에게 무슨 일이 생기면 즉시 마리암네를 살해하라는 헤롯의 지시를 발설하였다가 그 죄로 처형 당함, 유대고대사 15권 3장 9절, 유대전쟁사 1권 22장 5절.
Joseph(요셉), 헤롯의 형제, 유대고대사 14권 15장 4절, 18권 5장 4절; 이두매로 보내짐, 14권 15장 4절, 유대전쟁사 1권 16장 1절; 그의 죽음, 유대고대사 14권 15장 10절, 유대전쟁사 1권 17장 1-2절.
Joseph(요셉), 헤롯의 형제인 요셉의 아들, 유대고대사 18권 5장 4절.
Joseph(요셉), 토비아스(Tobias)의 아들, 그의 숙부 오니아스(Onias)를 비방함, 유대고대사 12권 4장 2절; 톨레미의 사신을 접견함, 2절; 톨레미의 조세 징수자가 됨, 4절; 조세를 거두기 위해 수리아에 감, 5절; 그의 부와 자녀들, 6절; 조카와 결혼해서 힐카누스를 낳음, 6절; 그의 죽음, 10절.
Joseph(요셉), 야곱의 아들, 그의 꿈, 유대고대사 2권 2장 1절; 이스마엘인에게 팔림, 3장 3절; 그의 고결성, 4장 4절; 감옥에 수감됨, 4장 5절; 석방됨, 5장 4절; 형제들을 발견함, 6장 2절; 그들을 시험해 봄, 6장 7절; 자신의 정체를 드러냄, 9절; 그의 죽음 8장 2절.
Josephus(요세푸스), 마티아스(Matthias)의 아들, 갈릴리의 총독이 됨, 유대전쟁사 2권 20장 4절; 타리케아(Taricheas)에서 큰 위험에 빠짐, 21장 3절; 계략으로 티베리아스(디베랴, Tiberias)를 평정함, 8-10절; 다시 큰 위험에 빠짐, 5권 13장 3절; 그의 모친이 그가 죽은 줄 알고 애통해 함, 5권 13장 3절; 타리케아인들(the Taricheans)에게 행한 연설, 요세푸스 자서전, 29절; 그의 전략, 30, 32, 44, 45, 51, 58, 63절, 유대전쟁사 3권 7장 13절; 구사일생으로 위기를 모면함, 29-30절; 티베리아스로 감, 요세푸스 자서전 33절; 그의 놀라운 꿈 42절; 그의 부친이 결박됨, 유대전쟁사 5권 13장 1절; 그의 조국애, 6권 7장 2절; 여인에 의해 은신처가 드러나게 됨, 3권 8장 1절; 니카노르(Nicanor)에게 항복함, 3권 8장 4절; 동료들에게 행한 연설, 5절; 다시 위기에 봉착하게 됨, 6절; 제비뽑기를 하자고 제의함; 7절; 베스파시안 앞으로 끌려감, 8절; 베스파시안에게 한 말의 내용, 9절; 베스파시안과 티투스의 존중히 여김을 받음, 9절; 도미티안(Domitian)과 도미티아(Domitia)에 의해 총애를 받음, 요세푸스 자서전, 76절; 자유의 몸이 됨, 76절; 유대인에게 항복할 것을 경고한 그의 연설, 유대전쟁사 5권 9장 3절, 6권 2장 1절; 역모를 꾸몄다는 내용의 고소를 당함, 7권 11장 1절; 티투스가 유대 땅의 한 지역을 선물로 하사해 줌, 요세푸스 자서전 76절; 모두 합해 세명의 아내를 두었음, 76절; 그의 자녀들, 76절; 히브리와 헬라의 학문에 정통함, 유대고대사 20권 11장 2절; 바리새파 출신임, 요세푸스 자서전 2절. 로마에 감, 3절; 세포리스 시민들(the Sepphorites)을 고통에서 해방시킴, 8절; 갈릴리에 체류함, 12절; 그의 온건함, 15절; 유대고대사를 기술한 그의 의도, 유대고대사 14권 1장 1절; 역사 서술에 근면성을 보임, 유대고대사 14권 1장 1절; 유대의 풍습과 그 기원에 관한 저서, 유대고대사 4권 8장 4절; 유대고대사의 집필을 끝낸 연도, 20권 11장 3절; 탄생한 때, 요세푸스 자서전 1절; 갈릴리에 대한 그의 태도, 8절; 자신의 역사서의 진실성을 베스파시안, 티투스와 그 밖의 사람들에게 호소함으로서 밝힘, 아피온 반박문 1권 9절.

Joshua(여호수아), 눈의 아들, 예수(Jesus)난를 보라.

Josiah(요시아), 유다 왕, 그의 경건, 유대고대사 10권 4장 1절; 그의 죽음, 5장 1절.

Jotapata(요타파타), 포위되고 함락된 후 파괴됨, 유대전쟁사 3권 7장 3절.

Jotham(요담), 기드온(Gideon)의 아들, 유대고대사 5권 7장 1절; 세겜인들에게 행한 그의 비유,

2절.
Jotham(요담), 유다왕, 유대고대사 9권 11장 2절; 그의 죽음, 12장 1절.
Juba(유바), 리비아의 왕, 유대고대사 17권 13장 4절.
Jubal(유발), 라멕(Lamech)의 아들, 하프를 발명함, 유대고대사 1권 2장 2절.
Jubilee(희년), 유대고대사 3권 12장 3절.
Jucundus(유쿤두스), 헤롯의 경호병사, 알렉산더를 중상 모략함, 유대고대사 16권 10장 3절.
Jucundus(유쿤두스), 기병대장, 유대전쟁사 2권 14장 5절.
Judadas, or Dedan(유다다스, 혹은 데단), 유대고대사 1권 6장 2절.
Judea(유대), 코레애(Coreae)에서 시작, 유대고대사 14권 3장 4절; 유대에 있었던 대지진, 15권 5장 2절; 땅이 비옥함, 아피온 반박문 1권 22절; 옥토가 3백만 에이커(acre)임, 아피온 반박문 1권 22절; 유대지역의 이모저모, 유대전쟁사 3권 3장 1-5절; 유대지역의 길이, 너비, 경계, 5절; 헬라인들에게는 유대 지역이 거의 알려져 있지 않음, 아피온 반박문 1권 12절; 유대라고 처음 불리워지게 된 때, 유대고대사 11권 5장 7절; 목초지가 풍성함, 유대전쟁사 3권 3장 2절; 아켈라오에게서 유대 땅을 빼앗아 수리아(Syrius)에 병합시킴, 유대고대사 18권 1장 1절; 가비니우스(Gabinius)가 유대 지역을 5개 지역으로 구분함, 14권 5장 4절; 로마에 조공을 바침, 유대고대사 14권 4장 5절.
Judas(유다스), 에센파 선지자, 유대고대사 13권 11장 2절, 유대전쟁사 1권 3장 5절.
Judas(유다스), 갈릴리인, 혹은 골란(Gaulon)인 유대인의 제4종파를 창시한 인물, 유대고대사 18권 1장 1, 6절, 20권 5장 2절; 유대전쟁사 2권 8장 1절.
Judas(유다스), 야이루스(Jairus)의 아들, 몰살당함, 유대전쟁사 7권 6장 5절.
Judas(유다스), 아미나답(Aminadab)의 아들, 유대고대사 11권 4장 2절.
Judas(유다스), 마카비가(家), 유대고대사 12권 6장 1절, 부친 마티아스의 뒤를 계승함, 4절, 유대전쟁사 1권 1장 3절; 전투전에 부하들에게 행한 연설, 유대고대사 12권 7장 3절; 전쟁에서 승리함, 예루살렘에 올라와서 성전 제사를 다시 부활시킴, 6절; 이두매인들 등을 복수함, 12권 8장 1절; 예루살렘의 성채를 포위함, 9장 3절; 대제사장이 됨, 10장 6절; 로마인과 동맹을 맺음, 10장 6절; 박키데스(Bacchides)와 싸움, 11장 1절; 전투에서 전사당함, 2절.
Judas(유다스), 카프세우스(Chapseus)의 아들, 유대고대사 13권

색 인

5장 7절.
Judas(유다스), 사리페우스(Sariph
  eus) 혹은 세포리스(Sepphoris)
  의 아들, 유대고대사 17권 6장
  5절, 유대전쟁사 1권 33장 2절.
Judas(유다스), 엘리아십(Eliasib)
  의 아들, 대제사장, 유대고대사
  11권 7장 1절.
Judas(유다스), 히스기아스(Hezeki-
  as)의 아들, 강도들의 두목, 유
  대고대사 17권 10장 5절, 유대
  전쟁사 2권 4장 1절.
Judge(사사), 히브리인의 사사, 단
  독 통치자임, 유대고대사 11권
  4장 8절.
Judges(재판관), 수리아와 페니키
  아 회의에서의 재판관, 유대고
  대사 11권 2장 1절; 각 도시의
  일곱명의 소 재판관, 이 재판에
  승복하지 않을 때에는 예루살렘
  의 산헤드린 공회에 항소할 수
  있음, 유대고대사 4권 8장 14절.
Juelus(유엘루스), 대제사장, 유대
  고대사 10권 8장 6절.
Julia, or Livia(줄리아, 혹은 리비
  아), 아우구스투스 케사르(Au-
  gustus Caesar)의 아내, 유대고
  대사 16권 5장 1절.
Julia(율리아), 카이우스(Caius)의
  누이, 유대고대사 19권 4장 3절.
Julian of Bithynia(비트니아 〔비투
  니아〕의 율리안), 용감한 대장,
  유대전쟁사 3권 1장 8절.
Julius(율리우스), 로마의 지휘관,
  유대고대사 15권 3장 7절.
Julius Lupus(율리우스 루푸스), 유
  대고대사 19권 2장 4절.
Jupiter Hellenius's temple (쥬피터
  헬레니우스의 신전), 그리심 산
  에 위치함, 유대고대사 12권 5
  장 5절.
Jupiter the conquer's temple (정복
  자 쥬피터의 신전), 유대고대사
  19권 4장 3절.
Jupiter Olympius's temple (쥬피터
  올림피우스의 신전), 아피온 반
  박문 1권 17절; 그의 신상, 유
  대고대사 19권 1장 1절.
Justus(유스투스), 요세푸스(Jose-
  phus)의 아들, 요세푸스 자서전
  76절.
Justus of Tiberias(티베리아스 〔디
  베랴〕)의 유스투스), 역사가, 요
  세푸스 자서전 65절; 그가 역사
  서를 간행한 때, 65절.
Justus(유스투스), 피스투스(Pistus)
  의 아들, 반역을 선동함, 그의
  성품, 요세푸스 자서전, 9절.

K

Kareah(가레아), 유대고대사, 10권 9장 2절.

541

요세푸스

Kemuel(그무엘), 나홀(Nahor)의 아들, 유대고대사 1권 6장 5절.
Keturah(그두라), 유대고대사 1권 15장 1절.
King(왕), 왕의 자격, 유대고대사 7권 15장 2절; 선왕(善王)의 세 가지 의무, 즉 하나님께 대한 신앙, 백성들을 향한 공의, 공공의 복지에 대한 관심, 9권 11장 2절; 안토니(Antony)의 견해에 따르면 왕은 자신의 행동을 설명할 책임이 없음, 15권 3장 8절, 왕은 선해야함, 6권 14장 4절.
King Solomon's Palace(솔로몬 왕의 궁전), 유대고대사 8권 5장 1절.
Kings of David's race(다윗 후손의 왕들), 유대고대사 10권 8장 4절.
Korah, or Corah(고라), 선동해서 소란을 일으킴, 유대고대사 4권 2장 2절; 그의 추종자들과 함께 멸망 당함, 3장 3절.

L

Laban(라반), 브두엘(Bethuel)의 아들, 유대고대사 1권 6장 5절; 그의 거짓 속임수, 19장 7절.
Laborosoarchod, or Labosordacus(라보로소아르코드, 혹은 라보소르다쿠스), 유대고대사 10권 11장 2절, 아피온 반박문 1권 20절.
Labour(수고), 수고없이는 아무것도 얻을 수 없음, 유대고대사 3권 2장 4절.
Lacedemonians(라케데모니아인), 유대인과 마찬가지로 아브라함의 후손임, 유대고대사 12권 4장 10절, 13권 5장 8절.
Lamech(라멕), 유대고대사 1권 2장 2절.
Language[abusive]([악한] 말), 사형은 당하지 않음, 유대고대사, 13권 10장 6절.
Languages confounded(언어의 혼란), 유대고대사 1권 4장 3절.
Laodice(라오디케), 길르앗인의 왕후, 유대고대사 13권 13장 4절.
Laodiceans(라오디게아인), 유대인에게 호의적인 내용으로 카이우스 루빌리우스(Caius Rubilius)에게 보낸 서신, 유대고대사 14권 10장 20절.
Lasthenes(라스테네스), 크레테인(a Creten), 유대고대사 13권 4장 3, 9절.
Laws(율법), 시내산에서 모세가 이스라엘 백성에게 수여함, 유대고대사 3권 5장 4-5절, 4권 8장 2절; 장막절에 율법을 낭독함 4권 8장 12절; 어린아이들에게 무엇보다 먼저 율법을 배우게 함, 4권 8장 12절; 마음에 새기고 기억함, 4권 8장 12절; 부모의 죄로 자식들이 벌을 당하는 일은 없음, 9권 9장 1절; 패역한 자식들은 돌로 쳐 죽임, 16권 11장 2절; 결혼에 관한 율법, 아피온 반박문 2권 29절; 율법이 든 돌판, 혹은 십계명, 유대고대사 3권 5장 4절; 톨레미 필라델푸스(Ptolemy Philadelphus)의 치하에서 모세 율법이 헬라어로 번역됨, 유대고대사 서문 3절; 12권 2장 2절; 도적들을 외국인들에게 팔도록 규정한 헤롯의 법률, 16권 1장 1절; 로마군이 승전 기념으로 율법서를 로마로 가져감, 유대전쟁사 7권 5장 5절.

Lucius Lentulus(루키우스 렌툴루스), 유대인에게 호의적임, 그의 법령, 유대고대사 14권 10장 13절.

Lepidus(레피두스), 카이우스에게 살해됨, 유대고대사 19권 1장 8절.

Lepidus〔Larcius〕(레피두스〔라르키우스〕), 유대전쟁사 6권 4장 3절.

Leprous persons(문둥병자), 여러 나라에서 높은 지위를 차지함, 유대고대사 3권 11장 4절; 사마리아와 유대 율법에 따르면 도시 밖에서 살아야함, 9권 4장 5절; 기근이 닥치자 적에게 투항하기로 결심함, 9권 4장 5절.

Letters of the alphabet(알파벳 문자), 카드무스와 베니게인에 의해 그리스어로 소개(?) 아피온 반박문 1권 2절.

Letters(서신들), 솔로몬과 히람의 서신, 유대고대사 8권 2장 6-7절; 크세르크세스 왕이 에스라(Ezra)에게 보낸 서신, 11권 5장 1절; 아르타크세르크세스(Artaxerxes) 왕이 유대 인근 총독들에게 보낸 서신, 6장 12절; 안티오쿠스 대왕(Antiochus the Great)이 톨레미 에피파네스(Ptolemy Epiphanes)에게 보낸 서신, 12권 3장 3절; 사마리아인이 안티오쿠스 테오스(Antiochus Theos)에게 보낸 서신, 5장 5절; 알렉산더 발라스(Alexander Balas)가 요나단(Jonathan)에게 보낸 서신, 13권 2장 2절; 오니아스(Onias)가 톨레미와 클레오파트라에게 보낸 서신, 3장 1절; 톨레미와 클레오파트라가 오니아스에게 보낸 서신, 2절; 데메트리우스(Demetrius)가 요나단과 유대인에게 보낸 서신, 4장 9절; 율리우스 케사르가 시돈의 행정장관들과 시돈인들에게 보낸 서신, 14권 10장 2절; 무르쿠스 안토니우스(Murcus Antonius)가 두로의 행정장관들과 두로인들에게 보낸 서신, 12장 4-5절.

Levites(레위인), 군부(軍部)로부터 면제됨, 유대고대사, 3권 12

장 4절.
Levite's concubine(레위인의 첩), 기브아 거민들에게 능욕당함, 유대고대사 5권 2장 8절.
Levitical tribe(레위 지파), 모세에 의해 성별됨, 유대고대사 3권 11장 1절; 그들의 수입, 4권 4장 3-4절; 그들에게 속한 도시들의 수, 4권 4장 4절.
Liberius Maximus(리베리우스 막시무스), 유대 총독, 유대전쟁사 7권 6장 6절.
Liberty(자유), 데메트리우스가 유대인에게 자유를 허락함, 유대고대사 13권 2장 3절.
Longinus(롱기누스), 군단 지휘관, 유대전쟁사 2권 19장 7절.
Longinus's bravery(롱기누스의 용맹성), 유대전쟁사 5권 7장 3절.
Longus(롱구스), 용맹한 로마인, 자살을 감행함, 유대전쟁사 6권 3장 2절.
Lot(롯), 유대고대사 1권 6장 5절.
Lot's wife(롯의 아내), 유대고대사 1권 11장 4절.
Lucilius Bassus(루킬리우스 바수스), 마케루스(Macherus)를 장악함, 유대전쟁사 7권 6장 1, 6절.
Lucullus(루쿨루스), 유대고대사 13권 16장 4절.
Lupus(루푸스), 알렉산드리아의 총독, 유대전쟁사 7권 10장 2절.
Lupus Julius(루푸스 율리우스), 유대고대사 19권 2장 4절.
Lybyos(리비오스), 유대고대사 1권 6장 2절.
Lycurgus(뤼쿠르구스), 아피온 반박문 2권 32절.
Lydda(룻다), 불에 탐, 유대전쟁사 2권 19장 1절.
Lysanias(리사니아스), 톨레미의 아들, 처형당함, 유대고대사 15권 4장 1절, 유대전쟁사 1권 13장 1절.
Lysias(리시아스), 안티오쿠스 군대의 사령관, 유대고대사 12권 7장 2절.
Lysimachus(리시마쿠스), 알렉산더가 죽은 후 헬레스폰트(Hellespont)의 통치권을 장악함, 유대고대사 12권 1장 1절.

M

Maaca(마아가), 나홀(Nahor)이 첩인 르우마(Reuma)를 통해 낳은 아들, 유대고대사 1권 6장 5절.
Maachah(마아가), 르호보암의 아내, 유대고대사 8권 10장 1절.
Maaseiah(마아세야), 시 총독, 유대고대사 10권 4장 1절.
Maccabees(마카비 왕가), 그들의

색 인

역사, 유대고대사 12권 6장 1절.
Macedonians(마게도니아인들), 로마 총독의 지배를 받음, 유대전쟁사 2권 16장 4절.
Macheras(마케라스), 유대고대사 14권 15장 7, 10절, 유대전쟁사 1권 16장 6, 7절, 17장 1절.
Macherus(마케루스), 엘르아살(Eleazar)을 석방시키기 위해 바수스(Bassus)에게 항복함, 유대전쟁사 7권 6장 5절.
Machines, or engines of the Romans, (로마군의 공성기계, 혹은 장비), 유대전쟁사 5권 6장 2절; 투석기와 그 위력, 3권 7장 23절.
Machir(마길), 유대고대사 7권 5장 5절.
Madai, or Madeans(마대), 유대고대사 1권 6장 1절.
Madianites, or Midianites (미디안인, 혹은 메디아인), 이스라엘을 굴복시킴, 유대고대사 5권 6장 1절; 모세에게 공격당해 패배함, 4권 7장 1절; 미디안 여인들이 이스라엘 남자들을 유혹함, 6장 6절.
Magog(마곡), 유대고대사 1권 6장 1절.
Mahlon(말론), 엘리멜렉(Elimelech)의 아들, 유대고대사 5권 9장 1절.
Malaleel(마할랄렐), 유대고대사 1권 3장 4절.
Malchisua(말기수아), 사울의 아들, 유대고대사 6권 14장 7절.

Malchus, or Malichus(말쿠스, 혹은 말리쿠스), 아라비아인의 왕, 유대고대사 13권 5장 1절, 14권 14장 1절, 유대전쟁사 1권 14장 1절.
Malichus(말리쿠스), 유대인 지휘관, 유대고대사 14권 5장 2절, 유대전쟁사 1권 8장 3절, 11장 2절; 안티파테를 독살함, 4-5절; 무서운 위선자, 유대고대사 14권 11장 4절; 헤롯의 계략에 걸려 살해됨, 6절.
Malthace(말타케), 아켈라오의 모친, 그녀의 죽음, 유대고대사 17권 10장 1절; 사마리아 여인으로 헤롯의 아내가 됨, 유대전쟁사 1권 28장 4절.
Mambre, or Mamre(맘브레, 혹은 마므레 수풀), 유대고대사 1권 10장 2절.
Manaem, or Menahem(마나엠, 혹은 므나헴), 유대고대사 9권 11장 1절.
Manahem(마나헴), 에센파, 유대고대사 15권 10장 5절, 요세푸스 자서전 5절.
Manasses(므낫세), 유다 왕, 유대고대사 10권 3장 1절; 포로로 잡혀감, 그의 왕국으로 돌아와 세상을 떠남, 2절.
Manasseh(마낫세), 야두스(Jaddus)의 형제, 산발랏(Sanballat)의 딸과 결혼함, 유대고대사 11권 7장 2절; 사마리아인 가운데서 대제사장이됨, 12권 4장 1절.
Manlius[Lucius](만리우스[루키우

545

스]), 루키우스의 아들, 유대고대사 13권 9장 2절.

Manna(만나), 하늘에서 내림, 유대고대사 3권 1장 6절; 만나라는 단어의 의미, 유대고대사 3권 1장 6절; 요세푸스 당시에도 아라비아(Arabia) 지방에 일종의 만나가 내렸다고 함, 유대고대사 3권 1장 6절.

Manneus(만네우스), 라자루스(Lazarus)의 아들, 유대전쟁사 5권 13장 7절.

Manoah(마노아), 유대고대사 5권 8장 2절.

Mansalughter(살인자), 유대인 가운데서 근절시켜야 함, 유대고대사 4권 8장 16절.

Marcellus(마르켈루스), 유대고대사 18권 4장 2절.

Marcus, or Murcus(마르쿠스, 혹은 무르쿠스), 섹스투스 케사르(Sextus Caesar) 후의 수리아 총독, 유대고대사 14권 11장 2절, 유대전쟁사 1권 10장 10절.

Maria, or Mary(마리아, 혹은 마리), 귀부인, 자기 자식을 먹음, 유대전쟁사 6권 3장 4절.

Mariamne(마리암네), 대 아그립바와 키프로스(Cypros) 사이에서 난 딸, 유대고대사 18권 5장 4절, 유대전쟁사 2권 11장 6절.

Mariamne, or Miriam(마리암네, 혹은 미리암), 모세의 누이 동생, 그녀의 죽음, 유대고대사 4권 4장 6절.

Mariamne(마리암네), 헤롯과 결혼, 유대전쟁사 1권 12장 3절; 헤롯을 경멸하기 시작, 유대고대사 15권 7장 4절, 유대전쟁사 1권 22장 2절; 그녀의 기질, 유대고대사 15권 7장 4절; 처형당함 4-5절; 그녀에 대한 찬사, 6절; 그녀의 아들들이 교살당함, 유대전쟁사 1권 27장 6절.

Mariamne(마리암네) 요셉(Joseph)과 올림피아스(Olympias) 사이에서 난 딸, 유대고대사 18권 5장 4절.

Mariamne(마리암네), 시몬 대제사장(Simon the high priest)의 딸 유대전쟁사 1권 28장 4절.

Mariamne(마리암네), 대 아그립바(Agrippa senior)의 누이, 아켈라오와 결혼, 유대고대사 20권 7장 1절; 이혼함, 유대전쟁사 2권 7장 4절; 후에 데메트리우스(Demetrius)와 재혼함, 유대고대사 20권 7장 3절.

Marion(마리온), 두로의 독재 군주, 유대고대사 14권 12장 1절.

Marriage(결혼), 자유민과 노예가 결혼하는 것은 유대 사회에서는 율법으로 엄히 금지되어 있음, 유대고대사 4권 8장 23절.

Marriage contracts(결혼 계획), 안티파테르의 요청으로 헤롯이 결혼 계획을 변경함, 유대고대사 17권 1장 2절.

Marcus(마르쿠스), 수리아 총독, 유대고대사 19권 6장 4절, 7장 2절, 8장 1절.

Marsyas(마르시야스), 아그립바의

신하(freedman), 유대고대사 18권 6장 3, 7, 10절.
Marullus(마룰루스), 유대 총독, 유대고대사 18권 6장 10절.
Margenus, or Matgenus (마르게누스, 혹은 마트게누스), 두로의 왕, 아피온 반박문 1권 18절.
Mattathias(마타디아스) 마카비 왕가의 선조인 아사모네우스(Asamoneus)의 증손자, 유대고대사 12권 6장 1절; 우상에게 제사하기를 거부함, 2절; 안식일에도 싸울 것을 유대인에게 권면, 2절; 아들들에게 율법을 사수할 것을 권면, 3절; 그의 죽음, 4절.
Mattathias(마타디아스), 압살롬(Absalom)의 아들, 유대고대사 13권 5장 7절,
Matthias(마티아스), 대제사장이 됨, 유대고대사 19권 6장 4절.
Matthias Curtus(마티아스 쿠르투스), 요세푸스의 선조, 요세푸스 자서전 1절.
Matthias(마티아스), 마르갈로투스(Margalothus) 혹은 마르갈루스(Margalus)의 아들, 유대고대사 17권 6장 2절, 유대전쟁사 1권 33장 2절; 그와 그의 동료들이 산채로 화형을 당함, 유대고대사 17권 6장 4절.
Matthias(마티아스), 데오필루스(Theophilus)의 아들, 대제사장이 됨, 유대고대사 17권 4장 2절 20권 9장 7절; 대제사장직을 박탈당함, 17권 6장 4절.

Matthias(마티아스), 요세푸스의 부친, 요세푸스 자서전 1절.
Matthias(마티아스), 보에티우스(Boethius)의 아들, 시몬에게 도움을 요청, 그러나 후에 시몬에 의해 처형됨, 유대전쟁사 5권 13장 1절.
Mathusela(므두셀라), 유대고대사 1권 3장 4절.
Maximus[Liberius] (막시무스[리벨리우스]), 유대 총독, 유대전쟁사 7권 6장 6절.
Maximus Trebellius(막시무스 트리벨리우스), 유대고대사 19권 2장 3절.
Meal(가루), 유대교의 제사에서는 순결한 고운 가루가 사용됨, 유대고대사 3권 9장 4절.
Megassarus(메가사루스), 유대전쟁사 5권 11장 5절.
Meirus(메이루스), 벨가스(Belgas)의 아들, 유대전쟁사 6권 5장 1절.
Melas(멜라스), 아켈라오가 보낸 사신, 유대고대사 16권 10장 6절.
Melchisedec(멜기세덱), 아브라함을 극진히 환대함, 유대 고대사 1권 10장 2절.
Memucan(므무간), 페르시아(바사)의 일곱 군주의 하나, 유대고대사 11권 6장 1절.
Menedus(메네두스), 철학자, 유대고대사 12권 2장 13절.
Menelaus, or Menedus, or Onias (메넬라우스, 혹은 메네두스, 혹

은 오니아스), 유대고대사 12권 9장 7절.
Menes, or Mineus(메네스, 혹은 미네우스), 멤피스(Memphis)를 건설함, 유대고대사 8권 6장 2절.
Men's, lives(인간의 삶), 만일 아담이 범죄하지 않았다면 인간의 삶은 행복하였을 것임, 유대고대사 1권 1장 1절.
Mephramuthosis(메프라무토시스), 애굽의 왕, 아피온 반박문 1권 15절.
Mephres(메프리스), 애굽의 왕, 아피온 반박문 1권 15절.
Meraioth(므라욧), 요아담(Joatham)의 아들, 유대고대사 8권 1장 3절.
Merbalus(메르발루스), 두로의 왕, 아피온 반박문 1권 21절.
Mesa, or Mash(메사, 혹은 마스), 유대고대사 1권 6장 4절.
Mesha(메사), 모압 왕, 유대고대사 9권 3장 1절.
Meshech, or Mosoch(메섹, 혹은 모속), 유대고대사 1권 6장 1절.
Meshach(메삭), 다니엘의 거룩한 세 친구 중 하나, 유대고대사 10권 10장 1절.
Messala(메살라), 유대고대사 14권 14장 4절.
Messalina(메살리나), 클라우디우스의 아내, 유대고대사 20권 8장 1절, 유대전쟁사 2권 12장 8절.
Mestreai, or Mitzraim(메스트레아, 혹은 미쯔라임), 애굽인을 부르는 호칭, 유대고대사 1권 6장 2절.
Metilius(메틸리우스), 로마군 지휘관, 유대전쟁사 2권 17장 10절.
Mica, or Micha(미가), 므비보셋의 아들, 유대고대사 7권 5장 5절.
Micah(미가), 선지자, 예레미야(Jeremiah)가 이 선지자의 말을 인용함, 유대고대사 10권 6장 2절.
Micah(미가야), 선지자, 감옥에 갇힘, 유대고대사 8권 14장 5절.
Mice(쥐), 아스돗(Ashdod) 지역을 황폐로 만듬, 유대고대사 6권 1장 1절; 다섯 마리의 금쥐, 2절.
Michal(미갈), 사울의 딸, 다윗과 결혼함, 유대고대사 6권 10장 3절; 다윗의 목숨을 살림, 11장 4절.
Midianites(미디안인), Madianites(미디안인)란을 보라.
Milcah(밀가), 나홀의 아내, 유대고대사 1권 6장 5절.
Milk(우유), 아벨이 양의 첫 새끼와 함께 예물로 드림, 유대고대사 1권 2장 1절.
Minucianus[Annius](미누키아누스[아니우스], 유대고대사 19권 1장 3절.
Minucianus[Marcus] (미누키아누스[마르쿠스]), 유대고대사 19권 4장 3절.
Miracles(이적), 가신성(可信性, cr-

색 인

edibility)의 기초, 유대고대사 10권 2장 1절.
Misael(미사엘), 다니엘의 거룩한 세 친구중 하나, 유대고대사 10권 10장 1절.
Mithridates(마드르닷), 유대고대사 11권 1장 3절.
Mithridates(미트리다테스), 버가모(Pergamus)의 왕, 케사르의 애굽 원정에 원군을 파견함, 유대고대사 14권 8장 1절, 유대전쟁사 1권 9장 3절.
Mithridates Sinax(미트리다테스 시낙스), 파르티아(Parthia)의 왕, 유대고대사 13권 14장 3절.
Mithridates(미트리다테스), 본도의 왕, 그의 죽음, 유대고대사 14권 3장 4절.
Mithridates(미트리다테스), 파르티아인, 아르타바누스(Artabanus) 왕의 딸과 결혼, 유대고대사 18권 9장 6절; 아닐레우스(Anileus)에 의해 포로가 되었다가 석방됨, 유대고대사 18권 9장 6절; 유대원정을 감행함, 7절; 아닐레우스를 참패시킴, 7절.
Modius Equiculus(모디우스 애퀴쿨루스), 요세푸스 자서전 11,36절.
Monobazus(모노바수스), 아디아베네(Adiabene)의 왕, 유대고대사 20권 2장 1절, 유대전쟁사 2권 19장 2절.
Moon(달), 월식, 유대고대사 17권 6장 4절.
Moses(모세), 그의 성품, 유대고대사 서문 4절; 그의 탄생이 예언됨, 유대고대사 2권 9장 2-3절; 어떻게 출생하여 어떻게 목숨을 건졌는가? 5절; 무세(Mouses), 혹은 모세(Moses)라고 불리게 된 경위, 6절, 아피온 반박문 1권 31절; 테르무티스(Thermuthis)에 의해 입양됨, 유대고대사 2권 9장 7절; 그녀의 부친을 계승하여 왕이 되도록 양육됨, 유대고대사 2권 9장 7절; 왕관을 발로 짓밟음, 유대고대사 2권 9장 7절; 애굽의 군대 장관이 되어 에디오피아군을 격파함, 10장 1절; 목동들을 쫓아내고 라구엘(Raguel)의 딸들을 도와줌, 11장 2절; 시내산에서 떨기나무 불꽃을 목격함, 12장 1절; 이스라엘의 구원자로 임명됨, 3절; 직접 이적을 행해보고, 하나님의 거룩한 성호(이름)를 들음, 3-4절; 애굽으로 돌아옴, 13장 1절; 바로 앞에서 이적을 행함, 3절; 이스라엘을 끌고 출애굽함, 15장 1절; 이스라엘 무리의 수, 15장 1절; 출애굽 당시 그의 나이, 2절; 하나님께 기도함, 16장 1절; 홍해를 건너 이스라엘을 인도해나감, 2절; 쓴물을 달게 만들다, 3권 1장 2절; 이스라엘 백성에게 메추라기와 만나를 얻게 해줌, 5-6절, 반석에서 물이 나게 함, 7절; 아말렉인들을 격파함, 2장 4절; 시내산 위에서 40일간을 머물다, 5장 7절; 그가 오랫동안 시내산 위에서 머물자 백성들 사이에 의심과 불안이 싹트기 시작함, 백성들에게 언약의 돌판을 전해줌 5장 8절; 7절; 아론에게 대제사장직을 수여함, 8장 1절; 성막에서 제사를 드림, 10절, 백성의 수를 계수함, 12장 4절;행진을 명함, 12장 5절; 가나안을 정탐하기 위해 정탐꾼을 파견함, 14장 2절; 고라 일당의 반역을 진압함, 4권 2장 4절; 그의 공의, 3장 1절; 그의 기도, 2절; 백성들을 정결케 함, 4장 6절; 시혼(Sihon)과 옥(Og)을 죽임, 5장 3절; 미디안 왕들을 패주시킴, 7장 1절; 여호수아를 후계자로 임명, 2절; 죽기 전에 그가 한 예언, 8장 2절; 그의 육보격(六步格)의 시, 44절; 이스라엘이 율법을 지키겠다고 맹세하게 함, 45절; 여호수아를 축복하고, 용감하게 가나안 땅에 이스라엘 백성을 인도해 나갈 것을 권면함, 47절; 구름에 둘러싸여 사라짐, 48절; 백성들이 그의 죽음을 30일간 크게 슬퍼함, 49절; 그가 문둥병자라는 터무니 없는 주장, 3권 11장 4절;그의 막강한 권위, 15장 3절; 성전에 그의 율법서가 보관되어 있음, 10권 4장 2절; 그의 율법서의 내용, 아피온 반박문 1권 8절; 마네토(Manetho)는 그를 오사르시프(Osarsiph), 즉 헬리오폴리스의 오시리스의 제사장(Priest of Osiris of Heliopolis)이라고 부름, 26절; 애굽인들은 그를 신적인 인간(a divine man)으로 간주함, 31절; 그의 수명, 2권 15절; 그의 덕과 위대한 업적, 15-16절; 다윗이 모세의 후손을 크게 존중히 여김, 유대고대사 7권 14장 7절.

Mucianus(무키아누스), 수리아 총독, 유대고대사 12권 3장 1절, 유대전쟁사 4권 1장 5절, 9장 2절, 10장 6-7절, 11장 1절.

Mule(노새), 왕의 노새, 유대고대사 7권 14장 5절.

Mundus〔Decius〕(문두스〔데키우스〕), 사투르니누스(Saturninus)의 아내 파울리나(Paulina)를 겁탈함, 유대고대사 18권 3장 4절.

Murcus(무르쿠스), Marcus(마르쿠스)란을 보라.

Musical instruments(악기), 유대인의 악기, 키나라 나올라(the Cynara Naola)와 심벌(Cymbalum)에 관한 묘사, 유대고대사 7권 12장 3절.

Mysian war(미시아 전투), 유대전쟁사 7권 4장 3절.

색 인

N

Naamah(나아마), 암몬 여인, 르호보암의 모친, 유대고대사 8권 8장 1절.

Naamah(나아마), 라멕(Lamech)의 딸, 유대고대사 1권 2장 2절.

Naash, or Nahash(나아스, 혹은 나하스), 암몬 왕, 이스라엘에 전쟁을 걸어옴, 6권 5장 1절.

Nabal(나발), 어리석은 사람, 유대고대사 6권 13장 6절.

Naboandelus, or Nabonadius(나보안델루스, 혹은 나보나디우스), 혹은 발타살(Baltasar) 이라고도 함, 바벨론의 왕, 유대고대사 10권 11장 2절, 아피온 반박문 1권 20절.

Nabolassar, or Nabopollassar(나보라살, 혹은 나보폴라살), 바벨론 왕, 아피온 반박문 1권 19절.

Naboth(나봇), 유대고대사 8권 13장 8절.

Nebuchodonosor, or Nebuchadnezzar(느부갓네살), 바벨론 왕, 아피온 반박문 1권 19절; 수리아 대부분을 정복함, 유대고대사 10권 6장 1절; 유대인에게 세금을 매김, 유대고대사 10권 6장 1절;예루살렘을 장악하고 약탈함, 6장 3절, 8장 1절; 그가 꾼 유명한 꿈 혹은 이상, 10장 3절; 그의 황금신상, 5절; 짐승 가운데서 함께 거함, 6절; 그의 죽음, 11장 1절.

Nabuzaradan, or Nebuzurdan(느부사라단), 성전을 약탈하고 방화함, 유대고대사 10권 8장 5절; 그밖의 그의 특기할만한 행동, 9장 1절.

Nacebus(나케부스), 아라비아인의 대장, 유대고대사 16권 9장 3절.

Nachor, or Nahor(나콜, 혹은 나홀), 유대고대사 1권 6장 5절.

Nadab(나답), 아론의 아들, 유대고대사 3권 8장 1절.

Nahum(나훔), 선지자, 니느웨에 대한 그의 예언, 유대고대사 9권 11장 3절.

Naomi(나오미), 엘리멜렉(Elimellech)의 아내, 유대고대사 5권 9장 1절.

Nathan(나단), 다윗의 아들, 유대고대사 7권 3장 3절.

Nathan(나단), 선지자, 유대고대사 7권 4장 4절, 7장 3절, 14장 4절.

Nations(열국), 사방으로 분산됨, 유대고대사 1권 5장 1절; 헬라인들은 자기들 나름대로 열국을 부르는 호칭을 가지고 있음, 유대고대사 1권 5장 1절.

Nazarites(나실인), 유대고대사 4권 4장 4절, 19권 6장 1절.

Neapolitans, or Neopolitanus(네아폴리탄스, 혹은 네오폴리타누스), 요세푸스 자서전 24절, 유대전쟁사 2권 16장 2절.

551

Nechao, or Necho(네카오, 혹은 느고), 애굽 왕, 유대고대사 10권 6장 1절; 느부갓네살에게 패함, 유대고대사 10권 6장 1절.

Neglissar(네글리살), 유대고대사 10권 11장 2절.

Nehemiah(느헤미야), 유대고대사 11권 5장 6절; 그의 조국에 대한 사랑, 유대고대사 11권 5장 6절; 예루살렘 성벽을 재건하도록 백성들을 권면함, 7절; 그의 죽음과 그에 대한 찬사, 8절.

Nehushta(느후스다), 여호야긴(Jehoiachin)의 모친, 유대고대사 10권 6장 3절.

Nephan, or Elhanan(네반, 혹은 엘하난), 유대고대사 7권 12장 2절.

Nergal Sharezer(네르갈 사레셀), 유대고대사 10권 8장 2절.

Nerias(네리야), 대제사장, 유대고대사 10권 8장 6절.

Neriglissor(네리글리소르), 바벨론 왕, 아피온 반박문 1권 20절.

Nero(네로), 황제가 됨, 유대고대사 20권 8장 2절, 유대전쟁사 2권 12장 8절; 매우 잔인한 폭군임, 유대고대사 20권 8장 2절; 그의 죽음, 유대전쟁사 4권 9장 2절.

Netir(네티르), 갈릴리인, 유대전쟁사 3권 7장 21절.

Nicanor(니카노르), 유대고대사 12권 2장 12절, 5장 5절, 유대전쟁사 3권 8장 2절; 데메트리우스가 유다를 공격하도록 파견한 인물, 유대고대사 12권 10장 4절; 패배당하고 죽음을 당함, 5절.

Nicanor(니카노르), 티투스의 친구, 화살에 맞아 부상당함, 유대전쟁사 5권 6장 2절.

Nicaso(니카소), 마낫세(Manasseh)와 결혼함, 유대고대사 11권 7장 2절.

Nicaule, or Nitocris(니카울레, 혹은 니토크리스), 애굽의 왕, 유대고대사 8권 6장 2절.

Nico[the conqueror] (정복자 니코), 로마군의 최대(最大) 공성망치의 이름, 유대전쟁사 5권 7장 2절.

Nicolaus of Damascus (다마스커스[다메섹]의 니콜라우스) 유대고대사 12권 3장 2절; 유대인 옹호자, 16권 2장 3절; 헤롯의 명을 받고 케사르에게 보냄을 받음, 9장 4절; 아켈라오를 옹호하는 발언을 케사르 앞에서 행함, 17권 9장 6절, 11장 3절, 유대전쟁사 2권 2장 6절; 안티파테르의 죄를 과장함, 유대고대사 17권 5장 4절; 그의 형제 톨레미, 유대전쟁사 2권 2장 3절.

Niger of Perea(베뢰아의 니게르), 유대전쟁사 2권 19장 2절; 그의 기묘한 탈출, 3권 2장 3절.

Nimrod(니므롯), 혹은 네므로데스(Nemrodes)라고도 함, 유대고대사 1권 4장 2절.

Nisroch[Araske] (니스록 [아라스케]), 니느웨(Nineveh)의 신전,

색 인

유대고대사 10권 1장 5절.
Noe, or Noah(노에, 혹은 노아), 유대고대사 1권 3장 1절; 방주에 의해 구원받음, 2절; 홍수 후에 하나님께 기도, 7절; 하나님께서 그의 기도를 들으심, 8절; 법을 그에게 줌, 8절; 포도주에 크게 취함, 6장 3절; 그의 족보, 3장 4절; 그의 죽음,9절.
Nomus of Heliopolis(헬리오폴리스의 노무스), 멤피스(Memphis) 로부터 180퍼얼롱(furlongs) 떨어져 위치하고 있음, 유대 전쟁사 7권 10장 3절.
Norbanus Flaccus(노르바누스 플라쿠스), 유대인을 대신해서 사르디아인들에게 서신을 보냄, 유대고대사 16권 6장 6절.
Norbanus(노르바누스), 명문 귀족, 게르만 병사들에 의해 살해됨, 유대고대사 19권 1장 15절.
Numenius(누메니우스), 안티오쿠스의 아들, 유대고대사 13권 5장 8절.

O

Oaths(맹세), 부자(父子)의 정보다 맹세를 소중히 여기려고 한 사울, 유대고대사 6권 6장 5절.
Obadiah(오바댜), 참선지자들을 보호해준 후견인, 유대고대사 8권 13장 4절.
Obed(오벳), 선지자, 유대고대사 9권 12장 2절.
Obedas(오베다스), 아라비아의 왕, 유대고대사 13권 13장 5절.
Obediene(순종), 통치자는 통치를 하기 전에 순종부터 배워야 함, 유대고대사 4권 8장 2절.
Octavia(옥타비아), 클라우디우스의 딸, 유대전쟁사 2권 12장 8절.
Odeas(오데아스), 대제사장, 유대고대사 10권 8장 6절.
Og(옥), 바산(Bashan)왕, 그의 철침대, 유대고대사 4권 5장 3절.
Oil(기름), 유대교의 제사 때 사용, 유대고대사 3권 9장 4절; 반역자들이 기름을 모두 소비함, 유대전쟁사 5권 13장 6절; 이방인들이 만든 기름은 유대인들이 사용하지 않음, 유대고대사 12권 3장 1절, 유다전쟁사 2권 21장 2절.
Olympias(올림피아스), 헤롯과 사마리아 여인 말타게(Malthace) 사이에서 난 딸, 유대고대사 17권 1장 3절; 헤롯의 조카인 요셉과 결혼, 유대전쟁사 1권 28장 4절.

553

Olympus (올림푸스), 로마에 파견됨, 유대고대사 16권 10장 7-8절, 유대전쟁사 1권 27장 1절.

Omri (오므리), 이스라엘의 왕, 유대고대사 8권 12장 5절.

On (온), 벨렛(Peleth)의 아들, 유대고대사 4권 2장 2절.

Onias (오니아스), 야두스(Jaddus)의 아들, 대제사장직을 계승함, 유대고대사 11권 8장 7절.

Onias (오니아스), 시몬(Simon)의 아들, 대제사장이 됨, 유대고대사 12권 4장 1절.

Onias (오니아스), 예수(Jesus), 혹은 야손(Jason)의 형제, 대제사장이 됨, 유대고대사 12권 5장 1절.

Onias and Dositheus (오니아스와 도시테우스), 유대인의 두 장군, 애굽을 파멸에서 구해냄, 아피온 반박문 2권 5절.

Onias (오니아스), 오니아스의 아들, 애굽으로 도피하여 그곳에서 유대교의 성전을 짓기를 원함, 유대고대사 13권 3장 1절, 유대전쟁사 1권 1장 1절, 7권 10장 3절; 톨레미와 클레오파트라에게 보낸 서신, 유대고대사 13권 3장 1절; 그에 대한 답신, 2절; 성전을 건설함 3절; 그 성전이 폐쇄됨, 유대전쟁사 7권 10장 4절.

Onias (오니아스), 의로운 사람, 기도로 비를 내려 기근을 그치게 함, 돌에 맞아 죽음을 당함, 유대고대사 14권 2장 1절.

Ophellius (오펠리우스), 유대고대사 14권 13장 5절, 유대전쟁사 1권 13장 5절.

Ophir (오빌), 유대고대사 1권 6장 4절.

Oracles of the prophets (선지자들의 예언), 예루살렘의 멸망을 예언함, 유대전쟁사 4권 6장 3절, 10장 7절, 6권 2장 1절; 유대에서 위대한 군주(prince)가 나오리라는 예언, 5장 4절.

Oreb (오렙), 미디안 왕, 유대고대사 5권 6장 5절.

Orodes (오로데스), 유대고대사 18권 2장 4절.

Oronna, or Araunah (오론나, 혹은 아라우나), 여부스인, 유대고대사 7권 3장 3절; 그의 타작 마당, 7권 13장 4절; 이삭이 제물로 바쳐질 뻔 했으며, 후대에는 예루살렘 성전이 세워졌던 곳, 13장 4절.

Orpah (오르바), 유대고대사 5권 9장 1절.

Orus (오루스), 애굽 왕, 아피온 반박문 1권 15절.

Osarsiph (오사르시프), 어떤이들은 모세를 헬리오폴리스의 제사장이라는 뜻으로 이같이 호칭함, 아피온 반박문 1권 31절.

Otho (오토), 황제가 됨, 유대전쟁사 4권 9장 2절; 자살을 감행함, 9절.

Oxen (암소), 유대인들은 이같은 형상을 만들 수가 없음, 유대고대사 8권 7장 5절.

색 인

P

Pacorus, or Parcorus (파코루스, 혹은 파르코루스), 메데스 왕, 유대고대사 20권 3장 4절; 알란인들로부터 그의 아내와 첩들을 속전을 주고 구해냄, 유대전쟁사 7권 7장 4절.

Pacorus (파코루스), 파르티아 왕의 아들, 수리아를 장악함, 유대고대사 14권 13장 3절; 힐카누스와 파사엘루스를 잡으려고 계획을 꾸밈, 5절; 유대인에게 공격을 가하기 위해 진군함, 유대전쟁사 1권 13장 1절; 예루살렘에 입성함, 3절; 전사당함, 유대고대사 14권 15장 7절.

Paetus [Caesennius] (파에투스 [카에센니우스]), 수리아 총독, 콤마게네(Commagene)의 원정을 단행, 유대전쟁사 7권 7장 1절.

Pageants, or Pegmata (화려한 행렬), 티투스의 승전을 기념하는 축하 행렬, 유대전쟁사 7권 5장 5절.

Palace (로마의 왕궁), 유대고대사 19권 3장 2절.

Pallas (팔라스), 헤롯의 아내, 유대고대사 17권 1장 3절, 유대전쟁사 1권 28장 4절.

Pallas (팔라스), 벨릭스(Felix)의 형제, 유대고대사 20권 8장 9절, 유대전쟁사 2권 12장 8절.

Palm-trees (종려나무), 여리고의 종려나무는 매우 유명함, 유대고대사 9권 1장 2절, 14권 4장 1절.

Pannychis (파니키), 아르켈라우스(Archelaus)의 첩, 유대전쟁사 1권 25장 6절.

Papinius (파피니우스), 유대고대사 19권 1장 6절.

Pappus (파푸스), 안티고누스의 명을 받고 사마리아로 감, 유대고대사 14권 15장 12절, 유대전쟁사 1권 17장 5절.

Paradise (낙원), 유대고대사 1권 1장 3절; 바벨른에 있는 현수공원, 아피온 반박문 1권 19절.

Parent (부모), 부모의 선한 행실은 자식에게 유익을 끼침, 유대고대사 8권 11장 2절; 모세 율법은 부모를 공경할 것을 가르침, 아피온 반박문 2권 28절.

Parthians (파르티아인), 수리아를 장악하고 안티고누스를 유대 지역의 통치자로 세우려고 애씀, 유대전쟁사 1권 13장 1절; 유대 원정을 감행, 유대고대사 14권 13장 3절; 예루살렘을 포위함, 유대고대사 14권 13장 3절, 예루살렘 시와 성전을 장악함, 4절.

Passover (유월절), 유대 절기, 유대고대사 2권 14장 6절, 3권 10장 5절, 14권 2장 1절; 절기를 지키는 방법, 유대전쟁사 6권 9장 3절; 무교절이라고 불리움, 유대

555

요세푸스

고대사 14권 2장 1절, 17권 9장 3절, 니산(Nisan)월 제 14일에 지킴, 유대고대사 11권 4장 8절 유대전쟁사 5권 3장 1절; 수많은 사람들이 예루살렘으로 모임, 유대고대사 17권 9장 3절, 유대전쟁사 2권 1장 2절; 제 9시부터 제 11시 사이에 약 열 사람당 1마리의 양을 잡음, 6권 9장 3절; 케스티우스(Cestius)당시에 유월절 제사에 쓰인 양의 수, 6권 9장 3절.

Paulina(파울리나), 문두스(Mundus)에게 겁탈 당함, 유대고대사 18권 3장 4절.

Paulinus(파울리누스), 군단 지휘관, 유대전쟁사 3권 8장 1절.

Paulinus(파울리누스), 루푸스(Lupus)의 뒤를 이어 알렉산드리아의 총독이 됨, 유대전쟁사 7권 10장 4절; 오니온(Onion) 성전을 약탈하고 폐쇄시킴, 유대전쟁사 7권 10장 4절.

Pausanias(파우사니아스), 케라스테스(Cerastes)의 아들, 마게돈 왕 필립을 살해함, 유대고대사 11권 8장 1절.

Peace and good laws(평화와 좋은 법률), 최대의 행복의 조건, 유대고대사 7권 14장 2절.

Peace, as a goddess(평화의 신전), 로마에 그 신전이 있음, 유대전쟁사 7권 5장 7절.

Pedanius(페다니우스), 유대전쟁사 1권 27장 2절, 6권 2장 8절.

Pekah(베가), 브가히야(Pekahiah)를 살해하고 그 뒤를 계승함, 유대고대사 9권 11장 1절; 유다 왕을 격퇴시킴, 12장 1절; 호세아(Hoshea)에게 살해됨, 13장 1절.

Pekahiah(브가히야), 이스라엘 왕, 유대고대사 9권 11장 1절.

Phaleg(벨렉), 유대고대사 1권 6장 4절.

Peninnah(브닌나), 유대고대사 5권 10장 2절.

Pentecost(오순절), 유대 절기, 유대고대사 3권 10장 6절, 17권 10장 2절; 그 명칭의 유래, 유대전쟁사 2권 3장 1절; 제사장들이 밤에 성전에서 지냄, 6권 5장 3절; 유대인들은 이 때 먼 여행을 할 수가 없음, 유대고대사 13권 8장 4절.

Perea(베뢰아), 로마군에 완전히 정복됨, 유대전쟁사 4권 7장 3절.

Pergamen's decree(버가모인의 법령), 유대인에게 호의적인 내용, 유대고대사 14권 10장 22절.

Perjury(서약을 깨뜨림), 어떤 이들은 어쩔 수 없는 상황이라면 서약을 깨뜨릴 수도 있는 것이 아니냐면서 별 것 아닌 것으로 취급, 유대고대사 5권 2장 12절; 여호수아와 장로들은 위증을 매우 두려워함, 1장 16절.

Persians(페르시아인), 그들의 일곱 가문, 유대고대사 11권 3장 1절; 왕이 잠자는 동안 파수를 봄, 4절; 페르시아 법은 외국인들이 그들의 왕후의 얼굴을 보는 것을 금함; 6장 1절; 페르시

색 인

아의 왕후의 의복, 9절.
Pestilence(전염병), Plage(온역)난을 보라.
Petilius Cerealis(페틸리우스 케레알리스), 총독, 게르만인들을 진압함, 유대전쟁사 7권 4장 2절.
Petina(페티나), 클라우디우스의 아내, 유대고대사 20권 8장 1절, 유대전쟁사 2권 12장 8절.
Petronius(페트로니우스), 애굽 총독, 유대고대사 15권 9장 2절; 기근 때에 헤롯에게 식량을 보내줌, 유대고대사 15권 9장 2절.
Petronius〔Publius〕(페트로니우스〔푸블리우스〕), 수리아 총독이 됨, 유대고대사 18권 8장 2절; 카이우스의 신상을 성전에 세우라는 명령을 받고 군대를 이끌고 예루살렘으로 파견됨, 유대전쟁사 2권 10장 1절; 유대인을 구하기 위해서 카이우스의 신상을 세우는 일을 극력으로 반대한 경위, 그리고 그와 유대인이 동시에 기적적으로 보호를 받은 경위, 유대전쟁사 2권 10장 1절; 도리스인(the Dorites)에게 불리한 내용으로 그가 반포한 법령, 유대고대사 19권 6장 3절.
Phedra(페드라), 헤롯의 아내, 유대고대사 17권 1장 3절.
Phalna(발나), 다윗의 아들, 유대고대사 7권 3장 3절.
Phalion(팔리온), 안티파테르의 형제, 유대고대사 14권 2장 3절, 유대전쟁사 1권 6장 3절.
Phalti(발디), 라이스(Laish)의 아들, 유대고대사 6권 13장 8절.
Phanius(파니우스), 로마 집정관, 유대고대사 14권 10장 15절.
Phannias(판니아스), 사무엘의 아들, 대제사장이 됨, 유대전쟁사 4권 3장 8절.
Pharaoh(바로), 애굽어로 바로는 왕이라는 뜻임, 유대고대사 8권 6장 2절.
Pharisees(바리새인), 유대인의 한 종파, 힐카누스(Hyrcanus)를 시기함, 유대고대사 13권 10장 5절; 사두개인들과 교리에 있어서 정면으로 차이를 보임, 6절; 그들의 권위가 대단함, 17권 2장 4절; 특히 알렉산드라(Alexandra) 여왕의 통치 때에는 그 권세가 하늘에 닿음, 13권 16장 2절, 유대전쟁사 1권 5장 2절; 9년간 큰 권세를 행사, 4절; 케사르와 헤롯에게 충성을 맹세하는 것에 반대함, 유대고대사 17권 2장 4절; 그로 인해 벌금을 내기에 이름, 유대고대사 17권 2장 4절; 그들의 구전(口傳), 13권 5장 9절, 10장 6절; 처벌을 가하는데 관대함, 따라서 일반 백성은 바리새인을 지지함, 10장 6절; 이들은 모두가 율법에 정통함, 요세푸스 자서전 38절.
Pharmaces(파르마케스), 미트리다테스의 아들, 유대고대사 14권 3장 4절.
Phasael(파사엘), 안티파테르의 아들, 유대고대사 14권 7장 3절, 17권 1장 3절, 유대전쟁사

557

요세푸스

1권 8장 9절; 그의 죽음, 유대고대사 14권 13장 10절; 15권 2장 1절, 유대전쟁사 1권 13장 10절.

Phasaelus(파사엘루스), 헤롯의 아들, 유대고대사 17권 1장 3절.

Pheldas(빌다스), 나홀의 아들 유대고대사 1권 6장 5절.

Pheles(펠레스), 두로의 왕, 아피온 반박문 1권 18절.

Pheroras(페로라스), 안티파테르와 키프로스 사이에서 낳은 아들, 유대고대사 14권 7장 3절; 유대전쟁사 1권 8장 9절; 살로메를 증오함, 유대고대사 16권 7장 3절, 유대전쟁사 1권 24장 5절; 그의 부친인 헤롯과 함께 알렉산더로 하여금 글라피라(Glaphyra)에게 질투를 느끼게 함, 유대고대사 16권 7장 4절; 헤롯으로 하여금 분노하게 함, 7장 3절; 살로메에게 비난의 화살을 보냄, 7장 5절; 안티파테르와 친교를 맺음, 17권 2장 4절; 헤롯의 미움을 삼, 3장 1절; 그의 분봉국에 칩거하라는 명령을 받음, 3절.

Pheroras' wife(페로라스의 아내), 바리새인들을 대신해서벌금을 냄, 유대고대사 17권 2장 4절; 궁정 내의 다른 부녀자들과 어울림, 유대고대사 17권 2장 4절, 유대전쟁사 1권 29장 1절; 페로라스의 신하가, 그녀가 독약을 소지하고 있다고 발설함, 유대고대사 17권 4장 1절; 투신 자살을 기도함, 2절, 유대전쟁사 1권 30장 5절; 사실대로 고백함, 유대고대사 17권 4장 2절.

Phideas(피드아스), 대제사장, 유대고대사 10권 8장 6절.

Philadelphus〔Ptolemy〕(필라델푸스〔톨레미〕), 애굽의 노예들을 해방, 유대고대사 12권 2장1절; 율법을 번역할 72명의 번역자들을 구함, 2장 1-14절.

Philip(필립), 헤롯이 클레오파트라(Cleopatra)를 통해 낳은 아들, 유대고대사 17권 1장 3절, 2장 2절, 4장 3절, 유대전쟁사 1권 28장 4절; 헤롯이 그에게 남긴 유산, 유대고대사 17권 8장 1절; 케사르가 그에게 하사한 것, 11장 4절; 가울로니티스(골란, Gaulonitis)와 트라코니티스(드라고닛, Trachonitis)와 파네아스(Paneas)의 분봉왕, 8장 1절; 그의 죽음과 그에 대한 찬사, 18권 4장 6절.

Philip(필립), 갈릴리인, 유대전쟁사 3권 7장 21절.

Philip(필립), 야키무스(Jacimus)의 아들, 유대고대사 17권 2장 3절; 요세푸스 자서전 11, 36절, 유대전쟁사 2권 20장 1절.

Philip(필립), 유파토르(Eupator)가 미성년일 동안 수리아의 섭정을 맡음, 유대고대사 12권 9장 2절.

Philip(필립), 마게돈(Macedon)의 왕, 살해당함, 유대고대사 11권 8장 1절.

Philipion(필리피온), 톨레미의 아

색 인

들, 아리스토불루스의 딸인 알렉산드라와 결혼, 유대고대사 14권 7장 4절; 부친에게 살해됨, 유대고대사 14권 7장 4절.
Philistines(블레셋), 이들의 주요 도시는 가사(Gaza), 아카론(Accaron), 혹은 에그론(Ekron), 아스글론(Askelon), 가드(Gath), 아소투스(Azotus), 혹은 아스돗(Ashdod)임, 유대고대사 6권 1장 2절, 13장 10절.
Philo(필로), 유대인, 카이우스(Caius) 황제에게 보낸 사절단 단장, 유대고대사 18권 8장 1절.
Philosophy of the Jews (유대인의 철학), 율법 속에 나타난 유대인의 철학, 아피온 반박문 2권 4절.
Philostephanus(필로스테파누스) 유대고대사 13권 12장 5절.
Phineas(피느아스), 클로소투스(Clusothus)의 아들, 유대전쟁사 4권 4장 2절.
Phineas(비느하스), 엘르아살(Eleazar)의 아들, 시므리(Zimri)와 고스비(Cosbi)를 살해함, 유대고대사 4권 6장 12절; 이스라엘인을 이끌고 미디안인을 공격, 7장 1절; 요단강 건너에서 그가 유대인에게 행한 연설, 5권 1장 26절; 대제사장이 됨, 29절; 대제사장직이 그의 가문으로 되돌아옴, 유대고대사 8권 1장 3절.
Phineas(비느하스), 엘리(Eli)의 아들, 유대고대사 5권 10장 1절; 대제사장직에 오름, 11장 2절.
Phraataces(프라아타케스), 프라아테스(Phraates)의 아들, 유대고대사 18권 2장 4절.
Phraates(프라아테스), 파르티아 왕, 유대고대사 15권 2장 2절; 그의 죽음, 12권 2장 4절.
Phul, or Pul(불), 앗수르 왕, 유대고대사 9권 11장 1절.
Phurim, or Purim(부림절), 유대의 절기, 유대고대사 11권 6장 13절.
Phut(붓), 리비아의 창건자, 유대고대사 1권 6장 2절.
Pilate[Pontius]([본디오] 빌라도), 유대 총독, 유대에 소란을 일으키게 함, 유대고대사 18권 3장 1절; 유대인을 대량 학살함, 2절, 유대전쟁사 2권 9장 4절; 사마리아인을 대량 살해함, 유대고대사 18권 4장 1절; 그로 인해 고소를 당하고 로마로 소환당함, 2절.
Pillars(기둥), 셋(Seth)의 후손들이 시리아드(Siriad) 평지에 세운 기둥, 유대고대사 1권 2장 3절; 솔로몬 왕궁의 코린트식 기둥, 8권 5장 2절; 헤롯 성전의 기둥, 유대전쟁사 5권 5장 2절.
Piso(피소), 로마 총독, 유대고대사 18권 6장 5절.
Pitholaus(피톨라우스), 예루살렘의 부장(副將), 유대고대사 14권 6장 1절; 카시우스에 의해 살해됨, 7장 3절.
Placidus(플라키두스), 요세푸스와 소규모 접전을 벌임, 요세푸스

559

요세푸스

자서전 43, 74절; 그의 다른 행적, 유대전쟁사 3권 6장 1절, 7장 3, 34절.
Plague, or Pestilence(온역, 혹은 전염병), 이스라엘 가운데 온역이 심함, 유대고대사 7권 13장 3절; 다윗의 회개로 온역이 그침, 13장 4절; 유대에서의 그 밖의 온역, 15권 7장 7절.
Plato(플라톤), 아피온 반박문 2권 32절; 그의 공화국으로부터 시민을 추방함, 37절.
Polemo(폴레모), 길리기아의 왕, 유대고대사 20권 7장 3절.
Polemo(폴레모), 폰투스(본도, Pontus)의 왕, 유대고대사 19권 8장 1절.
Polity of the Jews the captivity(포로 시대 이후의 유대국의 정체〔政體〕), 유대고대사 11권 4장 8절.
Pollio(폴리오), 바리새인, 유대고대사 15권 1장 1절.
Pollio(폴리오), 로마인, 유대고대사 15권 10장 1절.
Pompedius(폼페디우스), 유대고대사 19권 1장 5절.
Pompey the Great(폼페이 대왕), 수리아를 거쳐 다마스커스(다메섹)로 감, 유대고대사 14권 3장 1절, 유대전쟁사 1권 6장 4절; 예루살렘으로 옴, 유대고대사 14권 4장 1절, 유대전쟁사 1권 7장 1절; 예루살렘 시가 그에게 투항함, 유대고대사 14권 4장 2절; 성전을 무력으로 점령하고 많은 유대인을 죽임, 4장 2, 3, 4절, 유대전쟁사 1권 7장 4절; 유대인들이 그에게 금 포도나무상(a golden vine)을 줌, 유대고대사 14권 3장 1절; 성전을 장악함, 4장 4절, 유대전쟁사 1권 7장 6절; 성전안에 있는 것은 아무것에도 손을 대지 않음, 4장 4절, 유대전쟁사 1권 7장 6절; 힐카누스와 아리스토불루스의 각자의 주장을 들어 줌, 유대고대사 14권 3장 2절; 힐카누스의 편을 들고 아리스토불루스와 전쟁을 함, 4절.
Poppea(포페아), 네로의 아내, 유대고대사 20권 8장 11절, 11장 1절, 요세푸스 자서전 3절; 종교심이 강하며 유대인에게 호의를 베품, 유대고대사 20권 8장 11절;
Poplas(포플라스), 유대전쟁사 2권 2장 1절.
Porcius Festus(포르키우스 페스투스), 페스투스(Festus)란을 보라.
Present things(당면한 현실 문제), 알렉산드라 여왕은 미래보다는 당면한 현실 문제에만 급급함, 유대고대사 13권 16장 6절.
Present(선물), 애굽의 요셉에게 보낸 선물, 유대고대사 2권 6장 5절.
Priests(제사장), 불구가 되면, 제단이나 성전에 나아갈 수가 없음, 유대고대사 3권 12장 2절, 아피온 반박문 1권 31절; 이런저런 여자들과 결혼할 수 없음,

유대고대사 3권 12장 2절, 아피온 반박문 1권 7절; 그들의 수당, 아피온 반박문 2권 8절, 유대고대사 3권 9장 3절, 4권 4장 4절; 제사장의 24반차, 7권 14장 7절; 그들의 직책, 7절; 제사장의 의복 3권 7장 1－3절; 크세르크세스가 레위인들과 제사장들에게 세금을 면제해 줌, 11권 5장 1절; 매우 중요한 곳들의 관리를 맡음, 7권 14장 7절; 제사장들 외에는 성전에서 분향할 수 없음, 유대고대사 9권 10장 4절; 거룩한 제사장 의복을 입고 포도주를 입에 대서는 아니됨, 3권 12장 2절; 제사장직은 유대인 사회에서는 고귀함의 표징임, 3권 12장 2절.

Priests (제사장), 요세푸스 당시의 애굽의 제사장들은 단지 그들의 땅만을 지킴, 유대고대사 2권 7장 7절.

Priesthood, high (대제사장직), 한 가문에서 다른 가문으로 대제사장직이 옮겨갔음, 유대고대사 5권 11장 5절; 헬리오폴리스(Heliopolis)의 오니아스(Onias)의 대제사장직, 12권 9장 7절, 13권 10장 4절, 20권 10장 1절; 8년간 예루살렘에 대제사장직이 비어 있었음, 13권 2장 3절; 안티오쿠스 에피파네스와 헤롯과 아리스토불루스의 치하를 제외하고는 평생직임, 15권 3장 1절; 헤롯이 예수에게서 대제사장직을 빼앗아 시몬에게 줌, 9장 3절; 원래는 아론의 가문이 대제사장직을 맡게 되어 있었음, 20권 10장 1절.

Priest, high (대제사장), 포로로 잡힌 여인의 아들은 대제사장이 될 수가 없음, 유대고대사 13권 10장 5절; 죽은 시체에 손을 대어도 안 되며, 처녀와만 결혼을 할 수 있음, 유대고대사 3권 12장 2절; 사울이 대제사장에게 자신을 위해 예언해 줄 것을 요청, 유대고대사 6권 6장 5절; 선지자들과 산헤드린과 함께 어려운 문제를 해결함, 4권 8장 14절; 후대에 이르러서는 동시에 여러 명의 대제사장이 공존(共存)하기에 이름, 유대전쟁사 4권 3장 7절, 6권 2장 2절. 출생에 의해 계승권을 획득한 것임, 아피온 반박문 2권 23절; 반역자(강도)들은 제비뽑기로 대제사장을 임명, 유대전쟁사 4권 3장 8절; 강도들이 정상적인 대제사장 선출 방법을 무시, 7절; 칼키스 왕 헤롯이 죽을 때까지 대제사장 임명권을 행사함, 유대고대사 20권 1장 3절; 아론에서부터 시작해서 티투스에 의해 성전이 함락되기까지에 이르는 대제사장의 명단, 20권 10장 1절; 성전 건축부터 포로기까지에 이르는 대제사장의 또 다른 명단, 10권 8장 6절; 로마군이 대제사장의 의복을 간수함, 20권 1장 1절; 그들이 대제사장 의복을 간수한 장소, 18권 4장 3절, 20권

요세푸스

1장 1절; 대제사장의 의복과 기타 장식품들의 이모저모, 3권 7장 4절, 유대전쟁사 5권 5장 7절.

Primogeniture(장자의 명분), 장자의 명분을 에서가 야곱에게 팜, 유대고대사 2권 1장 1절.

Primus[Antonius](프리무스[안토니우스]), 유대전쟁사 4권 9장 2절; 비텔리우스(Vitellius)를 치기 위해 진격함, 11장 2절.

Priscus[Tyranius] (프리스쿠스[티라니우스]), 유대전쟁사 2권 19장 4절.

Priscus(프리스쿠스), 요나단을 창으로 찔러 죽임, 유대전쟁사 6권 2장 10절.

Privileges(특권), 알렉산더 대왕이 유대인에게 하사한 특권, 아피온 반박문 2권 4절.

Problems, or riddles(문제, 혹은 수수께끼), 삼손이 그의 결혼 때 낸 수수께끼, 유대고대사 5권 8장 6절.

Proculus[Vitellius] (프로쿨루스[비텔리우스]), 유대고대사 19권 6장 3절.

Prophecies(예언), 예루살렘 멸망에 관한 예언, 유대전쟁사 4권 6장 3절.

Prophecies of Isaiah(이사야의 예언), 그 예언의 성취, 유대고대사 10권 2장 1절.

Prophecies of Jeremaiah and Ezekiel(예레미야와 에스겔의 예언), 이 두 선지자의 예언은 결코 서로 상충되지 않음, 유대고대사 10권 5장 1절.

Prophecies(예언), 만일 세상이 우연에 의해 지배된다면 예언이 성취될 수는 없는 것이다, 유대고대사 10권 11장 7절.

Prophets(선지자들), 다니엘을 제외하고는 거의 모든 선지자들이 재난을 예언함, 유대고대사 10권 11장 7절.

Prophets, false ones(거짓 선지자들), 유대강도들(폭군들)의 사주를 받고 거짓을 예언함, 유대전쟁사 6권 5장 2절.

Proseucha, or house of Prayer(프로슈카, 혹은 기도의 집), 유대인 가운데 이같은 기도 처소가 있음, 요세푸스 자서전 54절.

Prostitution(매음), 가장 악한 죄악임, 유대고대사 4권 8장 9절.

Providence(섭리), 에비구레오 학파의 주장을 논박하고 하나님의 섭리를 강하게 역설, 유대고대사 10권 11장 7절.

Prudence(신중함), 적대 세력이 커지는 것을 막기 위해서는 누구나 신중해야 할 필요가 있음, 유대고대사 3권 2장 1절,

Pseudalexander(거짓 알렉산더), 유대고대사 17권 12장 1절, 유대전쟁사 2권 7장 1절.

Ptolemy(톨레미), 헤롯 왕국의 행정관, 유대고대사 16권 7장 2절, 8장 5절, 10장 5절, 요세푸스 자서전 26절.

Ptolemy(톨레미), 동생인 클레오파

색 인

트라(Cleopatra)에게 독살 당함, 유대고대사 15권 4장 1절.
Ptolemy(톨레미), 유대고대사 17권 9장 3절.
Ptolemy Epiphanes(톨레미 에피파네스), 유대고대사 12권 3장 3절; 그의 죽음, 4장 11절.
Ptolemy Euergetes Philopater, or Eupator(톨레미 유에르게테스 필로파테르, 혹은 유파토르), 유대고대사 12권 3장 3절; 4장 1절, 아피온 반박문 2권 5절.
Ptolemy(톨레미), 얌블리쿠스(Jamblicus)의 아들, 유대고대사 14권 8장 1절, 유대전쟁사 1권 9장 3절.
Ptolemy Lathyrus(톨레미 라티루스), 유대고대사 13권 10장 2절, 유대전쟁사 1권 4장 2절; 알렉산더와 동맹을 맺었다가 파기함, 유대고대사 13권 12장 4절; 그의 용감한 병사들, 5절; 알렉산더의 군대를 격파함, 5절; 그의 야만스러울 정도의 잔인성, 6절.
Ptolemy(톨레미), 라구스(Lagus)의 아들, 소테르(Soter)라고 불리움, 알렉산더 대왕이 죽은 후 애굽을 차지함, 유대고대사 12권 1장 1절; 예루살렘을 정복하고 많은 유대인들을 애굽으로 끌고 감, 1절.
Ptolemy Philadelphus(톨레미 필라델푸스), 톨레미 왕가의 제 2대왕, 유대고대사 12권 2장 1절; 데메트리우스 팔레리우스(Demetrius Phalerrius)의 청을 듣고 모세 율법을 번역함, 유대고대사 12권 2장 1절; 수많은 유대인들을 자유롭게 해줌, 3절; 대제사장 엘르아살에게 서신을 보냄, 5절; 그의 풍성한 예물과 헌물, 7-10절.
Ptolemy Philometer(톨레미 필로메테르), 유대고대사 12권 4장 11절, 5장 2절, 13권 3장 1절, 아피온 반박문 2권 5절; 그와 그의 아내인 클레오파트라가 오니아스에게 오니온(Onion) 신전을 세우도록 허락함, 유대고대사 13권 3장 2절; 자신을 해하려는 알렉산더와 암모니우스(Ammonius)의 음모를 적발함, 4장 6절; 아시아와 애굽을 통치하면서 동시에 두 왕국의 왕이 됨, 7절; 부상당하고 그로 인해 세상을 떠남, 8절.
Ptolemy Menneus(톨레미 멘네우스) 유대고대사 13권 16장 3절, 14권 3장 2절.
Ptolemy(톨레미), 멘네우스의 아들, 칼키스의 지배자, 유대고대사 14권 7장 4절.
Ptolemy(톨레미), 마카비가의 시몬을 살해함, 유대고대사 13권 7장 4절; 힐카누스의 모친과 형제들을 처형함, 유대전쟁사 1권 2장 4절.
Ptolemy Physcor(톨레미 피스콘), 유대고대사 12권 4장 11절, 13권 9장 3절; 아피온 반박문 2권 5절.
Ptolemy(톨레미), 유대전쟁사 1권

563

1장 1절.
Pudens(푸덴스), 요나단과 결투하다가 살해됨, 유대전쟁사 6권 2장 10절.
Punishment(형벌), 악한 자들이 형벌받는 것을 보는 것은 선한 이들의 기쁨이 됨, 유대고대사 9권 6장 6절.
Purple robes(자색 옷), 갈대아 왕들이 자색옷을 입음, 유대고대사 10권 11장 2절; 페르시아 왕들도 자색 옷을 입음, 11권 3장 2절, 6장 10절; 바로가 요셉에게 자색옷을 입힘, 2권 5장 7절.
Pygmalion(피그말리온), 두로 왕, 아피온 반박문 1권 18절.
Pythian(피티안), 혹은 아폴로의 신전(Apollo's temple)이라고도 함, 헤롯이 건설함, 유대고대사 16권 5장 3절.

Q

Quadratus〔Ummidius〕(콰드라투스〔움미디우스〕), 수리아 총독, 유대고대사 20권 6장 2절.
Quails(메추라기), 아라비아 만에는 메추라기가 많음, 이스라엘 진영에 떨어짐, 유대고대사 3권 1장 5절.
Queen(여왕), 애굽과 이디오피아의 여왕이 솔로몬 왕을 보러 옴, 유대고대사 8권 6장 5절; 자기 고국으로 돌아감, 6절.
Quintillius Varus(퀸틸리우스 바루스), 바루스(Varus)란을 보라.
Quirinius, or Cyrenius(쿠리니우스, 혹은 키레니우스), 수리아의 세금을 거두도록 케사르의 명을 받고 파견됨, 유대고대사 18권 1장 1절.

R

Rabases〔Themasius〕(라바세스〔테마시우스〕), 유대고대사 11권 3장 5절.
Rachel(라헬), 라반의 딸, 유대고대사 1권 19장 7절; 부친의 우상을 갖고 도주함, 9-11절.
Ragau, or Reu(르우, 혹은 레우), 발렉(Phaleg)의 아들, 유대고대사 1권 6장 5절.
Ragmus, or Raamah(라그무스, 혹

은 라아마), 유대고대사 1권 6장 2절.
Raguel(라구엘), 모세의 장인, 유대고대사 3권 3장 1절; 이스라엘을 잘 통치하는 법을 충고함, 4장 1절.
Rahab(라합), 여리고의 여인숙 주인, 유대고대사 5권 1장 2절;목숨을 건짐, 7절.
Rainbow(무지개), 유대고대사 1권 3장 8절.
Ramesses(라메세스), 애굽 왕, 아피온 반박문 1권 15절.
Rapsaces, or Rabshaketh(랍사케스 혹은 랍사게), 앗수르 군대 장관, 유대고대사 10권 1장 1절; 예루살렘 백성들에게 행한 연설, 2절.
Rathotis(라토티스), 애굽 왕, 아피온 반박문 1권 15절.
Rathumus, or Rheum(라투무스, 혹은 레움), 유대고대사 11권 2장 1절.
Rationale, or breastplate of judgment of the high priest (대제사장의 판결 흉패), 유대고대사 3권 7장 5절, 8장 9절.
Raven(까마귀), 방주에서 까마귀를 내어 보냄, 유대고대사 1권 3장 5절.
Reba(레바), 미디안 왕, 유대고대사 4권 7장 1절.
Rebecca(리브가), 브두엘(Bethuel)의 딸, 유대고대사 1권 6장 5절; 이삭의 아내가 되어달라는 요청을 받음, 16장 1절; 쌍동이를 낳음, 18장 1절; 남편을 속임, 6절.
Recem, or Rekem(레겜), 미디안 왕 유대고대사 4권 7장 1절.
Records of the Tyrians (두로인들의 기록), 아피온 반박문 1권17절.
Regulus 〔Emilius〕(레굴루스〔에밀리우스〕), 유대고대사 19권 1장 3절.
Rehoboam(르호보암), 솔로몬을 계승하여 왕이 됨, 유대고대사 8권 8장 1절; 백성들에게 거칠게 답변함, 2절; 10지파가 그에게 반기를 듬, 3절; 여러 도시를 건설하고 요새화함, 10장 1절; 18명의 아내와 30명의 첩을 둠,10장 1절; 그의 죽음, 4절.
Remaliah(르말랴), 유대고대사9권 11장 1절.
Reu, or Ragau(르우, 혹은 라가우), 발렉(Phaleg), 혹은 펠렉(Peleg)의 아들, 유대고대사 1권 6장 5절.
Revenues(세입), 코엘레수리아, 페니키아(베니게), 유대와 사마리아의 세입이 8천 달란트에 이르름, 유대고대사 12권 4장 4절.
Rezin(르신), 수리아 왕, 유대고대사 9권 12장 1절.
Rezon(르손), 솔로몬의 적, 유대고대사 8권 7장 6절.
Rhodes(로데스), 헤롯이 어려운사정을 알고 크게 도와줌, 유대고대사 14권 14장 3절.
Riches(엄청난 부), 다윗의 무덤에

565

요세푸스

엄청난 재산이 들어 있음, 유대고대사 7권 15장 3절.
Riddles, or Problems(수수께끼, 혹은 문제), 솔로몬과 히람이 서로 주고 받은 수수께끼, 유대고대사 8권 5장 3절.
Riphath(리밧), 유대고대사 1권 6장 1절.
Rod of Aaron(아론의 지팡이), 유대고대사 4권 4장 2절.
Roman Army(로마군), 로마군의 이모저모에 대한 묘사, 유대전쟁사 3권 5장 1−8절.
Roman senate's decree(로마 원로원의 법령), 유대인에게 호의적인 내용으로 되어 있음, 유대고대사 13권 9장 2절, 14권 8장 5절.
Roxana(록사나), 헤롯이 페드라(Phædra)를 통해 낳은 딸, 유대고대사 17권 1장 3절, 유대전쟁사 1권 28장 4절.
Rubrius Gallus(루브리우스 갈루스), 유대전쟁사 7권 4장 3절.
Rue(운향, 芸香), 거대한 운향, 유대전쟁사 7권 6장 3절.
Rufus(루푸스), 유대고대사 17권 10장 3절, 유대전쟁사 2권 3장 4절, 5장 2절.
Rufus(루푸스), 애굽인, 엘르아살을 포로로 잡아감, 유대전쟁사 7권 6장 4절.
Rufus[Terentius, or Turnus](루푸스[테렌티우스, 혹은 투르누스]), 기오라스(Gioras)의 아들 시몬을 생포함, 예루살렘을 함락시킨후 군대와 함께 그곳에 남음, 유대전쟁사 7권 2장.
Rumah, or Reuma(루마, 혹은 르우마), 나홀(Nahor)의 첩, 유대고대사 1권 6장 5절.
Ruth(룻), 보아스(Boaz)의 밭에서 이삭을 주움, 유대고대사 5권 9장 2절; 보아스와 결혼해서 이새(Jesse)의 부친인 오벳(Obed)을 낳음, 4절.

S

Sabactas, or Subteca(사박타스, 혹은 수브테카), 유대고대사 1권 6장 2절.
Sabas, or Seba(사바스, 혹은 스바), 유대고대사 1권 6장 2절.
Sabathens, or Sabra(사바테, 혹은 사브라), 유대고대사 1권 6장 2절.
Sabbath-day(안식일), 에센파는 안식일을 매우 엄격하게 지킴, 유대전쟁사 2권 8장 9절; 아피온(Apion)에 의하면 안식일(Sabbath)이란 단어는 애굽어 사보(Sabo)에서 나왔다고 함, 아피온 반박문 2권 2절; 유대인들이 안식일을 미신적으로 지킨 나머지 그로 인해 큰 피해를 당함, 유대고대사 12권 6장 2절, 유대전쟁사 1권 7장 3절, 2권 16장 4절, 마타디아스가 유대인에게 안식일이라 할지라도 자기 방어는 하자고 설득함, 유대고대사 12권 6장 2절; 요나단이 같은 내용으로 유대인을 설득, 13권 1장 3절; 따라서 안식일에는 적의 공격을 방어하고 격퇴할 수는 있어도 공격을 먼저 할 수는 없었음, 유대전쟁사 2권 16장 4절; 유대인 안티오쿠스가 안디옥에서 유대인들로 하여금 안식일을 범하게 만듬, 7권 3장 3절; 안식일은 율법을 읽으면서 지냄, 유대고대사 16권 2장 3절; 나팔 소리로 안식일의 시작과 끝을 알림, 유대전쟁사 4권 9장 12절; 유대인은 안식일 제 6시에 저녁 식사를 함, 요세푸스 자서전 54절; 강도(반역도)들이 안식일에 로마군을 죽임, 유대전쟁사 2권 17장 10절; 안식일에는 먼 여행을 할 수가 없음, 유대고대사 13권 8장 4절; 안식일에는 전쟁을 하거나 심지어는 평화조약을 맺는 것조차 율법에 어긋나는 것으로 주장함, 유대전쟁사 4권 2장 3절; 일부 사람들은 어쩔 수 없는 경우라 하더라도 안식일이나 그 전 저녁에는 무기를 드는 것이 율법에 어긋나는 것으로 간주함, 요세푸스 자서전 32절.

Sabbatic river(사바틱 강), 유대전쟁사 7권 5장 1절.

Sabbeus(사베우스), 유대고대사 13권 3장 4절.

Sabbion(사비온), 헤롯에 대한 알렉산드라의 의도를 알아냄, 유대고대사 15권 3장 2절.

Sabec, or Shobach(사벡, 혹은 소박), 수리아군 대장, 유대고대사 7권 6장 3절.

Sabinus(사비누스), 유대에 있는 케사르의 청지기, 유대고대사 17권 9장 3절, 유대전쟁사 2권 3장 2절; 아켈라오를 고소함, 유대고대사 17권 9장 4절; 유대인에게 맹공을 가함, 10장 1절.

Sabinus(사비누스), 카이우스를 살해한 자들 가운데 하나임, 유대고대사 19권 4장 4절; 스스로 자살함, 6절.

Sabinus(사비누스), 베스파시안의 형제, 로마 수도의 의사당을 장악, 유대전쟁사 4권 11장 4절; 비텔리우스(Vitellius)에게 살해됨, 유대전쟁사 4권 11장 4절.

Sabinus(사비누스), 수리아 태생, 용감무쌍한 용사, 유대전쟁사 6권 1장 6절.

Sabinus[Domitian](사비누스[도미티안]), 군단 지휘관, 유대전쟁사 3권 7장 34절.

Sacrifice(제사), 아벨의 제사는 우유와 양의 첫 새끼였음, 유대고대사 1권 2장 1절; 사적인 제사와 공적인 제사가 있음, 3권

요세푸스

9장 1절; 제물 전체를 불사르기도 하고 일부를 불사르기도 함, 3권 9장 1절; 전체를 불사르는 제사 방법, 3권 9장 1절; 일부를 불사르는 제사 방법, 2절;속죄제를 드리는 방법, 3절; 돼지는 제물로 드릴 수가 없음, ,12권 5장 4절; 병을 피하기 위해 드리는 제사, 3권 9장 4절; 티투스가 요한에게 유대제사를 그치지 말것을 호소함,유대전쟁사 6권 2장 1절; 매일 드리는 상번제, 유대고대사 11권 4장 1절, 유대전쟁사 1권 1장 1절, 6권 2장 1절; 케사르의 번영을 위해 매일 제사를 드림, 유대전쟁사 2권 10장 4절, 아피온 반박문 2권 5절; 케사르의 번영을 위해 드리는 제사를 드리지 않게 된 것이 유대 전쟁의 시작이 됨,유대전쟁사 2권 17장 2절; 유대인들은 보통 외국인의 제물을 금지함, 2절; 예물에서 제사장 몫으로 돌아가는 부분, 유대고대사 4권 4장 4절; 제사를 드리기 전에는 음식을 먹어서는 아니됨, 12권 4장 8절; 창기가 번 돈으로 드리는 예물은 제사로 드릴 수가 없음, 4권 8장 9절; 소제는 피 제사와 연결됨, 3권 9장 4절; 사치로 흘러서는 안됨, 아피온 반박문 2권 25절; 온전하고 흠이 없어야 됨, 유대고대사 3권 12장 2절; 번제의 제사, 9장 1절; 태어난지 7일이 지나기 전에는 제물로 드릴 수가 없음, 9장 4절; 제사용으로 쓰기 위해 비축해둔 포도주와 기름을 강도들이 모두 써버림, 유대전쟁사 5권 13장 6절.

Sadduc(사둑), 바리새인, 반역을 선동, 유대고대사 18권 1장 1절.

Sadducees(사두개인), 운명에 반대함, 유대고대사 13권 5장 9절; 바리새인과는 대조적인 부류의 사람들, 10장 6절; 단지 성문화된 율법의 교훈만을 지킴, 10장 6절; 그들의 견해, 18권 1장 4절, 유대전쟁사 2권 8장 14절; 지지자들은 주로 부유 층임, 유대고대사 13권 10장 6절.

Sadoc, or Zadok(사독), 대제사장, 유대고대사 7권 2장 2절, 5장 4절, 10장 4절, 11장 8절, 14장 4절, 8권 1장 3절.

Sadrach, or Shadrach(사드락), 유대고대사 10권 10장 1절.

Sages, or wise men(현인, 혹은 지혜로운 사람), 유대인 가운데의 현인, 유대고대사 8권 2장 5절.

Sala(셀라), 아르박삿의 아들, 유대고대사 1권 6장 4절.

Salampsio(살람프시오), 헤롯의 딸 파사엘루스와 결혼, 유대고대사 18권 5장 4절.

Salathiel(스알디엘), 스룹바벨(Zerobabel)의 부친, 유대고대사 11권 3장 10절.

Salatis(살라티스), 애굽 왕, 아피온 반박문 1권 14절.

Salmana, or Zalmuna(살마나, 혹은 살문나), 미디안 대장, 유대

고대사 5권 6장 5절.
Salmanasser, or Shalmaneser (살마나셀, 혹은 살만에셀), 앗수르 왕, 유대고대사 9권 14장 1절; 수리아와 베니게를 정복함, 2절; 10지파를 메대와 페르시아로 끌고 감, 1절.
Salome(살로메), 안티파테르의 딸, 헤롯의 누이, 유대고대사 14권 7장 3절, 유대전쟁사 1권 8장 9절; 남편 요셉이 간통을 저질렀다고 비난, 유대고대사 15권 3장 9절, 16권 7장 3절; 두번째 남편 코스토바루스(Costobarus)에게 이혼 증서를 써줌, 15권 7장 10절; 헤롯의 아들들과 그들의 아내들을 시기함, 16권 1장 2절, 3장 1절, 그녀를 당해낼 자 없음, 3장 1절; 헤롯이 그녀를 강제로 알렉사스(Alexas)와 결혼하게 만듦, 17권 1장 1절; 헤롯에게 안티파테르와 페로라스의 음모를 일러줌, 2장 4절, 유대전쟁사 1권 29장 1절; 헤롯이 유산으로 그녀에게 남긴 것, 유대고대사 17권 8장 1절, 케사르가 그녀에게 하사한 것, 11장 5절.
Salome(살로메), 헤롯이 엘피스(Elpis)를 통해 낳은 딸, 유대고대사 17권 1장 3절.
Salome(살로메), 헤롯 대왕의 손녀, 헤롯 필립이 헤로디아(Herodias)에게서 낳은 딸, 유대고대사 18권 5장 4절; 분봉왕 필립과 결혼, 그리고 후에 헤롯의 손자요 대아그립바 왕의 형제인 아리스토불루스와 재혼함, 유대고대사 18권 5장 4절.
Salt(소금), 파괴된 도시의 폐허 위에 뿌림, 유대고대사 5권 7장 4절.
Salt-tax and crown-tax(소금세와 인두세), 데메트리우스가 유대인들에게 이 세들을 면제해줌, 유대고대사 13권 2장 3절.
Samacha(사마카), 아벤네릭(Abennerig)의 딸, 유대고대사 20권 2장 1절.
Samaralla(사마랄라), 유대고대사 14권 13장 5절, 유대전쟁사 1권 13장 5절.
Samaria(사마리아), 그 지명의 유래, 유대고대사 8권 12장 5절; 수리아인들의 공격을 받았으나 기적적으로 구원을 받음, 9권 4장 5절; 극심한 기로에서 어머니가 자식을 먹는 불상사도 발생, 4절; 힐카누스의 공격을 당하고 기근을 겪다가 함락된 후 완전 폐허가 됨, 유대고대사 13권 10장 2, 3절, 유대전쟁사 1권 2장 7절.
Samaritans(사마리아인), 페르시아의 구다인(the Cuthah)이 세운 식민지 주민, 유대고대사 9권14장 3절, 10권 9장 7절; 요셉의 후손인양 자처함, 11권 8장 6절; 때로는 유대인인 척하고 때로는 유대인이 아니라고 부인함, 9권 14장 3절, 11권 8장 6절, 12권 5장 5절; 대제사장 오니아스(Onias) 치하에서 유대인을 핍박함,

569

4장 1절; 시돈인인 것처럼 가장함, 5장 5절; 그리심 산 위의 사마리아인 성전 11권 8장 7절;예루살렘 성전을 더럽힘, 18권 2장 2절; 유대인의 적, 11권 4장 9절, 20권 6장 1절; 그들의 성전에 관해서 애굽의 유대인들과 변론함, 13권 4장 4절; 안티오쿠스를 신(神)이라고 추켜 세움, 12권 5장 5절.

Sameas (사메아스), 폴리오(Pollio)의 제자, 유대고대사 14권 9장 4절, 15권 1장 1절, 10장 4절; 헤롯을 반대하는 내용의 그의 연설, 14권 9장 4절; 헤롯에게 존중히 여김을 받음, 14권 9장 4절.

Samgar, or Semegar (삼갈, 혹은 세메갈), 유대고대사 10권 8장 2절.

Sampsigeramus (삼프시게라무스), 에메사(Emesa)의 왕, 유대고대사 18권 5장 4절.

Samson (삼손), 그의 출생, 유대고대사 5권 8장 4절; 블레셋 여인과 결혼함, 5절; 사자를 찢어 죽임, 5절; 결혼 때 수수께끼를 냄 6절; 블레셋인들의 곡식을 태움, 7절; 블레셋인들에게 넘겨짐, 8절; 나귀 턱뼈로 블레셋인들을 무수히 죽임, 8절; 어깨에 가사(Gaza) 성문을 빼내 메고 감, 10절; 들릴라와 사랑에 빠짐, 11절; 들릴라의 배반을 당해 결박당하고 두 눈을 뽑히게 됨, 11절; 블레셋인들이 가득 들어찬 건물의 기둥을 무너뜨려 3천 명을 죽임, 12절.

Samuel (사무엘), 그의 출생과 하나님께 성별됨, 유대고대사 5권 10장 3절; 그의 아들들은 매우 사악한 인물임이 드러남, 6권 3장 2절; 백성들이 왕을 요구하자 몹시 괴로워함, 3절; 백성들에게 왕이 결코 유익하지 못할 것임을 경고, 5절; 사울에게 왕국을 잃게 될 것이라고 경고, 6장 2절; 다윗에게 기름부어 왕으로 세움, 8장 1절; 음부에서 나와 사울의 죽음을 예언, 14장 2절.

Sanctum, or holy (지성소), 유대고대사 3권 6장 4절.

Sanhedrin of Jerusalem (예루살렘의 산헤드린), 요세푸스 자서전, 12절, 유대고대사 14권 9장 3절.

Saphan, or Shaphan (사반), 서기관 유대고대사 10권 4장 1절.

Sapinnius (사피니우스), 유대고대사 16권 8장 5절.

Sapphova, or Zippora (삽보라, 혹은 십보라), 모세의 아내, 유대고대사 2권 13장 1절.

Sarai, or Sarah (사래, 혹은 사라), 아브라함의 아내, 아브라함과 함께 애굽으로 감, 유대고대사 1권 8장 1절; 애굽 왕이 그녀를 연모함, 8장 1절; 그녀의 죽음, 1권 14장 1절.

Sardians (사르디아인), 유대인에게 호의적인 그들의 법령, 유대고대사 14권 10장 24절.

Sareas, or Seraiah (사레아스, 혹은

스리야), 대제사장, 유대고대사 10권 8장 6절.
Sarepta, or Zarephath(사렙다, 혹은 사르밧), 유대고대사 8권 13장 2절.
Sarmatians(사르마티아인), 무시아(Mysia)를 침공, 유대전쟁사 7권 4장 3절.
Sathrabuzanes(사트라부사네스), 유대고대사 11권 1장 3절, 4장 4, 7절.
Saturninus[Sentius](사투르니누스[센티우스]), 수리아 총독, 유대고대사 16권 10장 8절, 11장 3절, 17권 1장 1절, 3장 2절, 5장 2절, 유대전쟁사 1권 27장 2절.
Saul(사울), 기스(Kish)의 아들, 부친의 잃어 버린 나귀를 찾으려고 하다가 사무엘에게 감, 유대고대사 6권 4장 1절; 사무엘 및 70인과 식사함, 4장 1절; 사무엘이 그에게 기름 부어 왕으로 세움, 2절; 실제로 왕이 됨, 5절; 길르앗인을 돕겠다고 약속함, 5장 2절; 왕으로서 통치를 시작, 4절; 블레셋을 정복함, 6장 3절; 그의 식구들, 6절; 아말렉과 전쟁함, 7장 1절; 하나님의 명을 어기고 아각(Agag)을 살림, 2절; 이에 대해 사무엘이 사울에게 그의 왕국을 잃게 될 것이라고 예언, 4절; 아히멜렉(Ahimelech)과 제사장들을 죽이라고 잔인한 명령을 내림, 12장 5절; 하나님의 버림을 받고 신접한 여인과 의논함, 14장 2절; 그의 죽음, 7절.
Saulus(사울루스), 강도단 두목, 유대고대사 20권 9장 4절.
Scaurus(스카우루스), 수리아 총독, 유대전쟁사 1권 6장 3절, 7장 7절; 수리아로 돌아감, 유대고대사 14권 2장 3절; 예루살렘의 포위를 풂, 유대고대사 14권 2장 3절; 아라비아 원정을 감행 5장 1절.
Scopas(스코파스), 톨레미의 군대장관, 안티오쿠스 대왕에게 패함, 유대고대사 12권 3장 3절.
Sea(바다), 이스라엘인들을 위해 바다가 갈라짐, 유대고대사 2권 16장 3절.
Sects(종파), 유대인의 종파들, 유대고대사 13권 5장 9절, 18권 1장 2절, 유대전쟁사 2권 8장 2절, 요세푸스 자서전 2절.
Secundus[Emilius](세쿤두스 에밀리우스), 유대전쟁사 2권 19장 7절.
Sedecias, or Zedekiah(시드키아스, 혹은 시드기야), 유대 왕, 유대고대사 10권 7장 1절; 바벨론에 반역을 일으킴, 3절; 예레미야의 충고를 구함, 6절; 바벨론에 포로로 끌려감, 8장 2절; 그의 죽음, 7절.
Sedecias, or Zedekiah(시드키아스, 혹은 시드기야), 거짓 선지자, 유대고대사 8권 15장 4절.
Sedition(반역), 제사장들의 반역, 유대고대사 20권 8장 8절; 고라와 그 일당들의 반역, 4권 2장 1절; 이스라엘의 반역, 3권 14장 3절; 여호수아가 반역을 진압함, 4절; 가이사랴에서 있었던 유대인과 수리아인 사이의 폭동, 20권 8장 7절.

Sejanus(세자누스), 처형당함, 유대고대사 18권 6장 6절.

Selene(셀레네), 수리아 여왕, 클레오파트라라고도 불리움, 유대고대사 13권 16장 4절.

Seleucus(셀류쿠스), 알렉산더 대왕이 죽은 후 수리아를 장악, 유대고대사 12권 1장 1절; 니카토르(Nicator)라고 불리움, 3장 1절; 유대인에게 은총을 베품, 3장 1절.

Seleucus Soter(셀류쿠스 소테르), 혹은 필로파테르(Philopater) 라고 불리움, 안티오쿠스 대왕의 아들, 유대고대사 12권 4장 10절.

Seleucus(셀류쿠스), 안티오쿠스 그리푸스(Antiochus Grypus)의 아들, 유대고대사 13권 13장 4절; 그의 죽음, 4절.

Sellum, or Shallum(셀룸, 혹은 샬룸), 유대고대사 9권 11장 1절.

Sem, or Shem(셈) 유대고대사 1권 4장 1절; 그의 후손, 6장 4절.

Semei, or Shimei(세메이, 혹은 시므이), 게라(Gera)의 아들, 유대고대사 7권 9장 4절, 11장 2절, 15장 1절; 솔로몬에 의해 처형됨, 8권 1장 5절.

Semelius(세멜리우스), 유대고대사 11권 2장 2절.

Sempronius[Caius] (셈프로니우스 [카이우스]), 키이우스의 아들, 유대고대사 13권 9장 2절.

Senate of Rome(로마의 원로원), 유대에 관한 원로원 법령, 유대고대사 12권 10장 6절; 유대인과의 법령을 갱신함, 14권 8장 5절; 유대인에 관한 또 다른 법령, 10장 19절.

Sennacherib(산헤립), 히스기야와 전투를 벌임, 유대고대사 10권 1장 1절; 그의 죽음, 5절.

Sepphoris(세포리스), 방화됨, 유대고대사 17권 10장 9절; 요세푸스에 의해 함락됨, 요세푸스 자서전 67절.

Serebeus(세레뱌), 유대고대사 11권 3장 10절.

Seraiah(스라야), 대제사장, 유대고대사 10권 8장 5절.

Seron(세론), 코엘레수리아의 군대장관, 유대고대사 12권 7장 1절.

Serpent(뱀), 언어와 다리를 빼앗김, 유대고대사 1권 1장 4절.

Serug(스룩), 유대고대사 1권 6장 5절.

Servilius[Publius] (세르빌리우스(푸블리우스)), 유대인에게 호의적인 내용으로 밀레시아인(Milesians)에게 보낸 그의 서신, 유대고대사 14권 10장 21절.

Sesac(스삭), 시삭(Shisek)란을 보라.

Seth(셋), 아담의 아들, 그의 후손들이 시리아드(Siriad) 땅에 기둥을 세움, 유대고대사 1권 2장 3

색 인

절.
Sethos(세포스), 애굽 왕, 아피온 반박문 1권 26절.
Sethosis, or Sesostris(세토시스, 혹은 세소스트리스), 애굽 왕, 아피온 반박문 1권 15절.
Seventh day(제 7일), 안식일(Sabbath)란을 보라.
Seventy-two interpreters(72명의 번역자), 대제사장 엘르아살이 율법서와 함께 72명의 번역자를 보냄, 유대고대사 12권 2장 7절; 알렉산드리아에 도착함, 11절; 금빛 글씨로 양피지 위에 쓴 율법서를 가지고 옴, 11절; 72일 만에 번역 작업을 끝냄, 13절.
Sextus Caesar(섹스투스 케사르), 수리아 총독, 유대고대사 14권 9장 2, 4절; 유대전쟁사 1권 10장 7절; 케킬리우스 바수스(Cecilius Bassus)에 의해 살해됨, 11장 1절.
Shadrach(사드락), 유대고대사 10권 10장 1절.
Shallum(살룸), 야베스의 아들, 유대고대사 9권 11장 1절.
Shalmaneser(살만네셀), 살만에셀(Salmanasser)란을 보라.
Shamgar(삼갈), 아낫(Anath)의 아들, 에훗을 이어 사사가 됨, 유대고대사 5권 4장 3절.
Sharezer, or Seraser(사레셀), 유대고대사 10권 1장 5절.
Sheba, or Sabas(스바), 일루스(Illus)의 아들, 유대고대사 1권 6장 2절.

Shechem(세겜), 여호수아의 거주지, 유대고대사 5권 1장 19절.
Shechemites(세겜인), 알렉산더 대왕을 만남, 유대고대사 11권 8장 6절; 모세의 장인 라구엘(Raguel)과 친척지간임, 6권 7장 3절.
Shekel(세겔), 4에틱 드라크마(Atticdrachmae)에 해당, 유대고대사 3권 8장 2절.
Shem(셈), 노아의 아들, 유대고대사 1권 4장 1절; 그의 후손, 6장 4절.
Shield(방패), 전투에서는 방패가 왼쪽 눈을 가림, 따라서 오른쪽 눈을 빼버리면 전투에서는 무용지물이 됨, 유대고대사 6권 5장 1절.
Shield(방패), 유대인과 로마인과의 동맹의 상징, 유대고대사 14권 8장 5절.
Shishak, or Sesac(시삭, 혹은 스삭), 애굽 왕, 유대고대사 7권 5장 3절; 8권 7장 8절, 10장 3절.
Sibas, or Ziba(시바스, 혹은 시바), 유대고대사 7권 5장 5절, 9장 3절; 사울의 신하, 11장 3절.
Sibbechai(십브개), 헷 사람, 유대고대사 7권 12장 2절.
Sicarii, or banditti(시카리, 혹은 강도들), 알렉산드리아로 도피함, 유대전쟁사 7권 10장 1절; 케사르를 주(主)로 결코 고백하지 않음, 유대전쟁사 7권 10장 1절.
Sichon, or Sihon(시콘, 혹은 시혼), 아모리 왕, 정복당함, 유대고대

573

사 4권 5장 1절.
Sidon(시돈), 유대고대사 1권 6장 2절.
Signs(징후), 예루살렘 멸망 전에 나타난 징후, 유대전쟁사 6권 5장 3절.
Silanus(살라누스), 수리아 총독, 유대고대사 18권 2장 4절.
Silas(실라스), 디베랴 총독, 요세푸스 자서전, 17, 53절.
Silas(실라스), 리시아스(Lysias) 의 독재자, 유대고대사 14권 3장 2절.
Silas(실라스), 대아그립바 왕이 역경을 당할때 그를 돕던 친구, 유대고대사 18권 6장 7절; 그러나 후에 오히려 아그립바를 괴롭히는 존재가 됨, 19권 7장 1절.
Silo(실로), 로마군 대장, 유대고대사 14권 15장 1-5절.
Silo, or Shiloh(실로), 성막이 머물렀던 곳, 유대고대사 5권 1장 19-20절.
Silva [Flavius] (실바 [플라비우스]), 유대 총독, 유대전쟁사 7권 8장 1절; 마사다(Masada) 요새를 공략함, 2-5절.
Silver(은), 솔로몬 시대에는 은이 가치가 적음, 유대고대사 8권 7장 2절.
Simeon, or Symeon(시므온), 가말리엘(Gamaliel)의 아들, 유대전쟁사 4권 3장 9절.
Simon, or Simeon(시몬, 혹은 시므온), 보에투스(Boethus)의 아들, 대제사장이 됨, 유대고대사 15권 9장 3절; 그의 딸이 헤롯과 결혼함, 3절; 대제사장직을 박탈당함 17권 4장 2절.
Simon(시몬), 카미투스(Camithus)의 아들, 대제사장이 됨, 유대고대사 18권 2장 2절.
Simon(시몬), 보에투스(Boethus)의 아들, 칸테라스(Cantheras)라고도 부름, 대제사장이 됨, 유대고대사 19권 6장 2절.
Simon(시몬), 카틀라스(Cathlas)의 아들, 유대전쟁사 4권 4장 2절, 5권 6장 1절.
Simon the Just(의인 시몬), 엘르아살의 형제, 대제사장, 유대고대사 12권 2장 5절.
Simon(시몬), 오니아스 대제사장의 아들, 그의 죽음, 유대고대사 12권 4장 10절.
Simon the Essen(에센파 시몬), 예언자, 유대고대사 17권 13장 3절.
Simon(시몬), 기오라(Giora)의 아들, 유대전쟁사 2권 19장 2절, 4권 9장 3절; 열심당과 투쟁함, 5절; 이두매를 정복함, 7절; 포로가 됨, 그러나 승전 기념물로 간주되어 목숨을 부지함, 유대전쟁사 7권 2장 1절; 승전 축하의 행사로 처형당함, 5장 6절.
Simon(시몬), 혹은 시므온(Simeon)이라고 불리움, 마카비가의 유다스와 요나단의 형제, 갈릴리의 적을 소탕함, 유대고대사 12권 8장 2절; 유대인의 군대 대장으로 임명됨, 10장 6절; 유대

색 인

인에게 연설함, 13권 6장 3절；
유대인의 왕(Prince)으로 임명,
4절; 대제사장이 됨, 7절, 유대
전쟁사 1권 2장 2절; 사위 톨레
미에 의해 살해됨, 3절.
Simon (시몬), 도시테우스(Dositheus)의 아들, 유대고대사 13권
9장 2절.
Simon (시몬), 요세푸스의 경호원,
요세푸스 자서전 28절.
Simon (시몬), 예루살렘 출신, 유
대고대사 19권 7장 4절.
Simon (시몬), 마술사, 유대고대사
20권 7장 2절.
Simon (시몬), 바리새인, 요세푸스
자서전 38절.
Simon Psellus (시몬 셀루스), 요세
푸스의 증조부, 요세푸스 자서
전, 1절.
Simon (시몬), 헤롯의 종, 왕을 자
칭, 유대고대사 17권 10장 6절.
Simon (시몬), 사울의 아들, 유대전
쟁사 2권 18장 4절.
Simonides Agrippa (시모니데스 아
그립바), 요세푸스의 아들, 요
세푸스 자서전 76절.
Siphar (소비), 암몬인, 유대고대사
7권 9장 8절.
Sisera (시스라), 이스라엘을 핍박
함, 유대고대사 5권 5장 1절; 야
엘(Jael)에게 살해됨, 4절.
Sisinnes (시신네스), 유대고대사 11
권 1장 3절; 수리아와 페니키아
의 총독, 4절 4절.
Slaughter (학살), 한 전투에서 최
대의 희생이 생김, 유대고대사
8권 11장 3절.
Sodomites (소돔인), 소돔인들과 그
들의 동맹국이 앗수르인에 정복
당함, 유대고대사 1권 9장.
Sodomites (소돔인), 하늘에서 불이
내려 멸망할 정도로 사악했음,
유대고대사 1권 11장 4절.
Sohemus (소헤무스, 혹은 소에무
스), 분봉왕, 유대고대사 17권
3장 2절, 요세푸스 자서전 11절
Sohemus (소헤무스, 혹은 소에무
스), 에메사(Emesa) 왕, 그의
형제 아시수스(Azizus)의 뒤를
계승함, 유대고대사 20권 8장 4
절, 유대전쟁사 7권 7장 1절.
Sohemus of Iturea (이투레아의 소
헤무스), 유대고대사 15권 6장
5절; 마리암네를 살해하라고 한
헤롯의 비밀지령을 누설함, 7장
1절; 그로 인해 헤롯에게 처형
당함, 4절.
Solomon (솔로몬), 다윗의 아들, 유
대고대사 7권 3장 3절; 그의 출
생, 7장 4절; 왕으로 기름 부음
받고 선포됨, 14장 5절; 두번째
로 기름부음 받고 선포됨, 10절;
바로의 딸과 결혼, 8권 2장 1절; 두
창기의 소송사건을 해결함, 2절; 그
의 권세와 지혜와 부요, 3절; 그가
쓴 저서, 5절; 두로 왕 히람에게 보
낸 그의 서신, 6절, 성전을 건
설함, 3장 1-9절; 성전을 지은
후 이스라엘 백성에게 한 말, 4
장 2절; 많은 희생 제사를 드림,
4절; 왕궁을 지음, 5장 1절; 두
로 왕이 낸 문제를 품, 3절; 디

575

우스(Dius)는 솔로몬이 그 문제를 결코 풀 수 없을 것이라고 주장함, 3절; 예루살렘을 요새화하고 여러 마을들을 건설함, 6장 1절; 선단의 항해 준비를 갖춤, 4절; 그의 막대한 부(富) 7장 2절; 여자들을 지나치게 좋아함, 5절; 그의 죽음, 8절.

Solyma, or Salem(솔리마, 혹은 살렘), 예루살렘의 옛이름, 유대고대사 7권 3장 2절.

Sophonius, or Zephaniah(소포니우스, 혹은 스바냐), 두번째 제사장, 유대고대사 10권 8장 5절.

Sosibius(Tarentum, 타렌툼의 소시비우스), 유대고대사 12권 2장 2절.

Sossius(소시우스), 유대에 있는 로마군의 대장, 유대고대사 14권 15장 9절; 안티고누스에 대항하여 헤롯과 연합함, 15장 9절, 16장 1절; 안티고누스를 생포하여 안토니에게 압송함, 유대고대사 14권 16장 4절, 유대전쟁사 1권 18장 2−3절.

Souls of heroes(영웅들의 영혼), 전사한 이들의 영혼은 별들 사이에 거함, 유대전쟁사 6권 1장 5절.

Speech(연설), 헤롯이 그의 군대에게 행한 연설, 유대고대사 15권 5장 3절; 헤롯이 그의 백성에게 행한 연설, 11장 1절; 모세가 그의 백성과 고라에게 행한 연설, 4권 2장 4절; 모세가 죽기 전에 백성에게 행한 연설, 8장 2절.

Spies(정탐꾼), 모세가 가나안 땅을 정탐하기 위해 보냄, 유대고대사 3권 14장 2절; 여호수아가 여리고 성을 정탐하기 위해 보낸 정탐꾼, 5권 1장 1절; 이들이 신실하고 정확하게 사실을 정탐해옴, 2절.

Spoils(전리품), 이방인에게서 빼앗은 전리품이 헤롯의 성전에 보관되어 있음, 유대고대사 15권 11장 3절.

Spoils(전리품), 전쟁에서 획득한 전리품은 직접 전투한 자나 뒤에서 진영을 지킨 자나 공정하게 분배, 유대고대사 6권 14장 6절.

Stechus(스테쿠스), 유대고대사 18권 6장 7절.

Stephanus(스테파누스), 케사르의 종, 유대고대사 20권 5장 4절.

Sterility(메마른 토지), 왕의 악행의 결과로 내릴 수 있는 형벌의 일종, 유대고대사 7권 4장 4절.

Strato(스트라토), 베레아(Berea)를 폭정으로 다스림, 유대고대사 13권 14장 3절.

Subjects(백성들), 그들의 왕들의 행실을 본받기 마련, 유대고대사 8권 10장 2절.

Sumobor(세메벨), 유대고대사 1권 9장 1절.

Supplicants in Syria(수리아 지역의 간청자), 수리아 지역에서는 간청자들이 목에 굴레를 두르고 간청함, 유대고대사 8권 14장 4

절.
Sur, or Zur(수르), 미디안 왕, 유대고대사 4권 7장 1절.
Sylla(실라), 아그립바 왕의 경호대장, 요세푸스 자서전 71절.
Sylleus(실레우스), 아라비아인, 오보다스(Obodas) 왕의 으뜸가는 장관, 유대고대사 16권 7장 6절, 유대전쟁사 1권 24장 6절, 27장 1절; 로마를 방문, 유대고대사 16권 9장 2절; 케사르 앞에서 헤롯을 고소, 3절; 살로메와 결혼할 것을 요구, 7장 6절; 유대인으로 개종하지 않는다는 이유로 청혼이 거절당함, 7장 6절; 안티파테르에 의해 케사르 앞에서 고소됨, 17권 3장 2절; 사형선고를 받음, 16권 10장 8절.
Synedrion, or Sanhedrin(쉰에드리온, 혹은 산헤드린), 산헤드린(Sanhedrin)란을 보라.
Syrian Commodities(수리아 상품), 유대고대사 2권 3장 3절.
Syrian's hatred to the Jews(유대인들에 대한 수리아인의 증오), 유대전쟁사 1권 4장 3절.
Syrian king of Mesopotamia(메소포타미아의 수리아계 왕), 유대고대사 7권 6장 1절.

T

Tabernacle(성막), 성막 건설, 유대고대사 3권 6장 1절; 성막의 이모저모에 대한 묘사, 2절; 성막의 정결예식, 8장 3절.
Tabernacles, Feast of(장막절), 유대인의 대명절, 유대고대사 8권 4장 1절, 15권 3장 3절; 안티오쿠스 왕의 허락을 얻어 전쟁 중에 장막절을 지킴, 13권 8장 2절; 솔로몬 성전 봉헌 때 장막절을 지킴, 8권 4장 5절; 유대인들이 장막절에 열매가 달린 나무들을 가지고 와서 대제사장 알렉산더에게 던짐, 13권 13장 5절; 유대인들이 이 절기에 성전에 장막을 침, 유대전쟁사 6권 5장 3절; 바벨론 유수 후에 이 절기를 지킴, 유대고대사 11권 4장 1절, 5장 5절.
Table (of shew bread), golden (금으로 만든 진설병 상), 톨레미가 만듦, 유대고대사 12권 2장 8절; 또한 톨레미가 만든 잔과 대접들, 10절.
Table, Delphi(델피에 있는 판), 유대고대사 3권 6장 6절.
Table in the court of the Priests(제사장의 뜰 안에 있는 판), 유대고대사 3권 6장 8절.
Tachas(다하스), 나홀의 아들, 유대

고대사 1권 6장 5절.
Tanganas(탕가나스), 유대 고대사 11권 4장 9절.
Tartan(다르단), 앗수르인의 대장, 유대고대사 10권 1장 1절.
Teba(데바), 나홀의 아들, 유대고대사 1권 6장 5절.
Temple(성전), 그리심 산 위의 성전, 유대고대사 11권 8장 7절, 13권 3장 4절; 예루살렘의 성전과 유사함, 11권 8장 2절.
Temple(신전), 헤롯이 케사르를 기념하기 위해 파니움(Panium) 근처에 세운 신전, 유대고대사 15권 10장 3절, 유대전쟁사 1권 21장 3절.
Temple(신전), 금송아지 신전, 유대전쟁사 4권 1장 1절.
Temple(신전), 두로(Tyre)에 있는 헤르쿨레스와 아스다롯의 신전, 유대고대사 8권 5장 3절.
Temple(신전), 아덴(Athens)에 있는 데무스(Demus)와 그라케스(Graces)의 신전, 유대고대사 14권 8장 5절.
Temple(신전), 헤롯이 사마리아에 지은 신전, 유대고대사 15권 8장 5절.
Temple(신전), 예루살렘에 지은 헤롯의 성전, 그 이모 저모, 유대고대사 15권 11장 3-6절.
Temple Onias(오니아스 신전), 애굽에 있음, 예루살렘 성전과 유사함, 유대고대사 13권 3장 3절.
Temple of Diana(다이아나의 신전), 엘리마이스(Elymais)에 있음, 유대고대사 12권 9장 1절.
Temple of Dagon(다곤의 신전), 아스돗, 혹은 아소투스(Azotus)에 있음, 유대고대사 13권 4장 4절.
Temple of Jerusalem(예루살렘 성전), 스룹바벨이 재건함, 유대고대사 11권 1장 2절, 4장 3절, 20권 10장; 성전 재건 방해를 당함, 11권 2장 1-2절; 그러나 다리오(Darius) 왕의 명령으로 성전 재건을 계속함, 4장 1절; 7년만에 공사가 끝남, 7절; 안티오쿠스 에피파네스의 약탈을 당함, 12권 5장 3절; 폼페이에 의해 함락됨, 그리고 지성소가 폼페이의 발길에 밟힘, 그러나 폼페이가 성전에 손을 대지 않음, 유대고대사 14권 4장 4절, 유대전쟁사 1권 7장 6절; 헤롯이 다시 지음, 유대고대사 15권 11장 3절; 성전이 티투스에 의해 방화됨, 유대전쟁사 6권 4장 5절; 티투스가 이 성전의 지성소에 까지 들어감, 7절.
Temple of Solomon(솔로몬 성전), 그 이모저모, 유대고대사 8권 3장 2절; 솔로몬이 성전을 봉헌함, 4장 1절; 이방인들은 헤롯 성전내의 분리벽까지는 들어갈 수 있음, 15권 11장 5절; 여인들은 제사장의 뜰과 남자들의 뜰에는 들어갈 수가 없음, 15권 11장 5절; 기도를 위해서는 사마리아인들과 그 밖의 이방인들에게도 성전 문호를 개방, 11권 4장 3절; 다윗의 병기가 성전에 보관됨, 9권 7장 2절; 성전 보물고에서 나오는 세를 세메트리우스가 면제해 줌, 13권 2장 3절; 안티오쿠스가 성전을 더럽힐 것이라는 다니엘의 예언이 성취됨, 12권 7장 6절.
Temples in Epypt(애굽의 신전들), 그 수도 많고 다양함, 유대고대사 13권 3장 1절.
Temples of the Canaanites(가나안의 신전들), 이 신전들이 파괴됨, 유대고대사 4권 8장 2절.
Temples of foreign nations (이방의 신전들), 유대인들은 이 신전을 약탈하거나 그곳에 있는 기물들을 강탈해서는 안됨, 유대고대사 4권 8장 10절.
Tephtheus of Garsis(가르시스의 테프테우스), 유대전쟁사 5권 11장 5절.
Terah(데라), 아브라함의 부친, 유대고대사 1권 6장 5절.
Teribinth, or turpentine tree(테레빈나무), 헤브론 근처에 있는 테레빈나무, 세상에서 가장 오래된 나무임이 분명함, 유대전쟁사 4권 9장 7절.
Terentius, or Turnus Rufus (테렌티우스, 혹은 투르누스 루푸스) 유대전쟁사 7권 2장 1절.
Teresh(데레스), 유대고대사 11권 6장 4절.
Teridates, or Tiridates(테리다테스, 혹은 티리다테스), 아르메니아 왕, 유대고대사 20권 3장 4절, 유대전쟁사 7권 7장 4절.

Tero(테로), 유대고대사 16권 11장 4절, 유대전쟁사 1권 27장 4절; 헤롯의 이발사인 트리포(Trypho)에 의해 반역의 혐의로 고소됨, 5절.
Tethmosis, or Thumosis(테트모시스, 혹은 투모시스), 애굽 왕, 아피온 반박문 1권 15, 26절.
Tamar(다말), 다윗의 딸, 유대고대사 7권 3장 3절.
Tamar(다말), 압살롬의 딸, 르호보암과 결혼, 유대고대사 7권 10장 3절.
Thaumastus(타우마스투스), 유대고대사 18권 6장 6절.
Theatres(경기장), 헤롯이 예루살렘에 건설한 경기장, 유대고대사 15권 8장 1절, 유대전쟁사 1권 21장 8절; 헤롯이 가이사랴에 건설한 경기장, 유대고대사 15권 9장 6절.
Theft(절도), 모세 율법에 따른 절도죄의 처벌 방법, 유대고대사 4권 8장 27절.
Themasius[Rabases] (테마시우스 [라바세스]), 유대고대사 11권 3장 5절.
Theodorus(테오드루스), 세노(Zeno)의 아들, 유대고대사 13권 13장 3절, 유대전쟁사 1권 4장 2절.
Theodosius (테오도시우스), 유대고대사 13권 3장 4절.
Theophilus(테오필루스), 아나누스(Ananus)의 아들, 대제사장직을 박탈당함, 유대고대사 19권 6장 2절.

요세푸스

Theophilus(테오팔루스), 요나단의 형제, 대제사장이 됨, 유대고대사 18권 5장 3절.
Thermus(테르무스), 로마의 사신, 아피온 반박문 2권 5절.
Thermusa(테르무사), 프라아테스(Phraates)의 첩이었다가 후에 아내가 됨, 유대고대사 18권 2장 4절.
Theudas(튜다스), 사기꾼, 유대고대사 20권 5장 1절.
Theudion(투디온), 안티파테르(Antipater)의 외삼촌, 유대고대사 17권 4장 2절.
Thobel, or Tubal Cain(토벨, 혹은 두발가인), 유대고대사 1권 2장 1절.
Tholomy(톨로미), 소헤무스의 아들, 유대고대사 14권 8장 1절.
Thrugramma, or Togarmah(트루감마, 혹은 도갈마), 유대고대사 1권 6장 1절.
Tiberius Alexander(티베리우스 알렉산더), 유대 총독, 유대고대사 20권 5장 2절.
Tiberius Alexander(티베리우스 알렉산더), 알렉산드리아 총독, 유대전쟁사 2권 18장 7절, 5권 1장 6절; 전 애굽을 베스파시안 지지 세력으로 이끔, 4권 10장 6절.
Tiberius the emperor(티베리우스 황제), 유대고대사 18권 2장 4절, 유대전쟁사 2권 9장 1-2절; 티베리우스는 매사를 늑장 부리며 처리, 유대고대사 18권 6장 5절; 점성술에 조예가 깊음, 9절; 후계자를 예측함, 9절; 그의 죽음, 10절.
Tibni(디브니), 유대고대사 8권 12장 5절.
Tidal(디달), 유대고대사 1권 9장.
Tiglath Pileser(디글랏 빌레셀), 앗수르 왕, 유대고대사 9권 12장 3절.
Tigranes(티그라네스), 아르메니아 왕, 유대고대사 13권 16장 4절, 15권 4장 3절, 18권 5장 4절, 유대전쟁사 1권 5장 3절.
Tigranes(티그라네스), 알렉산더의 아들, 유대고대사 18권 5장 4절, 유대전쟁사 1권 28장 1절.
Timaus(티마우스), 애굽 왕, 아피온 반박문 1권 14절.
Timidius(티미디우스), 유대고대사 19권 1장 5절.
Timotheus(티모테우스), 유대고대사 12권 8장 1절; 유다스에게 패배함, 4절.
Tiras, or Thiras(디라스), 유대고대사 1권 6장 1절.
Tiridates(티리다테스), 아르메니아(Armenia) 왕, 유대고대사 20권 3장 4절.
Tithes and first fruits(십분의 일과 첫 열매), 유대인들은 첫 열매와 십분의 일을 레위인들과 제사장들에게 드림, 유대고대사 4권 4장 3-4절; 율법이 히스기야에 의해 부활됨, 9권 13장 3절.
Titus(티투스), 수리아 총독, 유대

고대사 16권 8장 6절.

Titus Caesar(티투스 황제), 베스파시안 황제의 아들, 알렉산드리아로 파견됨, 유대전쟁사 3권 1장 3절; 대군을 거느리고 베스파시안에게로 옴, 4장 2절; 그의 부친에 대한 효성, 7장 22절; 그와 베스파시안이 요타파타(Jotapatas)를 함락, 31절; 요세푸스에게 관대히 대함, 8장 8-9절; 타리케아(Taricheæ)를 함락시키도록 파견됨, 10장 1절; 타리케아 전투에서의 그의 용맹성, 3절; 병사들에게 행한 그의 연설, 4절; 타리케아를 함락시킴, 5절; 갈바(Galba)에게 찬사를 바치기 위해 아그립바 왕과 함께 로마로 파견됨, 4권 9장 2절; 그의 군대의 질서정연함, 5권 2장 1절; 예루살렘에 도착, 거기서 큰 위험에 직면하게 됨, 2절; 그의 용맹함, 2-5절; 예루살렘을 구하고 싶어하는 그의 마음, 6권 2장 4절, 4장 3절; 병사들에게 행한 그의 연설, 1장 5절; 군사들로부터 환호를 받음, 6장 1절; 유대인 강도들에게 행한 그의 연설, 2절; 예루살렘 성을 정복한 공을 신께 돌림, 9장 1절; 병사들에게 감사하고 시상함, 7권 1장 3절; 그의 부친과 동생의 생일을 축하함, 3장 1절; 예루살렘이 폐허가 된 것을 보고 깊은 감회에 젖음, 5장 2절; 큰 쇼(shows)를 개최, 5장 1절; 안디옥에 도착함, 2절; 로마에 도착함, 3절; 전승 기념으로 그가 끌고 간 사람들, 3절; 요세푸스의 역사서의 진실성을 입증함, 요세푸스 자서전, 65절; 요세푸스에게 호의를 베품, 76절.

Tobias' sons(토비아스의 아들들), 예루살렘에서 쫓겨남, 유대전쟁사 1권 1장 1절.

Toparchies (three), or prefectures ((세) 소 왕국, 혹은 지역), 유대지역에 (세) 소지역이 병합됨, 유대고대사 13권 4장 9절.

Tower of Babel(바벨탑), 이 탑에 대한 시빌(Sibyl)의 증언, 유대고대사 1권 4장 3절.

Trachonitis rebel(트라코니티스 〔드라고닛〕 주민의 반역), 유대고대사 16권 9장 1절.

Traditions of the Pharisees(바리새인의 전승), 성문화 되지 않은 구전(口傳), 유대고대사 13권 10장 6절.

Trajan(트라얀), 로마군 제 10군단의 대장, 유대전쟁사 3권 7장 31절.

Translation of the law(율법서 번역), 72인의 장로들이 율법서를 번역함, 유대고대사 12권 2장 13절.

Treasure(보물), 유대인들이 에스드라를 통하여 성전에 드림, 유대고대사 11권 5장 2절.

Tribes of Israel(이스라엘의 지파들), 각 지파의 땅 분배를 제비뽑기로 나눔, 유대고대사 5권 1장 22절.

581

Tribute(조공), 유대에서 안티오쿠스 피우스(Antiochus Pius) 에게 바친 조공, 유대고대사 13권 8장 3절; 유대인들이 수리아 왕들에게 바친 인두세(人頭稅), 13권 2장 3절; 성전의 돈 일만 드라크마를 수리아 왕들에게 바쳤음, 13권 2장 3절; 요나단이 데메트리우스에게 조공으로 3백 달란트를 바침, 13권 4장 9절; 마카비가의 시몬에 의해 그같은 조공을 바치는 속박으로부터 해방됨, 6장 7절; 대제사장들은 사비(私費)로 애굽 왕들에게은 20달란트의 조공을 바치곤 하였음, 12권 4장 1절; 안티오쿠스 대왕이 인두세 등의 세금을 유대인에게 면제해줌, 12권 3장 3절.

Triumphal pomp(개선의 장관〔壯觀〕), 그 장관의 이모저모, 유대전쟁사 7권 5장 4-5절.

Trophies(전리품), 전리품이 유대인을 심히 불쾌하게 만듬, 유대고대사 15권 8장 1절.

Trumpet(나팔), 나팔의 발명과 그 모양, 유대고대사 3권 12장 6절.

Truth and justice(진실과 정의), 이 세상에서 진실과 정의가 사라져 버렸다는 개탄, 유대고대사 16권 11장 4절.

Truth and accuracy(진실과 정확성), 역사가가 지켜야할 규칙, 유대고대사 14권 1장 1절; 요세푸스는 역사 서술에 있어서 진실과 정확성을 지킴, 요세푸스 자서전 65절.

Trypho the tyrant(독재자 트리포), 젊은 안티오쿠스를 수리아로 데리고 옴, 유대고대사 13권 5장 3절; 젊은 안티오쿠스에게 배신적인 행위를 함, 6장 1절; 요나단을 올무에 끌어 들임, 1절; 유대를 침공함, 5절; 시몬을 속임, 5절; 요나단을 살해함, 6절; 안티오쿠스의 후견인임에도 불구하고 안티오쿠스를 살해함, 7장 1절; 군대에 의해 왕으로 옹립됨, 7장 1절; 아파미아(Apamia)에서 살해됨, 2절.

Trypho(트리포), 헤롯 왕의 이발사, 유대고대사 16권 11장 6절, 유대전쟁사 1권 27장 5절.

Trypho(트리포), 톨레미 왕의 어릿광대, 유대고대사 12권 4장 9절.

Tyrannius〔Priscus〕(티란니우스〔프리스쿠스〕), 유대전쟁사 2권 19장 4절.

Tyrannus(티라누스), 알렉산더와 대적함, 유대고대사 16권 10장 3절, 유대전쟁사 1권 26장 3절.

Tyre(두로), 건설된 시기, 유대고대사 8권 3장 1절.

Tyre(두로), 마리온(Marion)의 핍박을 당함, 유대고대사 14권 12장 1절.

Tyre(티르), 힐카누스가 세운 성의 이름, 유대고대사 12권 4장 11절.

Tyre(두로), 그들의 신은 바알(Baal)임, 유대고대사 9권 6장 6절; 그들의 고대 기록, 아피온 반박

색 인

문 1권 17절; 바다에서 앗수르 군을 격파함, 유대고대사 9권 14장 2절; 쥬피터 올림푸스(Jupiter Olympus)의 신전이 그들 가운데 있음, 8권 5장 3절; 헤르쿨레스(Hercules)의 신전과 아스다롯(Astarte)의 신전도 있음, 8권 5장 3절.

U

Ummidius〔Quadratus〕(움미디우스〔콰드라투스〕), 수리아 총독, 유대고대사 20권 6장 2절.
Unleaven bread(무교병), 유월절(Passover)란을 보라.
Ures(우레스), 유대고대사 8권 2장 3절.
Uriah(우리아), 살해됨, 유대고대사 7권 7장 1절.
Urias〔Nerias〕(우리아스〔네리야〕) 대제사장, 유대고대사 10권 8장 6절.

Uz(우스), 나홀의 아들, 유대고대사 1권 6장 5절.
Uzzah(웃사), 법궤를 건드린 이유로 하나님께서 치심으로 죽음, 유대고대사 7권 4장 2절.
Uzziah, or Azariah(웃시야, 혹은 아사리야), 유대왕, 유대고대사 9권 10장 3절; 그의 행적과 그에 대한 찬사, 10장 3절; 성전에서 분향함. 4절; 제사장 직을 강탈함으로써 문둥병에 걸림, 4절.

V

Valerian(발레리안), 십부장, 유대전쟁사 3권 9장 7절.
Valerius Gratus(발레리우스 그라투스), 유대 총독, 유대고대사 18권 2장 2절.
Valerius of Asia(아시아의 발레리우스), 유대고대사 19권 1장 14, 20절.

Varro(바로), 수리아 총독, 유대고대사 15권 10장 1절.
Varus〔Quintilius〕(바루스〔퀸틸리우스〕), 수리아 총독, 유대고대사 17권 5장 2절, 9장 3절, 요세푸스 자서전 11절, 유대전쟁사 1권 31장 5절; 사비누스(Sabinus)를 두하러 옴, 유대고대사

583

요세푸스

17권 10장 9절, 유대전쟁사 2권 5장 1절; 반역자들을 처벌함, 유대고대사 17권 10장 10절.
Vashti(와스디), 아르타크세르크세스(Artaxerxes) 왕의 아내, 유대고대사 11권 6장 1절.
Vatinius(바티니우스), 유대고대사 19권 1장 13절.
Veils of the tabernacle(성막의 휘장), 유대고대사 3권 7장 7절.
Ventidius Bassus(벤티디우스 바수스), 안티고누스의 뇌물에 매수됨, 유대고대사 14권 14장 6절, 15장 1절; 파르티아인들을 격퇴하도록 파견됨, 유대전쟁사 1권 15장 2절; 파코루스(Pacorus)를 전사시키고 파르티아인들을 격퇴, 유대고대사 14권 15장 7절.
Veranius(베라니우스), 유대고대사 19권 3장 4절.
Vespasian and Titus's generosity towards the Jews(베스파시안과 티투스의 유대인을 향한 관대함), 유대고대사 12권 3장 2절, 유대전쟁사 3권-4권.
Victory(승리), 수에 달린 것이 아니고 용기에 달린 것임, 유대고대사 1권 10장 1절; 또한 하나님께 대한 신앙에 달린 것임, 유대고대사 12권 7장 1절.
Vindex(빈덱스), 네로에게 반역을 일으킴, 유대전쟁사 4권 8장 1절.
Vinicius[Marcus] (비니키우스[마르쿠스]), 유대고대사 19권 1장 14절.

Virtue(덕), 덕은 덕 그 자체가 보상임, 유대고대사 4권 8장 2절.
Virtues[royal]([왕]의 덕망), 유대고대사 7권 15장 2절.
Vitellius[Civilis] (비텔리우스[키빌리스]), 수리아 총독, 유대고대사 15권 11장 4절, 유대전쟁사 7권 4장 2절; 유대인에게 극진한 환대를 받음, 유대고대사 18권 4장 3절; 아레타스(Aretas)의 원정을 단행, 5장 3절; 티베리우스가 그에게 아르타바누스(Artabanus)와 동맹을 맺을 것을 명함, 4장 4절.
Vitellius(비텔리우스), 오토(Otho) 황제의 뒤를 계승함, 유대전쟁사 4권 9장 9절; 살해당함, 11장 4절.
Vitellius Proculus(비텔리우스 프로쿨루스), 유대고대사 19권 6장 3절.
Voice(보이스), 성전에서 음성이 들림, 유대전쟁사 6권 5장 3절.
Vologases, or Vologeses(볼로가세스, 혹은 볼로게세스), 파르티아 왕, 유대고대사 20권 4장 2절, 유대전쟁사 7권 5장 2절, 7장 3절; 이사테스(Izates)에게 선전포고함, 유대고대사 20권 4장 2절.
Volumnius(볼룸니우스), 수리아 총독, 유대고대사 16권 9장 1절, 11장 3절, 유대전쟁사 1권 27장 1, 3절.
Vonones(보노네스), 유대고대사 18권 2장 4절.

색 인

Vow of Jephtha(입다의 맹세), 딸을 제물로 바치겠다는 그의 맹세는 율법에 합치되는 것도 아니며 하나님이 기뻐 받으시는 것도 아님, 유대고대사 5권 7장 10절.

W

War(전쟁), 사신을 파견하기 전까지는 외국과의 전쟁을 하지 않음, 유대고대사 4권 8장 41절, 5권 2장 9절.
War[law of] (전쟁의 법칙), 유대인의 전쟁 법칙, 유대고대사 4권 8장 41절, 아피온 반박문 2권 30절.
War[Jewish] (유대전쟁), 유대전쟁의 시작, 유대전쟁사 2권 13장-14장, 15장 5절.
Water of Bethlehem (베들레헴의 물), 다윗이 하나님께 바침, 유대고대사 7권 12장 4절.
Witch, or necromantic woman of Endor(엔돌의 신접한 여인, 혹은 무당), 사울을 위로함, 유대고대사 6권 14장 3절; 그녀의 찬사, 4절.
Women(여인), 여인의 능력, 유대고대사 11권 3장 5절; 비난을 피하는데 여인들은 재주가 있음, 2권 4장 5절; 남자들은 여인들의 의복을 입을 수 없음, 4권 8장 43절; 유대인들은 이방 여인들과 결혼할 수 없음, 12권 4장 6절; 여인들은 이혼하더라도 전남편의 동의가 없으면 재혼할 수 없음, 15권 7장 10절; 페르시아의 부녀자들은 나그네에게 얼굴을 비쳐서는 안됨, 11권 6장 1절; 여인들은 증인이 될 수 없음, 4권 8장 15절.

X

Xanthicus(산티쿠스), 유대의 니산(Nisan) 월의 마게도니아(Macedonian)명칭, 유대고대사 1권 3장 3절.
Xerxes(크세르크세스), 다리오(Darius) 왕을 계승, 유대고대사 11권 5장 1절; 에스라(Ezra)에게 보낸 그의 서신, 유대고대사 11

권 5장 1절.
Xylophoria(실로포리아), 유대 절기, 이 절기 때는 제사 때 쓸 나무를 가지고 성전에 옴, 유대전쟁사 2권 17장 6절.

Y

Year(력), 유대에는 민력과 성력의 두 가지가 있어 각 력이 시작하는 시기가 다름, 유대고대사 1권 3장 3절.

Year[Great] (대력), 600년을 1주기로 보는 기간, 유대고대사 1권 3장 9절.

Z

Zabdiel(사브디엘), 아라비아인의 왕, 유대고대사 13권 4장 8절.
Zbidus(사비두스), 이두매인, 아피온 반박문 2권 10절.
Zechariah(스가랴), 이스라엘 왕, 유대고대사 9권 10장 3절; 그의 죽음, 11장 1절.
Zechariah(스가랴), 선지자로서 여호야다(Jehoiada)의 아들, 돌에 맞아 죽음, 유대고대사 9권 8장 3절.
Zechariah the prophet(스가랴 선지자), 유대고대사 11권 4장 5, 7절.
Zechariah(스가랴), 아하스(Ahaz)의 아들, 유대고대사 9권 12장 1절.

Zacharias(사카리아스), 바룩(Baruch)의 아들, 성전에서 살해됨, 유대전쟁사 4권 5장 4절.
Zecharias(스카리아스), 팔렉(Phalek)의 아들, 유대전쟁사 4권 4장 1절.
Zadok, or Sadoc(사독), 대제사장, 유대고대사 7권 2장 2절, 5장 4절, 11장 1절, 14장 4절, 8권 1장 3절, 10권 8장 6절.
Zalmunna(살문나), 미디안 왕, 유대고대사 5권 6장 5절.
Zamaris(사마리스), 바벨론인 (유대인), 유대고대사 17권 2장 3절.
Zarephath(사르밧), 사렙다 과부의 마을, 유대고대사 8권 13장 2절.

색 인

Zealots(열심당), 유대전쟁사 4권 3장 9, 13, 14절, 4장 5절, 5장 1-5절, 7권 8장 1절.
Zeb, or Zeeb(셉,혹은 스엡), 유대고대사 5권 6장 5절.
Zebudah(스비다), 여호야김의 모친, 유대고대사 10권 5장 2절.
Zedekiah(시드기야), 거짓 선지자, 유대고대사 8권 15장 4절.
Zedekiah(시드기야), 유다 왕, 유대고대사 10권 7장 4절; 바벨론에 반역함, 2절, 예레미야의 충고를 요구, 6절; 바벨론에 포로로 잡혀감, 8장 2절; 그의 죽음, 7절.
Zebina〔Alexander〕(세비나, 〔알렉산더〕), 수리아 왕, 안티오쿠스 그리푸스에게 정복당하고 죽음, 유대고대사 13권 9장 3절.
Zebul(스불), 유대고대사 5권 7장 4절.
Zeno(제노), 코틸라스(Cotylas)라고도 부름, 유대고대사 13권 8장 1절.
Zenodorus(세노도루스), 유대고대사 15권 10장 1절; 그의 죽음, 3절.
Zerah(세라), 이디오피아 왕, 유대고대사 8권 12장 1절; 아사(Asa)에게 패함, 2절.
Zeruiah(수루야), 유대고대사 6권 13장 9절.
Zeuxis(죽시스), 유대고대사 12권 3장 4절.
Zillah, or Silla(실라), 라멕의 아내, 유대고대사 1권 2장 2절.
Zimri(시므리), 시므온 지파의 족장, 유대고대사 4권 6장 10절; 모세를 비난함, 11절.
Zimri(시므리), 엘라(Elah)를 살해함, 유대고대사 8권 12장 4절; 그의 죽음 5절.
Zipporah(십보라), 모세의 아내, 유대고대사 2권 13장 1절.
Zizon(시손), 아라비아인, 유대고대사 13권 14장 3절.
Zoilus(소일루스), 독재자, 유대고대사 13권 12장 2절.
Zorobabel(스룹바벨), 유대고대사 11권 1장 3절, 3장 1절.
Zur(수르), 미디안 왕, 유대고대사 4권 7장 1절.

요세푸스 IV

ⓒ **생명의말씀사** 1987

1987년 9월 30일 1판 1쇄 발행
2023년 10월 4일   24쇄 발행

펴낸이 | 김창영
펴낸곳 | 생명의말씀사

등록 | 1962. 1. 10. No.300-1962-1
주소 | 서울시 종로구 경희궁1길 6 (03176)
전화 | 02)738-6555(본사) · 02)3159-7979(영업)
팩스 | 02)739-3824(본사) · 080-022-8585(영업)

인쇄 | 예원프린팅
제본 | 다인바인텍

ISBN 89-04-06008-7 (04230)
       89-04-18014-7 (세트)

저작권자의 허락없이 이 책의 일부 또는 전체를
무단 복제, 전재, 발췌하면 저작권법에 의해 처벌을 받습니다.

김지찬

총신대학교 신학과(B.A.)
총신대학교 신학대학원(M. Div.)
미국 Calvin Theological Seminary(Th. M.)
네덜란드 Kampen Theological University(Th. D.)
현재 총신대학교 신학대학원 구약학 교수

저서 : The Structure of the Samson Cycle(Kok Pharos : Kampen, 1993)
　　　언어의 직공이 되라(생명의말씀사)
　　　요단강에서 바벨론 물가까지 : 구약 역사서의 문예적 – 신학적 서론
역서 : 요세푸스(전 4권)
　　　구약에 나타난 하나님의 계획과 목적
　　　화해의 아이 외 다수

서점 안내

광화문점　서울시 종로구 새문안로 69 구세군회관 1층
　　　　　　02)737-2288 / 02)737-4623(F)

강남점　　서울시 서초구 신반포로 177 반포쇼핑타운 3동 2층
　　　　　　02)595-1211 / 02)595-3549(F)

구로점　　서울시 동작구 시흥대로 602, 3층 302호
　　　　　　02)858-8744 / 02)838-0653(F)

노원점　　서울시 노원구 동일로 1366 삼봉빌딩 지하 1층
　　　　　　02)938-7979 / 02)3391-6169(F)

분당점　　경기도 성남시 분당구 황새울로 315 대현빌딩 3층
　　　　　　031)707-5566 / 031)707-4999(F)

일산점　　경기도 고양시 일산서구 중앙로 1391 레이크타운 지하 1층
　　　　　　031)916-8787 / 031)916-8788(F)

의정부점　경기도 의정부시 청사로47번길 12 성산타워 3층
　　　　　　031)845-0600 / 031)852-6930(F)

인터넷서점　www.lifebook.co.kr